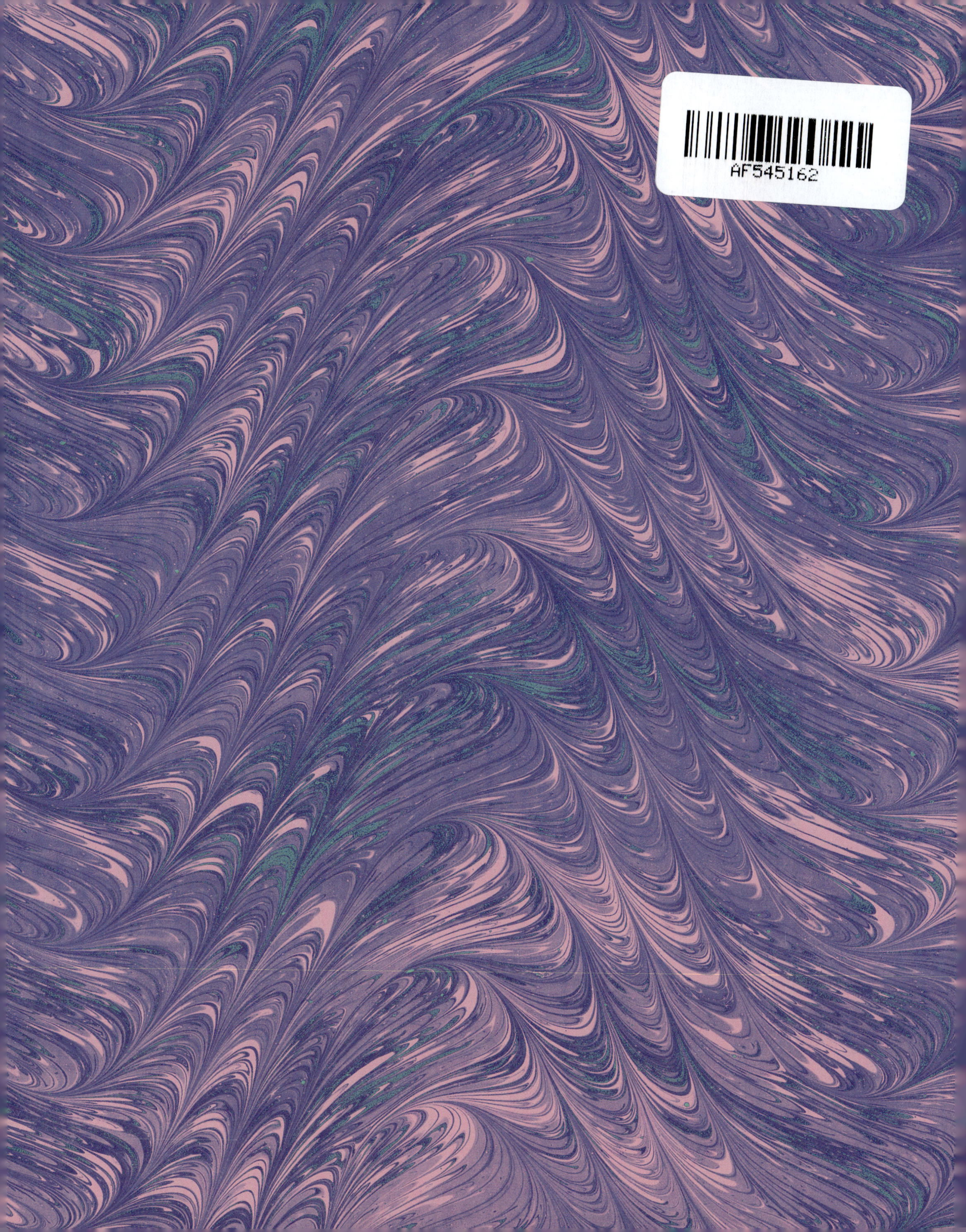
AF545162

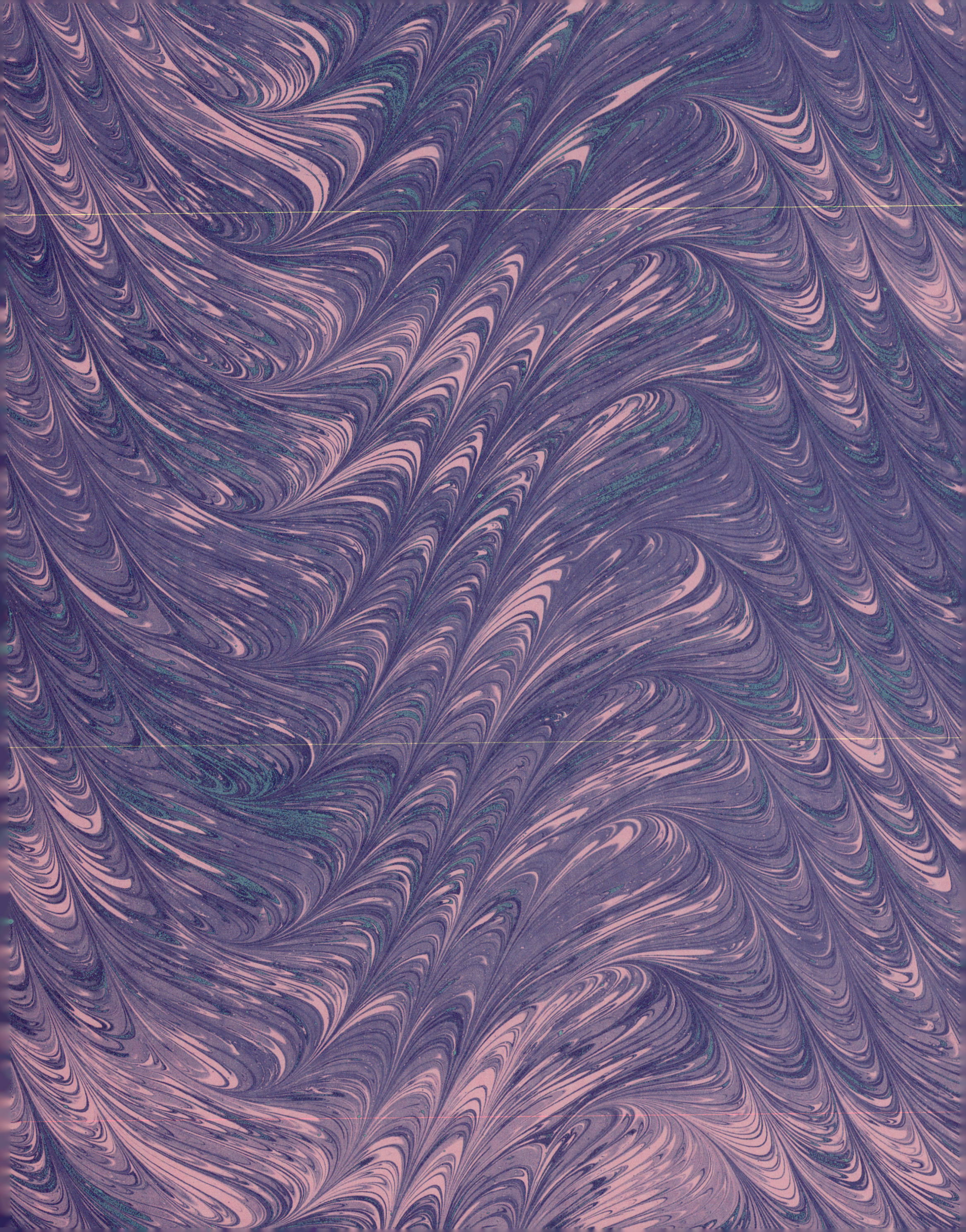

HARCOURT

TROFEOS

UN PROGRAMA DE LECTURA Y ARTES DEL LENGUAJE DE HARCOURT

TESOROS DEL TIEMPO

AUTORAS
Alma Flor Ada ◆ F. Isabel Campoy

Orlando Boston Dallas Chicago San Diego

Visita *The Learning Site*

www.harcourtschool.com

Acknowledgements appear in the back of this book.

Printed in the United States of America

ISBN 0-15-322667-6

3 4 5 6 7 8 9 10 048 10 09 08 07 06 05 04

HARCOURT

TROFEOS

UN PROGRAMA DE LECTURA Y ARTES DEL LENGUAGE DE HARCOURT

TESOROS DEL TIEMPO

Querido lector,

Vas a encontrar muchos tipos de tesoros en este libro. Algunos son antiguos, como las obras de arte y los artefactos encontrados en las tumbas de los faraones. Algunos son enormes, como los murales pintados por Diego Rivera. Algunos son tesoros personales, como el trofeo que ganó Jerry Spinelli cuando ganó una carrera. Otros son tesoros vivientes, como los que la buza Sylvia Earle encuentra en las profundidades del océano. Finalmente, hay tesoros del corazón. Cuando una familia danesa rescata a una amiga judía durante la Segunda Guerra Mundial, los lectores se dan cuenta que la amistad es un tesoro muy valioso.

Los libros, cuentos y poemas por sí mismos pueden ser tesoros porque dan un significado y diversión a nuestras vidas. Esperemos que **Tesoros del tiempo** te pueda dar muchos momentos de placer en la lectura.

Las autoras

Las autoras

TEMA 1

LO MEJOR DE MÍ

CONTENIDO

TEMA 2

AMIGOS AL RESCATE

CONTENIDO

TEMA 3

DESCUBRIENDO EL PASADO

CONTENIDO

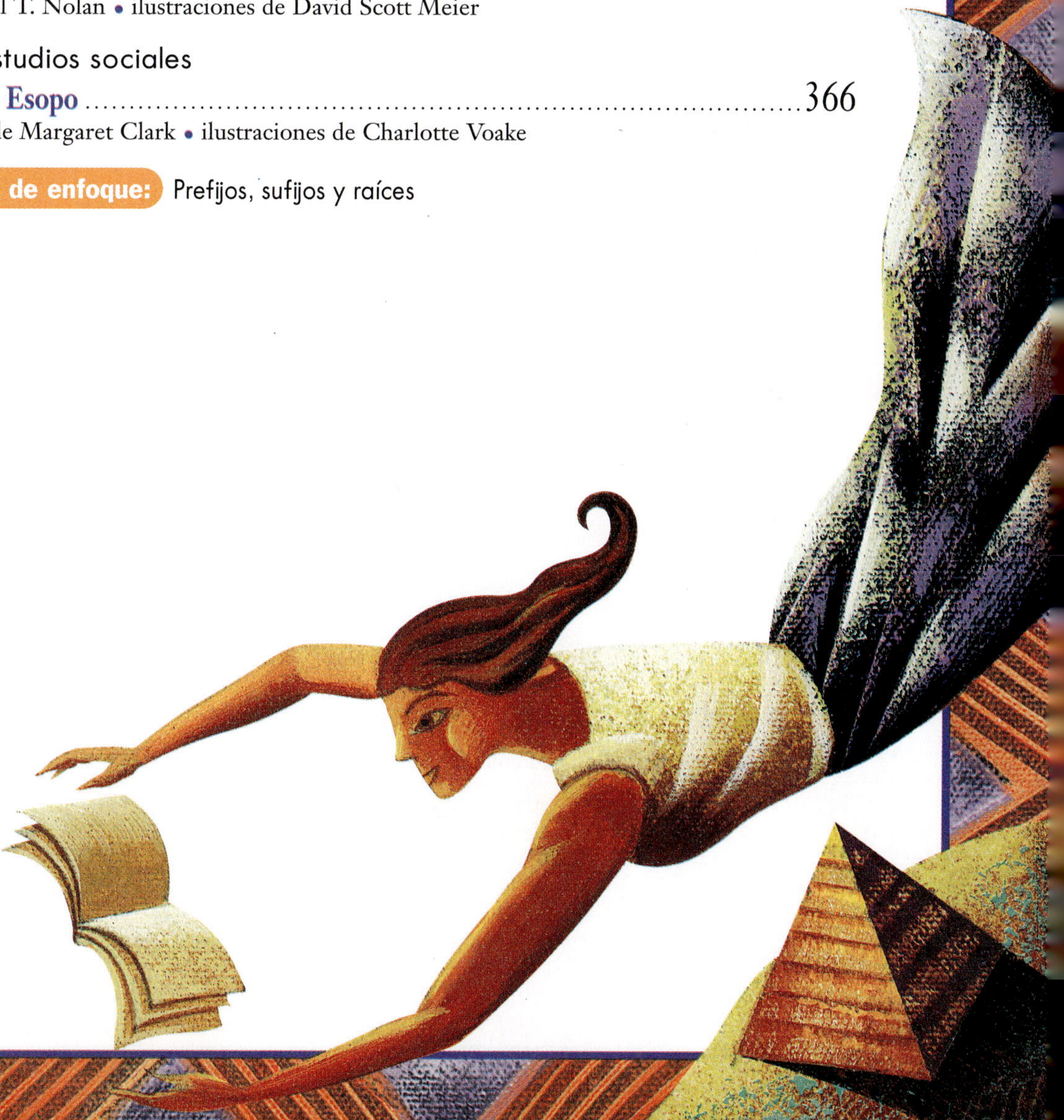

TEMA 4

Soluciones creativas

CONTENIDO

TEMA 5

HACEMOS CAMBIOS

CONTENIDO

Relacionar textos

Relacionar textos

TEMA 6

MUNDOS EN EXPANSIÓN

CONTENIDO

Cómo usar las Estrategias de lectura

Una estrategia es un plan que te ayuda a hacer algo bien.

Tal vez ya usas algunas estrategias al leer. Quizás **observas el título y las ilustraciones antes de iniciar la lectura.** A lo mejor, **mientras lees piensas en lo que quieres saber.** Si aplicas las estrategias correctas, te convertirás en un mejor lector.

Mira la lista de estrategias de la página 17. Aprenderás a usarlas cuando leas este libro. Consulta la lista cuando leas para ayudarte a recordar **las estrategias que usan los buenos lectores.**

Una estrategia es un plan que te ayuda a hacer algo bien.

- Decodificar/Fonética
- Hacer y confirmar predicciones
- Crear imágenes mentales
- Preguntarse
- Resumir
- Leer más adelante
- Volver a leer para aclarar
- Confirmar el significado
- Analizar la estructura y el formato del texto
- Ajustar el ritmo de lectura

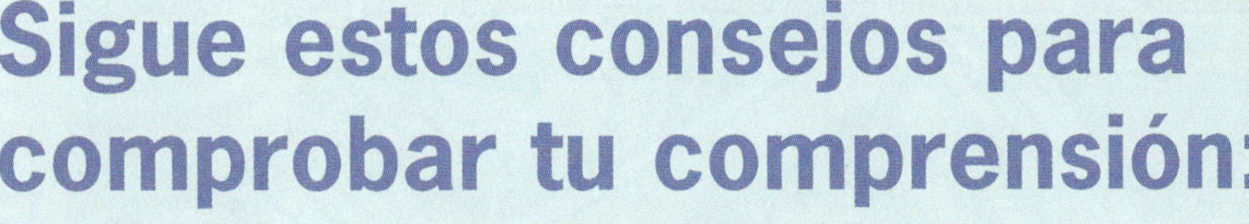

Sigue estos consejos para comprobar tu comprensión:

✔ Copia la lista de estrategias en una tarjeta y úsala como marcador de libros.

✔ Ten la tarjeta a mano mientras lees.

✔ Al terminar la lectura, habla con un compañero acerca de las estrategias que usaste y por qué las usaste.

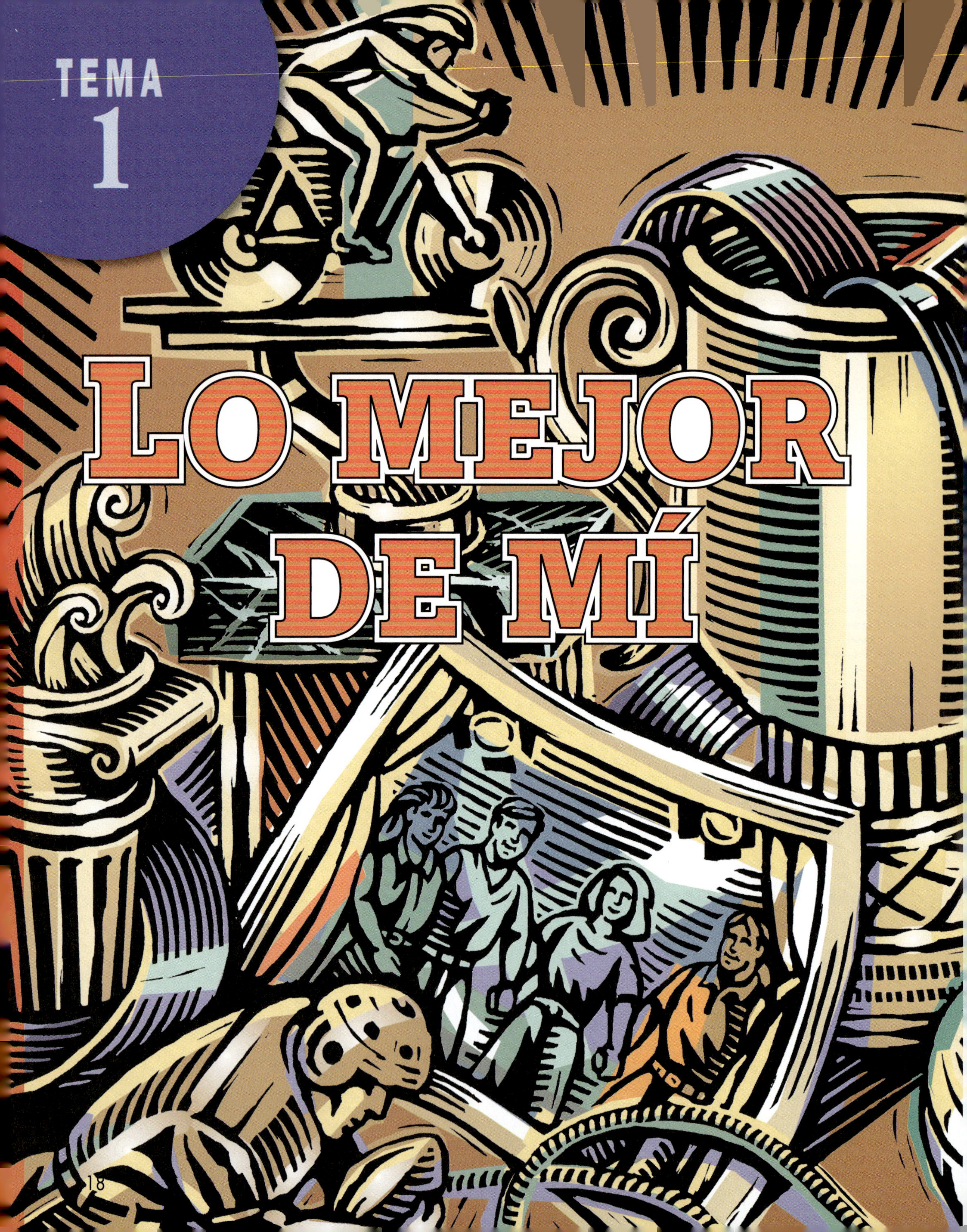
TEMA
1
LO MEJOR
DE MÍ

Contenido

El poder de las palabras

El diario de Elisa

costumbres

insoportable

pacto

porcelana

sintonizaba

orgullo

mansedumbre

"El diario de Elisa" cuenta las dificultades que tienen algunas personas que llegan a un país extranjero y no dominan el idioma que se habla en ese lugar. Es muy común que los viajeros escriban su propio diario. Lee las siguientes páginas del diario de una viajera mexicana en Londres.

12 de mayo, 2000

Hoy conocí por fin a alguien que venía también de México. ¡Me dio tanto gusto! Su nombre es Miguel. Juntos vamos a conocer las **costumbres** de los ingleses. El invierno inglés es tan frío que es casi **insoportable**. Pero Miguel y yo hicimos un pequeño **pacto**: estuvimos de acuerdo en pasar juntos el invierno para no ponernos tristes. Para que no olvidemos el pacto, Miguel me regaló una muñequita de **porcelana**, como de cerámica. La voy a traer siempre en mi bolsa para no sentirme sola.

15 de septiembre, 2000

Hoy se celebra el dia de la Independencia de México. Preparé comida mexicana e invité algunos amigos a cenar. Mientras yo calentaba la comida, Miguel **sintonizaba** una estación mexicana de radio a través de la Internet. Fue un gran **orgullo** el decir "¡Viva México!".

16 de septiembre, 2000

Mi amigo inglés, Jules, me llamó para disculparse. No pudo ir a la cena. Se había enfermado su perro, un pastor alemán. Se dio cuenta de que estaba malo cuando se acercó al cartero con la **mansedumbre** de un gato.

CONEXIÓN
Vocabulario-Escritura

Cada país tiene sus propias **costumbres** y tradiciones, pero también cada persona las tiene. Escribe algunas líneas, describiendo alguna costumbre de tu familia.

El diario

Género

Ficción realista

Una ficción realista habla acerca de personajes y sucesos que son como personas y eventos de la vida real.

En esta selección, busca

- **personajes que tengan sentimientos como personas de la vida real.**
- **un escenario conocido para la mayoría de los lectores.**

TEXTO DE Doris Luisa Oronoz

ILUSTRACIONES DE Byron Gin

de Elisa

Elisa, una niña de doce años, y su familia acaban de mudarse de Puerto Rico a Estados Unidos. Ella no habla inglés muy bien y se siente insegura hasta que conoce a José, un compañero de Guatemala.

"Hoy es el día más triste de mi vida", escribió Elisa en su diario un veinticinco de julio. Iba a continuar pero su padre tocó a la puerta y dijo: —Las nueve de la noche, mi niña. Hay que apagar la luz y dormirse.

Elisa guardó pluma y cuaderno en su mochila y obedeció al punto. En la semioscuridad podía distinguir los objetos de la habitación. Había estado aquí antes, sin embargo le parecía como si fuera la primera vez. La colcha de flores, cuyos tonos alegres y brillantes le gustaban tanto, hoy le parecían fríos y apagados.

Vio la ardillita de porcelana y recordó el día en que se la regalaron. Fue la primera vez que visitó este país. Vino a pasar una temporada con su abuela. Una noche escuchó un ruido como de algo escarbando en el plafón. Se asustó pensando que serían ratones y corrió a preguntar.

Tata la condujo al patio señalándole con un gesto que estuviera muy calladita. Cuando llegaron a la parte de atrás y justo en el techo de su cuarto vio a dos ardillas jugando. Se deslizaban por la rama de un árbol y saltaban a las tejas a recoger bellotas. Regresaban a la rama para luego hacer lo mismo.

En su país no había ardillas. Esto era una novedad, y la celebró tanto que cuando terminaron sus vacaciones, Tata compró la estatuilla y la colocó sobre la mesita de noche.

"Ahí te estará esperando para cuando regreses".

"Regresaré pronto, Tata. Me encanta este lugar. A lo mejor, algún día, vendré a vivir contigo".

Eso fue entonces y ahora es ahora.

"¿Quién necesita ardillas?" se dijo. Cerró los ojos y respiró profundo. Estaba cansada. Había sido un día muy largo que, por alguna razón, transcurrió lentamente. Esta mañana estaba en Puerto Rico y ahora aquí en los Estados Unidos de Norteamérica. Sólo que esta vez era para siempre. Una lágrima rodó por su cara y fue a parar a la almohada.

Elisa tenía doce años. Su hermano Francisco, quince. Le hubiese gustado ir a la misma escuela que él. Así se sentiría protegida. Pero los varones de esa edad no quieren cuenta con sus hermanas menores.

—Está insoportable —pensó en voz alta. En eso su hermano entró.

—¿Quién está insoportable? —preguntó Francisco.

—Tú —le contestó Elisa sin pestañear.

—Y eso ¿por qué? —preguntó su hermano sorprendido.

—Porque me dejas aquí sola todo el día y te vas a pasear.

—Chica, si tú no te atreves a salir —le respondió su hermano—. Mira, he conocido a algunos de los vecinos y son buena gente.

—¿Y en qué idioma les hablas, ah?

—Pues, en inglés.

—Me imagino los disparates que dices.

—Pero trato —contestó el hermano—. Lo que hay que hacer es atreverse. Si no me entienden, sigo haciendo señas hasta que algo pasa.

—Yo lo escribo bien. Y cuando leo, comprendo bastante. Ahora, si me hablan, no entiendo ni papa.

—Oye, la señora que vive en la casa de la esquina. . .

—¿Cuál? —interrumpió Elisa.

—La que me va a pagar por cuidarle el gato.

—¿Qué pasa con ella?

—Me contó que ella sintonizaba las noticias en la radio y así acostumbraba su oído y que, poco a poco, fue entendiendo mejor.

—No me gusta la radio —sentenció Elisa.

—Pon el televisor, pero eso sí, nada de novelitas color de rosa en español y esas boberías que te gustan.

—¿Qué quieres que vea?

—Cosas de acá, como juegos de béisbol, las grandes ligas y eso.

—¡Detesto los deportes!

—Ni modo, si prefieres ser una ignorante. . .

—Ay, ya no sigas.

Elisa se arrepintió de haber deseado estar en la misma escuela que el sabelotodo de su hermano. Tendría que resolver los problemas por su cuenta, pero ¿cómo?

Pasó el verano y llegó la hora de ir a la escuela. Fue allí donde conoció a José. Ese día escribió en su diario:

Conocí a un estudiante de Guatemala. Es muy callado. Se pasa todo el tiempo con la cabeza baja, haciendo dibujos en una libreta. Tiene los ojos negros y tristes. En un momento me pareció que iba a hablarme, pero no lo hizo. Sonrió y continuó con sus dibujos.

Leyó lo que había escrito y añadió: "Creo que me va a gustar esta escuela después de todo".

El caso es que no le gustó la escuela nadita de nada.

El segundo día de clases el maestro de inglés la llamó por su nombre, que más sonaba "Alisha" que "Elisa". Ella se levantó del pupitre anticipando un desastre. Y así fue. Le hicieron una pregunta y no entendió. Se la repitieron y, peor. Estaba tan tiesa que apenas balbuceó unas sílabas: —eh, ah, ah, uh. —No pudo continuar y se desplomó en la silla ante cuarenta miradas: incrédulas unas, burlonas otras. ¡Qué vergüenza!

Cerca del mediodía le llegó el turno a José. Él se levantó y, tímido, habló sobre las costumbres y tradiciones de su país. Mencionó al quetzal: un ave de plumaje suave, verde tornasolado y muy brillante, rojo en el pecho. Contó que este hermoso pájaro era el símbolo de autoridad de los mayas y que hoy día es el ave nacional de Guatemala. Para terminar, mostró a todos un dibujo a colores y les dijo con orgullo que el quetzal en su bandera es el emblema de su libertad nacional. Todos le aplaudieron. Él se sentó y, como siempre, bajó la cabeza y volvió a sus dibujos.

En la tarde cada estudiante escribió una composición. Elisa escribió sobre su tierra. Al igual que José, describió sus costumbres y tradiciones y explicó el simbolismo del escudo de Puerto Rico: en el centro verde aparece un cordero, emblema de la paz y la confraternidad. Sobre el cordero, un haz de flechas, simbólicas de la fuerza creadora, y más arriba, un yugo, que representa la unión y armonía de esfuerzos para grandes logros. Pensó que no le había quedado tan mal, pero. . . Escribir era una cosa y hablar, otra.

Esa noche no abrió su diario. Estaba cansada de quejarse, aunque fuera a la tinta y al papel.

A la mañana siguiente Elisa sonrió por primera vez desde que empezaran las clases. La calificación de su composición estuvo por encima del promedio. Sintió deseos de enseñársela a todos para que vieran que no era tan torpe pero no lo hizo. Quizás a José. Sí, a él.

Y así pues, durante el receso lo llamó y le mostró con orgullo su papel. Él lo miró y bajando los ojos le dijo con una breve sonrisa:
—Enhorabuena.

—Gracias —dijo Elisa—, ¿y a ti cómo te fue?

—Regular.

—Seguro que sacaste A y no quieres que me avergüence de nuevo.

—No es eso, Elisa. Es que. . . yo aprendí inglés escuchando a los demás, como quien dice, en la calle. Nunca estudié el inglés como materia formal. Lo escribo como lo oigo y, todo me sale mal.

Elisa leyó el papel que él le extendió y se dio cuenta inmediatamente. No supo qué decirle.

—Pero lo hablas muy bien —lo trató de animar Elisa.

—Hablar es una cosa y escribir es otra.

—Y viceversa —dijo Elisa.

—Y lo contrario —contestó José.

—Y al revés —añadió Elisa.

Rieron tanto que los demás se acercaron a ver cuál era el chiste. Pero ellos no contaron a nadie su secreto.

Esa tarde hicieron un pacto. Ella le ayudaría con la escritura, y él, a su vez, con la pronunciación.

Doce años más tarde, Elisa se preparaba para ir al trabajo. Jaló una caja de zapatos de la tablilla de arriba y con la prisa, se le cayeron encima varios objetos. Entre ellos, su viejo diario. Cayó abierto en la última página. Lo recogió y leyó:

Hoy recibo mi diploma de Escuela Superior. Cuando me miré al espejo con mi toga y mi birrete y mis cordoncillos dorados de "altos honores" me acordé de la niña que llegó aquí confusa, asustada y triste. Soy feliz.

Guardó el cuaderno, se vistió y se dirigió a su trabajo. Cuando entró al salón de clases sus estudiantes la miraron, tímidos unos, confusos otros, asustados algunos . . . Vio las miradas tristes del primer día de clases que conocía tan bien.

Abrió su libreta de trabajo, pensó un momento, y la cerró. Se puso de pie y escribió en el pizarrón: Unión y armonía de esfuerzos.

Entonces les dijo: —Voy a contarles la historia de un quetzal que bajó a la llanura con la mansedumbre de un cordero, y de un cordero que se remontó a las alturas con las alas de un quetzal.

Reflexionar y responder

1. ¿Cómo trabajan juntos Elisa y José para superar su dificultad en comunicarse en inglés?
2. En base a lo que Elisa escribía en su diario, ¿qué crees que la autora quiere que pensemos sobre Elisa?
3. ¿Cómo les ayudó a Elisa y José hablar sobre las **costumbres** y tradiciones de sus países?
4. ¿Qué crees que Elisa va a decir a sus alumnos al final del cuento? ¿Por qué?
5. ¿Qué estrategia de lectura utilizaste para leer este relato? ¿Cuándo la usaste?

Conoce a la autora

Doris Luisa Oronoz

¿Qué la inspiró a convertirse en escritora?

Siempre quise ser escritora. Escribí mi primer poema cuando tenía seis años y desde entonces siempre escribo. Pero tenía otras prioridades, como la familia y el trabajo, hasta que un día decidí que había llegado mi hora. Entonces terminé y publiqué mi primer libro. Ahora ya no puedo detenerme; tengo que seguir escribiendo. Escribir es mi verdadera vocación.

¿Cuál fue su propósito al escribir "El diario de Elisa"?

Compartir con los niños las emociones que sintió mi hija Elisa cuando llegó a Estados Unidos, que son las mismas que todos sentimos cuando dejamos nuestro lugar de nacimiento para iniciar una vida nueva en otra parte del mundo. Elisa descubrió que no estaba sola, había otros como ella: José, por ejemplo. Y a pesar de haber venido de países diferentes aprendieron que podían ayudarse mutuamente y triunfar. Por cierto que Elisa es ahora maestra de español y José, el niño de Guatemala, es su esposo. Son muy felices y continúan ayudándose y ayudando a los demás.

Visita *The Learning Site*
www.harcourtschool.com

Hacer conexiones

Compara textos

1. ¿Por qué crees que esta selección está incluida dentro del tema Lo mejor de mí?
2. Contrasta los sentimientos expresados por Elisa al principio de la selección y cuando se le cae su diario al jalar la caja de zapatos.
3. Fíjate en la forma en la que Byron Gin dibuja a Elisa. ¿Te la imaginabas diferente? Explica tu respuesta.
4. Compara esta selección con otra ficción que hayas leído y que se desarrolle en una escuela.
5. ¿Te gustaría leer más cuentos de Doris Luisa Oronoz? Explica tu respuesta.

Escribe un párrafo que explique

CONEXIÓN con la Escritura

Por lo general, justo antes de empezar algo nuevo (como cuando nos cambiamos de casa, de escuela o de país) nos sentimos inseguros y con miedo. ¿Recuerdas lo que sentiste al iniciar la primaria? Escribe un párrafo donde describas lo que sentiste al ingresar a primaria. Utiliza un diagrama de Venn para organizar tus ideas.

Haz una representación

Con unos compañeros, representen frente al grupo un diálogo de Elisa y el guatemalteco José. Escojan una escena de "El diario de Elisa". Decidan qué personaje van a representar. Si lo desean, pueden aumentar diálogos a la conversación original de la historia.

CONEXIÓN con las Artes dramáticas

Haz una tabla

Usa la Internet o alguna enciclopedia impresa para investigar las características de una persona famosa de la historia. En la columna de la izquierda, escribe adjetivos que la describan. En la derecha, provee evidencia para cada adjetivo que seleccionaste.

CONEXIÓN con los Estudios sociales

Julio César	
Poderoso	Dictador de Roma
Compasivo	Hizo leyes para ayudar a los pobres.

Elementos narrativos

El tema de una historia es el mensaje principal que el autor de un texto quiere transmitir. Por lo general, el tema está relacionado de algún modo con la vida real. ¿Cuál crees que sea el tema de "El diario de Elisa"? Para identificar el tema, tienes que tomar en cuenta todo lo que sabes a partir de la historia.

Escenario	Estados Unidos
Problema	Elisa y Miguel tienen dificultades tratando de acostumbrarse al nuevo idioma y personas que los rodean en su nuevo hogar.
Acciones de los personajes	*Elisa*: Tiene problemas para hablar en el salón de clases. Escribe una composición y saca buena nota. *José*: Hace una presentación y habla inglés muy bien, pero no sale muy bien en su composición porque tiene dificultades para escribir el inglés.

Los autores podrían dar otros datos para que puedas identificar el tema. Por ejemplo, ¿por qué crees que Elisa y José son los personajes principales de la selección? Tal vez la autora escogió a Elisa y a José para mostrar que siempre hay personas con problemas similares y uno puede ayudar al otro. Si aplicas esta idea a tu vida cotidiana, entonces habrás identificado por completo el tema: ayudándose mutuamente se puede triunfar.

Visita *The Learning Site*
www.harcourtschool.com

Ve Destrezas y Actividades

Preparación para las pruebas

Elementos narrativos

▶ **Lee el pasaje. Después contesta las preguntas.**

María entró tímidamente en el salón de clases. Era su primer día en esa escuela. Su maestra había sido muy comprensiva y atenta, pero María no sabía cómo hacer nuevos amigos. Todos parecían conocerse desde hacía años y ella se sentía fuera de lugar. De pronto, otro estudiante se le acercó y la tocó en el hombro.

—Hola. Me llamo Juan —dijo con una sonrisa—. Si quieres podemos compartir mi libro de historia. Yo sé lo que se siente al ser el nuevo de la clase.

1. ¿A qué problema se enfrenta María?

A Perdió su libro de historia.

B No sabe cómo hacer nuevos amigos.

C A nadie le cae bien.

D Está nerviosa por conocer a la maestra.

Sugerencia

Elimina las opciones de las que no tengas evidencia en el pasaje. Por ejemplo, ¿se dice algo de que a nadie le cae bien María?

2. El tema del pasaje es que—

F es divertido ser un estudiante nuevo.

G siempre tienes que prepararte para la clase.

H nunca debes llegar tarde a clase.

J los otros pueden comprender cómo te sientes.

Sugerencia

¿Qué mensaje de la vida real quiere el autor que comprendas?

El poder de las palabras

Yang el mayor y sus trabajos extraños

novedad

techada

vendedores

acompañamiento

vibrante

tensión

ridículo

En la siguiente selección, un músico necesita dinero para un nuevo violín. Ahorrar lo suficiente para comprar algo se puede convertir en un gran problema. Aunque, a veces, la solución suele estar a la vuelta de la esquina.

Comienza la Feria del Mercado

Los malabaristas de la Feria del Mercado son una verdadera **novedad** pues es la primera vez que se presentan en la feria. Atraen clientes para las tiendas **techadas** que se han puesto a lo largo de la plaza del mercado. Todos los **vendedores** quieren vender sus productos a los visitantes; cuanto más rápido se venda todo, más temprano se irán a casa.

Presentación de los estudiantes de música

El pasado sábado, la voz de los estudiantes de la Escuela de música de la avenida Washington se vio armonizada con el **acompañamiento** al piano del director de la escuela. Cerraron su interpretación con una **vibrante**, emotiva y larga nota alta, que sostuvieron por largos segundos sin tomar aliento. Al finalizar, los estudiantes de danza hicieron su aparición frente al público.

La Feria del Pueblo: ¡un éxito!

Quien estuviera de mal humor, toda esa **tensión** de seguro le hubiera desaparecido en la Feria del Pueblo. Los payasos fueron tan graciosos que los niños y adultos no dejaron de reír durante aquella **ridícula**, incluso absurda, presentación. Lo hicieron tan bien que sería una "payasada" no invitarlos a la feria del próximo año.

CONEXIÓN
Vocabulario–Escritura

Hay muchas formas interesantes de ganar dinero. Piensa en un trabajo que sea tan original y nuevo, que a todo el mundo le parezca una **novedad**. Haz una lista de las razones por las que crees que es interesante.

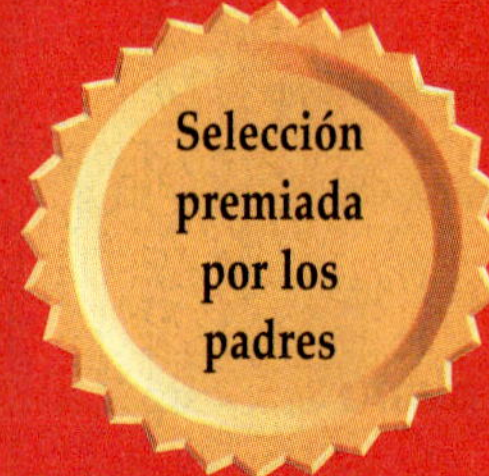

Género

Ficción realista

Un cuento de ficción realista relata cosas de personajes y sucesos que son como personas y eventos de la vida real.

En esta selección, busca

- **una trama con un principio, un medio y un final.**
- **un personaje principal que supere un desafío.**
- **lenguaje figurado.**

Hermano Mayor, de la familia musical Yang, aspira a ser un violinista famoso algun día, pero primero necesita un nuevo violín para reemplazar el que trajo de China. Echó ojo a un violín hermoso hecho a mano, pero es muy costoso. Hermano Mayor, quien nunca había trabajado antes, quiere ganar dinero para comprarlo. Afortunadamente para él, Cuarto Hermano y Tercera Hermana están dispuestos a ayudarlo.

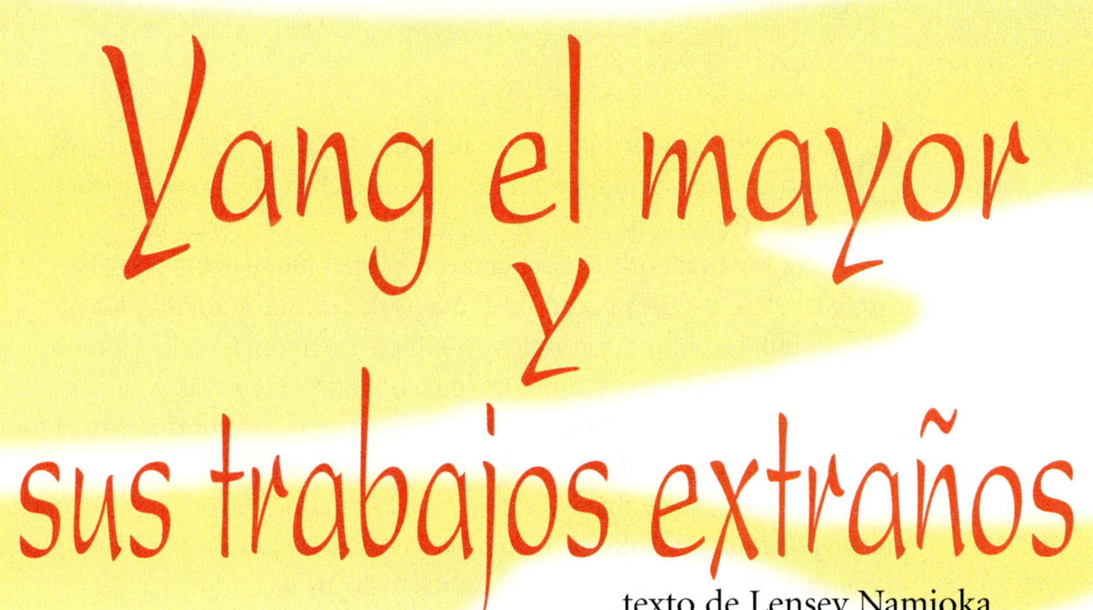

Yang el mayor y sus trabajos extraños

texto de Lensey Namioka
ilustraciones de Kees de Kiefte

Siempre había admirado la fortaleza de Hermano Mayor. Lo había visto escalar sin ningún temor un enorme árbol para rescatar a nuestra gata Rita. Podía tocar una melodía difícil por horas, repitiéndola una y otra vez hasta que la ejecutaba a la perfección. Parecía no haber nada que él no pudiera hacer. Pero una noche en que cuidaba a los niños de los Schultz se agotó su fortaleza y lo hizo envejecer. Con los hombros caídos, subió las escaleras como un anciano. En tiempo real le podría tomar unos tres años para ganar suficiente dinero para comprar un violín decente, pero se sentía como si fueran cincuenta años.

—¡Encontré el trabajo perfecto para Hermano Mayor! —dijo Cuarto Hermano al día siguiente—. La señora Conner nos llevó a Mathew y a mí al mercado Pike Place. Ahí vimos a unos músicos tocando en la acera. ¡Parecían ganar bastante dinero!

Yo ya había estado en el mercado Pike Place antes. Es un lugar muy popular entre los habitantes de Seattle y para los turistas. En la parte techada hay muchos puestos llenos de color en los que se venden vegetales, frutas y flores. También hay tiendas que venden pescado, salchichas y carne fresca. Muchos artistas vienen a este mercado a vender sus cuadros, esculturas y otras obras. Los coloridos puestos y la animada charla de los vendedores me hacen recordar los mercados al aire libre que hay en China.

—No recuerdo haber visto músicos en el mercado Pike Place —dije—. Sólo vi a un organista con un mono. No esperarás que Hermano Mayor toque el organillo, ¿o sí? Además, ¿de dónde sacaríamos un mono?

—Yo podría dar brincos y pasar una taza para pedir ayuda al público —dijo Cuarto Hermano y se echó a reír—. Pero hablando en serio, Mathew y yo vimos a un flautista y un violinista que formaban un dueto. Tenían los estuches de sus instrumentos abiertos en el piso para que la gente arrojara monedas.

De alguna manera, no me gustaba la idea de que Hermano Mayor tocara el violín en la calle para que las personas arrojaran monedas a su estuche.

—Eso sería como pedir limosna.

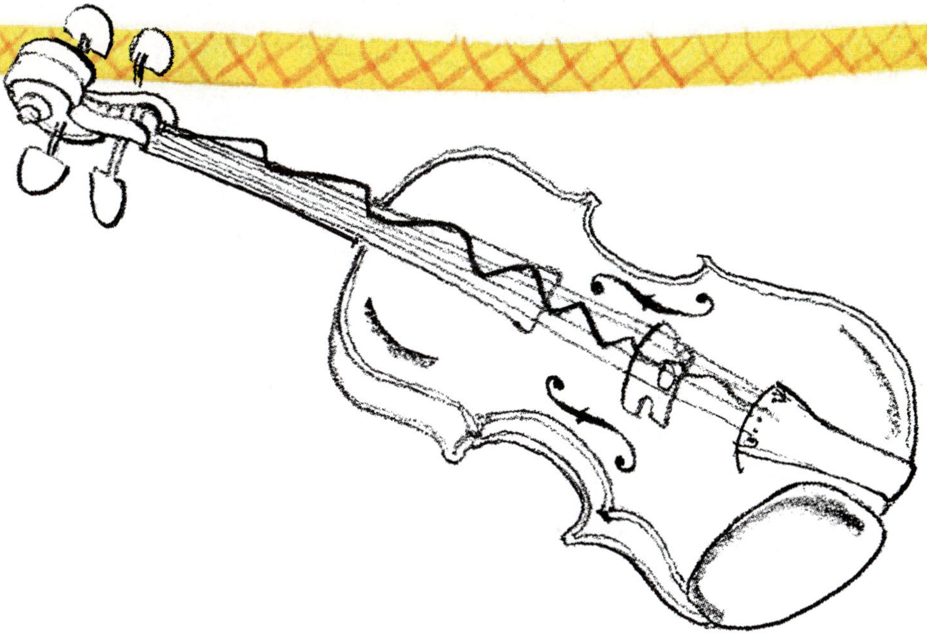

—¡Tocar no es pedir limosna! —protestó Cuarto Hermano—. Él ganaría dinero y las personas disfrutarían de su música. No creo que sea tan diferente de tocar en un concierto donde el público compra su boleto.

Ése era un punto a su favor.

—¿Y crees que Hermano Mayor de verdad pueda ganar dinero de esa manera? —pregunté.

—Los muchachos que vimos tocar en la calle tenían un montón de billetes de un dólar y hasta algunos de cinco dólares —dijo Cuarto Hermano—. Y ni siquiera eran tan buenos. Apuesto a que Hermano Mayor lo haría mucho mejor.

Quizá valiera la pena intentarlo. Cuando le mencioné a Hermano Mayor la idea de tocar en el mercado Pike Place, reaccionó como yo lo había hecho en un principio.

—¡Eso sería como pedir limosna! —dijo, ofendido—. ¡Necesito dinero, pero no estoy desesperado!

Entonces usé el argumento de Cuarto Hermano.

—No es como pedir limosna. Es más bien como un concierto al aire libre, ya que sólo tocarás, no pasarás un sombrero para pedir ayuda. Quienes te escuchen lo apreciarán y estarán gustosos de cooperar.

Como vi que Hermano Mayor aún dudaba, agregué:

—En lugar de cambiar pañales y calentar biberones, harás algo que te encanta: ¡tocar el violín!

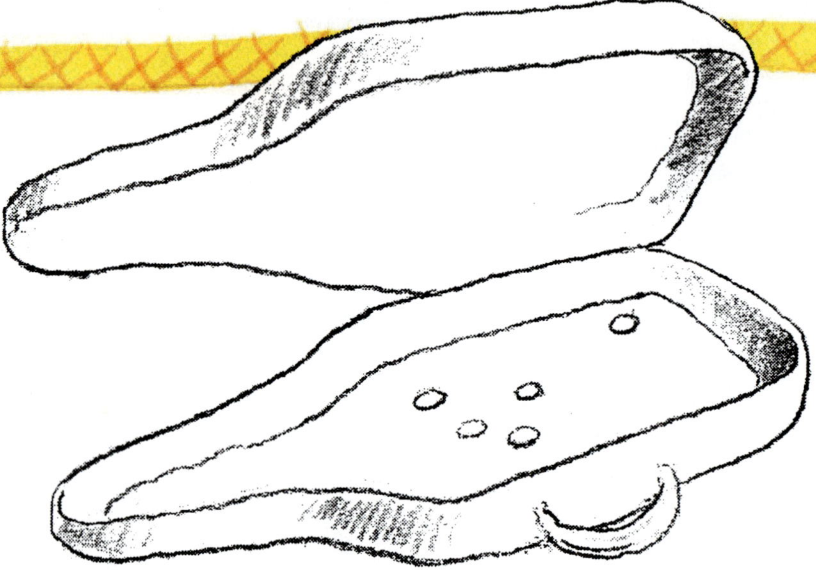

Hermano Mayor por fin se convenció.

—Está bien, de acuerdo. Lo intentaré. ¿Qué puedo perder, excepto mi dignidad?

Al día siguiente, Hermano Mayor y yo tomamos el autobús que va al mercado Pike Place. Como era un día entre semana, no había tantos turistas como en los fines de semana. Vimos a un hombre que retorcía un par de globos para formar la figura de un perrito, y después de fingir algunos ladridos, logró vender la figura a un niño.

Hermano Mayor frunció el entrecejo.

—¿Eso significa que tengo que ladrar para atraer al público?

Tenía que ponerlo de buen humor y la música era la mejor manera de lograrlo.

—¿Por qué no empiezas a tocar?

Hermano Mayor abrió el estuche y sacó su violín. Como esperaba, una vez que empezó a tocar, su tensión desapareció. Había elegido una sonata sin acompañamiento de Telemann, una pieza muy difícil que requería toda su concentración. Para él, las personas que caminaban por la acera se habían vuelto invisibles.

Miré a nuestro alrededor. Parecía que Hermano Mayor también era invisible para las otras personas. Pasaban junto a nosotros sin prestar atención. Compraban fruta, vegetales, flores y hasta delantales bordados.

Sólo una niña se detuvo a escuchar por un momento y puso una moneda de veinticinco centavos en el estuche de Hermano Mayor, pero luego se alejó corriendo. El vendedor de globos llamaba más la atención que nosotros.

Decidí explorar el resto del mercado. Caminé casi hasta el otro extremo de la sección techada antes de ver a otros músicos. Primero escuché un sonido parecido al de un organillo. Entonces vi la escena: había un par de muchachos que tocaban el himno de "Las barras y las estrellas".

Ésta es una pieza que suele ejecutarse con una banda completa, con grandes instrumentos de viento, y escucharla al compás de unas delicadas flautas de madera me pareció casi ridículo. Supongo que ésa era la intención de los ejecutantes. La pequeña multitud que se había reunido aplaudió y se echó a reír al final de la pieza. Los dos muchachos, un chico y una chica agradecieron al público con gestos exagerados y grandes reverencias. El secreto, al parecer, consistía en hacer el acto divertido.

Puse una moneda en la caja de los muchachos y observé lo que había en su interior. Sólo unas cuantas monedas. No me pareció una forma prometedora de ganar mucho dinero.

Regresé con Hermano Mayor. Había reunido una pequeña audiencia: un par de turistas que llevaban un montón de flores y recuerdos de Seattle entre los brazos. Escucharon la sonata hasta el final y aplaudieron tanto como se lo permitió su carga. Mientras el hombre cargaba las flores, la mujer abrió su bolso. Después de luchar con el contenido del mismo, se las arregló para pescar un billete de un dólar. Ésa fue la mayor contribución que recibió Hermano Mayor aquel día.

Sin embargo, eso lo animó lo suficiente. Después de guardar su violín, se acercó a los muchachos de las flautas. Se echó a reír a carcajadas cuando empezaron a tocar el primer movimiento de la Quinta sinfonía de Beethoven. Luego charló un rato con ellos. Luego lo vi charlar con otros muchachos de su edad. Siempre habíamos pensado que estaba demasiado inmerso en su música para hacer amigos. Por primera vez dudé que estuviera tan solo como habíamos pensado.

Cuando regresamos de nuestra primera visita al mercado Pike Place, Cuarto Hermano nos preguntó cómo nos había ido. Le dije que tendríamos que pensar en algo más.

—No hay suficientes personas y tardaríamos demasiado en reunir el dinero que necesitamos.

—Los muchachos de las flautas me sugirieron que tocara en una feria a la que acuden montones de personas —dijo Hermano Mayor—. Ellos mismos ganaron mucho dinero en una de esas ferias.

—¿Hay alguna feria anunciada en los próximos días? —pregunté.

—¡Habrá una en la calle Freemont el próximo fin de semana! — dijo Cuarto Hermano.

El sábado nos dirigimos a la calle Freemont. Tuvimos suerte con el clima. En Seattle, el verano es la estación más seca del año, pero eso no significa que siempre saldrá el sol. Por fortuna, el día de la feria no había una sola nube en el cielo.

Cuarto Hermano y yo acompañamos a Hermano Mayor a la feria para darle apoyo moral. Cuando llegamos a la calle Freemont, había subido la temperatura y ya había mucha gente en la feria.

En ambos lados de la calle había casetas de muchos colores en las que los artistas exhibían sus pinturas, dibujos, fotografías, piezas de cerámica, joyería, camisetas bordadas, animales de felpa, velas. . . . Flotaban en el aire aromas maravillosos de los puestos de comida: *shish kebab*, fideos chinos, salchichas con ajo. . . .

Estaba tan absorta que casi se me olvidó por qué habíamos venido. Un hermoso collar de cuentas llamó tanto mi atención que empecé a sacar mi billetera. Pensar en dinero me hizo recordar que nuestro propósito era *ganar* dinero, no *gastarlo*. Había llegado el momento en que Hermano Mayor empezara a tocar y a ganar dinero.

No fue fácil encontrar un sitio donde pudiera colocar su atril. Literalmente nos codeábamos con todo tipo de personas ("codearse con alguien" es una de mis expresiones favoritas en este país). Por fin encontramos un lugar cerca del canal. Había menos personas, pero se sentía una brisa fresca gracias al agua.

—Con todo este ruido no sé si alguien escuchará siquiera una nota —murmuró Hermano Mayor, mientras desdoblaba el atril para colocar su partitura. De pronto, la partitura voló por los aires.

Cuarto Hermano actuó con rapidez y alcanzó la partitura antes de que cayera al canal. Parece que ya había pensado en el viento, porque sacó de su bolsillo un par de pinzas de ropa con las que sujetó la partitura al atril. Estábamos listos para la acción.

Hermano Mayor afinó su violín e hizo una mueca de disgusto al escuchar un barullo. Sin embargo, había barullo por todas partes, así que no le dio importancia. Eligió una de sus piezas favoritas (una sonata sin acompañamiento de Bach) y empezó a tocar. Su ejecución era tan hermosa que cerré los ojos por un momento para que la música me absorbiera. Los ruidos a nuestro alrededor parecían perderse en la distancia.

—Nadie está escuchando —dijo Hermano Mayor en voz baja.

Abrí los ojos y miré. Tenía razón. La multitud nos ignoraba. Algunas personas daban un vistazo a Hermano Mayor, pero la mayoría pasaba sin siquiera volverse a verlo.

A la distancia, un malabarista hacía trucos con tres antorchas. Su rostro estaba completamente blanco, con excepción de los labios pintados de rojo brillante y unas pestañas de dos pulgadas de largo que se había pintado alrededor de los ojos. Mientras hacía malabares, contaba chistes y su rostro pintado de blanco con los labios rojos me produjo una sensación de miedo. Sin embargo, el público parecía encontrarlo divertido. ¿O era que Hermano Mayor también debería usar maquillaje?

—Hermano Mayor —le susurré—. ¡Creo que necesitas tocar algo más rápido y fuerte!

Tuve que esperar algunos segundos para que Hermano Mayor detuviera su inspirada ejecución de Bach. Finalmente parpadeó y se dio cuenta de que le hablaba.

—¿Dijiste algo?

Le señalé al malabarista y a la multitud que lo rodeaba.

—Si deseas llamar la atención de la gente, tendrás que tocar algo más atractivo.

De inmediato comprendió. En su escuela, el director de la orquesta les había enseñado algunas piezas que harían despertar al público. Buscó entre sus partituras y tomó una enérgica jiga irlandesa.

—Toca fuerte y con entusiasmo —le dije.

Hermano Mayor asintió con la cabeza. Se sumergió en la pieza, moviéndose y marcando el compás con el pie. Esta vez logró que algunas personas se detuvieran frente a él, al menos por un instante, aunque quizá esto se debía en parte a que el malabarista había hecho una pausa para tomar un refrigerio.

Hermano Mayor terminó la pieza con un artístico movimiento de su arco en el aire. Cuarto Hermano y yo empezamos a aplaudir y quienes se habían acercado hicieron lo mismo. Una niña que apenas caminaba se acercó con dificultad para darnos un billete de un dólar que le había dado su madre. Lentamente y con mucho cuidado, la niña depositó el billete en el estuche de Hermano Mayor. Luego dio vuelta y lo miró con una gran sonrisa. Todos se rieron. Otras personas también se acercaron a darle algo de dinero.

Mientras Hermano Mayor afinaba su instrumento y preparaba su arco, me asomé a ver el contenido del estuche: había varios billetes de un dólar, uno de cinco dólares, algunas monedas de veinticinco centavos y hasta una de un centavo. Quien había depositado ese centavo en el estuche era un avaro, o simplemente odiaba las jigas irlandesas. Bueno, no siempre se gana.

Ahora que Hermano Mayor sabía que podía atraer la atención del público, no perdió tiempo y les lanzó un par de piezas bastante fuertes y rápidas. El público aumentó y también el dinero en el estuche. Las cosas marchaban mucho mejor que en el mercado Pike Place.

Para variar un poco, Hermano Mayor también tocó algunas rítmicas melodías populares chinas. Cuando empezó a tocar "La canción del tambor de la flor", vi en el piso un cubo vacío de helado, así que lo puse boca abajo y empecé a tamborilear como acompañamiento. Al público le gustó mucho eso y empezó a lanzar más dinero al estuche.

Después de las siguientes dos piezas tuvimos que hacer una pausa. Hacía mucho calor y Cuarto Hermano se ofreció a traernos un refresco, pero tardó tanto que Hermano Mayor decidió continuar con la música. Por extraño que parezca, esta vez no logró atraer a tantas personas como antes. Sólo un vibrante capricho de Paganini reunió a cuatro personas.

Cuarto Hermano por fin regresó con los tres vasos de limonada.

—¿Dónde estabas? —le pregunté—. ¡Nos moríamos de sed!

—Estaba escuchando a nuestros competidores —dijo—. ¿Los escucharon?

El sonido de un violín flotó hasta nuestros oídos desde el canal. Percibí algunos compases de Mozart. No era la mejor ejecución que había oído, pero me pareció un buen esfuerzo.

—Eso no parece mucha competencia, ¿o sí? —dije.

—No, pero hay muchas personas a su alrededor —dijo Cuarto Hermano—. Creo que deberían ir a ver.

Lo seguí hasta el lugar de donde provenía la música. Mientras nos acercábamos, la multitud se hacía cada vez mayor. Entonces pude ver al ejecutante y supe la razón de su éxito. Se trataba de una niña de unos cuatro años de edad con largos rizos dorados y un vestido de color rosa cubierto de encajes.

—Tenemos problemas —le susurré a Cuarto Hermano—. Hermano Mayor no tendrá oportunidad contra alguien así.

—Bueno, no es tan mala, después de todo —dijo Hermano Mayor, que se había acercado con el violín en la mano—. Me gusta su fraseo.

Escuché con más atención y me di cuenta de que Hermano Mayor tenía razón. La niña era demasiado tímida para dar mayor expresión a su ejecución, pero parecía conocer bien el significado de una pieza de Mozart.

Sin embargo, tuvo algunos problemas con un pasaje. No logró ejecutar debidamente los adornos; son movimientos muy rápidos. De pronto oí esas notas detrás de mí. Hermano Mayor no había resistido la tentación de mostrarle a la niña cómo se ejecutaba aquel pasaje.

La niña se detuvo por un momento y lo miró con atención. Luego tomó su arco y tocó el pasaje de nuevo.

—¿Así? —le preguntó.

—No del todo —respondió Hermano Mayor, y repitió el pasaje más lentamente.

La niña asintió con la cabeza y empezó a tocar de nuevo. Esta vez lo hizo correctamente. La niña continuó con la pieza y Hermano Mayor decidió acompañarla con unos compases de segundo violín que improvisó sobre la marcha. El padre de la niña, que la miraba de cerca, frunció el ceño en señal de disgusto. Supongo que creyó que Hermano Mayor se había entrometido en el acto de su hija.

Pero a la multitud le gustó el dueto. Al terminar la pieza, se escuchó un gran aplauso y hasta silbidos de júbilo. El dinero cayó por montones en el estuche de la niña. Su padre agradeció y se acercó a nosotros.

—Bueno, parece que hoy Lisa tuvo una lección de violín gratis.

—No lo hace tan mal —dijo Hermano Mayor y le sonrió a la niña. El padre de la pequeña observó el dinero que había en el estuche. Sus ojos se alargaron mientras hacía cuentas.

—Oigan, tal vez ustedes dos podrían formar un dueto. Dividiríamos las ganancias y ambos ganaríamos buen dinero.

Hermano Mayor lo miró asombrado.

—Bueno. . .

—¿Por qué no tocas con ella? —le dije.

—Sí, ésa es una buena idea —dijo Cuarto Hermano.

Ese día, Hermano Mayor tocó varios duetos con la niña del vestido rosa. Algunas veces se detenía a explicarle cómo ejecutar un pasaje en particular. Al público parecía gustarle eso.

El padre de la niña estaba encantado con el éxito del dueto.

—Esto es una novedad. Nadie había visto lecciones de música en público —dijo.

Yo mismo pagaría por *no* tener que escuchar lecciones de música, pero sabía que él tenía razón. Lisa tenía un talento genuino para la música y era gratificante oírla mejorar cada vez.

—He llevado a Lisa a varias ferias —nos dijo su padre—, pero nunca hemos ganado tanto dinero.

"Hermano Mayor tampoco lo hizo del todo mal", me dije a mí misma.

Reflexionar y responder

1. ¿Cómo la familia de Hermano Mayor trata de ayudarlo a resolver su problema?
2. ¿Qué hace la autora para dar vida al mercado y la feria?
3. ¿Cómo sería diferente el cuento si hubiera sido contado por Hermano Mayor en vez de su hermana?
4. Hermano Mayor se preocupa porque se verá **ridículo** si toca el violín por dinero. ¿Crees que pierde su dignidad? Explica tu respuesta.
5. ¿Qué estrategia usaste para ayudarte a entender lo que leíste?

Conoce a la autora
Lensey Namioka

Cuando tenía sólo ocho años, Lensey Namioka escribió su primer libro, *Princess with the Bamboo Sword.* "Escribí mi libro en hojas de papel de desecho y las cosí con hilo", se acuerda. Como adulto, Namioka ha escrito más de 20 libros, muchos de ellos premiados.

Antes de mudarse a Estados Unidos a la edad de nueve años, Namioka vivió en Beijing, China, con sus padres. Su padre escogió su primer nombre, Lensey, basado en el sistema fonético chino que él ayudó a crear. Podría ser la única persona en el mundo con su nombre gracias al ingenio de su padre.

Sus experiencias personales para adaptarse a la vida como china-estadounidense han influido en las historias de Namioka acerca de los Yang, una familia ficticia que emigró de China a Estados Unidos. "He escrito historias sobre cómo es la experiencia de mudarse a un país nuevo y aprender un idioma nuevo", dijo ella.

Como la familia Yang, Namioka vive en Seattle, Washington, con su familia. Cuando no escribe, se mantiene ocupada con la música.

Lensey Namioka

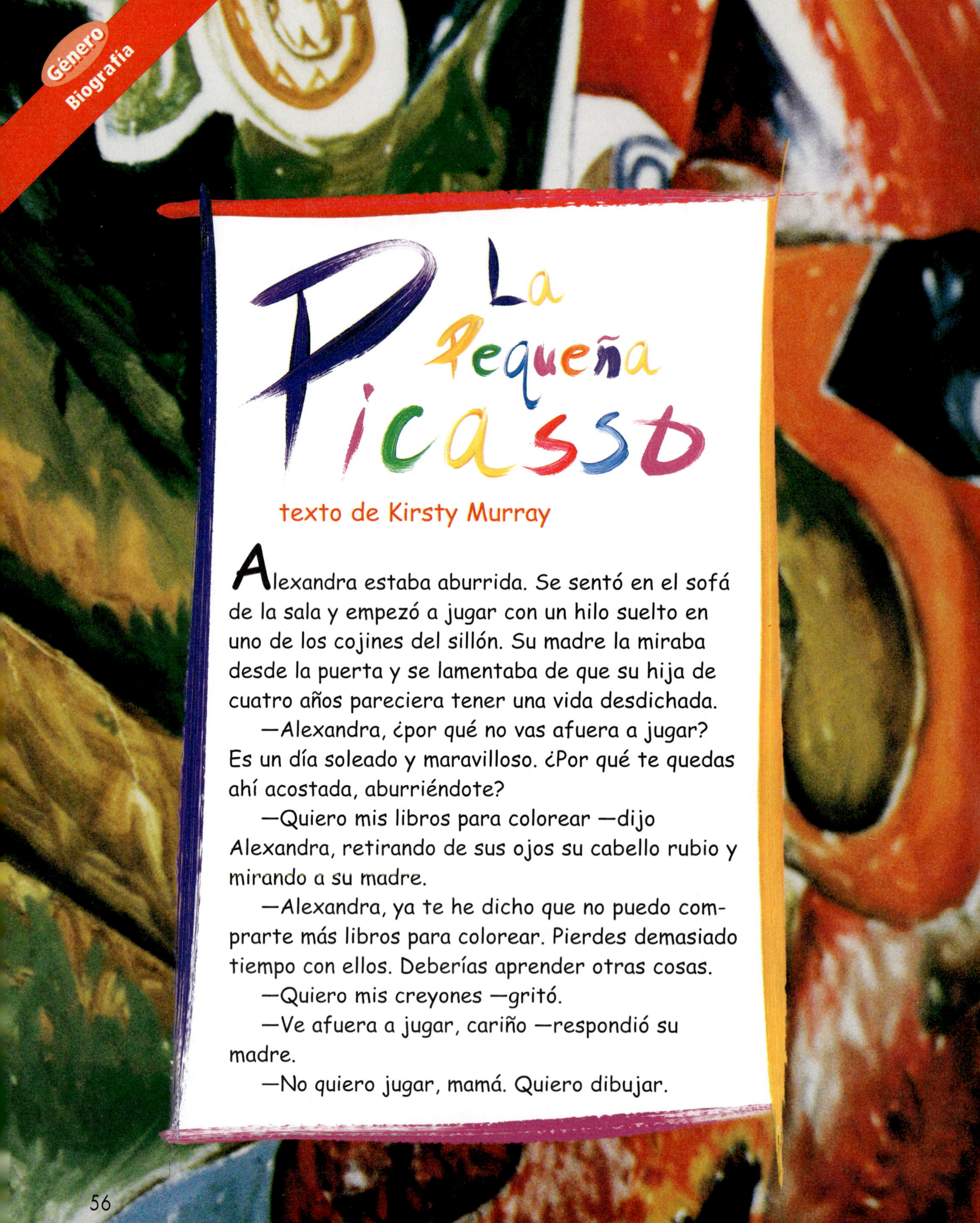

Género
Biografía

La Pequeña Picasso

texto de Kirsty Murray

Alexandra estaba aburrida. Se sentó en el sofá de la sala y empezó a jugar con un hilo suelto en uno de los cojines del sillón. Su madre la miraba desde la puerta y se lamentaba de que su hija de cuatro años pareciera tener una vida desdichada.

—Alexandra, ¿por qué no vas afuera a jugar? Es un día soleado y maravilloso. ¿Por qué te quedas ahí acostada, aburriéndote?

—Quiero mis libros para colorear —dijo Alexandra, retirando de sus ojos su cabello rubio y mirando a su madre.

—Alexandra, ya te he dicho que no puedo comprarte más libros para colorear. Pierdes demasiado tiempo con ellos. Deberías aprender otras cosas.

—Quiero mis creyones —gritó.

—Ve afuera a jugar, cariño —respondió su madre.

—No quiero jugar, mamá. Quiero dibujar.

Para Alexandra Nechita vivir sin dibujar era como vivir sin respirar. Aunque sus padres habían dejado de comprarle libros para colorear, Alexandra no había renunciado a su pasión. Cuando por fin recuperó sus creyones, empezó a dibujar al reverso de las hojas para computadora que su madre traía a casa de su oficina.

Alexandra Nechita estaba destinada a ser un prodigio de la pintura. Nació en Rumania el 27 de agosto de 1985. Apenas tenía un año de edad cuando sus padres emigraron a Estados Unidos y se establecieron en un pequeño apartamento en Los Ángeles, California.

Cuando Alexandra cumplió dos años, sus padres le regalaron su primer estuche de creyones. Al cumplir cinco años, Alexandra ya pintaba acuarelas. Podía dibujar y pintar por horas sin descanso. A los siete años empezó a usar óleos y acrílicos sobre lienzos. Aunque sus padres le compraban todo el material que necesitaba, a veces deseaban que no pintara cuadros tan coloridos, pues las pinturas les costaban una fortuna. Incluso adaptaron una habitación para que su hija tuviera su propio estudio, pero pronto el pequeño apartamento empezó a llenarse con la obra de Alexandra.

A los ocho años, Alexandra empezó a tomar lecciones de arte, pero cuando su maestro vio su trabajo, se dio cuenta de que tenía un talento único y consideró que sería mejor que lo desarrollara por cuenta propia, así que la envió de regreso a casa.

Había tantas pinturas en el apartamento que los padres de Alexandra decidieron exhibir las obras por las bibliotecas locales. Pronto se vendió la primera de ellas por 50 dólares.

Tiempo después, un agente dedicado al arte se impresionó al ver una de sus pinturas. Cuando le dijeron que la pintora sólo tenía ocho años de edad, pensó que se trataba de una broma y se negó a creerlo. Localizó a la familia Nechita y pidió observar a la niña mientras trabajaba. Después de verla pintar durante un par de horas, se dio cuenta de que el talento de Alexandra era auténtico y decidió promover a la joven prodigio.

El 1 de abril de 1994, el día que recibió la ciudadanía estadounidense, se montó la primera exhibición comercial de Alexandra. Tenía sólo ocho años de edad.

Al cumplir 11 años, Alexandra había ganado más de 5 millones de dólares con la venta de sus obras. Sus admiradores le habían dado el sobrenombre de "La Pequeña Picasso", y coleccionistas de todo el mundo competían por adquirir sus pinturas. ¡Algunas de ellas valoradas en más de 100 mil dólares!

Alexandra ha pintado cientos de cuadros, y sus obras están en gran demanda en todo el mundo. Ella afirma que aunque le pagaran 1 dólar por lo que hace, dedicaría todo su tiempo a pintar. Lo hace porque adora pintar; ella tiene que pintar. Ser una superestrella requiere eso: absoluta dedicación a lo que se hace.

Reflexionar y responder

¿Por qué crees que el agente al principio no creía la edad de Alexandra?

Hacer conexiones

Compara textos

1. En esta selección, ¿qué descubre Hermano Mayor de sí mismo?
2. Compara cómo se siente Hermano Mayor con respecto a ganar dinero, al principio y al final de la selección.
3. ¿Cuál es la diferencia entre tu propósito de leer el cuento de ficción "Yang el mayor y sus trabajos extraños" y el de leer el artículo "La Pequeña Picasso"?
4. Compara los sentimientos de Hermano Mayor y los de Alexandra con respecto a sus dones artísticos.
5. Si pudieras elegir entre ser músico o ser pintor, ¿qué elegirías? ¿Por qué?

Escribe una página en el diario

CONEXIÓN con la Escritura

Hermano Mayor va cambiando a través de las experiencias que vive en el mercado y en la feria. Escribe una página en el diario en la que Hermano Mayor exprese lo que siente por ser un músico callejero para ganar dinero para un nuevo violín. Usa el orden cronológico para organizar tus ideas.

Elabora una tabla

El mercado Pike Place le recuerda a Tercera Hermana de los mercados al aire libre que hay en China, donde los vendedores usan todavía ábaco, un instrumento para contar inventado en la antigua China. Investiga la historia del ábaco. Anota tu información en una tabla S-Q-A.

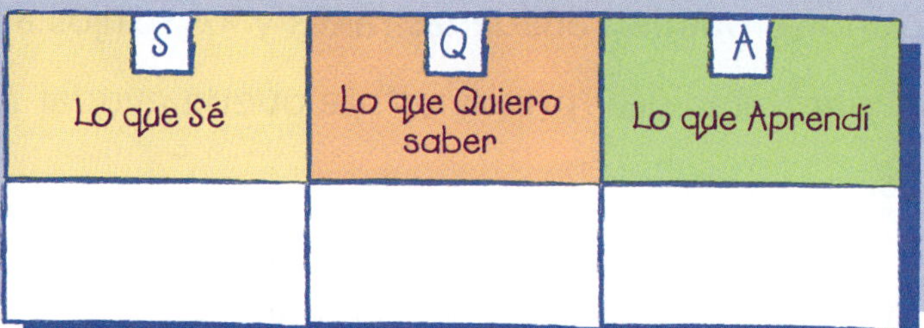

S Lo que Sé	Q Lo que Quiero saber	A Lo que Aprendí

CONEXIÓN con los Estudios sociales/ las Matemáticas

Escucha música para violín

Hermano Mayor interpreta música para violín escrita por Bach, Mozart, Telemann y Paganini. Escucha una cinta o CD con la música para violín de alguno de estos compositores. Comenta con un compañero en qué les ayudó la música a entender la selección.

CONEXIÓN con las Artes del lenguaje/la Música

Yang el mayor y sus trabajos extraños

Prefijos, sufijos y raíces

Uno puede deducir el significado de muchas palabras si entiende el significado de las partes que las forman. Los **prefijos**, **sufijos** y **raíces** son las partes de la palabra que conforman el significado. Una raíz, la parte básica de una palabra, puede descifrar el significado de muchas palabras. Fíjate en cómo se pueden añadir las raíces y los sufijos a la raíz *prim*. Saber que *prim* significa "presionar", te puede ayudar a definir otras palabras.

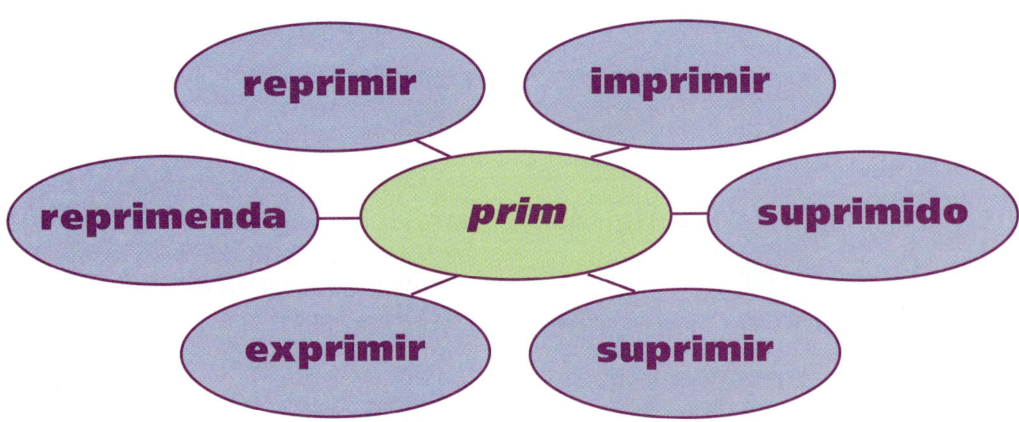

Ejemplos	Raíz	Significado	Lenguaje de origen
biología	bio logía	vida estudio de	griego griego
geografía	geo grafía	tierra escribir, dibujar	griego griego
atraer	tracto	jalar	latín
misión	missio	enviar	latín

Visita *The Learning Site*
www.harcourtschool.com
Ve *Destrezas y Actividades*

Preparación para las pruebas

Prefijos, sufijos y raíces

▶ **Lee el pasaje. Después responde las preguntas.**

> **En cuanto llega de la escuela, Josh se pone a practicar el piano durante una hora. Su música es tan importante para él que nada resulta una distracción. Ni siquiera el llanto de su hermanito lo molesta. Su maestro de piano, el señor Gómez, también es profesor de la universidad donde da clases de musicología. Hay veces en que el señor Gómez le cuenta a Josh la historia de la pieza musical que está aprendiendo a tocar.**

1. **En el pasaje, ¿qué significa la palabra *distracción*?**

   A sin jalar

   B lo contrario de *jalar*

   C llamar la atención

   D jalar la atención de algo

Sugerencia

Combina lo que ya sabes del prefijo *dis-* y de la raíz *tracto*. Asegúrate de que tenga sentido con la frase escrita.

2. **¿Qué significa *musicología* en el pasaje?**

   F música moderna

   G un instrumento musical

   H el estudio de la música

   J músicos famosos

Sugerencia

Tú ya sabes lo que significa la palabra *música*. Ahora usa la raíz *logia* para deducir lo que significa *musicología*.

El poder de las palabras

Nudos en la cuerda de mi yoyo

Cuando era niño, el autor Jerry Spinelli amaba los deportes. Jugar la posición de parador en corto en la liga infantil de béisbol o correr lo hacía feliz. Todo ello también le enseñó que el deporte puede ser mucho más que simplemente ganar o perder.

- hazaña
- integrante
- rabiosa
- trotaba
- entrañable
- consolar
- recuerdo

¡Los Rojos ganan el campeonato!

Ayer por la noche, el equipo Los Rojos ganó el campeonato de la liga infantil 10 a 0, gracias a la **hazaña** de conectar más de 15 imparables, algo realmente extraordinario. Cada **integrante** del equipo dio lo mejor de sí mismo. Su oponente, el equipo Las Medias Blancas, no pudo hacer nada para detenerlos a pesar de tener a la mejor lanzadora de la liga, quien al final del juego se mostró **rabiosa**, llena de furia y enojo, al ver cómo aumentaba el marcador.

Williams gana 1er lugar en 100 yardas planas

Cuando Kevin Williams estaba en la primaria **trotaba** a la escuela todos los días, pero ayer corrió más rápido que todos. Williams, estudiante de la escuela Moorestown, aceleró desde el principio de la carrera y jamás detuvo su paso. Un momento **entrañable** ocurrió cuando los padres de los otros corredores fueron a **consolar** a sus hijos y a felicitar a Williams.

Williams levantó el trofeo al aire y luego lo llevó a su casa como un **recuerdo** de su día de triunfo.

CONEXIÓN
Vocabulario-Escritura

Un **recuerdo** puede ser un trofeo o una tarjeta. Describe una cosa que hayas guardado como recuerdo. Explica el evento o suceso que representa en tu vida.

Género

Autobiografía

Una autobiografía es la historia real de la persona que la escribe.

En esta selección, busca

- **los pensamientos y sentimientos personales del autor.**
- **el punto de vista de primera persona.**

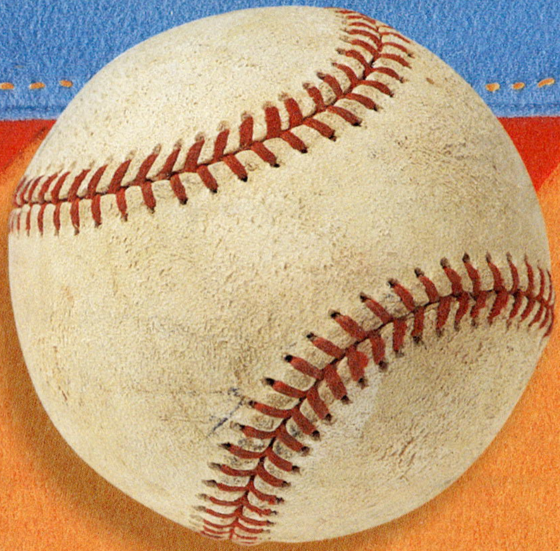

Típico niño de la década de los cincuenta, Jerry Spinelli exploró vecindarios, campos y arroyos plagados de salamandras en Norristown, Pennsylvania. Jugaba con sus amigos en verano y, durante una de esas temporadas, descubrió que aunque sabía mucho de deportes, todavía tenía mucho que aprender.

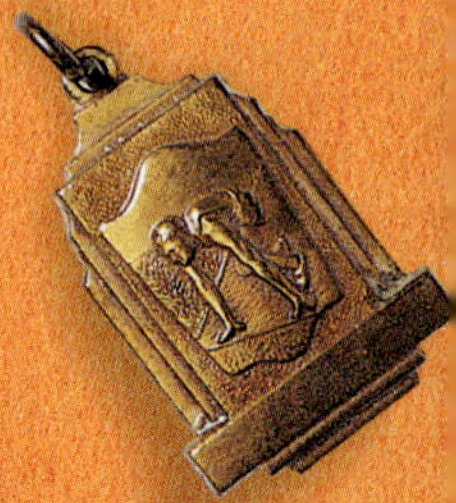

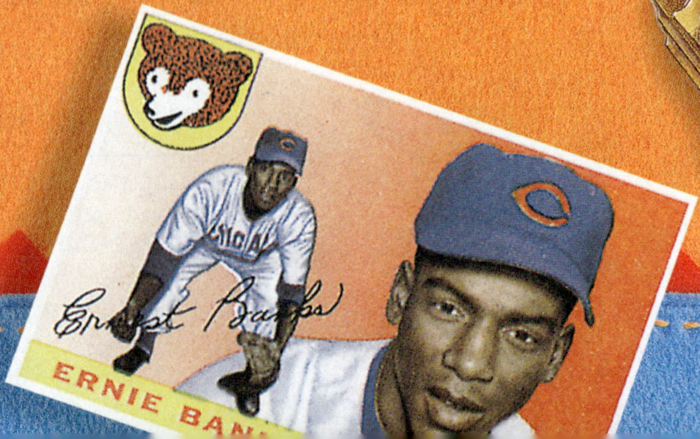

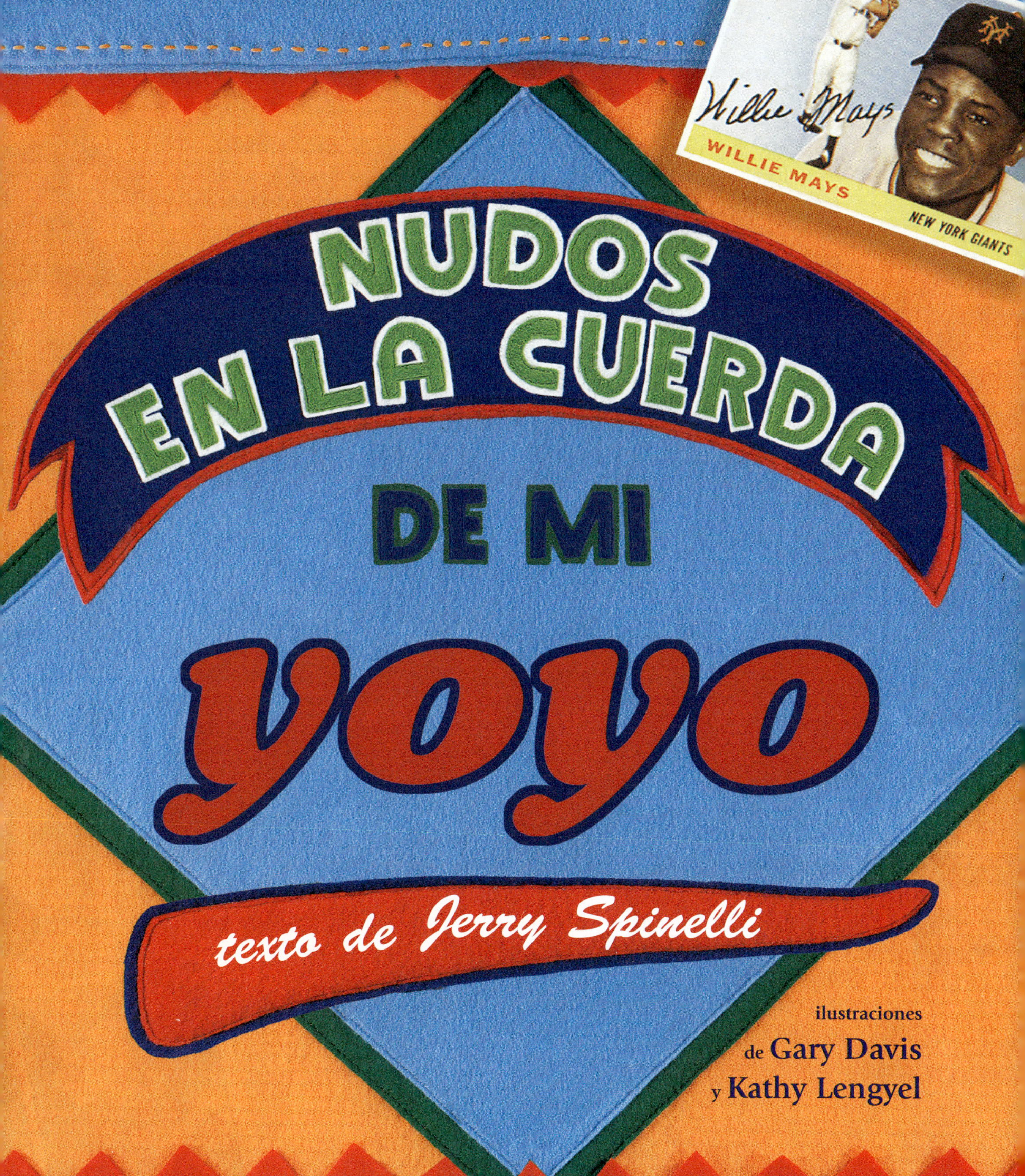

WILLIE MAYS
NEW YORK GIANTS
NUDOS
EN LA CUERDA
DE MI
yoyo
texto de Jerry Spinelli
ilustraciones
de Gary Davis
y Kathy Lengyel

En el ropero de una alcoba, dentro de una caja de metal verde envuelta en una velluda bolsa de algodón gris, se encuentra el recuerdo más entrañable de mis días de primaria. Una medalla dorada del tamaño de una estampilla postal. En el reverso se encuentran inscritas las palabras: "CARRERA 50 YARDAS – CAMPEÓN".

Obtuve este reconocimiento tras la única carrera oficial en que he participado. Porque hubo muchas otras que no fueron oficiales . . .

"¡Una carrera a la tienda!"

"¡El último es un mono!"

"En sus marcas . . . Listos . . . ¡Fuera!"

Como los niños de todo el mundo, corríamos para determinar quién era el más rápido. Y a principios de la década de los cincuenta, en la manzana 800 de la calle George, en el Lado Oeste de Norristown, Pennsylvania, yo lo era. Casi siempre ganaba y jamás fui el mono.

Alcancé mi máxima velocidad a los doce años. Y ese verano, encabecé la Pequeña Liga de Norristown como robador de bases. Durante un juego inaugural con los mejores jugadores, hice algo hasta entonces inaudito: llegué a salvo a primera base bateando una pelota baja hacia el lanzador.

A veces, me ajustaba bien los cordones de los tenis e iba a las vías del tren. Allí, la carbonilla me hacía sentir que me hallaba en una pista de carreras. Marcaba una distancia de unas cincuenta o cien yardas y echaba a correr, midiendo el tiempo con el cronómetro de mi padre. En ocasiones, mientras regresaba a la línea de salida, trataba de determinar cuán rápido podía correr sobre los durmientes. A veces corría en la vía.

Ese año gané la medalla. Representé a Hartranft en la carrera de cincuenta yardas durante la competencia anual de pista y campo de las escuelas primarias de Norristown. El evento se celebró en el Campo Roosevelt, donde jugaban los equipos de pista y fútbol de la preparatoria.

El favorito era Laverne Dixon, de la Primaria Gotwals. Mejor conocido como "Ranita", excepto por sus maestros, había ganado la carrera de 50 yardas el año anterior, cuando apenas estaba en quinto grado. No me quedaba duda de que repetiría su hazaña en esa ocasión. Así que me propuse ocupar el segundo sitio.

SPORTLINE®
MODEL #660

Cuando el árbitro gritó: "¡En sus marcas!", adopté la posición: una rodilla y diez dedos en la pista de carbonilla. Sabía qué hacer debido a los numerosos encuentros que había presenciado con mi padre. Miré a izquierda y derecha, y sólo pude ver espinillas; todos estaban de pie. No me percaté de ello en aquel momento, pero ya había ganado la carrera.

Eché a correr con el sonido de la pistola. El recuerdo de aquellas cincuenta yardas no tiene que ver con la carrera, sino con dos sensaciones. La primera fue de sorpresa, cuando no pude ver a los demás corredores. Eso me llevó a una conclusión sorprendente: *¡Voy a la cabeza!* De allí surgió la segunda sensación: una intensa expectación, como si aguardara el momento en que sería rebasado.

Pero jamás llegó. Había ganado.

Ranita Dixon ni siquiera terminó en segundo lugar. Ese honor correspondió a Billy Steinberg, por entonces un perfecto desconocido que se convertiría en mi mejor amigo en la secundaria. Billy iba a crecer más rápido que yo, como la mayoría de mis compañeros. Pero aún faltaba mucho para eso. En aquel instante, mientras disminuía el paso y trotaba hacia un sol que relucía con el color y la intensidad de la medalla que estaba a punto de recibir, sólo podía revivir la maravilla de siete increíbles segundos en que nadie se puso delante de mí.

Entre los once y los dieciséis años, cada vez que alguien me preguntaba qué quería ser de grande, daba una de dos respuestas: "Jugador de béisbol" o "Parador en corto".

El béisbol de las Grandes Ligas: ésa era la vida que había elegido para mí. Y quería vivirla como parador en corto, nada más. Cada vez que entraba en el diamante, de manera instintiva me dirigía hacia el polvoriento llano entre segunda y tercera. Jamás quise jugar otra posición. Cuando organizábamos partidos en los solares, nadie ocupaba el lugar del parador en corto. Todos sabían que la posición era mía.

Tenía once años cuando jugué béisbol por primera vez con la Pequeña Liga. A fin de que participaran tantos chicos como fuera posible, los organizadores ordenaron que compartiéramos el uniforme con los

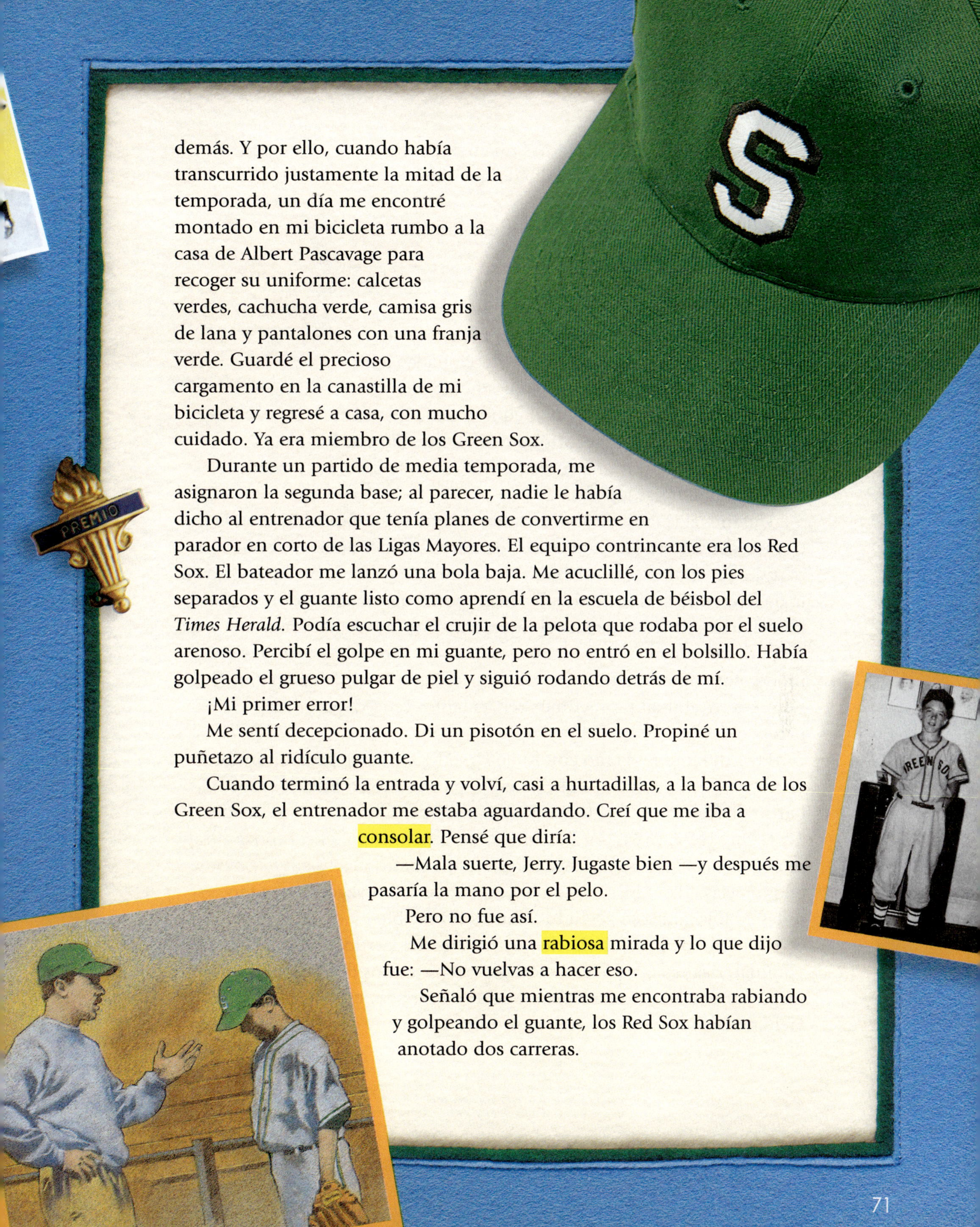

demás. Y por ello, cuando había transcurrido justamente la mitad de la temporada, un día me encontré montado en mi bicicleta rumbo a la casa de Albert Pascavage para recoger su uniforme: calcetas verdes, cachucha verde, camisa gris de lana y pantalones con una franja verde. Guardé el precioso cargamento en la canastilla de mi bicicleta y regresé a casa, con mucho cuidado. Ya era miembro de los Green Sox.

Durante un partido de media temporada, me asignaron la segunda base; al parecer, nadie le había dicho al entrenador que tenía planes de convertirme en parador en corto de las Ligas Mayores. El equipo contrincante era los Red Sox. El bateador me lanzó una bola baja. Me acuclillé, con los pies separados y el guante listo como aprendí en la escuela de béisbol del *Times Herald*. Podía escuchar el crujir de la pelota que rodaba por el suelo arenoso. Percibí el golpe en mi guante, pero no entró en el bolsillo. Había golpeado el grueso pulgar de piel y siguió rodando detrás de mí.

¡Mi primer error!

Me sentí decepcionado. Di un pisotón en el suelo. Propiné un puñetazo al ridículo guante.

Cuando terminó la entrada y volví, casi a hurtadillas, a la banca de los Green Sox, el entrenador me estaba aguardando. Creí que me iba a consolar. Pensé que diría:

—Mala suerte, Jerry. Jugaste bien —y después me pasaría la mano por el pelo.

Pero no fue así.

Me dirigió una rabiosa mirada y lo que dijo fue: —No vuelvas a hacer eso.

Señaló que mientras me encontraba rabiando y golpeando el guante, los Red Sox habían anotado dos carreras.

—La próxima vez que pierdas una pelota, te das la vuelta y corres tras ella. No te quedes parado compadeciéndote. ¿Entendido?

Asentí en silencio. Y jamás olvidé la lección.

Como casi todos los chicos de mi clase, me hice mejor deportista con la edad. De ser uno de los peores jugadores de la Pequeña Liga, a los once años, pasé a formar parte del equipo de seleccionados a los doce. Al año siguiente, era el único estudiante de séptimo grado que jugaba con el equipo de la Preparatoria Stewart; como parador en corto, por supuesto. No importaba que no pudiera batear una curva porque, en todo caso, los lanzadores sólo enviaban bolas rápidas.

Durante el verano de aquel primer año de secundaria, jugué en la liga Connie Mack Knee-Hi, para chicos de trece a quince años. Antes de cada partido, un equipo se formaba sobre la línea de primera base y el otro en la de tercera. El árbitro se situaba en el montículo del lanzador, se quitaba la cachucha y leía en voz alta el Juramento Deportivo, haciendo una pausa después de cada oración para que pudiéramos repetirla a coro. De ese modo, nos comprometimos, entre otras cosas, a "vivir y hablar con limpieza". Y al final prometimos ser "galantes vencedores y buenos perdedores".

Pero durante el verano con Knee-Hi, en 1955, tuve poca oportunidad de ser un buen perdedor. Pues mi equipo, Norristown Brick Company, barrió invicto con la liga local, ganando los partidos con un promedio de 12-1. Una vez el marcador fue 24-0. Y en otra ocasión, el equipo contrario se negó a jugar. Nuestros lanzadores tiraron cuatro juegos sin *hit*, tres de ellos gracias a Lee Holmes. La bola rápida de Bill Bryzgornia era tan indescifrable como su apellido. Éramos invencibles.

Derrotamos a Conshohocken en dos de tres partidos para las eliminatorias estatales. Tres victorias posteriores nos dieron el pase al juego por el título. Y una brillante tarde de sábado, en el War Memorial Field de Doylestown, la Norristown Brick Company derrotó a Ellwood

S
1955

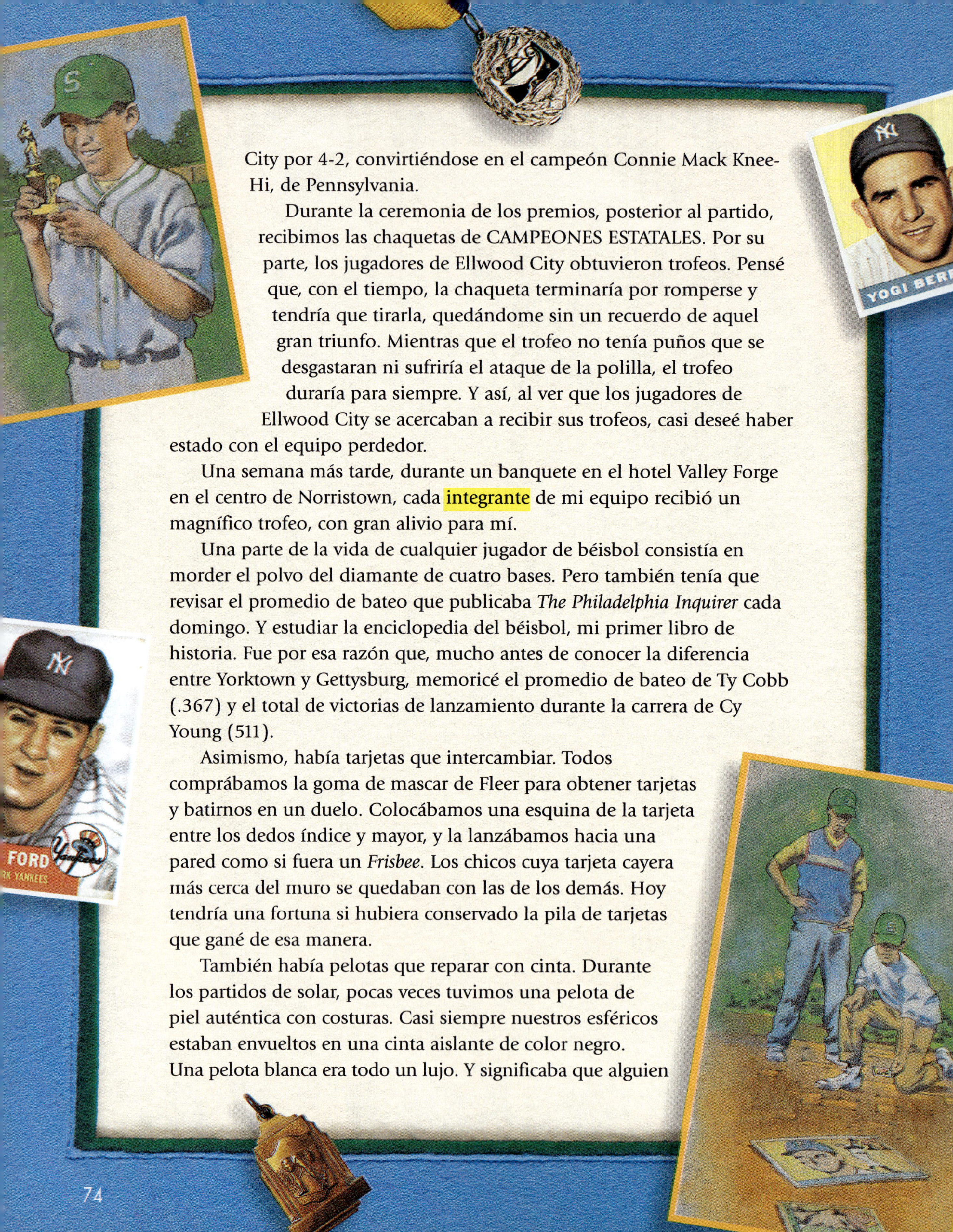

City por 4-2, convirtiéndose en el campeón Connie Mack Knee-Hi, de Pennsylvania.

Durante la ceremonia de los premios, posterior al partido, recibimos las chaquetas de CAMPEONES ESTATALES. Por su parte, los jugadores de Ellwood City obtuvieron trofeos. Pensé que, con el tiempo, la chaqueta terminaría por romperse y tendría que tirarla, quedándome sin un recuerdo de aquel gran triunfo. Mientras que el trofeo no tenía puños que se desgastaran ni sufriría el ataque de la polilla, el trofeo duraría para siempre. Y así, al ver que los jugadores de Ellwood City se acercaban a recibir sus trofeos, casi deseé haber estado con el equipo perdedor.

Una semana más tarde, durante un banquete en el hotel Valley Forge en el centro de Norristown, cada integrante de mi equipo recibió un magnífico trofeo, con gran alivio para mí.

Una parte de la vida de cualquier jugador de béisbol consistía en morder el polvo del diamante de cuatro bases. Pero también tenía que revisar el promedio de bateo que publicaba *The Philadelphia Inquirer* cada domingo. Y estudiar la enciclopedia del béisbol, mi primer libro de historia. Fue por esa razón que, mucho antes de conocer la diferencia entre Yorktown y Gettysburg, memoricé el promedio de bateo de Ty Cobb (.367) y el total de victorias de lanzamiento durante la carrera de Cy Young (511).

Asimismo, había tarjetas que intercambiar. Todos comprábamos la goma de mascar de Fleer para obtener tarjetas y batirnos en un duelo. Colocábamos una esquina de la tarjeta entre los dedos índice y mayor, y la lanzábamos hacia una pared como si fuera un *Frisbee*. Los chicos cuya tarjeta cayera más cerca del muro se quedaban con las de los demás. Hoy tendría una fortuna si hubiera conservado la pila de tarjetas que gané de esa manera.

También había pelotas que reparar con cinta. Durante los partidos de solar, pocas veces tuvimos una pelota de piel auténtica con costuras. Casi siempre nuestros esféricos estaban envueltos en una cinta aislante de color negro. Una pelota blanca era todo un lujo. Y significaba que alguien

había asaltado el botiquín de su casa para utilizar la mitad de un rollo de tela adhesiva para primeros auxilios.

Había que pasar horas lanzando pelotas de tenis contra las paredes de los vecinos, cualquier pared excepto la del misterioso peluquero, al otro lado de la calle. Invertí muchas horas cada semana recogiendo pelotas bajas, practicando para ser un excelente parador en corto. Al recordar el incesante golpeteo que propiné a aquellas casas, me sorprende que alguien no tratara de ahuyentarme. Quizás aquellas personas entendían que mi mente no se encontraba en la calle George, sino en el polvoriento campo del jardín del estadio Connie Mack, atrapando los batazos de Willie Mays.

Y también teníamos que ocuparnos del guante. El mío tenía la firma de Marty Marion, estupendo parador en corto de los St. Louis Cardinals.

Cada año, al concluir las vacaciones de verano, frotaba mi guante con aceite de oliva del gabinete de la cocina. Luego presionaba la pelota contra el bolsillo de piel, doblaba los dedos alrededor del esférico y lo metía todo en una caja de zapatos. Trepado en una silla, colocaba la caja en la repisa superior de mi armario. Así terminaba, oficialmente, la temporada de béisbol.

Durante los siguientes seis meses, parador y guante hibernaríamos soñando con las blancas bases del estadio Connie Mack, sintiendo en la palma el duro y sólido contacto de una bola baja bien atrapada.

Reflexionar y responder

1. ¿Cómo se preparaba Jerry Spinelli para sus actividades deportivas, y cuál fue la consecuencia de su preparación?
2. ¿Por qué una medalla que recibió el autor por haber ganado la carrera de 50 yardas es el **recuerdo** más **entrañable** de sus días de primaria?
3. ¿Por qué crees que el autor nos cuenta acerca de su primer error en la segunda base?
4. ¿Cuáles lecciones has aprendido jugando u observando deportes?
5. ¿Qué estrategia te ayudó a leer este cuento? ¿Cuándo la usaste?

Green Sox
JERRY SPINELLI
SATCHELL PAI
ST. LOUIS BROWN
GIL HODGES
BROOKLYN DODGERS
Dodgers

Conoce al autor

JERRY SPINELLI

Ciudad natal: Norristown, Pennsylvania
Posición: Parador en corto
Primer libro: *Estación espacial séptimo grado*
Premios: Medalla Newbery por *Maniac Magee* y un Honor Newbery por *Wringer*

Jerry Spinelli comenzó su carrera de escritor en la adolescencia, cuando un periódico local publicó uno de sus poemas. Al crecer y formar una familia, Spinelli utilizó sus experiencias infantiles para inspirar sus relatos. Dice que cuando empezó a escribir para jóvenes lectores, se dio cuenta de algo: "Mis recuerdos y los recuerdos de los chicos que había a mi alrededor eran todo el material que necesitaba para llenar de libros una mochila. Observé que cada niño es una población por sí mismo, y que su habitación es una ventana al universo tan eficaz como cualquier telescopio en órbita. . . ."

Visita *The Learning Site*
www.harcourtschool.com

Jerry Spinelli, 11 años

DEL ÁLBUM DE AUTÓGRAFOS

(Anónimo)

Si no lo logras en la primera,
róbate la segunda.

Curva cerrada, curva abierta,
Bola lenta, usa la velocidad.
No te olvides de Juan
Que es una celebridad.

La vida y el béisbol
Ambos son muy parecidos;
Tienes que batear jonrón
Para no salir vencido.

Espíritu deportivo

—Richard Armour

Espíritu deportivo, hoy te saludamos,
Siempre es bueno tenerte presente.
Lo único malo es
Que debemos perder para conocerte.

ilustraciones de Mike Gardner

Hacer conexiones

Compara textos

1. ¿Cuál es la conexión entre las experiencias de Jerry Spinelli y el tema Lo mejor de mí?
2. ¿Piensas que a Jerry Spinelli le gustarían los poemas "Del álbum de autógrafos" y "Espíritu deportivo"? Explica tu respuesta.
3. Compara "Nudos en la cuerda de mi yoyo" con los poemas que le siguen. ¿La autobiografía y los poemas ofrecen ideas similares o distintas sobre lo que significa ser un atleta? Explica tu respuesta.
4. ¿En qué cambiaría "Nudos en la cuerda de mi yoyo" si fuera otra persona la que escribiera sobre Jerry Spinelly?
5. ¿Te gustaría leer otros libros escritos por Jerry Spinelli? ¿Por qué?

Escribe un reportaje

En este cuento el autor describe sus propias experiencias como atleta en su juventud. Escribe el reportaje de uno de los sucesos descritos en "Nudos en la cuerda de mi yoyo". Organiza tu idea principal y detalles de apoyo en un diagrama de red.

CONEXIÓN con la Escritura

Haz una tabla

CONEXIÓN con los Estudios sociales

Jerry Spinelli describe su competencia en la carrera de las 50 yardas. Las competencias de pista y campo son parte de los modernos Juegos Olímpicos. Investiga la historia de los Juegos Olímpicos y haz un cartel con un evento de las primeras Olimpiadas. Incluye información que contesta las preguntas de *¿dónde? ¿cuándo? ¿quién? ¿qué?* y *¿cómo?*

Juegos antiguos	Juegos modernos

Presenta una entrevista

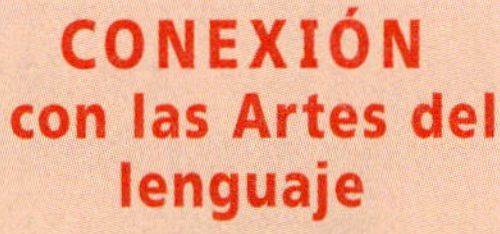

Trabaja con un compañero para investigar información sobre un atleta que ambos admiren. Escriban las preguntas que les gustaría hacerle al atleta. Después representen la entrevista entre el atleta y un reportero deportivo de la televisión. Hagan la representación ante todos sus compañeros de clase.

Nudos en la cuerda de mi yoyo

Formar juicios

Ser un lector informado de no ficción implica **formar juicios** sobre la manera en que ofrece el autor la información. Puedes examinar los datos que usa el autor para apoyar las opiniones y conclusiones. ¿Tiene sentido lo que dice el autor? ¿Sus conclusiones están apoyadas con detalles y razones? ¿La información es auténtica? Quizá tengas que comprobar o revisar la información en alguna otra fuente confiable, en particular si el autor está tratando de convencerte de algo.

¿Qué juicios puedes formar sobre "Nudos en la cuerda de mi yoyo"? Analiza los datos. ¿Piensas que el autor se presenta a sí mismo creíble y de manera realista? ¿Puedes confirmar la información en alguna otra fuente?

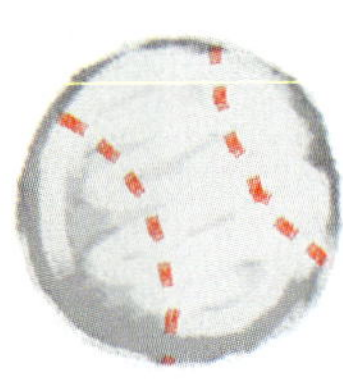

El retrato que Jerry Spinelli hace de sí mismo es creíble y realista.	Comparte vivencias y emociones personales. Experimentó tanto decepción como éxito. Vivió en una ciudad como la mía o en una sobre la que he estudiado.
Jerry Spinelli ofrece datos precisos de hechos reales.	Puedo comprobar la información en un almanaque, como el récord de promedio de bateo de Ty Cobb. Puedo investigar sobre Norristown, Pennsylvania, para saber si el estadio Connie Mack efectivamente estuvo allí en los años cincuenta.

Visita *The Learning Site*
www.harcourtschool.com

Ve Destrezas y Actividades

Preparación para las pruebas

Formar juicios

▶ **Lee el siguiente pasaje. Contesta las preguntas.**

> **A todos nos gusta pertenecer al equipo ganador. Por eso los equipos de béisbol de todo el país han elegido la marca Jonrón para suplirles con las pelotas de béisbol que ofrecen los resultados de los ganadores. Cada pelota ha sido fabricada con los materiales más finos y revisada para satisfacer las necesidades de los atletas profesionales. Si eres principiante o un jugador estrella puedes experimentar la sensación de batear un jonrón, por sólo $1.99 por pelota.**

1. ¿Por qué podrías dudar de la información del pasaje?

A Los jugadores de béisbol no se preocupan por las pelotas.

B Explica cómo se fabrica las pelotas.

C El precio parece ilógicamente bajo.

D El pasaje está escrito para profesionales y principiantes.

Sugerencia

Forma un juicio sobre el propósito que tuvo el autor para hacer el escrito. ¿La información parece real?

2. El pasaje intenta interesarte en las pelotas Jonrón—

F rebajando el precio.

G prometiendo que batearás un jonrón.

H describiendo el proceso de control de calidad.

J diciendo lo que está mal con otras pelotas de béisbol.

Elimina las opciones que en el pasaje no tengan una evidencia que las compruebe. Después piensa en el propósito principal que tienen los jugadores de béisbol.

El poder de las palabras

La campeona de canicas

instinto

regañadientes

contrincante

cansancio

coraje

hurgó

"La campeona de canicas" trata de una niña que es una magnífica estudiante, pero no es buena para los deportes. ¿Te suena familiar? Parece ser que todos somos buenos en algo, pero no podemos serlo en todo.

Creo que hay gente, como mi mejor amigo Lee, que tienen una habilidad natural para los deportes. Es un **instinto**, algo con el que se nace y jamás se pierde. Desgraciadamente, yo no soy uno de ésos. Sí, terminaron por aceptarme en el equipo de baloncesto, pero la verdad es que el maestro me eligió a **regañadientes**. Yo supe que realmente no me quería en el equipo.

Todos los fines de semana tomo clases de natación en la alberca pública. Mi maestro es muy bueno y hago todo lo que me dice. De hecho, hoy me puso a competir contra otra muchacha. No pude ser buen **contrincante** y la chica me venció fácilmente. Lo que pasó fue que mis piernas estaban agotadas y ese **cansancio** fue el que realmente me venció.

Me dio mucho **coraje** cuando descalificaron a mi perro del concurso por no obedecer todas las órdenes. Mi amigo Sergio subió al ático y **hurgó** entre sus libros, buscando uno de entrenamiento canino. Me lo prestó y durante dos meses sólo me dediqué a entrenar a mi perro Max. Valió la pena, pues Max acaba de ganar hoy su primer concurso.

CONEXIÓN
Vocabulario-Escritura

Mucha gente, en algún momento, participa en algo a **regañadientes**. Escribe algunas líneas acerca de alguna vez que lo hayas hecho y explica cómo te sentiste al respecto.

Género

Cuento corto

Un cuento corto es una narrativa imaginaria que no forma parte de una novela.

En esta selección, busca

- **las cualidades del personaje principal.**
- **el enfoque de un problema o suceso principal.**

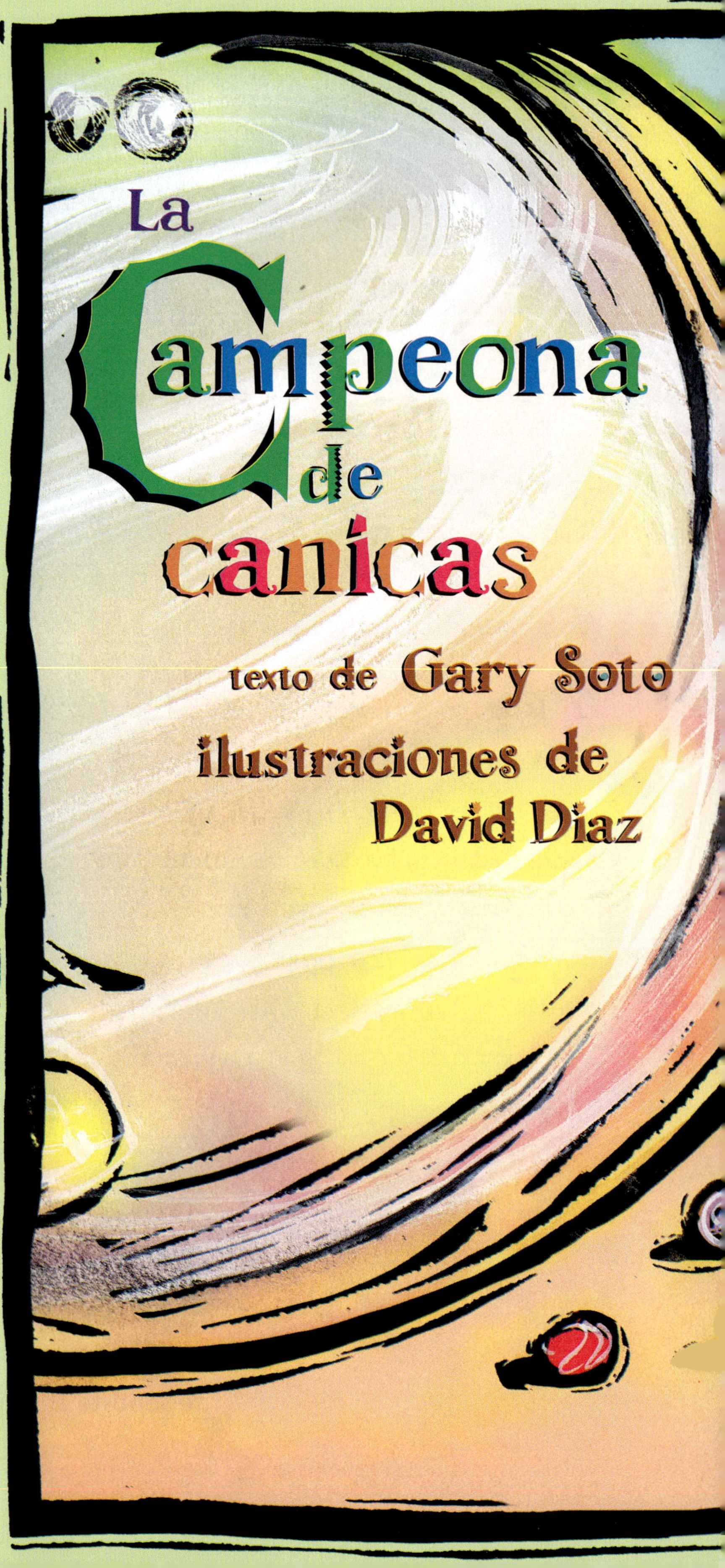

La Campeona de canicas

texto de Gary Soto

ilustraciones de David Diaz

Lupe Medrano, una niña tímida que hablaba en susurros, era la campeona de ortografía de la escuela, la vencedora en tres veranos consecutivos del concurso de lectura de la biblioteca pública, la ganadora del primer lugar en la feria de la ciencia, la mejor alumna en el concierto de piano y la campeona de ajedrez de la escuela. Se sacaba puros dieces y (sin contar el jardín de niños, cuando la había picado una avispa) nunca faltaba a la primaria. Por esta razón había recibido un pequeño trofeo y la había felicitado el alcalde.

Pero aunque Lupe tenía una inteligencia muy despierta, por más que trataba no conseguía que su cuerpo corriera tan rápido como el de las otras niñas. Le rogaba a su cuerpo que se moviera más rápido, pero nunca podía ganarle a nadie en la carrera de 50 metros.

La verdad era que Lupe no era buena para los deportes. No podía atrapar un globo ni calcular en qué dirección debía patear la pelota de fútbol. En una ocasión pateó la pelota dentro de su propia portería y anotó un tanto para el otro equipo. Tampoco era buena para el béisbol, ni para el baloncesto y hasta le costaba trabajo mantener el aro de plástico en sus caderas.

Apenas el año anterior, a sus once años, había aprendido a andar en bicicleta. Y aun así tuvo que ponerle llantitas. Podía caminar en la alberca pero no podía nadar, y sólo se atrevía a andar en patines cuando su padre la agarraba de la mano.

—Nunca seré buena para los deportes —dijo con coraje un día lluvioso en que estaba recostada en su cama mirando el anaquel que había hecho su padre para colocar sus premios—. Cómo me gustaría ganar en algo, cualquier cosa, hasta en canicas.

Al pronunciar la palabra "canicas" se irguió.

—Eso es. Quizá sería buena para jugar a las canicas.

Saltó de la cama y hurgó en el armario hasta encontrar una lata llena con las canicas de su hermano. Vació el espléndido tesoro de vidrio en su cama y escogió las cinco canicas más bellas.

Alisó su colcha y practicó el lanzamiento, con suavidad al principio para que su tiro fuera preciso. La canica salió rodando de su pulgar y golpeó contra la canica colocada como blanco. Pero ésta no se movió. Trató una y otra vez. Su tiro había adquirido precisión, pero la fuerza de su pulgar no lograba que la canica se moviera más que unos

cuantos milímetros. Luego se dio cuenta de que la colcha detenía el movimiento de las canicas. También tuvo que admitir que su pulgar estaba más débil que el cuello de un pollo recién nacido.

Miró por la ventana. La lluvia estaba amainando, pero el suelo estaba demasiado lodoso para jugar. Permaneció sentada en la cama con las piernas cruzadas mientras hacía girar las canicas entre sus palmas. Sí, pensó, podría jugar a las canicas, y las canicas son un deporte. En ese momento se dio cuenta de que sólo tenía dos semanas para practicar. El campeonato escolar, el mismo en el que había participado su hermano el año anterior, ya iba a empezar. Tenía mucho que hacer.

Para fortalecer sus muñecas decidió hacer veinte lagartijas sobre la punta de los dedos, en series de cinco.

—Uno, dos, tres... —gimió. Para el final de la primera serie estaba ya respirando con dificultad, y sus músculos le ardían de puro cansancio. Hizo una serie más y decidió que eran suficientes lagartijas para el primer día.

Apretó una goma de borrar cien veces con la esperanza de que eso fortaleciera su pulgar. Pareció funcionar, pues al día siguiente su pulgar estaba adolorido. Apenas podía sostener una canica con la mano y menos aún lanzarla con fuerza. Así que Lupe descansó ese día y escuchó los consejos de su hermano sobre cómo lanzar: inclinarse, lanzar con un ojo puesto en la mira y con un nudillo colocado en el suelo.

—Piensa: "ojo y pulgar", y dale con todo —dijo.

Al regresar de la escuela al día siguiente dejó su tarea en la mochila y practicó durante tres horas seguidas, con sólo una pausa para comerse un dulce a fin de procurarse energía. Con el palo de una paleta dibujó un círculo con forma curiosa y dentro de él aventó cuatro canicas. Utilizó su canica de disparo— una ágata lechosa con ondulaciones hipnotizadoras— para golpearlas. Su pulgar *sí* estaba más fuerte.

Luego de la práctica, apretó el borrador durante una hora.

Comió su cena con la mano izquierda a fin de que descansara su mano de disparo y no les dijo nada a sus padres acerca de sus sueños de gloria deportiva.

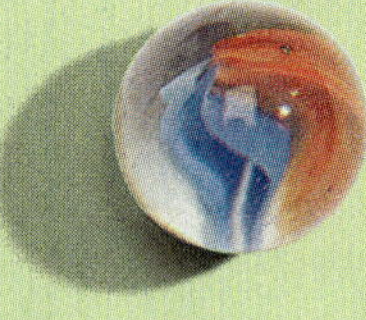

Practicar, practicar, practicar. Apretar, apretar, apretar. Lupe fue mejorando y les ganó a su hermano y a Alfonso, un niño del vecindario que supuestamente era un campeón.

—Caray, es muy buena —dijo Alfonso—. Seguro que les puede ganar a las otras niñas. Creo.

Las semanas pasaron con rapidez. Lupe entrenaba con tanto ahínco que un día, mientras secaba los platos, su madre le preguntó por qué su pulgar estaba hinchado.

—Es músculo —explicó Lupe—. He estado practicando para el campeonato de canicas.

—¿Tú, querida?

Su madre sabía que Lupe no era buena para los deportes.

—Sí. Le gané a Alfonso, y él es muy bueno.

Esa noche durante la cena la señora Medrano dijo:

—Querido, deberías ver el pulgar de Lupe.

—¿Eh? —dijo el señor Medrano al tiempo que se limpiaba la boca y miraba a su hija.

—Enséñale a tu padre.

—¿Tengo que hacerlo? —preguntó Lupe avergonzada.

—Ándale, enséñale a tu padre.

Lupe levantó su mano a regañadientes y dobló su pulgar. Podía verse el músculo.

Su padre bajó el tenedor y preguntó:

—¿Qué te pasó?

—Papá, he estado entrenando. He estado apretando un borrador.

—¿Para qué?

—Voy a participar en el campeonato de canicas.

Su padre miró a su esposa y luego de nuevo a su hija.

—¿Cuándo es, hijita?

—Este sábado. ¿Puedes venir?

El padre había planeado jugar squash con un amigo el sábado, pero dijo que iría. Sabía que su hija pensaba que no servía para los deportes y quería animarla. Hasta colocó unos focos en el patio trasero para que su hija pudiera practicar en la noche. Se agachó con una rodilla en el suelo, fascinado al ver cómo su hija le ganaba con facilidad a su hermano.

El día del campeonato empezó con un cielo frío y ráfagas de viento. El sol era una luz plateada detrás de las nubes color pizarra.

—Espero que se despeje —dijo su padre mientras se frotaba las manos luego de salir por el periódico. Desayunaron, se pasearon nerviosamente por la casa en espera de que dieran las diez y luego caminaron las dos cuadras que los separaban del campo de juegos (aunque el señor Medrano había querido ir en coche para que Lupe no se cansara). Lupe se registró y se le asignó el diamante de béisbol número tres para su primer partido.

Lupe, que caminaba entre su hermano y su padre, estaba temblando de frío, no de nervios. Se quitó los guantes y todo el mundo miró fijamente su pulgar. Alguien preguntó: "¿Cómo puedes jugar con el pulgar roto?", Lupe sonrió y no dijo nada.

Venció fácilmente a su primer contrincante y sintió lástima por la niña porque no había nadie para alentarla. Salvo por su bolsa de canicas, estaba completamente sola. Lupe invitó a la niña, cuyo nombre era Raquel, a que se quedara con ellos. Sonrió y respondió que sí. Los cuatro caminaron a una mesa plegable que estaba en medio del jardín, donde se le asignó otra contrincante a Lupe.

También le ganó a esta niña, una alumna del quinto año llamada Yolanda, y la invitó a que se uniera al grupo. Hubo más partidos y más triunfos y pronto se formó una bola de gente que siguió a Lupe al último partido contra una niña que traía puesta una gorra de béisbol. Se veía de armas tomar. Ni siquiera miró a Lupe.

—No sé, papá, va a estar difícil.

Raquel abrazó a Lupe y dijo:

—Anda, gánale.

—Tú puedes —la animó su padre—. Sólo piensa en las canicas, no en la niña, y deja que tu pulgar se encargue de todo.

La otra niña fue la primera en tirar y se ganó una canica. Le falló el próximo tiro, y Lupe, con un ojo cerrado y el pulgar vibrando de energía, lanzó dos canicas fuera del círculo pero falló en su siguiente tiro. Su contrincante ganó dos canicas más antes de fallar. Azotó su pie contra el suelo y dijo: "¡Caramba!" Iban tres a dos, y la señorita Gorra de béisbol llevaba la delantera.

El árbitro detuvo el juego.

—Háganse para atrás, por favor, denles espacio —gritó.

Los espectadores se habían acercado demasiado a las jugadoras.

Lupe ganó tres canicas, y cuando se disponía a ganar una cuarta, una ráfaga de viento le llenó los ojos de polvo, y falló horriblemente. Su contricante rápidamente ganó dos canicas, con lo cual empató el juego, y se colocó en la delantera con seis a cinco gracias a un tiro de pura buena suerte. Luego falló, y Lupe, cuyos ojos sentía rasposos cuando parpadeaba, confió en el instinto y en el músculo del pulgar para anotar la jugada de empate. Iban seis a seis, y sólo quedaban tres canicas. Lupe se sonó la nariz y examinó los ángulos. Se hincó en una rodilla, mantuvo firme su mano y tiró con tanta fuerza que dos canicas salieron volando del círculo. ¡Era la ganadora!

—¡Lo logré! —dijo Lupe en voz baja. Se puso de pie, le dolían las rodillas por haber estado doblada toda el día y abrazó a su padre. Él también la abrazó y sonrió.

Todo el mundo aplaudió, salvo la señorita Gorra de béisbol, que hizo una mueca y miró fijamente hacia el suelo. Lupe le dijo que era una gran jugadora, y se dieron la mano. Un fotógrafo del periódico tomó a las dos niñas paradas hombro con hombro, mientras Lupe sostenía el trofeo más grande.

Luego Lupe jugó contra el ganador del equipo de los niños, y después de un principio poco satisfactorio, le ganó once a cuatro. Disparó contra las canicas y una estalló en astillas relucientes de vidrio. Su contrincante miró con displicencia mientras Lupe hacía lo que mejor sabía hacer: ¡ganar!

El árbitro principal y el presidente de la Asociación de Jugadores de Canicas de Fresno se reunieron con Lupe mientras ella mostraba sus trofeos para el fotógrafo del periódico. Lupe le dio la mano a todo el mundo, incluso a un perro que se había acercado para averiguar la causa de tanta conmoción.

Esa noche la familia salió a cenar pizza y colocó los dos trofeos en la mesa para que toda la gente del restaurante los viera. Algunas personas se acercaron a felicitar a Lupe y ella se sintió un poco avergonzada, pero su padre dijo que los trofeos merecían estar allí.

Ya de vuelta en casa, en la intimidad de su recámara, colocó sus trofeos en el estante y se sintió feliz. Siempre había cosechado honores gracias a su inteligencia, pero el triunfo en los deportes era una experiencia nueva. Le dio gracias a su pulgar cansado: "Tú lo hiciste, pulgar. Me hiciste campeona". En recompensa Lupe fue al baño, llenó el lavabo con agua caliente y dejó que su pulgar nadara y chapoteara a su antojo. Luego se metió en la cama y cayó en un sueño ganado a costa de mucho esfuerzo.

Reflexionar y Responder

1. ¿Qué problema quiere resolver Lupe y cómo lo resuelve?
2. ¿Qué demuestran las horas de práctica de Lupe, a pesar de su **cansancio**, sobre su carácter?
3. ¿Cómo el padre de Lupe juega un papel importante en el cuento?
4. ¿Te gustaría jugar contra Lupe en algún deporte? ¿Por qué?
5. ¿Cuáles estrategias de lectura usaste para ayudarte a entender el cuento? ¿Cuándo las aplicaste?

Conoce al autor

GARY SOTO

Gary Soto ha ganado muchos premios por su escritura. Aunque Lupe de "La campeona de canicas" no está basada en una persona real, el personaje y el autor comparten un espíritu competitivo. Un entrevistador hizo a Gary Soto las siguientes preguntas sobre su vida y su escritura.

¿Cómo era de niño?

Yo era un niño del patio de recreo. Aprovechaba toda oportunidad para jugar, no importaba el juego. Podría haber sido un juego de fútbol o béisbol, o ajedrez o damas, cualquier cosa que me permitiera competir.

¿De dónde vienen sus ideas para escribir?

Escribo sobre los eventos pequeños de la vida cotidiana que revelan los temas grandes: amor y amistad, o triunfo o fracaso. Uso mis experiencias de niño donde crecía en un barrio mexicano mientras doy forma a mis cuentos. De hecho, crecí en el barrio que describí en "La campeona de canicas".

¿Cómo se siente sobre su éxito como escritor?

Estoy feliz de que los personajes de mis cuentos y poemas vivan en los corazones de los jóvenes lectores.

Visita *The Learning Site*
www.harcourtschool.com

Conoce al ilustrador

DAVID DIAZ

Como Lupe, David Diaz no desconoce la competencia. Su maestro de arte de la escuela secundaria animaba a sus estudiantes para que participaran en las competencias de arte. Pronto Diaz se dio cuenta de que podía tener éxito y ganarse la vida haciendo algo que amaba. Tras los años, experimentaba con diferentes técnicas hasta que desarrolló su propio estilo. El trabajo duro y el espíritu de competencia de David Diaz lo han ayudado a llegar a ser un ilustrador premiado.

Género
Artículo de revista

¡Es la hora del

texto de *Children's Digest*

Tiger Woods, la sensación del golf, piensa que todo muchacho debe tener la oportunidad de jugar golf alguna vez. Por eso decidió acercarse a jóvenes de todos los estratos sociales y enseñarles un juego que ha sido una experiencia sensacional para él y que también podría serlo para muchos de ellos.

"A muchos jóvenes de todo el país se les niega la oportunidad de jugar por considerar que no tienen suficiente capacidad", dice Tiger. "Yo fui uno de esos jóvenes".

Tiger ha creado una organización que motiva a los muchachos a jugar golf. "Yo tuve un gran apoyo de mis padres, amigos y otras personas que dedicaron parte de sus vidas a mejorar la mía", dice Tiger. Él quiere hacer lo mismo por los jóvenes. Tiger no sólo los anima a jugar golf si es lo que desean, sino a tener mayor presencia en la sociedad.

Tiger centra sus esfuerzos en jóvenes que sin su ayuda no tendrían la posibilidad de jugar golf, como los que viven en las zonas urbanas de escasos recursos. "Cualquiera que sea su origen, raza o religión, los jóvenes deben tener acceso al golf".

El golf puede ayudar a los jóvenes a mejorar su vida y la de su comunidad. "Muchos reciben malas influencias porque no tienen la suficiente autoestima para mostrar una personalidad propia", dice Tiger. "Queremos ayudarlos y enseñarles que existen otras opciones, pero deben tener el deseo interior de mejorar".

Tiger enseña a los muchachos sus habilidades en el golf. Steven Hamer, de dieciséis años, que reside en Indiana, se benefició de los consejos de Tiger. "Es increíble que una

tigre!

celebridad como él haga esto por los jóvenes", dice Steven. "El golf es un juego sensacional, y si además logra que muchos jóvenes vivamos la mejor experiencia de nuestra vida, eso se lo debemos a Tiger. Me da mucho gusto que haga esto por nosotros".

Steven es uno de los muchachos que más ha disfrutado jugar al golf con Tiger. Tal vez eso se deba a que también le hace frente a la mayor batalla de su vida: la lucha contra el cáncer en los huesos.

El éxito de Tiger ha inspirado a muchos jóvenes. Brianda White, de ocho años, que vive en Indianapolis, ve a Tiger como un personaje ejemplar. "Me gusta el golf porque lo veo por televisión y me gustaría ser como esos jugadores que veo", dice Brianda, que a menudo juega golf con su abuelo.

Cada año, la organización de Tiger elige y visita varias ciudades en todo el país para que los niños y jóvenes de esas localidades aprendan de él y tengan otras opciones en el futuro, tanto en el golf como en su vida personal.

"Los muchachos toman sus propias decisiones", dice Tiger. "Nosotros ponemos el golf a su alcance, pero son ellos quienes deciden si desean jugar o no; nuestro trabajo es darles esa oportunidad".

Les gustó hablar y aprender de Tiger a Steven Hamer y a Brianda White.

Reflexionar y responder

¿Cómo describirías a Tiger Woods? ¿Por qué utilizas esas palabras?

Hacer conexiones

Compara textos

1. ¿Cómo está relacionada "La campeona de canicas" con el tema Lo mejor de mí?
2. ¿Cómo cambian los sentimientos de Lupe para los deportes del principio de la historia hasta la escena final?
3. Compara y contrasta "La campeona de canicas" y "¡Es la hora del tigre!". ¿Qué sugiere cada selección sobre la importancia de que los jóvenes aprendan a jugar algún deporte?
4. ¿Por qué "La campeona de canicas" es un ejemplo de ficción realista?
5. ¿Te gustaría leer otro cuento acerca de jóvenes atletas? Explica tu respuesta.

Escribe en el diario

CONEXIÓN con la Escritura

Imagínate que tú eres Lupe y que llevas un diario. Escribe tres párrafos cortos que describan tus sentimientos. El primero, cuando empezaste a practicar; el segundo, justo antes de iniciar la competencia; el último, después de ganar el campeonato. Usa una tabla para organizar tus ideas.

Al principio	A la mitad	Al final
	nervioso emocionado	

Diseña un experimento

CONEXIÓN con las Ciencias

Haz una pista para canicas. Pega paralelamente con cinta dos palitos a una mesa. Pon dos canicas, una en cada extremo de la pista. Empuja una canica contra la otra. Anota en tu cuaderno lo que suceda.

Haz un anuncio

CONEXIÓN con los Estudios sociales

Averigua cómo jugaba la gente con canicas en la antigüedad. Luego, escribe un anuncio en el que invites a la gente a que asista al campeonato de canicas de la antigüedad. Tu anuncio debe incluir algunos hechos. Usa un organizador gráfico para ordenar los hechos que hayas encontrado.

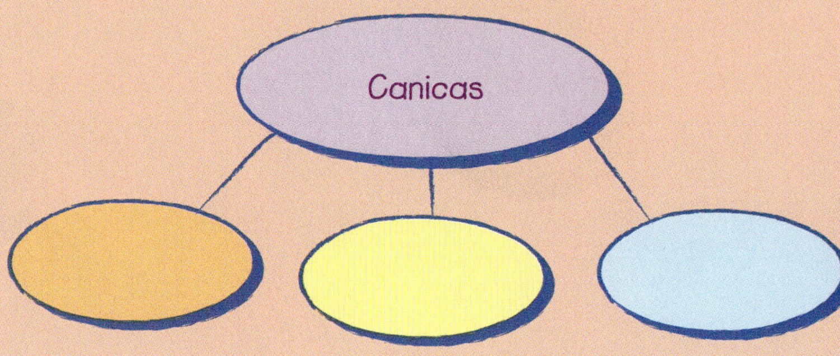

Elementos narrativos

La campeona de canicas

Al leer "La campeona de canicas" querías saber si Lupe iba a lograr ser campeona. Quizá también predijiste que lo lograría porque la viste practicar durante horas y estaba muy determinada a lograrlo.

En muchas historias, las cualidades de los personajes hacen que la trama avance, es decir, que la secuencia de sucesos continúe. La trama tiene un **conflicto**, o problema, y un desenlace, o **resolución**. ¿Cómo hubiera sido el desenlace de "La campeona de canicas" si Lupe hubiera sido una persona que perdiera la motivación muy fácilmente?

La siguiente tabla te muestra cómo puedes analizar la trama de una historia.

Personaje(s) principal(es)	Conflicto/ Problema	Resolución	Características del personaje que afectan la resolución
Lupe	Ella desea probar que puede ganar en un deporte.	Ella gana el campeonato de canicas.	voluntad esfuerzo determinación dedicación

Visita *The Learning Site*
www.harcourtschool.com

Ve Destrezas y Actividades

Preparación para las pruebas

Elementos narrativos

▶ **Lee el pasaje. Después responde las preguntas.**

Entre su trabajo de medio tiempo y sus tareas, Jeremy siempre está ocupado. Necesitaba el trabajo y ganar dinero suficiente para ir al ciber-campamento durante dos semanas de julio. Como a Jeremy le encantan las computadoras, sabía de antemano que lo pasaría bien. Hace dos meses que Jeremy inició su propio negocio de cuidado de animales. Cada semana se dedica a caminar, alimentar y bañar a quince perros de su vecindario. Finalmente se sintió muy orgulloso de sí mismo, pues logró juntar todo el dinero que necesitaba. Después de todo, el verano sí va a ser grandioso.

1. ¿Cómo resuelve Jeremy su problema?

- **A** No hace la tarea.
- **B** Se compra una nueva computadora.
- **C** Inicia un negocio de cuidado de animales.
- **D** Se ocupa de su propio perro.

Sugerencia

Identifica el conflicto en la historia antes de que busques la resolución del pasaje.

2. ¿Cómo afectan las cualidades de Jeremy el desenlace de la historia? Usa detalles e información del pasaje en tu respuesta.

Sugerencia

Piensa en lo que Jeremy hace para ayudarte a decidir cuáles son sus cualidades especiales.

El poder de las palabras

El informe de
Darnell Rock

En "El informe de Darnell Rock", un niño se convierte en reportero del periódico escolar. Aquí tienes algunos artículos escritos por estudiantes.

tema

fondos

agenda

posponer

votación

reglas

violaciones

El consejo estudiantil asume una posición

por Marilyn Iglesias

Jueves 8 de noviembre

En la más reciente reunión del consejo estudiantil, sus miembros discutieron un asunto importante. El **tema** a discutir era si debían continuar con el programa de arte y escritura creativa. Los **fondos**, o sea el dinero necesario para el programa, se terminó el mes pasado. El presidente del consejo estudiantil dijo: "Ésta es la cuestión más importante de la **agenda** del día de hoy. Muchos estudiantes creen que este programa debe continuar". Los miembros del consejo estuvieron de acuerdo, así que decidieron **posponer** la discusión de los otros temas del plan de trabajo hasta la reunión del próximo mes, para así poder convocar a una **votación** escolar donde todos los estudiantes expresen su opinión.

La alcaldesa Richards visita nuestra escuela

por Carol Lin

Jueves 15 de noviembre

El pasado lunes, nuestra escuela asistió a una asamblea extraordinaria para discutir el trabajo necesario para mejorar nuestra comunidad. La oradora invitada fue la alcaldesa Leonor Richards. En su discurso, ella habló de las nuevas **reglas** ciudadanas que obligan a los propietarios de perros a poner la correa a sus mascotas siempre que las paseen por los parques públicos. "En este momento existen demasiadas **violaciones** a las reglas de los parques", dijo la alcaldesa Richards. "Necesitamos un programa efectivo para evitar que la gente que circula por los parques viole la ley. Con su ayuda, lo haremos mejor".

CONEXIÓN
Escritura-Vocabulario

Hay muchas formas de ayudar en tu comunidad. Las colectas suelen ser un modo muy efectivo de juntar **fondos** para sembrar árboles, limpiar las calles, etc. Escribe un párrafo en el que describas algunas maneras de ayudar a tu comunidad.

El informe

Autor e ilustrador premiados

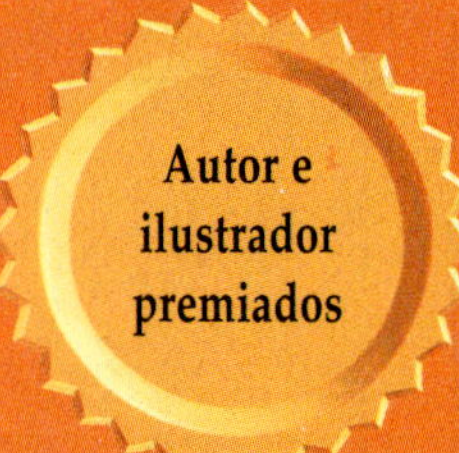

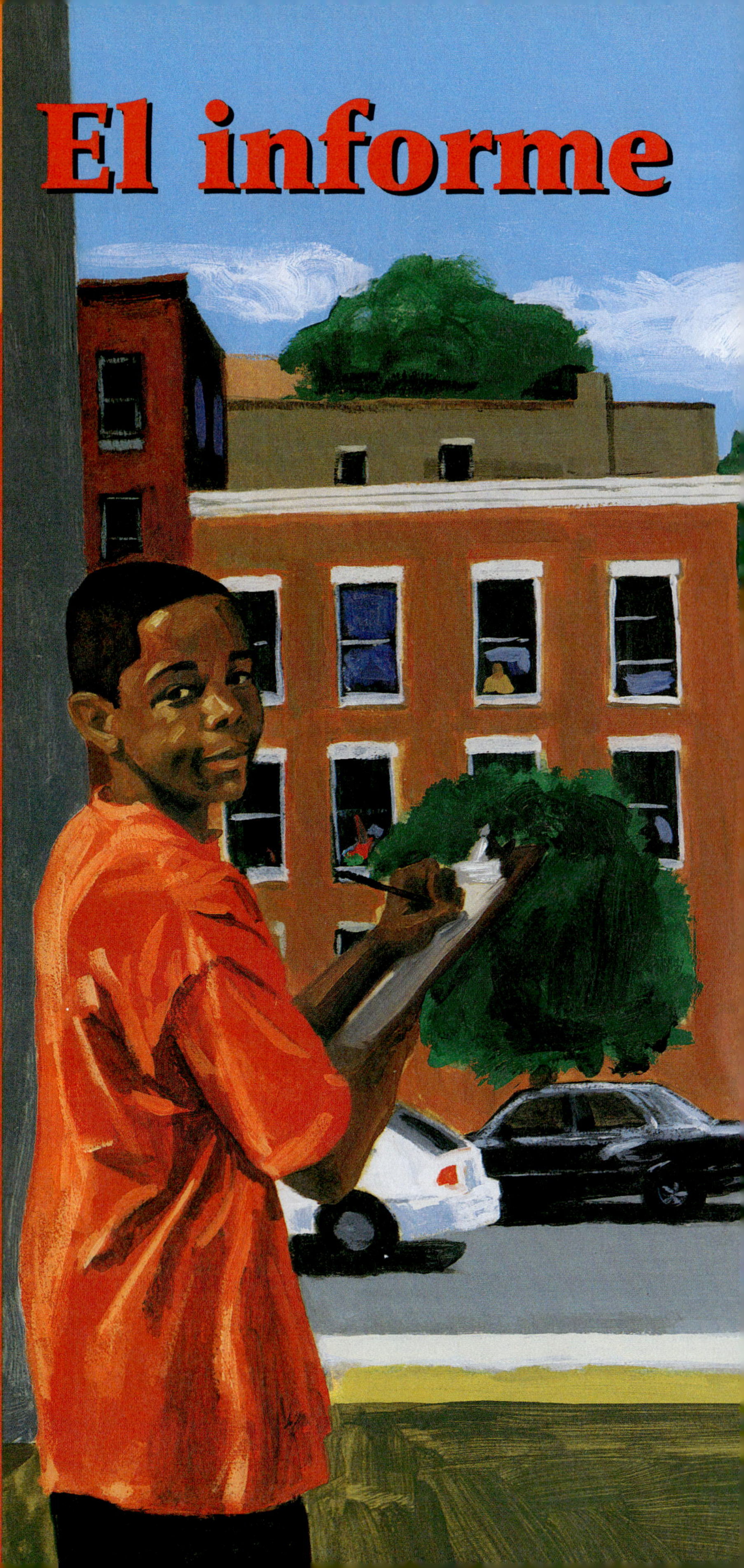

Género

Ficción realista

Un cuento de ficción realista relata cosas de personajes y sucesos que son como personas y eventos de la vida real.

En esta selección, busca

- retos y problemas que podrían ocurrir en la vida real.
- una trama con un principio, un medio y un final.
- un personaje principal que demuestre el deseo de ayudar a los demás.

de Darnell Rock

texto de Walter Dean Myers
ilustraciones de James Ransome

Para demostrarle al señor Baker, el director de su escuela, que no es un estudiante fracasado, Darnell Rock se las arregla para trabajar en el periódico escolar. Su primera labor es entrevistar a un hombre sin hogar llamado Sweeby Jones. Darnell escribe un artículo en el que sugiere convertir un terreno baldío cerca de la escuela en una huerta para las personas sin hogar. Cuando se publica el artículo en el periódico local *Oakdale Journal*, otra estudiante, Linda Gold, escribe un artículo oponiéndose a la idea. A Darnell y a Linda se les da entonces la oportunidad de presentar sus puntos de vista en una junta del Concejo de la alcaldía, donde se decidirá el destino de la propuesta.

La huerta comunitaria da la oportunidad de ayudar.

por Darnell Rock

"Nadie quiere ser una persona sin hogar", dice Sweeby Jones, una persona sin hogar que reside en Oakdale. Él y muchos como él apoyan la propuesta de crear una huerta en un terreno donde antes se encontraban las canchas de básquetbol, cerca de la escuela. Así, las personas sin hogar podrían ayudarse a sí mismas a conseguir comida.

"Si ves a una persona que no tiene qué comer y no le das algo de comida o no lo ayudas, es porque no te interesa ayudar a los necesitados", dice Jones. "Y si no te interesa ayudar a los necesitados, algo anda mal en ti".

Eso me dijo el señor Sweeby Jones cuando charlé con él. No quiero decir que es correcto ser un vagabundo. Sólo me gustaría hacer algo por ese tipo de personas. Además, creo que hay otra buena razón para crear una huerta. A veces las cosas no salen como se planean. De pronto uno puede enfermar sin saber por qué, o quedarse sin hogar. Pero también hay formas de cambiar la vida para bien. Si no haces algo para mejorar, seguro que tu vida no mejorará.

"Nací pobre, y es muy probable que sea pobre toda mi vida", dice el señor Jones.

Quizá las condiciones en que naciste no hayan sido las mejores, pero lo que hagas para remediarlo es lo que marcará la diferencia. La huerta comunitaria daría la oportunidad de ayudar a estas personas a ayudarse a sí mismas.

El lote baldío debería beneficiar a los maestros de la comunidad.

por Linda Gold

Enseñar es una profesión difícil. Los maestros necesitan todo el apoyo posible. Después de todo, nuestro futuro depende de ellos. La educación es la clave de un futuro seguro y los maestros nos ofrecen esa educación. Debemos darles todo nuestro apoyo. Es por eso que apoyo la idea de construir un estacionamiento para maestros en el terreno baldío que está cerca de la escuela.

En nuestra escuela hay quienes piensan que es buena idea construir una hortaliza para personas sin hogar. ¿Para qué? Las personas sin hogar no tienen experiencia en jardinería y no podrían cuidar la hortaliza por su cuenta. Considero que ésa es una mala idea, que además perjudicaría a los maestros. Los maestros nos dan buenos ejemplos de conducta. Las personas sin hogar, aunque no siempre es su culpa, no nos dan un buen ejemplo.

El viernes por la tarde, justo a las 7:00, el Concejo de la alcaldía se reunirá para tomar la decisión final. Yo invito a sus integrantes a apoyar a los maestros, la educación y los estudiantes de la escuela pública Oakdale del Sur.

—¿Ves a alguien de la escuela? —preguntó Larry mientras veía a la multitud reunida frente al edificio de la corte de Oakdale.

—Allá van el señor Derby *y* el señor Baker —los señaló Tamika frente al edificio.

Darnell sintió un hueco en el estómago. Había al menos cien personas en la reunión del Concejo de la alcaldía.

Tamika les abrió paso entre la multitud hasta llegar a donde se encontraban el señor Derby y el director de la escuela. En la amplia sala techada había varias hileras de bancas colocadas de frente al estrado del Concejo de la alcaldía. Linda Gold estaba sentada en la primera hilera. Darnell la vio sentada junto a sus padres.

Había traído consigo una copia del *Journal* y vio que otras personas, adultos todos, también llevaban una copia del periódico.

En ese momento llegaron los nueve miembros del Concejo y se pidió orden en la sala. El oficial de la corte explicó que había cinco puntos por tratar en la agenda y los leyó uno por uno. Los primeros tres se referían a violaciones del reglamento de construcción. Luego había una petición sobre fondos para construir una biblioteca.

—El último punto es el uso del terreno que ocupaban las canchas de básquetbol para crear el estacionamiento de la escuela secundaria Oakdale del Sur —dijo el oficial—. Hay tres oradores en el programa.

Linda miró a Darnell con una sonrisa en los labios.

—¿Quieres que me levante y la golpee? —preguntó en voz baja Tamika.

Darnell no sabía nada sobre violaciones del reglamento de construcción, pero escuchó a los presentadores mientras éstos mostraban planos y explicaban las violaciones. Los primeros dos casos no le parecieron interesantes, pero el tercero sí lo era. Una compañía había construido un edificio de cinco pisos a quince pies de distancia de una bocacalle, cuando debería haberlo construido al menos a veinte pies de distancia.

—¿Quiere decir que los ingenieros sólo contaban con reglas de quince pies? —preguntó uno de los concejales.

—Eh, bueno, hicimos la medición correcta la primera vez —el contratista se apoyaba en uno y otro pie—. Luego hicimos ciertas modificaciones, pero con los cambios en el diseño, bueno, ya sabe usted cómo son estas cosas . . . los otros cinco pies . . .

A Darnell le pareció que esa persona sólo trataba de dar una excusa, como un niño en su salón de clases que no tiene ganas de hacer sus tareas escolares.

—¿Puede correrse el edificio cinco o seis pies? —preguntó el concejal.

Todos en la sala se rieron, incluso el contratista, pero a Darnell la broma no le pareció graciosa.

De pronto, alguien tocó a Darnell en el hombro. Cuando volteó, vio a sus padres detrás de él.

—Tenemos esas reglas por una razón —dijo una mujer miembro del Concejo—. No creo que podamos omitir la violación. Hacer una excepción sería como invitar a otras personas a romper la ley.

—Esto me arruinará —dijo el contratista—. He vivido en Oakdale toda mi vida y creo haber ayudado a la comunidad.

—Votemos —dijo el Jefe del Concejo, con voz firme.

—Votemos para saber si debemos posponer esta decisión —dijo la mujer que había hablado antes—. Le daremos al señor Miller una oportunidad para demostrar su buena fe.

—¿Qué quieren que haga? —dijo el contratista.

—Eso depende de usted —dijo la mujer.

—La próxima vez hágalo bien —gritó Tamika.

—Tiene razón —dijo la concejal.

Se votó y la decisión fue pospuesta. El contratista miró a Tamika con recelo mientras guardaba sus documentos en su portafolio.

A continuación se abrió el caso de la biblioteca. Ocho personas, incluida la señorita Seldes, testificaron en favor de la biblioteca, pero el Concejo dijo que no contaba con suficientes fondos. Se escucharon abucheos, incluidos los de Tamika y Larry. Darnell pensó que si no hubiera tenido que participar como orador, seguramente habría disfrutado la reunión.

—En el tema de la escuela Oakdale del Sur, se pregunta si en lugar de las antiguas canchas de básquetbol se debe construir un estacionamiento o una huerta comunitaria.

—¿Quién cubrirá los gastos? —interrogó uno de los concejales—. ¿Tiene que ser pavimentado el lugar? —añadió.

—Según tengo entendido, el lugar no necesita ser pavimentado —dijo el jefe del Concejo—. ¿Es correcto?

—Así es —aclaró la señorita Joyner ante la audiencia.

—Tenemos dos oradores de la escuela —dijo la concejal—. La primera es la señorita Gold.

Linda caminó al pasillo de en medio, donde se encontraba el micrófono. Empezó a leer su artículo con la voz más altanera que Darnell había oído en toda su vida. Sintió un hueco en el estómago. Luego volteó hacia su madre y vio que ella sonreía. En el estrado, algunos concejales revisaban varios documentos.

—Espero no arruinar las cosas —dijo Darnell a Tamika en voz baja.

—No lo harás —respondió Tamika.

Linda terminó de leer su artículo y volteó a ver a Darnell.

—¡Aunque a todos nos gustaría ayudar a las personas sin hogar —dijo—, las escuelas son para los que estudian y para quienes les enseñan! Gracias.

Se escuchó un fuerte aplauso para Linda y la señorita Joyner le hizo un gesto de apoyo desde su lugar. A Darnell le temblaban las manos.

Se hizo el llamado a Darnell y éste inició su largo viaje hasta el micrófono.

—Cuando se me ocurrió la idea de crear una huerta en lugar de un estacionamiento, sólo pensé que sería una buena idea —dijo Darnell—. Luego, cuando el *Journal* me pidió una copia de mi entrevista con el señor Jones, me pareció una gran idea crear una huerta para las personas sin hogar. Pero ahora considero que es una excelente idea crear una huerta para ayudar a los niños, incluso a algunos niños de nuestra escuela.

—A veces las personas no saben todo lo que pueden hacer para mejorar su vida. No sé si no les gusta hacer lo correcto o no saben qué es lo correcto.

—Ésta es una situación común en mi escuela, Oakdale del Sur. Algunos muchachos hacen lo correcto, pero la mayoría no lo hace. Tal vez se deba a que sus padres les piden que no se involucren o quizá saben algo que los demás no sabemos. Si no haces las cosas correctamente, las personas a tu alrededor empiezan a decirte lo que debes hacer, y muchas veces eso te impide hacerlas bien e incluso te hace cometer más errores. Esas personas creen que sólo cometerás errores y más tarde *tú mismo* crees que sólo cometerás errores. Primero los maestros se enojan contigo, luego el director y por último tus padres. Incluso llegan a creer que cometes errores intencionalmente. Como si nos gustara tener malas calificaciones y los problemas que eso trae consigo. Prefieres tener menos atención de los maestros porque entre menos revisen tu trabajo menos regañinas tendrás por tus errores. El problema es que eso no ayuda a nadie y todos lo sabemos, pero así es la vida".

—Usted parece uno de esos muchachos que hacen lo correcto —dijo el jefe del Concejo.

—Pero antes no era así —contestó Darnell, y dio un rápido vistazo adonde se encontraba el señor Baker—. Pero cuando fui aceptado en el periódico y el *Journal* me pidió mi artículo, todos empezaron a tratarme de otra forma. Las personas se acercaban a mí y me explicaban sus puntos de vista en lugar de decirme lo que debía hacer. Incluso ustedes me están escuchando ahora. Los muchachos con los que solía reunirme son conocidos como la Pandilla de la esquina. Casi todos son buenos muchachos, pero nadie les pone atención a menos que se metan en problemas.

—En Oakdale Sur a algunos muchachos les pasan cosas malas, como enfermarse y otras por el estilo. No sé por qué les sucede eso, pero muchas veces van a parar al hospital. Algunos muchachos no participan en las cosas buenas de la vida porque nadie les ha dicho cómo hacerlo. Las personas se enojan con ellos de la misma forma en que se enojan con las personas sin hogar cuando les piden una moneda. Tal vez la huerta sea una manera de lograr que las personas sin hogar

vuelvan a participar en las cosas buenas de la vida, y si ellos logran mejorar su vida, podrían ser el ejemplo que necesitan esos muchachos para reconocer sus problemas. Gracias".

Se escuchó un aplauso moderado y Darnell volvió a su asiento.

—Espere un minuto, jovencito —dijo uno de los concejales—. La muchacha que acaba de hablar dijo que estas personas no saben nada sobre jardinería. ¿Es eso cierto?

—Eso no tiene importancia —señaló una persona del público—. Yo soy de la universidad y nosotros podemos ayudarlos con los detalles técnicos.

—No le pregunté eso, señor —dijo el concejal.

—De todas maneras quise mencionarlo —dijo la persona que había hablado.

—No sé de qué serviría una huerta comunitaria —dijo el concejal—. No se puede alimentar a las personas creando una huerta.

—Puede venderse lo que se plante —dijo Darnell casi sin darse cuenta.

—Creo que poner a personas ajenas a la escuela en contacto con los niños no sería muy buena idea —dijo el concejal—. ¿Quién más dará su punto de vista?

—Un tal señor Jones —dijo el oficial de la corte.

Sweeby caminó al pasillo de en medio, entre comentarios en voz baja de los asistentes. Aunque había muchas cosas por tratar, a la mayoría no le interesaba la construcción de un estacionamiento.

—Sólo quiero preguntar por qué no escuchan a este muchacho —dijo Sweeby.

—Dispone de cuatro minutos para hablar —dijo el concejal, que parecía algo molesto—. No tenemos que responder sus preguntas.

—No tienen que responder mis preguntas —dijo Sweeby—. Y tampoco tienen que crear una huerta, ni pensar en nosotros los (¿cómo nos llaman?) analfabetos.

—Pero es una pena que no escuchen a este muchacho. Me gustaría haber tenido un amigo como él cuando tenía su edad. Tal vez estaría sentado en uno de sus asientos en lugar de estar aquí.

—¿Algo más que quiera decir? —preguntó el concejal.

—No, sólo olvídense de todo —dijo Sweeby—. Regresen a sus asuntos importantes.

—Sugiero que hagamos una votación sobre el caso —dijo el concejal.

—Creo que el señor . . . —el concejal dio un vistazo a la agenda, buscando el nombre de Darnell— . . . Darnell Rock tiene algunos puntos en su favor, aunque no se trata de una decisión fácil. Procedamos con la votación.

Luego de una rápida votación, tres concejales decidieron no votar, cinco votaron en contra de la huerta y uno votó en su favor.

Darnell respiró profundo y exhaló lentamente. Tamika le dio una palmada en la mano. Cuando él volteó a ver a Tamika, ella tenía lágrimas en los ojos.

Darnell sentía que había decepcionado a Sweeby. Su padre le dio una palmada en la espalda. Luego se acercó la señorita Seldes.

—Hiciste un buen trabajo —le dijo—. Realmente bueno.

—Perdí —contestó Darnell.

—A veces se pierde —dijo la señorita Seldes—. Pero hiciste un buen trabajo.

Sweeby y algunos de sus amigos esperaban a Darnell afuera del Concejo y al salir éste, se acercaron para estrechar su mano. Cuando Sweeby le decía a Darnell que los concejales no se preocupan por las personas, salió Linda entre la multitud. Saludó a Darnell desde lejos y éste le devolvió el saludo. Ella estaba sonriendo.

La mamá de Larry se acercó y le preguntó al padre de Darnell si podía llevarla a casa. Mientras esperaban a Larry para irse, llegó Pete Miller, del *Journal*.

—Oye, ¿te gustaría escribir otro artículo? —le preguntó—. Hay una persona que desea donar un par de terrenos para crear la huerta en otra parte. Mi jefe desea publicar la noticia como un acto de solidaridad humana.

—Desde luego —dijo Darnell—. ¿Desea un artículo largo o corto?

—No lo sé. Llama al periódico mañana para preguntar —indicó el reportero—. Mi editor nos dará la medida exacta.

—De acuerdo —dijo Darnell—. Pero primero tengo que consultarlo con el editor del periódico escolar.

Darnell se sintió desilusionado al saber que la huerta de la avenida Jackson sería tan pequeña, pero Sweeby le dijo que ése sólo era el comienzo. El terreno se encontraba entre dos edificios abandonados. Tenía cincuenta pies de largo por treinta y cinco de ancho. Frente al terreno había un camión cuya plataforma sirvió para que el alcalde diera un discurso sobre cómo algunos niños de la escuela Oakdale del Sur fuesen responsables de que el jardín "fuera una realidad".

—¡Mientras yo sea alcalde de la ciudad, siempre escucharé a los niños, porque ellos son nuestro futuro! —dijo. Luego se bajó del camión, subió a una limusina y se fue.

—¡Deberían haberle puesto tu nombre! —dijo Larry.

—¡Cuando le dan tu nombre a algo significa que estás muerto! —opinó Darnell.

—¡Darnell!

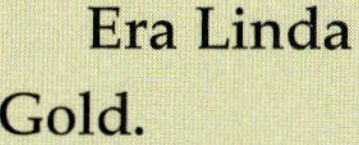

Era Linda Gold.

—¿Qué?

—Quieren tomarte una fotografía paleando tierra —dijo Linda.

—¿Haciendo qué?

—Paleando tierra —insistió Linda.

—Acércate y toma esta pala.

Linda estiró su brazo, tomó la mano de Darnell y caminó hasta un pequeño grupo de reporteros, quienes le pidieron a Darnell que pusiera su mano en la pala.

—Eres el hombre del momento —le dijo Sweeby, y puso su mano junto a la de Darnell.

Ambos sujetaron la herramienta como si palearan tierra mientras les tomaban la fotografía. Cuando la sesión fotográfica terminó, uno de los reporteros le preguntó a Sweeby cómo se sentía.

—Me siento muy bien —contestó Sweeby—. Un hermano tan joven como Darnell desea resolver los problemas de la gente. ¿Cómo podría sentirme mal después de esto?

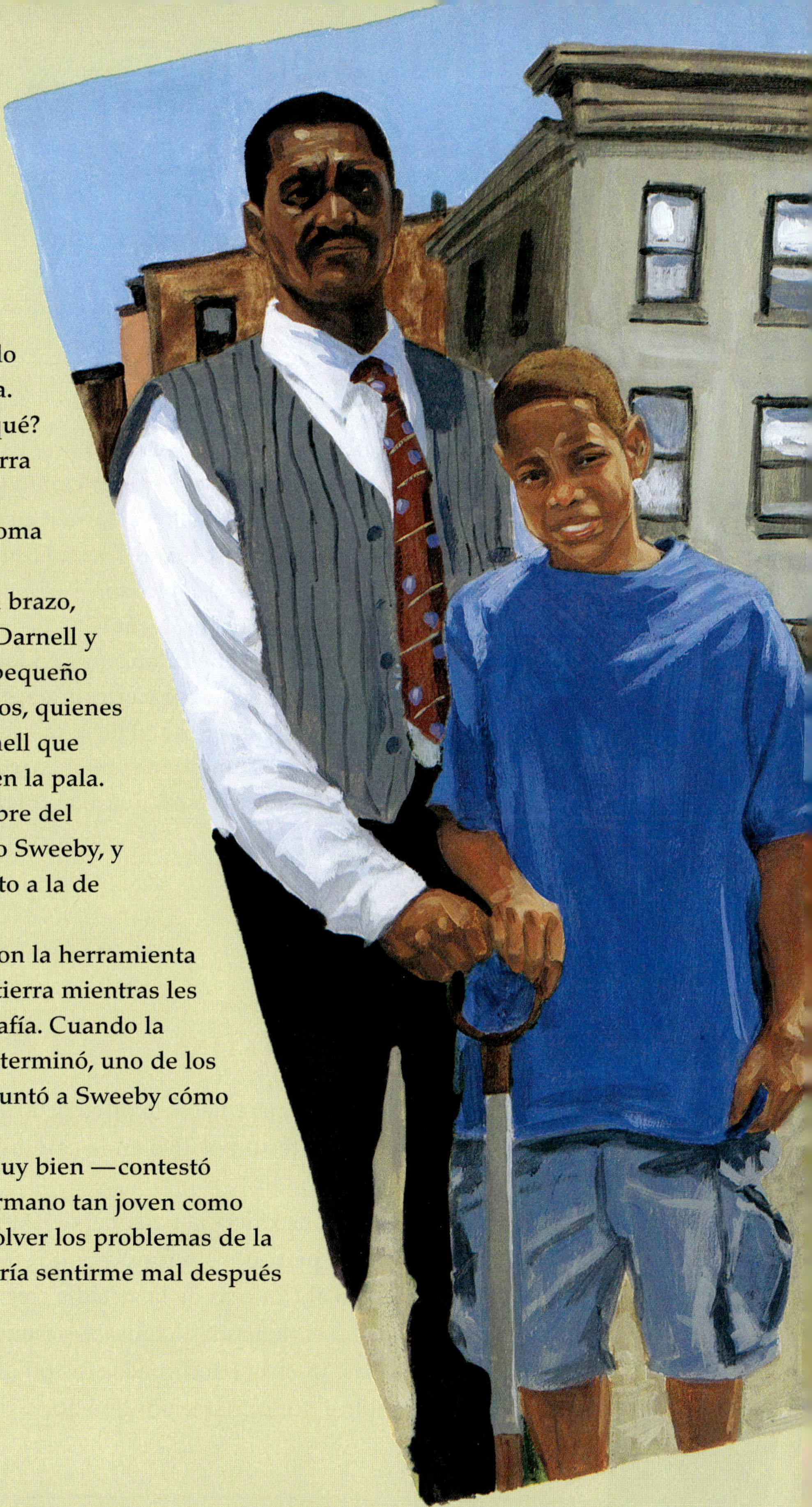

—¿De verdad cree que esta huerta será importante? —preguntó el reportero.

—Desde luego que será importante —respondió Sweeby—. Cada vez que alguien pase por aquí, recordará que hay personas que necesitan ayuda, y que también hay personas que desean ayudar. ¿Se da cuenta?

—Sí, supongo que sí —respondió el reportero, y cerró su libreta. Luego estrechó la mano de Sweeby y se alejó caminando.

—¿Viste eso? —le preguntó Sweeby a Darnell cuando el reportero se había marchado—. ¿Cuándo crees que fue la última vez que ese hombre estrechó la mano de un vagabundo?

—¿Qué harás ahora? —preguntó Darnell.

— Me emocionó tanto estar en el Concejo y en los periódicos que decidí hacer algo —dijo Sweeby—. Por cierto, gracias a tu artículo en el periódico, me ofrecieron un empleo en el hospital. Es como esta hortaliza, no es mucho, pero es un buen comienzo. Por ahora, cuídate. Sólo tengo media hora para llegar a mi nuevo empleo.

Reflexionar y responder

1. ¿Qué hace Darnell para hacer la diferencia en su comunidad?
2. ¿Cómo tiene un efecto positivo en la comunidad el debate del Concejo de la alcaldía?
3. ¿Cómo afecta la experiencia personal de Darnell la manera que siente sobre las personas sin **fondos** y hogar en su comunidad?
4. ¿Cuál discurso al Concejo de la alcaldía crees que es más efectivo, el de Darnell o el de Linda? Explica tu respuesta.
5. Mientras leías, ¿fueron confirmadas tus predicciones acerca del cuento? Explica por qué sí o por qué no.

Conoce al autor
Walter Dean Myers

NUEVA YORK, N.Y. — Como Darnell, el protagonista de la historia, el reconocido autor Walter Dean Myers descubrió lo bueno que había dentro de sí a través de sus historias. Él dice "escribo historias de ficción desde los diez u once años. Llenaba mis cuadernos con ellas. Sin embargo, nunca pensé que escribir se convertiría en mi profesión". Myers desempeñó varios oficios desde que dejó el ejército, a los veinte años de edad, pero ninguno le ha parecido tan satisfactorio como el de escribir historias.

A finales de los años sesenta, Walter Dean Myers ganó un concurso como escritor. Algunos años después empezó a escribir novelas para y sobre adolescentes. Sus libros más conocidos hablan sobre la vida de los adolescentes de origen africano que viven en Harlem, un vecindario de Nueva York. Walter también ha escrito libros de ciencia ficción, no ficción y aventuras de misterio.

Escribo historias de ficción desde los diez u once años. Llenaba mis cuadernos con ellas.

—Walter Dean Myers

Conoce al ilustrador
James Ransome

POUGHKEEPSIE, N.Y. — James Ransome se describe a sí mismo como un "narrador de historias visuales". James dice "las imágenes deben contar la historia que se narra con palabras". Ransome empezó a mostrar interés en el arte a muy temprana edad, debido a los programas de televisión que veía y a las historietas cómicas que leía. Cuando era un adolescente, James empezó a escribir e ilustrar sus propias historias. Para Ransome, su trabajo tiene éxito si los lectores se consideran a sí mismos parte de la historia.

Visita *The Learning Site*
www.harcourtschool.com

VALOR

texto de NAOMI SHIHAB NYE
ilustraciones de Dan Yaccarino

Para llegar afuera,
una palabra debe pasar
por lengua, dientes
y el vasto aire.
Una palabra tiene
la piel muy dura.

Para quedarse adentro,
Una palabra debe deslizarse,
escabullirse
y girar
en el túnel de la oreja.

¿Qué hay que
temer?
Todo.
Pero una palabra
siempre es
valiente.

DIRECCIÓN

texto de ALONZO LOPEZ

Mi abuelo me llevaba
Al este, para tener la fortaleza de un oso;
Al sur, para tener el valor de un águila;
Al oeste, para tener la sabiduría del búho;
Al norte, para tener la astucia del zorro;
A la Tierra, para recibir el fruto;
Al cielo, para conservar la inocencia.

ilustración de MICHAEL LUKE

El informe de Darnell Rock

Hacer conexiones

Compara textos

1. Explica cómo "El informe de Darnell Rock" expone el tema de sacar lo mejor de nosotros mismos y de los demás.
2. Compara los puntos de vista expresados en los artículos escritos por Darnell y Linda.
3. Compara y contrasta lo que se dice sobre la fortaleza interna en el informe de Darnell Rock y los poemas.
4. ¿Cuál es la diferencia entre Darnell y algún otro personaje ficticio del que hayas leído que haya querido hacer cambios?
5. ¿Cómo averiguarías si puedes construir una hortaliza comunitaria en tu vecindario?

Escribe un ensayo persuasivo

CONEXIÓN con la Escritura

Darnell escribe un artículo donde explica por qué las canchas de básquetbol deben transformarse en una huerta comunitaria. Escribe un ensayo persuasivo donde adoptes una postura definida sobre un tema que sea importante para tu escuela o tu comunidad. Expresa tu opinión y ofrece detalles que puedan persuadir a otras personas a estar de acuerdo contigo. Organiza tus ideas en una tabla.

El tema sobre el que voy a escribir: ______
Mi opinión: ______

Detalles que apoyan mi opinión: ______

Haz un mapa

CONEXIÓN con los Estudios sociales

¿Dónde podrías construir una huerta en tu comunidad? Dibuja un mapa de tu comunidad que muestre una huerta comunitaria en una ubicación adecuada. El mapa debe incluir una rosa de los vientos, símbolos de mapas y una clave que explique lo que significa cada símbolo.

Planea un jardín

CONEXIÓN con las Ciencias

Darnell propone construir una huerta para las personas sin hogar de la comunidad. Investiga sobre los materiales y los recursos naturales que necesitarías para plantar y dar mantenimiento a una hortaliza en tu comunidad. Escribe tus datos en una tabla e identifica si cada recurso natural es renovable o no renovable.

Materiales	Recursos naturales	Renovables	No renovables
palas	tierra	✔	

El informe de
Darnell Rock

Prefijos, sufijos y raíces

Los prefijos y sufijos son partículas que se agregan a una raíz o a una palabra base. Reconocer prefijos y sufijos puede ayudarte a descifrar el significado de las palabras.

- Un **prefijo** se añade al principio de una palabra para cambiar el significado.
- Un **sufijo** se añade al final de una palabra para cambiar el significado.

Analiza la manera en que la palabra *valorar* cambia el significado cuando se le añade un prefijo. **valorar** *v. Dar valor*

Prefijo	Significado del prefijo	Nueva palabra	Significado de la nueva palabra	Oración de ejemplo
des-	"quitar o restar"	desvalorar	*v.* perder su valor	Como capitán, no puedo *desvalorar* nuestro esfuerzo.
re-	"que vuelve o repite"	revalorar	*v.* volverse a tomar en cuenta su valor	La gente supo *revalorar* la propuesta de Darnell.

Trata de añadir a una raíz o a una palabra base cada prefijo y sufijo de la siguiente tabla.

Prefijo	Significado	Sufijo	Significado
anti-	oposición	-illo -illa	pequeño(a)
pre-	antes	-ote	mayor
inter-	entre	-ada	contenido
in-	contrario	-mente	de modo
extra-	fuera de	-ción	acción; estado

Visita *The Learning Site*
www.harcourtschool.com

Ve Destrezas y Actividades

Preparación para las pruebas

Prefijos, sufijos y raíces

▶ **Lee el siguiente pasaje y contesta las preguntas.**

Un sábado por la tarde Linda y Lee, su hermano menor, fueron al parque. Si hubieran <u>previsto</u> los acontecimientos de esa tarde, seguramente Linda y su hermano habrían permanecido en casa. Mientras comían tranquilamente su almuerzo, un perro que por ahí pasaba percibió el olor de la comida. Los esfuerzos de Lee fueron <u>inútiles</u> pues el perro se comió casi todo su almuerzo antes de que su dueño pudiera detenerlo.

1 ¿Qué significa la palabra *previsto* en este pasaje?

A visto de nuevo

B nunca antes visto

C lo opuesto a *ver*

D visto con anticipación

Si no puedes recordar el significado del prefijo, piensa en otra palabra que conozcas que tenga el mismo prefijo. ¿Conoces el significado de *predestinar*?

2 La palabra *inútiles* significa —

F algo útiles.

G otra vez útiles.

H no útiles.

J muy útiles.

La respuesta que elijas tendrá sentido dentro del contexto del pasaje. Prueba cada respuesta antes de elegir alguna.

TEMA 2

AMIGOS AL RESCATE

CONTENIDO

El poder de las palabras

¿Quién cuenta las estrellas?

ocupación
despreció
espetó
apaciguadora
ofuscada
interminable

"¿Quién cuenta las estrellas?" es una historia que sucedió en Dinamarca durante la Segunda Guerra Mundial entre 1939 y 1945. Durante ese tiempo, la mayor parte del mundo estaba en guerra. La guerra afectó la vida de muchos niños.

Durante la **ocupación**, miles de soldados enemigos permanecieron en nuestro pueblo, después de haberlo sitiado. Tratamos de continuar con nuestra rutina normal pero era *muy* difícil. No nos gustaban los soldados porque hablaban con **desprecio** de nuestro país. Yo creo que nos trataban como si fuéramos inferiores porque habían derrotado a nuestro ejército. Cuentan que un día un soldado **espetó** insultos en contra de alguien para que peleara contra él.

Recogí esta flor en uno de los campos cercanos a la plaza del mercado, durante el último año de la guerra. Ahí me encontré con un soldado y eso me dio mucho miedo, pero mi madre me habló con voz **apaciguadora** y me calmó rápidamente. Me sentía **ofuscada** porque yo quería recoger más flores y no podía, pero mi hermana me dijo que no me alterara por algo que no tenía la menor importancia.

Comimos este pastel en la primera celebración que tuvimos después de la guerra. ¡Al fin nuestro país era libre de nuevo! A pesar de que, por un tiempo, nos pareció que la guerra iba a ser **interminable**, los aliados y nuestro ejército obtuvieron la victoria.

CONEXIÓN
Vocabulario-Escritura

Recuerda a alguna persona que haya actuado contigo de forma **apaciguadora** durante algún momento difícil. Escríbele una nota de agradecimiento por haberte ayudado.

Género

Ficción histórica

Un cuento de ficción histórica toma lugar en el pasado y representa personas, lugares y sucesos que ocurrieron o pudieron haber ocurrido.

En esta selección, busca

- un lugar y tiempo reales del pasado.
- algunos sucesos inventados.

¿Quién cuenta las estrellas?

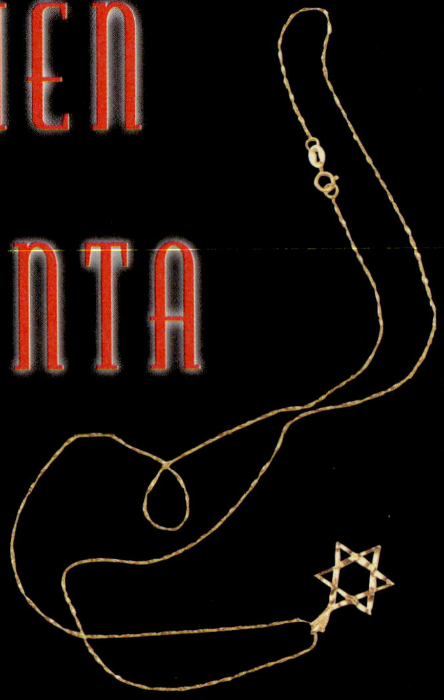

TEXTO DE LOIS LOWRY

ILUSTRACIONES DE RUSS WILSON

En 1943, las tropas alemanas ya habían ocupado Dinamarca por casi un año. Annemarie Johansen; su hermana menor, Kirsti; y su mejor amiga, Ellen, sí podían recordar cuando el soldado alto alemán, "Jirafa", y su compañero no vigilaban la calle cerca de la escuela. Cuando los alemanes empezaron el "reasentamiento" de todos los judíos daneses, la familia Johansen actuó heroicamente para ayudar a sus amigos judíos.

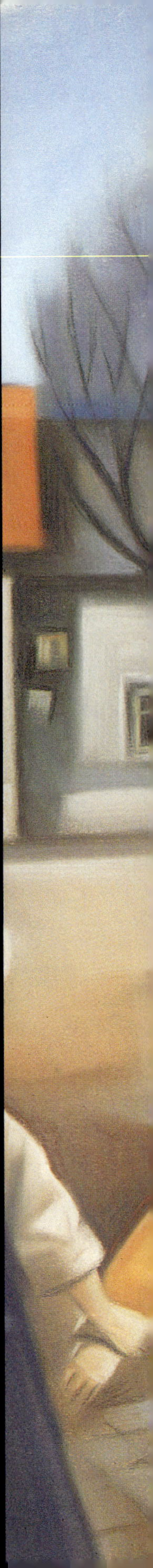

Ellen y Annemarie estaban tumbadas en el suelo de la sala jugando con muñecas de papel. Se habían quedado solas mientras la madre de Annemarie hacía las compras con Kirsti. Recortaron las muñecas de las revistas de la madre de Annemarie. Las damas de papel tenían peinados y trajes anticuados, y las chicas las llamaban como los personajes del libro favorito de la madre de Annemarie. La madre de Annemarie les había contado la historia de *Lo que el viento se llevó*, y a ellas les pareció mucho más interesante y romántica que los cuentos de hadas que le gustaban a Kirsti.

—Vamos, Melania —decía Annemarie, paseando su muñeca por el borde de la alfombra—. Vistámonos para el baile.

—Está bien, Escarlata, ya voy —respondió Ellen con una voz estudiada.

Tenía talento para ser actriz; a menudo encarnaba a los personajes principales en las obras que representaban en la clase de teatro. Los juegos de imaginación eran siempre divertidos en compañía de Ellen.

La puerta se abrió y Kirsti entró ofuscada, con los ojos empapados de lágrimas. Su madre la siguió con una expresión irritada y dejó un paquete sobre la mesa.

—¡Que no! —aulló Kirsti—. ¡No me los pondré *nunca*, aunque me encierres y me castigues!

Annemarie sonrió y dirigió a su madre una mirada interrogadora. La señora Johansen suspiró.

—Le he comprado a Kirsti unos zapatos nuevos —explicó—. Los suyos se le han quedado pequeños.

—¡Pero Kirsti! —exclamó Ellen—. Si yo estoy deseando que mi madre me compre unos zapatos nuevos. Me encanta todo lo nuevo, y hoy día hay pocas cosas nuevas en las tiendas.

—¡Pero son de una *pescadería*! —chilló Kirsti —. ¡Las demás madres no obligan a sus hijas a ponerse unos zapatos de *pescado*!

—Kirsti —le dijo su madre con voz apaciguadora—, sabes bien que no era una pescadería. ¡Si fue una suerte encontrar unos zapatos nuevos!

Kirsti se sorbió la nariz.

—Enséñaselos —insistió Kirsti—. Anda, enséñales a Annemarie y a Ellen lo feos que son.

Su madre abrió el paquete y sacó un par de zapatos de niña. Los mostró, y Kirsti apartó la mirada con disgusto.

—Sabes que no hay cuero —le explicó su madre—. Y unos hombres han encontrado el modo de hacer zapatos con pieles de pescado. A mí no me parecen tan feos.

Annemarie y Ellen contemplaron los zapatos de piel de pescado. Annemarie agarró uno y lo examinó. Era extraño; se le veían las escamas. Pero, al fin y al cabo, era un zapato, y a su hermana le hacían falta unos.

—No están tan mal, Kirsti —dijo, mintiendo un poco.

Ellen le daba vueltas al otro en la mano.

—¿Sabes?, lo único que me parece feo es el color.

—¡Son verdes! —gimió Kirsti—. ¡Nunca *jamás* me pondré unos zapatos verdes!

—Mi padre tiene en casa un tintero de tinta negra —dijo Ellen—. ¿Te gustarían más si fueran negros?

Kirsti frunció el ceño.

—A lo mejor —dijo finalmente.

—Pues entonces esta noche, si tu madre quiere, me llevaré los zapatos a casa para que mi padre los tiña de negro con la tinta.

La señora Johansen se rió.

—Creo que mejorarían bastante. ¿Qué te parece, Kirsti?

Kirsti vaciló.

—¿Brillarán? —preguntó—. Quiero que brillen.

Ellen asintió.

—Creo que sí. Van a quedar muy bonitos, negros y brillantes.

Kirsti asintió.

—Bueno —accedió—. Pero no le digas a nadie que son de *pescado*. No quiero que lo sepa nadie —agarró los zapatos nuevos con un gesto de desprecio y los dejó en una silla. Después miró con interés las muñecas de papel.

—¿Puedo jugar yo también? —preguntó—. ¿Puedo agarrar una muñeca? —y se sentó en el suelo entre Annemarie y Ellen.

"¡Qué pesada es Kirsti a veces!" pensó Annemarie. "Siempre está entrometiéndose." Pero el piso era pequeño. Kirsti no podía jugar en otra parte. Y si le decían que se marchara, su madre se enojaría.

—Toma —Annemarie le dio una muñeca recortada a su hermana—. Estamos jugando a *Lo que el viento se llevó*. Melania y Escarlata van a un baile. Tú serás Bonnie. Bonnie es la hija de Escarlata.

Kirsti hizo dar saltos de alegría a su muñeca.

—¡Voy a un baile! —proclamó con una vocecilla afectada.

Ellen se rió.

—No podemos llevar a una niña pequeña a un baile. Vamos a ir a otro lado. ¡Vamos a Tívoli!

—¡A Tívoli! —Annemarie comenzó a reírse—. ¡Tívoli está en Copenhague! ¡*Lo que el viento se llevó* ocurre en América!

—¡A Tívoli, a Tívoli, a Tívoli! —cantaba la pequeña Kirsti, haciendo danzar a su muñeca en círculos.

—Da igual, sólo es un juego —señaló Ellen—. Tívoli puede estar allí, junto a aquella silla. Vamos, Escarlata —dijo con su voz de muñeca—. Iremos a Tívoli a bailar y a ver los fuegos artificiales. ¡Quizá hasta encontremos algún hombre apuesto! Tráete a tu hija Bonnie para que se divierta en el tiovivo.

Annemarie sonrió y llevó a su muñeca Escarlata hacia la silla donde Ellen había situado Tívoli. Tívoli estaba en el centro de Copenhague, y le encantaba ir allí; sus padres la habían llevado a menudo, cuando era más pequeña. Recordaba la música y las luces de colores, el tiovivo y los helados y, en particular, las luminosas sesiones de fuegos artificiales: las enormes explosiones de color y los destellos en el cielo nocturno.

—De lo que más me acuerdo es de los fuegos artificiales —le comentó a Ellen.

—Yo también los recuerdo —intervino Kirsti.

—Tonta —se burló Annemarie—. Nunco has visto fuegos artificiales —el parque de atracciones Tívoli estaba cerrado. Las fuerzas de ocupación alemanas lo habían incendiado, quizá para castigar a los alegres daneses por sus diversiones sencillas.

Kirsti se irguió.

—Sí que los he visto —espetó, agresiva—. Fue el día de mi cumpleaños. Me desperté por la noche y oí las explosiones. Y se veían luces en el cielo. ¡Mamá me

dijo que eran fuegos artificiales para celebrar mi cumpleaños!

Annemarie lo recordó entonces. El cumpleaños de Kirsti era a finales de agosto. Y aquella noche, tan sólo un mes antes, también a ella la despertaron y asustaron las explosiones. Kirsti tenía razón: al sudeste, el cielo estaba iluminado, y su madre la tranquilizó diciéndole que lo hacían para celebrar su cumpleaños. "¡Mira qué fuegos artificiales tan grandes para una niña tan pequeña!", le dijo, sentándose en la cama y apartando la cortina para que viera el cielo iluminado.

Al día siguiente, el periódico de la tarde les informó de la triste verdad. Los daneses habían destruido su propia flota. Volaron las naves una a una cuando los alemanes se acercaban a requisarlas.

"¡Qué triste debe estar el rey!", oyó Annemarie que su madre le decía a su padre cuando leyeron la noticia.

"¡Qué orgulloso!", respondió su padre.

Annemarie también había sentido tristeza y orgullo al imaginarse al rey, alto y viejo, contemplar, quizá con los ojos enturbiados por las lágrimas, los restos de su pequeña flota en el fondo del puerto.

—Ya no tengo más ganas de jugar, Ellen —dijo de repente, dejando la muñeca de papel en el suelo.

—De todos modos es hora de que me vaya —dijo Ellen—. Tengo que ayudar a mi madre a limpiar la casa. El jueves celebramos nuestro Año Nuevo, ¿no lo sabías?

—¿Por qué es de ustedes? —preguntó Kirsti—. ¿No es el nuestro también?

—No. Es el Año Nuevo de los judíos. Sólo lo celebramos nosotros. Pero si tú quieres, Kirsti, puedes venir a casa esa noche a ver cómo mi madre enciende las velas del candelabro.

Muchos viernes, la señora Rosen invitaba a Annemarie y Kirsti a que vieran cómo encendían las velas del candelabro de siete brazos. Se cubría la cabeza con un velo y rezaba una oración en hebreo. Annemarie permanecía inmóvil y observaba boquiabierta: incluso Kirsti, que era una charlatana, siempre se quedaba callada en aquel momento. No sabían lo que significaban las palabras, pero sentían que era un momento muy especial para los Rosen.

—Sí —aceptó Kirsti, feliz—. Iré a ver cómo tu madre enciende las velas y me pondré mis zapatos negros nuevos.

Pero aquella vez sería diferente. El jueves, cuando iba al colegio con su hermana por la mañana temprano, Annemarie vio a los Rosen dirigirse a la sinagoga vestidos con sus mejores ropas. Saludó a Ellen, quien le devolvió el saludo agitando la mano.

—¡Qué suerte tiene Ellen! —le dijo Annemarie a Kirsti—. Hoy no tiene que ir al colegio.

—Pero tendrá que quedarse muy, muy quieta, como nosotros en la iglesia —le recordó Kirsti—. Eso no es *nada* divertido.

Aquella tarde, la señora Rosen fue a casa de Annemarie. Llamó a la puerta, pero no entró. Se quedó en el vestíbulo hablando con voz tensa y precipitada con la madre de Annemarie. Cuando su madre regresó, tenía una expresión consternada, pero su voz era alegre.

—Chicas —les dijo—, les voy a dar una sorpresa estupenda. ¡Ellen vendrá esta noche a casa y se quedará con nosotros unos días! Hace mucho que no tenemos invitados.

Kirsti aplaudió encantada.

—Pero mamá —objetó Annemarie, preocupada—, es su Año Nuevo. ¡Iban a celebrarlo! Ellen me dijo que su madre se las había arreglado para conseguir un pollo por ahí y que iban a asarlo…¡El primer pollo asado en más de un año!

—Han cambiado de planes —le respondió su madre en tono enérgico—. Los Rosen tienen que ir a visitar a un pariente, así que Ellen se quedará con nosotros. Venga, que tenemos mucho que

hacer. Vamos a poner sábanas limpias en la cama. Kirsti, tú dormirás con papá y mamá esta noche, y dejaremos que ellas dos duerman juntas.

Kirsti puso mala cara e hizo ademán de protestar.

—Mamá te contará un cuento especial esta noche —le dijo su madre—. Uno para ti sola.

—¿De un rey? —preguntó Kirti, indecisa.

—De un rey, si tú quieres —respondió su madre.

—Vale —accedió Kirsti—. Pero también tiene que haber una reina.

Aunque la señora Rosen envió el pollo a los Johansen, y la señora Johansen preparó una cena estupenda, suficiente para que repitieran todos, no fue una noche de risas y charla. Ellen estuvo callada toda la cena. Parecía asustada. Los señores Johansen intentaron hablar de cosas divertidas, pero era evidente que estaban preocupados, y Annemarie también se preocupó. Sólo Kirsti parecía no advertir el ambiente tenso. Balanceando los pies enfundados en sus nuevos zapatos negros y brillantes, parloteó y rió durante toda la cena.

—Ya es hora de que nos vayamos a la cama, pequeña —anunció su madre cuando terminaron de lavar los platos—. Necesitamos tiempo, recuerda que te he prometido contarte una historia larga de un rey y una reina —y desapareció con Kirsti en el dormitorio.

—¿Qué ocurre? —preguntó Annemarie en cuanto ella y Ellen se quedaron a solas con su padre—. Ocurre algo. ¿Qué es?

Su padre tenía una expresión preocupada.

—Ojalá no tuviera que decirte nada de esto —dijo pausadamente—. Ellen, tú ya lo sabes. Ahora debemos decírselo a Annemarie —se volvió a Annemarie y le acarició el cabello—. Esta mañana, en la sinagoga, el rabino les dijo a los fieles que los nazis se habían llevado de allí el registro con todos los nombres y domicilios de los judíos. Como es natural, los Rosen estaban en esa lista, al igual que los demás.

—¿Por qué? ¿Para qué quieren saber los nombres?

—Piensan arrestar a todos los judíos daneses. Quieren llevárselos lejos. Y nos han dicho que pueden venir esta noche.

—¡No entiendo! ¿Llevárselos adónde?

Su padre agitó la cabeza.

—No sabemos dónde, ni en realidad sabemos por qué. Lo llaman "reasentamiento". Ni siquiera sabemos lo que eso significa. Sólo sabemos que está

mal, que es peligroso y que debemos ayudar.

Annemarie estaba asombrada. Miró a Ellen y vio que su amiga lloraba en silencio.

—¿Dónde están los padres de Ellen? ¡También debemos ayudarles a ellos!

—No podíamos alojar a los tres. Si los alemanes vinieran a registrar el piso descubrirían la presencia de los Rosen. Podemos ocultar a una persona, no a tres. Peter ha ayudado a los padres de Ellen a esconderse en otro lugar. No sabemos dónde. Ellen tampoco lo sabe. Pero se encuentran a salvo.

Ellen gimió en voz alta y se llevó las manos a la cara. El señor Johansen le pasó el brazo por los hombros.

—Están a salvo, Ellen. Te lo prometo. Los verás muy pronto. ¿No confías en mí?

Ellen vaciló, asintió y se enjugó las lágrimas con la mano.

—Pero papá —dijo Annemarie, mirando a su alrededor y contemplando el pequeño piso con sus escasos muebles: el sólido y mullido sofá, la mesa y las sillas, la pequeña librería en una pared—, has dicho que la esconderemos. ¿Cómo vamos a hacerlo? ¿Dónde puede esconderse?

Su padre sonrió.

—Esa parte es fácil. Será como dijo tu madre: ustedes dos dormirán juntas, así podrán divertirse y contarse sus secretos. Y si viene alguien...

Ellen le interrumpió.

—¿Quién puede venir? ¿Soldados como los que hay por las esquinas?

Annemarie recordó lo que se asustó Ellen el día que el soldado le habló.

—No creo que venga nadie. Pero no nos vendrá mal estar preparados. Si viniera alguien, aunque fuesen soldados, ustedes dos serán hermanas. Pasan mucho tiempo juntas, será fácil hacerse pasar por hermanas —se levantó y fue a la ventana. Apartó el visillo y miró a la calle. Fuera empezaba a oscurecer. Pronto tendrían que correr las cortinas gruesas que todos los daneses tenían en las ventanas; la ciudad debía estar completamente a oscuras por la noche. Todo lo que se oía era un pájaro que piaba en un árbol cercano. Era la última noche de septiembre—. Vengan, pónganse el camisón. Será una noche muy larga.

Annemarie y Ellen se pusieron en pie. De repente, el señor Johansen se acercó a ellas y las abrazó. Las besó en la cabeza: la de Annemarie, de cabellos rubios, que le llegaban a los hombros, y la de Ellen, de cabello oscuro recogido como siempre en dos trenzas.

—No tengan miedo —les dijo en voz baja—. Antes tenía tres hijas. Esta noche me siento orgulloso de volver a tenerlas.

• • •

—¿De verdad crees que vendrá alguien? —preguntó Ellen nerviosa, volviéndose a Annemarie en el dormitorio—. Tu padre dice que no.

—Claro que no. Los alemanes son unos bocazas. Sólo se divierten asustando a la gente —Annemarie descolgó el camisón de una percha del armario.

—Si viene alguien, al menos tendré oportunidad de interpretar un papel. Fingiría que soy Lise. Aunque debería ser más alta —Ellen se puso de puntillas para parecer más alta. Se rió en un tono más relajado.

—El año pasado interpretaste muy bien tu papel de Hada Malvada en la representación del colegio —le aseguró Annemarie—. Cuando seas mayor, deberías ser actriz.

—Mi padre quiere que sea maestra. Quiere que todo el mundo sea maestro como él. Quizá pueda convencerle para que me deje ir a una escuela de arte dramático —Ellen volvió a ponerse de puntillas e hizo un ademán imperioso con el brazo—. Soy el Hada Malvada —entonó con dramatismo—. ¡He venido a adueñarme de la noche!

—¡Deberías ensayar a decir: "Soy Lise Johansen"! —le aconsejó Annemarie sonriendo—. Si le dijeras a los nazis que eres el Hada Malvada, te llevarían a un manicomio.

Ellen abandonó su pose de actriz y se sentó sobre la cama con las piernas cruzadas.

—¿De verdad crees que no vendrán? —le preguntó de nuevo.

Annemarie agitó la cabeza.

—Te lo aseguro —dijo buscando el cepillo.

Antes de acostarse, las chicas hablaron un rato en voz baja. En realidad, no era necesario hablar en voz baja; al fin y al cabo, se suponía que eran hermanas, y el padre de Annemarie les había dicho que podían reír y charlar. La puerta del dormitorio estaba cerrada.

Pero, de algún modo, esa noche parecía distinta a las demás. Por eso hablaban en voz muy baja.

—¿Cómo murió tu hermana, Annemarie? —le preguntó Ellen de improviso—. Recuerdo cuándo ocurrió. Y recuerdo el funeral... Ha sido la única vez que he entrado en una iglesia luterana. Pero nunca supe qué le sucedió.

Yo tampoco lo sé *exactamente* —confesó Annemarie—. Ella y Peter fueron a algún sitio, después alguien llamó por teléfono y dijo que habían sufrido un accidente. Mamá y papá corrieron al hospital... ¿Recuerdas que tu madre vino a quedarse con Kirsti y conmigo? Kirsti ya se había dormido y no se enteró de nada, porque entonces era muy pequeña. Pero yo me quedé despierta, y estaba en la sala con tu madre cuando mis padres volvieron a casa a medianoche y me dijeron que Lise había muerto.

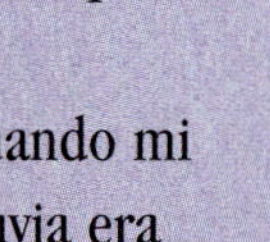

—Recuerdo que llovía —dijo Ellen tristemente—. Seguía lloviendo cuando mi madre me lo dijo por la mañana. Mi madre lloraba, y me pareció que la lluvia era como el llanto del *mundo*.

Annemarie terminó de cepillarse el cabello y le entregó el cepillo a su mejor amiga. Ellen se deshizo las trenzas, se apartó el cabello rizado de la cadena que llevaba al cuello, la cadena de la que colgaba la estrella de David, y comenzó a cepillarse.

—Creo que, en parte, la lluvia tuvo la culpa. Dijeron que la atropelló un coche. Supongo que las calles estaban escurridizas, estaba oscureciendo y quizá el conductor no la vio —Annemarie continuó recordando—. Mi padre parecía enfadado. Cerraba la mano en un puño y golpeaba contra la otra. Recuerdo cómo sonaba: plaf, plaf, plaf.

Se metieron juntas en la cama y se arroparon con las mantas. Annemarie apagó la vela de un soplo y apartó las cortinas para que entrase aire por la ventana abierta junto a la cama.

—¿Ves ese baúl azul en el rincón? —le preguntó a Ellen, señalando la oscuridad—. Las cosas de Lise están guardadas ahí. Mis padres no han vuelto a sacarlas desde que las guardaron.

Ellen suspiró.

—Habría estado guapísima con el traje de novia. Tenía una sonrisa muy bonita. A veces yo imaginaba que era *mi* hermana.

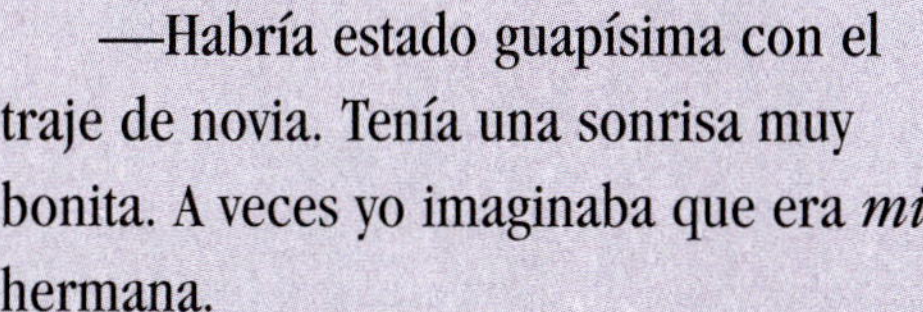

—A ella le habría gustado —le dijo Annemarie—. Te quería mucho.

—Eso es lo peor del mundo —susurró Ellen—. Morir tan joven. No me gustariá que los alemanes se llevaran a mi familia, que nos hicieran vivir en otro lugar. Con todo, no sería tan malo como morir.

Annemarie se acercó a ella y la abrazó.

—No te llevarán a ningún sitio —le dijo—. Ni a tus padres tampoco. Mi padre te prometió que estarían a salvo, y siempre cumple sus promesas. Y tú estás a salvo con nosotros.

Durante un rato continuaron murmurando en la oscuridad, pero los murmullos acabaron siendo interrumpidos por los bostezos. Por último, Ellen se calló y se dio la vuelta, y un minuto después su respiración se hizo más acompasada.

Annemarie miró por la ventana; recortada sobre el fondo del cielo, una rama se mecía suavemente. Todo le parecía familiar, incluso acogedor. Los peligros no eran más que extrañas fantasías como las historias de fantasmas que se inventaban los chicos para asustarse unos a otros: cosas que no podían ocurrir. Annemarie se sentía totalmente segura en su casa: sus padres se encontraban en la habitación contigua, ella dormía junto a su mejor amiga. Bostezó satisfecha y cerró los ojos.

Fue horas después, pero aún de noche, cuando la despertaron bruscamente los golpes en la puerta de la casa.

Annemarie abrió la puerta del dormitorio con cuidado, sólo una rendija, y atisbó por ella. Ellen se sentó en la cama con los ojos muy abiertos.

Vio a sus padres en pijama moviéndose de un lado a otro. Su madre trató de encender una vela pero, mientras Annemarie miraba, se acercó a una lámpara y la encendió. Hacía tanto tiempo que no se atrevían a utilizar la electricidad, tan estrictamente racionada, que a Annemarie le sorprendió la luz que entró por el resquicio de la puerta. Vio que su madre dirigía una mirada rutinaria a las cortinas para asegurarse que estaban bien cerradas.

Su padre abrió la puerta a los soldados.

—¿Es ésta la casa de los Johansen? —preguntó una voz grave y potente con un marcado acento extranjero.

—Nuestro nombre está en la puerta, y veo que lleva una linterna —respondió su padre—. ¿Que desea? ¿Ocurre algo?

—Señora Johansen, tengo entendido que son ustedes amigos de sus vecinos, los Rosen —dijo el soldado con irritación.

—Sí, Sophy Rosen es mi amiga, es cierto —admitió su madre en voz baja—. Por favor, ¿le importaría no hablar tan alto? Mis hijas están durmiendo.

—¿Entonces será tan amable de decirme dónde están los Rosen? —no se molestó en bajar la voz.

—Supongo que estarán en casa, durmiendo. Son las cuatro de la mañana —le respondió su madre.

Annemarie oyó al soldado atravesar la sala en dirección a la cocina. Desde su escondite tras la rendija de la puerta, vio al corpulento hombre uniformado, pistola al cinto, mirando al interior de la cocina desde la puerta.

—El piso de los Rosen está vacío —dijo otra voz alemana—. Nos preguntábamos si no estarían visitando a sus amigos los Johansen.

—Bien —dijo el señor Johansen, desplazándose ligeramente para situarse delante de la puerta del dormitorio de Annemarie, por lo que ella no pudo ver otra cosa que la sombra oscura de su espalda—, como ve, se equivoca. Aquí sólo está mi familia.

—No tendrá inconveniente en que echemos un vistazo —la voz era severa, y no era una pregunta.

—Me parece que no tenemos elección —le contestó el señor Johansen.

—Por favor, no despierten a mis hijas —les volvió a rogar la señora Johansen—. No hay por qué asustarlas.

Las fuertes pisadas de las botas volvieron a cruzar la sala hacia la otra habitación. Abrieron una puerta y la cerraron de golpe.

Annemarie se alejó de la puerta de puntillas. Se dirigió a ciegas a la cama.

—Ellen —susurró, apremiante—, ¡quitate el collar!

Ellen se llevó las manos al cuello. Intentó desesperadamente desabrocharse el collar. Al otro lado de la puerta, continuaban las voces bruscas y el ruido de las pisadas.

—¡No puedo desabrochármelo! —exclamó Ellen, asustada—. ¡No podré quitármelo...! ¡No recuerdo cómo se desabrocha!

Annemarie oyó una voz al otro lado de la puerta.

—¿Qué hay ahí?

—Sss —respondió la señora Johansen—. Es el dormitorio de mis hijas. Están dormidas.

—No grites —le ordenó Annemarie a Ellen—. Te dolerá —agarró la fina cadena de oro, tiró con todas sus fuerzas y la rompió. Al abrirse la puerta e inundarse el dormitorio de luz, se guardó la cadena en la mano y la cerró con fuerza.

Aterrorizadas, las chicas contemplaron a los tres soldados nazis que entraron en la habitación.

Uno de los hombres paseó la luz de la linterna por la estancia. Se acercó al armario y miró en el interior. Con un movimiento brusco descolgó varios abrigos y una bata y los dejó caer al suelo.

En el dormitorio sólo había una cómoda, el baúl azul en el rincón y unas cuantas muñecas de Kirsti amontanadas en una pequeña mecedora. El soldado se volvió hacia la cama irritado.

—¡Arriba! —ordenó—. Salgan aquí.

Temblando, las dos chicas se levantaron y, al salir a la sala, pasaron rozando a los otros dos soldados.

Annemarie miró a su alrededor. Aquellos tres hombres uniformados eran distintos a los que había por las calles. Los soldados de las calles solían ser jóvenes y, a veces, despreocupados, y Annemarie recordó que el que apodaban «Jirafa» abandonó por un momento su actitud rígada y sonrió a Kirsti.

Pero aquellos tres hombres eran mayores y sus rostros mostraban odio.

Sus padres estaban de pie uno junto al otro, con rostros expectantes, pero Annemarie no vio a Kirsti por ninguna parte. Si la hubiesen despertado, lloraría, o peor aún: se enfadaría y patalearía.

—¿Cómo se llaman? —rugió el soldado.

—Annemarie Johansen. Y ésta es mi hermana…

—¡Cállate! Que hable ella. ¿Cómo te llamas? —clavó la vista en Ellen.

Ellen tragó saliva.

—Lise —dijo. Se aclaró la garganta—. Lise Johansen.

—Oiga —intervino la señora Johansen con firmeza—, ya ha visto que no ocultamos nada. ¿Pueden irse las chicas a la cama?

El soldado no le prestó atención. De repente, le agarró un mechón de pelo a Ellen. Ellen hizo una mueca de dolor.

El soldado se rió con desdén.

—Tiene una hija rubia durmiendo en la otra habitación. Y tiene esta hija rubia… —señaló la cabeza de Annemarie—. ¿De dónde sacó a esta otra con el pelo castaño? —retorció el mechón de Ellen—. ¿De otro hombre? ¿Del lechero?

El señor Johansen se adelantó.

—No le hable a mi mujer de ese modo. Suelte a mi hija o informaré de su conducta.

—¿O quizá la sacó de algún otro lugar? —continuó el soldado con sarcasmo—. ¿De casa de los Rosen?

Por un momento nadie habló. Entonces Annemarie, invadida por el pánico, vio a su padre dirigirse precipitadamente a la pequeña librería y tomar un libro. Annemarie reconoció el álbum de fotos familiar. Su padre pasó las páginas con rapidez, halló lo que buscaba y arrancó tres fotografías de tres lugares diferentes.

Se las mostró al soldado alemán, quien soltó el mechón de Ellen.

—Son mis tres hijas, con el nombre respectivo escrito en cada fotografía —dijo el señor Johansen.

Annemarie supo de inmediato qué fotografías eran. En el álbum guardaban muchas fotografías, fotografías borrosas de celebraciones en el colegio y de fiestas de cumpleaños. Pero también había tres fotografías que un fotógrafo les hizo a las chicas cuando eran pequeñas. La señora Johansen había escrito con su cuidada caligrafía el nombre de cada una en el borde inferior de las fotografías.

También comprendió por qué su padre las había arrancado del álbum para mostrárselas al soldado. En la parte inferior de cada página estaba escrita, además, la fecha de nacimiento de cada una. Y la verdadera de Lise Johansen había nacido veintiún años antes.

—Kirsten Elisabeth —leyó el soldado mirando la fotografía antes de dejarla caer al suelo—. Annemarie —le echó un vistazo a la segunda fotografía y la tiro—. Lise Margrete —leyó por último. Fijó la vista en Ellen durante un momento

interminable. Annemarie evocó la fotografía que el soldado tenía en las manos: un bebé de ojos redondos en su cuna, con la cabeza hundida en la almohada, un chupete en la mano diminuta y los pies desnudos visibles bajo el vestido de encaje. El pelo rizado. Castaño.

El soldado rompió la fotografía en dos y dejó caer los trozos en el suelo. Después se volvió girando los tacones de las botas lustrosas sobre las fotografías y salió del apartamento. Sin decir una palabra, los otros dos soldados le siguieron. El señor Johansen marchó tras ellos y cerró la puerta.

Annemarie abrió el puño derecho en el que aún escondía el collar de Ellen. Bajó la vista y vio la estrella de David grabada en la palma de la mano.

Reflexionar y responder

1. ¿Cómo trabaja la familia de Annemarie en conjunto para salvar a Ellen de los soldados alemanes durante la **ocupación** de Dinamarca?
2. ¿Cómo usa la autora el diálogo y las acciones para que los soldados alemanes parezcan ser poderosos y amenazantes?
3. ¿Cuál es la importancia de la estrella de David grabada en la palma de la mano de Annemarie al final del cuento?
4. ¿Crees que la familia Johansen debería haber escondido a Ellen? Explica por qué crees eso.
5. ¿Cómo te ayudó la estrategia de crear imágenes mentales a entender la selección? ¿Cuándo aplicaste esta estrategia?

Conoce a la autora

Lois Lowry

Lois Lowry ha escrito muchos libros premiados para jóvenes lectores. Aquí, Lowry habla sobre su libro, *¿Quién cuenta las estrellas?,* que ganó el premio de la Medalla Newbery.

P: ¿Qué le inspiró escribir *¿Quién cuenta las estrellas?*

R: Fui de vacaciones con una amiga danesa. Hablamos de su niñez. Mientras hablábamos, empecé a captar cómo fue para ella durante la Segunda Guerra Mundial. Aunque el incidente en el cuento no le pasó, ella me contó cómo se sentía cuando las familias judías en su vecindario empezaron a desaparecer.

P: ¿Hizo una investigación especial mientras escribía el libro?

R: Después de empezar a escribir, me di cuenta que necesitaba mucha investigación para el cuento, y eventualmente fui a Dinamarca. Hablé con personas que vivieron durante la guerra, y fui al museo del Holocausto, que está dedicado al papel que jugó Dinamarca. Allí es donde vi los zapatos de piel de pescado que usé en el cuento.

P: Los daneses fueron muy buenos en proteger a los judíos de los nazis.

R: Sí. Como todos los daneses, mi amiga está muy orgullosa de su país y su papel durante la guerra. Por ejemplo, los médicos daneses pusieron a personas judías en los hospitales, pretendiendo que eran pacientes para salvarlos. Por supuesto, los doctores tuvieron que llenar informes para cada uno, y como un chiste amargo, apuntaban que padecían de sarampión alemán. A medida que mi amiga me contaba estas historias me di cuenta que harían un magnífico libro para niños.

Lois Lowry

Visita *The Learning Site*
www.harcourtschool.com

E.B.WHITE

Hacer conexiones

Compara textos

1. ¿De qué forma se relaciona "¿Quién cuenta las estrellas?" con el tema de ayudar a otros?
2. ¿Cuál es la diferencia entre los soldados que llegan hasta la puerta de Annemarie y los que ella está acostumbrada a ver en las calles?
3. Compara la atmósfera de "¿Quién cuenta las estrellas?" con la de "Yang el mayor y sus trabajos extraños". ¿Por qué la autora de "¿Quién cuenta las estrellas?" creó esa atmósfera?
4. Hay muchos relatos de rescates durante el Holocausto que no son ficción. ¿Cómo sabes que "¿Quién cuenta las estrellas?" es ficción en lugar de no ficción?
5. Después de leer "¿Quién cuenta las estrellas?", ¿qué preguntas tienes acerca de la Segunda Guerra Mundial?

Escribe una respuesta literaria

CONEXIÓN con la Escritura

Mientras Ellen se esconde en casa de los Johansen, los personajes de "¿Quién cuenta las estrellas?" experimentan muchas emociones. Elige uno de esos personajes y escribe un párrafo que describa, al menos, tres emociones que tu personaje sintió. Usa una red de palabras para organizar tus ideas. Apoya tus ideas con evidencia de la selección.

nombre del personaje

Haz una investigación

La estrella de David que Ellen porta es un símbolo de la religión judía. Investiga los orígenes de la estrella de David y del significado que tenía para los antiguos hebreos. Comparte tus resultados con la clase. Usa un diagrama de red para organizar tus datos.

Haz una representación

Elige tu escena favorita de "¿Quién cuenta las estrellas?". Después, trabaja con un compañero o con un pequeño grupo para representar esa escena ante tus compañeros. Usa los diálogos de la historia. Piensa en los sentimientos de los personajes y cómo son sus relaciones. Escribe diálogos adicionales para tu escena.

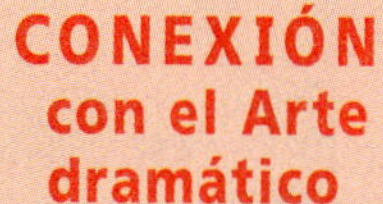

Elementos narrativos

El **escenario** de una historia tiene, por lo general, un efecto importante en la **trama**, y es particularmente relevante en una ficción histórica, como "¿Quién cuenta las estrellas?". El conflicto entre los Johansen y los soldados alemanes es el resultado de las circunstancias de Dinamarca durante la Segunda Guerra Mundial. Los nazis arrestaban a los judíos que vivían ahí. La trama de la historia se refleja en el intento de los Johansen por ayudar a sus amigos judíos.

Cuando leas el siguiente mapa de la historia, piensa en cómo el escenario influye en los sentimientos y acciones de los personajes.

Escenario
Dinamarca, en 1943 durante la Segunda Guerra Mundial

↓

Conflicto
Ellen Rosen y la familia Johansen
contra
los soldados alemanes que llegaron hasta la casa de los Johansen, buscando a Ellen Rosen

↓

Desenlace
Ellen finge ser Lise, la hermana de Annemarie. Papá salva a Ellen cuando saca la fotografía de Lise del álbum familiar para "probarle" a los soldados la identidad de Ellen.

Visita *The Learning Site*
www.harcourtschool.com
Ve Destrezas y Actividades

Preparación para las pruebas

Elementos narrativos

▶ **Lee el pasaje. Después contesta las preguntas.**

> **El olor del humo impregnó por completo el campamento de verano. Desde el interior de las cabañas, los excursionistas podían escuchar a los animales correr para escapar del incendio. Todos abandonaron el campamento a través del único camino que había, mientras las llamas ardían en la distancia. De pronto, el cielo se pobló con nubes de tormenta, truenos y centellas. En cuanto la lluvia comenzó a bañar el bosque, todos celebraron que el peligro había cesado y que podrían regresar a las cabañas.**

1. ¿Cuál es el conflicto de la historia?

A Un incendio forestal amenaza la vida de los excursionistas.

B Los excursionistas se pierden en el camino.

C El fuego se acerca a una de las vagonetas de los excursionistas.

D Los animales del bosque se acercan al campamento.

Piensa en el problema que tienen los excursionistas. Sabes que la opción C es incorrecta porque en el pasaje no hay vagoneta alguna.

2. ¿Qué efecto tiene la tormenta en los excursionistas?

F Les inunda el campo.

G Los fuerza a abandonar sus cabañas.

H Atrae a los animales al campo.

J Les permite regresar a sus cabañas.

Sugerencia

Esta pregunta te pide que identifiques de qué modo el evento influye en las acciones de los personajes. Elige la respuesta que se apoye en hechos del pasaje.

El poder de las palabras

El verano de los cisnes

extensión

impulsar

angustia

vacilar

tragarse

incredulidad

gimió

¿Alguna vez has buscado a alguien que se haya extraviado? ¿Alguna vez te has extraviado tú? Los autores de las siguientes notas periodísticas han perdido a un ser querido y escribieron acerca de esta experiencia: tanto de la parte triste como de lo que aprendieron de ella.

Viernes, 3 de diciembre

Hoy tuvimos que organizar un grupo para buscar a los escaladores extraviados al mediodía. El área donde los buscamos comprende una gran **extensión** de terreno que va desde las montañas hasta los enormes valles. Si la nieve los cubrió por completo, entonces no creo que podamos salvarlos a tiempo. Sé que ninguno de los voluntarios se dará por vencido. El deseo de encontrar a sus compañeros con vida los va a **impulsar** a continuar la búsqueda.

Martes, 19 de mayo

Hoy se extravió nuestro perro. "Mamá, nunca volveremos a verlo", lloraba mi hijo Chris. Su **angustia** por la pérdida, me rompió el corazón. Cuando Chris vio que yo misma iba a buscar a Max, su rostró se iluminó de nuevo, y nunca dudó que lo encontraría, así que yo no podía **vacilar** tampoco. Caminé para ver si tenía suerte y, justo cuando pensaba volver a casa, Max me encontró a mí. Max tenía mucha hambre así que todos lo vimos **tragarse** todas las croquetas que había en su plato.

Domingo, 20 de julio

Mi padre **gimió** con angustia. La inundación había destruído los puentes y caminos a lo largo de nuestro pequeño pueblo, convirtiéndolo en una especie de prisión. Cuando aterrizó un pequeño avión, primero lo miramos con **incredulidad**, pues pensamos que ya nadie nos iba a encontrar. Pero en cuanto vimos salir a la piloto, todos le estuvimos muy agradecidos por haber venido.

CONEXIÓN
Vocabulario-Escritura

Imagina que estás en un lugar muy alto, como la cima de una montaña. Explica dónde estás y describe la **angustia** o la felicidad de sentirse tan alto. Usa detalles que muestren cómo te sientes.

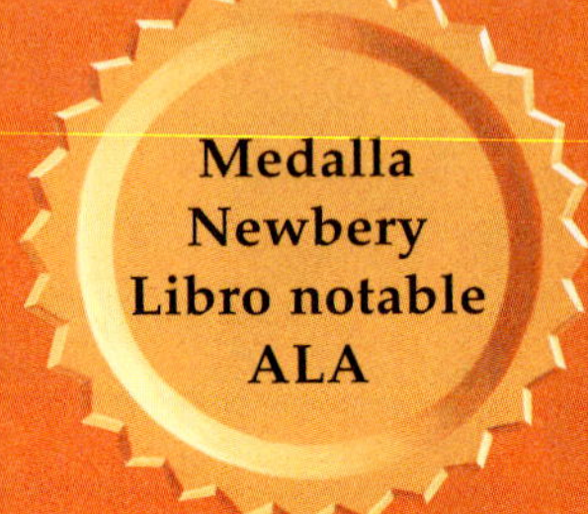

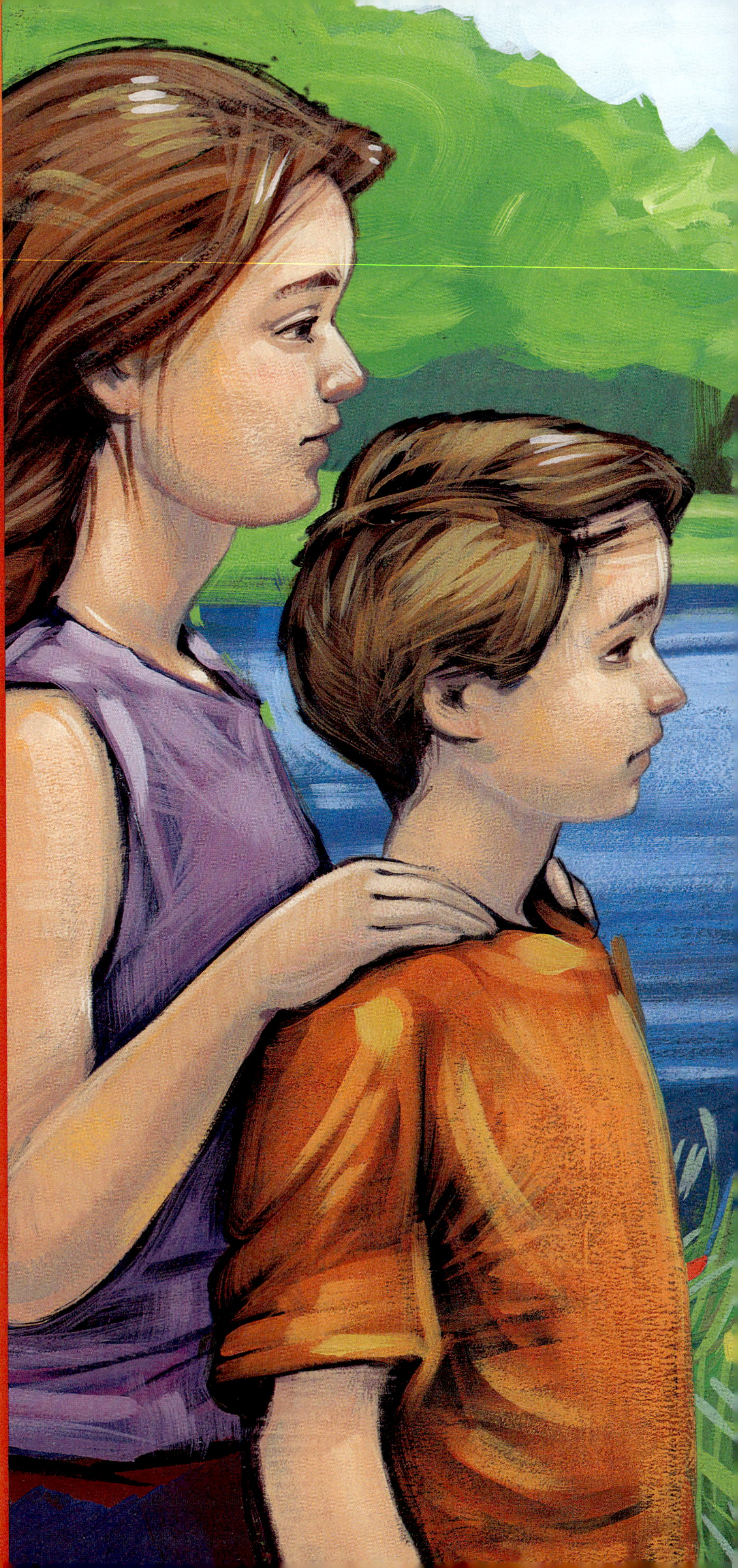

Medalla Newbery
Libro notable ALA

Género

Ficción realista

Un cuento de ficción realista relata cosas de personajes y sucesos que son como personas y eventos de la vida real.

En esta selección, busca

- **el efecto de las acciones de los personajes sobre la trama.**
- **el punto de vista de tercera persona.**

El verano de los cisnes

texto de Betsy Byars
ilustraciones de Lori Lohstoeter

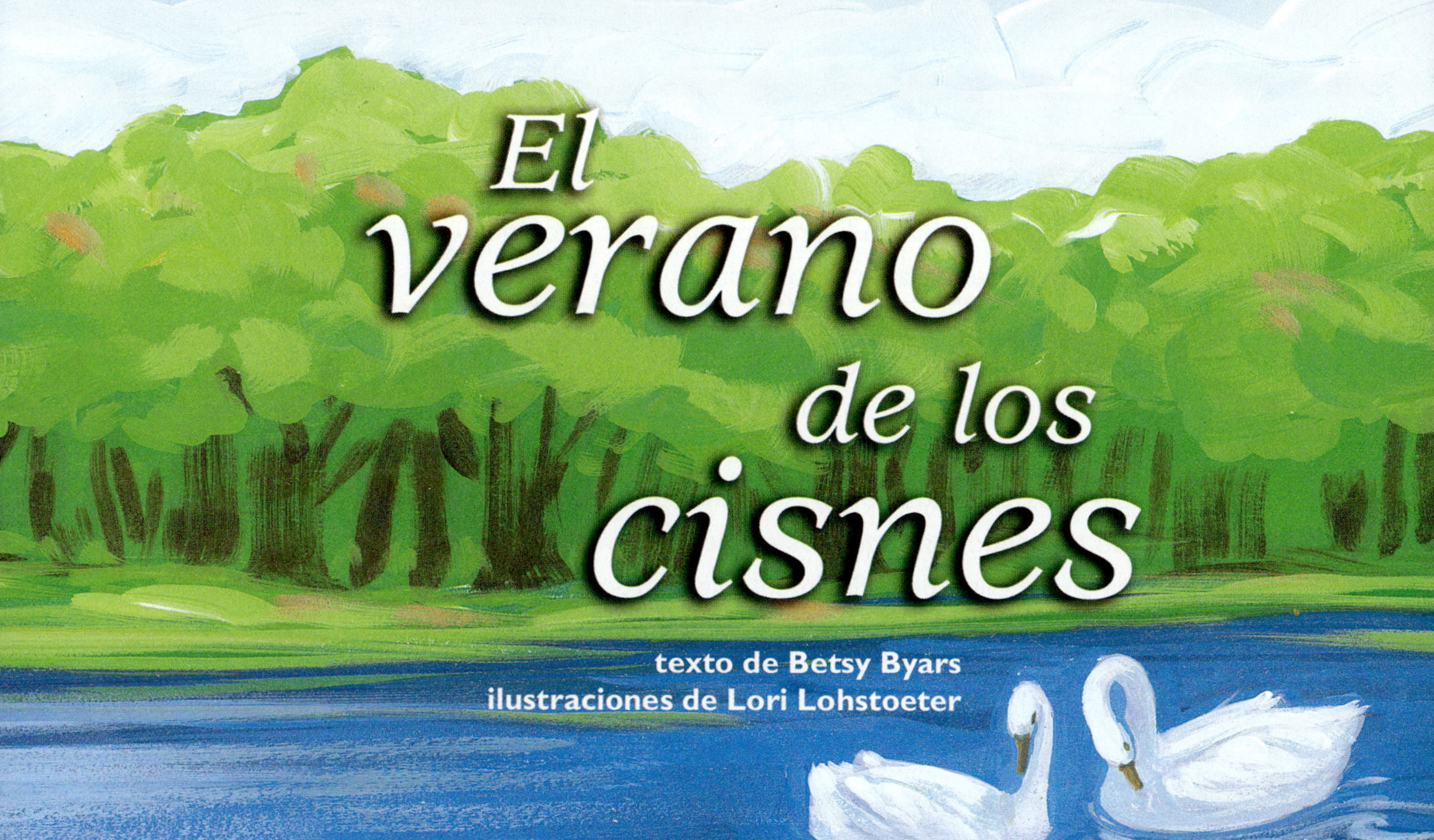

Charlie es un niño de diez años que está disminuido psíquicamente y no puede hablar. Una noche sale de su casa buscando los cisnes que vio durante el día. Pronto se pierde en el bosque y tiene mucho miedo.

Al día siguiente cuando su hermana mayor, Sara, descubre que Charlie ha desaparecido, ella y su compañero de clase Joe salen a buscarlo. Aunque han buscado por horas, todo lo que han encontrado es su zapatilla.

En el bosque había un barranco, una grieta profunda en la tierra, y Charlie se había dirigido hacia allí entre la niebla de la madrugada. Casualmente, caminando a tientas, con los brazos extendidos, permaneció en la senda que llevaba al barranco. Cuando salió el sol y se disipó la niebla, no pudo encontrar el camino para salir de allí.

El barranco entero parecía igual a la luz del día, altos muros, matas de hierbas altas, arbustos de bayas salvajes, árboles. Durante un rato, había vagado siguiendo los pequeños senderos formados con el lodo que bajaba de la colina, pero finalmente se sentó en un tronco y miró fijamente hacia adelante sin ver nada.

Al cabo de un rato, se animó lo suficiente como para limpiarse con las manos las mejillas, donde se le habían secado las lágrimas mezcladas con tierra, y para frotarse los párpados hinchados. Después miró hacia abajo, vio su pie desnudo, se lo puso sobre la otra zapatilla y se quedó sentado con los pies traslapados.

Ahora se apreciaba en él una gran torpeza. Se había asustado tantas veces, había oído tantos ruidos que le producían miedo, se había sobresaltado con tantas sombras, se había hecho daño tantas veces que todos sus sentidos estaban ahora relajados y sin esperanza. Se hubiera quedado allí para siempre.

No era la primera vez que Charlie se perdía, pero nunca se había encontrado en circunstancias parecidas. Una vez se había separado de tía Willie en la feria del condado y ni tan siquiera se dio cuenta de que se había perdido hasta que ella salió de entre la multitud gritando: "¡Charlie!, ¡Charlie!" y lo abrazó. Otra vez se había perdido en el vestíbulo del colegio y como no encontraba el camino para volver a su clase, caminó por los pasillos de un lado para otro asustado por esos niños desconocidos que se asomaban a las puertas, y tuvieron que mandar a uno para que le condujera a su clase. Pero en toda su vida no había tenido una experiencia igual.

Charlie se inclinó, miró su reloj y mantuvo la vista fija en la pequeña manecilla roja. Por primera vez se dio cuenta de que ya no se movía. Conteniendo la respiración, acercó el reloj más a su cara. La manecilla estaba inmóvil. Durante un rato no podía creerlo. Lo miró muy de cerca y siguió esperando. La manecilla seguía sin moverse. Sacudió su muñeca como si quisiera así ponerlo en marcha. Una vez vio que Sara hacía esto con su reloj.

Luego se acercó el reloj al oído. No hacía ruido. Hacía cinco meses que tenía el reloj y nunca le había fallado. Ni tan siquiera sabía que esto podía ocurrir. Ahora no hacía ruido ni se movía.

Puso su mano sobre el reloj, cubriéndolo completamente. Esperó. Su respiración empezó a hacerse más fuerte otra vez. La mano sobre el reloj estaba fría y húmeda. Esperó un rato y luego con mucho cuidado apartó la mano y miró la pequeña manecilla roja en la esfera. No se movía. El truco no había funcionado.

Inclinándose sobre el reloj, miró muy de cerca la cuerda. Tía Willie le daba cuerda al reloj todas las mañanas después del desayuno, pero él no sabía cómo hacerlo. Agarró la cuerda con sus dedos y tiró torpemente, después aún más fuerte y se salió. La miró y cuando intentó ponerla en el reloj otra vez, se le cayó al suelo y se perdió entre las hojas.

Una ardilla pasó frente a él y se dirigió a toda prisa hacia el terraplén. Distraído por un momento, se levantó y caminó hacia ella. La ardilla se paró y se metió después en un agujero, dejando a Charlie en la sombra intentando ver dónde había ido. Se acercó más al terraplén y movió las hojas, pero no encontró ni siquiera el agujero entre las raíces por donde había desaparecido la ardilla.

De pronto, algo pareció reventar en su interior y empezó a llorar ruidosamente. Se tiró al terraplén y comenzó a patalear, dando golpes al suelo, a la invisible ardilla, al silencioso reloj. Gimió, sometiéndose así a su angustia, y sus gritos penetrantes que no cesaban parecían suspendidos en el aire. Sus dedos se desgarraron en las raíces del árbol, cavó debajo de las hojas y arañó como un animal la negra tierra.

Su cuerpo flaqueó y se cayó rodando por el terraplén. Entonces se calló. Miró los árboles, todavía sollozando y con su cara extrañamente inmóvil. Al cabo de un rato le pesaban los párpados y se quedó dormido.

—¡Charlie! ¡Charlie!

La única respuesta fue el canto de un pájaro en las ramas, un largo y tímido silbido.

—Ni tan siquiera puede oírnos —dijo Sara.

Joe Melby y ella habían caminado durante más de una hora y se habían adentrado cada vez más en los bosques sin parar; ahora los árboles eran tan grandes que sólo se veían pequeños círculos de luz que pasaban a través del espeso follaje.

—¡Charlie! ¡Oh, Charlie!

Sara esperó una respuesta mirando al suelo.

Joe le preguntó:

—¿Quieres descansar un rato?

Sara negó con la cabeza. De pronto le entraron tantas ganas de ver a su hermano que se le hizo un nudo en la garganta. Era una sensación que tenía a veces cuando deseaba algo. Como aquella vez que

tenía sarampión y deseaba tanto ver a su padre que casi no podía tragar. Ahora le daba la impresión de que, si le ofrecían un vaso de agua fresca, aunque tenía sed, no hubiera podido beber ni una gota.

—Si puedes caminar un poco más, en lo alto de la colina hay un lugar, ya en la franja de las canteras, desde donde se puede ver todo el valle.

—Claro que sí.

—Bueno, primero podemos descansar si . . .

De pronto se sintió un poco mejor. Pensó que si podía llegar a la cima de la colina para mirar hacia abajo, en algún lugar de ese verde valle tal vez aparecería una silueta pequeña y rechoncha en pijama azul; era lo único que deseaba en este mundo. Pensó que el valle sería como un mapa donde todo se vería claro y liso y su hermano estaría allí; y ella le podría señalar en seguida. Su grito: "¡Ahí está!" sonaría como una campana sobre el valle y todo el mundo podría oírla y saber que habían encontrado a Charlie.

Se detuvo un momento, se apoyó contra un árbol y luego siguió. Sus piernas habían empezado a temblar.

Era la hora de la tarde en que normalmente se sentaba frente al televisor y veía los concursos donde los matrimonios intentaban advinar cosas uno del otro y las chicas tenían que escoger pareja entre chicos que no podían ver. Estaría sentada cerca de la entrada del vestíbulo y Charlie entraría y vería con ella la televisión. El cuarto estaría oscuro y olería a pino de la cera que echaba tía Willie.

Entonces empezaría "Primera sesión" y se sentaría durante toda la película apoyada cerca de la entrada, burlándose y diciendo cosas como: "Charlie, ahora viene la escena del viejo honrado que ha sido condenado por una mala jugada" y Charlie sentado en su silla cerca de la televisión asentiría con la cabeza sin entender.

También contestaba con habilidad al diálogo de los actores. Cuando el vaquero decía algo como: "Las cosas están tranquilas por aquí esta noche", ella contestaba con un: "Sí, demasiado tranquilas" justo a tiempo. Le parecía raro estar en los bosques con Joe Melby en lugar de estar en la sala con Charlie viendo *Pasión de Arabia,* que era la película que ponían esa tarde.

Su ascenso a la colina parecía cada vez más pausado. Era como cuando ganó la carrera de bicicletas lentas, que consistía en ir lo más lentamente posible sin poner un pie en el suelo y ella rodó muy lentamente aunque su deseo era impulsar una gran velocidad a su bicicleta para cruzar la meta primero. Al final de la carrera T. R. Peters y ella se pararon justo antes de la línea de llegada y se quedaron inmóviles guardando el equilibrio sobre sus bicicletas. Parecía no pasar el tiempo y finalmente T. R. perdió el equilibrio y puso el pie en el suelo. Sara fue la ganadora.

Resbaló con unas hojas secas y se cayó de rodillas, se puso en pie y se detuvo un momento para recobar el aliento.

—¿Estás bien?

—Sí, sólo he resbalado.

Esperó un momento inclinada sobre sus rodillas y gritó sin levantar la cabeza:

—¡Charlie! ¡Charlie!

—¡Eooo! ¡Charlieeeeee! —gritó Joe por encima de ella.

Sara sabía que Charlie gritaría a su vez si la oía, emitiría un largo gemido que a veces cuando se asustaba por las noches dejaba oír. Era un sonido tan familiar que por un momento creyó que lo había oído.

Esperó con una mano en el suelo hasta que estuvo segura de que no había respuesta.

—Vamos —le dijo Joe dándole la mano.

La ayudó para que se pusiera de pie y ella se quedó mirando a la cima de la colina. Con las máquinas habían cortado la tierra en ese punto para llegar a las vetas de carbón y habían echado la tierra colina abajo formando así un enorme terraplén.

—Nunca podré subir eso —exclamó Sara.

Se quedó apoyada contra un árbol cuyas hojas estaban cubiertas por una fina capa de tierra que se había filtrado cuando las máquinas habían cortado la colina.

—Claro que sí. Yo lo he subido docenas de veces.

La agarró de la mano y ella empezó a subir detrás de él pisando de lado en el abrupto terraplén. La tierra se derrumbaba bajo sus pies, ella resbaló y se raspó la piel de la rodilla, luego volvió a caerse. Cuando recobró el equilibrio se burló irónicamente y observó:

—Al final terminaré arrastrándote colina abajo.

—No, yo te agarro. Sigue subiendo.

Empezó de nuevo, poniendo un pie cuidadosamente por encima del otro pisando las piedras. Cuando se detuvo, Joe le dijo:

—Sigue subiendo, ya casi hemos llegado.

—Creo que me estás engañando, como cuando el dentista dice: "ya casi he terminado con el taladro". Cuando ha taladrado durante una hora más vuelve a decir: "ahora de verdad, casi hemos terminado" y sigue así durante un buen rato y dice de nuevo: "sólo un poquito más y prácticamente habremos terminado".

—Los dos debemos ir al mismo dentista.

—No creo que pueda llegar. Ya no me queda nada de piel en mis piernas.

—Tal y como dice tu dentista, prácticamente hemos llegado ya.

Sara se dejó caer boca abajo en la cima del sucio terraplén, descansó durante un momento y después se dio la vuelta y miró el valle.

Durante un rato no pudo hablar. Allí estaba todo el valle como nunca hubiera imaginado, una ligera pincelada de civilización establecida en la extensión de un oscuro bosque. Parecía que las oscuras cimas de los árboles iban a apiñarse contra las casas y las calles; daba la impresión de que en cualquier momento los árboles podían abalanzarse sobre las casas como las olas sin dejar nada excepto una hilera intacta de hojas de color verde oscuro ondeando al sol.

Hacia un extremo podía ver el cruce donde iban a comprar, la farmacia, la gasolinera donde su madre ganó una vez un juego de dos docenas de vasos que tía Willie no les dejaba usar, la tienda de comestibles, el terreno donde aparcaban los autobuses amarillos del colegio durante el verano. Miró más allá del valle y vio otra colina donde había unas vacas blancas todas agrupadas en el interior de una cerca y detrás de ésta, otra colina y luego otra.

Volvió a mirar hacia el valle y entonces vio el lago; por primera vez desde que había subido a la colina se acordó de Charlie.

Llevándose la mano a la boca gritó:

—¡Charlie! ¡Charlie! ¡Charlie!

Había un eco débil que parecía vacilar en sus oídos.

—¡Charlie! ¡Oh, Charlie!

Su voz era sin embargo tan fuerte que parecía introducirse en el valle.

Sara esperó una respuesta. Miró hacia abajo; el bosque y todo lo demás estaba tan tranquilo que le dio la impresión de que todo el valle, el mundo entero, esperaba con ella.

—¡Charlie! ¡Eh, Charlie! —gritó Joe.

—¡Charlieeeeeee! —Hizo sonar Sara su nombre durante un largo rato y luego continuó—. ¿Puedes oírmeeeeee?

Con la vista, ésta siguió el camino que debería haber tomado Charlie: la casa de los Akers, el solar vacío, el viejo prado, el bosque. Éste parecía lo suficientemente poderoso como para tragarse a todo el valle, y se le ocurrió, desmoralizada, que con razón de más podría haber absorbido a un pobre niño.

—¡Charlie! ¡Charlie! ¡Charlie! —En la última sílaba se notaba ahora una vacilación que revelaba que estaba a punto de echarse a llorar. Miró la zapatilla india que todavía llevaba consigo.

—Charlie, oh, Charlie.

Esperó un rato y no se oía nada por ningún sitio.

—Charlie, ¿dónde estás?

—¡Eh, Charlie! —gritó Joe.

Ambos esperaron una respuesta en el mismo denso silencio. Una nube pasó delante del sol y el viento empezó a soplar entre los árboles. Luego hubo otra vez silencio.

—Charlie, Charlie, Charlie, Charlie, Charlie.

Luego Sara se calló, escuchó, se encorvó bruscamente y se puso la zapatilla de Charlie en los ojos. Esperó a que llegaran las calientes lágrimas que habían aparecido tan a menudo ese verano, las lágrimas que habían estado tan cerca hacía sólo un momento. Sin embargo ahora sus ojos seguían secos.

"He llorado tantas por mí, unas cien veces este verano" pensó, "por mis pies grandes, por mis piernas flacas, por mi nariz, incluso por mis estúpidas zapatillas, que ahora que estoy triste de verdad ya no me quedan lágrimas".

Mantuvo la zapatilla por la parte del fieltro apretada contra sus ojos como una venda y se quedó así, notando el calor del sol en su cabeza y el viento golpeándole las piernas, consciente de su altura, mientras que el valle se extendía a sus pies.

—Oye, que no puedas escucharle no significa nada. Podría estar . . .

—Espera un minuto.

Sara se quitó la zapatilla de los ojos y miró hacia el valle. Un repentino soplo de viento le dio en la cara y levantó la mano para protegerse los ojos.

—Creo que he oído algo. ¡Charlie! Contéstame ahora mismo.

Esperó apretando la zapatilla contra su pecho y tapándose con una mano los ojos, con todo su cuerpo inmóvil, concentrándose en su hermano. Luego se puso rígida. Creyó volver a oír algo, el largo gemido de Charlie. Cuando Charlie lloraba parecía más triste que nadie.

Nerviosa, agarró la zapatilla y la retorció una y otra vez como si quisiera escurrirle el agua. Siguió llamándole y luego repentinamente se calló y escuchó. Miró a Joe y movió la cabeza lentamente.

Luego miró a otra parte. Un pájaro salió volando de entre los árboles que había abajo y se dirigió hacia las colinas que se veían al fondo. Lo estuvo mirando hasta que lo perdió de vista mientras esperaba una respuesta que no se producía. Se dejó caer al suelo y se quedó sentada con la cabeza entre las piernas.

A su lado, Joe arrastraba el pie en la tierra y de un puntapié mandó una cascada de piedras y tierra colina abajo. Cuando cesó el ruido siguió gritando una y otra vez:

—¡Charlie! ¡Eh, Charlie!

Charlie se despertó pero se quedó un rato con los ojos cerrados. No recordaba dónde estaba y tenía cierto miedo a descubrirlo.

Había enormes partes de su vida que Charlie no recordaba, espacios en blanco que nunca lograba llenar. Podía muy bien encontrarse en un lugar extraño y no saber cómo había llegado hasta allí. Como cuando hirieron a Sara en la nariz con una pelota de béisbol delante de la lechería; la sangre y ver a Sara de rodillas en el suelo indefensa ante el dolor, lo asustó tanto que salió corriendo sin rumbo y en su delirio se precipitó calle arriba de cabeza, ciego ante los coches y la gente.

Afortunadamente el señor Weicek lo vio, lo metió en su coche y lo llevó a casa, y tía Willie lo metió en la cama; más tarde no recordaba nada de esto. Cuando se despertó en la cama sólo miró el aplastado trozo de barquillo de helado que todavía tenía en el puño cerrado y se preguntó qué habría pasado.

Su vida entera se había desarrollado en la más estricta rutina y mientras ésta se mantenía, él se sentía sano y salvo. Las mismas comidas, la misma cama, los mismos muebles en el mismo lugar, el mismo asiento en el autobús del colegio, el mismo método en clase, eran muy importantes para él. Pero siempre podía ocurrir lo inesperado, la sorpresa terrible que podía derrumbar en un instante su vida tan cuidadosamente construida.

Lo primero que notó fue que unas ramas le presionaban la cara y puso su mano debajo de la mejilla. Siguió sin abrir los ojos. Una serie de imágenes empezaron a aparecer en su mente. Vio la caja de puros de tía Willie que estaba llena de viejas alhajas, botones y baratijas y se dio cuenta de que podía recordar todos sus objetos: el collar de bolitas blancas sin broche, los viejos pendientes, el librito con recuerdos de viejas fotos de Nueva York, los adornos de plástico de las tartas, la tortuga hecha con conchas de mar. Cada objeto era tan real que abrió los ojos y se quedó sorprendido al ver en lugar de los relucientes objetos de la caja, el sombrío y desconocido bosque.

Levantó la cabeza e inmediatamente notó que le dolía el cuerpo. Se sentó despacio y se miró las manos. Las uñas estaban negras, llenas de tierra y tenía dos rotas en carne viva. Se incorporó lentamente, se sentó en el tronco que había detrás y se miró los dedos más de cerca.

Luego se puso recto, dejó caer las manos sobre sus rodillas y ladeó la cabeza como un pájaro cuando escucha. Poco a poco se fue enderezando hasta que se puso de pie. En su costado, los dedos se contrajeron como si quisiera agarrar algo. Dio un paso hacia adelante, todavía con la cabeza ladeada y se quedó completamente callado.

Entonces empezó a gritar con una voz ronca e irritada, una y otra vez. Ahora sus chillidos eran agudos porque acababa de oír a lo lejos que alguien gritaba su nombre.

En la cima de la colina, Sara se levantó y se quedó mirando al bosque. Se retiró el pelo de la frente y se mojó los labios. El viento se los había secado mientras esperaba una respuesta.

Joe empezó a decir algo, pero ella apretó el brazo para impedírselo. Apenas podía dar crédito a sus oídos y se acercó aún más a la orilla del terraplén. Ahora no había ninguna duda, oía un grito agudo que se repetía una y otra vez y supo que se trataba de Charlie.

—¡Charlie! —gritó con todas sus fuerzas.

Luego se calló y escuchó unos gritos todavía más fuertes y se dio cuenta de que no se encontraba demasiado lejos, justo debajo, en la falda, en dirección al barranco.

—¡Es Charlie! ¡Es Charlie!

Se puso loca de alegría y empezó a dar saltos sobre la tierra pelada y se percató de que si quería podía destruir la montaña entera simplemente saltando.

Se sentó y bajó precipitadamente por el terraplén, enviando por delante una cascada de tierra y guijarros. Aterrizó en un suelo blando, corrió una pequeña distancia, perdió el equilibrio, se agarró al primer tronco que encontró y se colgó de él hasta que se detuvo.

Gritó una vez más de alegría y corrió colina abajo dando grandes zancadas; sus rojas zapatillas de tenis daban palmetazos en el suelo como si fueran aletas de goma, el viento le golpeaba la cara y sus manos se agarraban a un tronco después de otro para sujetarse. Se sintió como una criatura salvaje que había recorrido este camino durante una eternidad. Ahora nada podía detenerla.

Al llegar al barranco se paró para recobrar el aliento, su corazón latía tan fuerte que incluso podía oírlo y tenía la garganta seca. Durante un rato, se quedó con la cara apoyada contra la áspera corteza de un árbol.

Por un momento pensó que se iba a desmayar, lo que no le había ocurrido nunca antes, ni tan siquiera cuando se rompió la nariz. Hasta entonces no creía que la gente pudiera desmayarse realmente. No lo había creído hasta aquel momento en que tuvo que abrazarse a un árbol porque las piernas parecían volvérsele pura goma y no la sostenían.

Por entre el zumbido de sus orejas podía captar otro sonido, como el gemido de una sirena, que le resultaba terriblemente familiar.

—¿Charlie?

El lamento de Charlie se asemejaba al canto de un grillo, daba la impresión de estar en todas partes y en ninguna.

Caminó hasta el borde del barranco, rodeando las grandes piedras y los árboles. Después miró en el barranco, en la sombra, y le pareció que el corazón le daba un vuelco cuando vio a Charlie.

Allí estaba, de pie, con su pijama roto, su cara levantada y sus manos alzadas gritando con todas sus fuerzas. Sus ojos estaban herméticamente cerrados. La tierra y las lágrimas mezcladas formaban en su cara una especie de rayas. La chaqueta de su pijama le colgaba a tiras por la parte del pecho donde tenía unos rasguños.

Charlie abrió los ojos y, cuando vio a Sara, una extraña expresión se dibujó en su rostro, una expresión de asombro, alegría e incredulidad, y Sara pensó que aunque viviera cien años nadie podría volver a mirarla nunca así.

La muchacha se detuvo, lo miró y luego se deslizó sentada por el barranco y lo tomó en sus brazos.

—¡Oh, Charlie!

Sus brazos se agarraron a ella con fuerza.

—¡Oh, Charlie!

Sara notaba sus dedos en la espalda al agarrarse a su jersey.

—Ya está, Charlie, ya está. Todo va bien ahora. Estoy aquí y vamos a ir a casa.

Charlie ocultó su cara en el jersey y Sara le acarició la cabeza mientras le decía:

—Todo va bien, Charlie. Todo va bien.

Sara lo apretó contra su pecho durante un rato y ahora las calientes lágrimas asomaron a sus ojos y bajaron a sus mejillas y ni siquiera se dio cuenta.

—Sé cómo te sientes —le dijo—, lo sé. Una vez cuando estuve con sarampión y tenía mucha fiebre, me perdí al volver del cuarto de baño y estaba en nuestra casa; fue una sensación horrible porque quería volver a mi cama y no la encontraba y por fin tía Willie me oyó y vino, ¿y sabes dónde estaba?, en la cocina. En nuestra cocina y me sentía tan perdida como si estuviera en medio del desierto.

Ella le volvió a acariciar la cabeza y le dijo:

—Mira, incluso he traído tu zapatilla. Te he hecho un buen favor, ¿verdad?

Sara intentó enseñarsela, pero todavía se agarraba a ella y ésta siguió abrazándole y acariciándole. Después de un rato le volvió a decir:

—Mira, aquí está tu zapatilla. Déjame que te la ponga.

Ella se puso de rodillas, le metió la zapatilla en el pie y preguntó:

—¿Ahora está mejor, verdad?

Él asintió lentamente con la cabeza, todavía entre sollozos.

—¿Puedes ir a casa andando?

Él volvió a asentir. Sara le secó las lágrimas con su jersey y le sonrió.

—Vamos, encontraremos un camino para salir de aquí y llegar a casa.

—¡Eh, por aquí! —gritó Joe desde la orilla del barranco.

Sara se había olvidado de él con la emoción de haber encontrado a Charlie y lo miró un momento.

—Por aquí, por detrás del árbol grande —gritó Joe—. Seguramente entró por aquí. El resto del barranco está cubierto de zarzas.

Sara puso su mano en el hombro de Charlie y lo llevó rodeando el árbol.

—En el pueblo todo el mundo te está buscando, ¿lo sabías? —le comentó—, todo el mundo. Vino la policía y los vecinos colaboran. Puede haber unas cien personas buscándote. Hablaron de ti por la radio, ni que fueras el presidente de los Estados Unidos o algo por el estilo. Toda la gente decía: "¿Dónde está Charlie?" y "Tenemos que encontrar a Charlie".

De pronto Charlie se detuvo, levantó el brazo y Sara lo miró:

—¿Qué pasa?

Él señaló su reloj.

Sara sonrió.

—Sabes, Charlie, eres terrible. Procuramos darnos prisa en bajar para decirles a todos que te hemos encontrado y ahora nos tenemos que parar para dar cuerda a tu reloj.

Ella miró el reloj, vio que le faltaba la cuerda y meneó la cabeza diciendo:

—Charlie, está roto. Tendremos que llevarlo al relojero para que lo arregle.

Charlie siguió con el brazo levantado.

—Oye, Charlie, ¿quieres que te deje mi reloj hasta que te arreglen el tuyo? —le preguntó Joe que bajó por el terraplén y le puso el reloj en el brazo.

—Así.

Charlie acercó su cara a él y escuchó.

—¿Ahora podemos ir a casa? —preguntó Sara mientras se metía las manos en los bolsillos.

Charlie asintió.

Reflexionar y responder

1. ¿Qué aprende Sara de sí misma mientras busca a Charlie?
2. ¿Cómo la autora revela la **angustia** de Charlie y Sara? ¿Por qué es efectiva su técnica?
3. ¿Cómo crees que la experiencia descrita en el cuento cambiará la relación entre Sara y Charlie?
4. ¿Recomendarías este cuento a una amistad que quisiera leer un cuento sobre hermanos? Explica por qué.
5. ¿Qué estrategia de lectura usaste mientras leíste este cuento? ¿Por qué la usaste?

CONOCE A LA AUTORA

Betsy Byars

Los libros de la gran autora Betsy Byars han sido convertidos en películas de televisión y traducidos a nueve idiomas. Es tan popular entre los jóvenes lectores que recibe apoximadamente 200 cartas a la semana de sus admiradores.

Byars tuvo la idea para *El verano de los cisnes* mientras era maestra voluntaria para niños con incapacidades para el aprendizaje. Se inspiró en los niños que conoció. "Aunque el personaje de Charlie no es uno de los niños con quienes trabajé (él es meramente un personaje ficticio), él fue un fruto de la experiencia", dijo ella.

Los hijos de Byars le ayudaron a aprender cómo escribir para jóvenes lectores. "Vivir con mis propios adolescentes me enseñó que no debo bajar el nivel de la escritura para mis lectores sino que tengo que subirlo", dijo Byars. También aprende de sus estudiantes. "Cuando visito los salones de clases y hablo con los estudiantes, siempre me impresiona saber cuántos de ellos están escribiendo cuentos y qué tan bien informados están sobre la escritura".

Visita *The Learning Site*
www.harcourtschool.com

Hacer conexiones

Compara textos

1. ¿De qué forma expresa "El verano de los cisnes" el tema Amigos al rescate?
2. Compara los sentimientos de Charlie y de Sara durante la búsqueda.
3. ¿Cómo sabes que el reloj de Charlie forma una parte importante de su rutina?
4. Compara "El verano de los cisnes" con la ficción histórica "¿Quién cuenta las estrellas?". Describe una diferencia y una similitud.
5. ¿Te gustaría leer la novela completa de "El verano de los cisnes"? Explica tu respuesta.

Escribe una descripción

CONEXIÓN con la Escritura

La autora de "El verano de los cisnes" describe varios exteriores, como un bosque o un valle. Imagínate que estás extraviado. Escribe un párrafo en el que describas lo que veas, escuches, toques, huelas y sientas. Usa una tabla para organizar tus ideas antes de escribirlas.

Lugar silvestre

Lo que veo: ____________

Lo que escucho: ____________

Lo que toco: ____________

Lo que huelo: ____________

Lo que siento: ____________

Lee un mapa

CONEXIÓN con los Estudios sociales

Sara creyó que el valle era como un mapa orográfico. Estudia un mapa orográfico de tu estado. Después, haz una lista de seis características de la geografía de tu estado que hayas aprendido a través del mapa. Usa una tabla para registrar la información.

Mapa de ____________

1. Una montaña marca el límite norte del estado.
2. ____________
3. ____________
4. ____________
5. ____________
6. ____________

Dibuja y rotula un bosque

CONEXIÓN con el Arte/las Ciencias

Investiga la forma en que plantas y animales conviven en un ecosistema como el de un bosque. Después, haz un dibujo de un bosque y rotula los diferentes tipos de plantas y animales que ahí existen. Debajo de cada rótulo, explica cómo afecta al ecosistema cada ser vivo.

El verano de los cisnes

Mecanismos literarios

Al escribir una historia, un autor debe elegir un **punto de vista**. ¿Quién será el narrador: el autor o uno de los personajes? ¿Qué pensamientos y sentimientos del personaje se mostrarán?

Primera persona Uno de los personajes narra la historia desde su propia perspectiva, usando la conjugación de la primera persona *yo*.

Tercera persona limitada El narrador dice lo que una persona de la historia siente y piensa, a través de los pronombres de la tercera persona (él, ella, ellos, ellas).

Tercera persona omnisciente El narrador es un observador que puede decir lo que piensan y sienten todos los personajes.

Para "El verano de los cisnes", Betsy Byars utilizó el punto de vista de tercerca persona omnisciente para mostrar las experiencias de Sara y Charlie. ¿Qué te dice cada uno de los siguientes pasajes acerca de los sentimientos y pensamientos de los personajes?

> **Había enormes partes de su vida que Charlie no recordaba, espacios en blanco que nunca lograba llenar. Podía muy bien encontrarse en un lugar extraño y no saber cómo había llegado hasta allí.**
>
> **Sara negó con la cabeza. De pronto le entraron tantas ganas de ver a su hermano que se le hizo un nudo en la garganta. Era una sensación que tenía a veces cuando deseaba algo. Como aquella vez que tenía sarampión y deseaba tanto ver a su padre que casi no tenía apetito.**

¿Cómo hubiera sido la historia si la autora hubiera mostrado sólo los pensamientos y sentimientos de Sara?

Visita *The Learning Site*
www.harcourtschool.com
Ve Destrezas y Actividades

Preparación para las pruebas

Mecanismos literarios

▶ **Lee el pasaje. Después contesta las preguntas.**

José y su hermana gemela Clara se sentían muy cansados y preocupados después de buscar a su perro Sam por todo el parque, durante más de una hora. El perro se había ido mientras ellos jugaban béisbol con sus amigos.

—Apenas es un cachorro —decía José—. No creo que sepa cómo regresar a casa.

Sus amigos los ayudaron a buscar a Sam. Sabían que tenían mejor oportunidad de encontrarlo si ayudaban entre todos. De pronto, se escuchó por el parque un fuerte ladrido a lo lejos. José y Clara sonrieron y corrieron en dirección del sonido.

1. ¿Qué punto de vista usó el autor en este pasaje?

A primera persona

B tercera persona limitada

C tercera persona omnisciente

D primera y tercera personas

No dejes que la frase "No creo..." te confunda. Pregúntate de quién son los sentimientos y pensamientos que el autor expresa.

2. ¿Cómo sabes que Clara está preocupada por Sam?

F por lo que dice

G por sus acciones y pensamientos

H por lo que José dice de ella

J por su tono de voz

Sugerencia

Revisa el pasaje de nuevo y elimina las respuestas incorrectas. Sabes que la F y la J son incorrectas porque Clara no habla en el pasaje.

El poder de las palabras

Viejo 'Marillo

En la siguiente selección, un niño llamado Travis se enfrenta al peligro cotidiano de un pionero de Texas. Fíjate en la siguiente reseña de un libro que habla de algunos de los peligros que enfrentaban los pioneros.

- **enfurecido**
- **lanzándose**
- **paralizado**
- **aferró**
- **gimoteo**
- **agonizante**

Una de las historias acerca de los pioneros trata de un toro que escapó del corral **enfurecido**, lleno de coraje. Por más esfuerzos que hacían para detenerlo, él continuaba **lanzándose** encima de todo lo que encontraba a su alrededor.

El toro venía contra un niño que se quedó totalmente **paralizado**, sin poder mover ni un dedo. Su hermana mayor lo quitó del paso y le salvó la vida. La hermana lo abrazó y él se **aferró** a ella, como si no quisiera soltarla nunca.

En otro capítulo, se cuenta la historia de un gato montés que se acercó a una de las cabañas de una familia de pioneros. De pronto, la madre escuchó el **gimoteo**, un fuerte quejido, de uno de sus conejos y salió de inmediato de la casa para saber qué pasaba. El conejo que el gato atacó quedó **agonizante**, pero aun así la pionera logró curarlo y salvarle la vida.

CONEXIÓN
Vocabulario-Escritura

Imagínate que eres un pionero. ¿Qué harías si un animal **enfurecido** viniera corriendo hacia ti? Escribe algunas oraciones para describir lo que harías.

Género

Ficción realista

Un cuento de ficción realista relata cosas de personajes y sucesos que son como personas y eventos de la vida real.

En esta selección, busca

- **detalles que ayuden al lector a imaginarse el escenario.**
- **personajes que tengan sentimientos como personas de la vida real.**

Viejo 'Marillo

texto de
FRED GIPSON
ilustraciones de
DAVID MORENO

Papá, mamá y sus dos hijos, Travis y Arliss, son colonizadores del territorio montañoso de Texas. Para ganar dinero, papá ha tenido que marcharse un año a pastorear ganado dejando a Travis, de catorce años, la responsabilidad de cazar, trabajar la granja y cuidar la familia.

Una noche, un perro amarillo roba la carne de venado de la familia. A Travis no le agrada el animal, a quien ha llamado Viejo 'Marillo, pero Arliss se enamora de él inmediatamente. Con el tiempo, Viejo 'Marillo demuestra ser un valioso miembro de la familia, en muchos sentidos.

¡Ese Arliss! ¡Es todo un lío! Desde que alcanzó el tamaño suficiente para salir de la cabaña, ha adquirido la costumbre de atrapar y guardar a todo ser vivo que corra, vuele, salte o repte.

Cada noche, antes de enviarlo a dormir, mamá lo obliga a sacar de sus bolsillos todo lo que ha acumulado durante el día. Por lo general, es una maraña de saltamontes, gusanos, mantis religiosas y una rojiza lagartija. Una vez atrapó un sapo con cuernos que se enfureció de tal manera que comenzó a hincharse y aplanarse como una tortilla mexicana, y sus ojos se inyectaron de sangre. A veces eran cosas como un pajarillo que había caído del nido antes de aprender a volar, una rana de manchas verdes o una serpiente acuática con rayas. En cierta ocasión, sacó del bolsillo una pequeña víbora venenosa que dejó sin aliento a mamá. Nunca nos explicamos por qué la serpiente no lo picó, pero mamá no quiso correr más riesgos con esas alimañas. Así que me obligó a pasar casi toda una semana saliendo con Arliss para enseñarle a lanzar rocas y a matar víboras.

El pequeño Arliss estuvo muy de acuerdo. Si mamá quería que primero matara a las serpientes, lo haría. Pero eso no evitó que se las metiera en los bolsillos junto con todo lo demás que capturaba durante el día. Aunque las víboras apestaban a la hora en que mamá le pedía que vaciara sus bolsillos, al menos estaban muertas.

Después que llegó Viejo 'Marillo, el pequeño Arliss comenzó a cazar presas más grandes. Como conejos de cola de algodón y aves

de chaparral, e incluso una cría de zarigüeya que se tumbó en el suelo y se hizo el muerto durante varias horas, hasta que finalmente decidió que Arliss no iba a lastimarla.

Por supuesto, Viejo 'Marillo era quien lo cazaba todo. Perseguía al animalito y luego se lo entregaba a Arliss. Acto seguido, el pequeño Arliss corría a casa para hacerle a mamá el cuento de que lo había cazado él solo.

Un día los observé atrapar un barbo azul en el arroyo Birdsong. El pez había ido a comer a una poza tan baja que su aleta dorsal asomaba en la superficie del agua. Lo vi casi al mismo tiempo que Viejo 'Marillo y el pequeño Arliss. Ambos corrieron hacia el lugar. El pez trató de escapar hacia aguas más profundas, pero 'Marillo fue más rápido. Saltó sobre el pez, lo atrapó con el hocico y regresó dando alegres saltos a la orilla, donde lo soltó en el pasto. El pequeño Arliss corrió a tirarse sobre el agonizante pescado, como supongo que hacía con cualquier otra cosa que atrapaban. Pero tan pronto como le puso las manos encima, su presa lo hirió con una aleta y el niño rompió a llorar.

Pero aun así no lo soltó. Se aferró al pescado y corrió gritando hasta la casa, donde lo entregó a mamá. Tenía las manos ensangrentadas por la herida que le habían hecho las aletas. Estaban muy inflamadas y le causaban gran dolor; ni siquiera una espina de mezquite ocasiona tanto daño como la afilada aleta de un pez al clavarse en la mano.

Pero tan pronto como mamá se las envolvió con una cataplasma de raíz machacada de higo de nopal para extraer el veneno, el pequeño Arliss se olvidó por completo del dolor. Y esa noche, mientras cenábamos pescado, contó una historia de lo más exagerada acerca de cómo se zambulló hasta una profunda caverna bajo las rocas para sacar al pez y de cómo casi se ahoga antes de nadar con su presa de regreso a la orilla.

Sin embargo, cuando traté de explicarle a mamá lo que había ocurrido realmente, ella me interrumpió.

—Oye, es la historia de Arliss —dijo—. Deja que la cuente como le venga en gana.

No pude permanecer callado más tiempo y contesté:

—Mamá, ese perro 'marillo va a convertir al pequeño Arliss en el embustero más grande de Texas.

Pero mamá rompió a reír como siempre hacía con los increíbles cuentos de Arliss, una vez que se ocultaba en algún sitio donde el pequeño no pudiera oírla. Insistió en que dejara tranquilo a mi hermano. Dijo que hasta ahora no había escuchado de Arliss una mentira tan grande como las que yo solía inventar.

Eso me hizo cerrar la boca. Si mamá quería que el pequeño Arliss se convirtiera en el mentiroso más grande de Texas, aquello no era asunto mío.

Supongo que todo eso fue lo que provocó el incidente de Arliss y el oso. Quizá mamá le había permitido correr tanto la bola con sus historias de cacería que el chico empezó a creerlas.

Cuando ocurrió, me encontraba cerca del arroyo, rajando barandillas para arreglar la cerca del patio que habían tirado los toros. Después de la cena me puse a trabajar en un robledal de altos y delgados árboles. Primero, cortaba un árbol, retiraba las ramas hasta la altura necesaria y luego cortaba la punta. Después, comenzaba a rajar el tronco.

Para hendir el leño, encajaba varias cuñas de acero en la madera. Empezaba por el extremo más ancho y clavaba la cuña con el lado romo de mi hacha. Esto abría una delgada grieta a lo largo del tronco. Luego, tomaba una segunda cuña y la clavaba en la grieta. Esto la agrandaba y al mismo tiempo liberaba la primera cuña. Entonces soltaba la primera cuña con un golpe del hacha y la colocaba un poco más arriba de la segunda. Al mover las cuñas de esa manera, terminaba por rajar el tronco en dos mitades. Después cortaba las mitades del mismo modo. Y al final, obtenía cuatro barandillas de cada tronco.

Levantar un hacha es trabajo duro y agotador. El sudor resbalaba por mi cara. Me dolían los músculos de la espalda. El hacha se había

vuelto tan pesada que apenas conseguía moverla. Mi respiración se volvía cada vez más dificultosa.

Quedé exhausto una hora antes del atardecer. No tenía fuerzas para mover un dedo. Aunque papá habría trabajado hasta bien entrada la noche, yo no podía más. Así que me coloqué el hacha al hombro y emprendí el camino de regreso a la cabaña, tratando de encontrar una excusa para que mamá no se diera cuenta de mi debilidad.

Fue entonces cuando oí el alarido del pequeño Arliss.

Ahora bien, el pequeño Arliss era gritón por naturaleza. Gritaba de alegría y cuando estaba enfadado, y muchas veces gritaba sólo por el placer de escucharse emitir un ruido. Casi nunca prestaba más atención a sus chillidos que al gluglú de un pavo silvestre.

Pero esa vez era distinto. Tan pronto como escuché el grito, mi corazón dio un vuelco. Supe que el pequeño Arliss estaba en grave aprieto.

Eché a correr por el sendero que conducía a la cabaña. Unos momentos antes me sentía tan fatigado después de cortar las barandillas para la cerca que no habría podido trotar siquiera. Pero ahora corría como un lobo asustado entre los altos árboles que crecían en el fondo del cañón.

Cuando escuché el segundo grito del pequeño Arliss, el sonido me pareció más agudo y angustioso que el primero. Iba acompañado de un

débil gimoteo que seguramente no emitía mi hermano. Era un sonido que había escuchado antes y me pareció identificarlo, pero en ese momento no lograba recordar.

De pronto, a un lado del sendero, escuché un sonido que habría reconocido en cualquier parte. El ronco rugido de un oso enfurecido. Lo había escuchado sólo una vez en mi vida. La ocasión en que mamá hirió de un tiro al oso que mataba nuestros cerdos y papá tuvo que rematarlo con un cuchillo para evitar que la atacara.

Tenía el corazón en la garganta, casi no podía respirar. Traté de reunir lo que me quedaba de fuerzas para impulsar mis piernas. No imaginaba en qué lío se habría metido el pequeño Arliss, pero me bastaba saber que tenía algo que ver con un oso furioso.

Los rayos del sol poniente se filtraban entre los árboles que bordeaban el sendero, creando rayas de intensa luz y oscuras sombras. Corrí en aquel claroscuro con tal rapidez que la cambiante iluminación me cegó. Y entonces, repentinamente, salí a un claro desde donde pude ver lo que ocurría. Me recorrió un escalofrío al observar la escena.

Allí estaba el pequeño Arliss, nuevamente en aquel manantial. Tenía la mitad del cuerpo en el agua y sujetaba la pata trasera de un osezno, tan pequeño como un mapache. En la orilla del manantial, el animal chillaba y gruñía mientras arañaba las rocas con las garras de las tres patas restantes. El pequeño Arliss lo sujetaba con todas sus fuerzas, muy asustado y desgañitándose. El terror le impedía soltar su presa.

Pero nada de eso tenía importancia en aquel momento. Lo más grave era la madre del pequeño osezno. Al escuchar los berridos de su cría, la osa corrió a salvarla. Se aproximaba con tal rapidez que derribaba los árboles y arbustos que encontraba a su paso. Pude ver su enorme figura deslizándose por una ladera del arroyo Birdsong. Iba rugiendo de rabia y dispuesta a matar.

¡Y lo peor de todo era que yo no lograría llegar a tiempo!

Tampoco mamá. Ella también había escuchado los alaridos de Arliss y salió de la cabaña, corriendo por la pendiente que llevaba al manantial, al tiempo que gritaba a mi hermano que soltara al osezno. Pero el pequeño Arliss no obedecía. Sólo podía aferrarse a la pata y soltar un grito tras otro tan pronto como recuperaba el aliento.

La osa cruzó el arroyo levantando altas cortinas de agua que relucían bajo el sol; tenía la piel erizada, los dientes pelados, mientras aquel espantoso y ronco rugido resonaba en el cañón. No importaba qué tan rápido corriéramos mamá o yo, ¡la osa llegaría primero!

Creo que en ese momento algo me cegó porque sólo pude imaginar lo que ocurriría al pequeño Arliss. Recuerdo que abrí la boca para gritar, mas no pude emitir sonido alguno.

Entonces, justo cuando la osa corría por la ribera hacia el pequeño Arliss y su osezno, un destello amarillo salió volando de entre los arbustos.

Era el gran perro 'marillo. Rugía como un toro enloquecido. Aunque no tenía la tercera parte del tamaño o peso de la osa, la derribó lanzándose contra su costado. Rodaron en una maraña de cuerpos que se retorcían y se levantaron de inmediato, mostrando sus amenazadores colmillos.

Al pasar corriendo junto a ellos, vi que la osa se erguía en las patas traseras como un humano, al tiempo que manoteaba al perro 'marillo que le mordía el cuello. No vi más. Sin detenerme a pensar, corrí hasta el manantial y separé al pequeño Arliss del osezno. Lo sujeté de la muñeca para sacarlo del agua y lo lancé hacia mamá como si fuera un saco de maíz. Entonces grité:

—¡Tómalo, mamá! ¡Tómalo y corre!

Levanté el hacha y me di la vuelta con intención de clavarla en la cabeza de la osa. Pero jamás asesté el golpe. No hizo falta. Viejo 'Marillo había evitado que se acercara. No podía someterla porque era mucho más grande y fuerte que él. Pero la osa permaneció parada en sus patas traseras encorvada, rugiendo a la vez que

lanzaba poderosos zarpazos. Revolcó al perro varias veces, lanzándolo tan lejos que parecía imposible que nuestro defensor pudiera regresar a su sitio antes que la osa volviera a embestirnos, pero siempre lo hacía. Rodaba al caer al suelo, aullando por el dolor del golpe; pero de alguna manera, siempre volvía a ponerse de pie. Y volvía a la carga, listo para un nuevo asalto.

Quedé paralizado con el hacha en alto, observándolos durante un largo rato. Luego, desde el camino que conducía a casa, escuché que mamá gritaba:

—Aléjate, Travis. ¡Deprisa, hijo! ¡Corre!

Su voz me hizo reaccionar. Hasta ese momento estaba dispuesto a enfrentar a la osa. Pero de pronto, el temor volvió a dominarme y eché a correr hacia la cabaña. Sin embargo, Viejo 'Marillo llegó antes que yo. Por supuesto, ni siquiera lo vi pasar; pero mamá dijo que tan pronto como el perro vio que todos estábamos fuera de peligro, dejó de pelear y voló a la casa. Mamá recuerda que la osa lo persiguió un corto tramo, pero debido a la velocidad con que se alejaba Viejo 'Marillo parecía como si la agresora estuviera retrocediendo.

No obstante, si el gran perro 'marillo estaba lastimado o tan asustado como nosotros cuando irrumpió en la cabaña, no dio la menor muestra. Al menos no como nosotros. El pequeño Arliss había interrumpido sus gritos, pero no dejaba de temblar y aferrarse a mamá como si no quisiera soltarla. Y mamá se había sentado en el suelo, en el centro de la habitación, abrazando al niño y llorando como si nunca fueran a secarse sus lágrimas. Confieso que yo también estaba al borde del llanto.

Pero Viejo 'Marillo se limitó a entrar con alegre trote y nos saltó encima, lamiéndonos las caras y ladrando con tal fuerza dentro de la cabaña que casi nos dejó sordos.

Por su actitud, cualquiera habría pensado que el encuentro con la osa no fue más que un brusco juego en el que todos habíamos participado por diversión.

Creo que hasta que el pequeño Arliss nos enrolló en aquella pelea con la osa, lo había visto de la misma manera como otros chicos perciben a sus hermanos menores. Es cierto que me simpatizaba, pero nada más. Como siempre jugaba con el agua potable, me interrumpía mientras cortaba leña y no dejaba de pegar alaridos y lanzarme piedras cuando se enfadaba, no me pareció que valiera la pena dedicarle mucha atención. Pero aquel día en el arroyo, cuando lo vi tan indefenso ante la ira de la osa, mi sentir cambió por completo. Supe entonces que lo quería tanto como a mamá y papá y tal vez un poco más, en cierto sentido.

Así que, para mí, fue de lo más natural encariñarme con el perro que lo había salvado.

Reflexionar y responder

1. ¿De qué manera cambiaron los sentimientos de Travis hacia Viejo 'Marillo? ¿Qué ocasionó el cambio?
2. ¿Cómo te ayuda el autor a formar un imagen en tu mente del oso **lanzándose** al pequeño Arliss en la ladera del arroyo?
3. ¿Por qué el autor contó esta historia desde el punto de vista de Travis en vez de usar un narrador de tercera persona?
4. ¿Qué te gustaría o disgustaría de la vida de un pionero junto al arroyo Birdsong?
5. ¿Qué estrategia utilizaste para ayudarte a leer la historia? ¿Cómo te ayudó?

Acerca del autor

FRED GIPSON

En su juventud, Fred Gipson (1908-1973) trabajó en la granja familiar de Mason, Texas. En aquellos días, su padre entretenía a la familia con historias. Cuando Fred creció, encontró empleo como reportero. Y cuando empezó a escribir relatos de ficción, utilizó el paisaje de Texas como inspiración para sus relatos.

El libro más popular de Fred Gipson fue *Viejo 'Marillo*. Más tarde escribió el guión cinematográfico para una película basada en su obra. Durante una entrevista, explicó por qué disfrutaba creando historias realistas y emocionantes: "Me gustan las aventuras reales y siempre he creído que esas anécdotas revelan más del país que cualquier libro de historia".

Conoce al ilustrador

DAVID MORENO

David Moreno vive en la región central de Texas, lugar donde está ambientada la historia de *Viejo 'Marillo*. De hecho, la acción ocurre cerca de su ciudad natal. Por ello, Moreno pudo investigar el área y tomar fotografías. Cuando no se encuentra ocupado con su labor fotográfica, de diseño o ilustración, Moreno se relaja practicando ciclismo, *windsurfing* o equitación.

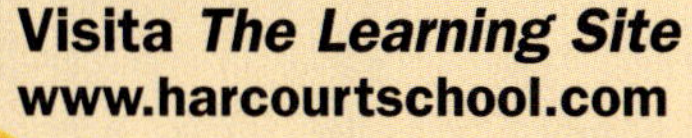

Visita *The Learning Site*
www.harcourtschool.com

Género
Artículo de revista

Cachorros con una misión

tomado de *National Geographic World*

Para entrenar a un perro guía hace falta amor, paciencia y la habilidad de decir adiós.

Con sólo 15 años, Mary Carroll Smith ayuda a entrenar a Julie, una cachorra de labrador dorado que puede convertirse en un excelente perro guía, como Jamie, el pastor alemán que aparece en esta imagen caminando con el padre de Mary Carroll, quien es invidente. Jamie es su sexto perro guía.

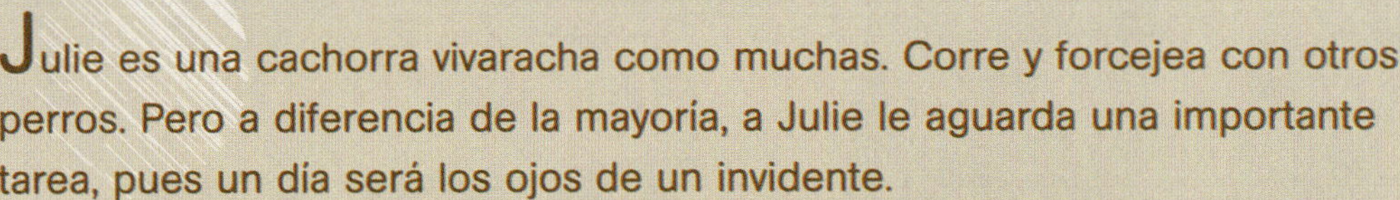

Julie es una cachorra vivaracha como muchas. Corre y forcejea con otros perros. Pero a diferencia de la mayoría, a Julie le aguarda una importante tarea, pues un día será los ojos de un invidente.

Durante los primeros 16 meses de vida, Julie vivirá en Nutley, New Jersey, con Mary Carroll Smith. Esta joven forma parte del Proyecto 4-H del Programa de la Crianza de Cachorros para Invidentes, el cual entrega futuros perros guía a criadores voluntarios que empiezan a entrenarlos para esa labor. Mary Carroll quiso criar cachorros para ayudar a otras personas que desean la libertad de que goza su padre invidente con la ayuda de un perro guía.

El trabajo más importante de Mary Carroll consiste en acostumbrar a Julie a los lugares desconocidos y nuevos. Por ello, la lleva consigo a partidos de fútbol y sóftbol, tiendas y restaurantes y, en ocasiones, a su escuela.

—Al principio se ponía nerviosa —recuerda Mary Carroll—, pero a medida que salíamos más a menudo, empezó a tranquilizarse. ¡Ahora es muy dócil!

Mary Carroll también tiene que jugar con Julie, pues el juego permite que la cachorra sea más amistosa y cariñosa. Mary Carroll le enseña a obedecer órdenes simples como "siéntate" y "ven". "La recompenso hablando con ella y acariciándola", explica la entrenadora. "La corrijo diciendo 'no' con firmeza".

A final de este periodo, Julie se separará de Mary Carroll y volverá a la sede del programa para recibir más entrenamiento. No es fácil criar a un cachorro y después desprenderse de él. A pesar de ello, Mary Carroll asegura: "Me siento muy bien sabiendo que ayudo a otros".

En clase
Cada dos semanas, Mary Carroll se reúne con otros criadores de cachorros 4-H para intercambiar impresiones y recibir capacitación. Aquí aprende a dar a Julie la señal de "descansa".

Buen chico
Después de la sesión, los criadores van a comer un refrigerio acompañados de sus cachorros en entrenamiento. De ese modo, los futuros perros guía aprenden a permanecer bajo la mesa sin pedir comida.

Reflexionar y responder

¿Cuál de las responsabilidades de Mary te parece más difícil?

A descansar
Julie aguarda pacientemente a que termine la clase de latín de Mary Carroll. Como cualquier buen perro guía, permanece echada hasta que su entrenadora da la señal de partir.

Hacer conexiones

Compara textos

1. ¿Por qué "Viejo 'Marillo" está incluido dentro del tema Amigos al rescate?
2. Compara los sentimientos de Travis hacia Arliss al principio con los que tiene al final de "Viejo 'Marillo".
3. ¿Cuál selección crees que muestra mejor una relación especial entre un perro y su dueño: "Viejo 'Marillo" o "Cachorros con una misión"? Explica tu respuesta.
4. ¿En qué se distingue la descripción de la vida de los pioneros que se hace en "Viejo 'Marillo", de alguna de las descripciones que podrías encontrar en un libro de historia?
5. ¿Dónde podrías encontrar más información acerca de los animales que ayudan a la gente que tiene necesidades especiales?

Escribe una carta explicativa

Escribe una carta en la que Travis explique a su padre lo que le pasó a Arliss. Usa una tabla de secuencia para organizar los sucesos en orden cronológico.

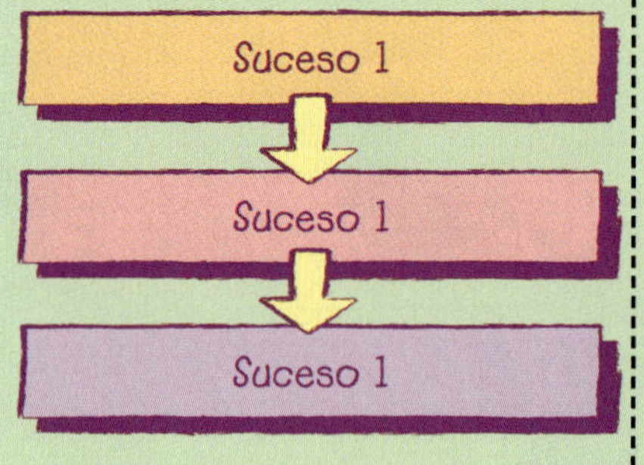

CONEXIÓN con la Escritura

Haz una tabla

"Viejo 'Marillo" se trata de la relación entre un perro y una familia. Los perros y la gente han vivido y trabajado juntos al menos por 10,000 años. Usa una enciclopedia para investigar el papel que los perros han jugado en la antigüedad. Anota tus resultados en una tabla.

Los perros en la antigüedad
1. Cazadores
2. __________
3. __________

CONEXIÓN con los Estudios sociales

Haz una cadena alimenticia

En "Viejo 'Marillo" leíste acerca de las criaturas salvajes que Travis vio en el territorio montañoso de Texas. ¿Qué animales salvajes son comunes en tu estado? Elabora una cadena alimenticia con dibujos que incluya a varios de estos animales. Debajo de cada dibujo, anota el nombre de la planta o del animal y un dato representativo.

CONEXIÓN con las Ciencias

Hacer conexiones

Resumir y parafrasear

Cuando estás leyendo un cuento, es conveniente que te detengas de vez en cuando para resumir lo que leíste. Cuando **resumes**, dices en una o dos oraciones la información más importante.

Al **parafrasear** un pasaje, lo vuelves a contar con todo y detalles pero con tus propias palabras. Generalmente, la longitud del texto es la misma ya parafraseado.

Lee este párrafo de "Viejo 'Marillo". Luego observa la tabla de abajo para que veas la diferencia entre resumir y parafrasear.

> **Allí estaba el pequeño Arliss, nuevamente en aquel manantial. Tenía la mitad del cuerpo en el agua y sujetaba la pata trasera de un osezno, tan pequeño como un mapache. En la orilla del manantial, el animal chillaba y gruñía mientras arañaba las rocas con las garras de las tres patas restantes. El pequeño Arliss lo sujetaba con todas sus fuerzas, muy asustado y desgañitándose. El terror le impedía soltar a su presa.**

Resumir Contar sólo la información más importante	El pequeño Arliss agarró la pierna del osezno y se negó a soltarla.
Parafrasear Contar tanto las ideas principales como los detalles con tus propias palabras	Cuando estaba en el manantial, el pequeño Arliss agarró la pierna trasera de un osezno. A pesar de que el osezno lloró y trató de zafarse, el pequeño Arliss continuó sostenido firmemente de la pierna del animal. El niño lloró pues estaba demasiado aterrorizado para soltar al osezno.

Visita *The Learning Site*
www.harcourtschool.com

Ve Destrezas y Actividades

Preparación para las pruebas

Resumir y parafrasear

▶ **Lee el pasaje. Después responde las preguntas.**

Leo y su perro Skipper habían nadado en el arroyo Mill toda la tarde.

—Mejor ya nos vamos —dijo Leo—. Podemos tomar un atajo por el viejo camino de excursiones. No está lejos del arroyo.

A la mitad del camino, Leo se resbaló y cayó. Cuando quiso levantarse, se dio cuenta de que se había lastimado seriamente el tobillo.

—Corre a casa por ayuda —le dijo Leo a Skipper—. ¡Apúrate!

Al poco tiempo, Leo alcanzó a ver a sus padres a la distancia. Venían hacia él y Skipper venía enfrente, mostrándoles el camino.

1. ¿Cuál sería la *mejor* forma de resumir este pasaje?

A Leo y Skipper nadaron toda la tarde en el arroyo Mill.

B Leo y Skipper encontraron un viejo camino de excursión cerca del arroyo.

C Leo tropezó en un camino de excursión y se lastimó seriamente el tobillo.

D El perro de Leo le trajo ayuda después de que Leo se lastimara en su camino a casa desde el arroyo Mill.

Sugerencia

Todas estas cosas suceden en el pasaje. Debes decidir cuál de las cuatro reúne la información más importante.

2. Cuenta de nuevo la historia con tus propias palabras.

Sugerencia

Al parafrasear este pasaje, no olvides incluir la información de los diálogos. Las palabras de Leo te ayudan a saber lo que está pasando.

El poder de las palabras

¡Atrapados en el hielo!

deshidratación
agotadores
anegado
intransitable
rancio
despabilar

Durante siglos, los exploradores han arriesgado sus vidas para descubrir nuevas tierras. Parten hacia diferentes rumbos, pero todos tienen que enfrentar al mismo adversario: ¡la naturaleza!

En 1492, Cristóbal Colón emprendió un peligroso viaje para cruzar el océano Atlántico. Aquel viaje fue muy largo y si no tenían suficiente agua, los marineros corrían el riesgo de morir por **deshidratación**. Además, los trabajos a bordo del barco eran **agotadores**, muy duros y cansados. Pero lo que más miedo les daba era que llegara una tormenta y que el barco quedara **anegado**, es decir, inundado por completo. Afortunadamente, Colón llegó a su meta, la tierra desconocida. . . que más tarde llamarían América.

Lewis y Clark se fueron a explorar el oeste de Estados Unidos en 1804. Su primer riesgo fue que el bote se les podía voltear al navegar por el río Missouri. Luego, al encontrarse con un terreno **intransitable**, es decir, que no se podía cruzar, tuvieron que atravesar las Rocosas para seguir adelante con su exploración. Aunque esto no hubiera sido fácil sin la ayuda del indio nativo que les indicó la ruta más fácil a seguir.

A principios del siglo XIX, un grupo llamado los Hombres de la montaña descubrió una forma sencilla de cruzar las Rocosas de Wyoming. Sin embargo, lo poco que les quedaba de comida ya estaba **rancio**, echado a perder. Así que se tuvieron que **despabilar**, o sea, tuvieron que dejar el cansancio a un lado y ponerse a trabajar para poder cazar animales que comer.

CONEXIÓN
Vocabulario-Escritura

Es común que los navegantes de barcos pequeños se vean atrapados por tormentas que hacen que su nave se queda **anegada**. Imagina que eres el capitán de un barco que se inunda después de una lluvia. Escribe una página de tu diario donde describas la aventura.

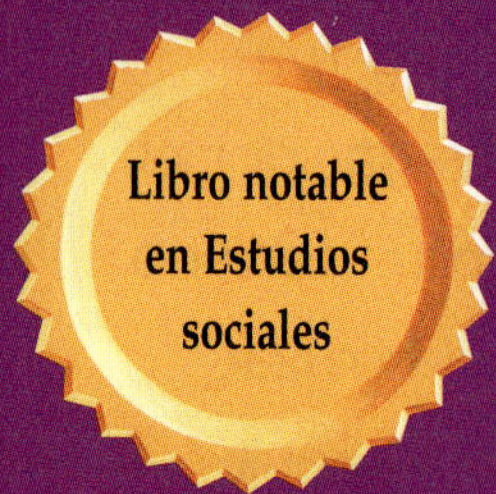

Libro notable en Estudios sociales

¡ATRAPA

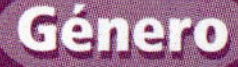

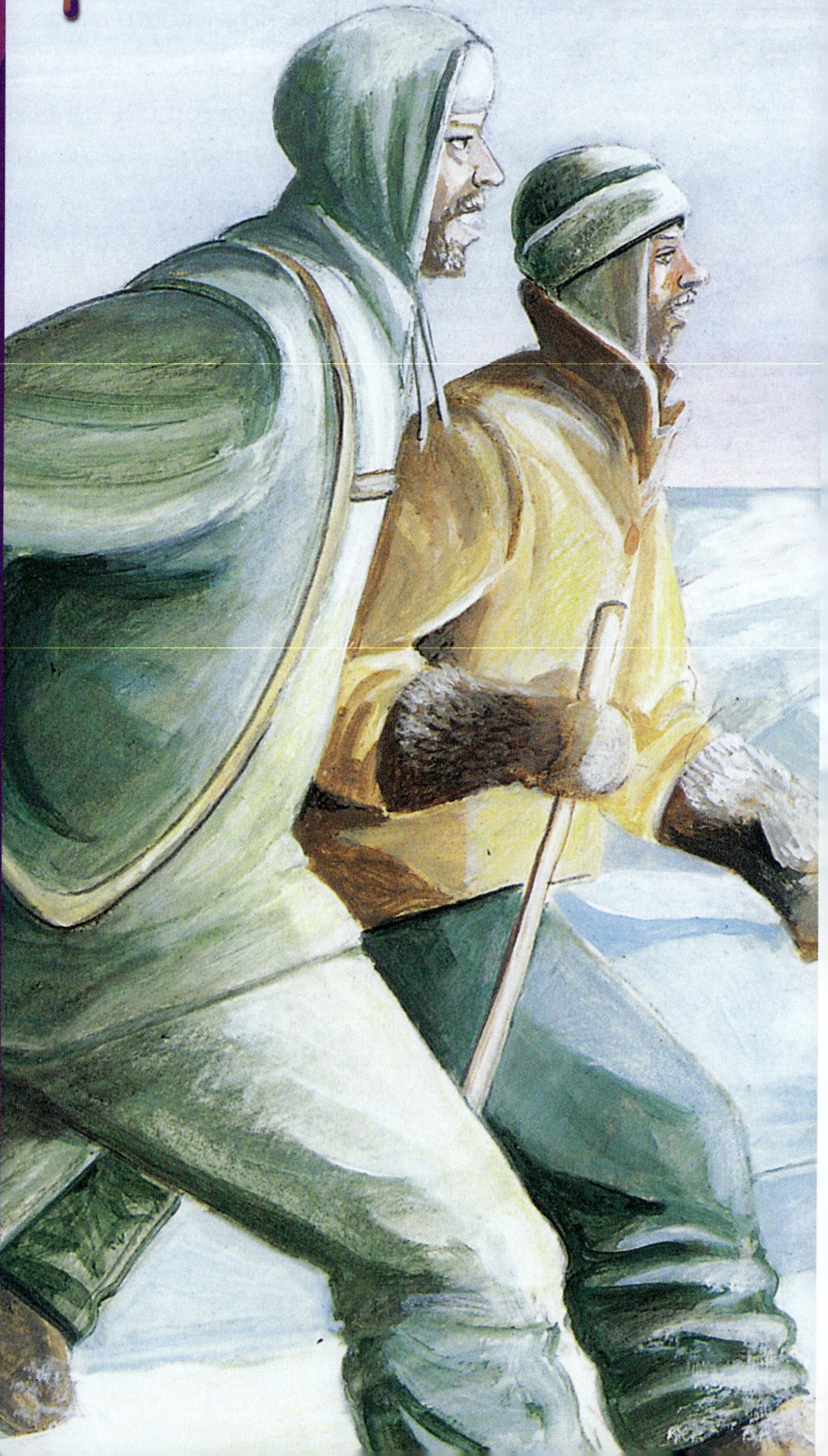

Género

No ficción

Un tema de no ficción habla sobre personas, cosas, sucesos o lugares que son reales.

En esta selección, busca

- **un interesante evento histórico.**
- **la presentación de eventos en orden cronológico.**
- **personas que se ayuden unas a las otras.**

DOS *en el* HIELO!

texto de Michael McCurdy

Prefacio

En 1914, Sir Ernest Shackleton (de 1874 a 1922) navegó desde Inglaterra en su tercera expedición a Antártida. Como Roald Amundsen había llegado al polo en 1911, Shackleton quería ser el primero en cruzar el casquete polar.

Poco después de salir de la isla de Georgia del Sur al sur del océano Atlántico, el barco de Shackleton, el *Endurance*, entró en un banco de hielos flotantes del mar de Weddell. Cuando ya casi había llegado a tierra, el barco quedó atrapado en el hielo y la corriente lo llevó al norte, en dirección opuesta a tierra. La aventura que duró dos años es una de las verdaderas historias más asombrosas de sobrevivencia que existe.

27 de octubre de 1915

El *Endurance* estaba atrapado. Gigantescos bloques de hielo aplastaban lentamente sus flancos. En cubierta, Sir Ernest Shackleton observaba la nieve y el hielo que se extendían hacia el horizonte. Diez meses antes, sólo deseaba ser la primera persona en cruzar el casquete de hielo del Polo Sur. En ese momento, su única preocupación eran sus hombres. ¿Qué les ocurriría, y cuánto tiempo resistiría el barco antes de hacerse pedazos? El *Endurance* tenía grandes agujeros. Shack no podía demorarse más.

Shack ordenó a la tripulación que abandonara el *Endurance* y levantara un campamento en el helado mar de Weddell. Herramientas, tiendas, leña para fogatas, sacos de dormir y las escasas provisiones de alimento y ropa que aún conservaban los hombres fueron rescatados del barco junto con tres lanchas salvavidas, por si acaso pudieran llegar a mar abierto. El *Endurance* tenía un aspecto lamentable, convertido en un inútil cascarón tumbado sobre un costado. Fue el hogar de la tripulación durante varios meses. Ahora, tendrían que acostumbrarse a vivir en el hielo; varados a cientos de millas de la tierra firme más cercana.

21 de noviembre de 1915

Casi un mes después, el crujir de madera aplastada sobresaltó a los marineros. Ocurría lo que tanto habían temido. Al volverse a mirar los restos del navío, observaron que la popa se levantaba lentamente en el aire y después de estremecerse se perdía rápidamente bajo el hielo. Minutos después, el hielo había cubierto el agujero por donde el barco había desaparecido. El *Endurance* se había perdido para siempre, tragado por el mar de Weddell. Shack habló con el capitán del navío, Frank Worsley, y el segundo en comando, Frankie Wild. Entre los tres debían decidir qué hacer.

23 de diciembre de 1915

Iba a ser difícil poner en práctica el plan. Tendrían que cargar las provisiones en las lanchas salvavidas y tirar de ellas a través del desierto de hielo hasta llegar a mar abierto. Si lograban su objetivo, podrían utilizar las tres lanchas para llegar a tierra firme. Shack estudió el interminable manto de hielo y nieve que se extendía frente a ellos. ¿Sería posible? Montaron cada lancha sobre un trineo. Y enganchados como caballos, los hombres tiraron, un bote a la vez. Arrastrar una carga de 2,000 libras era una tarea pesada. Y muy pronto, todos se hallaban tan exhaustos y lastimados que no podían tirar más. La tripulación tendría que esperar a que el hielo, deslizándose en la corriente marina, los arrastrara al norte hacia mar abierto.

Durante los meses que siguieron, el alimento se convirtió en la principal preocupación, y la tarea de Tom Orde-Lees era buscarlo. Los pingüinos y las focas comenzaban a escasear. Para buscar carne que comer, los cazadores tenían que ir cada vez más lejos. Esto era peligroso. En una ocasión, cuando Tom regresaba esquiando al campamento, una monstruosa cabeza se asomó en el hielo. Un gigantesco león marino se abalanzó contra Tom, pero casi de inmediato regresó a las oscuras aguas para acechar bajo la superficie, como suelen hacer cuando cazan pingüinos. De pronto, Tom tropezó y cayó. El enorme animal se abalanzó hacia él de nuevo, saltando del agua hacia la superficie helada. Tom se levantó de un salto y trató de escapar. Gritó pidiendo ayuda y Frankie Wild salió corriendo del campamento con un rifle. Entonces, el león marino se volvió para embestir a Frankie, pero éste se acuclilló tranquilamente en una rodilla, apuntó y disparó tres veces. El león marino cayó muerto. ¡Ahora tenían suficiente comida para varios días!

8 de abril de 1916

El olor de los hombres era insoportable. Durante los cinco meses y medio que habían pasado en el hielo, no habían podido bañarse. Su ropa estaba mugrienta y desgastada, y les rozaba la piel ocasionándoles dolorosas llagas. Tenían las manos agrietadas por el frío y el viento, y el hambre comenzaba a agotar sus fuerzas. Para entonces, el manto de hielo se fracturaba en trozos cada vez más pequeños a su alrededor, pues se aproximaban al borde del mar polar. Shack pensó que era un buen momento para lanzar los botes salvavidas, aparejados con velas de lona. Sabía que no todos los hombres sobrevivirían el penoso recorrido de 700 millas en una lancha descubierta hasta la estación ballenera de la isla de Georgia del Sur. Por eso decidió que tratarían de llegar primero a la isla Elefante.

Fue difícil navegar entre los grandes trozos de hielo. Las embarcaciones se topaban con témpanos, o chocaban contra icebergs. Al caer la noche, los hombres subían las lanchas a un témpano y levantaban las tiendas, aunque era casi imposible dormir en sacos y mantas mojados, además del ruido de las ballenas asesinas que nadaban en círculos a su alrededor.

Una noche, Shack percibió repentinamente que algo andaba mal. Despertó a Frankie y salieron a rastras de su tienda para ver qué pasaba. Una gigantesca ola golpeó con fuerza el frente del témpano y éste comenzó a fracturarse en dos partes. ¡La grieta corría hacia la tienda número 4! Entonces, Shack escuchó un chapoteo. Al asomarse al interior de la fisura, vio una figura que se retorcía bajo la superficie de las oscuras aguas. Era un saco de dormir y ¡Ernie Holness estaba dentro! Shack actuó con rapidez. Alargó un brazo y dio un poderoso tirón para sacar el saco del agua. Y lo hizo justo a tiempo. Pues en pocos segundos, los dos grandes bloques de hielo se unieron con un fuerte impacto.

13 de abril de 1916

Finalmente, los hombres llegaron a mar abierto. La fuerza del agua acometía con furia contra las tres pequeñas embarcaciones, llamadas *James Caird, Dudley Docker* y *Stancomb Wills*. Olas de gran altura las levantaban y dejaban caer como en una montaña rusa. El cegador rocío marino soplaba contra el rostro de los tripulantes. La mayoría sufría mareos. Y lo peor de todo es que estaban sedientos, porque el agua de mar había contaminado sus reservas de agua potable. Sus lenguas se habían inflamado de tal manera por la deshidratación que apenas podían tragar. Shack hizo que sus hombres chuparan carne de foca congelada para mitigar la sed. *Tenían* que llegar a tierra firme. ¡Tenían que llegar a la isla Elefante!

15 de abril de 1916

Tras una agotadora semana de luchar contra el mar, los hombres casi habían perdido la esperanza. El Gran Tom Crean trataba de animarlos con canciones, pero todo era inútil. Por fin, algo apareció en la distancia. Shack gritó a Frank Worsley, que se encontraba en el *Dudley Docker*: "¡Allí está, capitán!". Era tierra firme. Al fin avistaban la isla Elefante. Su aspecto era terriblemente inhóspito, con escarpadas cumbres de 3,500 pies que caían a plomo hacia el mar, pero era la única alternativa.

24 de abril de 1916

La isla Elefante no era más que rocas, hielo, nieve y viento. Aunque los hombres levantaron sus tiendas, éstas pronto fueron arrastradas por el aire. Sin detenerse a descansar, Shack comenzó a organizar el viaje hacia la isla Georgia del Sur. Una vez allí, tratarían de obtener ayuda. Veintidós hombres permanecerían en la isla Elefante mientras Shack y una pequeña tripulación afrontaban el viaje de 700 millas a través del mar invernal más traicionero de la Tierra. Eligió a los cinco hombres más competentes: Frank Worsley, el Gran Tom Crean, el carpintero Chippy McNeish y dos marineros, Tim McCarthy y John Vincent. Con dedos congelados y unas cuantas herramientas, Chippy preparó el *Caird* para el duro viaje que le esperaba. Escasos nueve días después de avistar la isla desierta por vez primera, Shack y su tripulación de cinco hombres volvieron al mar.

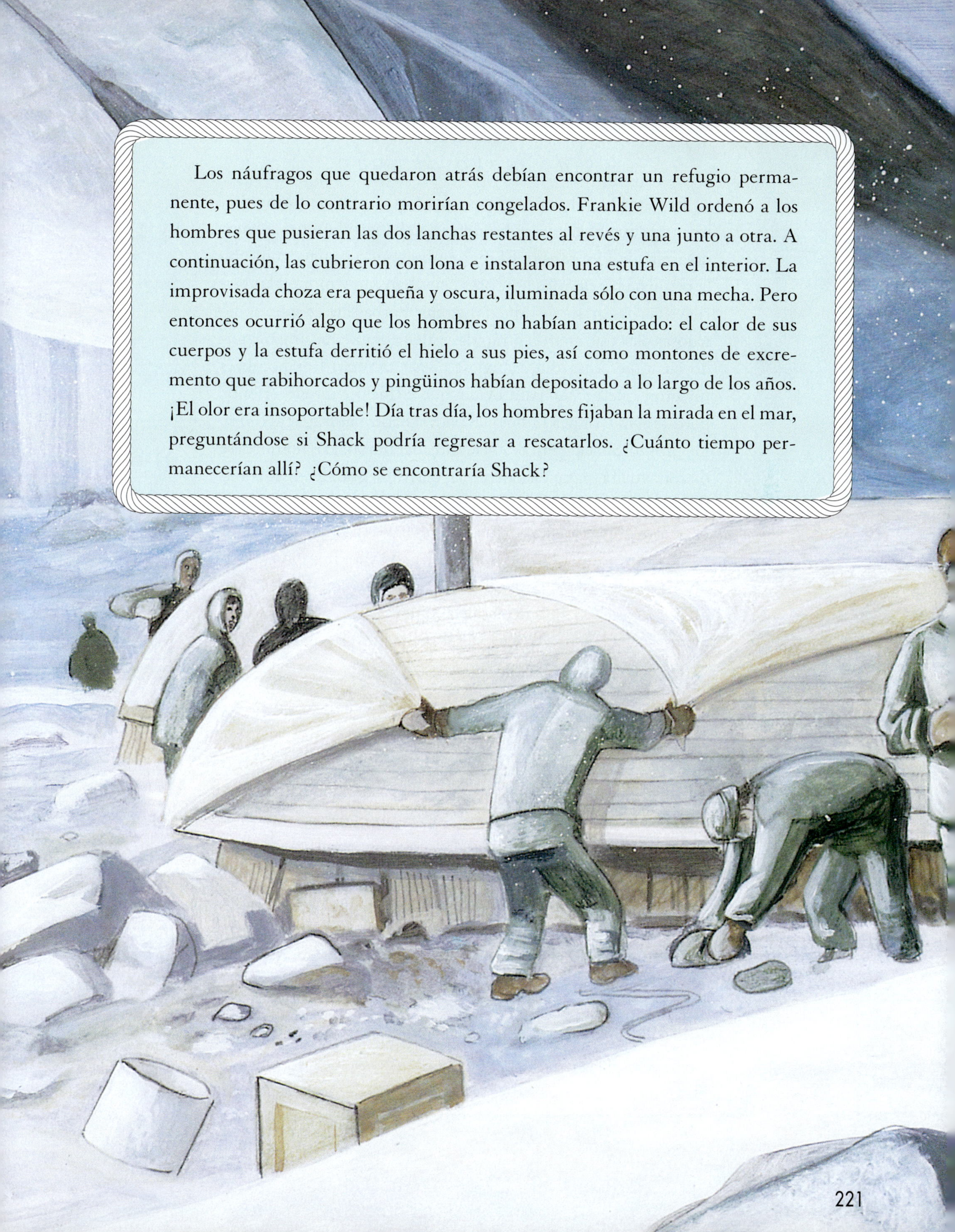

Los náufragos que quedaron atrás debían encontrar un refugio permanente, pues de lo contrario morirían congelados. Frankie Wild ordenó a los hombres que pusieran las dos lanchas restantes al revés y una junto a otra. A continuación, las cubrieron con lona e instalaron una estufa en el interior. La improvisada choza era pequeña y oscura, iluminada sólo con una mecha. Pero entonces ocurrió algo que los hombres no habían anticipado: el calor de sus cuerpos y la estufa derritió el hielo a sus pies, así como montones de excremento que rabihorcados y pingüinos habían depositado a lo largo de los años. ¡El olor era insoportable! Día tras día, los hombres fijaban la mirada en el mar, preguntándose si Shack podría regresar a rescatarlos. ¿Cuánto tiempo permanecerían allí? ¿Cómo se encontraría Shack?

5 de mayo de 1916

El *Caird* fue abriéndose paso por aquel mar de tormentas, mientras que Shack y sus hombres combatían el mareo bebiendo aceite de foca rancio. El mar embravecido rugía y golpeaba la pequeña barca, y los hombres pensaban con temor en las terribles barbas grises de aquellas aguas. Barbas grises son monstruosas olas que aparecen rápida y silenciosamente, amenazando cualquier cosa que estuviese en su camino. Los hombres tuvieron que luchar para evitar que el hielo cubriera el bote, porque el menor peso adicional podría hacer naufragar al *Caird*. De pronto, Shack gritó desde la caña del timón. Los hombres se dieron vuelta para encontrar la ola más grande que jamás habían visto. ¡Era una barba gris! La embarcación se estremeció con el impacto a la vez que la montaña de agua la hacía girar como un trompo. El *Caird* quedó anegado y los hombres trabajaron con febril intensidad para achicarla con baldes. Las afiladas rocas en el casco, que Chippy había utilizado para evitar que la lancha zozobrara, salvaron a los tripulantes.

10 de mayo de 1916

Después de diecisiete agotadores días en el mar, el joven McCarthy gritó: "¡Tierra a la vista!". La isla Georgia del Sur se perfilaba en la distancia. A pesar de que la estación ballenera se encontraba al otro lado de la isla, los hombres debían atracar *de inmediato* o morirían. El agua potable se había agotado y estaban demasiado debilitados para luchar contra el mar, tratando de alcanzar el otro lado de la isla. Mientras organizaban su intento de desembarco, sufrieron el embate del peor huracán que habían visto jamás. Lucharon nueve espantosas horas para mantenerse a flote. Milagrosamente, justo cuando la pelea parecía perdida, el mar se tranquilizó lo suficiente para permitir que el *Caird* atracara a salvo en la pedregosa playa de la bahía Haakon.

Desembarcaron cerca de una pequeña cueva, muy próxima a un manantial de agua dulce. Aquel lugar se convirtió en el refugio temporal de John Vincent y Chippy McNeish. Ambos habían padecido mucho en el trayecto y no lograrían sobrevivir la larga caminata a través de la isla hasta la estación ballenera. Tim McCarthy permaneció con ellos para atenderlos. Por fortuna, la disponibilidad de agua potable, madera de antiguos naufragios para encender fogatas, huevos de albatros y focas permitiría que los hombres se mantuvieran con vida mientras aguardaban su rescate. No obstante, Shack, Gran Tom y el capitán Worsley tendrían que escalar la serie de escarpados riscos que se extendía por el centro de la isla, como la hoja de una sierra. Sólo podrían llevar consigo una pequeña estufa Primus, combustible para seis comidas, cincuenta pies de cuerda y un hacha para hielo. Su único alimento fueron galletas y provisiones ligeras que guardaron en los calcetines que llevaban colgados al cuello. El 18 de mayo, ocho días después del desembarco, llegó el momento de emprender la escalada más peligrosa que habían intentado hasta entonces.

19 de mayo de 1916

Los hombres realizaron tres difíciles ascensos por las montañas, sólo para descubrir que, del otro lado, el terreno era intransitable. Se detuvieron únicamente para comer una sopa que llamaban "*hoosh*", mordisquear galletas rancias o dormitar cinco minutos mientras uno de ellos permanecía despierto para despabilar a los demás. Aunque estaban exhaustos, no se daban por vencidos. En cierta ocasión, vieron la inminente llegada de la noche desde la cumbre de una montaña. Sabían que si la oscuridad los pillaba en las alturas, morirían sin remedio. Tenían que correr un riesgo. Shack improvisó un tobogán enroscando la cuerda y los tres hombres se deslizaron 1,500 pies por la ladera de la montaña. A pesar del peligroso aterrizaje, no pudieron contener sus carcajadas de alivio después de chocar, ilesos, contra un gran banco de nieve.

Aunque habían sobrevivido el largo descenso, aún debían enfrentar un nuevo peligro. Habían caminado más de treinta horas sin dormir cuando, finalmente, los tres escucharon el sonido de un lejano silbato. ¿Sería la estación ballenera? Subieron a un risco para mirar hacia abajo. ¡Sí, era la estación! Había dos barcos balleneros anclados en el muelle. Desde aquella distancia, los hombres de la estación parecían insectos. Shack contuvo el impulso de actuar con temeridad. Los tres aún debían colgarse de la cuerda para descender por una cascada de treinta pies de altura y balancearse a través del gélido torrente. Al fin, los harapientos exploradores llegaron dando traspiés a la estación. ¡Lo habían logrado!

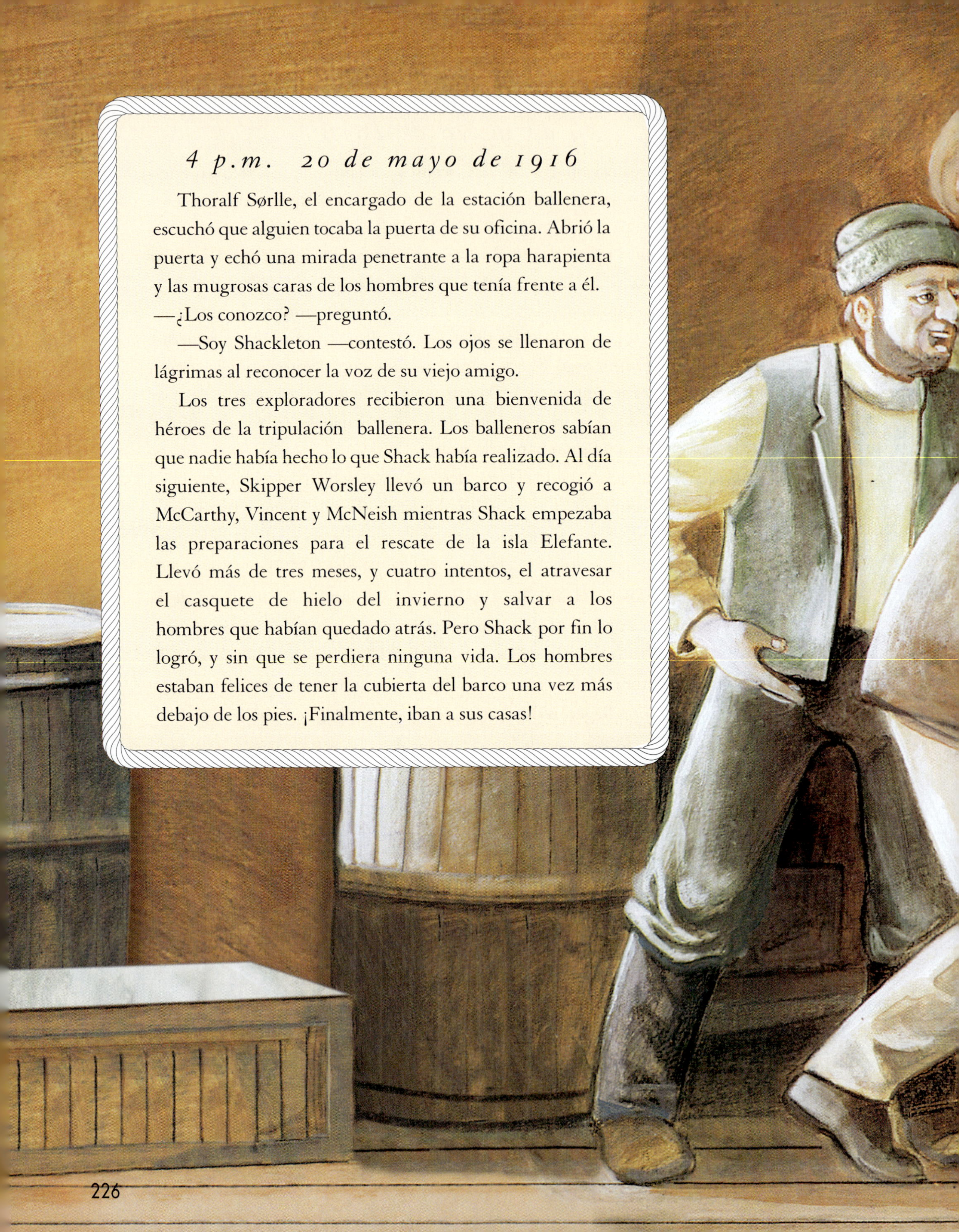

4 p.m. 20 de mayo de 1916

Thoralf Sørlle, el encargado de la estación ballenera, escuchó que alguien tocaba la puerta de su oficina. Abrió la puerta y echó una mirada penetrante a la ropa harapienta y las mugrosas caras de los hombres que tenía frente a él.

—¿Los conozco? —preguntó.

—Soy Shackleton —contestó. Los ojos se llenaron de lágrimas al reconocer la voz de su viejo amigo.

Los tres exploradores recibieron una bienvenida de héroes de la tripulación ballenera. Los balleneros sabían que nadie había hecho lo que Shack había realizado. Al día siguiente, Skipper Worsley llevó un barco y recogió a McCarthy, Vincent y McNeish mientras Shack empezaba las preparaciones para el rescate de la isla Elefante. Llevó más de tres meses, y cuatro intentos, el atravesar el casquete de hielo del invierno y salvar a los hombres que habían quedado atrás. Pero Shack por fin lo logró, y sin que se perdiera ninguna vida. Los hombres estaban felices de tener la cubierta del barco una vez más debajo de los pies. ¡Finalmente, iban a sus casas!

Reflexionar y responder

1. ¿Qué aprendiste sobre el carácter de Sir Ernest Shackleton a partir de sus acciones?

2. ¿Por qué crees que el autor utilizó fechas en algunas páginas de esta historia?

3. ¿Cuál crees que era el propósito del autor al escribir esta historia?

4. ¿Hubieras querido ser un miembro de la tripulación en esta aventura **agotadora**?

5. ¿Qué estrategia de enfoque utilizaste mientras leías la historia? ¿Por qué?

Conoce al autor

Michael McCurdy

Michael McCurdy empezó su carrera artística muy joven. “Cuando estaba en la secundaria y en la preparatoria en Marblehead, Massachusetts, me pasaba el día dibujando”, recuerda. En el salón de clases, a menudo hacía garabatos en papel de desecho.

McCurdy vivió en un hogar que apreciaba la labor de autores y artistas. Su padre era ilustrador y a su madre le gustaba leer. “Sentía que las personas creativas eran las personas más interesantes sobre la tierra”, dijo él. En 1960, cuando tenía dieciocho años, McCurdy fue a la Escuela del Museo de Bellas Artes en Boston. Ahí quedaba fascinado viendo la ilustración de los libros.

Desde entonces McCurdy ha ilustrado más de 170 títulos. Vive en Berkshire Hills en Massachusetts con su esposa e hijos. Él dijo: “Tengo una buena vida, una vida creativa, con tiempo para trabajo solitario en mi viejo estudio del granero”.

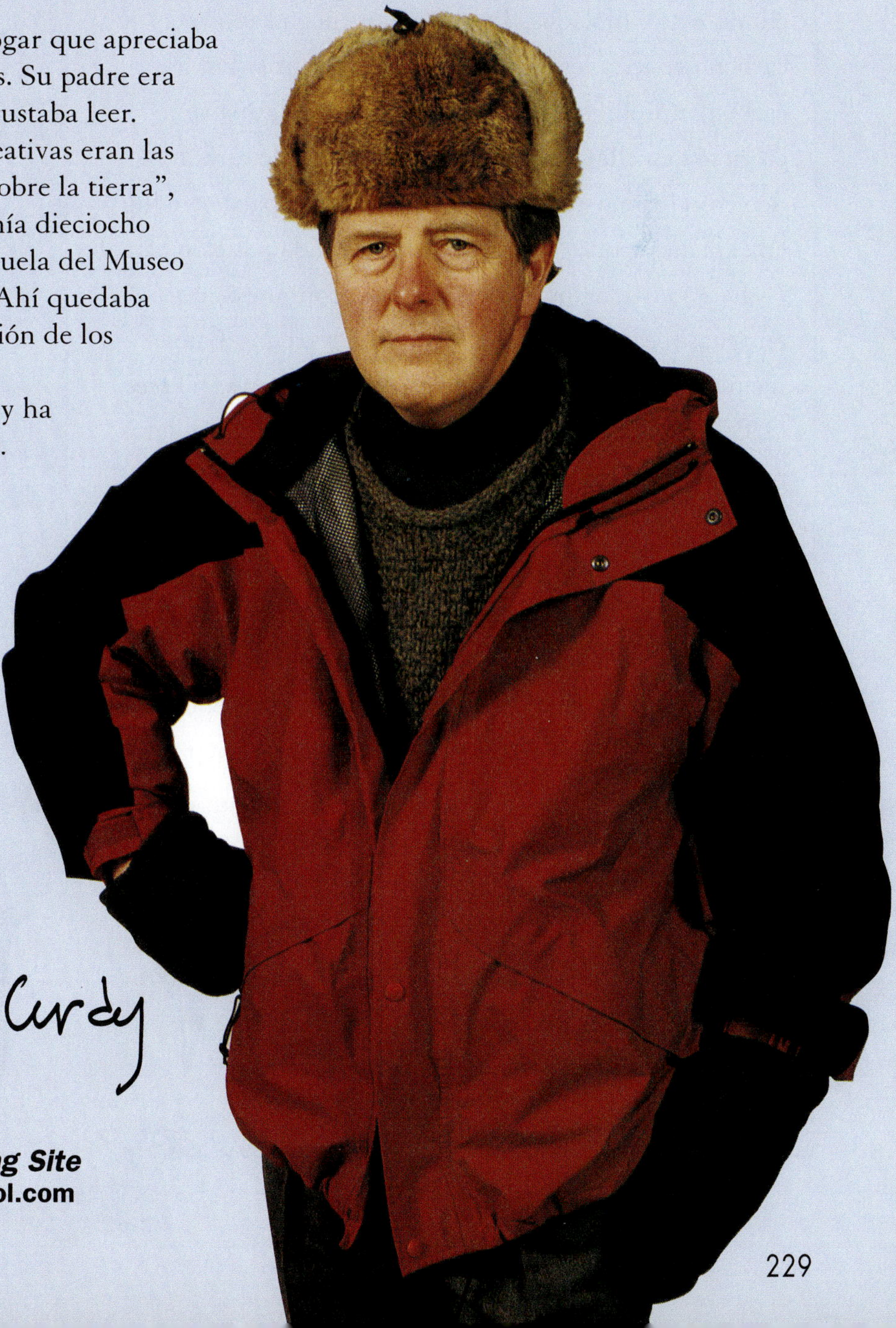

Género
No ficción explicativa

ANTÁR

Libro sobresaliente en Ciencias

LA HELADA ANTÁRTIDA, el continente más meridional del planeta, no siempre fue así de fría. Los geólogos han descubierto fósiles de reptiles que vivían en climas más templados. También han encontrado vetas de carbón expuestas en las paredes de los acantilados. El carbón se produjo a partir de árboles que alguna vez crecieron en climas templados. Estas vetas de carbón debieron formarse cuando la Antártida ocupaba otro lugar en el planeta, antes de flotar hasta su gélida posición actual.

La Antártida flota sobre una placa compuesta de antiguas rocas que formaron elevados terrenos. Bajo el hielo hay mesetas de roca que se elevan hasta 13,000 pies (3,950 metros) por encima del nivel del mar, y cordilleras montañosas que alcanzan una altura de casi 17,000 pies (5,200 metros).

La placa de la Antártida formaba parte de Gondwana, el gran continente meridional que alguna vez también estuvo conformado por los continentes de América del Sur, África y Australia. Pero hace unos 100 millones de años, la Antártida se desprendió y comenzó a flotar hacia el sur.

En la actualidad, la Antártida está cubierta por un manto de hasta 1 milla y 1/4 (2 kilómetros) de espesor. Este manto se extiende sobre el mar y forma una plataforma de hielo que cubre una superficie de 1,540,000 millas cuadradas (4 millones de kilómetros cuadrados).

◄ **Los pingüinos Emperador son aves incapaces de volar que se encuentran únicamente en la Antártida.**

TIDA

texto de Joyce Pope

◀ **El Monte Erebus, que domina el estrecho McMurdo, es uno de los numerosos volcanes activos de la Antártida. Éstos se encuentran en la región más meridional del "anillo de fuego", el círculo de volcanes que rodea el océano Pacífico.**

▲ **La Antártida es el único continente que el hombre no puede habitar. Aunque los científicos a menudo pasan el invierno allí, no hay residentes permanentes.**

Reflexionar y responder

¿Qué evidencia dice a los científicos que la Antártida era un lugar más caliente?

Hacer conexiones

Compara textos

1. Explica por qué "¡Atrapados en el hielo!" pertenece al tema Amigos al rescate.
2. ¿De qué manera la unión del texto y las ilustraciones muestran las situaciones peligrosas a las que se enfrentó la tripulación del *Endurance*?
3. "¡Atrapados en el hielo!" y "Antártida" representan diferentes tipos de no ficción. Explica cómo el propósito del autor es distinto en las dos selecciones.
4. Compara "¡Atrapados en el hielo!" con otro cuento de aventuras que hayas leído. ¿Cómo crean las situaciones de suspenso los autores para que la historia sea emocionante?
5. ¿Qué otras preguntas tienes sobre la aventura de Shackleton?

Escribe una historia

"¡Atrapados en el hielo!" es una historia sobre una aventura real. Escribe una historia sobre una aventura que te gustaría tener. Crea un problema o conflicto y decide cómo lo vas a resolver. Organiza tus ideas en un mapa del cuento.

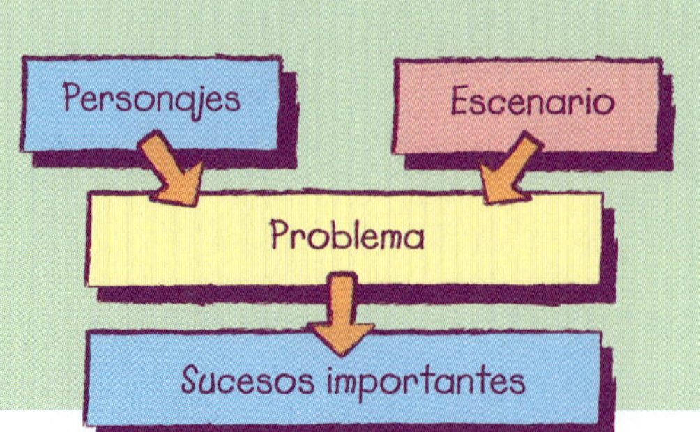

CONEXIÓN con la Escritura

Haz una línea cronológica

CONEXIÓN con los Estudios sociales

Los acontecimientos de "¡Atrapados en el hielo!" se desarrollan a lo largo de los siete meses que los hombres lucharon para salvarse. Haz una línea cronológica para identificar los sucesos más importantes de la aventura de Shackleton. Marca cada fecha de tu línea cronológica e incluye una breve descripción del acontecimiento de ese día.

27 de octubre de 1915 ——— 20 de mayo de 1916

Haz un diagrama

CONEXIÓN con las Ciencias

Hace millones de años la Antártida formaba parte de un continente más grande. Haz una investigación sobre la historia geológica de la Antártida, cuándo se separó y cómo se ha ido desplazando a lo largo de los años. Después crea un diagrama con rótulos que muestre lo que has aprendido.

ANTÁRTIDA

Mecanismos literarios

El autor de "¡Atrapados en el hielo!" utiliza muchos detalles realistas para ayudarte a imaginar cómo fue la experiencia de los exploradores. Lee la siguiente descripción del encuentro de su embarcación con una gigantesca ola:

> **La embarcación se estremeció con el impacto a la vez que la montaña de agua la hacía girar como un trompo.**

Las palabras *montaña de agua* y *como un trompo* agregan realismo a la descripción. En realidad no hay ninguna montaña en la escena, pero el agua se compara con una. Tampoco hay ningún trompo, pero el movimiento de la embarcación se compara con uno. Este tipo de comparaciones entre cosas distintas son ejemplos del **lenguaje figurado**.

Lo opuesto al lenguaje figurado es el **lenguaje literal**, o palabras que se usan con su significado normal. El autor pudo haber escrito, *La gigantesca ola hizo girar la embarcación una y otra vez*. Sin embargo, esta descripción literal no da la sensación de una ola tan grande junto a una lancha tan pequeña.

La siguiente tabla muestra algunos de los principales tipos de lenguaje figurado que existen.

Símil	Metáfora	Personificación
una comparación entre dos cosas distintas donde se usan las palabras *como o parecido a*	una comparación directa entre dos cosas distintas sin usar las palabras *como o parecido a*	una comparación donde se le atribuyen cualidades humanas a algo que no las tiene
"Altas olas las levantaban y dejaban caer como en una montaña rusa". (pág. 218)	La ola era una montaña.	El mar se tragó al barco.

Visita *The Learning Site*
www.harcourtschool.com
Ve Destrezas y Actividades

Preparación para las pruebas

Mecanismos literarios

▶ **Lee el siguiente pasaje y contesta las preguntas.**

Para los niños, los copos de nieve al caer eran como trozos de algodón de azúcar que intentaban atrapar con sus lenguas. Pronto la tierra se volvió un suave manto blanco que se extendía a lo largo de muchas millas. Los niños jalaron sus trineos sobre la nieve hacia la colina. El viento rugía feroz a través de los árboles, pero a los niños no les importaba. Una y otra vez se deslizaron cuesta abajo por la empinada colina.

1. ¿Qué significa la frase *los copos de nieve al caer eran como trozos de algodón de azúcar*?

A La nieve tenía un sabor azucarado.

B La nieve se veía apetitosa para comerse.

C La nieve se derretía al caer.

D La nieve se veía de consistencia esponjada.

Sugerencia

La palabra *como* te indica que la descripción puede ser un símil. ¿Qué escena quiere el autor que imagines cuando leas esta frase?

2. Según el pasaje, ¿cuál de las siguientes oraciones es *verdadera?*

F Los niños usaron mantos blancos para cubrir la tierra.

G Los niños usaron mantos blancos para mantenerse abrigados.

H La nieve blanca era tan suave que se veía como un manto.

J La nieve cubrió el manto de cada uno de los niños.

Sugerencia

Busca en el pasaje la respuesta a la información que se te pide y decide si es lenguaje figurado o literal.

El poder de las palabras

Inundación: En lucha contra el Mississippi

embalses

diques

pronosticó

anhelaban

cresta

aluvial

asombrados

La gente necesita agua para vivir, trabajar y jugar. Sin embargo, hay veces en que el agua se convierte en un peligro mortal. En momentos así, ¿qué puede hacer la gente para protegerse?

Los **embalses**, o lagos artificiales, ayudan a prevenir las inundaciones. Para protegerse a sí mismas y a sus tierras, la gente también construye **diques**. Éstos son muros a lo largo de un río, y se levantan para contener sus aguas. Cuando el agua empieza a pasar a través de los orificios pequeños, entran en acción los voluntarios y colocan bolsas llenas de arena sobre las partes dañadas.

El servicio meteorológico anuncia con anticipación posibles lluvias. En cierta ocasión se **pronosticó** que las lluvias provocarían el desbordamiento del río. Como esto podía llegar a suceder, los habitantes del lugar **anhelaban**, deseaban con todas sus fuerzas, que la **cresta** del río no llegara tan alto que nada pudiera detenerlo.

La granja de esa familia se construyó junto a una llanura **aluvial**, que es una tierra plana a las orillas de un río. Sin embargo, cuando el río se desborda, esas tierras son las primeras en sufrir las consecuencias. Después de eso, nada les queda a los habitantes sino mirar **asombrados**, o sorprendidos, la increíble fuerza de la naturaleza.

CONEXIÓN
Vocabulario-Escritura

Piensa en alguna tormenta que hayas visto y cuya fuerza te haya dejado **asombrado**. Escribe un poema acerca de esa tormenta.

Autora premiada

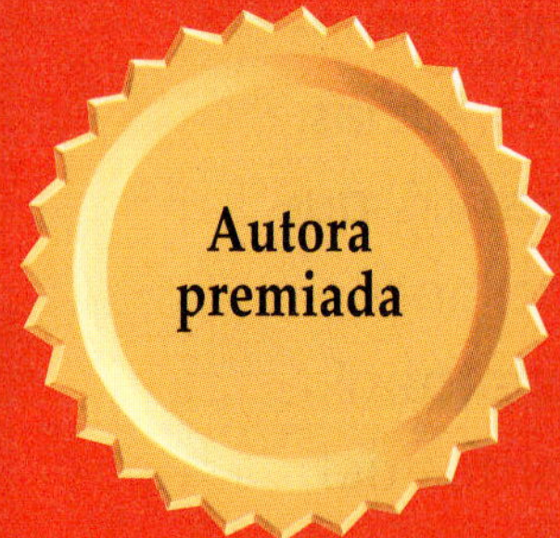

Género

No ficción explicativa

Un cuento de no ficción explicativa presenta y explica información o ideas.

En esta selección, busca

- **ilustraciones con leyendas.**
- **la estructura del texto que esté organizada por ideas principales y detalles.**

INUN

EN LUCHA CONTRA EL MISSISSIPPI

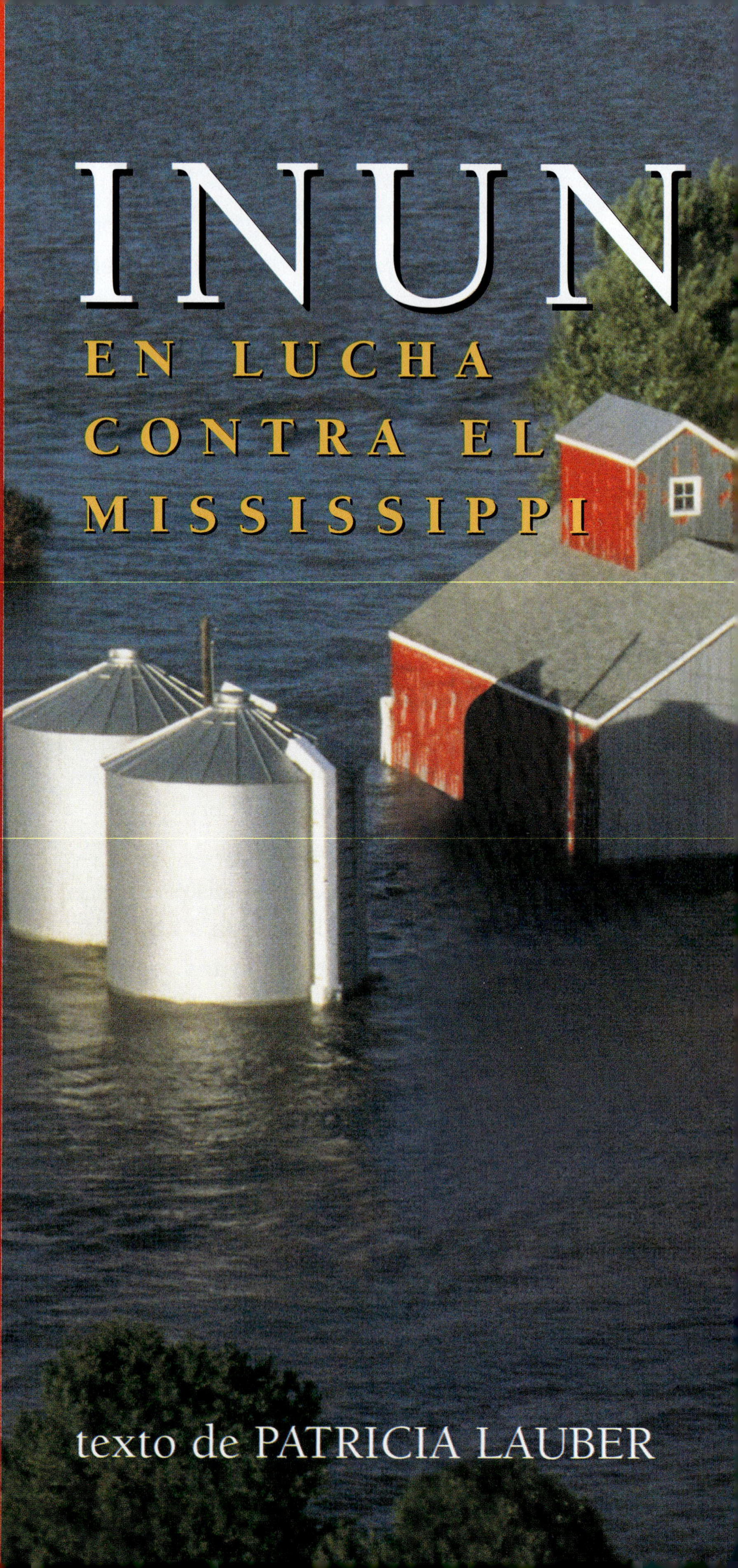

texto de PATRICIA LAUBER

DACIÓN

Desde su nacimiento, un pequeño arroyo en Minnesota, el río Mississippi recorre más de 2,000 millas hasta el Golfo de México. En su camino, deposita toneladas de ricos sedimentos y crea miles de acres de tierras valiosas de cultivo. Los agricultores ribereños han construido diques para controlar al poderoso río. Sin embargo, en el verano de 1993, aquellos diques no fueron lo bastante fuertes o altos para contener las embravecidas aguas del Mississippi.

Arriba: St. Louis, con su Arco de Entrada, era una de las ciudades que contaba con un muro de contención. El Cuerpo de Ingenieros erigió la pared de concreto de 11 millas de largo.

Derecha: En esta fotografía, un dique del río Illinois forma un arco cerca de St. Louis. La barrera que lo cruza se levantó para prevenir el desbordamiento del dique durante las inundaciones de 1993.

UNA LLUVIA INTERMINABLE

En la primavera de 1992 no llovió, lo cual ocasionó grandes sequías. Las tierras de cultivo de Iowa y otros estados de la parte superior del Medio Oeste se agrietaron por la falta de agua. A principios de julio, el cielo al fin se oscureció y dejó caer su lluvia. La población se regocijó.

Pero una vez desatada, la lluvia no cesó. Llovió y siguió lloviendo durante todo el verano. La temporada era más fría de lo habitual. La tierra quedó cubierta por el manto de neblina que flotaba en la atmósfera, ocasionado por una erupción volcánica en Filipinas. La neblina impedía el paso de los rayos del sol, de modo que poca agua evaporaba a la atmósfera. Una mayor cantidad permaneció en el suelo, empapándolo por completo.

Continuó lloviendo durante el otoño.

El invierno de 1992–93 trajó consigo abundantes lluvias.

En primavera se desataron las tormentas.

La excesiva cantidad de agua durante aquella estación comenzó a ocasionar inquietud. El nivel aumentaba progresivamente en los diques. El poderoso Mississippi estaba alto y turbulento, igual que sus ríos tributarios, los numerosos torrentes y arroyos que desembocaban sus aguas en el río.

En junio, la inquietud dio paso a la alarma. La tierra se había saturado. El agua de lluvia sólo podía correr hacia los crecientes riachuelos, arroyos y ríos.

Había antecedentes de inundaciones, épocas en que las calles principales quedaron anegadas y las tierras de cultivo se convirtieron en lagos. En estas ocasiones, la población trabajó en las tareas de recuperación y reconstrucción con tal de continuar con su estilo de vida. Para algunos, las inundaciones eran el precio que debían pagar a cambio de las ricas tierras de la llanura aluvial.

Con los años, los habitantes habían fortalecido las defensas del río. Muchas ciudades contaban con muros de contención y diques reforzados de concreto, construidos por el Cuerpo de Ingenieros. Los diques de tierra levantados por organizaciones locales eran cada vez más altos y largos. El

Abajo: Típico sistema de diques en el valle del Mississippi

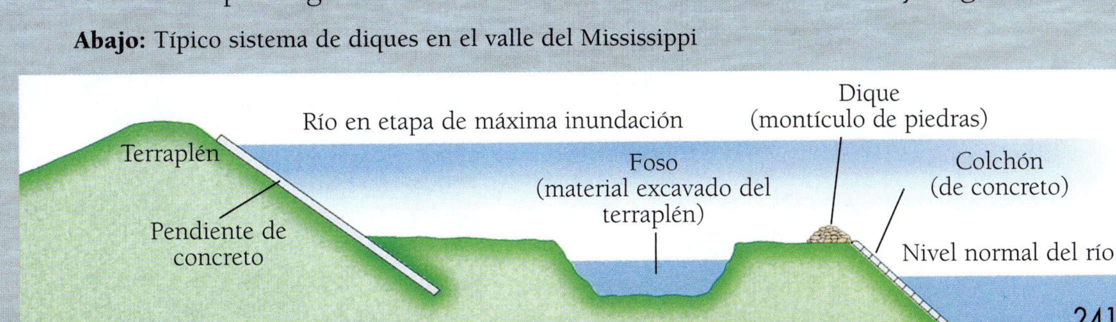

Cuerpo de Ingenieros había construido represas y embalses en algunos tributarios para contener el agua del Mississippi. Aquel trabajo tenía como finalidad mantener el cauce del río para que los habitantes pudieran vivir y trabajar con seguridad en la llanura aluvial.

A principios del verano de 1993, la duda y el temor asaltaron a la población. Nadie recordaba una crecida semejante del río. Y tampoco habían visto tanta lluvia. Aunque el día comenzara despejado, las nubes de tormenta volvían a formarse al caer la tarde. La paz de las noches era interrumpida por el estallido de los relámpagos, el estruendo de los truenos y el incesante golpeteo de la lluvia en los techos.

Los meteorólogos podían explicar el fenómeno, pero no ofrecían esperanza alguna. Los altos vientos atmosféricos impulsaban aire caliente y húmedo hacia la región superior del Medio Oeste. Al llegar, chocaban contra el aire frío procedente de Canadá. El frío condensaba la humedad del aire caliente, y ésta caía en forma de lluvia. En condiciones normales, las tormentas cedían y continuaban su camino hacia el este. Pero no fue así en 1993. El paso de las tormentas se hallaba bloqueado por una masa de aire caliente y seco que flotaba sobre la Costa Este. Y a menos que dicha masa se desplazara hacia el mar, seguiría lloviendo en el Medio Oeste. A veces, la precipitación era de entre 5 y 12 pulgadas en un mismo día.

A mediados de julio, había llovido 49 días consecutivos en el Medio Oeste. Los ríos comenzaban a desbordar los diques, invadiendo granjas y poblados. Una imagen de satélite mostraba gran parte de Iowa de color azul, como si fuera uno de los Grandes Lagos. En ocho estados, los ríos habían reclamado 15 millones de acres de tierra cultivable, expulsando de sus hogares a 36,000 personas.

Las peores inundaciones ocurrieron en Davenport, Iowa y al sur de St. Louis, Missouri. Allí no había lagos o embalses para contener la masa de agua. En aquellas regiones el Mississippi recibía el caudal de varios tributarios: los ríos Iowa, Des Moines, Illinois y Missouri. El 19 de julio, los desbordamientos cubrieron una extensión de 464 millas a lo largo del Mississippi, desde McGregor, Iowa, hasta St. Louis.

Abajo: Imágenes de satélite muestran la diferencia entre los niveles de los ríos Mississippi y Missouri durante un verano normal (izquierda) y los alcanzados en la inundación de 1993 (derecha). Los ríos Mississippi e Illinois aparecen en la parte superior de las imágenes, a la izquierda se encuentra el Missouri.

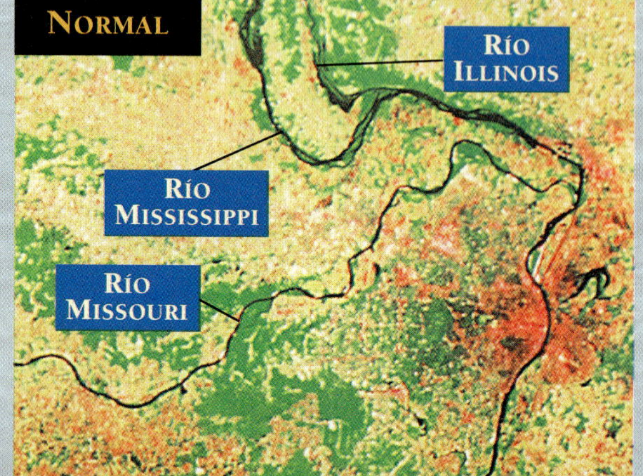

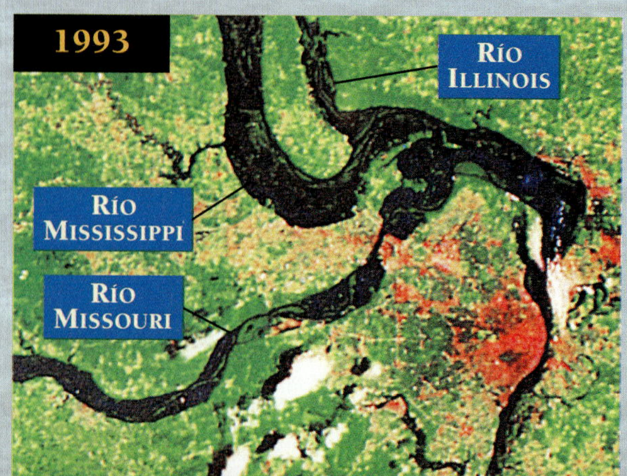

Arriba: Rescate de unos cerdos guarecidos en el techo de un granero en Kaskaskia, Illinois. La mayor inundación ocurrió entre Davenport, Iowa, y el sur de St. Louis.

EL DIQUE DE LA ISLA SNY

Al salir de Iowa e internarse en Missouri e Illinois, el sinuoso cauce del Mississippi se vuelve bastante angosto; en algunas partes, mide escasos 1,500 pies de ancho. Al pasar por Quincy, Illinois, su caudal puede alcanzar 250,000 pies cúbicos de agua por segundo sin desbordarse. Pero en el verano de 1993, arrastraba más del doble de esa cantidad.

La población de Quincy fue erigida sobre unos riscos que dominan el Mississippi. La vista abarca más de 110,000 acres de fértiles tierras de cultivo a todo lo largo del río. Esta región forma parte de un distrito de diques conocido como Isla Sny.

A finales de la primavera de 1993 las granjas, con sus campos de maíz y soya, se hallaban protegidas por un dique de 54 millas de largo. Pero los hombres y las mujeres que vivían y trabajaban en la región, no perdían de vista al río. Su caudal había crecido desde abril, como solía ocurrir al derretirse las nieves invernales. Pero el nivel de agua siempre descendía con la llegada del verano. Ese año no fue así. Por el contrario, las

Arriba: Valmeyer, Illinois, quedó inundado al ceder este dique.

aguas siguieron creciendo poco a poco. Y a fines de junio, tuvieron que cerrar uno de los dos puentes entre Quincy y Missouri pues las tierras del lado de Missouri, donde no había diques, estaban anegadas.

La noche del miércoles 30 de junio, estalló una tormenta. Cayeron seis pulgadas de lluvia sobre Quincy y una cantidad mayor hacia el norte. El nivel del río creció dos pies. Los habitantes comenzaron a preguntarse si el dique resistiría la carga. Sólo había sufrido una fractura importante en 120 años. Pero jamás se había enfrentado a una prueba tan dura como aquélla.

El jueves por la mañana, los pequeños riachuelos habían inundado las autopistas y el nivel del río seguía en aumento. El dique Sny se elevaba 28 pies sobre el canal del río. La altura normal del caudal era 11 pies. Sin embargo, la mañana del 1° de julio se encontraba como a un pie por debajo del borde del dique y seguía creciendo a una velocidad de una pulgada por hora. El agua comenzó a escaparse por la base del dique. El Servicio Meteorológico Nacional pronosticó que una cresta de agua de 30 pies de altura pasaría por Quincy el sábado, 3 de julio.

Los habitantes de la llanura aluvial cargaron autos y camiones con sus pertenencias (sofás, televisores, refrigeradores, tapetes, escritorios) para

almacenarlas en las casas de amigos y parientes que vivían en tierras más altas. Transportaron sus animales de granja a pensiones y mercados.

Solicitaron ayuda de personas, camiones, excavadoras y sacos de arena. Necesitaban elevar y reforzar el dique.

Había una sección débil. Durante la década de los 60, utilizaron grandes cantidades de arena para reconstruir la mayor parte del Sny. La arena mojada que se excava de los costados de un dique para repararlo permanece en su lugar en la parte superior. Pero no sucede lo mismo con la tierra mojada. Cuando las excavadoras la empujan hacia el borde superior, vuelve a rodar a la base. Por alguna causa, los residentes no habían reparado un tramo de una milla de largo en el dique Sny. La sección sólo contenía tierra. Para elevar el nivel, tenían que levantar un muro de tablones a lo largo de la parte superior y sostenerlo con vigas y sacos de arena.

Los agricultores de tierras altas, de muchas millas a la redonda, respondieron a la llamada de Quincy. En su mayoría eran desconocidos, pero hacía falta ayuda y por eso estaban allí con sus camiones y excavadoras. Durante las tres semanas siguientes, cientos de forasteros se ofrecieron como voluntarios para elevar el dique Sny y reforzar la sección debilitada.

El primer día, hombres y mujeres cargaron, aserraron y clavaron leños sin detenerse a descansar. Ardua tarea que el clima no facilitaba, con una temperatura de 95°, demasiada humedad, nubes de mosquitos y el eterno fango. Al atardecer, habían instalado largos tramos de tablones en la parte superior del eslabón debilitado. La labor continuó hasta muy entrada la noche, y a las 3 a.m., la primera sección de tablones y vigas quedaba concluida. Ahora sólo hacía falta reforzarlos con miles de sacos de arena. Para ello, habría que llenarlos individualmente, arrastrarlos a lo largo del dique y colocarlos en su sitio.

Abajo: Al igual que en otros diques, hubo que llenar sacos de arena para apuntalar el Sny.

Arriba: Durante algún tiempo, la isla Kaskaskia quedó sumergida en el Mississippi.

El río se elevaba a pocas pulgadas del borde del antiguo dique. Sin tiempo que perder, todos se levantaron temprano y volvieron al trabajo.

Los esfuerzos continuaron toda la noche. Otro dique cedió, río arriba, dejando escapar algo de agua hacia la llanura aluvial. Esto alivió la presión en Isla Sny y, por un tiempo, el caudal pareció estabilizarse en un nivel inferior a 28 pies. Cuando interrumpieron el trabajo, habían instalado 42,000 sacos de arena que pesaban entre 30 y 40 libras, cada uno.

El domingo, 4 de julio, cayeron fuertes lluvias en el Medio Oeste. El Servicio Meteorológico pronosticó una nueva cresta de 31.5 pies en Quincy para el 11 de julio. Debían subir nuevamente la cerca de tablones. El gobernador de Illinois pidió ayuda a la Guardia Nacional.

Al caer la noche del 9 de julio, otro dique cedió río arriba, anegando 10,000 acres de tierra. El nivel del río volvió a bajar en Isla Sny, pero la incesante lluvia que asolaba Iowa y otras partes del Medio Oeste alimentaba los ríos tributarios que vertían su caudal en el Mississippi. El Servicio Meteorológico anunció que otra cresta de 32.5 pies pasaría por Quincy el miércoles, 14 de julio. Tenían que elevar aún más la cerca de madera.

La mañana del martes, la tarea estaba a punto de concluir. Formados en cadenas humanas, residentes y voluntarios pasaban y colocaban sacos de arena, que ya sumaban más de medio millón. Estaban seguros de terminar antes que llegara la cresta. Pero entonces, el cielo se oscureció, el viento comenzó a soplar con fuerza y todos los trabajadores tuvieron que alejarse del dique. El río se encontraba a escasas cinco pulgadas del borde de los tablones.

La batalla parecía perdida, pero aquella noche cedieron otros dos diques, río arriba. El nivel del río bajó dos pies. El Servicio Meteorológico informó que la cresta de 32.5 pies pasaría por Quincy el jueves.

Llegó la noche anunciada: la cresta medía 32 pies de alto. Y el dique de Sny resistió. El río mantuvo su nivel hasta el viernes, pero Sny no cedió. El trabajo en el dique se volvió mucho más lento. Los trabajadores organizaron patrullas para vigilar si se producían indicios de debilidad o pequeñas filtraciones. Las excavadoras empujaban la arena hacia arriba. El río mantenía su presión contra las paredes del dique, que ahora se encontraban saturadas de agua.

Una semana después, el río conservaba una altura de 30 pies. Los agricultores que observaban el dique Sny, día y noche, vaciaron granjas y graneros. Los plantíos de maíz y soya se extendían hasta donde alcanzaba la vista, pero nadie sabía si podrían levantar la cosecha.

La lluvia regresó aquel fin de semana y el río creció lentamente. Era demasiado. Se rompió una sección del dique Sny; pero no donde habían instalado la cerca, sino en otra parte. La noche del 25 de julio, 44,000 acres de maíz y soya quedaron sumergidos bajo un manto de agua de 15 pies. Lo único que revelaba la presencia de Isla Sny en aquel lago eran los tejados de casas y graneros. Los habitantes habían realizado su mejor esfuerzo, pero no fue suficiente.

Abajo: El verano de 1993, los angustiados agricultores de la llanura aluvial observaron la crecida del Mississippi en los diques.

A LO LARGO DEL VALLE

Todas las poblaciones establecidas en el valle superior del Mississippi y a lo largo de sus tributarios, sufrieron los destrozos del verano de 1993. Aquella primavera, el pequeño poblado ribereño de Alexandria, Missouri, observó cómo crecía el río sin detenerse. El 8 de julio, su dique se rompió y el poblado permaneció cubierto de agua el resto del verano.

Niota, Illinois, fue una de las muchas ciudades que recibió la ayuda de presidiarios; éstos eran reclusos jóvenes y fuertes que cumplían una primera condena por crímenes no violentos. La mayoría procedía de grandes ciudades y jamás había visto el Mississippi o siquiera una granja. Al principio, Niota les pareció un lugar de lo más extraño. Pero después de trabajar hombro a hombro con los lugareños, empezaron a sentirse como en casa y trabajaron con gran determinación. Indiferentes al fango y a las condiciones de lluvia, sol, calor y humedad, cargaron sacos de arena desde las 8 a.m. hasta el anochecer durante nueve días consecutivos. Los lugareños quedaron asombrados ante semejante dedicación. Por su parte, los jóvenes presidiarios se sintieron muy conmovidos por la bondad de la gente que, en agradecimiento, les proporcionaba bebidas frías, carne, pollo o barbo asado, así como pasteles de carne y tartas de manzana o durazno.

A las 6 p.m. del 10 de julio, el dique cedió. Algunos presidiarios lloraron con tanto dolor como los residentes de Niota. Aunque hicieron todo lo que pudieron, el río les ganó la partida. La última noche, los presidiarios se negaron a comer, puesto que no habían salvado a la población.

No había diques en Davenport, Iowa. La ciudad había perdido la oportunidad de levantar diques y murallas con fondos del gobierno federal. Y más tarde, sus

Abajo: Cairo se encuentra en el punto donde el gran río Ohio (derecha) da vuelta hacia el este para unirse al Mississippi.

Arriba: Una fotografía familiar y un reloj con forma de banjo son algunas de las escasas pertenencias rescatadas de una casa anegada.

residentes determinaron que no había suficiente dinero para costear el trabajo. Además, no querían amurallar el río y arruinar la preciosa vista. El Mississippi respondió anegando la ciudad.

Las defensas resistieron en otros lugares, como Hannibal, Missouri, hogar de Mark Twain. La ciudad había construido un dique que se alzaba 31 pies sobre el lecho del río. Al aumentar el caudal, los habitantes utilizaron sacos de arena para incrementar la altura del dique en 3 pies. La cresta del río alcanzó 32 pies, y Hannibal se salvó.

Arriba: Los voluntarios también ayudaron en las tareas de limpieza. Esta persona limpia una casa de Hull, Illinois.

El Missouri se une al Mississippi a unas 20 millas al norte de St. Louis, la ciudad amenazada de mayor tamaño. Y la primera que recibiría las aguas desbordadas de ambos ríos. En determinado momento, más de 480 millones de galones de agua por minuto corrían frente a la ciudad. Pero la mayor parte permaneció a salvo gracias a una muralla de concreto de 11 millas de largo. Los principales daños fueron causados por un tributario cuyas aguas retrocedieron al recibir el caudal del Mississippi.

Río abajo se encuentra Ste. Genevieve, Missouri, población que se considera como el primer asentamiento al oeste del Mississippi. Con un pasado de 250 años, su futuro no era muy prometedor en el mes de julio de 1993. El dique de Ste. Genevieve tenía una altura de 36 a 38 pies sobre el lecho del río, y se esperaba que las aguas alcanzaran un nivel de 45 pies. Si el Mississippi se desbordaba, la población perdería su más preciado tesoro: casas de troncos unidos con arcilla, pelo de animales y paja: los mejores ejemplos de las construcciones de los colonizadores franceses en todo el país.

El problema llamó la atención de los medios de comunicación, especialmente la televisión y la prensa. Los habitantes de varias millas a la redonda (Colorado, Minnesota, Tennessee y Florida) decidieron brindar su ayuda. Unos 1,200 voluntarios abordaron autobuses, autos y camiones y viajaron a la pequeña población. Y entre todos, llenaron y colocaron 1,100,000 sacos de arena, aumentando diez pies a la altura del

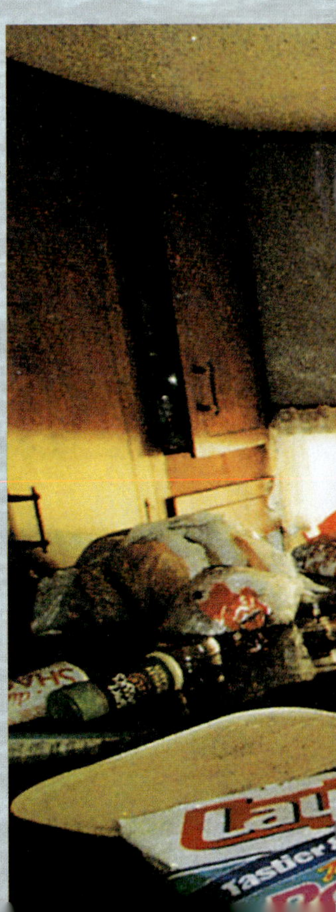

dique. A fin de apuntalarlo, volcaron 100,000 toneladas de roca sobre los sacos de arena. Los vetustos edificios quedaron a salvo.

Cuando las aguas de la inundación llegaron a Cabo Girardeau y Cairo, ya no eran una amenaza. El gigantesco cauce del bajo Mississippi tragó sin dificultad la descomunal marejada que barría el sur. Afortunadamente, sus tributarios tenían un nivel muy bajo en el verano de 1993.

DESCIENDEN LAS AGUAS

Nadie podría precisar el día en que terminaron las inundaciones de 1993, el momento en que la gente supo que estaba a salvo del río. Pero en agosto, el clima empezó a cambiar con lentitud y los habitantes llegaron a pensar que había pasado lo peor. Los que habían sido desplazados por las aguas, anhelaban regresar a casa. La mayoría vivía en las cercanías, con amigos, parientes o en casas móviles que había proporcionado el gobierno federal. Sin embargo, nadie podría volver a su hogar hasta que las aguas regresaran al río. Las lluvias persistían. Algunas poblaciones fueron anegadas por segunda o, incluso, tercera vez. En ciertos lugares, las granjas permanecían sumergidas bajo lagos de barro de 11 millas de ancho y 20 pies de profundidad.

Para esa gente, los días transcurrían caminando de una oficina gubernamental a otra para solicitar préstamos, subvenciones y otras formas de ayuda.

Abajo: En Taos, Missouri, un padre y su hija utilizaron un bote para llegar a su remolque y nadaron al interior para salvar lo poco que quedaba.

Y al caer la noche, muchas familias conducían hasta la orilla de las poblaciones anegadas, donde estacionaban sus vehículos y charlaban con vecinos. En algún lugar, bajo las aguas, los aguardaba el camino que llevaba a casa. De vez en cuando, algunas personas se subían a las barcas y remaban hasta la ciudad y flotaban sobre la calle principal. Al principio podían ver muy poco: una chimenea, una antena de televisión o la punta de un poste telefónico. Pero al descender el nivel de las aguas, empezaron a descubrir los despojos de sus hogares: ventanas arrancadas, porches desvencijados.

Por fin, llegó el momento de entrar en los edificios. En muchos casos, sólo hallaron ruinas cubiertas de barro: ocho pulgadas de espeso cieno en el piso, fango en las paredes, lodo en el techo y sobre los muebles. También encontraron lama, moho y peces muertos. Pero aquellos hombres habían llenado sacos de arena durante largos e interminables días, mientras las mujeres preparaban comida y lavaban la ropa de centenares de voluntarios. Eran personas habituadas al trabajo. Habían sido educadas en la certeza de que, aunque hermosa, la vida es difícil y había que trabajar si querían hacer realidad sus deseos. Y con esa idea se pusieron manos a la obra para sacar tapetes y sillones empapados, refrigeradores y televisores arruinados, amontonándolos en prados cubiertos de limo. Armados con palas, escobas, baldes de agua y blanqueador, atacaron las casas que podían reparar. Sin duda seguirían limpiando cuando llegaran las primeras heladas, pero jamás lo dudaron. Regresarían.

Reflexionar y responder

1. ¿Cómo colaboraron las personas para proteger a sus comunidades de la inundación? ¿Por qué no siempre tuvieron éxito?
2. ¿Por qué crees que la autora relató la historia en orden cronológico? ¿Cómo te ayudó a seguir la secuencia de acontecimientos?
3. ¿Por qué fue útil comparar la información de las imágenes del satélite de los ríos Mississippi y Missouri?
4. Piensa acerca de la descripción de la **cresta** de agua. ¿Cómo te hace sentir esta historia sobre el poder de la naturaleza?
5. ¿Qué estrategias usaste para ayudarte a entender la historia?

Conoce a la autora

Patricia Lauber

Patricia Lauber ha escrito más de 90 libros de ficción y no ficción. Ha recibido varios premios, incluyendo el Honor Newbery por *Volcano: The Eruption and Healing of Mount St. Helens*. Preguntamos a la autora sobre su trabajo y qué la inspiró a escribir sobre las inundaciones de 1993.

P: ¿Cuál es su tema preferido?

R: Escribo sobre muchas cosas que me interesan. Todos mis libros están basados en lo que ocurre a mi alrededor. Me gusta observarlo todo con detalle, hablar con las personas y leer mucho. De esta manera, siempre aprendo algo nuevo.

P: ¿De dónde obtiene sus ideas?

R: Mis ideas surgen de cualquier parte, de los libros y de los relatos que escucho. Pero lo que más me interesa, es aquello que puedo compartir con los demás.

P: ¿Por qué escribió acerca de las inundaciones del Mississippi?

R: La historia del Mississippi, y las personas que aprovechan sus aguas, estimuló poderosamente mi imaginación. Muchas veces el río parece tener voluntad propia. Las inundaciones de 1993 me motivaron a escribir un libro que explorara el río y las vidas humanas que se vieron afectadas.

Visita *The Learning Site*
www.harcourtschool.com

Hacer conexiones

Compara textos

1. ¿Por qué crees que "Inundación" está incluido dentro del tema Amigos al rescate?
2. ¿En qué se distingue el diagrama del dique del valle del Mississippi de la página 241 de las fotografías de los diques de la selección?
3. ¿En qué se parece y en qué se distinguen "Inundación" y "¡Atrapados en el hielo!"?
4. ¿En qué cambiaría esta selección si hubiera sido escrita como diario por uno de los habitantes de la cuenca del Mississippi?
5. ¿Qué dudas te quedan acerca de la inundación de 1993?

Escribe un reportaje

CONEXIÓN con la Escritura

"Inundación" describe una emergencia a la que tuvo que enfrentarse la gente que vivía cerca del río Mississippi en 1993. Escribe un reportaje acerca de uno de los sucesos que se narran en esta selección. Asegúrate de responder las preguntas *quién*, *qué*, *dónde*, *cuándo* y *cómo*. Usa una tabla para organizar tus ideas.

1. ¿De quién se trata la historia?
2. ¿Qué sucede?
3. ¿Dónde se lleva a cabo?
4. ¿Cuándo sucede?
5. ¿Cómo sucede?

Haz una tabla ecológica

CONEXIÓN con las Ciencias

Piensa en cómo la inundación de 1993 afectó a las plantas y animales que vivían junto al río, incluyendo insectos, pájaros y peces. Junto con un compañero, busca información sobre la vida animal y vegetal existente en una región del río Mississippi. Después, haz una tabla que represente cómo se modificó la vida animal y vegetal después de 1993.

Vida animal y vegetal antes de 1993	Vida animal y vegetal después de 1993

Haz un cartel

CONEXIÓN con los Estudios sociales

Muchas de las antiguas civilizaciones se establecieron a lo largo de las cuencas de los grandes ríos, debido a que ahí conseguían los recursos necesarios para vivir. Usa la Internet o una enciclopedia impresa para buscar información acerca de los ríos de las culturas egipcia, china o hindú. Elige un río y averigua cómo afectó a la civilización de la región. Anota la información en un cartel que incluya ilustraciones y hechos.

Inundación: En lucha contra el Mississippi

Resumir y parafrasear

Resumir y parafrasear un texto de no ficción te ayudará a obtener una mejor comprensión de los puntos centrales de la historia y a recordar lo que leíste. Un **resumen** es un texto breve que incluye la información más importante de un pasaje o selección. Los resúmenes son más cortos que los textos originales y no incluyen detalles. **Parafrasear** es una forma de volver a contar la misma información, pero con tus propias palabras. Cuando haces un resumen, usualmente parafraseas también.

Para resumir una parte del texto, considera los puntos centrales de cada párrafo. Aquí te presentamos un modo de resumir la información de la sección "Descienden las aguas", de "Inundación".

Idea principal
A pesar de que el patrón del clima empezó a mejorar a partir de agosto de 1993, las lluvias continuaron preocupando a los residentes.

Idea principal
La gente solicitó diferentes apoyos por parte del gobierno y subidos en botes examinaron el daño provocado por la inundación.

Idea principal
Cuando el agua descendió y la gente pudo regresar a sus casas, comenzó el proceso de limpieza.

Resumen
En agosto un cambio en el patrón del clima permitió finalmente que el agua fuera descendiendo. Los residentes volvieron a sus casas para empezar a limpiar.

Visita *The Learning Site*
www.harcourtschool.com

Ve Destrezas y Actividades

Preparación para las pruebas
Resumir y parafrasear

▶ **Lee el pasaje. Después contesta las preguntas.**

En septiembre de 1999, los residentes de Florida tuvieron que prepararse para uno de los huracanes más fuertes de la historia. Durante varios días los meteorólogos habían predicho que el huracán Floyd podría representar un peligro para todas las ciudades del estado. En cuestión de instantes, todas las tiendas y almacenes agotaron sus existencias de productos básicos como baterías, agua y velas. La gente que vivía a lo largo de la costa este de Florida tuvo que abandonar sus hogares para ponerse a salvo en los refugios. Sorprendentemente, el huracán Floyd se debilitó antes de tocar tierra. El huracán causó mucho menos daño en la línea costera del que la mayoría de las personas esperaba.

1. ¿Qué frase no cabría en un resumen del pasaje anterior?

A El huracán Floyd amenazó las costas de Florida.

B Las tiendas agotaron sus existencias de baterías.

C El huracán Floyd se debilitó antes de alcanzar la costa.

D El huracán Floyd causó daños mínimos en Florida.

Sugerencia

Aquí la palabra importante es *no*. Recuerda que los resúmenes incluyen la información más importante.

2. Cuenta de nuevo el pasaje con tus propias palabras.

Sugerencia

Al parafrasear, recuerda que no debes incluir información adicional. Si usas sinónimos en lugar de las palabras clave, le darás originalidad a tu escrito.

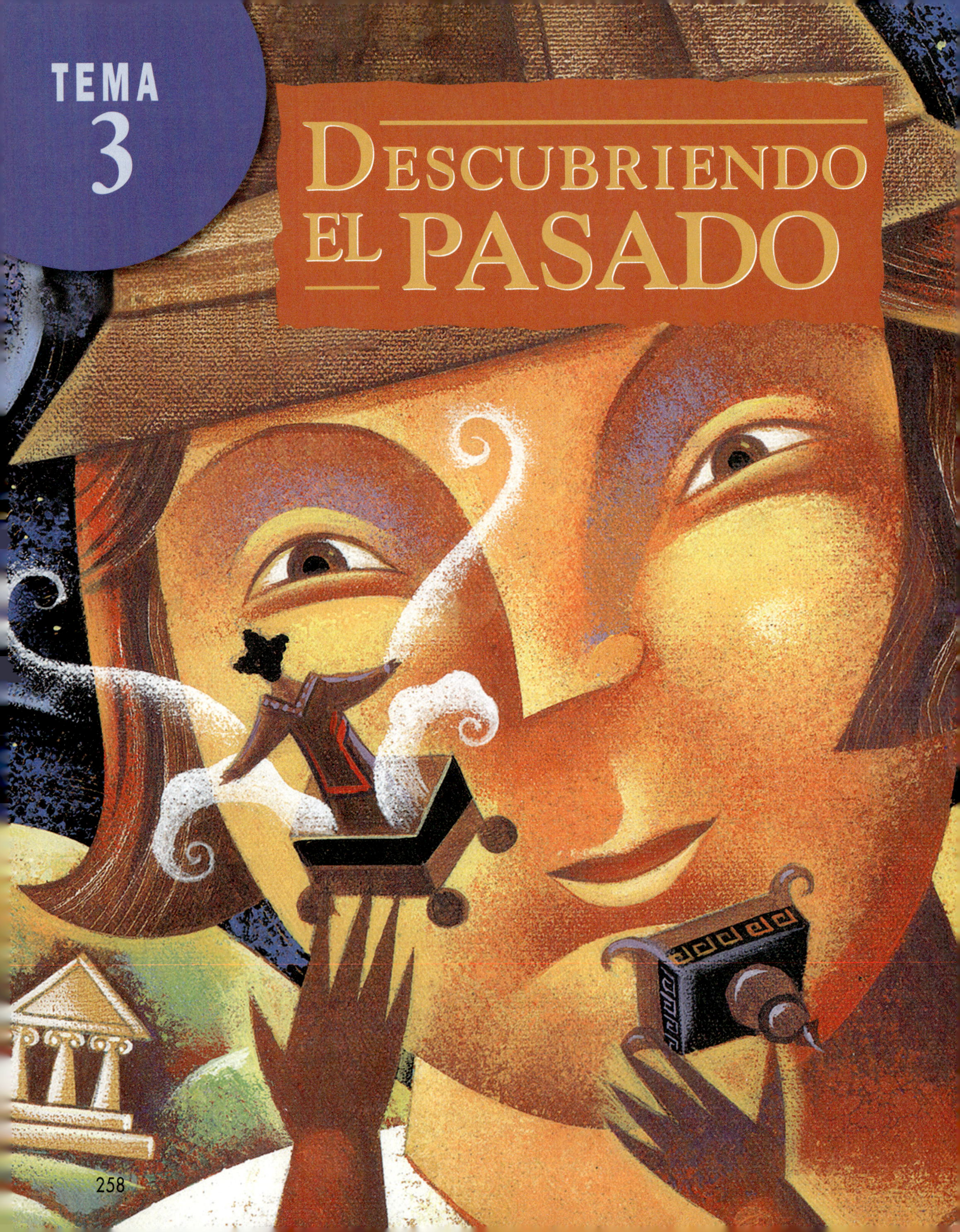

TEMA 3

DESCUBRIENDO EL PASADO

CONTENIDO

El poder de las palabras

Las noticias de la Edad de Piedra

atónito

sociable

árido

registrando

novedoso

especialidad

ensartar

prosperaron

Imagínate que pudieras leer un periódico escrito hace 100, 200 o incluso 300 años. Si crees que lo que pasaba en esos días no merecía un buen encabezado... ¡no podrías estar más equivocado!

Las noticias de Plymouth

El invierno viene cargado de nieve

Cada uno de los colonos de Plymouth quedó **atónito** y asombrado por el frío y la gran cantidad de nieve que el invierno trajo consigo. Aunque normalmente los habitantes de Plymouth son gente muy **sociable**, es decir, les gusta conocer y estar con otra gente, desde la llegada del invierno no tienen ni un minuto para convivir con sus vecinos. Pasan la mayoría del tiempo tratando de sacarle al menos una mora al **árido** y seco paisaje invernal.

La cosecha del próximo año

Nuestros amigos, los nativos americanos, nos enseñaron a preparar cultivos para cosecharlos al año siguiente. También nos enseñaron cómo ir **registrando** la tierra. Todo esto ha sido muy **novedoso** para nosotros, pero siempre se tienen que aprender cosas nuevas para ir mejorando.

Un día de acción de gracias

Hoy celebramos nuestra primera cosecha con un día de acción de gracias. Cada familia ha preparado la **especialidad** de la familia, el platillo que mejor cocinan. Uno de los cocineros decidió **ensartar**, o sea, atravesar con un pincho, un pedazo de carne para luego ponerla a asar sobre el fuego. Reunidos a la mesa, nos damos cuenta de que si nuestros antepasados **prosperaron** en Inglaterra, nosotros lo haremos también en el continente americano.

CONEXIÓN
Vocabulario-Escritura

Los historiadores han aprendido cosas muy sorprendentes acerca de nuestro pasado. Tómate cinco minutos para escribir algo acerca de la historia que te haya dejado **atónito**.

Género

Texto informativo

Un texto informativo da información verídica, pero puede que las personas y los sucesos no sean reales.

En esta selección, busca

- **elementos de no ficción y de ficción.**
- **el uso del formato periodístico para presentar información en una manera divertida.**

escrito por FIONA MACDONALD

NOTICIAS EDAD PIEDRA

Aunque no había diarios en la Edad de Piedra, siempre ocurrían acontecimientos importantes. La búsqueda de una mejor forma de vida, la supervivencia durante la Edad de Hielo y la invención de la agricultura son sólo algunos de los reportajes que habrían ocupado los titulares.

SE APROXIMA EL HIELO

HORA DE PARTIR: Al empeorar el clima, los habitantes del centro de Rusia emprenden la marcha hacia el sur. Lee Montgomery

TODOS NOS QUEJAMOS del clima actual pero nuestra existencia es muy cómoda. ¡No puede haber algo peor que haber vivido durante el apogeo de la Edad de Hielo, como demuestra este reportaje del año 16,000 a.C.!

EN TODA MI carrera como reportera meteorológica para *Las noticias de la Edad de Piedra*, jamás he experimentado un frío como éste.

Lenta pero inconteniblemente, los grandes casquetes de hielo de los polos Norte y Sur se extienden cada vez más. Y pareciera que no existe una región en el mundo donde el invierno no sea cada día más prolongado, ¡y el verano más frío!

Tomemos el caso del nordeste de Europa, por ejemplo. Nadie puede recordar una época en que no fuera más que un territorio yermo y helado. Es difícil creer que alguna vez toda clase de plantas y animales prosperaron en ese lugar.

Y ahora, los mantos de hielo se deslizan cada vez más hacia el sur, cubriendo las llanuras centrales de Rusia.

En fecha reciente, viajé a ese país para averiguar cómo se las arreglan sus habitantes ante el empeoramiento del clima. Aún no terminaba el verano y las crueles tormentas invernales empezaban a azotar la tierra, de modo que no se veían muchos seres vivos.

LLEGA EL INVIERNO

Cuando al fin encontré una familia, los integrantes estaban ocupados en recoger sus pertenencias para emigrar al sur. Demacrados y ojerosos, me contaron que el invierno en aquellas tierras ahora duraba nueve meses del año y que la caza era apenas suficiente para sobrevivir, incluso en verano.

Pero esto no es novedad. Lo mismo ocurre en Alemania, Bélgica, Gran Bretaña y el norte de Francia, y los habitantes emigran en tropel hacia el sur, a las costas del Mediterráneo.

Los informes de otras partes del planeta son igualmente pesimistas. El casquete de hielo del Polo Sur se ha extendido casi hasta Tasmania. La mayor parte de Australia se ha vuelto tan fría, árida e inhóspita que los habitantes han debido desplazarse a las costas, únicas regiones australianas que aún reciben lluvia.

¿Hasta dónde llegarán las cosas?, me pregunto. No puedo dejar de pensar en que, de persistir estas terribles condiciones climáticas, ¡todo el mundo se convertirá en un bloque de hielo sólido!

Maxine Hamil

EDAD DE HIELO: LA FRÍA REALIDAD

Durante una edad de hielo o glaciación, las temperaturas de todo el mundo descienden mucho más de lo normal, de modo que hasta las naciones más templadas se enfrían.

❄

A la vez que el suelo reduce su temperatura, enormes mantos de hielo, de hasta 10,000 pies de espesor, se extienden desde los casquetes de hielo de los polos Norte y Sur cubriendo tanto el mar como la tierra firme.

❄

Gran parte del agua del planeta se congela. Los océanos pierden extensión y aparecen nuevas zonas costeras, debido a que grandes porciones del lecho marino quedan descubiertas.

❄

La tierra que no está cubierta de hielo sufre sequías, pues los casquetes polares absorben el agua y la escasa precipitación no es suficiente para reemplazarla.

Muy pocos animales logran sobrevivir en las regiones más próximas a los casquetes polares, así que deben emigrar a regiones más templadas.

❄

Algunos grupos humanos pueden sobrevivir cerca de los casquetes polares debido a que conservan el calor usando ropa y construyendo refugios. Pero cuando los animales que cazan para alimentarse comienzan a emigrar, se ven obligados a seguirlos.

❄

Las glaciaciones pueden durar de varios miles de años a sólo unos cuantos siglos. Tienden a presentarse paulatinamente, pero terminan con gran rapidez.

❄

Nadie sabe por qué ocurren las glaciaciones, pero los expertos concuerdan en que son ocasionadas por cambios en el movimiento de la Tierra alrededor del Sol.

NOVEDOSO SISTEMA AGRÍCOLA

ESTE REPORTAJE ESPECIAL, publicado por primera vez en 8400 a.C., marcó un hito noticioso en la historia reciente. En él, nuestro reportero del Medio Oriente describe un nuevo método de producción de alimentos desarrollado en la región; algo denominado agricultura.

ESCUCHÉ RUMORES de que los habitantes de Siria estaban experimentando con un nuevo sistema para producir alimento y que en vez de seguir a las manadas como hacemos todos los demás, se quedan a vivir en un mismo sitio; tenía que ir a investigar personalmente esta extraña conducta.

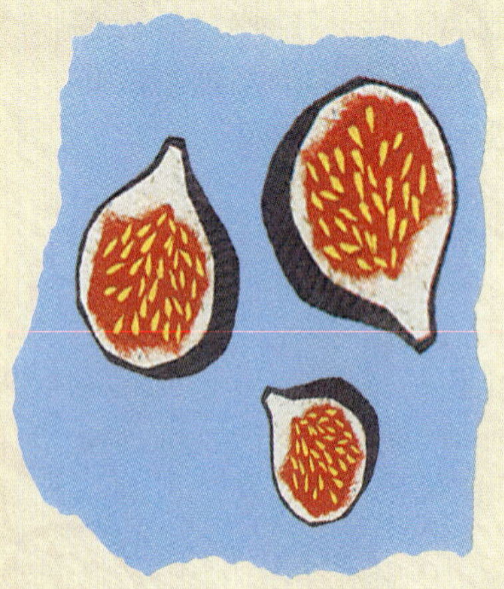

Cuando llegué, una de las mujeres me invitó a recorrer el lugar. Me condujo a un área donde cientos de plantas de tallo largo crecían en gruesos macizos. Aunque reconocí plantas de trigo, centeno y cebada, jamás las había visto crecer en semejante proximidad. Casi siempre encontramos una o dos matas en un mismo lugar. Por ello, pedí a mi guía que explicara cómo habían logrado esos grandes macizos.

LAS SEMILLAS DEL ÉXITO

Al parecer, hace algunos años el clima de la región se volvió muy árido. Cada vez era más y más difícil hallar fuentes de agua, de modo que los pobladores no podían desplazarse por áreas tan extensas como antes. De tal manera, se vieron obligados a permanecer cerca de los ríos.

Como ya no podían recorrer grandes distancias en busca de alimento, empezaron a acumular cereales y nueces para sobrevivir a los meses de invierno. Hasta que, durante una primavera, se percataron de que las semillas que habían caído accidentalmente en el suelo estaban germinando.

A modo de experimento dispersaron más semillas, pero esta vez en tierras que habían despejado el año anterior, cuando recolectaron cereales silvestres. Tuvieron que realizar varios intentos, pero al fin consiguieron

cultivar sus propias plantas. Ahora dispersan semillas al llegar la primavera.

Cuando las semillas maduran en las plantas, las cortan utilizando cuchillos de pedernal curvos. A continuación descascaran las semillas y las tienden a secar al sol, antes de almacenarlas en canastos.

Quedé atónito ante todo lo que había visto. Cuanto más reflexionaba en el asunto, más le encontraba sentido a esta idea de la "agricultura". Esto cambiaría muchas cosas; sólo imaginen que pudiéramos establecernos en un lugar y cultivar nuestras propias plantas, como hacen las personas de esa región. Ya no tendríamos que pasar esos largos días de otoño registrando la tierra en busca de suficiente alimento para el invierno. Y cuando los animales escasearan y la caza fuera insuficiente, tendríamos provisiones de alimento en casa.

Sharif Tarabay

COSECHAN LOS BENEFICIOS: Cosechar los granos en el campo es un trabajo duro, pero gratificante.

Es cierto que la gente de la Edad de Piedra tiene costumbres muy arraigadas, pero necesita mantenerse al día. ¡Y, personalmente, espero que este novedoso sistema agrícola se ponga de moda!

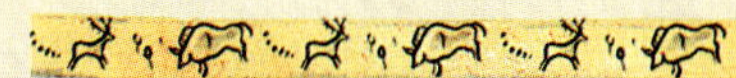

TEMAS CANDENTES

LOS COCINEROS DE HOY disponen de más técnicas que nunca para preparar alimentos. Pero, ¿de veras hay algo mejor que el tradicional asado? Un reportero de *Las noticias de la Edad de Piedra* entrevistó a un cocinero tradicional y otro que prefiere experimentar con nuevas recetas para conocer sus opiniones.

Chris Molan

EL ASADO FAMILIAR: Una orgullosa tradición

EL TRADICIONALISTA

"Tengo la firme creencia de que las viejas costumbres son las mejores. El asado es un método comprobado y confiable. ¿Por qué desperdiciar el valioso alimento probando nuevas formas de cocinar, que tal vez ni siquiera funcionen?

Podemos asar un trozo de carne en cualquier lugar. Sólo hace falta ensartar la carne en un punzón de madera y encontrar un par de soportes para colocarla sobre las llamas.

Además, es un método muy sociable. A mi familia le gusta sentarse a charlar alrededor de la hoguera mientras espera a que los calientes y jugosos trozos de carne asada estén en su punto.

Y mientras asamos la carne, podemos vigilarla para asegurarnos que se cocine a la perfección.

Me han dicho que con el nuevo estilo de cocina hay que poner toda la comida en una bolsa. Cualquiera se volvería loco de inquietud por no saber si la comida de la bolsa está cruda o cocida".

EL EXPERIMENTADOR

"Es cierto que el asado tradicional produce buenos resultados, pero me aburre cocinar lo mismo todos los días. Me gusta probar nuevas ideas. En este momento, mi técnica favorita es la 'cocción en bolsa'. Es muy sencilla.

Primero, hay que abrir un hoyo en el suelo para cocinar. Luego, se cubre el hoyo con un grueso trozo de cuero, presionándolo hasta el fondo para crear un forro impermeable.

Después, hay que limpiar cuidadosamente el estómago del animal, rellenarlo de comida y amarrarlo con fuerza para que no escape el contenido.

Por último, llenamos el hoyo con agua y la ponemos a hervir dejando caer piedras al rojo vivo que hemos calentado en una hoguera. Cuando hierve el agua, sólo hay que agregar el paquete de comida y dejar que se cocine.

La carne conserva sus jugos y produce un hermoso y delicioso estofado. Y podemos cambiar los sabores introduciendo hierbas y especias, o incluso frutas y verduras en el paquete. ¡Pruebe un platillo de ciervo con frijoles, o aves acuáticas con bayas y ajo!

Mi familia espera con ansias la hora de comer; a todos les gusta adivinar qué hay en cada platillo nuevo.

Dicen que la variedad da sabor a la vida. Pues bien, ¡esto es muy cierto cuando se prepara un estofado cocido en la bolsa!"

Chris Molan

COCIDO EN LA BOLSA: Un nuevo estilo de cocina que da sabor a la vida.

HOGAR, DULCE HOGAR: Las cuevas son el refugio perfecto. Chris Molan

MI PROPIA CUEVA

ALGUNOS TIENEN la habilidad de convertir el cuchitril más modesto en un hogar acogedor. *Las noticias de la Edad de Piedra* envió a un reportero hasta el sur de Francia para descubrir cómo se las ingenia una mujer para vivir en una cueva.

"NUESTRA FAMILIA descubrió esta cueva a finales del verano, y pasamos todo el invierno en ella. Su tamaño y ubicación son perfectos.

Tiene suficiente espacio para todos. Afuera corre un arroyo y, como puede ver, los árboles de la colina no sólo proporcionan madera para fogatas y herramientas, también protegen la cueva del viento y la nieve. Lo mejor de todo es que la comida abunda: animales para cazar y montones de bayas y nueces que recoger.

Déjeme mostrársela. Cuidado

con la cabeza, la entrada tiene poca altura, pero eso nos permite defender la cueva, en especial contra los animales feroces.

Además, siempre conservo encendida una hoguera en la entrada. Me gusta tener el fuego a mano para calentar la comida. Y he descubierto que si agrego uno o dos puñados de hojas de pino y abanico el humo hacia el interior de la cueva, el aire se refresca y esto ayuda a combatir enfermedades.

Tome, es mejor que lleve una lámpara. El interior de la cueva se vuelve cada vez más oscuro al adentrarnos en ella. Yo misma hago estas lámparas; son muy sencillas, sólo una piedra hueca llena de grasa, con una hebra de musgo para la mecha.

Como muchas otras cuevas, ésta es una combinación de grandes cámaras y pasadizos. Su interior se extiende a una gran distancia y tiene mucho más espacio del que necesitamos.

Hay varios pasadizos que salen de la cámara principal y conducen a otras habitaciones.

COMODIDADES DOMÉSTICAS

Por aquí he construido un refugio para dormir, bien alejado de las ráfagas de aire. No es más que un marco de madera cubierto con hierba seca y apoyado contra la pared. Si prefiere, puede usar césped o musgo seco, pero la hierba conserva mejor el calor.

He colocado gruesos trozos de cuero en el suelo del refugio —bien engrasados para evitar la humedad—, así como algunas pieles más ligeras, para cubrirnos al dormir. En realidad, no necesitamos estos refugios, pero los ancianos sufren mucho a causa del frío y disfrutan del calor y la comodidad que proporcionan.

También he organizado un espacio de almacenamiento. Utilizo todas las repisas para objetos frágiles, como canastos de bayas secas y diferentes hierbas.

Fui muy feliz aquí durante el invierno. Pero, por supuesto, con la llegada de la primavera volveremos a emprender el camino, como siempre. Echaré de menos este sitio. No siempre es fácil transformar una cueva en un hogar y ésta me ha facilitado mucho la tarea. ¡Estoy segura de que volveremos aquí el próximo invierno"!

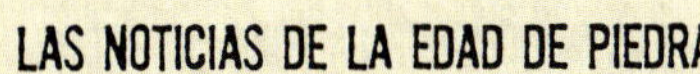

LA PENDIENTE PERFECTA

POR DESGRACIA, SÓLO quienes viajamos por terrenos montañosos podemos vivir en cuevas. Pero no olviden que las tiendas pueden ser igual de acogedoras; en particular, si usted sigue las sugerencias de *Las noticias de la Edad de Piedra* para ubicarlas y levantarlas como es debido.

- Elija un lugar abrigado y bien seco, cerca de una buena fuente de agua.

- Para levantar una tienda con forma de cono, coloque estacas de madera en un círculo y amárrelas por la parte superior. Esta construcción es muy estable y si los postes están bien amarrados, será casi imposible que se le caiga encima.

- El viento es su peor enemigo, ¡una fuerte ráfaga podría dejarlo sin casa! Así que es conveniente que instale sus tiendas una junto a otra, en semicírculo, para crear una eficaz barrera contra el viento.

- Evite la entrada del viento y la lluvia cubriendo los postes con gruesas pieles, como la de bisonte. Otra ventaja es que el peso de las pieles da mayor resistencia a la tienda durante un vendaval.

- A fin de que las pieles no aleteen en el viento, sujételas rodeando la parte inferior con grandes piedras.

- Impermeabilice las pieles frotándolas con grasa animal, y recubra las uniones con resina de pino.

- Como alternativa rápida de una tienda, levante un cobertizo colocando ramas contra la pared de un acantilado o una roca de buen tamaño y cúbralo con pieles.

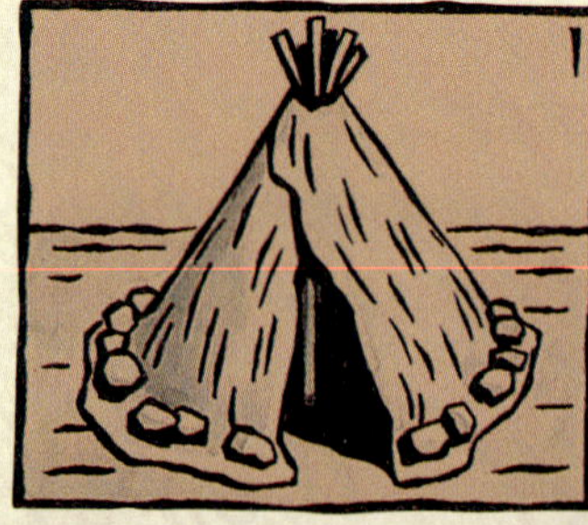

VIDA DE PERROS

ES EL AÑO 8000 a.C., y muchos de nosotros tenemos perros de caza. Pero, ¿cuántos lectores saben que nuestras amistosas mascotas están emparentadas con ese feroz animal que llamamos lobo? Este artículo, publicado hace 2,500 años, nos cuenta cómo se inició la relación.

INCREÍBLE pero cierto: humanos y lobos, dos especies completamente distintas, ¡viven juntos!

Los cazadores del norte de Europa han criado camadas de lobos que disfrutan de la compañía del hombre e incluso obedecen las órdenes de sus amos.

AMOR INCONDICIONAL

La idea de domesticar lobos se dio por casualidad cuando unos niños salieron a jugar y encontraron unos lobatos abandonados. Volvieron a casa con los animales, los alimentaron con sobras, los arroparon y cuidaron de ellos.

Estamos tan acostumbrados a temer a los lobos que no nos detenemos a pensar que podrían ser nuestras mascotas. Y sin embargo, el contacto con los humanos domesticó a estos lobatos.

En vez de salir corriendo tan pronto como tuvieron edad suficiente para cazar por su cuenta, estos lobos aprendieron a considerar a los chicos como su "familia". Participaban en sus juegos e incluso trataban de imitar algunas expresiones humanas, como levantar los belfos en una sonrisa. ¡Ningún lobo salvaje se comporta así!

Cuando los niños crecieron y comenzaron a participar en las expediciones de caza, sus mascotas decidieron acompañarlos.

Como es natural, los lobos tenían un excelente instinto para la caza. No sólo disfrutaban de la persecución, sino que olfateaban animales ocultos en árboles o arbustos y los acorralaban para que sus amos pudieran matarlos.

Una vez que los demás cazadores se dieron cuenta de la utilidad de estos lobos domesticados, consiguieron sus propios lobatos. El hombre y el perro: ¿es posible que éste sea el comienzo de una hermosa amistad?

LOS MEJORES AMIGOS: Estos niños juegan con su mascota, un lobato. Maxine Hamil

HECHO EN JAPÓN

NOS ENORGULLECEMOS de ser el primer diario que ofrece grandes reportajes, y en esta ocasión presentamos la reimpresión de una de nuestras grandes "primicias". El sensacional artículo fue publicado en el año 9000 a.C., cuando dimos a conocer un brillante invento japonés: la alfarería.

TODO CON FUEGO: Estas nuevas vasijas japonesas son el mejor utensilio que se inventó desde los cuchillos de piedra. Christian Hook

JUSTO CUANDO pensábamos que la vida no podía ser más emocionante, aparece un nuevo método para utilizar un material de todos conocido.

Me refiero a la arcilla. Usted ya sabe qué es: ¡esa cosa pegajosa y blanda que se mete entre los dedos de los pies cuando llueve!

La costra dura que queda en el fondo, al apagar la hoguera, también es arcilla. Algunos artistas han creado estatuas y cuentas con arcilla, pero a nadie se le ha ocurrido usarla para otras cosas.

¡No hasta ahora! Acabamos de recibir la noticia de una nueva y asombrosa invención: la alfarería o el

arte de producir vasijas, unos útiles recipientes de cocina hechos de arcilla.

En Japón, el pueblo jomon ha demostrado que es posible convertir trozos de arcilla en recipientes resistentes, impermeables y a prueba de calor.

Las fantásticas vasijas jomon tienen forma cónica y suelen ser de color rojizo o marrón. A menudo están decoradas con diseños grabados.

Para cocinar, los japoneses sólo tienen que llenarlas con comida y agua, y colocarlas en el fuego.

Me han informado que la especialidad jomon, (un platillo de pescado con hierbas y una verdura de la localidad, denominada brotes de bambú), ¡es deliciosa!

SECRETOS PROFESIONALES

No voy a limitarme a describir estos maravillosos inventos. También pretendo revelar cómo se fabrican.

Los alfareros jomon empiezan por amasar un trozo de arcilla hasta suavizarlo. Luego, con las palmas de sus manos, forman pequeñas esferas de arcilla. A continuación, moldean algunas de estas bolas de arcilla para producir una base ahuecada. Después, amasan otras esferas creando formas alargadas que enroscan en torno de la base para levantar las paredes de la vasija.

LA VASIJA PERFECTA: ¡Bonita y funcional!

Tras alisar la superficie del recipiente frotando la arcilla con los dedos, los alfareros a veces decoran la vasija grabando diseños con una vara o con los dedos.

Dejan reposar las vasijas durante varios días, hasta que la arcilla se seca por completo. Luego proceden a la etapa final, que también es la más emocionante: hornean las vasijas en una enorme hoguera hasta que adquieren la dureza de una piedra.

Distribuyen sus vasijas cuidadosamente sobre las brasas candentes de una fogata. Luego, las cubren con montones de madera y les prenden fuego.

Se requiere de mucha habilidad para encender la hoguera y mantenerla ardiendo, ya que cualquier cambio repentino de temperatura podría rajar o fracturar las vasijas.

Por último, después de unas cinco horas, utilizan una larga vara para extraer las candentes vasijas de las brasas, acomodándolas en filas para dejarlas enfriar.

Así que, ya lo sabe. Sólo queda una pregunta por contestar: ¿será posible que esta emocionante y novedosa idea japonesa adquiera popularidad y se disemine a otras tierras? ¡El tiempo lo dirá!

OFERTA DE CANASTOS

¿Ha vuelto a quedarse sin espacio de almacenamiento? ¿Saldrá de viaje y necesita algo ligero y fácil de transportar? Venga a ver nuestros hermosos canastos de ramas de sauce o aliso. Varios diseños a elegir.

◆ Canastos de calidad, Selva Negra, Norte de Europa ◆

UN LLAMADO A TODOS LOS PELETEROS

Tras la reciente matanza de ciervos, buscamos personal capacitado para raspar, curar y teñir pieles a cambio de una parte del producto.
EDIF. NÚM. 6547

TALLADORES EXPERTOS OFRECEN SERVICIOS

Permítanos decorar sus herramientas y armas predilectas. Nuestros excelentes labrados en hueso y cornamenta de ciervo son insuperables — especialidad en escenas de caza. Visítenos en el Dordogne, Sur de Francia

Reflexionar y responder

1. ¿Cómo afectó la Edad de Hielo a las poblaciones de la Edad de Piedra?
2. ¿Cómo el **novedoso** formato periodístico vuelve más atractiva la lectura de la historia?
3. Con base en la información de la historia, ¿qué cualidades consideras necesarias para sobrevivir en la Edad de Piedra?
4. ¿Te parece confiable la información de la historia? Explica tu respuesta.
5. ¿Qué estrategias utilizaste para entender la historia? ¿Cuándo las utilizaste?

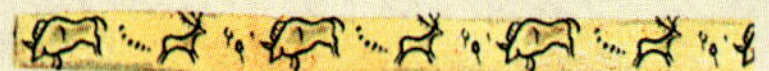

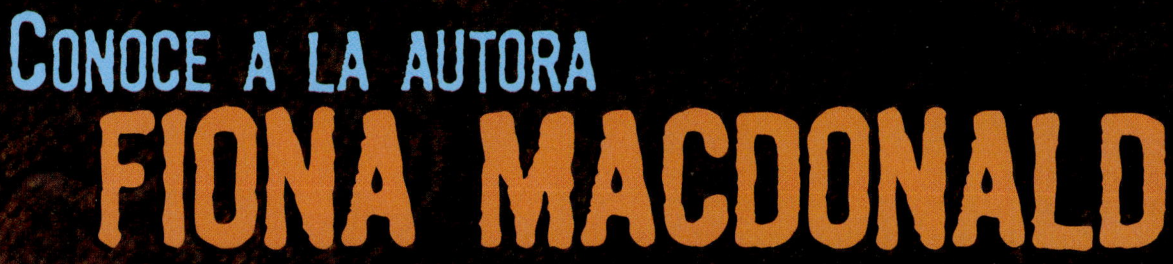

Conoce a la autora
Fiona Macdonald

La historia siempre ha ejercido una fuerte atracción en la galardonada escritora Fiona Macdonald. Puedes apreciar su interés en la historia y la cultura de antiguas civilizaciones en *Las noticias de la Edad de Piedra*. Antes de dedicar todo su tiempo a la carrera de escritora, impartió clases de historia a niños y adultos. Macdonald continúa educando al público a través de sus obras. Ha escrito alrededor de 70 libros para jóvenes lectores, casi todos sobre temas históricos.

Fiona Macdonald

Visita *The Learning Site*
www.harcourtschool.com

Hacer conexiones

Las noticias de la Edad de Piedra

Compara textos

1. ¿Por qué crees que esta selección es parte del tema Descubriendo el pasado?
2. Fíjate en los encabezados como *Acontecimientos mundiales y Sección de cocina* al principio de las páginas. ¿Por qué crees que están ahí?
3. ¿Qué artículo utiliza una organización de comparación y contraste? Explica.
4. Compara el formato de este artículo con el de un periódico actual.
5. ¿Qué otras preguntas te gustaría hacerle a la autora acerca de la Edad de Piedra?

Escribe una carta persuasiva

CONEXIÓN con la Escritura

Imagina que el museo de tu comunidad está preparando una exhibición acerca de la vida en otras épocas. Escribe una carta al director del museo explicando por qué crees que el museo debería elegir la Edad de Piedra u otra época del pasado. Usa un organizador gráfico para poner en orden tus ideas.

Mi opinión → Razones/Explicaciones → Conclusión

Haz una tabla

CONEXIÓN con los Estudios sociales

Investiga las formas en las que la gente de la Edad de Piedra se tuvo que adaptar a su medio ambiente para poder sobrevivir. Haz una tabla de problema/solución para anotar algunos de tus hallazgos. En una columna titulada *Problema*, escribe al menos cinco retos para la gente de la Edad de Piedra. En otra columna titulada *Solución*, explica lo que hicieron para solucionar cada problema.

Problema	Solución
1. extremo frío durante la Edad de Piedra	2. La gente se mudó a lugares más calurosos.

Haz un mapa

CONEXIÓN con las Ciencias/los Estudios sociales

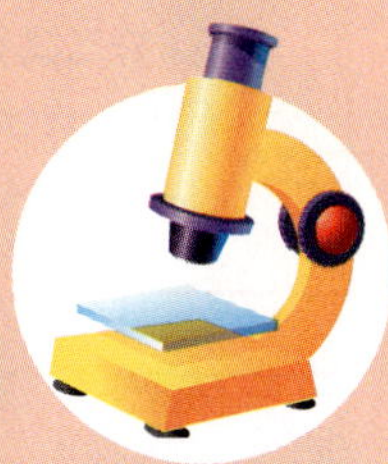

Un mapa del mundo durante la Edad de Hielo se hubiera visto distinto a los mapas que usamos hoy en día. Usa una enciclopedia (impresa o en computadora) para averiguar cómo pudo haberse visto el mundo en esos días. Haz el mapa de un área de tu elección donde se muestre cuánto estaba cubierto con hielo. No olvides incluir una rosa de los vientos y la leyenda de tu mapa.

Estructura del texto: La idea principal y los detalles

Destreza de enfoque

Muchas veces un texto informativo se ordena de acuerdo con las ideas principales y los detalles de apoyo.

- La **idea principal** es la idea más amplia o general de un párrafo o una selección. A menudo viene al principio del párrafo o selección, pero a veces aparece en medio o al final.
- Los **detalles** son los hechos específicos, las razones o los ejemplos que explican o respaldan la idea principal.

Identificar las ideas principales te puede ayudar a hacer conexiones entre las partes de una selección y con las ideas de otras selecciones que hayas leído. Por ejemplo, cuando leíste "Las noticias de la Edad de Piedra" quizá pensaste en datos leídos en tu libro de estudios sociales.

Algunas veces la idea principal de un pasaje está implícita y no se afirma. ¿Puedes identificar la idea principal en el siguiente párrafo de "Las noticias de la Edad de Piedra"?

> **Además, siempre conservo encendida una hoguera en la entrada. Me gusta tener el fuego a mano para calentar la comida. Y he descubierto que si agrego uno o dos puñados de hojas de pino y abanico el humo hacia el interior de la cueva, el aire se refresca y esto ayuda a combatir enfermedades.**

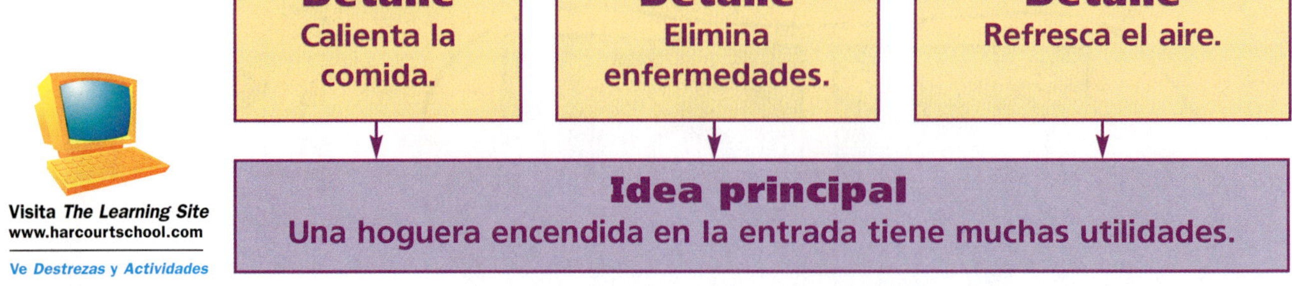

Preparación para las pruebas

Estructura del texto: La idea principal y los detalles

▶ **Lee el pasaje. Después responde las preguntas.**

Hacia el año 8000 a.C., los lobos fueron los primeros animales domesticados por niños de la Edad de Piedra. Los cachorros comían con gusto las sobras de comida que los niños les daban. Después, los lobos jóvenes participaban en los juegos de los niños. Al crecer los niños, los lobos cazaban junto a sus nuevos amos. Pronto los lobos se acostumbraron a sus amigos humanos.

1. ¿Cuál es la idea principal del pasaje?

A Los cachorros comían con gusto las sobras de comida que los niños les daban.

B Después, los lobos jóvenes participaban en los juegos de los niños.

C Hacia el año 8000 a.C., los lobos fueron los primeros animales domesticados por niños de la Edad de Piedra.

D Los lobos cazaban junto a sus nuevos amos.

Sugerencia

Elige la respuesta que establezca el concepto más amplio. Las demás son detalles que refuerzan la idea principal.

2. ¿Cuál de las siguientes oraciones no tiene relación con el pasaje?

F Durante la caza, los lobos rastreaban las pistas con el olfato.

G Con el tiempo, los lobos obedecían las órdenes humanas.

H Tiempo después, los gatos se convirtieron en mascotas.

J Al principio, era difícil pensar que los lobos podrían ser mascotas.

Sugerencia

Trata de acomodar o relacionar cada frase con el pasaje. Si tiene sentido o encuentras dónde ponerla, elimínala como opción.

El poder de las palabras

La antigua China

civilización

habitantes

terrazas

hambruna

administrativo

elaboradas

Cada vez que miras el reloj o que escribes sobre papel estás usando un invento de la antigua China. Observa estas escenas de la vida china de hace mil años.

¿Sabes dónde empezó la **civilización** china? Esta sorprendente cultura fue iniciada por la gente que vivía a las orillas del río Amarillo. Los **habitantes** de este valle lograron sembrar y cosechar sus cultivos en la fértil tierra del río.

¿Cómo aprovechaban los campesinos de la antigua China las colinas que rodeaban sus sembrados? Cortaron **terrazas**, o escalones en la colina. Sin embargo, siguieron viviendo momentos de **hambruna** . . . cuando no había suficiente comida.

Los dirigentes chinos tenían un enorme país que gobernar, así que crearon un sistema **administrativo** de oficiales que manejara el gobierno. Muchos oficiales vivían en casas **elaboradas** de madera pintada.

CONEXIÓN
Vocabulario-Escritura

Imagínate que eres un estudiante del año 3000. Escribe un breve artículo que describa cómo ha cambiado la civilización de Estados Unidos.

Genre

No ficción explicativa

Un cuento de no ficción explicativa presenta y explica información o ideas.

En esta selección, busca

- ilustraciones con leyendas.
- una estructura del texto que esté organizada por ideas principales y detalles.

LA ANTIGUA

texto de Robert Nicholson

y Claire Watts

CHINA

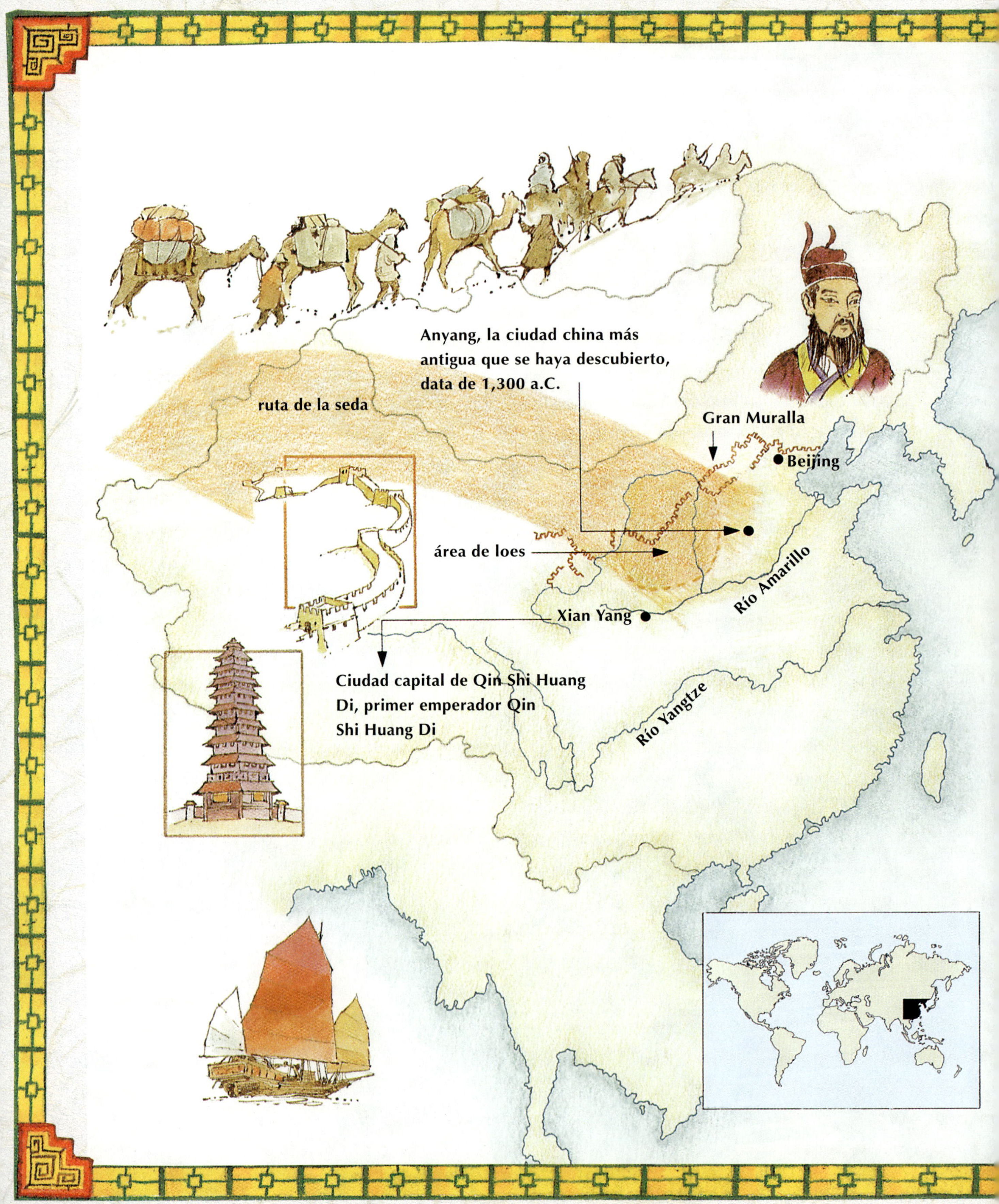
Anyang, la ciudad china más antigua que se haya descubierto, data de 1,300 a.C.
ruta de la seda
Gran Muralla
Beijing
área de loes
Río Amarillo
Xian Yang
Ciudad capital de Qin Shi Huang Di, primer emperador Qin Shi Huang Di
Río Yangtze

China es una de las civilizaciones más antiguas del mundo. Hace miles de años, poderosas familias tomaron el control y gobernaron esta enorme región. Una familia que gobernaba durante un largo periodo recibía el nombre de dinastía. Las influencias de las grandes dinastías sobreviven en la actualidad.

TIERRAS CHINAS

China es una nación enorme, con una extensión de más de 1,800 millas, y abarca desde las montañas y el hielo del Tibet en el oeste, hasta bosques, desiertos y la costa tropical del este.

La civilización china nació en la región aledaña al río Amarillo, en el centro del país, donde el suelo es una rica tierra amarilla llamada loes. A través de miles de años, el viento ha diseminado esta fértil tierra por todo el territorio.

Los antiguos chinos observaron que podían desarrollar buenos cultivos en el loes, a condición de que lo conservaran bien irrigado. Asimismo, desarrollaron un sistema de terrazas para aprovechar al máximo el suelo de las regiones montañosas. En el norte, el trigo era el principal cultivo, y en el sur, donde abundaba el agua, cosecharon arroz en campos anegados llamados arrozales.

Aunque los campesinos proporcionaban alimento a todo el imperio chino, a menudo no tenían suficiente para comer. Además, sus cultivos se arruinaban con frecuencia, provocando periodos de gran hambruna. Estas condiciones provocaban ocasionales rebeliones campesinas contra los ricos terratenientes.

◀ *Establecieron complejos sistemas de irrigación para regar los campos.*

▲ *Labraron terrazas en las colinas para aprovechar al máximo cada trozo de tierra.*

La Gran Muralla

La Gran Muralla de China fue erigida para proteger la frontera norte del país contra las tribus invasoras. En 221 a.C., el nuevo emperador Qin Shi Huang Di, (CHEN SHI JUANG. DI) envió 30,000 hombres para iniciar la construcción de la muralla. A partir de entonces y hasta el siglo XX, cada uno de los emperadores siguientes amplió y reconstruyó la muralla. La construcción está hecha de tierra apisonada cubierta con piedras. Es ancha en la base y angosta en la parte superior, donde hay un pasaje peatonal para los guardias. La muralla se interrumpe a intervalos con atalayas erigidas a todo lo largo de la obra.

▶ *Los comerciantes solían viajar a lo largo de la frontera norte, transportando seda a la India, el Medio Oriente y Europa.*

Información sobre la Gran Muralla

- La muralla tiene una altura de entre 16 y 32 pies.
- El pasaje peatonal que se extiende en la parte superior tiene una anchura de 16 pies.
- Las atalayas tienen una separación de entre 290 y 585 pies a todo lo largo de la muralla.
- La muralla original abarcaba 3,700 millas a lo largo de la frontera de China.

▲ *Corte transversal de la Gran Muralla.*

La Ciudad Prohibida

China fue uno de los primeros países del mundo donde grandes cantidades de habitantes ocupaban una misma ciudad. Las ciudades chinas estaban rodeadas de murallas para protegerlas de los enemigos. En el interior de la ciudad más importante, el emperador tenía un palacio con altos muros, creando así una ciudad dentro de otra.

Por ejemplo, durante la dinastía Ming, el emperador Yongle (YUNG-LE) reconstruyó la ciudad más importante de China, Beijing. En ese tiempo, Beijing tenía un millón de habitantes. Dentro de sus fortificaciones había una ciudad imperial amurallada donde vivían y trabajaban importantes funcionarios gubernamentales. Dentro de esta área se encontraba un palacio conocido como la Ciudad Prohibida, también rodeado de murallas, donde residía el emperador. Sólo él podía franquear sus paredes por la noche.

El uso de monedas fue introducido durante la dinastía Qin. Eran monedas circulares con orificios en el centro.

El gobierno

Los primeros emperadores chinos otorgaron gigantescas propiedades a sus amigos y parientes, a quienes también conferían cargos en la dirección del país. Sin embargo, estos señores a menudo se volvían excesivamente poderosos para dejarse controlar por el emperador, de modo que con frecuencia estallaban guerras civiles. Durante la dinastía Qin, los emperadores establecieron un sistema de funcionarios públicos para que gobernaran el país en su nombre. Las personas que deseaban un cargo tenían que someterse a difíciles exámenes para demostrar que podían desempeñar la función.

▲ *Las personas que caminaban por la larga y recta avenida de la Ciudad Prohibida eran vistas mucho antes de llegar a sus puertas.*

La vida urbana

Los chinos creían que el mundo era cuadrado, de modo que construían sus ciudades para reflejar este concepto, trazándolas en patrones regulares con calles rectas que se cruzaban en ángulos rectos. Esto dividía la ciudad en cuadros denominados *distritos*. Los ricos solían levantar sus casas en un extremo, cerca del palacio, mientras que los pobres se establecían en el extremo opuesto.

Los pobres tenían viviendas de barro y paja. A fin de evitar las corrientes de aire frío en el invierno, el suelo de sus casas quedaba por debajo del nivel de la tierra y colgaban mantas en ventanas y puertas. En el centro de la construcción abrían una fosa para encender fogatas, pero no había chimeneas para desalojar el humo.

Las viviendas de los ricos estaban construidas en torno de enormes patios. Eran de madera pintada y los tejados estaban cubiertos con tejas de arcilla. Contenían pocos muebles: colchones de paja que enrollaban durante el día, cojines en vez de sillas, y grandes cofres y armarios.

Los festivales

La mayoría de los chinos trabajaba mucho; no había fines de semana ni días de descanso. En vez de ello, organizaban festivales y celebraban con procesiones y bailes en las calles durante el año. Encendían fuegos artificiales, hacían volar cometas y se disfrazaban como dragones, pues se suponía que estas bestias mitológicas representaban alegría y emoción.

Los inventos

Los científicos chinos descubrieron muchas cosas que produjeron grandes cambios en las civilizaciones de todo el mundo. Estaban especialmente interesados en medicina, navegación, química y, por supuesto, siempre trataban de mejorar la agricultura para alimentar a la enorme población.

La carretilla de mano

Los chinos idearon toda clase de aparatos de carga, incluyendo la carretilla de mano, conocida como buey de madera.

La brújula

Los chinos descubrieron el magnetismo y crearon brújulas haciendo flotar imanes en cuencos de agua. Utilizaron su invento en la navegación y para comprobar que los nuevos edificios estuvieran orientados en una dirección que atrajera la buena fortuna.

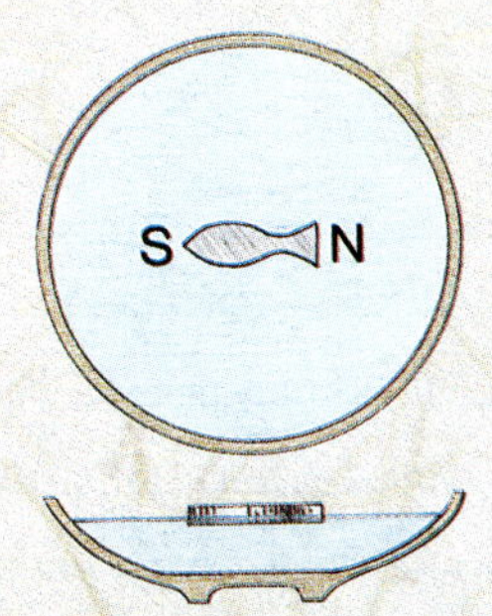

Los relojes

El reloj fue otro invento chino. Diseñaron gigantescos relojes de agua que sonaban cada 15 minutos, de modo que los funcionarios reales pudieran percatarse del paso del tiempo. Los archivos de este invento eran conservados con tal cuidado que los relojeros modernos han podido utilizarlos para reconstruir aquellos instrumentos.

▲ *Esta enorme rueda hidráulica impulsaba al gigantesco reloj de agua.*

El papel

El papel es, quizás, el invento chino más importante, seguido de la imprenta.

Los escritos chinos más primitivos que se hayan descubierto fueron labrados en huesos de animales. Después, los chinos comenzaron a pintar en tiras de bambú y seda. El papel fue inventado alrededor del año 100 d.C. Para producir papel, machacaban pulpa de madera, cáñamo y otros materiales de desecho, combinándolos con agua para luego aplanar, estirar y secar la mezcla al sol. El papel era un material de escritura muy económico, y resultaba mucho más fácil y rápido escribir en papel que en cualquier otra cosa utilizada anteriormente.

Después de algunos siglos, los chinos desarrollaron un tipo de imprenta. El proceso de impresión consistía en frotar tinta sobre bloques de madera labrados con líneas de texto y presionar papel sobre ellos. Esto era mucho más sencillo que escribir libros a mano y facilitaba la producción de copias.

La escritura china

El alfabeto chino es muy distinto del nuestro. Cada una de nuestras letras representa un sonido y hay que combinarlas para formar palabras. Las letras chinas se denominan *caracteres*. No representan sonidos, sino ideas. Al principio, algunos caracteres formaban imágenes fáciles de interpretar, pero poco a poco los símbolos se volvieron más simples para agilizar y facilitar su escritura.

PRIMEROS CARACTERES	MODERNOS	ESPAÑOL
	山	montaña
	日	sol
	月	luna
	馬	caballo

1. Cortaban y empapaban juncos.

2. Los maceraban para obtener la pulpa.

Crea tu propia imprenta

Los chinos utilizaban madera para labrar bloques de impresión, pero hay un método más simple que produce el mismo resultado. Dibuja un diseño y cálcalo. Recorta varias copias del diseño en cartulina y pégalas, una sobre otra, en un trozo de cartón grueso, de modo que el diseño quede realzado sobre la superficie. Cubre el bloque de impresión con tinta o pintura y presiona sobre una hoja de papel.

Cuando utilices tijeras, siempre pide ayuda a un adulto.

4. Calentaban la pulpa.

5. Estiraban y secaban el papel.

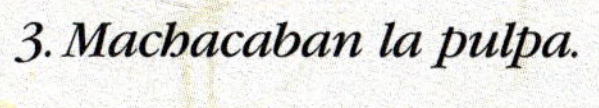

3. Machacaban la pulpa.

Las artesanías

Los chinos eran expertos artesanos. Produjeron hermosos objetos en metal, piedra y cerámica.

El jade

El jade es una piedra verde y dura, a la cual los chinos conferían un gran valor. Creían que representaba las cinco virtudes esenciales: caridad, honradez, valor, sabiduría e imparcialidad. Este traje funerario fue creado con 2,000 piezas de jade entretejidas con alambres bañados en oro.

La porcelana

Los chinos inventaron la porcelana, una variedad de cerámica de grano muy fino que en algunos lugares todavía se conoce como *china*. Decoraban sus creaciones con delicados diseños y colores.

La seda

Durante mucho tiempo, los chinos mantuvieron en secreto la técnica de la fabricación de la seda. Los hilos de seda se obtienen del capullo de una variedad de oruga, la cual recibe esmerados cuidados y se alimenta con hojas de morera. La tela producida con esos hilos era la principal fuente de comercio de China con otros países.

Los jardines

La jardinería se consideraba un gran arte. El diseño de las ciudades chinas contemplaba la creación de apacibles jardines y parques. Pensaban que cada elemento del jardín tenía un significado especial: los lirios acuáticos representaban la verdad; los crisantemos, la cultura; y el bambú, la fortaleza.

Cómo lo sabemos

¿Alguna vez te has preguntado cómo sabemos tanto de los antiguos chinos aunque hayan vivido hace miles de años?

Los testimonios del terreno

Los emperadores chinos y sus funcionarios más importantes solían ser enterrados en elaboradas tumbas que contenían objetos de uso cotidiano. Los arqueólogos pueden averiguar mucho sobre el estilo de vida mediante el estudio de tales objetos. Una tumba albergaba un ejército de tamaño natural (6,000 soldados y caballos de barro cocido, cada uno con un rostro distinto).

▲ *El ejército de barro cocido fue un descubrimiento muy útil para los arqueólogos.*

Los testimonios de los libros

Los emperadores chinos desarrollaron un enorme sistema administrativo para gobernar el país, y conservaban detallados registros de todo lo que ocurría. Aún existen muchos de esos registros.

Los testimonios del entorno

Muchas de las cosas que inventaron los chinos sobreviven en la actualidad. El país sigue dividido en 18 provincias. La Ciudad Prohibida y otros palacios se mantienen en pie y nos cuentan la historia de la arquitectura china.

Reflexionar y responder

1. ¿Cómo utilizaban los antiguos chinos la tierra y sus recursos a fin de mejorar su calidad de vida?
2. ¿Por qué los autores usaron encabezamientos a lo largo de la historia?
3. ¿Cómo te ayudó el aprendizaje de los inventos chinos a apreciar su **civilización**?
4. ¿Te habría gustado vivir en la antigua China? Explica tu respuesta.
5. ¿Qué estrategia de lectura usaste para ayudarte a leer la información?

Género
Artículo de revista

LAS DINASTÍAS CHINAS

de *Kids Discover*

La primera dinastía de la antigua China recibió el nombre de Shang. Hacia el año 1788 a.C., la familia Shang se había vuelto tan poderosa que tomó el control de gran parte del país. Aquí se mencionan las principales dinastías chinas. Verás una obra de arte representativa de cada una.

SHANG
1788–1027 a.C.

ZHOU
1027–256 a.C.

QIN
221–207 a.C.

HAN
207 a.C.–220 d.C

SUI
589–618

Realiza esta actividad en una hoja aparte.

¿Cuánto tiempo reinaron las principales dinastías de China? Sigue las indicaciones para hacer una gráfica de barras que compare la duración de cada dinastía. Resta el número menor del mayor para determinar el tiempo que gobernó cada dinastía. (En el caso de la dinastía Han, que abarca años anteriores y posteriores a la era cristiana, suma los dos números.) Luego, anota la información en la gráfica de barras. Dibuja una línea gruesa sobre el nombre de cada dinastía, desde la parte inferior de la gráfica hasta el número más próximo a los años de reinado de la dinastía. Observa el primer ejemplo.

REFLEXIONAR Y RESPONDER

¿Cuántas dinastías han gobernado en China? Según esta línea cronológica, ¿cuánto tiempo reinaron las dinastías en China?

TANG
618–906

SONG
960–1279

YUAN
1279–1368

MING
1368-1644

QING
1644–1912

Hacer conexiones

Compara textos

1. ¿Por qué es importante "descubrir el pasado" de la antigua China?
2. ¿Por qué piensas que el autor incluyó en esta selección tanto dibujos como fotografías?
3. Compara el tipo de información que se ofrece en "La antigua China" con el que se presenta en "las dinastías chinas".
4. ¿Qué diferencia hay entre el estilo narrativo de "La antigua China" y el estilo de "Las noticias de la Edad de Piedra"?
5. Después de leer esta selección, ¿qué preguntas tienes todavía sobre la antigua China?

Escribe un párrafo descriptivo

CONEXIÓN con la Escritura

Imagina que has vuelto a los tiempos de la antigua China. Escribe un párrafo descriptivo donde cuentes lo que ves y saca una conclusión sobre el lugar en el que te encuentres. Es posible que tengas que investigar un poco más sobre el tema. Haz una tabla para planear tu párrafo.

Lugar:
Detalles: (lo que veo)
1.
2.
3.
Conclusión: (lo que pienso)

Haz una línea cronológica

Trabaja con un compañero para hallar información sobre importantes inovaciones en China durante la dinastía Shang. Anoten la información en una línea cronológica dibujada en una hoja de papel grande.

1788 b.C. — 1027 b.C.

CONEXIÓN con los Estudios sociales

Dibuja un mapa

Investiga sobre la geografía de China y dibuja un mapa topográfico del país identificando con rótulos sus aspectos más importantes, como la altura de sus montañas y sus ríos. En otra hoja de papel explica la manera en que cada uno de estos aspectos ha influido en la vida de los chinos.

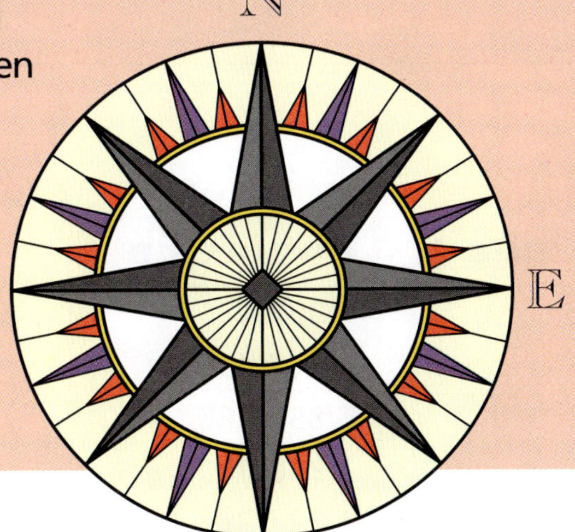

CONEXIÓN con los Estudios sociales/ las Ciencias

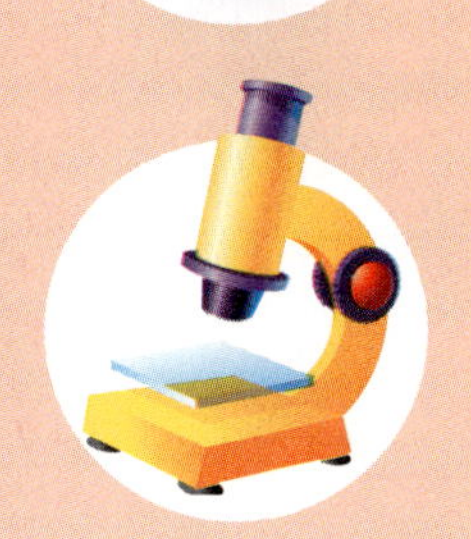

Elementos gráficos

Los libros y artículos de no ficción a menudo incluyen **elementos gráficos** como mapas, tablas y gráficas. Estos elementos gráficos sirven para que el lector comprenda ideas complejas de manera rápida y fácil.

La misma información puede mostrarse en más de un tipo de elemento gráfico. ¿Qué información sobre China contienen la tabla y la gráfica de barras que se muestran a continuación? ¿Cuál de las dos piensas que es la mejor manera para mostrar la información?

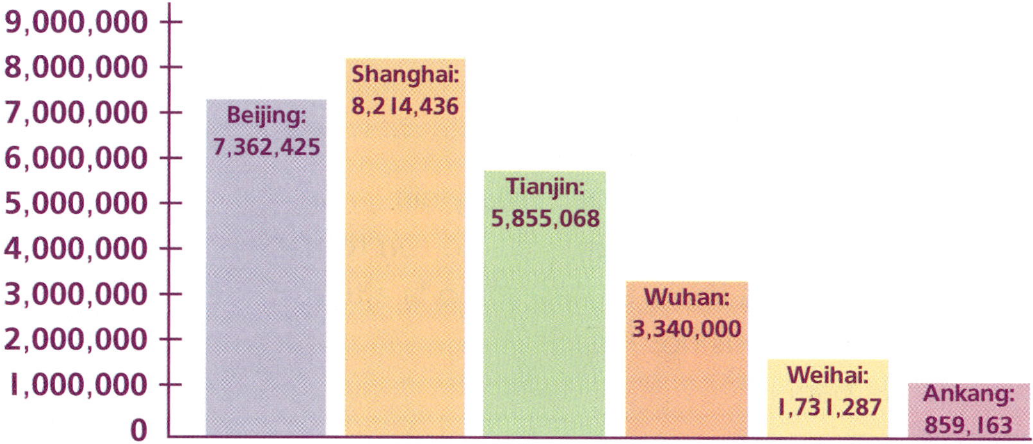

Ciudad	Población
Beijing	7,362,425
Shanghai	8,214,436
Tianjin	5,855,068
Wuhan	3,340,000
Weihai	1,731,287
Ankang	859,163

Visita *The Learning Site*
www.harcourtschool.com

Ve *Destrezas y Actividades*

Preparación para las pruebas

Elementos gráficos

▶ **Estudia el mapa y la tabla y responde las preguntas.**

Río	Longitud en millas
Amur	2,744
Huang He (Río Amarillo)	2,903
Liao He	1,448
Xi Jiang (Río del Oeste)	1,630
Yangtze	3,915

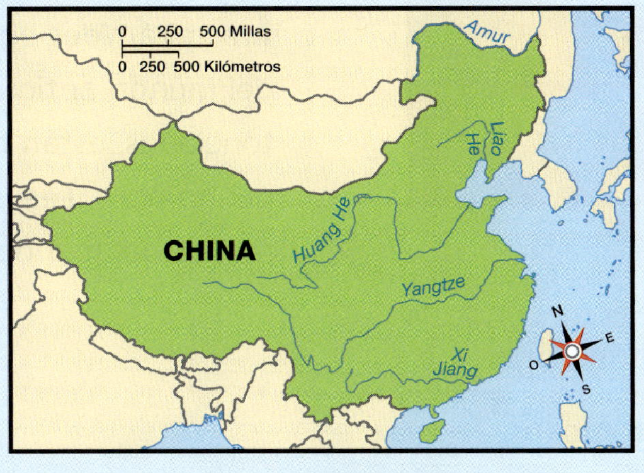

1. El río más largo de China es—

A Amur

B Huang He

C Xi Jiang

D Yangtze

Sugerencia

Cuando tengas dos elementos gráficos con información similar, usa el que te sirva para consultar de manera más rápida y fácil la información que necesites.

2. ¿Qué río forma parte de la frontera norte de China?

F Huang He

G Liao He

H Amur

J Xi Jiang

Sugerencia

La tabla no te indica dónde se localizan los ríos. Usa el mapa y fíjate en las coordenadas de la rosa de los vientos para contestar la pregunta.

El poder de las palabras

Pirámides

arqueólogo
ingeniosos
pasadizos
remoto
preservado
canteras

Las pirámides egipcias fueron una de las maravillas del mundo antiguo. A pesar de que pesan miles de toneladas, están hechas en su totalidad por la mano del hombre. Lee y aprende más acerca de otras maravillas del mundo antiguo.

Esta estatua gigante de 110 pies de alto fue levantada cerca de la bahía de una de las islas griegas. A pesar de que la estatua fue destruida por un terremoto, un **arqueólogo** logró encontrar registros que la describen. Los registros explican que los **ingeniosos** trabajadores construyeron rampas de tierra alrededor de la estatua. Esta inteligente idea proveyó **pasadizos** para llevar materiales pesados hasta la punta.

El faro más alto jamás construido se encontraba en una isla, cerca de la ciudad de Alejandría en Egipto. Se situó en un lugar **remoto**, lejano y aislado del resto del país y estaba rodeado de agua. En la punta del faro había un inmenso espejo que reflejaba la luz a millas de distancia.

Esta hermosa tumba fue construida por uno de los gobernantes de la antigua Turquía. El edificio en sí no fue **preservado**. Los soldados enemigos lo encontraron y lo destruyeron. Hay registros de esos días, donde se habla de las estatuas que rodeaban la tumba por los cuatro lados. Las estatuas estaban hechas con piedras extraídas de minas al aire libre llamadas **canteras**.

CONEXIÓN
Vocabulario-Escritura

Imagínate que eres un **arqueólogo** y que has descubierto un **pasadizo** que conduce a una de las pirámides de Egipto. Escribe algunas oraciones que describan lo que podrías encontrar adentro.

PIRÁ

Género

No ficción explicativa

Un cuento de no ficción explicativa presenta y explica información o ideas.

En esta selección, busca

- **información acerca de un período específico.**
- **secciones divididas por encabezamientos.**

MIDES

tomado de ***KIDS DISCOVER***

LOS ALREDEDORES DE LA MODERNA Cairo, capital de Egipto, con las pirámides de Gizeh al fondo. Estas pirámides representan la única de las siete maravillas del mundo antiguo que sobrevive en nuestros días.

¿CUÁNTO PESA?

El peso promedio de un bloque de piedra usado en las pirámides es de dos toneladas y media. Eso equivale al peso combinado de dos autos medianos. Sin embargo, algunos bloques alcanzan un peso de 15 toneladas. ¡Tanto como cinco elefantes!

LAS PIRÁMIDES DE EGIPTO

Las pirámides de Egipto son los edificios de piedra más antiguos del mundo. Fueron construidas hace cinco mil años, aproximadamente. Estas tumbas antiguas se encuentran entre las estructuras más grandes del planeta. La mayor de ellas es más alta que un edificio de 40 pisos y abarca un área mayor que diez campos de fútbol. Los hombres que construyeron estas enormes estructuras no contaban con el equipo de que disponemos en la actualidad, como grúas o máquinas excavadoras. A veces, 100,000 hombres trabajaban durante 20 estaciones en una misma pirámide.

Aún quedan más de 80 pirámides. Dentro de las que una vez fueran lisas y blanqueadas superficies de caliza, hay pasadizos secretos, habitaciones ocultas, rampas, puentes y conductos. La mayoría tenía entradas ocultas y puertas falsas. ¡Qué divertido sería explorar una de ellas!

Sin embargo, las pirámides no fueron edificadas para satisfacer el deseo de explorar. Su finalidad era muy seria. Los antiguos egipcios creían firmemente en la vida después de la muerte. Sus reyes, llamados faraones, querían conservar sus cuerpos para la eternidad, así que hicieron construir pirámides para proteger sus restos al morir. Cada pirámide albergaba el cuerpo preservado de un faraón. También contenía los bienes que necesitaría para vivir en el otro mundo del mismo modo que lo hacía en éste.

Las pirámides de Egipto son colosales monumentos al poder de los faraones. En la actualidad, son testimonio del ingenio y la creatividad de una antigua civilización.

¿CUÁNTO MIDE?

1. Torre Eiffel, 984 pies
2. **Gran Pirámide de Gizeh, 480 pies**
3. Big Ben (Palacio de Westminster), 316 pies
4. Estatua de la Libertad, 305 pies
5. Torre inclinada de Pisa, 179 pies

CÓMO SURGIERON LAS PIRÁMIDES

TIEMPOS PRIMITIVOS

LOS PRIMEROS EGIPCIOS enterraban a sus muertos bajo una pila de rocas. Envolvían los cuerpos en pieles de cabra o esteras de junco. Los bienes personales se colocaban alrededor del cadáver.

HACIA EL AÑO 3000 A.C.

LAS MASTABAS ERAN TUMBAS construidas de ladrillos de barro cocidos al sol, y proporcionaban protección contra los efectos dañinos de la naturaleza. Las paredes de las mastabas estaban decoradas con escenas labradas y pintadas, llamadas *relieves*. Algunos presentaban filas de personas portando ofrendas, como patos, comida, agua, leche y miel.

HACIA EL AÑO 2700 A.C.

SE CREE QUE IMHOTEP IDEÓ la arquitectura de piedra y el diseño de la primera pirámide egipcia, la Pirámide Escalonada. Esta estructura comenzó como una gran mastaba, pero después de sufrir varios cambios, terminó como una pirámide de seis escalones. En el interior de la Pirámide Escalonada se encuentra la tumba del rey Djoser.

REY DJOSER

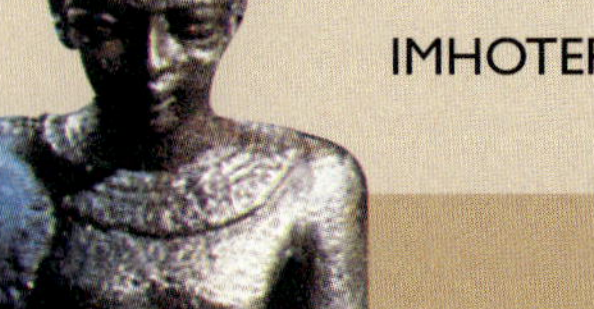

IMHOTEP

El faraón Tutankamón, conocido como Rey Tut, fue enterrado en el Valle de los Reyes. El joven monarca murió a la temprana edad de 19 años. Su tumba, que escapó casi intacta a los saqueadores, contenía armas, muebles, joyas, instrumentos musicales, ropa y barcos a escala, muchos de ellos de oro sólido. Con él fueron enterradas sus dos hijas, nacidas muertas, y un mechón del pelo de su abuela, la reina Tiya.

Hacia el año 2500 a.C.

La Gran Pirámide de Gizeh, la mayor de las tres de ese conjunto, es también una de las estructuras más grandes hechas por el hombre en todo el mundo. Erigida para el faraón Kéops, tenía una altura inicial de 480 pies. Su base cubre un área aproximada de 13 acres. Cuando se terminó, constaba de más de dos millones de bloques de piedra caliza.

Hacia el año 1500 a.C.

El Valle de los Reyes contiene las tumbas de muchos de los últimos faraones. Estos monarcas sabían que los saqueadores habían robado los tesoros de la mayor parte de las pirámides más antiguas. Así que decidieron construir sus tumbas en estos remotos acantilados cercanos a Tebas. Hasta ahora, se han descubierto sesenta y dos tumbas en la región. Sin embargo, incluso éstas habían sido saqueadas.

FARAÓN KÉOPS

SÓLO EN EGIPTO

El antiguo Egipto poseía la combinación ideal de elementos para construir pirámides. El país era una alargada, angosta y fértil franja de tierra en el noreste de África. El agua procedía del río Nilo. Sus barreras naturales lo protegían de los invasores. Había desiertos al este y oeste. También había peligrosos rápidos en la parte sur del Nilo. Los pantanos del delta se encuentran al norte. Este círculo de aislamiento permitió que los egipcios trabajaran en paz y con gran seguridad.

Hacían falta grandes cantidades de materia prima para construir las pirámides. El antiguo Egipto tenía abundantes yacimientos de piedra caliza, arenisca y granito. Pero era necesario transportar la roca desde las canteras hasta el lugar de construcción. El recurso más preciado de Egipto, el gran río Nilo, proporcionó el medio de transporte.

CAIRO
GIZEH
MENFIS
SAQQARA
DAHSHUR
TURA (Cantera de piedra caliza)
ÁFRICA
VALLE DE LOS REYES
ASUÁN (Cantera de granito)
PRIMERA CATARATA

EL RIO NILO ES EL MÁS largo del mundo. Fluye a lo largo de 4,150 millas. El Nilo inundaba las tierras de cultivo entre los meses de julio y octubre, hasta que la presa de Asuán quedó terminada en 1970.

LOS DESIERTOS separaban al antiguo Egipto del resto del mundo. Si trataras de cruzar a pie el desierto, necesitarías consumir entre cuatro y seis galones de agua al día. Y, por supuesto, cuanto más agua llevaras, ¡más agua ibas a necesitar!

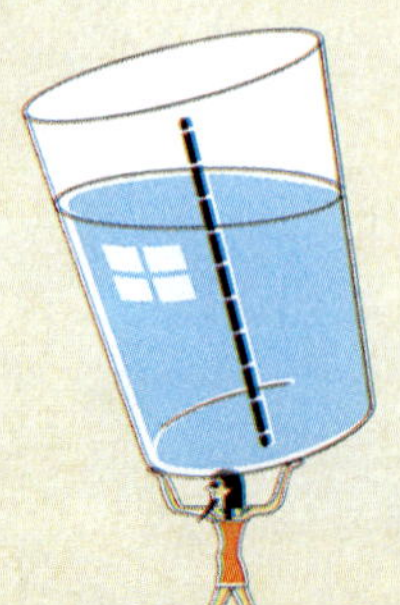

EL RÍO NILO PRODUJO fértiles tierras de cultivo. Durante la temporada de inundaciones, cuando no podían trabajar el campo, los agricultores pagaban impuestos al faraón con mano de obra ayudando a construir las pirámides.

LAS PIEDRAS SE MOVÍAN con palancas y se arrastraban a bordo de la barca. Entonces, la pesada barca zarpaba hacia el sitio de construcción. Los remeros debían trabajar muy duro y el timonel tenía que ser un experto, ya que los bancos de arena habrían destruido la embarcación fácilmente.

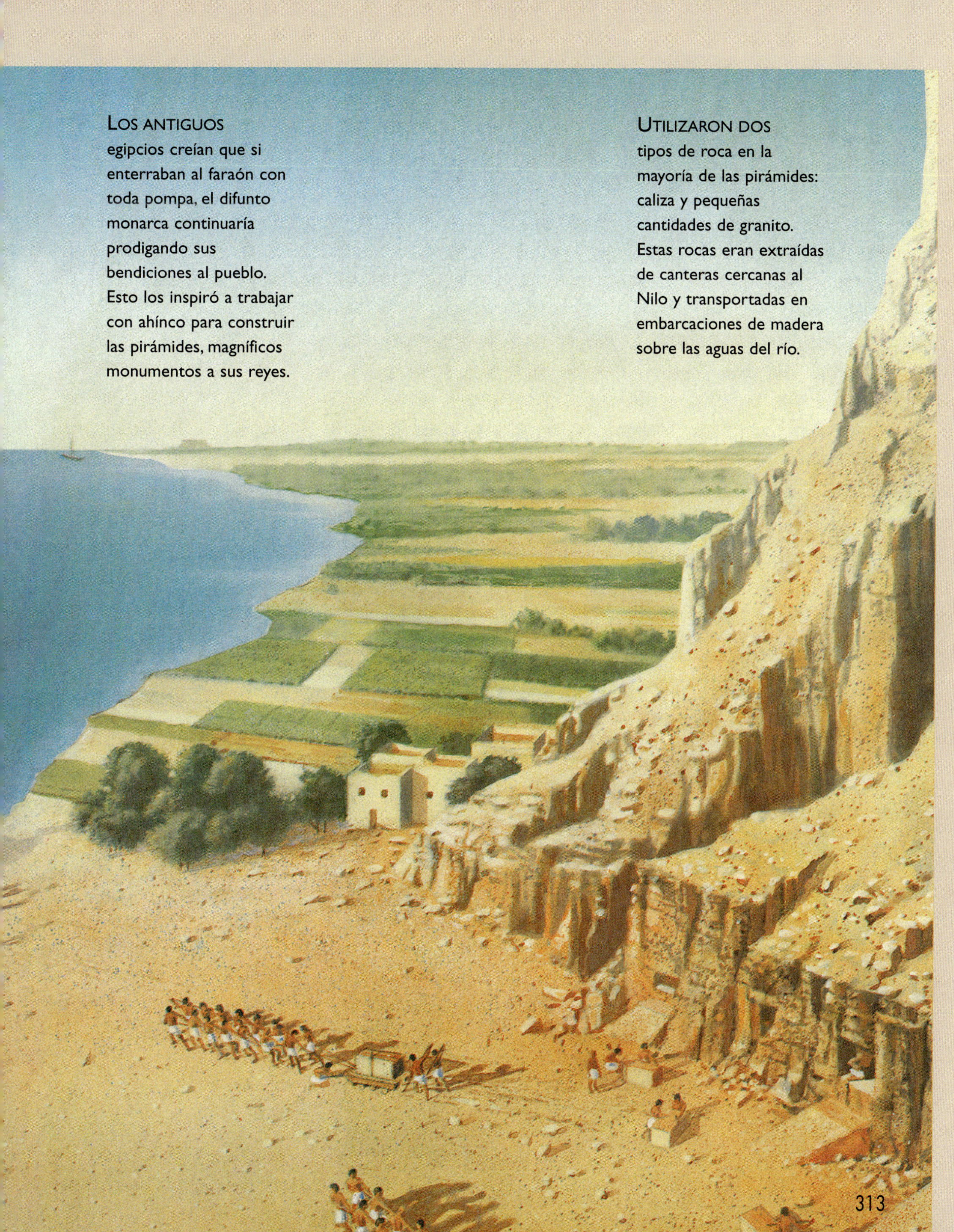

LOS ANTIGUOS egipcios creían que si enterraban al faraón con toda pompa, el difunto monarca continuaría prodigando sus bendiciones al pueblo. Esto los inspiró a trabajar con ahínco para construir las pirámides, magníficos monumentos a sus reyes.

UTILIZARON DOS tipos de roca en la mayoría de las pirámides: caliza y pequeñas cantidades de granito. Estas rocas eran extraídas de canteras cercanas al Nilo y transportadas en embarcaciones de madera sobre las aguas del río.

MAESTROS CONSTRUCTORES

La construcción de pirámides era difícil y peligrosa. Se requería de una sociedad altamente organizada. También hacían falta miles de trabajadores, expertos o no. Para poder terminar La Gran Pirámide de Gizeh, tuvieron que extraer un enorme bloque de piedra, darle forma y pulirlo cada dos minutos ¡durante 23 años!

Jamás se han encontrado los planos que muestran el proceso de construcción de las pirámides. No obstante, los expertos han aplicado los conocimientos modernos de construcción para hacer algunas conjeturas. Sigue las cuatro etapas de la ilustración para descubrir cuán ingeniosos e industriosos debieron ser los antiguos egipcios.

1 LOS ENORMES bloques de piedra caliza eran transportados en barcas hasta un punto cercano al sitio de construcción. Si un bloque caía accidentalmente, podía aplastar a cientos de personas.

2 UNA VEZ descargados, equipos de trabajadores arrastraban los bloques de caliza en trineos que deslizaban sobre rodillos de madera. Para que resbalara mejor, vertían agua o leche alrededor del trineo.

3 RAMPAS CONSTRUIDAS con ladrillos de barro permitían arrastrar pesadas rocas hasta el nivel en que se encontraba la construcción. Es posible que hayan levantado rampas espirales contra los flancos de la pirámide, a fin de transportar rocas a los niveles más elevados.

4 UNA CARRETERA elevada conectaba cada pirámide con el Nilo. Construida como una avenida para los trineos, eventualmente servía de corredor al cortejo fúnebre.

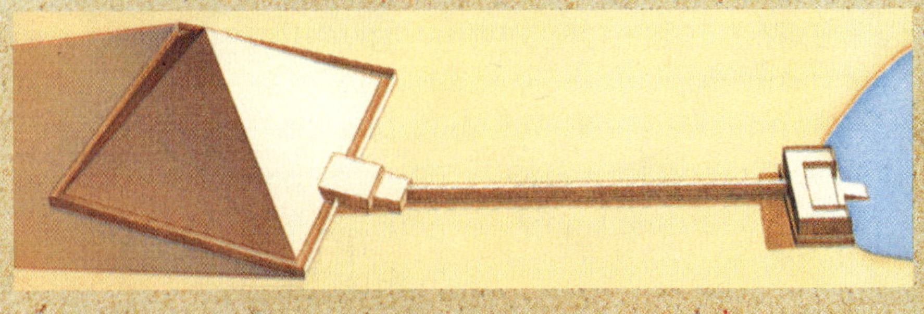

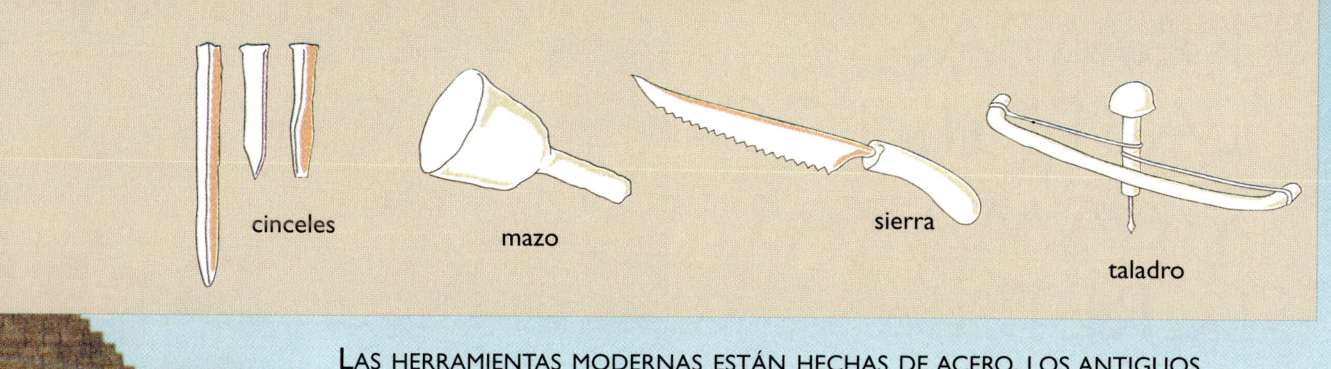

LAS HERRAMIENTAS MODERNAS ESTÁN HECHAS DE ACERO. LOS ANTIGUOS egipcios utilizaban herramientas de madera y cobre, un metal mucho más blando que el acero. Sin embargo, aquellas herramientas podían cortar la piedra caliza. También usaron cuñas y palancas para construir las pirámides.

EN EL ANTIGUO EGIPTO ABUNDABA la mano de obra. Los bueyes y otras bestias de carga se consideraban demasiado valiosas para realizar el pesado trabajo de construir las pirámides.

CONSIDERACIONES PRÁCTICAS Y RELIGIOSAS DETERMINABAN EL SITIO DONDE SE construirían las pirámides. Por motivos religiosos, las pirámides debían situarse en el lado oeste del Nilo, donde se pone el sol. Además, había que edificarlas cerca del río, de modo que las barcas pudieran llevar las piedras hasta el sitio de construcción. También era necesario que se elevaran muy por arriba del nivel de las aguas para que no sufrieran los estragos de la temporada de inundaciones. Las caras de la pirámide tenían que estar orientadas hacia los puntos cardinales: norte, sur, este y oeste. Por último, la pirámide debía estar cerca del palacio pues, de esa manera, el faraón podía vigilar su "castillo de eternidad".

TRAMPAS, LABERINTOS Y CÁMARAS SECRETAS

El objetivo principal de las pirámides era salvaguardar los cuerpos de los faraones. Por ello construyeron puertas de granito, pasadizos falsos y cámaras mortuorias simuladas para tratar de confundir y disuadir a los saqueadores de tumbas. Sin embargo, a pesar de tantas precauciones, casi todas las pirámides habían sido saqueadas alrededor del año 1000 a.C.

Recorre el interior de la Gran Pirámide de Gizeh en la siguiente ilustración y observa la destreza con que los faraones planificaron su última morada terrenal.

LA ESFINGE DE GIZEH MIDE 240 PIES DE largo y está labrada en piedra caliza. Construida por el faraón Kéops para proteger la entrada de su pirámide, el monumento tiene cuerpo de león y la cabeza del gobernante.

LA GRAN GALERÍA DE LA Gran Pirámide mide 150 pies de largo y 25 pies de alto. Después de sepultar al rey, la entrada se sellaba con enormes bloques que se deslizaban hacia adentro.

EL TÚNEL DE ESCAPE permitía que las personas salieran de la pirámide después de enterrar al rey.

LA CÁMARA DE LA REINA NO contenía el cuerpo de la esposa del faraón. Recibió ese nombre porque la gente pensaba que la reina se encontraba enterrada en ese sitio.

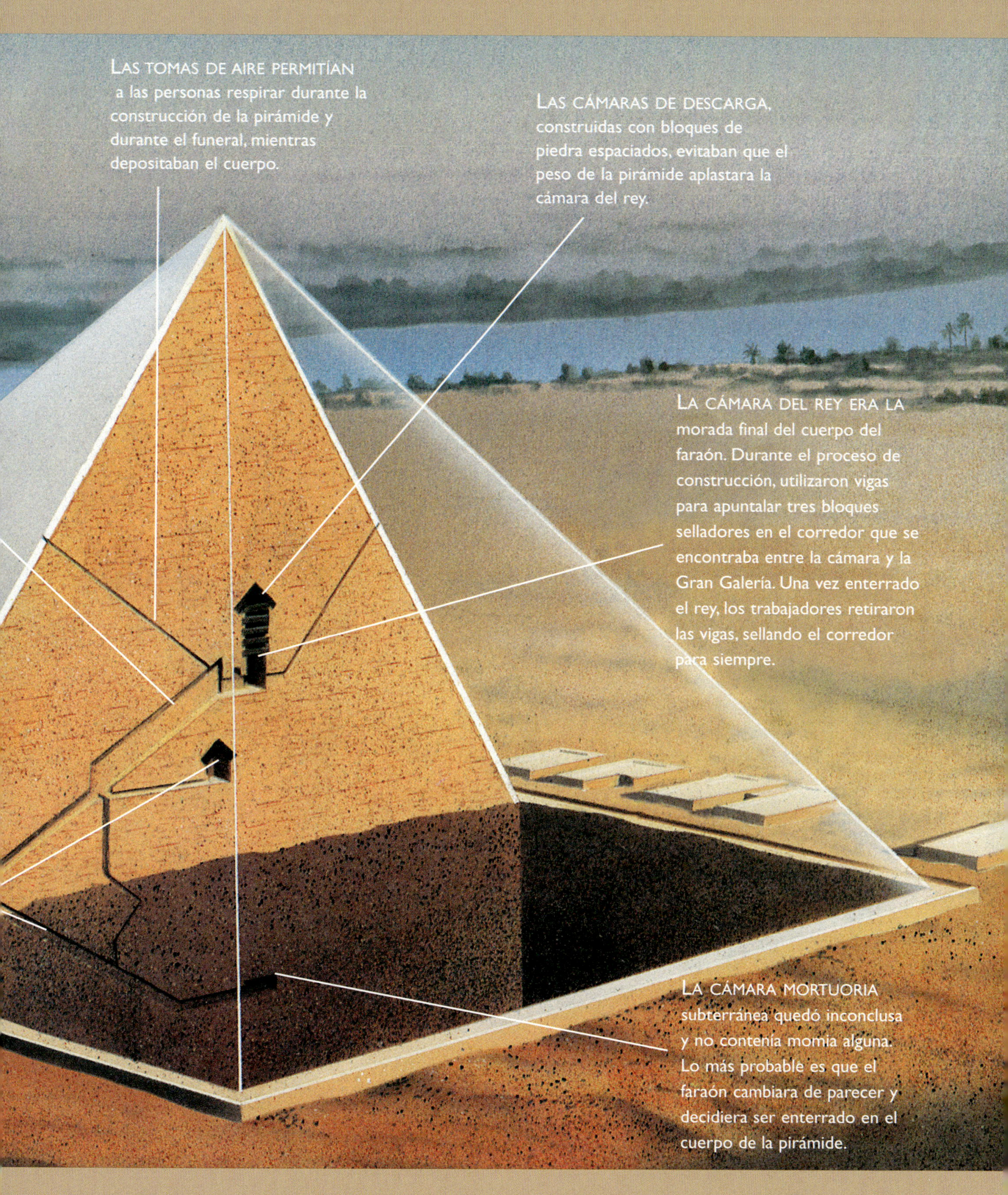
LAS TOMAS DE AIRE PERMITÍAN a las personas respirar durante la construcción de la pirámide y durante el funeral, mientras depositaban el cuerpo.
LAS CÁMARAS DE DESCARGA, construidas con bloques de piedra espaciados, evitaban que el peso de la pirámide aplastara la cámara del rey.
LA CÁMARA DEL REY ERA LA morada final del cuerpo del faraón. Durante el proceso de construcción, utilizaron vigas para apuntalar tres bloques selladores en el corredor que se encontraba entre la cámara y la Gran Galería. Una vez enterrado el rey, los trabajadores retiraron las vigas, sellando el corredor para siempre.
LA CÁMARA MORTUORIA subterránea quedó inconclusa y no contenía momia alguna. Lo más probable es que el faraón cambiara de parecer y decidiera ser enterrado en el cuerpo de la pirámide.

TODO SOBRE LAS MOMIAS

Los egipcios creían que la vida después de la muerte era muy similar a la vida en la tierra. Por consiguiente, sus muertos debían ser protegidos y preservados para el otro mundo. La función de la pirámide era proteger al cuerpo. A fin de preservarlo, alrededor del año 2600 a.C. se desarrolló una técnica conocida como momificación. El procedimiento podía demorar hasta 70 días. El cuerpo se dejaba secar durante 40 días. Para obtener el resultado deseado, los egipcios utilizaban un compuesto salino denominado *natrón*. En la siguiente etapa, embalsamaban el cuerpo. Esto significa que aplicaban resina fundida y aceites perfumados. Por último, envolvían el cadáver en vendajes de lino.

SE HAN descubierto momias de gatos, perros, ibis, cocodrilos y otros animales.

LA MOMIA DE Nesmutaatneru demuestra una gran destreza en la técnica de vendado. Este proceso duraba alrededor de dos semanas. Y podía requerir de hasta 410 yardas de lino. ¡Suficiente tela para cubrir el edificio del Empire State!

CUATRO VASIJAS SELLADAS, denominadas vasos *canópicos*, contenían el hígado, los pulmones, el estómago y los intestinos. Los antiguos egipcios desechaban el cerebro de los muertos porque no sabían qué era. ¡Creían que todos los pensamientos procedían del corazón!

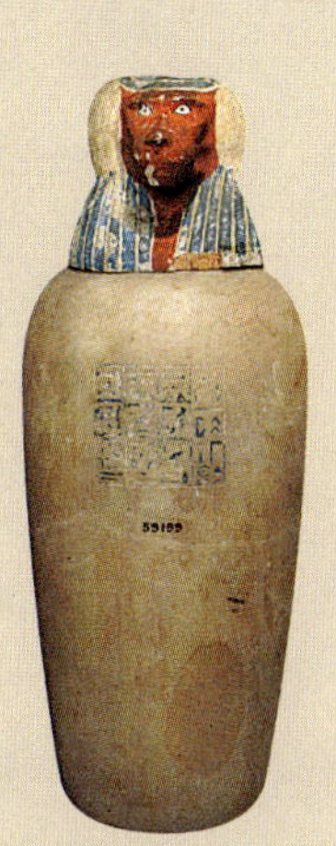

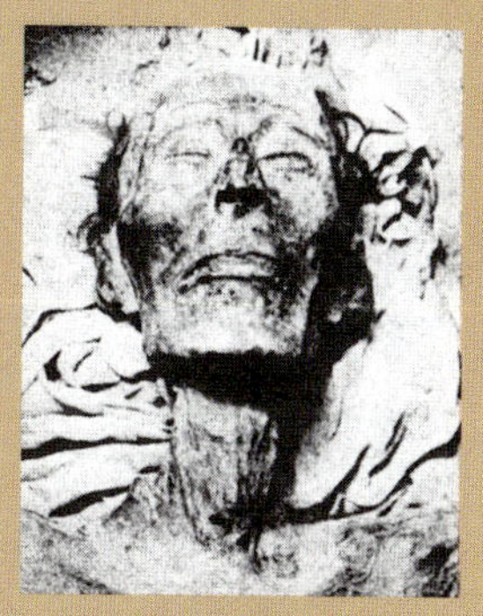

EN HOLLYWOOD, EL ACTOR BORIS Karloff modeló el rostro y atuendo del famoso personaje de la película *La Momia*, basándose en el aspecto de Ramsés III.

LAS MOMIAS NOS HABLAN DE LA vida en el antiguo Egipto. Por ejemplo, los cariados dientes de numerosas momias sugieren que los antiguos egipcios, como muchas personas en la actualidad, comían demasiados dulces.

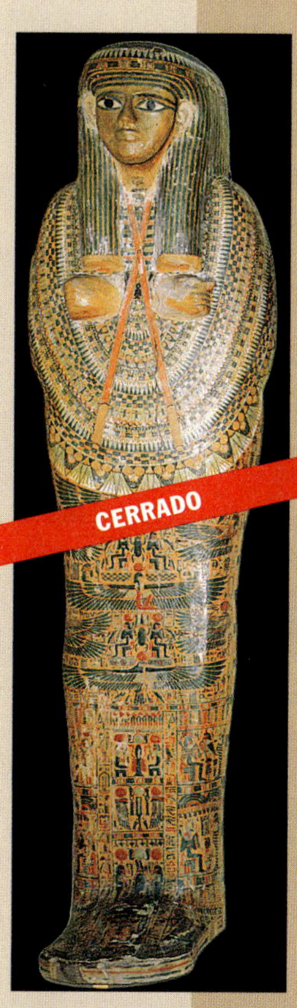

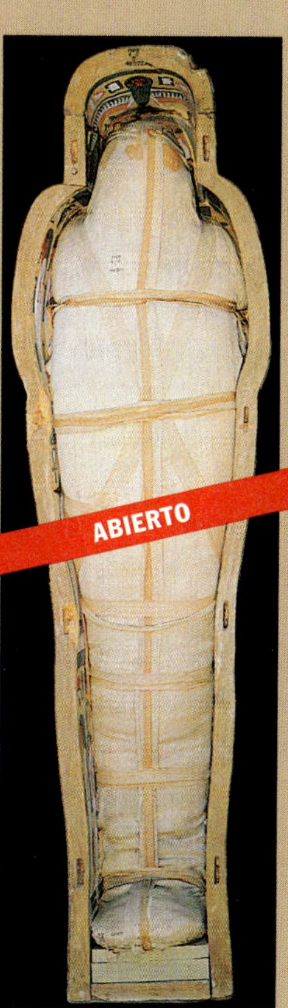

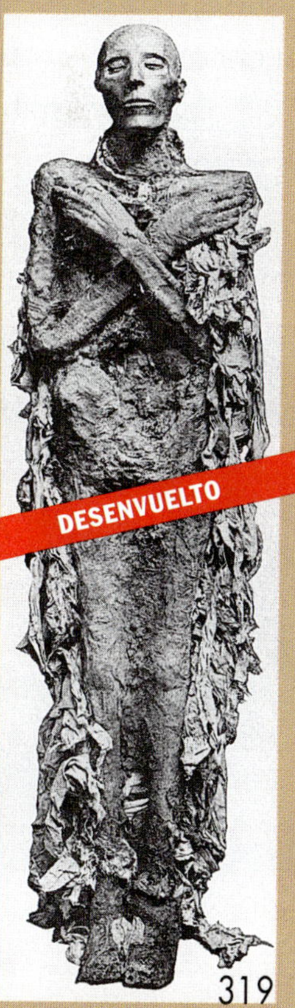

LOS TESOROS DE UNA TUMBA

El faraón Tutankamón ascendió al trono cuando tenía nueve años (alrededor de 1333 a.C.). Murió diez años más tarde. ¡Imagina lo que sería gobernar todo un país con sólo nueve años de edad!

La tumba del rey Tut, en el Valle de los Reyes, es el único entierro real que casi no fue tocado por los saqueadores. En 1922, después de muchos años de excavaciones, el arqueólogo Howard Carter encontró una entrada sellada a la tumba de Tutankamón. En la primera habitación halló tronos, jarrones, carrozas, estatuas, joyas y abanicos de plumas de pavo real, entre otras cosas. La momia se encontraba protegida por cuatro sarcófagos. ¡El tercero estaba hecho con casi 2,500 libras de oro!

LOS TESOROS DE LAS TUMBAS DE los faraones se encuentran exhibidos en museos de todo el mundo.

PIRÁMIDES DEL MUNDO

EL CASTILLO (LA GRAN PIRÁMIDE) de Chichén Itzá, México, fue probablemente construido entre los años 900 y 1200 d.C.

Las pirámides de Egipto fueron construidas a lo largo de mil años. Las más espléndidas se remontan a un periodo que abarca de 2700 a.C. a 2200 a.C.

Sin embargo, se han construido pirámides en muchas partes del mundo y en diversas épocas. Todas estas estructuras contienen ciertos elementos esenciales. Son enormes. Sus bases son rectangulares. Casi todas están hechas de piedra o ladrillos. Y la mayoría tiene lados inclinados que se unen en un punto.

LA PIRÁMIDE DEL LOUVRE EN París, Francia, es una construcción de vidrio transparente con una altura de 71 pies. Diseñada por la compañía arquitectónica I. M. Pei & Asociados, sirve de entrada al museo.

LA GRAN PIRÁMIDE estadounidense domina la vista del río Mississippi en Memphis, Tennessee. Con una altura de 321 pies, su base abarca un área aproximada de 6.8 acres. Es un monumento a la música estadounidense.

Reflexionar y responder

1. ¿Cómo colaboraron los antiguos egipcios para construir las pirámides?
2. ¿Qué características de la historia ayudaron a dar vida nuevamente al antiguo Egipto?
3. ¿Qué opina el autor sobre los constructores de las pirámides? ¿Cómo lo sabes?
4. ¿Recomendarías esta historia a un amigo o amiga que quiera ser **arqueólogo**? ¿Por qué?
5. ¿Cuáles estrategias usaste para ayudarte a leer esta historia? ¿Cuándo las usaste?

Visita *The Learning Site*
www.harcourtschool.com

Hacer conexiones

Compara textos

1. ¿Por qué crees que "Pirámides" es parte del tema Descubriendo el pasado?
2. ¿Por qué crees que el autor decidió incluir las ilustraciones de las páginas 308 y 309? ¿En qué se distingue la información de estas ilustraciones de la que se da en el texto principal?
3. ¿Cómo utilizarías los encabezados en "Pirámides" para localizar información? Da un ejemplo.
4. ¿Cuál sería la diferencia entre la biografía de un faraón egipcio y esta selección?
5. ¿Qué dudas te quedan aún acerca de la construcción de las pirámides?

Escribe una narración

CONEXIÓN con la Escritura

Imagina que eres un arqueólogo que trabaja en una excavación en las pirámides egipcias. Escribe una narración que describa tus sentimientos al descubrir varios objetos que te dicen mucho acerca de la vida en el antiguo Egipto. Asegúrate de describir detalles interesantes. Usa una red de palabras para hacer una lluvia de ideas.

Pirámide egipcia

Haz una gráfica de barras

CONEXIÓN con los Estudios sociales/las Matemáticas

Los ríos jugaron un papel determinante en el desarrollo de las antiguas civilizaciones. Usa una gráfica de barras para comparar las longitudes del río Nilo de Egipto, el Tigris y el Éufrates de la antigua Mesopotamia, el río Tíber de la antigua Roma y los ríos Amarillo y Yangtze de China.

Millas

4000
3500
3000
2500
2000
1500
1000
500
0

Nilo Tigris Éufrates Tíber Amarillo Yangtze

Haz un diagrama

CONEXIÓN con las Ciencias

Investiga acerca de las plantas y animales que viven en el desierto egipcio. Averigua cómo dependen unos de otros para la comida y la vivienda. Usa tu información para hacer un diagrama del desierto en una hoja grande de papel o en una cartulina. Escribe rótulos que expliquen brevemente cómo se relacionan las plantas y los animales en ese ecosistema desértico.

Elementos gráficos

Destreza de enfoque

Las **ilustraciones** y los **diagramas** son dos formas de elementos gráficos que te sirven para visualizar las ideas de una selección. Observa esta ilustración de "Pirámides". Compara la ilustración con la información del párrafo que está junto a ella.

- ¿Qué información es la misma en el párrafo y en la ilustración?
- ¿Cuál comunica la información de manera más rápida y sencilla?

Un diagrama es un dibujo o una fotografía con rótulos que indican las distintas partes de algo. Con frecuencia los textos científicos y de estudios sociales contienen diagramas que te ayudan a visualizar información compleja. ¿Qué información puedes aprender del diagrama de las páginas 316-317 de "Pirámides"?

Visita *The Learning Site*
www.harcourtschool.com

Ve Destrezas y Actividades

Preparación para las pruebas

Elementos gráficos

▶ **Estudia el siguiente diagrama. Después responde las preguntas.**

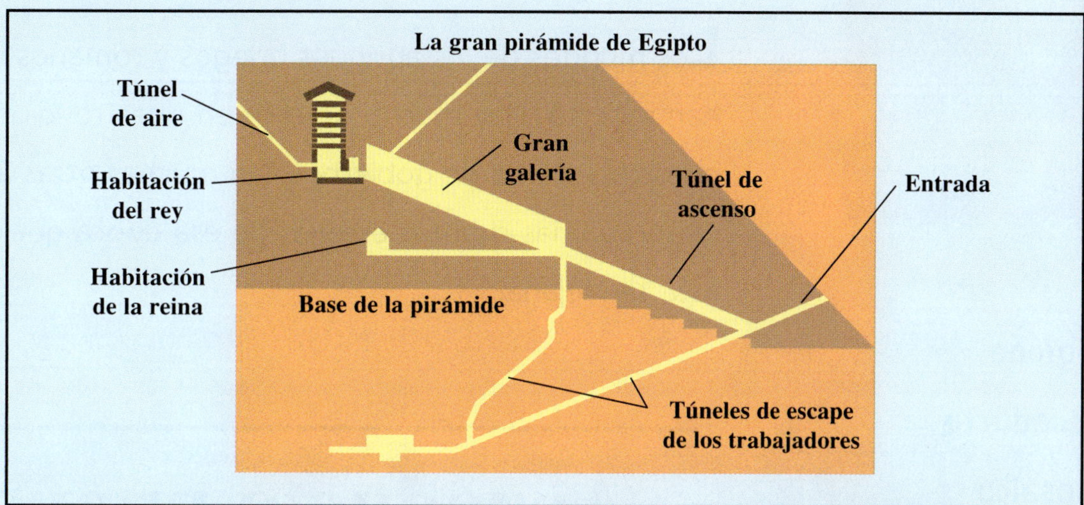

1. Uno de los túneles de aire conducía a—

- **A** la habitación del rey.
- **B** el túnel de ascenso.
- **C** la habitación de la reina.
- **D** la base de la pirámide.

Mira atentamente las líneas junto a cada rótulo para saber adónde apuntan. De otra forma, puedes confundir un rótulo con otro.

2. El túnel de ascenso conducía al principio de—

- **F** la habitación de la reina.
- **G** la base de la pirámide.
- **H** la entrada.
- **J** la Gran galería.

Reduce las opciones eliminando las que ni siquiera se acerquen al túnel de ascenso. Elige entre las opciones que queden.

El poder de las palabras

Una mirada al pasado: Los griegos y los romanos

- higiene
- acueducto
- mosaico
- provincias
- reconstruir
- emblema

Los mundos de los antiguos griegos y romanos no han muerto. Hay mucho de ellos en nuestro idioma, nuestro sistema de gobierno y en muchas otras áreas. Observa unas cuantas escenas de esa época que no está tan lejana.

Acueducto nuevo

La **higiene**, o aseo, era muy importante para los romanos. Se bañaban diariamente en baños públicos que tenían agua fresca. Esta agua se traía desde los manantiales que se encontraban a muchas millas de distancia, a través de una larga tubería o conducto llamado **acueducto**.

Este hermoso **mosaico** está hecho de pequeños pedazos de vidrio y piedra de colores. Esta clase de decoración de las paredes se usaba en muchas **provincias** o regiones políticas del imperio romano. Los arqueólogos lograron **reconstruir** algunas casas romanas para que podamos ver cómo vivían.

Los Juegos Olímpicos empezaron en la Grecia antigua. La antorcha es un **emblema** de los Juegos Olímpicos modernos. Antes de cada Olimpiada, se prende la antorcha en este antiguo templo de Olimpia, Grecia. Luego viaja al lugar de los juegos.

CONEXIÓN
Vocabulario-Escritura

La **higiene** era una parte importante de la vida de los antiguos romanos y griegos. Piensa en un producto moderno de higiene o de limpieza. Escribe un párrafo que describa ese producto y cómo pudo haber sido útil en tiempos antiguos.

Género

No ficción

Un tema de no ficción habla acerca de personas, cosas, sucesos o lugares que son reales.

En esta selección, busca

- **secciones divididas por encabezamientos.**
- **párrafos con ideas principales y detalles de apoyo.**

Una mirada al pasado

LOS GRIEGOS

TEXTO DE A. SUSAN WILLIAMS

LOS ROMANOS

TEXTO DE PETER HICKS

¿QUIÉNES FUERON LOS ANTIGUOS GRIEGOS?

Las costumbres y el modo de vida de los antiguos griegos, que vivieron hace más de 2,500 años, han afectado nuestra forma de vida. La política, el lenguaje, la literatura, las artes y los deportes de muchos países tienen algún vínculo con la civilización griega. Así pues, cuanto más sepamos de la historia de Grecia, mejor entenderemos nuestra actualidad.

Los arqueólogos utilizan restos (llamados artefactos) descubiertos en un área de la antigua Grecia para averiguar cómo vivieron aquellas personas hace cientos de años.

Las imágenes impresas en viejas vasijas, cántaros y monedas nos muestran el modo de vida de los griegos. También obtenemos información de las ruinas de sus edificios y los escritos de sus poetas, dramaturgos e historiadores.

◀ Grecia es un país montañoso. En la antigüedad, las montañas formaban divisiones entre distintos grupos de pobladores. Esto condujo al desarrollo de comunidades independientes que recibieron el nombre de ciudades-estado. Atenas, Esparta, Argos y Tebas fueron cuatro de las muchas ciudades-estado.

En la actualidad, las diferentes regiones de Grecia se encuentran unidas mediante inventos modernos como el auto y el teléfono.

▲ La imagen superior presenta los restos de la entrada del palacio minoico de Knosos. Tenía más de mil habitaciones construidas alrededor de un patio central. El palacio fue erigido por el pueblo minoico hace 3,500 años, durante el siglo XV a.C., en la gran isla griega de Creta. Cuando hablamos del periodo dorado de la civilización griega, nos referimos al siglo V a.C. (hace 2,500 años). Es la época conocida como periodo clásico, en el cual se desarrollaron las artes, la política y la literatura que hemos admirado durante tantos años.

La lengua griega

La palabra “alfabeto” se deriva de las dos primeras letras del alfabeto griego: alfa y beta. El alfabeto occidental se parece al griego, y muchas de nuestras palabras se derivan de palabras griegas. El término “teléfono”, por ejemplo, está formado por las palabras griegas que significan “lejos” (tele) y “sonido” (fono). La palabra “hipopótamo” se compone de los términos que significan “caballo” (hippos) y “río” (potamos).

▼ La pintura de este jarrón muestra a un hombre en un festival de Atenas, recitando dos largos poemas escritos por un poeta invidente llamado Homero. Los poemas de Homero se conocen como la *Ilíada* y la *Odisea.* La *Ilíada* relata la guerra de Troya entre los primitivos griegos y la ciudad de ese nombre. La *Odisea* cuenta las aventuras que vivió Odiseo durante sus viajes, una vez terminada la guerra de Troya.

Antiguos caracteres griegos	*Nombres de las letras griegas*
A	alpha
B	beta
Λ	gamma
Δ	delta
E	epsilon
I	zeta
H	eta
⊙	theta
/	iota
K	Kappa
L	lambda
M	mu
N	nu
XΣ	xi
O	omicron
Γ	pi
R	rho
Σ	sigma
T	tau
V	upsilon
Ø	phi
X	khi
ØΣ	psi
Ω	omega

▲ Éste es el antiguo alfabeto griego. Algunas de nuestras letras son distintas. Pero podrías escribir tu nombre en letras griegas.

La mayoría de los varones de Atenas podía leer debido a que los niños asistían a la escuela. Allí aprendían literatura, música y educación física. Las niñas atenienses no estudiaban, sino que permanecían en el hogar para aprender los cuidados de la familia. En Esparta, tanto los niños como las niñas aprendían a leer y escribir.

Letras occidentales más aproximadas

A
B
G
D
E (corta)
Z
E (larga)
Th (z)
I
K
L
M
N
X (ks)
O (corta)
P
R
S
T
U
Ph, F
Kh, Ch
PS
O

La ciudad-estado de Atenas

La ciudad-estado de Atenas fue muy poderosa y gobernó una gran región. Era una ciudad rica porque había yacimientos de plata en las cercanías y los esclavos eran obligados a trabajar duramente. La diosa protectora de Atenas era Atenea y el emblema de la ciudad era el búho.

▶ Éste es un busto de Pericles. Fue un gran líder ateniense durante el siglo V a.C. Ordenó la construcción del Partenón y otros hermosos templos, y realizó mejoras en el puerto de la ciudad, llamado Pireo. Dirigió a Atenas en la guerra contra Esparta, que se extendió de 431 a.C. a 404 a.C.

▼ La pintura de este jarrón muestra a los hombres en el momento de votar. Los ciudadanos de Atenas fueron los primeros en concebir la idea de la democracia, término griego que significa "gobierno del pueblo". Ya que Atenas era una democracia, los votantes de la ciudad podían elegir a sus dirigentes y servir en el gobierno.

Sin embargo, no todos participaban en las elecciones: mujeres, esclavos y libertos (esclavos liberados) no tenían permitido votar. En la actualidad, la mayoría de las naciones occidentales se rige mediante una democracia y todos los adultos tienen el derecho de votar por el gobierno de su preferencia.

Casas y edificios

Las casas griegas estaban construidas de madera y ladrillos de adobe, y dispuestas alrededor de un patio central abierto. Las mujeres y los niños de la familia vivían separados de los hombres. Los varones ocupaban las habitaciones públicas, donde recibían invitados. No estaba permitido que un desconocido entrara en una habitación donde hubiera mujeres, a menos que el hombre de la casa lo invitara a hacerlo.

▲ Éste es un drenaje del palacio minoico de Knosos, en la isla de Creta, construido hace unos 3,500 años. Los minoicos edificaron un eficaz sistema de acueductos para transportar agua al interior y fuera del palacio. Incluso la reina tenía agua corriente en su baño y un inodoro que descargaba agua.

◀ Éste es el pórtico del Erecteón, templo construido en la Acrópolis de Atenas poco tiempo después que el Partenón. En lugar de las tradicionales columnas, unas estatuas femeninas sostienen el techo.

▶ La forma y el tamaño de los templos griegos poseen un aspecto de gran belleza. Esto se debe a que los griegos sabían mucho de matemáticas y proyectaban sus edificios con mucho cuidado. El matemático Pitágoras desarrolló ideas que los niños aprenden aún hoy en las escuelas.

▼ Los edificios públicos eran muy bellos y estaban hechos de mármol y piedra. Muchos de ellos eran templos dedicados a dioses y diosas. Éste es el Partenón de Atenas. Fue construido durante el periodo clásico y dedicado a Atenea, diosa protectora de la ciudad.

Más de 2,000 años después, los templos griegos sirvieron de modelo en muchas partes del mundo. Así, por ejemplo, numerosos edificios gubernamentales de Washington, D.C. tienen columnas parecidas a las que podemos encontrar en los templos de la antigua Grecia.

El teatro

En el siglo V a.C., se llevó a cabo la primera representación teatral en Atenas. Muy pronto, las obras de teatro adquirieron gran popularidad y fueron representadas en diversos festivales. Las tragedias eran obras de carácter serio con un final triste. Las comedias eran divertidas y tenían un final feliz. Un grupo de danzantes y cantores, llamado *coro*, describía lo que ocurría en escena, proporcionando a la obra un sentido más amplio y profundo.

▼ Al igual que todos los teatros de la antigua Grecia, el de Epidauro fue construido al aire libre. Con capacidad para 14,000 espectadores, es el teatro mejor conservado de la antigua Grecia. Debido a que fue labrado sobre una ladera, todos los asistentes podían ver claramente la obra. En la actualidad, este teatro todavía se utiliza.

◀ Los actores usaban máscaras como la de este cómico. Algunos miembros del público se encontraban tan lejos del escenario que no podían ver la expresión natural del actor. Por ello, cada máscara representaba emociones distintas con gran claridad, de modo que todos los espectadores pudieran apreciar los sentimientos de los personajes. Como las mujeres no podían actuar, los varones interpretaban tanto papeles masculinos como femeninos. Muchas obras hablaban de los dioses y la forma como se relacionaban con los humanos.

▶ Las obras escritas en la antigua Grecia todavía se representan en la actualidad. Como esta tragedia, interpretada en un teatro moderno. Los antiguos griegos disfrutaban del teatro tanto como nosotros.

¿QUIÉNES FUERON LOS ANTIGUOS ROMANOS?

La historia de Roma, de su pueblo y del imperio que construyó, es a la vez impresionante y emocionante. Surgida en las orillas del río Tíber, en el centro de Italia, Roma se transformó en un poderoso imperio que abarcó tres continentes y perduró 700 años. Los romanos construyeron caminos, puentes y ciudades que todavía existen en la actualidad. Produjeron grandes obras de literatura y arte, un poderoso gobierno e invencibles ejércitos y armadas.

▼ Los arqueólogos han descubierto que, hace casi 4,000 años, una tribu llamada los latinos se estableció y labró las tierras de la región donde después se levantó la ciudad de Roma. El terreno era muy fértil y el clima benigno, de modo que obtenían buenas cosechas. Los agricultores cultivaron granos y verduras, y también criaron animales. La imagen que aparece abajo muestra a un labrador con su tiro de bueyes. Los latinos eran un pueblo sencillo que vivía en chozas de paja. Se cree que sus pequeñas granjas evolucionaron paulatinamente en aldeas y ciudades. El idioma de Roma, denominado "latín", se derivó de la lengua de los latinos.

▼ El área habitada por los latinos recibió el nombre de Lacio y cerca de allí se establecieron dos poderosos grupos: los etruscos al norte y los colonizadores griegos en el sur. Los latinos comerciaban con estos pueblos, de modo que adoptaron algunas de sus ideas, incluyendo la religión y el uso del alfabeto. De hecho, muchas de las ideas que dieron grandeza al imperio romano fueron tomadas de los etruscos y griegos.

EL CRECIMIENTO DE UN IMPERIO

Los asentamientos tribales que se unieron para formar la ciudad de Roma se encontraban en un grupo de colinas que dominaban la vista del río Tíber. El terreno elevado y el río protegieron a Roma contra los ataques enemigos.

▲ Uno de los problemas que abrumaban a Roma era la inundación de las tierras bajas cercanas al Tíber. Después de drenarlas, aquellas tierras fueron transformadas en el foro, un espacio abierto donde celebraban reuniones y cuyos restos puedes ver en la fotografía superior. El consejo de la ciudad se reunía en un edificio denominado curia, localizado en el foro. Muchas personas acudían al foro para comerciar y escuchar a los oradores.

▶ Hacia el año 100 d.C., toda la riqueza procedente del imperio hizo de Roma la ciudad más grande e impresionante del mundo. Roma era el hogar de un millón de personas. Esta maqueta nos da una buena idea del aspecto que tenía la ciudad.

Como lo muestra esta maqueta, la ciudad estaba repleta de casas, apartamentos, baños públicos y tiendas. El enorme Coliseo se encuentra a la derecha y al fondo puedes ver el Circo Máximo. En estos edificios se realizaban los Juegos Romanos.

◀ Hacía falta mucho grano para alimentar a la enorme población y, por consiguiente, Roma necesitaba recibir grandes cantidades del imperio. El grano era gratuito para los más pobres, pero cuando las provisiones llegaban a agotarse, estallaban violentas revueltas. Este mosaico muestra a un hombre que mide grano, un cultivo fundamental para los romanos.

▼ Hacia el año 100 d.C., el imperio romano era un enorme territorio encabezado por un emperador. El imperio estaba comunicado mediante una impresionante red de caminos. Muchos de los caminos romanos eran largos y rectos. Esto permitía el rápido desplazamiento de tropas hacia cualquier lugar del imperio donde surgieran dificultades. Todavía existen muchos de los caminos rectos construidos por los romanos.

▼ Los romanos también abrieron caminos para cruzar las montañas. Aquí puedes ver un camino sinuoso en los Alpes. Esta vía fue construida por los romanos y muestra lo excelentes que eran sus ingenieros.

La vida urbana

Las ciudades eran indispensables para el crecimiento del imperio romano. Las ideas romanas se diseminaban a través de cientos de poblaciones distribuidas por todo el imperio, las cuales actuaban como centros de comercio, religión, entretenimiento y educación. También había centros locales de gobierno que proporcionaban protección en épocas de peligro. La población de estas ciudades entraba en contacto con la arquitectura, la moda, las leyes, los deportes y la higiene de Roma. Esto los alentaba a imitar el modo de vida romano.

▲ Los romanos tenían elevados estándares de higiene, y el sistema de drenaje de sus ciudades era notable. Disponían de abundante agua limpia. Como los ríos y arroyos de las ciudades solían estar contaminados, era necesario encontrar un manantial de agua pura y construir un acueducto para transportar el preciado líquido. Los romanos utilizaban más agua por persona que los actuales habitantes de la ciudad de New York. La fotografía superior muestra parte del acueducto que conducía agua a la ciudad de Nimes, Francia. En su dramático recorrido por el valle, este acueducto transportaba agua desde un manantial situado a 25 millas de distancia.

▼ La mayor parte del agua se utilizaba para lavar y beber. Era conducida hasta las fuentes y el excedente servía para limpiar los drenajes. El aspecto más importante es que el agua alimentaba los baños públicos erigidos cerca del foro de la ciudad. Los romanos acostumbraban a bañarse todos los días y eran personas muy pulcras. Solían hacerlo después de trabajar, cuando visitaban los baños públicos al regresar a sus hogares. Los servicios eran muy económicos y los establecimientos proporcionaban comida y entretenimiento. La imagen de abajo muestra un baño romano en Bath, Inglaterra. Aunque todo lo que se encuentra por arriba de las bases de las columnas fue añadido durante el siglo XIX, puedes imaginar a los bañistas que charlaban y bebían en la orilla o se zambullían en las aguas.

◀ Los baños públicos mantenían su temperatura con un sistema de horno e hipocausto. El aire caliente del horno pasaba por unos conductos hasta un área subterránea sostenida con pilares, como puedes ver en la fotografía. Esto calentaba mucho la habitación, de modo que los bañistas sudaban antes de tomar el baño. El hipocausto también servía para calentar casas, lo cual resultaba de gran utilidad en algunas regiones del imperio como Galia (la actual Francia) y Bretaña. La imagen muestra los conductos de aire en los costados de las paredes.

Sabemos muchas cosas de las ciudades romanas gracias a los descubrimientos arqueológicos realizados en Pompeya y Herculano, cerca de Nápoles, Italia. Ambas ciudades se perdieron después que el volcán Vesubio hizo erupción en 79 d.C., cubriéndolas con gruesas capas de lodo, ceniza y lava. Dichas poblaciones permanecieron en el olvido durante siglos, hasta que la región fue excavada con minuciosa atención. Los resultados son asombrosos: calles, casas, artefactos, tiendas, panaderías, peluquerías y lavanderías, todo preservado en el preciso estado en que se hallaba el día de la erupción.

▶ Debido a que los arqueólogos han encontrado muchos artefactos, han podido reconstruir las habitaciones de donde provenían. Ésta es una típica cocina de una casa. Los grandes recipientes para almacenamiento se denominan ánforas. También hay una gran olla y un horno.

◀ Los pobres de las ciudades romanas vivían en pequeños edificios de apartamentos. Pero los ricos podían adquirir lujosas casas de piedra y tejados, las cuales suelen hallarse en buen estado de conservación. Muchas casas tenían suntuosas habitaciones, salas de baño, pisos de mosaico y hermosos jardines.

La caída de Roma

Hacia el siglo III d.C., las tribus del exterior comenzaron a invadir las provincias del imperio romano con la esperanza de obtener sus riquezas. En respuesta a la amenaza, el imperio reforzó sus fronteras y algunas ciudades levantaron murallas o añadieron torreones a las ya existentes. En las costas de Galia y Bretaña, se construyeron fuertes especiales para prevenir el arribo de los saqueadores anglosajones que zarpaban de la actual Alemania a bordo de grandes embarcaciones.

▼ Las enormes torres de este antiguo fuerte ayudaron a los defensores a vigilar sus murallas y mejorar el alcance de sus armas. Frente a las torres puedes observar los restos de un foso defensivo. Dicho foso debió ser mucho más profundo hace 1,700 años.

▶ Hacia el siglo V d.C, las tribus centroeuropeas (francos, vándalos, godos y hunos) realizaron importantes incursiones en el territorio romano. Una de las tribus, los hunos, estaba dirigida por Atila, cuya imagen aparece en esta medalla. Los romanos llamaban bárbaros a los miembros de cualquier tribu porque vivían fuera del imperio y no eran "civilizados". La inscripción de la medalla describe a Atila como "Azote de Dios".

Debido a los continuos ataques contra el imperio, cada vez se hizo más difícil recaudar impuestos: los habitantes se negaban a pagar o no tenían dinero para hacerlo. Esto significaba que no había fondos para cubrir los salarios del ejército, de modo que muchos soldados desertaron, dejando indefenso al imperio. Una vez que el ejército abandonaba una región, el modo de vida romano se desplomaba con asombrosa rapidez. Los edificios quedaban desiertos y eran saqueados, quemados o convertidos en ruinas.

◀ El imperio romano fue muy poderoso durante su etapa de crecimiento; pero la defensa de sus fronteras resultó excesivamente difícil. Hacia el año 476 d.C., el imperio se había dividido. Ésta es la gran muralla que rodeaba la ciudad de Constantinopla (la actual Estambul, Turquía), en la cual se concentraban los poderes del imperio de Oriente. Constantinopla sobrevivió hasta el siglo XV, cuando el antes poderoso imperio de Occidente ya se encontraba en ruinas.

Reflexionar y responder

1. ¿De qué manera han influenciado nuestras vidas de hoy en día los antiguos griegos y romanos?

2. ¿Por qué los autores presentan en un formato de leyendas la mayor parte de la información de esta historia?

3. ¿Por qué crees que se destruyó la forma de vida de los romanos cuando sus soldados desertaron las **provincias**?

4. ¿Qué te hubiera gustado o disgustado acerca de vivir en la Grecia o Roma antigua? Explica tus respuestas.

5. ¿De qué te sirvió ajustar el ritmo de lectura al leer esta historia?

Hacer conexiones

Una mirada al pasado: Los griegos y los romanos

Compara textos

1. ¿Cómo "revives" los misterios del pasado al leer esta selección?
2. ¿Qué similitud de estructura y formato hay entre las partes sobre los griegos y los romanos en esta selección?
3. ¿Qué cultura antigua te interesa más: la de los griegos o la de los romanos? Explica tu respuesta.
4. ¿Cuál es la diferencia o similitud entre "Una mirada al pasado" y el artículo de una enciclopedia?
5. ¿Dónde podrías hallar más información sobre los artefactos griegos y romanos?

Escribe un discurso persuasivo

CONEXIÓN con la Escritura

¿Crees que sea importante estudiar en la escuela sobre las civilizaciones antiguas? Escribe un discurso donde expreses tu opinión y persuade a quienes te escuchen a coincidir con tu punto de vista. Organiza tus ideas en una tabla.

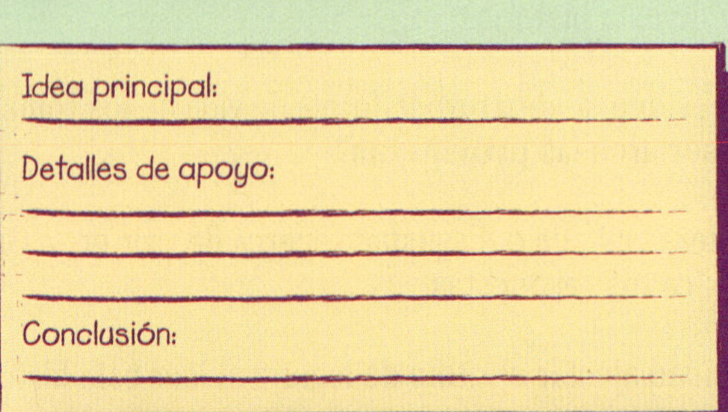

Escribe un reportaje especial para la televisión

Trabaja con un compañero para hallar más información sobre la erupción del monte Vesubio en el año 79 a.C. Después imagina que eres un reportero de televisión y escribe un reportaje especial sobre el suceso. Incluye información sobre la causa de la erupción y sus efectos en la vida de los romanos. Incluye en tu reportaje mapas y otras imágenes.

CONEXIÓN con las Ciencias/ los Estudios sociales

Haz una red

El gobierno de la República romana tenía características similares a las del gobierno de Estados Unidos. En una enciclopedia u otras fuentes, investiga hechos sobre el antiguo sistema de gobierno de Roma y organiza tu información en una red. Piensa en una manera creativa de mostrar en tu red cuáles de sus características también pueden aplicarse al gobierno de Estados Unidos.

Hecho

Hecho

Antiguo gobierno de Roma

Hecho

Hecho

CONEXIÓN con los Estudios sociales

Estructura del texto: La idea principal y los detalles

"Una mirada al pasado" está organizada usando ideas principales y detalles. La selección abarca varios temas sobre los griegos y los romanos, y para cada tema hay un párrafo o pasaje con una idea principal que está apoyada por detalles.

Conforme lees "Los griegos" y "Los romanos" puedes relacionar algunas de las ideas principales que aparecen en ambas partes. Por ejemplo, ambas selecciones hablan de la manera en que los arqueólogos aprenden más sobre las civilizaciones antiguas gracias a los artefactos que encuentran. La siguiente tabla te muestra cómo podrías relacionar y comparar ideas sobre este tema en ambas selecciones.

	Los griegos	Los romanos
Idea principal	Los arqueólogos usan los restos para descubrir la manera en que vivían los antiguos griegos.	Sabemos mucho sobre las ciudades romanas gracias a los descubrimientos arqueológicos hechos en Pompeya y Herculano.
Detalles de apoyo	Las imágenes en jarrones, ollas y monedas muestran cómo vivían los antiguos griegos. Las ruinas de sus construcciones y sus escritos también contienen información valiosa.	Capas de lava volcánica preservaron calles, casas, artefactos, tiendas, panaderías, peluquerías y lavanderías. Las habitaciones donde se hallaron los artefactos se han reconstruido para mostrar cómo vivía la gente.

Visita *The Learning Site*
www.harcourtschool.com

Ve Destrezas y Actividades

Preparación para las pruebas

Estructura del texto: La idea principal y los detalles

▶ **Lee el siguiente pasaje. Luego contesta las preguntas.**

Los arqueólogos nos han ayudado a comprender la manera en que vivieron los antiguos griegos y romanos. Estos científicos han hallado los restos de muchas construcciones, desde simples casas hasta magníficos templos. También han hallado artefactos como ollas, jarrones y monedas. Estos artefactos generalmente se exponen en los museos.

1. ¿Cuál es la idea principal de este párrafo?

A Estos artefactos generalmente se exponen en los museos.

B Los arqueólogos nos han ayudado a comprender el mundo de los antiguos griegos y romanos.

C Estos científicos han hallado los restos de muchas construcciones, desde simples casas hasta magníficos templos.

D Los científicos también han hallado ollas, jarrones y monedas.

Sugerencia

Es frecuente que la idea principal se encuentre en la oración principal. ¿La oración principal contiene la idea principal aquí?

2. ¿Cuál de las siguientes frases sería la mejor para añadir al párrafo?

F Las imágenes en artefactos nos muestran lo que la gente solía hacer.

G Grecia es un país montañoso.

H Las matemáticas fueron un aspecto importante de la vida antigua.

I El desbordamiento del río Tíber era común en Roma.

Sugerencia

La respuesta que elijas debe apoyar a la idea principal. ¡Algunas de ellas de ninguna manera tienen relación con la idea principal!

La elección de Pericles

El poder de las palabras

En "La elección de Pericles", los jóvenes compiten entre sí en un concurso. Sin embargo, hay muchas otras formas de competir. Cuando una competencia es amistosa, todos pueden ganar.

democracia

virtudes

disfrazado

toscos

vocifera

perezoso

LA CAMPAÑA COMIENZA

El lunes se inició la campaña de este año para presidente de la clase. Todos los estudiantes tendrán la oportunidad de votar en esta elección y de hacer valer la **democracia**. Los tres candidatos empezaron hablando de sus propias **virtudes**. Sus puntos a favor llamaron la atención de muchos estudiantes.

La candidata María Rodríguez dijo: "Queremos hacer una campaña justa. No tenemos por qué ser groseros entre nosotros".

DEBATE DE LOS CANDIDATOS AL CONSEJO ESTUDIANTIL

El viernes los candidatos a la presidencia participaron en un debate. Afuera había estudiantes **disfrazados** que llevaban enormes anuncios para promover a sus candidatos. Se veían **toscos** y tenían dificultad en caminar. Adentro los candidatos estaban vestidos con sus mejores ropas. Al principio, hablaron con calma, pero de pronto, empezaron a gritar y hasta a **vociferar**. Finalmente, el director de la escuela tuvo que intervenir y lo hizo bromeando:

"Ya sé que ustedes creen que cada estudiante es muy **perezoso**, y que todos se están quedando dormidos en el debate, pero no es necesario despertarlos a gritos".

CONEXIÓN
Vocabulario-Escritura

Hasta los niños más pequeños tienen personalidad propia y formas particulares de ver las cosas. ¿Qué **virtudes** crees que debería tener toda persona joven? Escribe algunas líneas que expliquen tus razones.

Género

Obra de teatro

Una obra de teatro es un cuento que puede ser dramatizado para el público.

En esta selección, busca

- **una trama con un problema y su resolución.**
- **indicaciones escénicas entre paréntesis.**

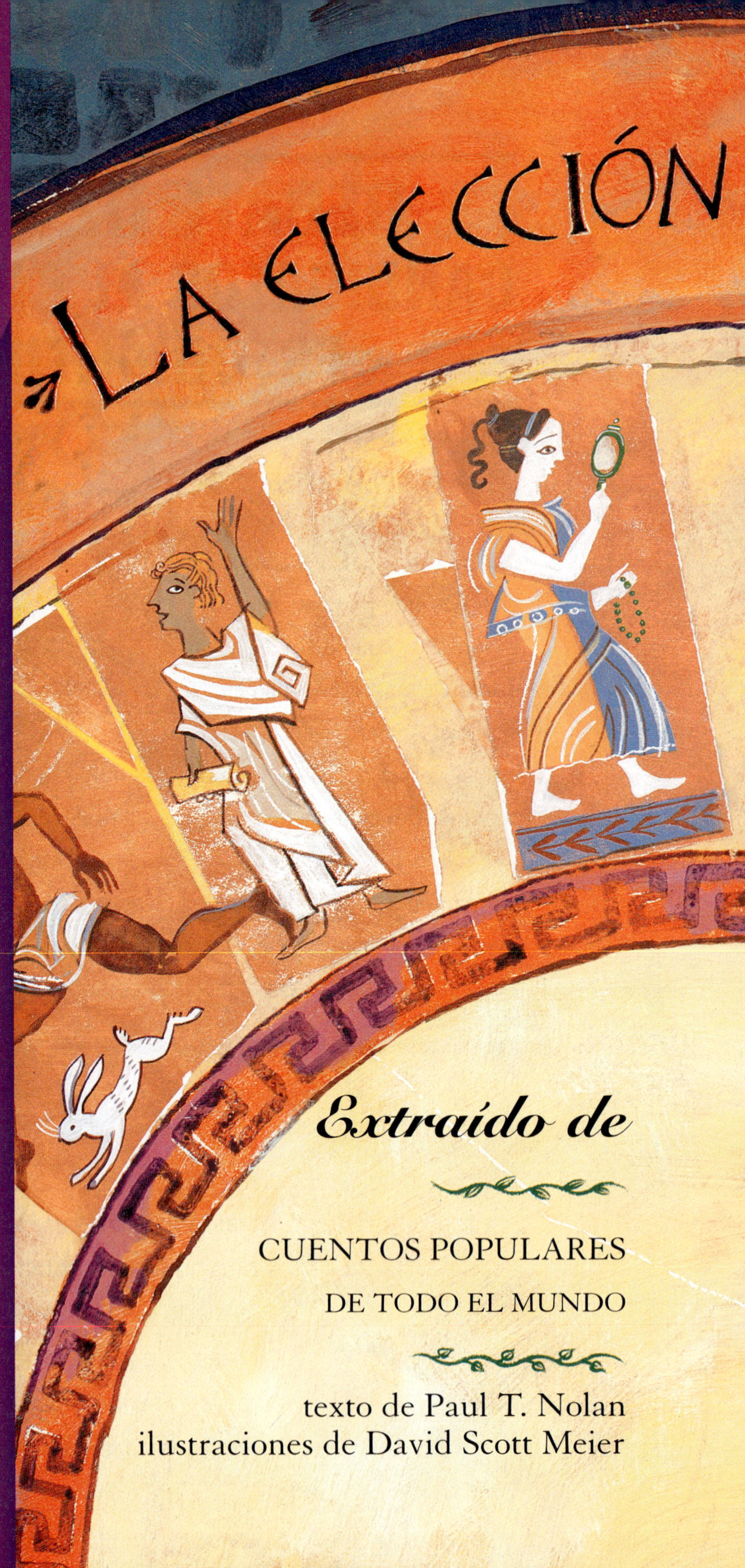

LA ELECCIÓN

Extraído de

CUENTOS POPULARES DE TODO EL MUNDO

texto de Paul T. Nolan
ilustraciones de David Scott Meier

Personajes

SIMÓN *(El Atleta)*
HÉCTOR *(El Orador)*
AJAX *(El Guerrero)*
ELENA *(La Bella)*
LETA *(La Inteligente)*
IDA *(La Artista)*
NÉSTOR *(El Amigo)*
EL VIEJO MARINO
UN MENSAJERO
PERICLES
CIUDADANOS DE ATENAS

ÉPOCA: *Siglo V a.C.*
LUGAR: *El mercado de Atenas*
AL LEVANTAR EL TELÓN: EL VIEJO MARINO *cuenta historias acerca de sus viajes.* EL VIEJO MARINO *y los jóvenes* (SIMÓN, HÉCTOR, AJAX, ELENA, LETA, IDA *y* NÉSTOR) *están abajo, a la izquierda y son el centro de la escena, pero al fondo también están los* CIUDADANOS DE ATENAS, *realizando sus actividades cotidianas. Aunque* EL VIEJO MARINO *toma sus historias de "La Ilíada" y "La Odisea" de Homero, las cuenta como si hubiera participado en ellas, por lo cual acapara la atención de los jóvenes.*

EL MARINO: Y ahí estábamos, Odiseo y yo, y el enorme Cíclope . . . .

SIMÓN: ¿Era el Cíclope tan grande como diez hombres juntos?

EL MARINO: Como cincuenta de ellos, y tenía un solo ojo *(Apunta al centro de su frente.)* justo en la mitad de la frente.

SIMÓN: Apuesto a que corría como el viento.

AJAX: Y peleaba como un ejército.

ELENA: Pero no era nada atractivo.

EL MARINO: Era horrible. Hubiera aterrorizado a cualquiera, menos a mi amigo Odiseo y a mí.

LETA *(Con duda)*: ¿Cómo conociste a Odiseo? Él vivió hace mucho tiempo.

EL MARINO: ¡Eso es cierto! Fue hace mucho tiempo. Yo era muy joven entonces.

LETA: Creí que eso había sucedido *hace mil años.*

EL MARINO: Creo que sí. Yo era demasiado joven y no me acuerdo.

IDA: ¿Dijo Homero la verdad sobre Odiseo, viejo marino?

EL MARINO: Homero era un poeta; ya sabes que los poetas inventan cosas. Pero casi todo lo que dice es verdad.

LETA: ¿Por qué no te incluyó en la historia?

EL MARINO: Bueno, supongo que Homero no podía incluirlo todo.

ELENA: Cuéntanos sobre tus aventuras con nuestro líder Pericles.

EL MARINO: Ah, sí, mis aventuras con Pericles.

LETA: Apuesto que nunca has estado en Troya y que ni siquiera conoces a Pericles.

EL MARINO: Pericles y yo hemos hecho varias cosas juntos.

LETA: Eso no es cierto.

NÉSTOR: ¿Por qué dices eso, Leta? Ahora ya no querrá contarnos más historias.

LETA: Sólo dije la verdad.

EL MARINO: ¿Conque eso crees, eh, jovencita? Quizá me creerías si Pericles estuviera aquí y él mismo contara lo que hicimos.

LETA: Desde luego. Tráelo, si puedes.

EL MARINO: Tal vez no me interesa traerlo.

LETA: No reconocerías a Pericles aunque estuviera frente a ti. *(Un* MENSAJERO *entra en escena y hace sonar su platillo de latón. Todos a su alrededor hacen una pausa para escucharlo.)*

MENSAJERO *(Desenrolla un papel y empieza a leerlo.)*: Escuchen todos, escuchen todos, porque he traído nuevas de nuestro gran líder Pericles. Hoy, Pericles elegirá al joven que tenga la cualidad que busca.

PRIMER CIUDADANO: ¿Una cualidad? ¿Cuál es?

SEGUNDO CIUDADANO: Su destreza militar, desde luego.

TERCER CIUDADANO: No, es su facilidad para dar discursos.

CUARTO CIUDADANO: Es su gran fuerza.

MENSAJERO *(Hace sonar su platillo para callar a la multitud.)*: Pericles ya está entre ustedes. Él los verá y elegirá a su juicio. Dentro de una hora, él decidirá quién tiene la cualidad que busca. Padres, preparen a sus hijos. Jóvenes, prepárense.

El elegido recibirá un premio.
(*El* MENSAJERO *se va.*)

PRIMER CIUDADANO: Pericles ya está entre nosotros.

SEGUNDO CIUDADANO: Dentro de una hora, nombrará al ganador.

TERCER CIUDADANO: Debo ir a casa a despertar a mi perezoso hijo. Pero, ¿de qué serviría? Sólo si dormir es la cualidad que busca Pericles, mi hijo ganaría el premio.

CUARTO CIUDADANO: Tal vez sea el canto. Mi hija canta como un pájaro.

QUINTO CIUDADANO (*Le dice al* CUARTO CIUDADANO.): ¿Qué pájaro? ¿Un cuervo? Tu hija no sabe cantar.

CUARTO CIUDADANO: Estás celoso. Sabes que si mi hija gana el premio, todo el honor será para mi casa. *(Mientras estas personas discuten, los demás* CIUDADANOS *regresan a sus actividades y sólo los siete personajes principales permanecen en escena. Al centro de la escena,* PERICLES, *disfrazado de vagabundo, se sienta con la cabeza agachada, como si estuviera dormitando.)*

SIMÓN: ¿Qué cualidad busca Pericles? ¿Alguien lo sabe?

ELENA: Nunca oí hablar de algo así.

NÉSTOR: ¿No sería un gran honor que alguien de ustedes ganara el premio? Me llenaría de orgullo ser amigo de quien posea la cualidad que busca Pericles.

HÉCTOR: El viejo marino dice que él conoce a Pericles. Tal vez él pueda decirnos cuál es esa cualidad. ¿En dónde está?

IDA *(Mirando a su alrededor)*: Se ha ido. Leta lo hizo enojar al decirle que sus historias eran falsas.

LETA: Yo no lo hice enojar. Se fue porque sabía que cuando llegara Pericles, nos diría que sus historias no eran ciertas.

AJAX: Si crees que sus historias son inventadas, ¿por qué lo escuchas?

LETA: Porque me gusta cómo las cuenta. (PERICLES *se acerca al grupo, al centro de la escena. Los muchachos no le ponen atención.)*

SIMÓN: Los griegos somos los mejores atletas del mundo. Corremos más rápido, nadamos mejor, lanzamos la jabalina más lejos que cualquier otra persona en el mundo. La cualidad que busca Pericles debe estar en los deportes.

Néstor, ven conmigo. Corramos hasta el templo y regresemos. Si Pericles nos ve, se dará cuenta que soy un excelente corredor.

NÉSTOR: Con gusto, amigo Simón, si crees que eso ayudará.

SIMÓN: Héctor, danos la señal de partida.

HÉCTOR: No sé por qué debería ayudarlos. A mí también me gustaría ganar el premio.

NÉSTOR: Si el premio es para la oratoria, Pericles podría escuchar tu melodiosa voz.

HÉCTOR: No había pensado en eso. Está bien, ayudaré. (SIMÓN *y* HÉCTOR *se preparan para correr.)*: Grandes corredores de Atenas, escuchen mi voz de arranque: En sus marcas, listos, ¡fuera! *(Ambos empiezan a correr.)* ¿Se escuchó bien mi voz, Leta?

LETA: No seas tonto, Héctor. ¿Cómo puede sonar bien una voz si no se dice nada?

ELENA *(Mira a los corredores a lo lejos.)*: Néstor está al parejo de Simón.

LETA: Néstor también es un buen corredor, pero le interesa más ayudar a Simón a ganar el premio que ganar la carrera. Eso lo hará perder.

ELENA: Temo que así será. Además, Néstor es más noble que Simón. *(Cuando los corredores regresan,* SIMÓN *llega en primer lugar.* HÉCTOR *levanta la mano de* SIMÓN *y lo declara ganador.)*

HÉCTOR: Yo, el juez Héctor, declaro ganador a Simón.

ELENA: Néstor, en lugar de ayudar a Simón a ganar la carrera, debiste haber tratado de ganarla.

NÉSTOR: Nadie puede derrotar a mi amigo Simón. Es el mejor corredor de Atenas.

SIMÓN: Gracias por tu ayuda, Néstor. Si Pericles ofrece un premio al segundo lugar, estoy seguro de que lo recibirás.

HÉCTOR: No te apresures a pensar que recibirás el premio, Simón. Tal vez la cualidad que busca Pericles no sean los deportes. Reconozco que Pericles fue un excelente corredor en su juventud, pero para aplicar la democracia se necesita capacidad de oratoria, no capacidad deportiva.

AJAX: ¿Crees que ganarás el premio por tu capacidad de oratoria, Héctor?

HÉCTOR: No he dicho que ganaré el premio, sino que me gustaría ganarlo. ¿Recuerdan la historia de Admeteo, el joven que le pidió a su padre que muriera en su lugar? Escuchen lo que dijo su padre. . . .

LETA *(Tomando aire)*: ¿Tenemos que escuchar esa historia de nuevo?

HÉCTOR: Escuchen esto. Soy el padre del joven. *(Fingiendo la voz de un anciano)* "¿Acaso soy un esclavo, hijo, que me tratas de esa manera? ¿O soy tu padre, soberano y hombre nacido libre? Yo te he dado todo lo que posees. ¿También debo darte mi vida? No hay en Grecia ley alguna que diga que un padre debe morir por su hijo. . . ."

IDA *(Interrumpe la historia.)*: ¿Vas a contar la historia completa de nuevo?

NÉSTOR: A mí me parece que es una excelente historia, y Héctor la cuenta muy bien.

LETA: No sé qué haríamos sin ti, Néstor. Haces que nuestros errores se conviertan en virtudes: Simón discute, Héctor vocifera, Ajax se jacta. . . .

AJAX: ¡Yo no me jacto de nada! Camino como un guerrero y eso es lo que soy, ¡un guerrero! Cuando gane el premio, lamentarás haber dicho eso, Leta.

LETA: ¿De verdad crees tener la cualidad que busca Pericles?

AJAX: Ahora te pregunto: ¿Cuál es el mayor logro de los griegos? ¡Sus batallas! ¿Y quién es el mejor guerrero? *(Toma su espada y la esgrime al frente, hacia*

Néstor, quien cae al suelo, fingiéndose muerto.) ¿Lo ves? Una victoria más. *(Simula colocar su pie sobre el cuerpo de* NÉSTOR *y muestra su espada con orgullo.)* Si Pericles ha visto que soy un gran guerrero, estoy seguro que ganaré el premio.

NÉSTOR *(Poniéndose de pie):* Uno de ustedes ganará, estoy seguro. Nadie corre tan rápido como Simón, o habla con tanta elocuencia como Héctor, ni pelea tan bien como Ajax. Todos celebraremos cuando se entregue el premio.

PERICLES *(Todos voltean a verlo cuando éste les habla.):* Hay mucho de cierto en lo que dices, Néstor. Para nosotros los griegos son importantes las cualidades de tus amigos. Cualquiera de ellos podría ganar el premio.

NÉSTOR: Ojalá Pericles hubiera dicho eso.

IDA: ¿Conoce usted a Pericles, buen anciano?

PERICLES: Nunca lo he visto cara a cara, pero conozco su pensamiento. *(Luego voltea hacia las muchachas.)* ¿Y ustedes, muchachas? Elena es muy bella. Tal vez ésa sea la cualidad requerida.

ELENA *(Posando para lucir su belleza):* Pensé que la cualidad bien podría ser la belleza, pero no sabía si los hombres estarían de acuerdo conmigo.

PERICLES: Los atenienses no somos tan toscos como los espartanos, Elena. Uno de nuestros méritos consiste en saber que la belleza es una de las cosas que hacen que la vida valga la pena.

ELENA: Si gano el premio, espero que sea un bello collar para lucirlo en mi hermoso cuello.

LETA: No cuentes las perlas hasta haber ganado el premio. La diosa de la belleza recibió un premio de Paris, pero el pobre Paris no es tan sabio como Pericles. No creo que un rostro hermoso sea la cualidad que busca Pericles.

PERICLES: Ése es un excelente argumento para alguien tan joven. Eres muy inteligente, Leta.

NÉSTOR: Quizá la inteligencia sea la cualidad que busca Pericles, Leta, y si es así, tú puedes ganar el premio.

LETA: Gracias, Néstor. Pero soy lo suficientemente inteligente para saber que no ganaré. En todas partes hay personas inteligentes. Atenas no es el único lugar del mundo. No creo que ésa sea la cualidad que busca Pericles.

PERICLES: Tal vez sea el arte. Me han dicho, Ida, que cantas y bailas maravillosamente.

NÉSTOR: Ella tiene la voz más hermosa y es la mejor bailarina de toda Atenas. Canta para nosotros, Ida.

PERICLES: Sí, hazlo, Ida. Los griegos tenemos buen gusto por las canciones. Piensa en los honores que le hemos rendido a Homero durante muchos siglos.

IDA: Cantaré para ustedes, pero sólo si me acompañan.

NÉSTOR: Cantaremos contigo, pero también bailarás. *(La siguiente canción debe cantarse al ritmo de "Canción de alabanza", escrita por Bach.* IDA *canta la primera estrofa sola. Los demás se unen en la segunda estrofa. Luego* IDA *y* NÉSTOR *realizan una rutina de ballet mientras los demás cantan la primera estrofa de nuevo.)*

IDA:

Cantemos una oda a las islas que amamos;
Por toda la dicha que la vida trae,
Por la libertad y hazañas de nuestros héroes,
Demos gracias y cantemos esta oda.

LOS DEMÁS:

Cantemos una oda a las islas que amamos;
Para Atenas, la ciudad más ilustre
Por sus mares y montañas,
Demos gracias y elevemos nuestra voz.

PERICLES *(Aplaude.)*: Eso estuvo muy bien, Ida. Tú también lo hiciste muy bien, Néstor.

IDA: Néstor es mi acompañante favorito.

NÉSTOR: Cualquiera bailaría bien junto a Ida.

PERICLES: Y, ¿cuál es tu mayor cualidad Néstor? ¿Qué harías para ganar el premio de Pericles?

NÉSTOR *(Se ríe.)*: Ni siquiera lo había pensado. No soy tan rápido como Simón, ni hablo tan elocuentemente como Héctor. Mucho menos peleo como Ajax. . . .

AJAX: Pero eres el compañero que me gustaría tener a mi lado en cualquier batalla.

NÉSTOR: Te agradezco el cumplido, Ajax.

ELENA: Aunque no eres hermoso, Néstor, creo que eres bien parecido, ¿no es así, buen anciano?

PERICLES: Tienes el rostro que me gustaría ver en un hijo o en un amigo.

NÉSTOR *(Se ríe.)*: Mi única cualidad es la suerte de contar con tan buenos amigos. Y uno de ustedes ganará el premio el día de hoy, estoy seguro de eso. *(El* MENSAJERO *entra y hace sonar su platillo de nuevo. Los* CIUDADANOS *regresan a escena.)*

PERICLES: Bueno, pronto lo sabremos. Aquí llega el mensajero de nuevo. *(Se aleja del grupo de muchachos y se acerca al* MENSAJERO.*)*

MENSAJERO: Ciudadanos de Grecia, ha llegado el momento de anunciar el nombre del joven con la cualidad que busca Pericles.

PRIMER CIUDADANO: Pero, ¿en dónde está Pericles?

SEGUNDO CIUDADANO: Sí. Aún no hemos visto a Pericles.

TERCER CIUDADANO: No ha escuchado a mi perezoso hijo roncar.

CUARTO CUIDADANO: Tampoco ha escuchado a mi hija cantar.

MENSAJERO: Pericles ha estado con ustedes todo el tiempo, observando su conducta.

AJAX: ¿Pericles ha estado aquí? *(El* VIEJO MARINO *regresa a la escena.)*

ELENA: ¡Miren, el viejo marino! Ha regresado.

MENSAJERO: Pericles ha estado aquí y no se ha ido. Se ha disfrazado, pero no hablará con ustedes.

IDA: Pericles está entre nosotros, disfrazado.

SIMÓN: Apuesto a que es el viejo marino.

HÉCTOR: Entonces no ganarás Leta, porque le dijiste que sus historias son falsas.

AJAX: El viejo marino dijo que conocía a Pericles. Cualquier hombre se conoce a sí mismo. (PERICLES *se pone de pie junto al* MENSAJERO.)

LETA: ¡Miren! El vagabundo está junto al mensajero. Pericles no es el viejo marino, sino el vagabundo.

HÉCTOR: No es posible. Dijo que no había visto cara a cara a Pericles.

LETA: Ningún hombre puede verse a sí mismo cara a cara.

MENSAJERO: ¡Ciudadanos de Atenas! ¡Aquí está Pericles! (PERICLES *rasga la vieja túnica que llevaba puesta, se quita la capucha y se yergue derecho.*)

CIUDADANOS: ¡Pericles! ¡Es Pericles!

PRIMER CIUDADANO: Lo he visto charlar con los niños a la orilla del río.

SEGUNDO CIUDADANO: Yo he visto que escucha cantar a los niños.

TERCER CIUDADANO: Entonces oyó a mi hijo roncar.

CUARTO CIUDADANO *(Complacido)*: Y a mi hija cantar.

PERICLES: Ciudadanos de Atenas, no me he disfrazado para engañarlos, sino para saber cómo se comportan con los demás, de amigo a amigo y de ciudadano a ciudadano.

QUINTO CIUDADANO: Así es la democracia.

PERICLES: Los he observado y estoy complacido. Muchos jóvenes tienen cualidades y dones que hacen valiosa a la vida.

NÉSTOR *(A sus amigos)*: ¿Ya lo ven? Le dará el premio a alguno de ustedes.

PERICLES: He visto correr a Simón. Ganaría las palmas en cualquier competencia.

NÉSTOR: ¿Te das cuenta, Simón? Él te vio.

PERICLES: He escuchado a Héctor hablar y a Ajax pelear. Con tal elocuencia y valentía, Atenas permanecerá libre por mucho tiempo.

NÉSTOR: Quizá les dé el premio a los tres.

PERICLES: He visto la belleza de Elena y la gracia de Ida. He escuchado las sabias palabras de Leta. Nuestros poetas las elogiarían, sin duda.

NÉSTOR: ¡Les dará el premio a los seis!

PERICLES: Y hay otros excelentes jóvenes. Está Jasón, quien ayuda a su padre en los olivares. Hymen, quien navega en un bote por estas aguas. Cada uno tiene una cualidad que yo quisiera tener, pero mi única cualidad es saber que todos tienen cualidades.

PRIMER CIUDADANO: Es cierto. Él ve en las personas cualidades que nadie sabe que tiene.

PERICLES: ¿Quién, entre ustedes, conoce las virtudes de todos? ¿Qué me dices, Simón?

SIMÓN: Mi amigo Néstor.

PERICLES: ¿Qué me dices, Héctor?

HÉCTOR: Mi amigo Néstor.

PERICLES: ¿Qué me dices, Ajax?

AJAX: Mi amigo Néstor.

PERICLES: ¿Qué me dicen, ciudadanos de Atenas?

TODOS: Nuestro amigo Néstor.

PRIMER CIUDADANO: Él me escucha cuando estoy triste.

SEGUNDO CIUDADANO: Canta conmigo cuando estoy contento.

TERCER CIUDADANO: Se alegra cuando me sonríe la fortuna.

PERICLES: Entonces, amigos míos, su elegido es Néstor. Él es nuestro amigo, y antes de que se ponga el sol, lo honraremos como él nos honra cada día de nuestras vidas. Vayan a sus casas, prepárense y regresen antes de la puesta de sol. *(Todos, excepto el* VIEJO MARINO, PERICLES *y los siete jóvenes se van a sus casas, charlando entre sí.)*

PRIMER CIUDADANO: Fue una muy buena elección.

SEGUNDO CIUDADANO: Néstor siempre ha sido amigo de todos.

TERCER CIUDADANO: Néstor nunca dice que mi hijo es perezoso. Él dice que sólo está pensando y que un día será un hombre modelo.

CUARTO CIUDADANO: Además, le encanta oír cantar a mi hija. *(Todos se van.)*

PERICLES *(Quien se ha acercado a los siete muchachos)*: Bueno, mis jóvenes amigos, veo que todos están de acuerdo. ¿Qué han aprendido de todo esto?

LETA: Algo que debimos haber sabido desde el principio: el primer premio en una democracia es para los que dan todo, no para los que tienen todo.

PERICLES: Eres muy inteligente, Leta. Si usas tu inteligencia para ayudar a la gente, serás honrada todos los días de tu vida. *(El* VIEJO MARINO *trata de irse sin ser visto.* PERICLES *lo llama.)* Espera un minuto, marino, amigo mío. *(Luego se dirige a los muchachos.)* Necesito hablar con mi viejo amigo, el marino. Él ha luchado conmigo en muchas batallas. Me gustaría pedirle consejos para mejorar nuestra patria. *(Mientras se aleja)* ¿Sabían que acompañó a Odiseo cuando escapó del Cíclope? (PERICLES *alcanza al* VIEJO MARINO *y ambos se alejan juntos.*)

SIMÓN: ¿Oíste eso, Leta? El viejo marino estuvo con Odiseo. Estabas equivocada.

AJAX: También dijiste que ni siquiera conocía a Pericles y vaya que son buenos amigos.

LETA: Ahora lo son. Ésa es la cualidad de Pericles, usar las cualidades de cada quien para ayudar a los demás. No sé si el marino de verdad conoció a Pericles antes, pero sé que ahora nunca lo olvidará. *(Cae el telón.)*

Reflexionar y responder

1. ¿Por qué decidió Pericles darle el premio a Néstor?
2. ¿Por qué crees que Pericles se disfrazó para elegir al ganador?
3. ¿Qué parte de la historia te ayudaría a identificar las **virtudes** que eran importantes de los antiguos griegos?
4. Si tuvieras la oportunidad de dar un premio, ¿cuáles cualidades buscarías? ¿Por qué?
5. ¿Qué estrategia de lectura fue útil al leer la obra? ¿Cuándo la usaste?

Conoce al ilustrador

DAVID SCOTT MEIER

Aunque David Scott Meier ha dibujado desde que tenía cuatro años, no hace mucho tiempo que empezó a ilustrar libros para niños. ¡Esta historia es una de sus favoritas porque su mascota es un perico llamado Pericles! A Meier le gusta coleccionar objetos de la antigua Grecia. Cuando su carrera de ilustrador se lo permite, a David le encanta viajar, cantar y actuar.

D.S. MEIER

Visita *The Learning Site*
www.harcourtschool.com

Género
Fábula

Fábulas de Esopo

narración de Margaret Clark
ilustraciones de Charlotte Voake

EL VIENTO DEL NORTE y EL SOL

El viento del norte y el sol tuvieron una discusión. El viento del norte decía ser más fuerte que el sol. El sol decía:

—No, yo soy el más fuerte.

Por fin, ambos acordaron realizar una competencia para ver quién lograba que un viajero se quitara su capa. El viento sopló y sopló con furia, pero mientras más soplaba, el viajero sujetaba la capa con más fuerza.

Entonces le tocó su turno al sol. Al principio calentó al viajero poco a poco, hasta que lo obligó a desabrochar los botones de su capa. Luego brilló con más fuerza, hasta que el hombre sintió tanto calor que tuvo que deshacerse de su capa y continuar su camino sin ella.

Más vale maña que fuerza.

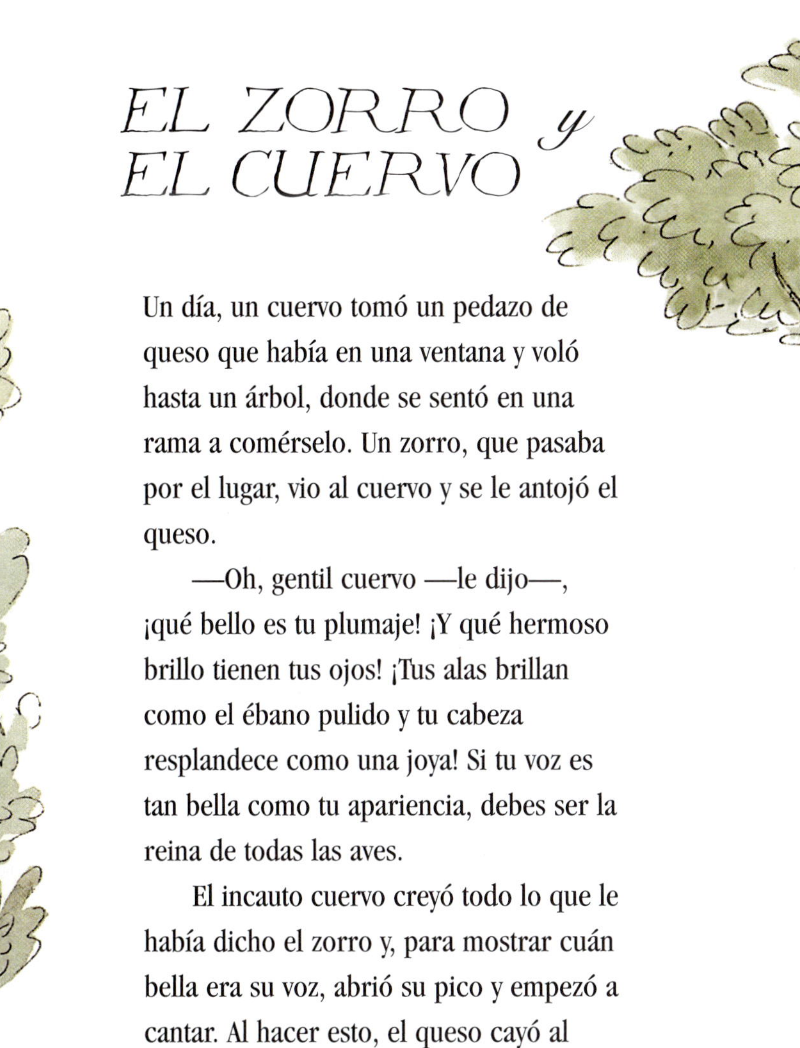

EL ZORRO *y* EL CUERVO

Un día, un cuervo tomó un pedazo de queso que había en una ventana y voló hasta un árbol, donde se sentó en una rama a comérselo. Un zorro, que pasaba por el lugar, vio al cuervo y se le antojó el queso.

—Oh, gentil cuervo —le dijo—, ¡qué bello es tu plumaje! ¡Y qué hermoso brillo tienen tus ojos! ¡Tus alas brillan como el ébano pulido y tu cabeza resplandece como una joya! Si tu voz es tan bella como tu apariencia, debes ser la reina de todas las aves.

El incauto cuervo creyó todo lo que le había dicho el zorro y, para mostrar cuán bella era su voz, abrió su pico y empezó a cantar. Al hacer esto, el queso cayó al suelo y el zorro de inmediato se lo comió.

—Quizá tengas una voz hermosa —le dijo mientras proseguía su camino—, pero deberías ser más inteligente.

No te dejes engañar por los aduladores.

Reflexionar y responder

La fábula muestra al cuervo como un tonto. ¿Crees que el zorro sea un personaje admirable?

Hacer conexiones

Compara textos

1. ¿Por qué "La elección de Pericles" está en un tema sobre civilizaciones del pasado?
2. ¿De qué manera cambian al final los sentimientos expresados por los ciudadanos griegos al principio de la obra de teatro?
3. ¿Cuál personaje de las "Fábulas de Esopo" piensas que se parece más a Pericles? Explica tu respuesta.
4. Compara "La elección de Pericles" con otra obra de teatro que hayas leído.
5. ¿Qué fuentes podrías consultar para conocer más información sobre Pericles y sus logros?

Escribe una fábula

CONEXIÓN con la Escritura

Escribe tu propia fábula donde los personajes principales sean animales que hablen. Incluye una oración al final de la fábula que resuma su contenido moral o mensaje sobre la vida. Usa un mapa de un cuento para planear tu fábula.

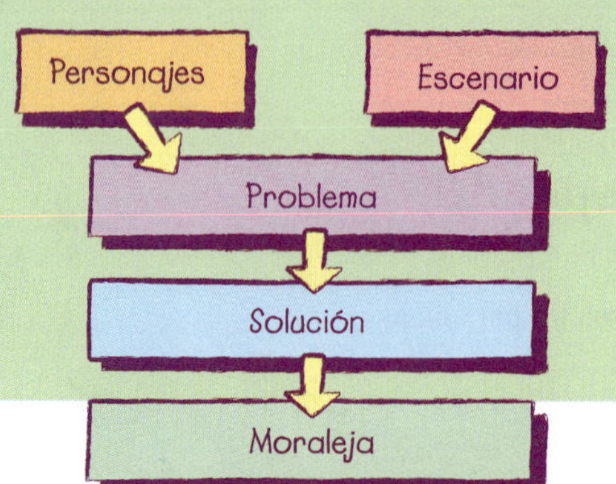

Haz una tabla

En cierta parte de la obra de teatro, Pericles dice: "Los atenienses no somos tan toscos como los espartanos". Investiga para conocer más sobre las antiguas ciudades de Atenas y Esparta y después haz una tabla con dos columnas donde compares y contrastes estas dos ciudades-estado griegas.

CONEXIÓN con los Estudios sociales

Atenas	Esparta
1. desarrolló democracia	

Haz un cartel

Muchas de las letras del alfabeto griego tienen un significado en español. La letra griega *pi*, o π, se utiliza para representar un número que sirve para conocer la circunferencia de un círculo. Investiga más sobre π en tu libro de texto de matemáticas o en alguna otra fuente y haz un cartel que muestre lo que representa el número π, así como la fórmula que sirve para determinar la circunferencia de un círculo.

CONEXIÓN con las Matemáticas

La elección de Pericles

Prefijos, sufijos y raíces

Saber el significado de partes de las palabras te ayudará a averiguar el significado de palabras que desconozcas. Recuerda que los prefijos, sufijos y raíces son partes de las palabras que tienen en sí un significado. Una **raíz** es la parte básica de una palabra a la que se le agregan prefijos y sufijos. Muchas raíces del español se derivan de los idiomas griego y latín.

Fíjate en las palabras subrayadas de las siguientes oraciones. La tabla muestra la manera en que puedes deducir lo que las palabras significan cuando conoces los significados de sus raíces.

1. Firmamos un contrato que decía que debíamos respetar la ley.
2. Pericles pronto nos va a interrumpir para identificar al ganador.
3. Los ciudadanos de la antigua Atenas vivían en una democracia.

Palabra	Significado de la raíz	Significado de la palabra
contrato	"acuerdo, convenio"	"ponerse de acuerdo dos o más personas"
interrumpir	"romper, cortar"	"romper o cortar el curso de algo"
democracia	"pueblo"	"gobierno del pueblo"

Visita *The Learning Site*
www.harcourtschool.com

Ve Destrezas y Actividades

Preparación para las pruebas

Prefijos, sufijos y raíces

▶ **Lee el siguiente pasaje. Luego, responde las preguntas.**

Pericles gobernó Atenas durante la "edad de oro" de la ciudad y bajo su liderazgo hubo muchos cambios en el gobierno ateniense. Por primera vez a los miembros del gobierno se les pagaba un salario. El nuevo gobierno *democrático* permitía que cualquier persona común entrara al servicio del gobierno. Pericles también contrató a los mejores arquitectos del mundo para construir hermosos templos, teatros y otras elegantes *estructuras*. Bajo su reinado muchos famosos escritores y filósofos griegos vivieron y trabajaron en Atenas.

1. ¿Cuál es el significado de la palabra *democrático* en el pasaje?

A sin personas

B contra las personas

C trato igualitario a las personas

D lleno de personas

Sugerencia

Descifra el significado identificando primero cualquiera de las partes que conozcas de la palabra. Después asegúrate que tu respuesta tenga sentido en el pasaje.

2. La palabra *estructuras* significa?

F planes

G museos

H puentes

J edificios

Sugerencia

Si desconoces el significado de la raíz, piensa en palabras similares que conozcas, como *construir* o *construcción*.

Tema 4

SOLUCIONES CREATIVAS

CONTENIDO

El poder de las palabras

Mi rincón en la montaña

descorazonador
comestible
nutritiva
apartada
cavidad
cimientos
migración

Hay gente que disfruta mucho el vivir al aire libre. En las siguientes páginas, leerás acerca de un chico llamado Sam, quien se muda a las montañas y vive en contacto con la naturaleza. ¿Tú crees que podrías vivir lejos de la ciudad? Aquí tienes algunos consejos de supervivencia.

Al principio, buscar y cocinar tu propia comida puede ser **descorazonador**. ¡No te rindas! Empieza por separar lo que sea **comestible**. Si se puede comer, entonces piensa si la comida es **nutritiva**, es decir, que te alimente bien. Las frutas y las nueces suelen ser buenas elecciones.

Lo más seguro es que tengas que almacenar la comida que te sobre para comértela después. Mantén la comida **apartada** donde no la puedan encontrar los animales. La **cavidad** de este árbol es un espacio hueco que sirve perfectamente para esconder frutas y nueces.

Piensa con cuidado dónde vas a poner los **cimientos**, o sea la base, de tu tienda de campaña. No olvides que será tu casa durante la noche. En el otoño, te darás cuenta de la **migración** de aves que vuelan hacia el sur. Cuando las veas irse, significa que el clima frío está por llegar.

CONEXIÓN
Vocabulario-Escritura

Imagínate que estás perdido, sin comida y sin agua, en medio de un bosque. ¿Qué podrías comer para sobrevivir? Haz una lista de cosas **comestibles** que creas que podrías encontrar en un bosque.

Mención honorífica Newbery
Libro notable ALA

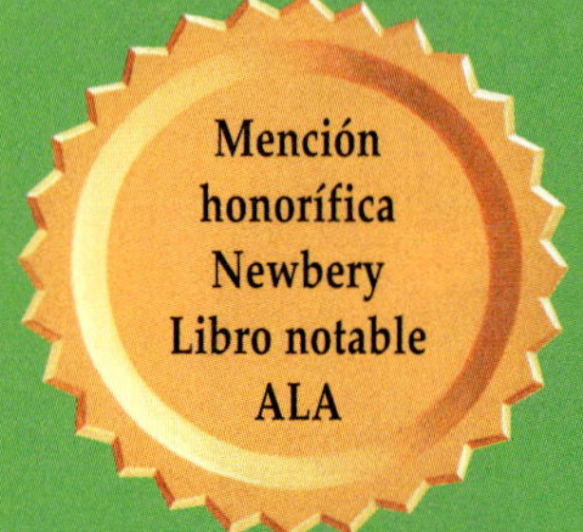

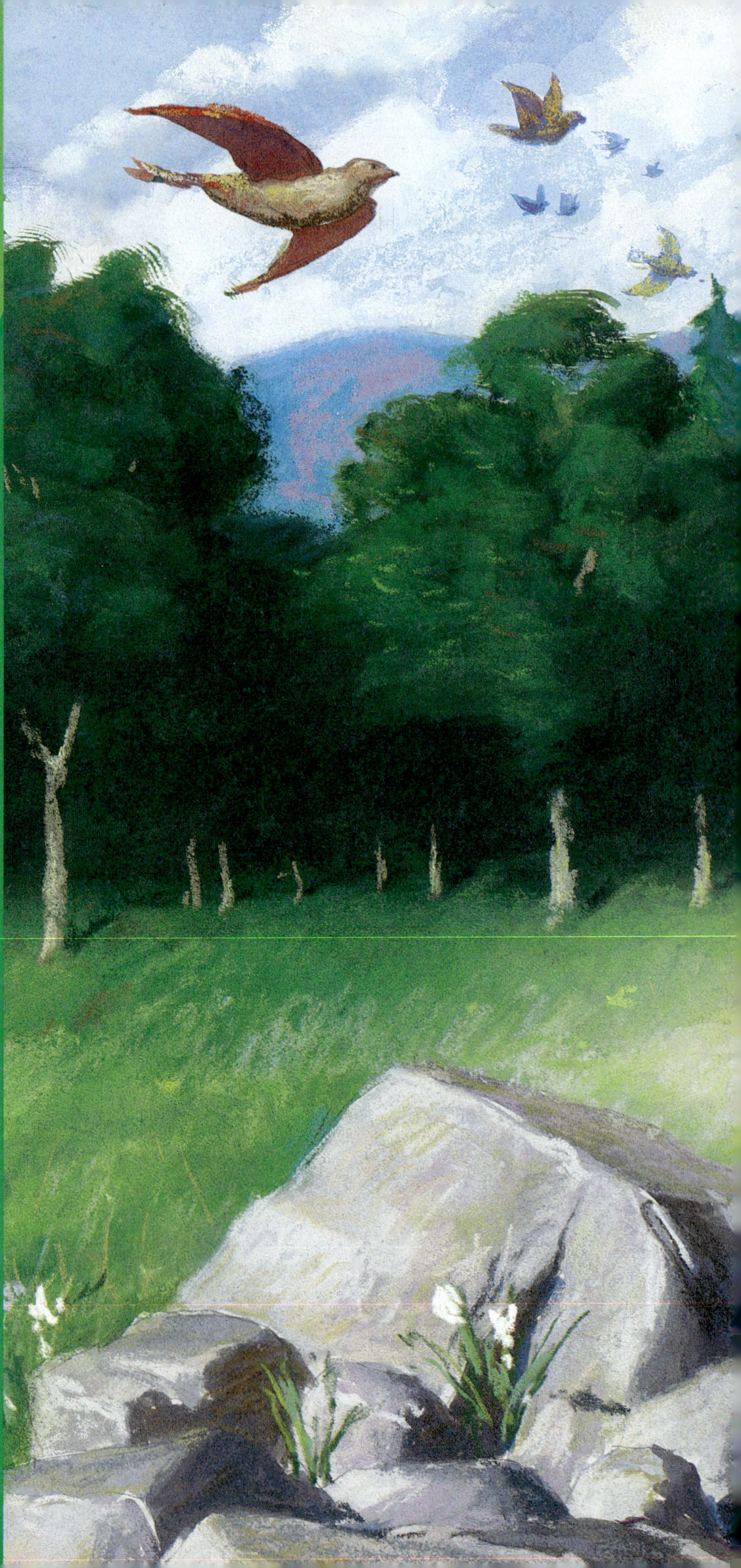

Género

Ficción realista

Un cuento de ficción realista relata cosas sobre personajes y sucesos que son como personas y eventos de la vida real.

En esta selección, busca

- **un personaje principal.**
- **lenguaje descriptivo que ayude a los lectores a imaginarse el escenario.**

MI RINCÓN en la MONTAÑA

texto de **Jean Craighead George**

illustraciones de **Allen Garns**

Sam Gribley sale del gentío de la Ciudad de Nueva York hacia la paz y tranquilidad de las Montañas Catskill. Con la ayuda de unos mapas que le dio la señorita Turner, la biliotecaria local, Sam encuentra la sección de la montaña que antes pertenecía a su bisabuelo. Sam se propone vivir en este terreno usando su conocimiento de la naturaleza y algunas provisiones que trajo. Pero ahora, ¿cómo encontrará comida y refugio solo en una montaña con la llegada del otoño y el invierno?

A la mañana siguiente, me incorporé, me estiré y miré a mi alrededor. Los pájaros pasaban de un árbol a otro, unos pequeños pajarillos cantaban y se precipitaban desde las ramas.

—Debe de ser la migración de las currucas —me dije, y me reí porque nunca había visto tantas juntas.

Mi vozarrón resonaba a través del bosque, y sus pequeñas vocecitas parecían elevarse para responderme.

Ellas estaban comiendo también. Tres o cuatro se lanzaron desde las ramas de un arce, intentando picotear algo, después les vi comer alguna cosa deliciosa que debía de haber en el árbol. Me pregunté si habría algo allí para un chico hambriento. Bajé una rama y todo lo que vi fueron hojas, ramitas y flores. Me comí una flor, pero no estaba muy buena. Un manual que yo había leído decía que hay que observar lo que comen los animales para aprender a distinguir en el bosque lo que es comestible de lo que no lo es.

Si el animal puede comerlo, es válido para los humanos. El libro sugería también que un mapache tenía gustos más parecidos a los nuestros. Desde luego, los pájaros no eran el mejor ejemplo.

Entonces pensé que tal vez estaban comiendo algo que quizás yo no podía ver bien, pequeños insectos tal vez. En todo caso, fuera lo que fuera, decidí pescar. Tomé mi cuerda y mi anzuelo y bajé otra vez al arroyo. Me coloqué sobre un tronco y suspendí mi cuerda sobre las claras aguas. Pero los peces no picaban. Esto me hizo sentir todavía más hambre. Tenía un pellizco en el estómago. De verdad, se tienen grandes dolores cuando se lleva mucho tiempo sin comer.

Se supone que un arroyo está lleno de comida y que es un lugar adecuado para conseguirla con rapidez. Yo necesitaba pescar algo enseguida, pero ¿qué? Mire a través de las claras aguas y vi las huellas de unos mejillones de agua dulce en el lodo del fondo. Me quité los zapatos y me introduje en las heladas aguas.

Recogí casi cuatro docenas en muy poco tiempo y empecé a meterlos en mi jersey para llevarlos al campamento.

Pero entonces pensé que no había que trasladarlos a ninguna parte. Tenía el fuego en el bolsillo. Y no necesitaba una mesa, podía sentarme aquí, en la orilla del torrente a comérmelos. Y eso hice. Envolví los mejillones en hojas y los cocí más o menos al vapor en las

brasas. No están tan buenos como las almejas —un poco más fuertes, diría yo—, pero cuando ya había comido tres o cuatro, me olvidé del sabor de las almejas y sólo pensé en lo deliciosos que son los mejillones de agua dulce. Comí hasta que ya no pude con más.

Regresé a la granja del bisabuelo y me puse a explorar. Había árboles de todo tipo: arces, hayas, algunos pinos, cerezos silvestres y fresnos. Y también, aquí y allá, gloriosas pacanas. Hice un esbozo de la granja en mi mapa y marqué con unas «x» los lugares donde estaban las pacanas. Me parecían árboles de oro. En el otoño yo tendría sus nueces, también podría obtener sal de las grandes ramas. Corté una y la partí en trozos que introduje en mi jersey.

La tierra subía y bajaba, subía y bajaba, y yo me iba preguntando cómo pudo el bisabuelo sacar los árboles y ararla. Había un riachuelo que corría a través de la parcela, y eso me alegró, porque quería decir que no tenía que bajar toda la montaña para acercarme al gran torrente a pescar y a recoger agua.

Hacia el mediodía encontré lo que seguramente eran los cimientos de la casa. La señorita Turner tenía razón. Estaba en ruinas: unas cuantas piedras formando un cuadrado, una pequeña hondonada que debió ser el sótano, y árboles, justo en medio de lo que una vez había sido el salón. Di una vuelta para ver lo que quedaba de la casa de los Gribley.

Después de echar un vistazo, vi un manzano. Me acerqué esperando encontrar una manzana vieja. No había manzanas por allí, pero a unos cuarenta pies encontré una muy seca en la horcadura de un árbol. Seguramente una ardilla la había dejado allí y se había olvidado de ella. Me la comí. Estaba horrible, pero esperaba que fuera nutritiva. Había otro manzano y tres nogales. Los marqué en mi mapa con tres «x». Ésos eran unos hallazgos maravillosos.

Estuve fisgoneando alrededor de los cimientos, en busca de unos viejos útiles de hierro que me sirvieran de algo, pero no encontré nada. Habían caído muchas hojas que se habían convertido en greda, y habían crecido y muerto demasiadas plantas en el hogar. Decidí volver cuando me hubiera fabricado una pala.

Mientras buscaba comida y refugio, silbaba. Continué silbando al subir la montaña para seguir la cerca de piedra y descubrir más cosas sobre mi propiedad. Encontré una ciénaga. Dentro de ella había eneas y marantas, alimentos ricos en hidratos de carbono.

A las doce en punto llegué a una cañada. Una roca enorme se erguía en medio de ella. Había una franja de abedules en la parte alta. También encontré robles y arces al oeste, y a la derecha un bosque de pinabetes que me atraían por encima de la dulce hierba de la cañada.

En mi vida había visto tales árboles. Eran gigantes y muy viejos. Debían llevar allí desde que se creó el mundo.

Empecé a pasear por entre sus pies. No oía mis propias pisadas porque las agujas de los pinabetes eran muy densas y húmedas. Entre los árboles había grandes rocas cubiertas de musgo y helechos. Parecían guijarros al lado de aquellos árboles.

De pie, ante el más viejo y majestuoso de ellos, de repente tuve una idea.

Yo conocía bastante bien las montañas Catskill y sabía que cuando llega el verano se llenan de gente. Y aunque la granja del bisabuelo estaba algo apartada, los excursionistas, los cazadores y los pescadores podían encontrarla. Por eso, quería conseguir una casa que no se pudiera ver, porque si me encontraban querrían devolverme a casa.

Observé aquel árbol con atención. Por alguna razón yo sabía que iba a ser mi hogar, pero no estaba tan seguro de cómo sería esa "casa". Las ramas eran demasiado altas y poco rectas para hacer una cabaña en la copa del árbol. Podía construir una pared de corteza alrededor, pero eso me parecía estúpido. Rodeé el árbol caminando despacio. A la mitad del recorrido el plan apareció muy claro en mi mente. A la izquierda, entre dos de los realces del tronco que se extendían hasta convertirse en raíces, había una cavidad.

El corazón del árbol se estaba pudriendo. Escarbé allí con mis manos. Al momento salieron a montones insectos y polvo. Seguí escarbando, mientras usaba mi hacha de vez en cuando y mi emoción aumentaba.

Después de haber quitado la mayor parte de la madera podrida, me introduje a gatas en el hueco y me senté al estilo indio. Dentro me encontré tan cómodo como una tortuga en su caparazón. Excavé y excavé en la madera hasta llegar a sentirme hambriento y exhausto. Ahora estaba ya en la madera dura y

buena, y picarla era un trabajo agotador. Me daba miedo pensar que iba a llegar el mes de diciembre antes de que tuviera un agujero lo suficientemente grande para tumbarme dentro. Entonces me senté a pensar.

¿Sabes?, aquellos primeros días no planeé las cosas bien. Ya tenía los inicios de una casa, pero ni una pizca de nada de comer, y había trabajado tanto que apenas podía moverme para buscar esa pizca. Además era descorazonador alimentar este cuerpo mío. Nunca estaba satisfecho, y recolectar comida para él llevaba tiempo y me hacía sentir aún más hambriento. Encontrar un lugar donde ponerlo a descansar también llevaba tiempo y me cansaba todavía más, y, de verdad, sentía que estaba dando vueltas sin avanzar. Me preguntaba cómo el hombre primitivo tenía suficiente tiempo y energía para dejar de cazar y empezar a pensar en el fuego y en las herramientas.

Dejé el árbol y crucé la cañada en busca de comida. Me adentré en el bosque que había al otro lado y allí encontré una garganta y una cascada blanca, que salpicaba las rocas negras y formaba una poza.

Tenía calor y estaba sucio; bajé por entre las rocas y me deslicé dentro de la poza. El agua estaba tan fría que me hizo gritar, pero cuando salí a la orilla y me puse mis dos pantalones y mis tres suéteres —ésta me parecía una manera mejor de llevar la ropa que dentro de una mochila— sentí una comezón; me quemaba la piel y me hacía comportar como un potro. Di un brinco, me caí y fui a dar de bruces en una mata de dientes de perro.

Tú los reconocerás en cualquier parte después de verlos algunas veces en el Jardín Botánico y en libros ilustrados sobre flores. Son pequeños y amarillos lirios con tallos largos y delgados y hojas en forma oval con motas grises. Pero eso no era todo. Tenían unos sabrosos y maravillosos tubérculos. Me estaba llenando los bolsillos incluso antes de levantarme de mi caída.

—Tendré una ensalada como almuerzo —me dije mientras subía las empinadas paredes del barranco. Descubrí que aunque estuviera muy avanzada la estación, las cletonias seguían en flor en los sitios frescos del bosque. Están buenas crudas cuando se tiene tanta hambre como yo sentía. Saben un poco como las judías. Las iba tragando mientras buscaba comida. Me sentía cada vez mejor. Volví a la cañada, donde los dientes de león estaban en flor. ¡Qué extraño que no los hubiera visto antes! Sus hojas y sus raíces están buenas, aunque saben un poco fuertes y amargas, pero te acostumbras a eso.

Un cuervo se adentró en el bosquecillo de álamos. Yo sabía poco acerca de los cuervos, los conocía sólo de haberlos seguido en Central Park, y allí siempre tenían algo que decir. Pero este pájaro andaba a hurtadillas, es obvio que intentaba pasar sin hacer ruido. Los pájaros son un buen alimento. Por supuesto, el cuervo no es el mejor de ellos, pero eso yo no lo sabía entonces, y me lancé tras él para ver adónde iba. Tenía una vaga idea de cómo intentar atraparle con un nudo corredizo. Éste es el tipo de cosas en las que me entretenía en aquellos días, cuando el tiempo era tan importante. No obstante, esta aventura salió bien porque no tuve que atrapar a ese pájaro.

Me adentré en el bosque. Miré a mi alrededor sin ver al cuervo, pero encontré un nido grande en un pino raquítico. Me puse a trepar al árbol, pero el pájaro escapó volando. No sé lo que me impulsó a seguir subiendo después del desaliento que eso me produjo, pero lo hice, y ese mediodía comí huevos de cuervo y ensalada silvestre.

Durante el almuerzo también solucioné el problema de vaciar mi árbol por dentro. Después de varios intentos, encendí una hoguera, a continuación hice una taza de una hoja de col silvestre cosida con hilos de hierba.

Había leído que se puede hervir agua en una hoja y desde entonces estaba ansioso por saber si esto era cierto. Cocí los huevos en esa hoja. El agua la mantiene mojada, y aunque la hoja se seca y se quema hasta el nivel del agua, ahí deja de hacerlo. Estaba contento de verlo funcionar.

Por supuesto, había tardado mucho en hacer la comida, y no había avanzado gran cosa en el vaciado de mi árbol. Me sentía inquieto, y estaba apagando el fuego con los pies, cuando de repente paré, quedándome con un pie en el aire.

¡El fuego! Los indios hacían sus piraguas utilizando el fuego. Vaciaban sus troncos quemándolos por dentro, una forma mucho más rápida y fácil de conseguir resultados. Intentaría ese método en mi árbol. Si tenía mucho cuidado, a lo mejor funcionaba. Me adentré en el bosque de pinabetes con una antorcha, e hice una hoguera dentro del árbol.

Pensé que debería tener un cubo de agua por si se perdía el control del fuego. Miré con desesperación a mi alrededor. El agua estaba al otro lado de la cañada, dentro del barranco, por lo que no me servía de nada. Empecé a pensar que la idea de vivir dentro de un árbol resultaba una tontería. Era realmente importante vivir cerca del agua para beber, cocinar y asearme con facilidad. Miré con tristeza al magnífico pinabete y estaba a punto de apagar el fuego y abandonar la idea, cuando me dije algo que debía de haber leído en algún libro: "Los pinabetes normalmente crecen cerca de los arroyos y los manantiales". Giré en redondo y vi que a mi alrededor no había más que rocas. "Pero hay humedad en el aire", pensé. Y me lancé hacia las rocas. Entorné los ojos, mientras miraba y husmeaba por allí. No había agua. Volvía al árbol dando un rodeo cuando casi me caí dentro de ella. Dos rocas hacían de centinelas; estaban empapadas y decoradas con flores, helechos y musgo —todas las plantas que aman el agua— y custodiaban un manantial del tamaño de una bañera.

—¡Qué cosa más bonita! —exclamé, y me tumbé de bruces para meter la cabeza dentro del manantial y beber. Abrí los ojos. El agua estaba como el cristal. Había pequeños insectos con

remos. Escaparon de mí. Los escarabajos de agua se escabulleron llevándose consigo una plateada burbuja de aire. Entonces vi también un cangrejo de río.

Me puse de pie de un salto, di vueltas a las piedras y allí encontré muchos más. Al principio tardaba en agarrarlos porque muerden. Apreté los dientes, pensé: "duele más el hambre que el mordisco", y me lancé sobre ellos. Me mordieron, es cierto, pero al final tuve mi cena. Era la primera vez que hacía algo pensando en el futuro. Todos los planes que hice durante aquellos días me sorprendieron tanto y tuvieron tanto éxito que estaba encantado con cualquiera de ellos por pequeño que fuera. Envolví los cangrejos en hojas verdes, los metí en mi bolsillo y regresé a mi árbol.

"Un cubo de agua", pensé, ¿un cubo de agua?, ¿dónde iba a encontrar un cubo de agua? Aunque encontrara agua, ¿cómo pensaba yo llevarla hasta el árbol? Estaba demasiado acostumbrado a la vida en la ciudad y nunca había vivido sin un cubo —cubo de fregar, cubo para el agua...—, y por eso, cuando se presentó el problema del agua, al momento pensé que podía ir a la cocina y agarrar un cubo.

—Bien, la tierra es tan buena como el agua —me dije, mientras volvía corriendo a mi árbol—. Puedo apagar el fuego con tierra.

Los días pasaron, mientras yo trabajaba, quemaba el árbol, cortaba leña y buscaba comida. Y cada día yo hacía una muesca más en una rama de álamo que había clavado en el suelo como calendario.

REFLEXIONAR Y RESPONDER

1. ¿Cómo usa el personaje principal su ingeniosidad para encontrar comida y refugio en una área tan **apartada**?
2. ¿Por qué crees que la autora escogió el punto de vista de primera persona para este cuento?
3. ¿Cómo te ayuda la autora a imaginarte el escenario del cuento? Da un ejemplo.
4. ¿Te gustaría vivir en el bosque como lo hace Sam en este cuento? ¿Por qué?
5. ¿Cómo usaste las estrategias para ayudarte a entender lo que leíste?

Conoce a la autora
Jean Craighead George

La autora premiada Jean Craighead George usó su eterno interés en la naturaleza para ayudarle a escribir *Mi rincón en la montaña.* Ella contesta las siguientes preguntas sobre sus experiencias en su niñez.

¿Cómo fue su vida de niña?
Crecí en Washington, D.C. y en la antigua casa de Craighead, Pennsylvania. Mis padres eran entomólogos (científicos que estudian insectos) y mis hermanos gemelos fueron entre los primeros halconeros en el país y los primeros en seguir a los osos grises usando collares con radio.

¿Tuvo algunas experiencias memorables en un territorio salvaje?
Mis hermanos me llevaron en sus viajes para cazar y acampar. Subimos hasta la parte más alta de los riscos para buscar halcones, bajamos por las aguas espumosas de los ríos para pescar y nadar, y en los bosques buscamos ratones, aves, flores silvestres, árboles, peces, salamandras y mamíferos. Mi niñez parece una aventura de risa y saltos.

¿Tenía mascotas cuando era niña?
Nuestra casa siempre estaba llena de animales, como halcones, mapaches, búhos y zarigüeyas y docenas de insectos dormidos. Perros y niños corrían por todas partes. Fue una niñez alborozadora.

Jean Craighead George

Visita *The Learning Site*
www.harcourtschool.com

Hacer conexiones

Compara textos

1. ¿En qué forma se relaciona "Mi rincón de la montaña" con el tema Soluciones creativas?
2. ¿En qué forma afecta el escenario de la selección al problema de Sam y su manera de resolverlo?
3. Piensa en otro ejemplo de ficción realista que tenga lugar en un exterior. ¿Qué tan importante es el escenario para el problema principal de cada historia?
4. ¿Cuál sería la diferencia entre "Mi lado de la montaña" y una selección de no ficción que hable acerca de la vida animal y vegetal de las montañas Catskill?
5. ¿Te gustaría leer el resto de esta novela? Explica tu respuesta.

Escribe un párrafo

CONEXIÓN con la Escritura

Sam amaba la paz y quietud de su nuevo hogar en las montañas. Piensa en un lugar donde te gustaría vivir. Después escribe un párrafo explicando por qué te gustaría vivir ahí. Usa una tabla para organizar tus ideas.

El lugar: ________

Razones: ________

Conclusión: ________

Haz una cadena alimenticia

Sam encuentra muchos alimentos nutritivos para comer en su nuevo hogar. Investiga más acerca de la vida vegetal y animal de las montañas Catskill. Dibuja una cadena alimenticia que muestre los seres vivos que son alimento para otros seres vivos.

CONEXIÓN con las Ciencias

Haz una línea cronológica

Las montañas Catskill forman parte del sistema de montañas Apalaches. Investiga junto con un compañero cómo fue que los cambios en la estructura de la Tierra durante un cierto periodo dieron como resultado la formación de los montes Apalaches. Registra tus resultados en una línea cronológica ilustrada.

CONEXIÓN con las Ciencias

Mecanismos literarios

Los autores tienen varias técnicas para contar una historia. Estas técnicas, o **mecanismos literarios**, crean diferentes tipos de efectos. En "Mi rincón de la montaña", Jean Craighead George usa el punto de vista y el lenguaje figurativo para contar la historia de Sam Gribley.

Recuerda que un autor usa el **punto de vista** para controlar lo que el lector va averiguando acerca de los personajes. En el punto de vista en primera persona, uno de los personajes es el narrador y cuenta la historia desde su punto de vista personal. Los pronombres de primera persona, tales como *yo* y *mi*, son claves para que identifiques que "Mi rincón de la montaña" está narrado en primera persona. Se puede saber más de Sam a través de leer lo que piensa y siente.

> **Me coloqué sobre un tronco y suspendí mi cuerda sobre las claras aguas. Pero los peces no picaban. Esto me hizo sentir todavía más hambre. Tenía un pellizco en el estómago. De verdad, se tienen grandes dolores cuando se lleva mucho tiempo sin comer.**

Con frecuencia, los autores usan el lenguaje figurativo, como los **símiles** y las **metáforas**, para crear un ambiente o una imagen. Estas vívidas descripciones te ayudan a imaginar escenas de la historia. ¿Qué se te viene a la mente al leer las dos descripciones siguientes, tomadas de la selección?

> **Dos rocas hacían de centinelas; estaban empapadas y decoradas con flores, helechos y musgo . . .**

> **Después de haber quitado la mayor parte de la madera podrida, me introduje a gatas en el hueco y me senté al estilo indio. Dentro me encontré tan cómodo como una tortuga en su caparazón.**

Visita *The Learning Site*
www.harcourtschool.com

Ve Destrezas y Actividades

Preparación para las pruebas

Mecanismos literarios

▶ **Lee el pasaje. Después responde las preguntas.**

Cuando mi hermana y yo llegamos a la playa, la arena aún estaba fría. Alrededor de las diez, ya nos quemaba la piel como si fueran pequeñas llamas. Mi madre nos había advertido que nos quedáramos bajo la sombrilla cuando el sol estuviera demasiado fuerte.

"David" dijo, "te puedes llevar una buena quemada, incluso estando en el agua. ¡Ten cuidado!"

Pero a Meg y a mí nos encantaba nadar. Cuando Meg nadaba, era una sirena divirtiéndose en el agua. Sólo nos salíamos del agua cuando mi abuela nos llamaba desde la orilla.

1. ¿Qué es lo que está comparando el autor en la siguiente oración? "Cuando Meg nadaba, era una sirena divirtiéndose en el agua."

A a una sirena con un pez

B a Meg con una sirena

C a Meg con el agua

D a una sirena con el agua

Sugerencia

Piensa por qué el autor utilizó el lenguaje figurativo en la descripción. ¿Qué te imaginas cuando lees la oración?

2. El narrador del pasaje es—

F David.

G la abuela.

H la madre.

J Meg.

Sugerencia

Recuerda que los pronombres te ayudan a deducir el punto de vista. ¿Qué pronombres ves? ¿Identificas alguna otra pista?

El poder de las palabras

Secretos de otoño

audición
presentación
impecable
perseverado
armoniosa
legado

Las cuatro estudiantes de la siguiente selección, "Secretos de otoño", tienen deseos de hacer una interpretación artística. ¿Qué se necesita para pararse frente a la gente a bailar o cantar? Las siguientes páginas de un diario te pueden dar una idea.

Lunes, 10 de marzo

¡La **audición** de baile en el centro comunitario en la que concursé fue fantástica! Mamá grabó en video mi **presentación**, así que pude verla después completa. Dijo que mi baile fue **impecable**, sin un solo error. Claro, no fue fácil practicar dos horas diarias. Hubo veces en las que quería dejarlo, pero me alegro de haber **perseverado**. Mi éxito esta noche hizo que todo el esfuerzo valiera la pena.

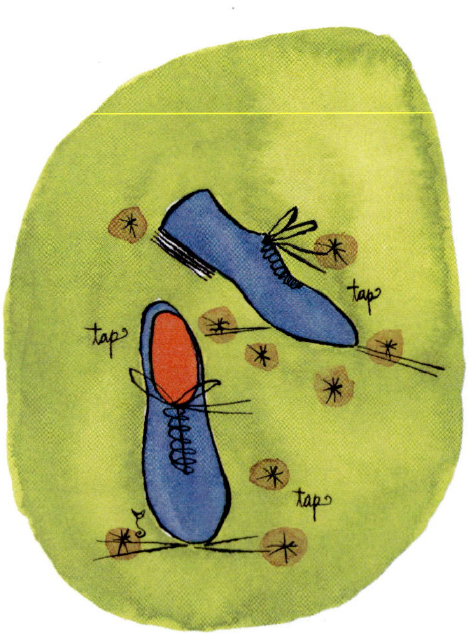

Jueves, 2 de junio

Todos estamos muy orgullosos de la forma en que mi hermana cantó en el concurso de la escuela. Su maestra, la Sra. Fisher, dijo que mi hermana tiene una voz **armoniosa** por naturaleza, verdaderamente musical. Mi papá dijo que el talento de Jenny era el **legado** de nuestra abuela, que era muy buena cantante. Ojalá que la abuela hubiera podido estar con nosotros esta noche.

CONEXIÓN
Vocabulario-Escritura

Piensa en tu familia y en el talento de cada uno de tus familiares. ¿Tienes talento como el de ellos? Escribe algunas oraciones en las que describas el **legado** que recibiste de alguien en tu familia.

Autora e ilustrador premiados

Género

Ficción realista

Un cuento de ficción realista relata cosas sobre personajes y sucesos que son como personas y eventos de la vida real.

En esta selección, busca

- **personajes que tengan sentimientos como personas de la vida real.**
- **una trama con un problema y su resolución.**

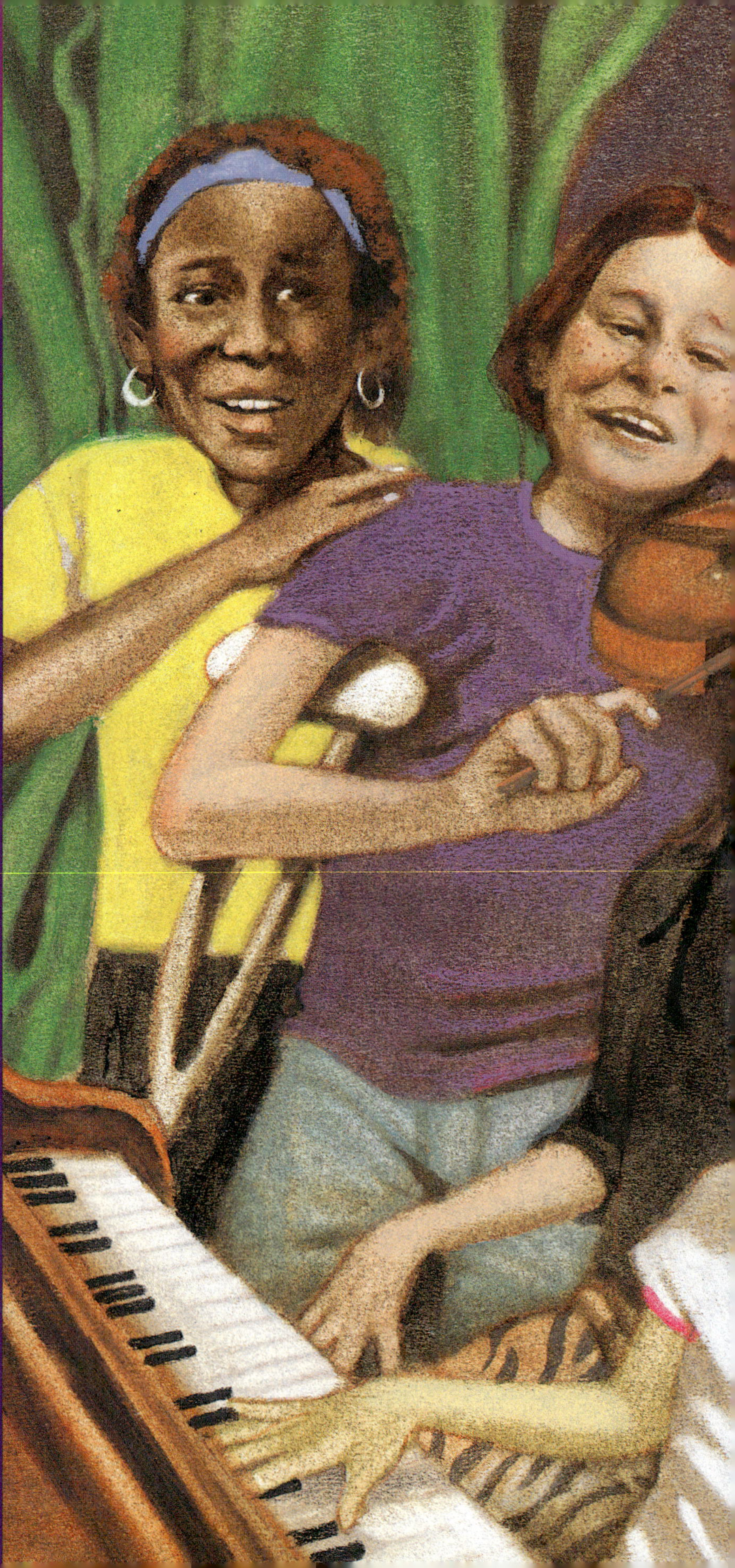

Secretos de Otoño

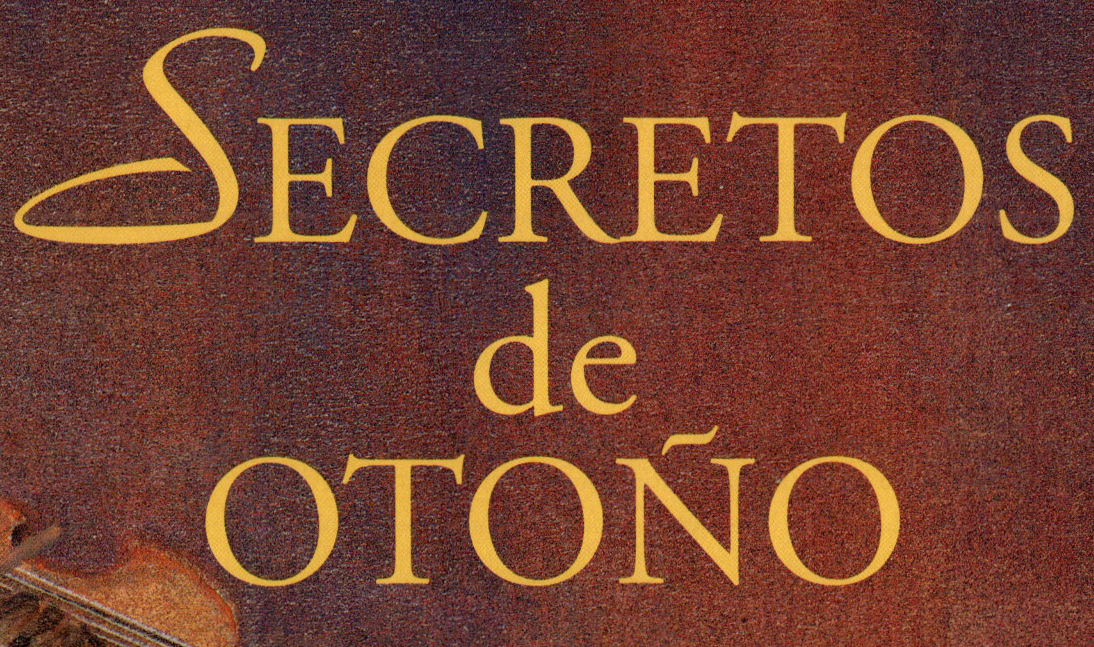

texto de
Candy Dawson Boyd

ilustraciones de
Floyd Cooper

Jessie Williams y tres de sus amigas acababan de presentarse en una audición en la OPA, la Escuela de Arte y Drama de Oakland. Las cuatro tienen grandes expectativas:

- Jessie tiene la esperanza de obtener un papel principal en una obra de teatro.
- Mkiwa Cooper (conocida por sus amigas como Addie Mae) sueña con estar en la primera fila de bailarinas.
- María Hernández desea tocar el piano sin errores.
- Julie Stone, con una pierna rota, sólo desea hacer lo mejor posible cuando se para a tocar el violín.

Además de presentar su talento en forma individual, las muchachas habían formado un grupo llamado Las Cuatro. Las Cuatro querían hacer una presentación a beneficio de la comunidad; y hoy, la comunidad rendiría un homenaje a su talento.

El miércoles, los resultados de la audición estaban publicados en varias partes de la escuela. Multitudes de estudiantes se reunían alrededor de las listas de resultados. Quejas y gritos de alegría se escuchaban en los corredores de la OPA.

Jessie se acercó a la lista. Había reunido el valor necesario para buscar su nombre en la lista pegada en la puerta del auditorio. Dorothy Foster había obtenido la parte de la vieja Harriet Tubman. Jessie mordió su labio inferior. Debajo de las palabras "la joven Harriet Tubman" estaba el nombre de Sylvia Duncan. Jamar había sido elegido para interpretar el papel del segundo esposo de Harriet Tubman. Jessie buscaba su nombre con ansias. Allí estaba. Había obtenido el papel de Mary Ann, la hermana de Harriet.

—¿Cómo te fue? —preguntó Jamar, quien estaba detrás de ella.

Sin siquiera responderle, Jessie empezó a correr a toda velocidad por el pasillo. ¿Qué le diría a papá, a mamá, a Cass, a Mamatoo? Había fracasado. Luego se encontró con sus tres amigas a la entrada de la escuela.

—No me dieron el papel de la vieja Harriet. Sólo obtuve la parte de la hermana de Harriet —dijo Jessie, dejando salir las palabras de su boca como si quisiera deshacerse de ellas—. Y yo que usé mi vestido y mis joyas de la suerte.

Las lágrimas brotaron de los ojos de María.

—¡Y yo que practiqué tres horas diarias! Siempre sucede lo mismo. No importa cuánto practique. Siempre termino por fracasar.

—¡No te preocupes, María, no es tan malo! —dijo Julie, recargada en la pared. Su muleta estaba tirada en el piso.

—¡Yo hice una audición para la posición de solista en un concierto del Festival de invierno y sólo conseguí que me permitieran ejecutar con toda la orquesta una pieza que hasta un niño de dos años tocaría sin dificultad!

María limpió las lágrimas de sus ojos.

—Toma uno —le dijo Mkiwa, mientras le alcanzaba una caja de pañuelos desechables—. María, todos fallamos alguna vez. También a mí me ha pasado. Trata de explicar por qué no te colocaron en la primera fila de bailarines, ni en la segunda, sino en la tercera. Aunque sé que mi padre lo entenderá, mi madre se sentirá totalmente desilusionada. Él siempre me apoya, cualquiera que sea el resultado.

Las demás muchachas sólo la miraban.

Jessie decidió no hacer preguntas sobre Addie Mae y su familia. Todas querían saber qué suerte había tenido Julie.

—No me siento tan mal. Voy a tocar una parte muy pequeña como solista. Nada especial. A decir verdad, me sorprendí y hasta me dio gusto. No esperaba obtener nada importante —dijo.

—Como dice mi abuela, siempre hay una próxima vez. Y esa vez lo haremos mejor. Es bueno saber que todas lo intentamos —dijo Jessie, tratando de animar a las demás.

—Yo pienso lo mismo —dijo María, al tiempo que le alcanzaba su muleta a Julie.

Jessie mordió su labio inferior.

—Tendremos otras oportunidades. Pronto empezará el Festival de recaudación de fondos de primavera. Ésa será una buena oportunidad.

—No tenemos tiempo que perder —dijo Addie Mae.

María asintió con la cabeza.

—Nos esperan en la Residencia Evergreen en quince minutos. Si fallamos esta vez, podemos olvidarnos de una buena calificación.

—No tengo muchas ganas de hacer una presentación —confesó Jessie.

—Tenemos que hacerlo —dijo Julie, mientras se alejaba cojeando—. Si queremos ser artistas serias, tenemos que presentarnos aunque no tengamos ganas de hacerlo.

Las otras tres muchachas cargaron las pertenencias de Julie, que ya se había acostumbrado a caminar con muletas. El cielo estaba nublado. El aire frío las obligó a llegar lo antes posible.

Una vez en la Residencia de recuperación Evergreen, las cuatro guardaron sus pertenencias en un pequeño cubículo separado de la sala principal. La señora Winters había acomodado el mobiliario en la sala principal. La señora Hernández corrió a traer su cámara de video. Las muchachas se cambiaron de ropa. Habían decidido vestirse y presentarse como si fueran profesionales.

Jessie rompió el silencio.

—Julie tiene razón. Los profesionales siempre hacen su mejor esfuerzo sin importar las circunstancias —dijo.

Addie Mae comentó:

—Vamos, juntemos nuestras manos.

—Cuatro, tres, dos, una. Somos las mejores. ¡Vamos a divertirnos! —dijo Jessie en tono sarcástico.

—¡Vamos! —dijo María y extendió la mano.

Una sobre la otra, las cuatro juntaron sus manos mientras coreaban:

—¡Cuatro, tres, dos, una. Somos las mejores. ¡Vamos a divertirnos!

Residentes y personal de la casa habían llenado la sala principal. Los ancianos empezaron a llegar en sillas de ruedas o con muletas. Las Cuatro caminaron entre aplausos y sonrisas del público. La señora Winters hizo la presentación. Los aplausos se escucharon con más fuerza.

Las muchachas tomaron sus lugares. Julie se sentó en una silla, con su violín. Su vestido de tafetán verde destellaba con la luz. María, ataviada con una falda larga de terciopelo verde y una blusa blanca, se paró junto al piano. Enfundada en un leotardo negro, con una blusa y una diadema con estampado de leopardo, Addie Mae se colocó en un extremo. Jessie se había puesto los mismos pantalones negros, la camiseta blanca y la bufanda que había usado en su audición en el teatro. El brillo de sus aretes dorados contrastaba con el color de su piel.

—Buenas tardes, residentes de Evergreen. Mi nombre es Jessie Williams. Mis amigas y yo somos estudiantes de sexto grado en la Escuela de Arte y Drama de Oakland. Nos da mucho gusto estar aquí. Cada una de nosotras tiene una habilidad y un sueño que deseamos compartir con ustedes. Nuestra primera participante es María Hernández. Nadie ha trabajado tan duro como María para hacer su sueño realidad. Cuando María logre su objetivo, abrirá las puertas para otras personas con talento.

Luego le hizo una señal a María, quien dio un paso al frente. Jessie salió de escena.

—Me llamo María Hernández. Vivo a unas cuadras de aquí. Cuando tenía cinco años, mi madrina me llevó a un recital de piano en la ciudad de México. Allí vi a una hermosa dama sentada frente a un gran piano de cola. Imaginaba aquella sala de conciertos como un hermoso castillo y ella era la reina. Empezó a tocar y en pocos minutos me sentí transportada por la música más bella y mágica que había escuchado en mi vida. Aquel sonido provenía de sus manos y su mente. Cuando le dije a mi padre que quería convertirme en concertista de piano, él me dijo que ésa no era muy buena elección. Había muy pocas mujeres pianistas en México, si es que había alguna. Sin embargo, mi madrina logró convencerlo de que me dejara tomar lecciones de piano.

María llegó hasta el piano.

—Mi sueño es convertirme en una concertista reconocida en todo el mundo. Por ahora ejecutaré la pieza que me permitió entrar a mi castillo, la Escuela de Arte y Drama de Oakland.

Los aplausos llenaron la sala. María inclinó la cabeza. Las notas de la *Sinfonía del Nuevo Mundo* fluyeron entre los asistentes. Jessie escuchaba con atención. María no había cometido un solo error. La señora Hernández grababa la presentación con una cámara de video. Cuando María terminó su presentación y se puso de pie junto al piano, recibió el aplauso de los asistentes. Más relajada, Jessie caminó al centro de la sala.

—Nuestra siguiente participante es Mkiwa Cooper. Ella ha elegido el difícil camino de la danza. Sus heroínas son las estrellas más brillantes del firmamento de la danza. Cuando logre el éxito, continuará el legado que ellas han dejado para la posteridad.

Jessie volteó a ver a Addie Mae y movió la cabeza mientras prendía la música grabada. Los tambores africanos y otros instrumentos de percusión crearon una atmósfera de gran emoción.

—Mi nombre es Mkiwa Cooper. Toda mi vida he soñado con convertirme en una gran bailarina, como Judith Jamison, de la Compañía de Danza Alvin Ailey. Durante varios años he tomado lecciones de ballet, tap, danza moderna y danzas africanas. Tomo lecciones los sábados y practico todos los días. La danza es la única forma en que puedo comunicar lo que siento y lo que soy. En esta ocasión voy a presentarles la danza africana que presenté en mi audición para la Escuela de Arte y Drama de Oakland. Ésta es una parte de una danza que realizan los Kikuyu para celebrar una buena jornada de cacería.

Jessie adelantó la cinta para iniciar su presentación. La música era vibrante y armoniosa. Los movimientos de Addie Mae, combinados con la rítmica música africana, hicieron vibrar al público. Marcaba el ritmo con los pies, daba saltitos, gesticulaba y se balanceaba. Jessie alcanzó a ver a varios ancianos que levantaban las manos en señal de apreciación. Con el último sonido de tambor, Addie Mae se dejó caer en cuclillas, con la cabeza inclinada. Una vez más, los aplausos inundaron la sala. Un hombre golpeaba el piso con su bastón.

"Esto es mejor de lo que esperábamos. Tenemos mucho talento", pensó Jessie.

—Nuestra siguiente participante es Julie Stone, quien decidió dominar uno de los instrumentos más antiguos del mundo. A pesar de ser ésta una difícil tarea, ella ha perseverado en sus ensayos.

Jessie colocó la silla al centro del escenario. Luego tomó el violín de Julie y se lo entregó una vez que ésta se había sentado, con las muletas a un lado. La participación de Julie debía ser breve. Jessie quería que el violín hablara por Julie. Las demás estaban de acuerdo.

—Me llamo Julie Stone. Al igual que Mkiwa, no recuerdo cuando no quería tocar el violín. Tomo lecciones los sábados y practico todas las noches. Tocar el violín me hace feliz. Ésta es mi pieza favorita. Espero les guste.

En algunos momentos, la interpretación de Julie fue tan emotiva que Jessie estuvo a punto de llorar. El público estaba absorto. Cuando su arco tocó las cuerdas por última vez, una lágrima rodó por la mejilla de Jessie. La sala permaneció en silencio por algunos segundos. El silencio se rompió con un gran aplauso entre gritos de "¡Bravo!" Julie sonrió. Addie Mae y María la ayudaron a regresar a su lugar, detrás del escenario.

Jessie suspiró aliviada. Ninguna de las tres había cometido errores. De hecho, todas habían tenido su mejor presentación. "Sólo espero tener la misma suerte", pensó.

—Pasando de presentadora a intérprete, me presento ante ustedes. Mi nombre es Jessie Williams.

El público estaba encantado. Jessie continuó.

—Mi abuela Mamatoo es directora artística de una compañía de teatro, aquí, en Oakland. ¡He visto obras de teatro prácticamente desde que nací! Mi sueño es convertirme en una famosa actriz dramática. Sé que esto es muy difícil. No muchas lo logran. Además, hay pocos papeles para afroamericanos, pero estoy decidida a lograrlo. Ahora les presentaré el discurso de Sojourner Truth, "¿No soy una mujer?", mi prueba de audición en la Escuela de Arte y Drama de Oakland. Es un placer compartir estas importantes palabras con ustedes.

Como el resto del grupo, Jessie tuvo una presentación impecable. Esta vez nadie se interpondría en su camino. Por momentos parecía estar realmente en 1851, y lo mismo sucedió con el público. Las palabras y la

entonación fluían como notas musicales. La reacción del público le tomó por sorpresa. ¡La madre de María encabezaba los gritos de ánimo! Jessie se sintió aliviada al saber que la presentación había sido grabada. El video y las charlas con algunos residentes las ayudarían a presentar un gran proyecto.

Después de dos reverencias de agradecimiento, la señora Winters explicó al público que a partir de ese día, el grupo de muchachas se presentaría dos veces al mes para entretener a los residentes. Había una mesa con refrescos, sándwiches y pastel en una esquina de la sala. Antes de que las muchachas pudieran cambiarse de ropa, los asistentes se acercaron a ellas para estrechar su mano y felicitarlas.

Jessie vio a una anciana negra con un bastón caminar hacia Julie. La mujer caminaba con aire distinguido y claridad en la mirada. Se sentó junto a Julie. Jessie supo entonces que Julie había empezado sus entrevistas. María y Cooper también charlaban con otros residentes.

Por un segundo, las muchachas se miraron entre sí. Las cuatro supieron lo que las otras sentían. Regresar a casa deprimidas por su fracaso en la audición habría sido egoísta e irresponsable de su parte. Haber venido aquí había sido una grandiosa decisión.

Reflexionar y responder

1. ¿Qué aprendieron las muchachas de sí mismas con la **presentación** del grupo en la Residencia Evergreen?
2. ¿Cómo te ayuda la autora a conocer la personalidad de cada personaje?
3. ¿Qué aprendes del éxito y el fracaso de este cuento?
4. Jessie y sus compañeras tienen grandes sueños. ¿Cuáles son tus sueños?
5. Da un ejemplo de una estrategia de lectura que usaste mientras leías.

CONOCE A LA AUTORA

Candy Dawson Boyd

La carrera de escritora de Candy Dawson Boyd empezó cuando trabajaba como maestra de escuela en Chicago. A Candy le encantaba leer libros sobre otras culturas. Como este tipo de libros era difícil de encontrar, ella decidió escribir sus propios libros. Muchas de las historias de Boyd hablan acerca de muchachos afroamericanos y la manera en que vencen las dificultades que les presenta la vida. Ella dice: "Si mis libros ayudan a los niños o si los llevan a un lugar seguro, entonces ésa es mi mayor recompensa como escritora". Esta manera de pensar y su gran talento la han ayudado a convertirse en una escritora reconocida.

CONOCE AL ILUSTRADOR

Floyd Cooper

Floyd Cooper hizo su primer dibujo de niño, en Tulsa, Oklahoma, cuando dibujó "una especie de pato" en el lado de la casa de su padre. "Tuve que borrarlo", dice. "No he dejado de dibujar desde entonces".

Actualmente, Cooper aún borra algunos dibujos. Le gusta crear ilustraciones cálidas y soleadas con una técnica llamada óleo lavado, sobre madera. "Primero cubro la madera con pintura y luego uso unas herramientas llamadas talladores para borrar algunas partes y crear la imagen que deseo".

Cooper no dibuja muchos patos en la actualidad, pero sus excelentes ilustraciones de personas en libros como *Granpa's Face* y *Meet Danitra Brown,* le han permitido ganar varios galardones. Floyd Cooper vive en West Orange, New Jersey, con su esposa, sus dos hijos y un pez llamado Piececito.

Visita *The Learning Site*
www.harcourtschool.com

¡Los muchachos lo hicieron!

La clave del éxito

Randy Chang (16 años)

"Cuando empecé a tomar lecciones de piano, a los 9 años, todo era un gran desafío", dice Randy Chang, originario de Dover, Delaware. Randy nació con una discapacidad llamada síndrome de Down, que dificulta el aprendizaje de nuevas destrezas. Poco a poco, Randy aprendió a tocar el piano. Luego practicó y empezó a ejecutar algunas piezas. Hasta hoy, Randy se ha presentado en más de 30 conciertos, ha participado en programas de recaudación de fondos por televisión e incluso representó a Delaware en el Festival Especial de las Artes, realizado en Bruselas, Bélgica.

"La música me ha servido de inspiración y me ha ayudado a aprender de mí mismo", dice Randy. "Al tocar una pieza llamada 'La rueda del molino', pienso en mí mismo como un pequeño molino impulsado por la fe, que no deja de girar y que siempre trata de seguir adelante".

A Randy le encanta tocar y escuchar piezas de compositores como Mozart y Bach. Es un excelente estudiante y poco a poco se ha convertido en un gran orador. Si alguien tiene dificultades, Randy le aconseja: "Practica todos los días. Nunca te rindas. ¡Aprender es divertido!"

Unir generaciones

Kristen DeForrest (14 años)

Cuando su abuela murió, hace tres años, Kristen DeForrest se dio cuenta de que su abuelo se sentía muy triste y solo. "Vivía solo en su departamento y necesitaba nuestra compañía", dice Kristen. "Me preguntaba si otras personas de su edad también necesitaban compañía".

Entonces, Kristen organizó el programa 'Adopta un abuelo' entre sus compañeros de escuela en Rowley, Massachusetts. Con el programa, logró que 20 estudiantes de los grados 6 a 8 adoptaran un abuelo en un centro de rehabilitación para ancianos. Los estudiantes hablaban por teléfono con los ancianos, les enviaban tarjetas y también los visitaban. "Los ancianos estaban encantados de ver a los muchachos", dice Kristen. "Pero lo mejor de todo es que los muchachos también lo disfrutaban".

Gracias a su idea, Kristen ganó $3,000 en un concurso de ayuda a la comunidad. Ella usa el dinero para comprar regalos y otros objetos que necesitan los ancianos. Kristen dice que su mejor recompensa es "ver las sonrisas de los ancianos y los muchachos cuando están juntos".

Kristen aún pasa mucho tiempo con su abuelo (foto superior derecha). Él dice que le encanta su idea y está orgulloso de que haya servido como fuente de inspiración.

Reflexionar y responder

¿Por qué son notables los logros de Kristen y Randy?

Hacer conexiones

Compara textos

1. ¿Por qué crees que esta selección es parte del tema Soluciones creativas?
2. Observa las ilustraciones de las páginas 397 y 404. ¿Cómo te ayudan a comprender mejor los sentimientos de las chicas al principio y al final de la selección?
3. ¿Qué te dicen las selecciones "Secretos de otoño" y "¡Los muchachos lo hicieron!" acerca de las claves del éxito?
4. Compara la forma en que "Secretos de otoño" y "¡Los muchachos lo hicieron!" reflejan la idea de "levantar puentes entre generaciones".
5. ¿Te gustaría leer el resto de la novela *Secretos de otoño*? ¿Por qué?

Escribe un poema

CONEXIÓN con la Escritura

Escribe un poema corto acerca de uno de los temas de "Secretos de otoño", como la amistad, la ayuda al prójimo, creer en uno mismo o los logros artísticos. Puedes expresar tus propios sentimientos o escribir desde el punto de vista de uno de los personajes. Usa un diagrama de red para organizar tu lluvia de ideas.

Detalles

Idea principal

Haz un cartel

CONEXIÓN con los Estudios sociales

Julia toca el violín y María toca el piano. Trabaja con un compañero para investigar sobre los instrumentos musicales utilizados en dos de las siguientes civilizaciones antiguas: Grecia, Roma, China o India. Organiza tu información en una tabla de dos columnas. Luego usa los hechos para hacer un cartel que contenga ilustraciones de los instrumentos que investigaste.

Antigua Grecia	Antigua Roma
lira: arpa pequeña que solía acompañar a los cantantes	

Representa una entrevista

CONEXIÓN con las Artes del lenguaje

En "Secretos de otoño", Addie Mae dice que quiere ser bailarina como Judith Jamison de la Compañía de Danza Alvin Ailey. Trabaja con un compañero para buscar más información acerca de un bailarín o bailarina famosa. Puede ser de ballet, jazz o cualquier tipo de danza. Luego, representen la entrevista asumiendo cada uno el papel de reportero y de entrevistado. Represéntenlo para la clase.

Relación entre las palabras

Las palabras de una oración o un párrafo toman significado de acuerdo con la forma en que se relacionan con otras palabras. Cada palabra aparece en un **contexto** que te ayuda a comprenderla. Lee esta oración de "Secretos de otoño":

> **Regresar a casa <u>deprimidas</u> y <u>decaídas</u> por los resultados de la audición hubiera sido inmaduro e irresponsable de su parte.**

Las palabras subrayadas son **sinónimas**, o sea, palabras con significados parecidos. Si no estuvieras seguro de lo que significa la palabra *decaídas*, su conexión con la palabra *deprimidas* te podría ayudar a comprenderla.

Supón que la escritora hubiera usado la siguiente oración para describir los sentimientos de las muchachas después de la audición: *Las muchachas regresaron a casa muy <u>animadas</u>, en lugar de <u>decaídas</u>*. Aquí ya puedes saber que *decaídas* significa lo opuesto de *animadas*. Estas dos palabras son **antónimas**, es decir, palabras que significan cosas opuestas.

Cuando una palabra tiene más de un significado, puedes usar las **claves de contexto** para saber cuál de los significados es el correcto. Una de las palabras de la selección, *lista*, es una **palabra de múltiples significados**. Esta tabla te muestra algunos de ellos.

Ejemplo	Significado
Buscó su nombre en la <u>lista</u> de resultados pegada a la pared.	registro de nombres o de cosas (sustantivo)
Nunca reprueba ningún examen; es una chica muy <u>lista</u>.	inteligente; con ingenio (adjetivo)
Si no estás <u>lista</u> en dos minutos, ¡nos vamos sin ti!	preparada, dispuesta (adjetivo)

Visita *The Learning Site*
www.harcourtschool.com

Ve Destrezas y Actividades

Preparación para las pruebas

Relación entre las palabras

▶ **Lee la oración en el recuadro. Luego, elige la opción que use la palabra subrayada en el mismo sentido.**

1. **Cuando sea grande, quiero ser <u>rico</u> para poder comprar todo lo que yo quiera.**

A El flan siempre le que queda muy <u>rico</u>.

B El plátano es un fruto <u>rico</u> en potasio.

C Él es el hombre más <u>rico</u> del mundo.

D Su abuela nació en Puerto <u>Rico</u>.

Verifica que la palabra tenga el mismo sentido en la oración y en la opción que elijas. Ya sabes que la opción D es falsa, pues es el nombre de un país y no un adjetivo.

2. **Es un gran abogado, jamás ha perdido un solo <u>caso</u>.**

F Ya no lo intentes; no tiene <u>caso</u>.

G Hoy me <u>caso</u> por la iglesia.

H En el <u>caso</u> de Felipe, el jurado encontró al acusado inocente.

J Nadie le hace <u>caso</u> cuando habla.

Sugerencia

Forma un imagen de la situación de la oración. Después decide cuál respuesta te da un imagen similar.

El poder de las palabras

Las muchachas piensan en todo

inicial
perserverancia
visibilidad
ingenio
acontecimiento
derechos
otorgado

Piensa en los miles de inventos que usamos día tras día. Sin ellos, hasta la cosa más sencilla podría tomarnos horas. Lee más acerca de las formas en que los inventores han cambiado nuestras vidas.

De niño, Frank Epperson mezcló agua natural y bicarbonato de sodio, después los revolvió con una varita. Al dejarla en la terraza, la mezcla se congeló. Al descubrirlo pensó que quizás podría congelar cosas que se pudieran comer. Esto fue sólo el paso **inicial**, pues todavía faltaban muchos pasos más. Gracias a su gran **perseverancia**, siguió intentándolo una y otra vez, hasta que consiguió inventar las paletas de hielo con sabores.

Un día, le pidieron a James Naismith que inventara un juego que se pudiera jugar de noche. Debido a que la gente no podía ver en la oscuridad, se tenía que jugar donde hubiera mejor **visibilidad**, y Naismith pensó en el interior de un gimnasio. Inventó entonces un juego que parecía estar lleno de **ingenio** y de simplicidad. Clavó dos canastas de duraznos a las paredes del gimnasio y se puso a escribir las reglas de ese nuevo juego. ¿Cómo crees que lo llamó?

¿Alguna vez te has preguntado cómo se inventaron los juguetes más famosos? Hace como cincuenta años, los niños se divertían andando en carritos muy sencillos hechos con cajas de madera. Un **acontecimiento** muy importante en la historia de los juguetes rodantes fue cuando a alguien se le ocurrió agregarle a la caja unas ruedas de patines. Más tarde le pusieron ruedas de plástico y así nació la patineta. Realmente no sabemos quién fue el inventor de ella, pues los **derechos** no se le han **otorgado** a nadie.

CONEXIÓN
Vocabulario-Escritura

Con trabajo duro y **perseverancia** puedes lograr prácticamente todo. Piensa en algo que te gustaría inventar. Escribe un anuncio para promocionar tu idea.

Las mucha

Historias de in

texto de Catherine Thimmesh

ilustraciones de Melissa Sweet

Género

No ficción

Un tema de no ficción habla acerca de personas, cosas, sucesos o lugares que son reales.

En esta selección, busca

- información sobre cómo unas personas de la vida real resolvieron problemas.
- citaciones que digan lo que realmente hicieron o dijeron las personas.
- leyendas que provean más información.

chas piensan en todo

ventos ingeniosos hechos por mujeres

Incluso teniéndolo todo en su contra, las mujeres han inventado cosas desde siempre. A veces han tenido éxito cuando muchos pensaban que fracasarían. Madam C. J. Walker, hija de ex-esclavos, inventó varios productos para el cuidado del cabello de las mujeres afroamericanas y hasta un nuevo método de ventas. Registrada con el nombre de Sarah Breedlove, quedó huérfana a los siete años, se

casó a los catorce y enviudó a los veinte. Por casi veinte años lavaba la ropa de otros para mantenerse. Madam Walker inició su negocio con un solo producto, enorme confianza en sí misma y $1.50. Caminó de puerta en puerta ofreciendo demostraciones gratis y mostrando fotografías suyas antes y después de usar el producto que vendía. En menos de siete años, tenía a la venta varios productos para el cuidado del cabello y un negocio asombroso. Madam Walker fue la primera mujer en Estados Unidos que se hizo millonaria gracias a su trabajo.

Aún en la actualidad, ya sea en sus casas o en laboratorios, las mujeres siguen inventando con una combinación de curiosidad, perseverancia y optimismo. Pero lo más importante de todo es que las mujeres piensan, usan la imaginación y comentan. "¿Qué pasaría si...?", preguntan. "¿Qué tal si...?", indagan. "¡Ajá!", exclaman.

Y poco a poco, emerge su ingenio y una capacidad inventiva que enternece nuestras vidas, y hasta impulsa la creatividad de hombres, mujeres y niños por igual.

Mary Anderson
Limpiaparabrisas

El clima de aquel día era terrible. La nieve cubría calles y aceras. Las personas trataban de calentarse con sus abrigos. Con la esperanza de ver un panorama diferente y escapar de la nevada, Mary Anderson, una mujer de Birmingham, Alabama, abordó un tranvía en New York. Corría el año de 1902 y el viaje representaba una experiencia que jamás olvidaría, no sólo por las condiciones del clima, sino porque la inspiró a inventar el limpiaparabrisas. Y todo se debió a la pena que sintió al ver al conductor del tranvía esforzándose por ver a través del parabrisas del vehículo. Su invento no sólo mejoró las condiciones de manejo, sino que también salvó innumerables vidas.

En aquella época, los ingenieros de alta escuela ya habían atacado el problema de la falta de visibilidad al conducir y habían generado una solución. Dividieron el parabrisas. Si la lluvia o la nieve cubría el parabrisas e impedía la visibilidad, el conductor podía abrirlo como una ventana común y continuar su marcha. Pero, desgraciadamente, esta solución no era útil, al menos no del todo. Mary observaba cómo el conductor hacía esfuerzos desesperados por ver el camino a través del parabrisas. Cuando por fin abrió la ventana dividida, su rostro recibió una fuerte ventisca helada y pesados copos de húmeda nieve.

"¿Por qué nadie ha inventado un aparato para limpiar la nieve del parabrisas?", preguntó Mary a las personas a su alrededor.

"Lo han intentado varias veces", le dijeron. No se puede".

Tonterías, pensaba Mary, mientras hacía anotaciones en su libreta. ¿Acaso no puede ponerse adentro una especie de palanca que mueva un brazo de afuera para limpiar la nieve? A ella esto le parecía bastante simple.

Más tarde, cuando regresó a casa en Birmingham, estudió los bocetos que había hecho. Tardó algún tiempo en refinar sus dibujos. Los hizo más elaborados y detallados.

Fig. 1.
Fig. 2.
Fig. 3.
A
1
a
1902
dispositivo
para limpiar
ventanas

Satisfecha, llevó su diseño a una pequeña fábrica en Birmingham y pidió que le hicieran un modelo. Luego llenó una solicitud de patente.

"Mi invento es un dispositivo para limpiar ventanas en el que un brazo es accionado a mano en forma radial desde el interior del auto", escribió Mary como especificaciones de su patente.

Antes de que el uso de los limpiaparabrisas se generalizara, los conductores frotaban pedazos de zanahoria o cebolla en el vidrio para repeler el agua.

En otras palabras, una palanca en el interior mueve el brazo que está en el exterior. Mary había construido su limpiador con madera y goma. Ella lo diseñó de tal forma que podía ser removido si el clima lo permitía, para no estropear la apariencia externa del vehículo. Uno de los elementos más importantes fue el uso de un contrapeso.

"Esto sirve", escribió Mary, "para mantener una presión uniforme sobre el vídrio en toda el área de alcance del limpiador de ventanas".

En otras palabras, el limpiador barrería la nieve hacia afuera. En 1903 Mary recibió la patente para su limpiador de parabrisas. Una vez protegido su invento con la patente, Mary escribió a una gran compañía canadiense a la que ofreció venderle los derechos. La compañía no parecía mostrar interés. Después de revisar la propuesta, decidieron que el invento tenía poco, o más bien, ningún valor comercial. Simplemente consideraron que no se vendería. Sin embargo, la animaron a enviar otras "patentes útiles" a consideración.

Mary guardó la patente en un cajón y con el tiempo ésta expiró. Más adelante, alguien más retomó la idea, actualizó la patente, la vendió y ganó una gran cantidad de dinero. A pesar de los avances tecnológicos de nuestra sociedad, el limpiaparabrisas permanece como uno de los inventos más útiles en la industria del automóvil. Así los turistas pueden ver cualquier panorama, incluso con nieve, granizo o lluvia.

Margaret E. Knight
Bolsas de papel

Millones de personas las usan cada minuto de cada hora de cada día en tiendas de todo el país y alrededor del mundo. Cuando Margaret inventó una máquina que fabricaba bolsas de papel de fondo plano, no sólo revolucionó la industria de la elaboración de bolsas de papel, sino también la manera de comprar. Ya no tendrían que llevar la leche, carne y quesos en esas pesadas cajas de madera. Y los encargados de las tiendas tampoco tendrían que vender el jamón y el pan en bolsas con forma de sobre para cartas. Gracias a las bolsas de papel de fondo plano, de pronto la vida se hizo mucho más sencilla.

El trabajo de Margaret en la compañía de Bolsas de Papel de Columbia era relativamente simple. Reunía y apilaba las bolsas para después atar los paquetes en grupos uniformes. Las bolsas comunes se fabricaban con una máquina. Las bolsas de fondo plano se hacían a mano. Fue apenas una semana después de haber conseguido este empleo que a Margaret se le ocurrió la idea.

"Tenía mucho tiempo libre para observar el proceso", dijo Margaret. "Usaba ese tiempo para analizar el funcionamiento de las máquinas y la elaboración manual de las bolsas de fondo plano".

"¿Por qué tenemos que hacer a mano las bolsas de fondo plano?" se preguntaba. Ese proceso consumía demasiado tiempo y era muy costoso. Le habían dicho a Margaret que una máquina no podría doblar y pegar el fondo de este tipo de bolsas. A ella le parecía bastante extraño que no hubiera dicha máquina, pues todos sabían que las bolsas de fondo plano eran mucho mejores.

Margaret no tenía conocimientos formales de ingeniería, pero tenía bastante experiencia en la operación de las máquinas, tanto en los molinos de algodón como en las fábricas. De hecho, desde niña había preferido jugar con sierras, taladros de mano y madera, que con muñecas y otros juguetes.

Margaret empezó por hacer bocetos sobre sus ideas. Luego construyó una herramienta de corte a la cual llamó dedo guía y un dispositivo para hacer dobleces a partir de un pedazo de lámina, al cual llamó doblador de placa y cuchilla. ¿Cuál fue el resultado? Una manera genial de fabricar bolsas de papel de fondo plano.

"Realicé mi siguiente experimento en una de las máquinas del taller, a la cual agregué los dispositivos que había inventado, el dedo guía y el doblador de placa y cuchilla",

Oficina de patentes de Estados Unidos

MARGARET E. KNIGHT, DE BOSTON, MASSACHUSETTS

Patente No. 109,224, con fecha 15 de noviembre de 1870

MEJORAS EN LAS MÁQUINAS DE ALIMENTACIÓN DE PAPEL

No. 109,224

Fig. 2.

109,224

MÁQUINA DE ALIMENTACIÓN DE PAPEL

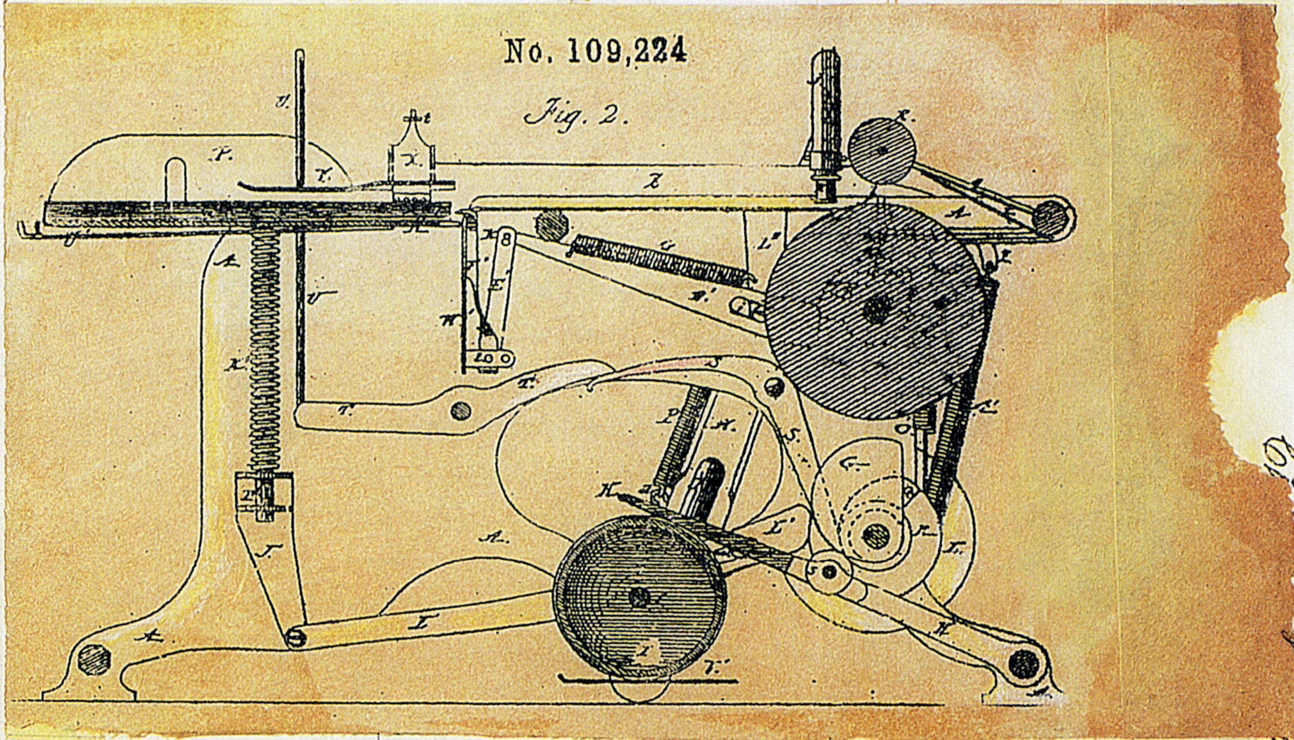

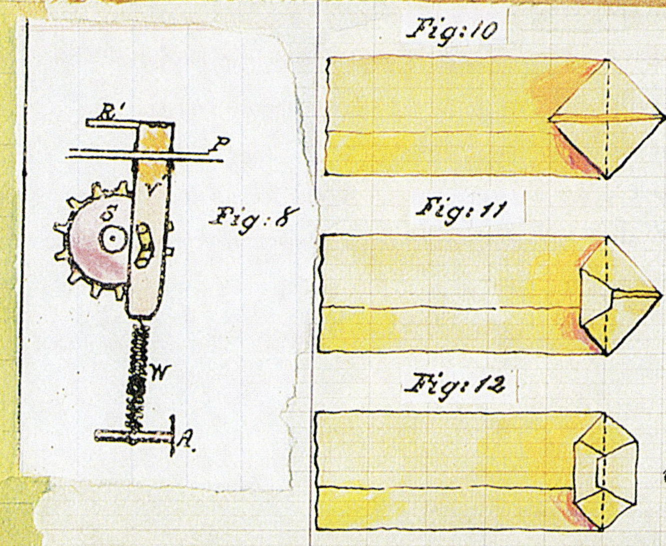

9 de marzo de 1867
He trabajado toda la tarde tratando de hacer funcionar esta máquina para crear los fondos cuadrados. Hasta ahora, todo marcha bien, pero he trabajado suficiente por hoy.

explicó Mary. "Con esto logré que el rollo alimentador de papel se alineara con la guía sobre el doblador de placa y cuchilla. Así logré fabricar con éxito una bolsa de fondo plano".

Una vez demostrado que, contra lo que se pensaba, una máquina podía cortar y doblar las bolsas de fondo plano, Mary se sintió más motivada que nunca. Un año después de haber realizado su idea inicial, logró construir un modelo de madera de aproximadamente dos pies y medio de largo por uno de ancho.

"En julio de 1868 por fin completé un modelo que funcionaba a la perfección", dijo Mary. "Puede decirse que fabriqué millones de bolsas con él".

Entonces contrató a un experimentado tornero y le pidió que fabricara una versión de hierro con la finalidad de obtener la patente. Desafortunadamente para Margaret, un hombre desconocido, llamado Charles Annan vio su proyecto durante la elaboración de la máquina de hierro, lo cual le permitió copiarlo y patentarlo como su propio invento.

Decidida a remediar esa situación, Margaret viajó a Washington D.C. con su diario, patrones, registros, modelos, bolsas dobladas, algunos testigos y su abogado para reclamar los derechos de su invento ante el comisionado de patentes.

Después de dieciséis días de averiguaciones, Margaret ganó el caso. El invento de la máquina que fabricaba bolsas de papel de fondo plano fue otorgado a Margaret Knight en 1870. Más tarde, ella unió fuerzas con un socio capitalista para fundar la compañía de Bolsas de Papel del Este, en Hartford, Connecticut y fabricar sus máquinas. También estableció un laboratorio en el que trabajó para crear otros inventos (obteniendo un total de veintisiete patentes) por lo cual los medios de comunicación de la época le dieron el sobrenombre de "Dama Edison".

La máquina para fabricar bolsas de papel inventada por Margaret Knight permanece como un acontecimiento importante en la historia de la ingeniería mecánica. Es sobresaliente que aún en nuestra época de avances tecnológicos, la humilde bolsa de papel siga siendo parte importante de la vida cotidiana. Así que, compradores, pongan más comestibles en su carrito de compras. La bolsa de papel no se quejará.

Aunque el invento de Margaret ha superado la prueba del tiempo, ella no se hizo rica con él. Se sabe que recibió una oferta de $50,000 por los derechos de su máquina (el equivalente a más de medio millón de dólares en la actualidad), pero la rechazó. Al morir Margaret, sus propiedades apenas alcanzaban un valor de $275.05.

Las muchachas (hasta las más jóvenes) piensan en todo

Becky Schroeder

Una persona tiene que cumplir dieciséis años para conducir un auto, diecisiete para ver ciertas películas en el cine y dieciocho para votar. Muchos reciben grandes descuentos en sus compras, si son mayores de sesenta y cinco años. Por todas partes vemos límites de edad que definen lo que una persona puede o no puede hacer. Sin embargo, la creatividad no tiene límites ni fronteras. Cualquiera puede inventar algo. Y muchos lo hacen. Los inventos surgen, cualquiera que sea la edad de su creador.

Sentada en el auto, mientras esperaba que su madre regresara de la tienda, Becky decidió terminar su tarea de matemáticas. Pero estaba oscureciendo y apenas podía ver lo que escribía.

"No tenía una linterna y no quería abrir la puerta del auto porque la luz interior iluminaría todo el auto", recuerda Becky. "Traté de pensar en alguna manera de iluminar mi cuaderno y es así como surgió esta idea".

No todos los días una niña de diez años inventa algo tan útil, pero eso es justo lo que Beky hizo cuando fabricó una herramienta que le permitió alumbrarse en la oscuridad. ¿Cuál fue su invento? El tablero luminoso.

Esa noche, cuando Becky regresó a casa, trató de imaginar la forma de ver su cuaderno en la oscuridad. Pensó en todo tipo de juguetes luminosos (desde pelotas hasta discos voladores) y se preguntaba cómo hacían eso. Becky estaba dispuesta a encontrar una solución. Al día siguiente, su padre la llevó a un centro comercial. Ahí compraron pintura fosforescente. Becky llevó la pintura y varias hojas a la habitación más oscura de su casa: el baño. Ahí experimentó con estos materiales.

"Encendía y apagaba la luz una y otra vez", expresó Becky. "Mis padres dicen que salí corriendo del baño y gritando '¡Funcionó, Funcionó! ¡Escribí en la oscuridad!'"

UTILIDAD O

Número de registro

Nombre del inventor Becky Schroeder

LLENAR SI SE SABE

Objetos que brillan en la oscuridad:

hechos por el hombre

linternas
velas
discos voladores
pegatinas de estrella

de la naturaleza

la luna
luciérnagas
peces fosforescentes
estrellas y planetas
gusanos luminosos

¡Funcionó! El papel brilla.
Pinté un montón de papel en el baño.

Como inventor nombrado a continuación, declaro que:

Creo que soy el inventor original, primero y único (si un sólo nombre aparece a continuación) o el coinventor original, primero y único (si varios nombres aparecen a continuación) de la materia de la cual está reclamada y por la cual se solicita una patente para el invento titulado:

TABLERO LUMINOSO

(Título del invento)

la especificación

☐ está adjuntada

O

☐ fue registrada (D/M/A)

Numero de solicitud

número de solicitud de Estados Unidos o internacional PCT

Por medio de la presente declaro

Becky tomó un tablero de acrílico y lo cubrió con pintura fosforesecente. Usó una idea complicada y la convirtió en algo muy sencillo. El tablero brillaba después de exponerlo a la luz. Así, el tablero iluminaba la hoja que Becky había colocado sobre éste. En 1974, dos años después de su idea original, Becky se convirtió en la mujer más joven en recibir una patente de Estados Unidos.

Al enterarse del invento de Becky, la NASA le envió una carta. Querían saber si había trabajado en la NASA porque el tablero luminoso era muy parecido a uno de sus proyectos secretos (y de ser así, reclamarían la patente). No tenían idea que se trataba de una niña.

Pero Becky no creó un mercado para el tablero luminoso. No necesitaba hacerlo. Más tarde, el *New York Times* publicó un artículo acerca de este increíble invento patentado por una niña de doce años. Los pedidos llegaron por miles. Profesionistas que necesitaban hacer anotaciones en la oscuridad querían comprar un tablero luminoso. Lo mismo sucedía con fotógrafos, críticos de teatro y hasta paramédicos de emergencias para usar en las ambulancias.

"Hice algunos tableros luminosos a mano y otros los fabricaba una compañía por mí", explicó Becky. *"Había algunas versiones más económicas y otras más caras, o sea, modelos eléctricos y modelos activados por la luz"*.

Varias compañías muy grandes querían comprar los derechos, pero Becky y su padre decidieron vender los tableros luminosos por su cuenta. Lo que empezó como un proyecto personal, sólo por diversión, se convirtió en un gran negocio, con Becky como presidenta de la asociación. Eso demuestra que el éxito puede obtenerse a cualquier edad con una buena idea y un poco de imaginación.

Alexia Abernathy

Y he aquí una prueba más. Cierto día, casi una docena de gerentes de grandes compañías recibieron una carta. "Hola, mi nombre es Alexia Abernathy, soy una inventora de once años". Con esta carta, seis compañías solicitaron más información sobre el producto, el tazón antiderrames. Más tarde, una compañía compró los derechos. ¿Suerte de principiante? Tal vez. ¿Una excelente idea? Sin duda.

Cada mañana la historia se repetía. Cuando el hijo de la niñera llevaba el desayuno a la mesa, derramaba toda la comida en el camino. Alexia sabía que debería existir alguna manera de evitar que el cereal cayera del plato y se propuso hacer algo al respecto.

"La idea es muy simple", dijo Alexia. "Sólo pensé: si derramaba la comida mientras caminaba, lo que se necesitaba era algo para recoger lo que caía del plato. ¿Qué tal si usara un tazón más grande?"

En esa época, Alexia participaba en un programa de creatividad llamado "¡Inventa, Iowa!", organizado en las escuelas primarias y le parecía importante resolver este problema. Por lo tanto, decidió crear el tazón antiderrames, un producto que en un par de años estaría en los anaqueles de las mejores tiendas.

"Pensé que debía usar los materiales más simples que hubiera", explicó Alexia. "Así que compré varios tazones de plástico. Luego mi papá me ayudó a cortar la tapa de uno de los recipientes para formar el borde. De hecho, lo único que tuve que hacer fue poner un tazón pequeño dentro de uno más grande".

Originalmente, Alexia quería que el fondo de cada tazón se ajustara a presión al siguiente, pero como no tenía los materiales necesarios ni el conocimiento para hacerlo, optó por usar pegamento. Experimentó con todo tipo de pegamentos. Sin embargo, los tazones se despegaban al lavarlos. Finalmente usó pegamento caliente que le permitió sellar la unión de los tazones. Su invento estaba listo. Alexia inscribió su tazón antiderrames en el programa "¡Inventa, Iowa!" y ganó el concurso. Luego

Alexia Abernathy
borde
asas
tazón grande
real
pa
tazón pequeño
Firma del inventor
Alexia Abernathy
FECHA 17 enero 1998
Mi papá mencionó un nuevo problema, Charlie, (el hijo de la niñera
de 2 años de edad). Así que empecé a pensar en cosas que hacer.
Es entonces cuando me vino la idea. Esta mañana, cuando Charlie
estaba caminando a la mesa, tiró la mitad de la leche del tazón
de cereal. Mi nuevo invento es un pequeño tazón pegado
FIG. 2
Little Kids™
Oops!Proof™
TAZÓN ANTIDERRAMES
¡Evita esos derrames que a nadie le gusta limpiar!
¡El tazón dentro del tazón evita que los alimentos se derramen!

Cuando la compañía Little Kids compró el invento de Alexia en 1994, cambiaron el nombre a *Oops! Proof, Tazón antiderrames* e hicieron los tazones para que pudieron ajustarse a presión. También añadieron una pieza que los hace completamente antiderrames.

avanzó a los siguientes dos niveles del concurso, pero perdió en el nivel estatal. Quienes habían visto su invento, la animaron a llevarlo al mercado. Por eso escribió las cartas.

"Si no me hubieran animado, no lo habría proseguido", confesó Alexia. "No estaba haciendo esto por dinero, sino por diversión".

De hecho, Alexia ganó dinero con su invento. Primero obtuvo la patente y más tarde logró exhibirlo en los aparadores de las tiendas. ¿Te das cuenta de lo que se puede hacer con una idea sencilla, una buena solución y unas estampillas de correo? Además, *no* importa la edad que tengas. . . .

Es tu turno

Supónte que has creado un invento. Es diferente y es excelente. ¿Y ahora qué? Obtener la patente puede ser un importante primer paso. Una patente es un documento legal emitido por el gobierno para proteger una idea. Las patentes utilitarias se otorgan a inventos que son eléctricos o mecánicos en origen. Las patentes de diseño son otorgadas a los inventos que muestran diseños nuevos y originales de productos existentes.

Para patentar un invento, debes demostrar que es algo nuevo, útil y que fuiste la primera persona en registrarlo. Las patentes deben solicitarse de inmediato y en ocasiones es necesario contratar un abogado o agente. Para hacer esto, es necesario llenar una solicitud de patente y acompañarla de diagramas, anotaciones y modelos. Si demuestras que tu invento es único, debes pagar la cuota de registro y entonces recibirás un número de registro. Tu invento permanecerá legalmente protegido durante veinte años (a partir de la fecha de entrega de la solicitud) y sólo tú podrás obtener ganancias con su uso.

Sin embargo, no todos los inventos se benefician al patentarlos. En algunos casos, el proceso es demasiado costoso y hasta es posible que no sea necesario. Un buen abogado de patentes puede decirte cuáles son los méritos de obtener una patente, según el tipo de invento.

Para mayor información sobre el proceso de patentes, ponte en contacto con:
U.S. Patent and Trademark Office
Washington, D.C. 20231
(800)786-9199
www.uspto.gov

Reflexionar y responder

1. ¿Cómo ayuda a la gente cada invento presentado en la historia?
2. ¿Qué función tienen los encabezados y los diagramas de la historia? Explica tu respuesta.
3. ¿Qué cualidades compartieron todas las inventoras en la etapa **inicial** de sus carreras?
4. Piensa sobre los inventos de esta historia. ¿Qué invento te gustaría desarrollar para resolver un problema?
5. ¿Qué estrategias te ayudaron a leer la historia?

Conoce a la autora

Catherine Thimmesh

Catherine Thimmesh vive con sus dos niños pequeños y su esposo en Minneapolis, Minnesota. Igual a las mujeres de su primer libro *Las muchachas piensan en todo,* Catherine Thimmesh tiene muchas ideas creativas. Inventa maneras de ayudar a los niños en la casa, que incluya una manera de hacer bebidas con polvo sin que se derramen. Sus bebidas se llaman "Pececitos Nadadores".

Visita *The Learning Site*
www.harcourtschool.com

Conoce a la ilustradora

Melissa Sweet

Melissa Sweet ha tenido sus propias ideas creativas. Cuando tenía diez años, Melissa trabajaba para una panadería del vecindario y entregaba en su bicicleta deliciosas donas calientes a los clientes.

Desde entonces Sweet se ha convertido en la ilustradora de muchos libros para adolescentes, incluyendo la serie de libros de James Howe *Pinky and Rex* y el libro *Snippets* de Charles Zolotow. Sus acuarelas y montajes aparecen en libros de cocina, notas, carteles y colecciones privadas.

Melissa Sweet

Hacer conexiones

Compara textos

1. Piensa en el tema Soluciones creativas. ¿Cómo demuestran las inventoras de "Las muchachas piensan en todo" que la creatividad de una sola persona puede afectar a muchas personas?
2. ¿Por qué crees que la autora eligió centrarse en mujeres inventoras para escribir su libro?
3. Elige dos inventoras de la selección y compara el modo en que solucionaron un problema.
4. ¿Cuál es la diferencia entre esta selección y los artículos acerca de inventores que podrías encontrar en una enciclopedia?
5. ¿Te gustaría leer más sobre inventores famosos? ¿Por qué?

Escribe un párrafo explicativo

CONEXIÓN con la Escritura

La selección describe varios inventos que han cambiado nuestra vida. Piensa en un invento que uses y que afecte tu vida cotidiana. Escribe un párrafo que explique qué invento es, cómo lo usas y por qué es tan importante para ti. Usa un mapa circular para organizar los detalles que usarás en el párrafo.

Nombre del invento

Cómo lo usas

Por qué es importante

Haz un árbol de inventos

CONEXIÓN con los Estudios sociales

Elige una de las siguientes civilizaciones antiguas: Mesopotamia, Grecia, Roma o China. Averigua los distintos inventos o procesos desarrollados por las personas de esa civilización. Haz un árbol de inventos para representar tus resultados. En el tronco del árbol, escribe el nombre de la civilización. En cada rama, escribe el nombre de un invento o proceso y la fecha o periodo en el que se desarrolló. Pon los primeros inventos en las ramas de abajo.

Haz una gráfica de barras

CONEXIÓN con las Matemáticas

Trabaja con un compañero. Usen el sitio web de la oficina de patentes para averiguar el número de patentes solicitadas en Estados Unidos en 1900, 1920, 1940, 1960, 1980 y 2000. Usen la información para hacer una gráfica de barras en una cartulina. Presenten la gráfica ya terminada ante la clase.

Estructura del texto: Comparar y contrastar

Algunas veces, un texto informativo está organizado de modo que puedas ver en qué se parecen o se distinguen dos o más temas. Cuando leíste "Las muchachas piensan en todo", probablemente estuviste **comparando** a las inventoras o notando lo que había en común entre ellas. Cada inventora identificó un problema, lo analizó críticamente y persistió hasta encontrar una solución.

Quizá también **contrastaste** o te diste cuenta de las diferencias en las formas en las que la gente hizo algo, antes y después de que lograran terminar el invento. La siguiente tabla te muestra el contraste que la autora usó en la sección "Mary Anderson: Limpiaparabrisas".

	Antes del invento de los limpiaparabrisas	**Después del invento de los limpiaparabrisas**
Cómo fueron diseñados los carros	Los carros tenían un parabrisas dividido que se podía abrir. No funcionaba muy bien porque dejaba entrar el viento y la nieve.	Los carros tenían una palanca en el interior, que accionaba un brazo en el exterior para quitar la nieve del parabrisas. Desde entonces, manejar con mal clima se ha vuelto mucho más seguro.

¿Cuál es el contraste que encuentras en la sección "Margaret Knight: Bolsas de papel"?

Visita *The Learning Site*
www.harcourtschool.com

Ve Destrezas y Actividades

Preparación para las pruebas

Estructura del texto: Comparar y contrastar

▶Lee el pasaje. Después responde las preguntas.

Si inventaras un nuevo producto, ¿le pondrías el nombre de una compañía que ya existía? Hugh Moore y Walter Morrison inventaron productos que quizás ya conoces. En 1908, Moore convenció a un inteligente hombre de negocios de que fabricara vasos de papel desechables. Anteriormente, la gente usaba botes públicos muy insalubres para tomar agua de los tanques. Moore bautizó su producto como la compañía Dixie Doll, una compañía que tenía sus oficinas en el mismo edificio en el que Moore trabajaba. Tiempo después, en 1948, Walter Morrison se dio cuenta de que los estudiantes universitarios jugaban con las bandejas metálicas y redondas de una pastelería con el nombre Frisbie Baking. Morrison creó una versión en plástico de ese mismo juguete, pero no le fue bien a la hora de venderlo. Años después, dos hombres compraron el invento de Morrison y lo llamaron igual que la pastelería.

1. ¿En qué se parecen los inventos?

- **A** La misma persona los inventó.
- **B** Se inventaron el mismo año.
- **C** Se usaron con el mismo propósito.
- **D** Ambos llevan el nombre de compañías que ya existían.

Sugerencia

Pon atención a la organización del pasaje. Luego compara y contrasta los inventos.

2. ¿Qué oración establece un contraste en el pasaje?

- **F** Moore convenció a un hombre de negocios de fabricar vasos de papel desechables.
- **G** Antes del invento de los vasos de papel desechables, la gente usaba botes insalubres.
- **H** Morrison no pudo vender su juguete de plástico.
- **J** Los vasos desechables pueden ser de plástico o de papel.

Sugerencia

Todas las oraciones son ciertas, pero sólo una establece un contraste del pasaje.

El poder de las palabras

Un proyecto "hecho en casa"

En las siguientes páginas, leerás acerca de una niña llamada Mari y su proyecto "hecho en casa". Y tú, ¿eres de los que hacen cosas con sus propias manos? ¿Puedes resolver problemas usando lo que está a la mano? Eso es lo que hicieron estos estudiantes.

miniatura

realismo

tridimensionales

reconocimiento

representar

dependía

Las personas de mi maqueta **miniatura** son tan pequeñas que me cuesta mucho trabajo hacerlas. Necesité mucho tiempo para que tuvieran el mayor **realismo** posible. Las hice ver como si fueran de verdad, poniéndoles ropa y zapatos idénticos a los que se usaban antes.

Los planetas en mi modelo son **tridimensionales** porque tienen altura, anchura y profundidad. Mis compañeros de clase me premiaron con el primer lugar, como **reconocimiento** a mi trabajo y esfuerzo.

Cuando mi maqueta esté terminada, deberá **representar**, es decir, mostrar, cómo es el hábitat desértico de Estados Unidos. Si lo estudias, podrás ver cómo cada ser vivo **dependía** de los demás para sobrevivir.

CONEXIÓN
Vocabulario-Escritura

Imagínate que a ti también te pidieron que hagas un diorama del sistema solar. Haz una lista de objetos que podrías usar para **representar** los planetas.

Género

Ficción realista

Un cuento de ficción realista relata cosas sobre personajes y sucesos que son como personas y eventos de la vida real.

En esta selección, busca

- **un escenario que sea conocido por la mayoría de los lectores.**
- **retos y problemas que puedan ocurrir en la vida real.**

proyecto "hecho en casa"

texto de **Anilú Bernardo**

ilustraciones de **Karen Blessen**

A Mari le preocupaba que su proyecto escolar, un diorama del ecosistema de su comunidad, no fuera tan fino como el de sus compañeros. No cuenta con suficiente dinero para comprar los materiales que necesita, así que tendrá que usar su creatividad.

Al día siguiente, Mari tuvo la oportunidad de visitar la biblioteca con algunos compañeros de su clase de inglés. La maestra permite a los estudiantes ir a la biblioteca en grupos de cuatro durante los últimos quince minutos de la clase. Una vez ahí, abrió un pesado diccionario y buscó en la letra 'D'.

"dio-ra-ma: sustantivo. Escena que reproduce en tres dimensiones una serie de objetos, figuras, etcétera, sobre un fondo dibujado".

¡Por fin tenía una respuesta! La señora Graham quería que hicieran una escena en miniatura de la vida en una bahía. El objetivo era crear pequeños modelos para mostrar cómo cada ser vivo **dependía** de los demás. Mari se sintió aliviada. Pero aún no había empezado su trabajo. Primero tendría que decidir cómo hacerlo. Nunca había visto un diorama.

Cuando Mari devolvió el diccionario a su lugar, la señora Frank, la bibliotecaria, le preguntó si necesitaba ayuda. Mari siempre había rechazado la ayuda de los demás, pero esta vez aceptó.

—Necesito hacer un diorama para mi clase de Ciencias naturales —dijo Mari—. Pero nunca he hecho uno. Ni siquiera los conozco —se rió nerviosamente.

—Tengo algunas fotografías de los dioramas que hicieron los estudiantes el año pasado —dijo la señora Frank—. ¿Te gustaría verlos?

Luego la llevó a su oficina y sacó algunas fotografías del cajón de su escritorio. Había hermosos paisajes en miniatura. Uno de ellos mostraba un río con pastizales a un lado y un campo de cañas de azúcar en el otro. El río llegaba a una zona pantanosa en la que las plantas parecían morir. En la foto había una niña que mostraba como premio un listón rojo y sonreía orgullosa junto al diorama. En otra de las fotos, un muchacho mostraba un diorama con dunas de arena y algas marinas que crecían en ellas. El océano estaba hecho de brillante papel celofán azul oscuro. Ambos proyectos habían ganado un listón como premio.

—Ahora voy a mostrarte mi favorito —dijo la señora Frank. Luego abrió un pequeño estuche—. Esta escena muestra la vida diaria de los seminoles en la región de los Everglades. La señora Frank sacó el diorama del estuche y lo puso en la mesa.

—Me gusta mucho porque está hecho con materiales naturales.

En una isla arenosa en el centro de la caja, había una pequeña choza de palma, como las que construyen los nativos del sur de Florida. La choza estaba hecha con ramas y pasto. Una diminuta canoa de madera, como las que los seminoles tallan de una sola pieza a partir de un tronco, flotaba en el agua. Había varios muñecos de paja vestidos con los coloridos atuendos calicó que las mujeres seminoles se precian de elaborar.

—¿El estudiante hizo los muñecos también? —preguntó Mari sorprendida.

—No. Creo que los compró en una tienda de curiosidades. Pero hizo lo demás. Incluso talló la canoa de un pedazo de madera —dijo la señora Frank, mientras recorría el borde de la canoa con un dedo.

—¡Es hermoso! —exclamó Mari—. ¿Qué tipo de caja usó?

Luego caminó alrededor de la mesa para ver el diorama desde atrás.

—Creo que cualquier caja de cartón puede servir. Sólo corta la parte superior y pinta una escena en el fondo.

El sonido de la campana interrumpió las palabras de la señora Frank. Ella no trató de hablar más alto. Sólo esperó a que la campana dejara de sonar.

—¿Qué tema elegiste?

—La cadena alimenticia de la Bahía Biscayne —respondió Mari, un poco ansiosa. Luego echó una rápida mirada a los demás estudiantes, quienes recogían sus libros para entrar a la clase siguiente.

—¿Te gustaría que buscara algunos libros sobre el tema? Los tendré listos después de clases —dijo la señora Frank al darse cuenta que Mari tenía que regresar a sus clases.

—Sí, eso me ayudaría mucho.

Mari le dio las gracias y salió corriendo de la biblioteca.

Esa tarde, sentada en su cama, Mari hojeó los libros que la señora Frank le había prestado. Uno era un libro de biología que tenía todo un capítulo sobre las cadenas alimenticias. Otro era un libro de la vida marina en el sur de Florida. El tercero contenía varios ejemplos de modelos tridimensionales y las instrucciones para construirlos. La mente de Mari se llenó de ideas para su proyecto. Podría comprar papel celofán verde para simular las aguas de la bahía. Luego conseguiría ese hermoso pez brillante que había visto en un museo durante una excursión escolar.

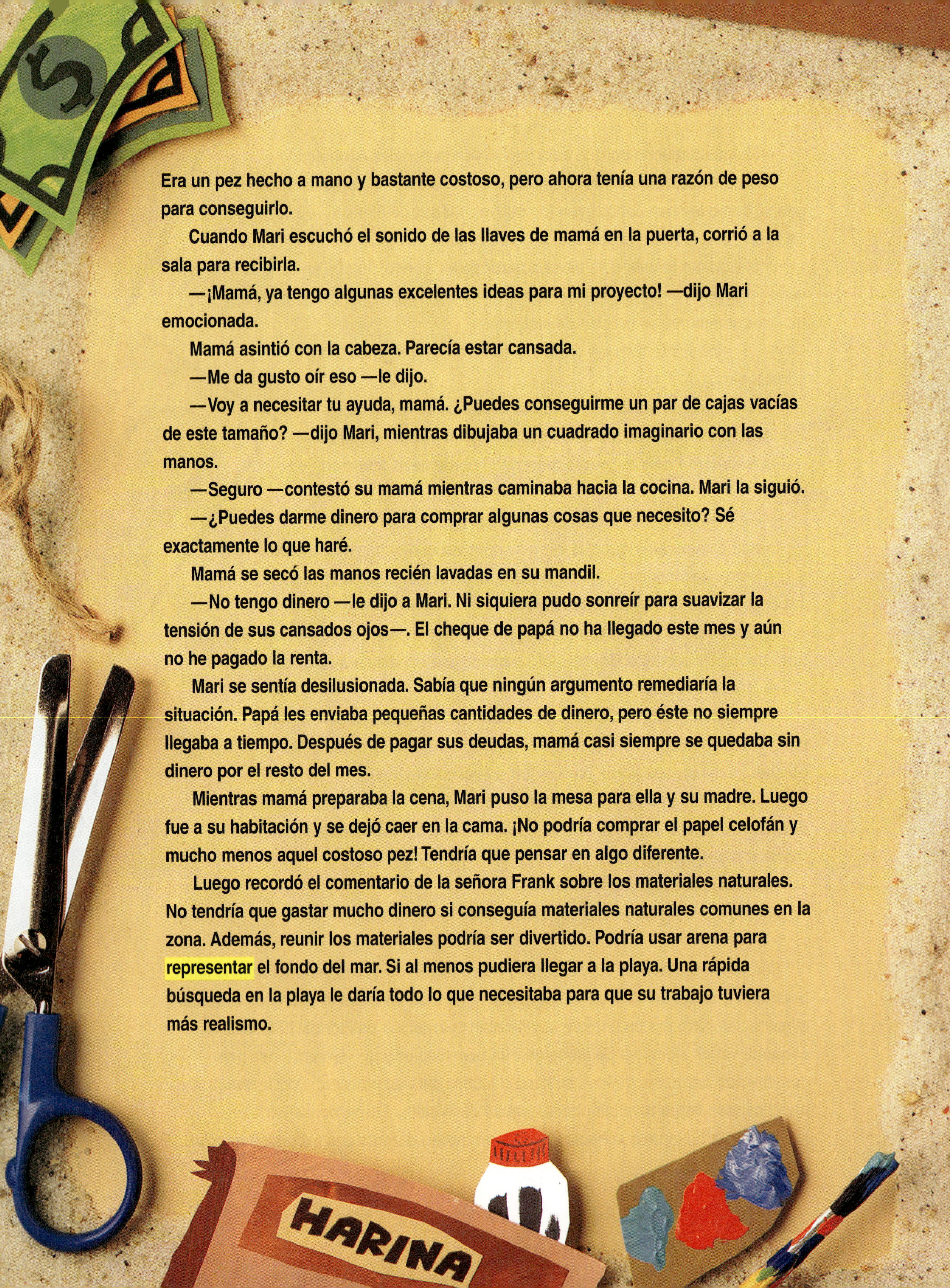

Era un pez hecho a mano y bastante costoso, pero ahora tenía una razón de peso para conseguirlo.

Cuando Mari escuchó el sonido de las llaves de mamá en la puerta, corrió a la sala para recibirla.

—¡Mamá, ya tengo algunas excelentes ideas para mi proyecto! —dijo Mari emocionada.

Mamá asintió con la cabeza. Parecía estar cansada.

—Me da gusto oír eso —le dijo.

—Voy a necesitar tu ayuda, mamá. ¿Puedes conseguirme un par de cajas vacías de este tamaño? —dijo Mari, mientras dibujaba un cuadrado imaginario con las manos.

—Seguro —contestó su mamá mientras caminaba hacia la cocina. Mari la siguió.

—¿Puedes darme dinero para comprar algunas cosas que necesito? Sé exactamente lo que haré.

Mamá se secó las manos recién lavadas en su mandil.

—No tengo dinero —le dijo a Mari. Ni siquiera pudo sonreír para suavizar la tensión de sus cansados ojos—. El cheque de papá no ha llegado este mes y aún no he pagado la renta.

Mari se sentía desilusionada. Sabía que ningún argumento remediaría la situación. Papá les enviaba pequeñas cantidades de dinero, pero éste no siempre llegaba a tiempo. Después de pagar sus deudas, mamá casi siempre se quedaba sin dinero por el resto del mes.

Mientras mamá preparaba la cena, Mari puso la mesa para ella y su madre. Luego fue a su habitación y se dejó caer en la cama. ¡No podría comprar el papel celofán y mucho menos aquel costoso pez! Tendría que pensar en algo diferente.

Luego recordó el comentario de la señora Frank sobre los materiales naturales. No tendría que gastar mucho dinero si conseguía materiales naturales comunes en la zona. Además, reunir los materiales podría ser divertido. Podría usar arena para representar el fondo del mar. Si al menos pudiera llegar a la playa. Una rápida búsqueda en la playa le daría todo lo que necesitaba para que su trabajo tuviera más realismo.

Abrió el libro sobre modelos y empezó a hojearlo. Una parte del libro contenía instrucciones para hacer figuras con arcilla hecha en casa. Una parte de harina, una pizca de sal y un poco de agua bastarían para preparar la masa. Tal vez podría usar la masa para formar los animales marinos. Además, tenía todos los ingredientes en casa. Sin embargo, necesitaría pinturas para decorar los animales y el fondo. Y para eso hacía falta dinero.

Para romper el silencio durante la cena, Mari mencionó de nuevo el tema del diorama.

—Necesito que me lleves a la playa. ¿Podemos ir este fin de semana?

—Mi amor —dijo su mamá—, trabajo seis días a la semana. ¿Cómo me pides que pase mi único día libre en la playa? —le respondió su madre con ternura. Tenía los párpados semi cerrados de cansancio.

—Pero, mamá, sólo tengo que reunir algunos materiales para mi proyecto. No te costará nada. Hasta puedes ayudarme. ¡Vamos, será divertido!

—¡Cielos, Mari! —fue lo único que pudo decir la madre de Mari mientras comía otro bocado de bistec frito con cebollas, preparado al estilo cubano. Por su tono de voz, Mari sabía que su madre aceptaría.

—Podemos reunir un poco de arena para el fondo, algunas conchas de mar y algas y ramitas . . . te prometo que regresaremos tan pronto como consiga lo que necesito.

Luego miró a su madre con ojos de cachorro huérfano y triste, como diciendo "apiádate de mí".

—Tú misma me dijiste que pensara en algo diferente.

Mamá sonrió.

—Está bien, iremos el domingo por la tarde.

—Mamá, hay algo que debo comprar antes —dijo Mari—. Pinturas.

Luego partió un pedazo de pan cubano.

—Puedo comprarlas en el almacén donde trabajas. No son muy costosas, además, puedes conseguir un descuento . . .

Mamá asintió con la cabeza y sonrió. Mari se dio cuenta de que había aceptado.

—Hay cuatro dólares en mi monedero. Toma tres de ellos. Búscame en el almacén mañana y ya veremos.

El diorama de Mari empezaba a tomar forma. El gerente de la tienda donde trabajaba la mamá de Mari le dio a ésta una caja rígida en la que se empacaban los paquetes de galletas. Luego la ayudó a cortar el lado que no necesitaría.

A Mari le gustaron mucho las pinturas que había comprado. Aunque sólo había cuatro colores, podía mezclarlas y obtener cualquier color que necesitara. Mari pintó un fondo dividido en franjas horizontales. Una para el cielo, otra para el mar y una más para el fondo. Mari usó diferentes tonos de azul y verde para distinguir con facilidad el mar del cielo azul y sus esponjadas nubes blancas.

El viaje a la playa había dado buenos resultados. Mari encontró varias conchas de colores, recogió pedacitos de lama y cortó varias algas secas de la superficie. Mari contagió de entusiasmo a su mamá, quien no despegaba la mirada de la arena en busca de materiales que pudieran servir. Mamá encontró pequeños trozos de coral y de esponja que el agua había arrastrado a la playa. Luego le hizo un cono de papel a Mari para que recolectara un poco de arena. Mari estaba feliz de que su mamá hubiera decidido ir a la playa con ella y relajarse, pues sabía que había pasado un buen rato.

Tal vez la señora Graham tenía razón después de todo. ¡Hacer un diorama puede ser muy divertido!

Después de clases, Mari abrió su casillero y buscó los libros que necesitaba para hacer su tarea. Mientras los guardaba en su mochila, Erica y Cathy, dos de sus compañeras de la clase de Ciencias naturales, llegaron a los casilleros.

—¡Mi diorama es estupendo! —dijo Cathy—. Usé papel fosforescente para simular el agua y yeso para hacer la costa. ¡Sólo espera a que lo veas!

—Mi papá me ayudó —dijo Erica—. Tomó algunas fotos debajo del agua con su cámara submarina para usarlas como fondo. ¡Tal vez debería decir que yo lo ayudé!

"¡Vaya!" pensó Mari. "A Erica la ayudó su papá. Su diorama será perfecto porque lo hizo un adulto". Luego fingió ordenar las cosas de su casillero para escuchar más.

—Mi papá construyó una caja de madera para mi diorama —dijo Jake, el muchacho que ahora charlaba con ellas en los casilleros.

—Mi papá es muy hábil y tiene muchas ideas. Desde luego, nuestro proyecto será de tipo científico.

—Pues mi mamá es una artista y también va a ayudarme —dijo Cathy—. ¡Sin su ayuda, mi diorama se vería terrible! No podría hacerlo sola.

Parecía que a todos los habían ayudado sus padres. Eso no era justo. Mari no tenía quién le ayudara.

—Yo tampoco podría hacerlo sola —le dijo Erica a Cathy—. Sin la ayuda de mi papá, mi diorama parecería un juguete hecho en casa con un poco de arena y algunas conchas de mar.

Mari estaba devastada. ¡Su diorama parecería un juguete hecho en casa! Sólo tendría arena y algunas conchas de mar, como había dicho Cathy.

—¿Cómo va tu diorama Mari? —preguntó Erica.

La pregunta había tomado a Mari por sorpresa. Estaba hundida en sus pensamientos, lamentando haber elegido esos materiales tan simples y que su papá no estuviera con ella para ayudarla.

—¿Ya empezaste a hacer tu diorama? —le preguntó Jake.

—Sí. Estoy trabajando en él. Parece que va muy bien —respondió Mari. Cerró el casillero de un golpe y recogió su mochila.

—Tengo que irme.

Al día siguiente, la biblioteca de la escuela estaba casi vacía después de clases. Mari se acercó a la señora Frank con timidez. La bibliotecaria puso en la mesa el libro que tenía en las manos y miró a Mari a través de sus lentes de aumento.

—Hola, Mari. ¿Te sirvieron los libros que elegí? —le preguntó con una dulce sonrisa.

—Sí, gracias. Vengo a devolverlos.

Aunque Mari estaba agradecida, no logró sonreír. Se sentía desilusionada por su trabajo.

—¿Qué elegiste para tu diorama? —le preguntó la señora Frank con interés.

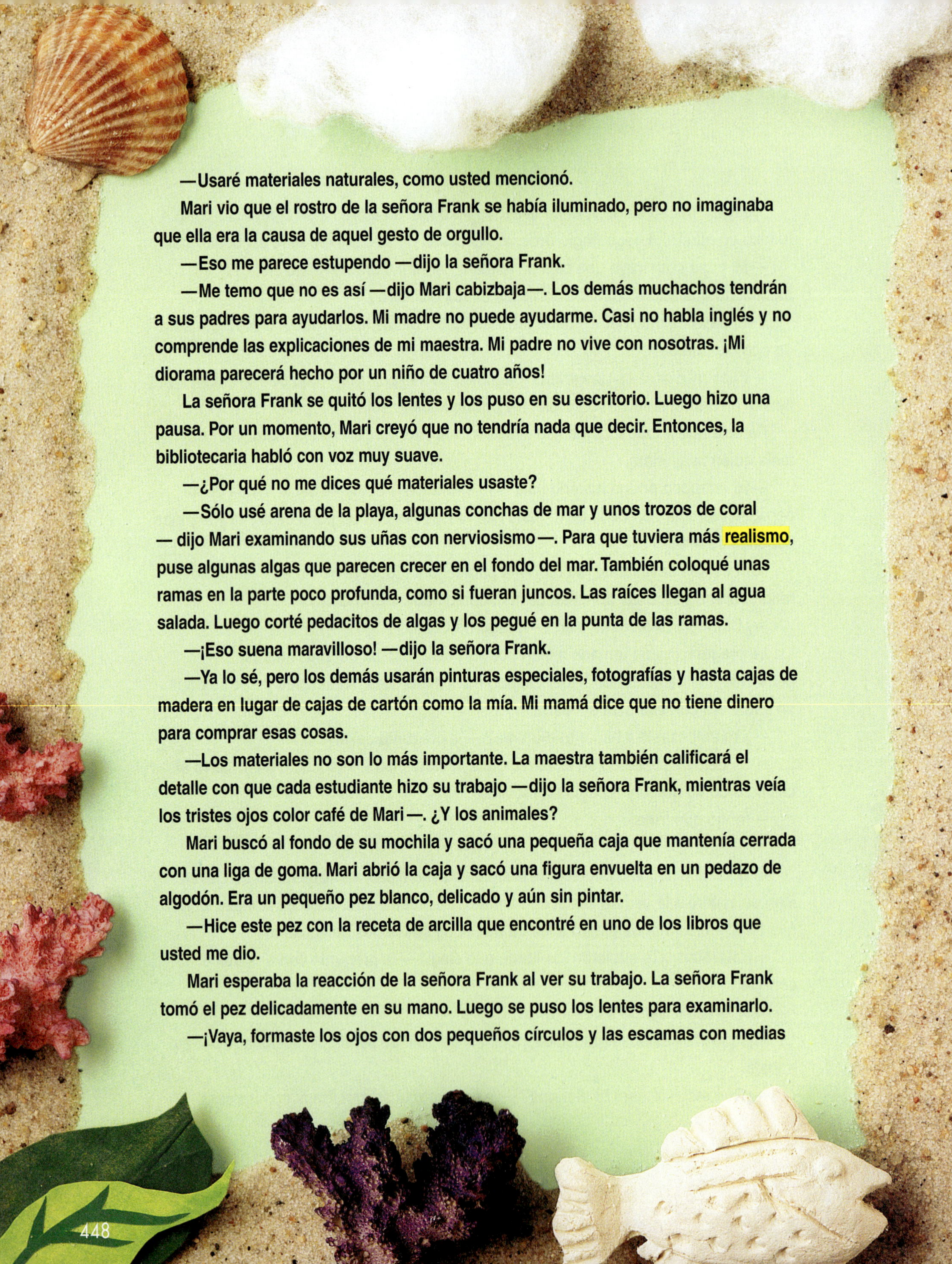

—Usaré materiales naturales, como usted mencionó.

Mari vio que el rostro de la señora Frank se había iluminado, pero no imaginaba que ella era la causa de aquel gesto de orgullo.

—Eso me parece estupendo —dijo la señora Frank.

—Me temo que no es así —dijo Mari cabizbaja—. Los demás muchachos tendrán a sus padres para ayudarlos. Mi madre no puede ayudarme. Casi no habla inglés y no comprende las explicaciones de mi maestra. Mi padre no vive con nosotras. ¡Mi diorama parecerá hecho por un niño de cuatro años!

La señora Frank se quitó los lentes y los puso en su escritorio. Luego hizo una pausa. Por un momento, Mari creyó que no tendría nada que decir. Entonces, la bibliotecaria habló con voz muy suave.

—¿Por qué no me dices qué materiales usaste?

—Sólo usé arena de la playa, algunas conchas de mar y unos trozos de coral — dijo Mari examinando sus uñas con nerviosismo—. Para que tuviera más **realismo**, puse algunas algas que parecen crecer en el fondo del mar. También coloqué unas ramas en la parte poco profunda, como si fueran juncos. Las raíces llegan al agua salada. Luego corté pedacitos de algas y los pegué en la punta de las ramas.

—¡Eso suena maravilloso! —dijo la señora Frank.

—Ya lo sé, pero los demás usarán pinturas especiales, fotografías y hasta cajas de madera en lugar de cajas de cartón como la mía. Mi mamá dice que no tiene dinero para comprar esas cosas.

—Los materiales no son lo más importante. La maestra también calificará el detalle con que cada estudiante hizo su trabajo —dijo la señora Frank, mientras veía los tristes ojos color café de Mari—. ¿Y los animales?

Mari buscó al fondo de su mochila y sacó una pequeña caja que mantenía cerrada con una liga de goma. Mari abrió la caja y sacó una figura envuelta en un pedazo de algodón. Era un pequeño pez blanco, delicado y aún sin pintar.

—Hice este pez con la receta de arcilla que encontré en uno de los libros que usted me dio.

Mari esperaba la reacción de la señora Frank al ver su trabajo. La señora Frank tomó el pez delicadamente en su mano. Luego se puso los lentes para examinarlo.

—¡Vaya, formaste los ojos con dos pequeños círculos y las escamas con medias lunas! Incluso marcaste los bordes de las aletas —dijo la señora Frank, claramente impresionada. Mari sonrió.

—Usé un alfiler de mi madre para marcar las líneas y las curvas cuando la masa aún estaba fresca.

Mari desenvolvió las demás figuras y las puso en el escritorio.

—Vamos a ver. Hiciste un pez más grande y hasta un pequeño cangrejo.

La bibliotecaria examinó las pequeñas figuras con detalle.

—Bueno, el cangrejo aún no tiene patas —dijo Mari y empezó a reírse, mientras la señora Frank ponía la figura en su mano—. Pienso hacerlas con un pedazo de alambre que había entre las herramientas de mi papá. Luego lo pintaré con barniz de uñas color de rosa.

La señora Frank asintió con la cabeza y sonrió.

—¡Este pájaro es hermoso!

Luego señaló las alas, sin poner la figura en su mano, por temor a que se rompiera.

—Es un halcón pescador —dijo Mari con orgullo—. Sobrevuelan la bahía en busca de peces. Puse una especie de techo en mi diorama para colgarlo.

La señora Frank apenas podía creer lo que veía.

—¡Tu trabajo es maravilloso!

Mari le dio las gracias. Luego se encogió de hombros sin creer que eso fuera cierto.

—Bueno, aún tengo que pintar los animales. Espero que parezcan reales cuando termine.

La señora Frank abrió el cajón de su escritorio. Sacó una pequeña botella y se la dio a Mari.

—Tal vez quieras poner un poco de brillo en los costados del pez. Así parecerá que el sol de verano se refleja en sus escamas.

—Gracias. ¡Eso suena genial! —Mari agitó la pequeña botella con alegría—. Tal vez lo pueda mezclar con mis pinturas —agregó.

La señora Fank ayudó a Mari a envolver las figuritas en el algodón.

—Ya lo sabes, Mari —dijo la bibliotecaria—. No te preocupes por lo que hagan los demás estudiantes. Yo opino que tu trabajo es estupendo.

Pronto llegó el día de la exhibición. La señora Graham y la señora Frank habían acomodado las mesas para formar un rectángulo. Los estudiantes llevaron sus trabajos por la mañana para que los jueces los vieran. Luego continuaron sus clases y regresaron por la tarde, cuando los jueces habían examinado y calificado los dioramas.

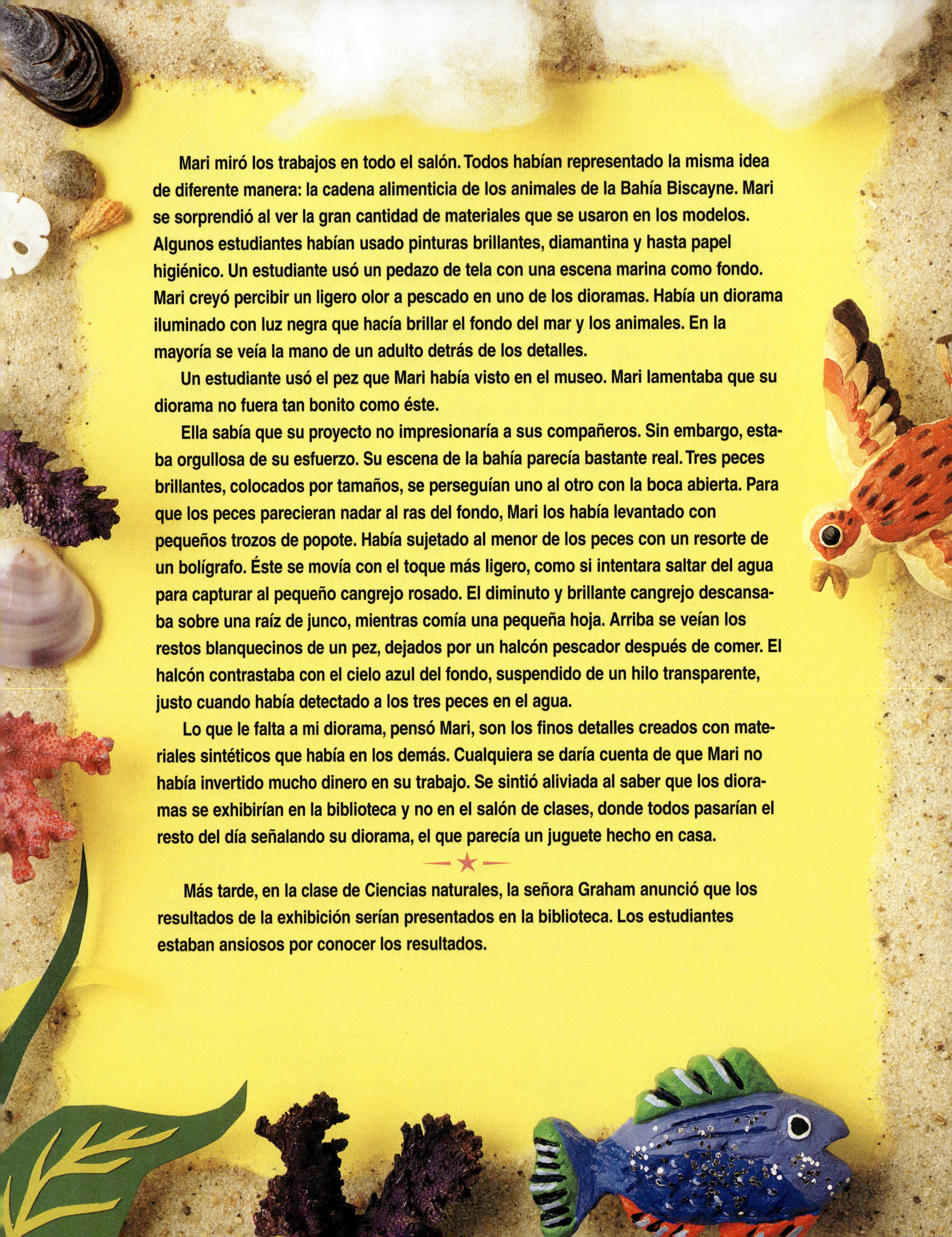

Mari miró los trabajos en todo el salón. Todos habían representado la misma idea de diferente manera: la cadena alimenticia de los animales de la Bahía Biscayne. Mari se sorprendió al ver la gran cantidad de materiales que se usaron en los modelos. Algunos estudiantes habían usado pinturas brillantes, diamantina y hasta papel higiénico. Un estudiante usó un pedazo de tela con una escena marina como fondo. Mari creyó percibir un ligero olor a pescado en uno de los dioramas. Había un diorama iluminado con luz negra que hacía brillar el fondo del mar y los animales. En la mayoría se veía la mano de un adulto detrás de los detalles.

Un estudiante usó el pez que Mari había visto en el museo. Mari lamentaba que su diorama no fuera tan bonito como éste.

Ella sabía que su proyecto no impresionaría a sus compañeros. Sin embargo, estaba orgullosa de su esfuerzo. Su escena de la bahía parecía bastante real. Tres peces brillantes, colocados por tamaños, se perseguían uno al otro con la boca abierta. Para que los peces parecieran nadar al ras del fondo, Mari los había levantado con pequeños trozos de popote. Había sujetado al menor de los peces con un resorte de un bolígrafo. Éste se movía con el toque más ligero, como si intentara saltar del agua para capturar al pequeño cangrejo rosado. El diminuto y brillante cangrejo descansaba sobre una raíz de junco, mientras comía una pequeña hoja. Arriba se veían los restos blanquecinos de un pez, dejados por un halcón pescador después de comer. El halcón contrastaba con el cielo azul del fondo, suspendido de un hilo transparente, justo cuando había detectado a los tres peces en el agua.

Lo que le falta a mi diorama, pensó Mari, son los finos detalles creados con materiales sintéticos que había en los demás. Cualquiera se daría cuenta de que Mari no había invertido mucho dinero en su trabajo. Se sintió aliviada al saber que los dioramas se exhibirían en la biblioteca y no en el salón de clases, donde todos pasarían el resto del día señalando su diorama, el que parecía un juguete hecho en casa.

Más tarde, en la clase de Ciencias naturales, la señora Graham anunció que los resultados de la exhibición serían presentados en la biblioteca. Los estudiantes estaban ansiosos por conocer los resultados.

En grupos pequeños hablaban entre sí acerca del esfuerzo que habían invertido en sus dioramas. Algunos admitían haber recibido ayuda de sus papás.

—Mi papá compró algunos anzuelos para pescar para mi trabajo —dijo Jake, quien estaba detrás de Mari—. ¡Estoy seguro que mi diorama será el mejor!

Mari no sabía cuál era el mejor. Todos eran muy hermosos. Sólo estaba segura de algo: su diorama no ganaría ningún premio. Después de todo, ningún adulto la había ayudado a hacerlo.

Cuando Mari entró a la biblioteca, el señor Sims, quien era asistente del director, y el señor Davis, entrenador de la escuela, estaban frente al escritorio de la señora Frank con los listones de premio en la mano. Mari supuso que ellos eran los jueces.

Los estudiantes se reunieron en tres lados del rectángulo formado con las mesas. Los jueces se colocaron en el otro extremo.

—¡Estoy impresionado con el excelente trabajo que hay en las mesas! —dijo el señor Sims con una sonrisa, mientras miraba a todos los presentes—. Muchos de los proyectos muestran gran detalle y esmero. Nuestro trabajo como jueces será muy difícil, pero no me quejo de ello.

Los estudiantes se reían discretamente y movían los pies nerviosamente. El señor Sims continuó.

—Varios proyectos merecen un reconocimiento especial. Por eso los hemos premiado con el listón verde de mención honorífica, como ustedes podrán ver.

Los estudiantes buscaron con la mirada sus dioramas para ver si habían sido premiados con el listón verde. Algunos sonrieron con orgullo al ver que el listón satinado coronaba su trabajo. Mari vio el suyo. No había ningún listón en él.

—Tres proyectos se distinguieron en el tema por el detalle usado en su elaboración.

El señor Sims le hizo una seña al entrenador Davis y éste tomó un brillante listón blanco del escritorio.

—El tercer lugar es para Pam Morris —anunció el señor Sims.

Una estudiante rubia caminó hasta el entrenador Davis para recibir su premio. Su rostro pálido se ruborizó al tomar el listón y agradecer al entrenador.

—El segundo lugar es para Jeff McIntosh —dijo el señor Sims.

Los amigos de Jeff le dieron unos golpecitos con los codos en tono de broma mientras caminaba para recibir el listón rojo. El entrenador Davis estrechó la mano de aquel muchacho de cabello rizado.

Mari se encogió de hombros. No había recibido ningún reconocimiento por su diorama. Tal vez eso era mejor, pues así nadie sabría cuál era el suyo. Mari recogería su diorama después de clases, cuando todos se hubieran ido.

—El honor más grande de todos es para . . .

Mari escuchó decir al señor Sims:

— . . . alguien que trabajó muy duro para presentarnos el ciclo alimenticio de la Bahía Biscayne con gran realismo. Su proyecto es prácticamente una versión en miniatura del medio natural. De hecho, muy pocos de los materiales que usó son hechos por el hombre. Su proyecto muestra que la imaginación y el trabajo manual pueden ser más importantes que la ayuda de un adulto para crear un proyecto impresionante.

"Por favor, que termine esta agonía", pensaba Mari. "Quiero regresar a clases antes de que los demás identifiquen mi diorama". El señor Sims continuó:

—El primer lugar es para Mari Espina.

Mari regresó de pronto a la realidad al oír su nombre. El señor Sims la miraba sosteniendo aquel enorme y brillante listón azul de primer lugar.

Sus compañeros no podían creerlo. De pronto, el silencio se rompió con un gran aplauso. Varios de sus compañeros se estiraron para tocarla y algunos la empujaron suavemente para que recibiera su premio. La señora Graham sonreía feliz. Los labios de la señora Frank se curvaron con una sonrisa, mientras le guiñaba un ojo.

Mari pasó al frente. El señor Sims y el entrenador Davis le estrecharon la mano.

—¿Cuál es tu diorama? —alguien preguntó.

—¡Sí, queremos verlo! —gritaron los demás.

Mari caminó hacia su proyecto y le colocó el listón azul.

—¡Qué realismo! —dijo Cathy.

—Observen los materiales que usó —dijo Erica impresionada.

La señora Frank sacó su cámara fotográfica.

—Colócate junto a tu diorama y sujeta el listón —le dijo a Mari.

—Estoy segura que tu fotografía aparecerá en el tablero de anuncios de la biblioteca, y todos irán a verla —le dijo Liz.

—Mejor que eso —dijo la señora Graham—. Exhibiremos tu diorama aquí en la biblioteca por un mes.

—¿Puedo llevarlo a casa esta noche para mostrárselo a mi madre? —preguntó Mari—. Prometo traerlo de vuelta mañana.

—Desde luego, querida. ¡Pero ahora dame tu mejor sonrisa! —dijo la señora Frank, mirando por la lente de su cámara.

Mari no podía ocultar su orgullo. Una sonrisa de satisfacción brilló en su rostro.

—¡Mamá, mira! ¡Mira lo que gané! —gritó Mari, llena de felicidad. Había controlado su emoción desde su llegada, esperando a que su mamá regresara al departamento—. ¡Gané un premio con mi proyecto!

Mari colocó el brillante medallón en su pecho de forma que el listón azul colgara hasta su cintura.

Su mamá tomó el listón y lo acarició con los dedos.

—¡Es hermoso! ¡Felicidades! —le dijo, y sonrió amorosamente.

—Lee lo que dice —le sugirió Mari.

En su mejor inglés, la mamá leyó lentamente:

—*First Place.*

—¡El mío fue el mejor! —dijo Mari emocionada—. Debiste haber visto aquellos dioramas. Todos eran hermosos. ¡Pero el mío fue el mejor de todos!

—No me sorprende, mi amor —dijo mamá—. Trabajaste muy duro todas las noches y por eso quedó perfecto.

—El señor Sims les dijo a todos que había hecho mi proyecto sin ayuda de nadie.

Mari se detuvo para respirar y observar la reacción de su mamá, quien sonrió y negó con la cabeza.

—¿Sabes algo, mamá? El señor Sims se equivocó. Sí necesité la ayuda de alguien.

—No sé por qué dices eso, mi amor. Trabajaste sola todas las noches —respondió la mamá, mientras ponía su bolso de mano en la mesa de la cocina.

—Bueno, mamá —dijo Mari con ternura—. Tú me diste la mejor ayuda que alguien podría darme. Me dijiste que usara la imaginación.

Los ojos de su mamá se llenaron de lágrimas.

—Ojalá te hubiera ayudado de verdad.

—Pero mamá, ésa era justamente la ayuda que necesitaba. Me hizo darme cuenta que podía hacerlo yo misma.

—Estoy orgullosa de ti.

No hacía falta que dijera eso. Mari lo sabía. Mamá abrazó a Mari con fuerza.

—Déjame tomarte una foto con tu proyecto. En la próxima carta que le escribamos a tu papá, le enviaremos la foto de tu proyecto y tu premio.

—Sí —dijo Mari, con una sonrisa—. ¡Él también estará orgulloso de mí!

Reflexionar y responder

1. ¿Qué aprende Mari al participar y ganar el concurso?
2. ¿Qué se siente Mari de sí misma al principio y al final del cuento?
3. ¿Cuál es el mensaje de la autora acerca de **depender** de otras personas? ¿Cómo lo sabes?
4. ¿Cómo crees que los maestros deben juzgar los proyectos de los estudiantes? Escribe por lo menos dos sugerencias.
5. ¿Cuáles estrategias usaste para leer este cuento? ¿Por qué?

Conoce a la autora

Anilú Bernardo

Al igual que Mari, Anilú Bernardo nació en Cuba y emigró a Estados Unidos cuando era pequeña. Ella sabe qué difícil es adaptarse. (Casi no hablaba inglés y sus compañeros no hablaban español.)

A Anilú le encantaba escribir y empezó a crear poemas en español. Ella usó las experiencias de su infancia para que sus historias acerca de los inmigrantes cubanos en Estados Unidos tuvieran más realismo. Anilú Bernardo ha usado su creatividad para convertirse en una exitosa escritora de historias para jóvenes lectores.

Anilú Bernardo

Visita *The Learning Site*
www.harcourtschool.com

Género
Poesía

Prefacio

texto de Angela Johnson
ilustración de Cornelius Von Wright

Cuando era muy joven y empezaba a escribir,
me sentía toda una poetisa.

En el egocéntrico mundo de mis catorce años
la poesía era necesidad primordial.
Hablaba de la añoranza y la pérdida, de la esperanza y lo absurdo.

Uno no puede decir mentiras en la poesía.
La poesía es impacto súbito y verdad absoluta.
La poesía es a veces personajes extraños en
circunstancias más extrañas.

No entendía la métrica, pero
sabía lo que sentía
y lo que veía,
porque era aún muy joven;
y cuando de verdad me convertí en poetisa
dejaron de existir las barreras. . . .

Mi poesía no canta la canción de los sonetos, sino
otro tipo de música,
que es de lo que, a fin de cuentas, se trata todo.

Premio Coretta Scott King

VERDAD
ALEGRÍA
Risa
canto

Hacer conexiones

Compara textos

1. ¿Cómo expresa el tema de Soluciones creativas la selección "Un proyecto 'hecho en casa'"?
2. ¿Cómo cambian los sentimientos de Mari con respecto al diorama al final de la historia?
3. Piensa en el cuento "Un proyecto 'hecho en casa'" y en el poema "Prefacio". ¿Qué quieren enseñar a los lectores la autora y la poetisa sobre ser creativos?
4. ¿Qué tienen en común el personaje de Mari y la poetiza que escribió "Prefacio"?
5. ¿Te gustaría leer otras historias de Anilú Bernardo? ¿Por qué?

Escribe una carta

Imagina que eres Mari. Escribe una carta para tu padre y cuéntale del diorama y el concurso escolar. Describe cómo te sentiste al recibir el primer premio. Usa el formato de una carta personal.

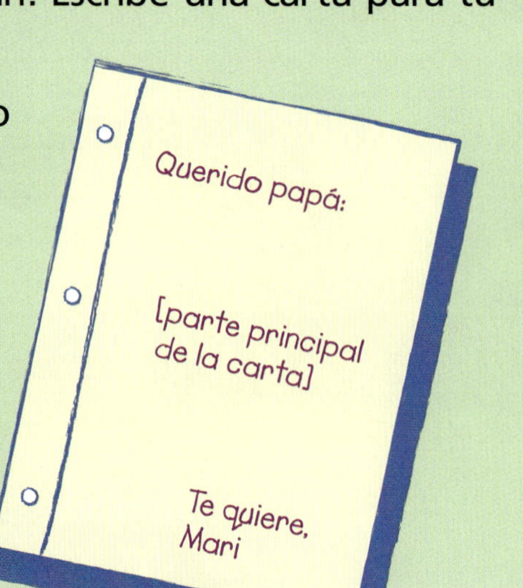

CONEXIÓN con la Escritura

Haz un cartel de la playa

CONEXIÓN con las Ciencias

Mari hizo una investigación sobre la cadena alimenticia en Bahía Biscayne. Trabaja con un compañero para encontrar información sobre la vida vegetal y animal en una playa de Estados Unidos. Elijan una playa en la costa del Pacífico o del Atlántico. Luego hagan un cartel de la playa con rótulos en las ilustraciones sobre las plantas y animales que viven ahí. Presenten su cartel y lleven a sus compañeros de clase a dar un "paseo por la naturaleza" del ecosistema de la playa.

Haz una tabla

CONEXIÓN con las Ciencias

El arrecife submarino de coral en Bahía Biscayne es uno de los cinco parques submarinos nacionales de Estados Unidos. Busca información acerca de los arrecifes de coral y de cómo van cambiando con el tiempo. Anota tus resultados en una tabla como ésta.

El pólipo marino se adhiere a los esqueletos de los pólipos muertos.	→		→		→	

Estructura del texto: Comparar y contrastar

Con frecuencia los autores **comparan** y **contrastan** elementos importantes de una historia para establecer conexiones que ayuden a los lectores. Las relaciones entre las ideas se pueden presentar dentro de uno o varios párrafos.

En "Un proyecto 'hecho en casa'", los jueces del concurso reconocen que el diorama de Mari es, sin duda, muy diferente de los dioramas del resto de sus compañeros. La autora contrasta las dioramas en diferentes párrafos del cuento. La organización de estos párrafos ayuda al lector a entender las diferentes maneras de hacer la misma tarea.

Observa los párrafos de la página 450. ¿Qué detalles usa la autora para describir los dioramas de los otros estudiantes? ¿Con qué detalles describe el diorama de Mari? ¿En qué se parecen los dioramas?

El diorama de Mari

1. Materiales caseros o naturales
2. Trabajo hecho de manera independiente
3. Muy pocos gastos de dinero

Muestra el ciclo alimenticio de las criaturas de Bahía Bizcayne

Los otros dioramas

1. Materiales comprados
2. Ayuda de adultos
3. Alto gasto de dinero

Visita *The Learning Site*
www.harcourtschool.com

Ve Destrezas y Actividades

Preparación para las pruebas

Estructura del texto: Comparar y contrastar

▶ **Lee el pasaje. Después responde las preguntas.**

> **Adam y Ellen prepararon cada uno una exposición acerca de la vida en las civilizaciones antiguas. Adam hizo una maqueta de Atenas, la antigua ciudad griega. Le puso mercados al aire libre y casas con patios en el centro. Ellen eligió un tema diferente. Construyó una maqueta de la antigua ciudad de Roma con el río Tíber y las casas, apartamentos y baños públicos. Tanto Adam como Ellen expusieron su trabajo en clase. A diferencia de Ellen, que estaba satisfecha con su maqueta, Adam se sentía mal porque creyó que el trabajo de Ellen era mejor. Mientras que la maqueta de Ellen tenía figuras en miniatura de niños, mujeres y hombres romanos, la de Adam no tenía ni un solo ateniense por las calles.**

1. **¿ Cuál es la principal diferencia entre las exposiciones de Adam y de Ellen?**

   A Adam puso figuras de gente y Ellen no.

   B Ellen hizo un mapa de Roma y Adam hizo una maqueta de Roma.

   C Adam hizo una maqueta de la antigua Atenas y Ellen hizo una maqueta de la antigua Roma.

   D Adam hizo una maqueta del antiguo Egipto y Ellen hizo un modelo de la antigua Roma.

Usa la organización del párrafo. No olvides que la información similar suele estar junta.

2. **Contrasta la forma en la que Adam y Ellen se sienten con respecto a sus trabajos. Usa detalles del pasaje en tu respuesta.**

Busca palabras o frases como *ambos*, *a diferencia de*, *tanto...como* y *mientras que*. Estas palabras o frases normalmente establecen diferencias y similitudes.

El poder de las palabras

Diego Rivera

La selección "Diego Rivera" relata la vida de uno de los más grandes muralistas que México ha tenido, sus deseos de ser artista y el compromiso que tenía con su país. La profesión de artista, al igual que cualquier otra profesión u oficio, requiere esfuerzo y perseverancia.

sobresaliente
verdaderamente
nostalgia
rudeza
resuelto
género

Se otorgaron premios para el arte

Ayer por la noche, el teatro Juárez contó con la presencia de los mejores artistas de Latinoamérica. El pintor más **sobresaliente** fue el chileno Juan Mercado. Varias de sus obras fueron premiadas. No quedó duda alguna de que los artistas del momento **verdaderamente** aprecian el trabajo de Juan Mercado.

1er

El gran artista Juan Mercado

El artista premiado mostró su **nostalgia** por Chile. "Extraño mucha a mi país y espero poder regresar pronto", comentó Juan Mercado con tristeza. También nos habló de su infancia y de su decisión de ser pintor: "Fui educado con mucho amor y cariño. Jamás me trataron con **rudeza**" dijo. "Mis padres querían que aprendiera un oficio por lo que les ayudaba en su taller de carpintería todas las tardes. Pero yo estaba **resuelto** a ser pintor y encontraba el tiempo necesario para desarrollar mi creatividad".

Juan Mercado quiere pintar acuarelas

Al final de la entrevista, el pintor chileno nos confió sus deseos de probar suerte en otro **género** del arte. "Pintar al óleo ya no me da lo que necesito en estos momentos, así que pienso acercarme más a la acuarela", concluyó Juan Mercado.

CONEXIÓN
Vocabulario-Escritura

En la vida hay mucha gente a la que admiramos por diversas razones. Escribe un párrafo acerca de alguien en tu escuela a quien consideres **sobresaliente**.

Género

Biografía

Una biografía es una historia que una persona escribe sobre la vida de otra persona.

En esta selección, busca

- **información acerca de por qué la persona es importante.**
- **opiniones y juicios personales basados en datos.**

Diego Rivera

texto de Jan Gleiter y Kathleen Thompson

ilustraciones de Doris Rodríguez

Vendedoras de flores, *1943*

Diego Rivera nació el 8 de diciembre de 1886 en la ciudad de Guanajuato en la parte central de México. Sus padres ansiaban tener hijos y cuando Diego nació, su padre lloró de alegría. Cuando Diego cumplió un año y medio, adelgazó y se puso muy débil. El doctor le dijo a su madre que debía mandarlo al campo a vivir una vida sana y al aire libre. Los padres de Diego estuvieron de acuerdo, de tal manera que durante los siguientes dos años vivió en la sierra con su nodriza indígena corriendo y jugando en el bosque. Cuando regresó con sus padres estaba fuerte y sano.

Diego dibujó este tren a la edad de tres años, 1889.

Diego empezó a dibujar cuando apenas podía sostener un lápiz. Un dibujo de un tren que realizó cuando tenía tres años mostraba detalles que no hubieran notado niños de esa misma edad. Él dibujaba en todo—en las paredes, las puertas y los muebles e incluso en papel. Para proteger el resto de la casa, su padre le apartó una habitación para que Diego dibujara en lo que quisiera. En ese cuarto, hizo sus primeros dibujos en las paredes, o sea, murales.

Cuando Diego tenía seis años, su familia se mudó a la ciudad de México. A los ocho años ingresó a la escuela por primera vez. Debido a su edad, lo pusieron en tercer año. Pero había aprendido tanto de su padre, quien había sido maestro e inspector de escuelas en Guanajuato, que pronto lo promovieron al sexto año.

Cuando Diego tenía trece años, ingresó a la Escuela de Bellas Artes de San Carlos. Allí aprendió muchas de las cosas que un artista debe aprender, tales como dibujar o pintar un cuadro que muestre la distancia con exactitud. Diego era un alumno sobresaliente aunque no le gustaban algunas de las tareas que le daban, como dibujar o pintar cuadros de estatuas famosas. Sin embargo, hacía esto tan bien que la mayoría de las personas que vieron su pintura de la estatua de San Pedro creían ver una fotografía de la misma estatua.

En San Carlos, Diego descubrió cierto género de arte nuevo para él. Era el trabajo de artistas mexicanos anteriores a la época en que España conquistaba a los indígenas mexicanos. Este arte mostraba a gente trabajando, las tierras y los animales. Le parecía a Diego lleno de sentimientos—de esperanza, de alegría, de miedo—y representaba lo que en realidad había sido la vida para estas gentes. Diego estaba fascinado con esto. Un gran cariño por este arte se puede apreciar en muchas de sus obras.

Diego hizo este dibujo en 1898, a los 12 años de edad.

El padre de Diego siempre se mantenía firme en sus sentimientos acerca de cómo debía funcionar la sociedad. Creía que el gobierno y los dueños de negocios frecuentemente eran injustos con las personas. Hablaba y escribía artículos acerca de este tema. No es sorprendente que, desde su niñez, Diego fuera rebelde como su padre.

Los sentimientos políticos de Diego le causaron problemas más de una vez. Creía, así como muchos mexicanos, que el presidente mexicano Porfirio Díaz era un dictador cruel. En 1902, Diego dirigió una huelga estudiantil para protestar la reelección de Díaz.

También en 1902, el gran artista mexicano que se hacía llamar el Dr. Atl regresó de Europa. Él trabajó con muchos de los artistas jóvenes y colmó a Diego con el deseo de estudiar y trabajar en Europa. Diego estaba muy emocionado cuando recibió el dinero para tal viaje del gobernador del estado de Veracruz. A fines de 1906, a la edad de veinte años, salió para España.

En España, Diego aprendió a pintar al estilo español de aquel tiempo. Sin embargo, creía que era muy exacto y que no le permitía expresarse.

En 1909, después de haber trabajado en España dos años, Diego se mudó a Francia y se estableció en París.

Una mañana, paseándose por la ciudad, vio una galería de arte que tenía en la vitrina una pintura del pintor francés Cézanne. Se detuvo en la acera y la miró fijamente por algunas horas. Finalmente el dueño de la galería reemplazó la pintura por otra de Cézanne. Nuevamente, Diego se quedó como plantado. Otra pintura fue reemplazada y luego otra. Al fin, ya muy de noche, Diego se fue a su casa cuando el dueño de la galería le gritó que ya no tenía más pinturas de Cézanne.

Detalle de un mural de indias sentadas

Mujer recogiendo limones, *1928*

En París Diego asistía a museos y conferencias y llevó su caballete junto al río Sena para pintar. Pero aunque estaba aprendiendo y desenvolviéndose como artista, empezó a sentir nostalgia por México. En 1910 decidió visitar su país.

De vuelta en México, Diego se dio cuenta de lo diferente que era de Europa. En Europa había pintado cuadros de personas de piel clara con fondos oscuros. En México la tierra parecía dar luz y la gente era morena contra aquel fondo luminoso. Diego empezó a pintar paisajes. Sintió el fervor de expresar lo que veía y sentía acerca de México, de ser un verdadero pintor mexicano.

Diego Rivera también sintió la necesidad de incorporarse a la lucha en contra del presidente Díaz. Vio a su alrededor y notó nuevamente que los pobres no tenían tierras mientras los ricos eran los dueños de todo. Creía que la gente que trabajaba tan duro debía poseer algunas tierras. Él diseñó grandes carteles que expresaban esta idea y se los daba a los pobres. En su caja de pinturas, debajo de las pinturas, escondía municiones que les llevaba a los revolucionarios.

Los rebeldes animaban a Diego a permanecer en México a luchar a su lado. Pero él sabía que aún le quedaba mucho por aprender como artista, y quería ser artista más que nada. Para el otoño de 1911, estaba de regreso en París.

En esta foto Diego está mezclando pinturas con un pincel.

Obra titulada El Rastro

Durante los años siguientes, Rivera experimentó con muchos estilos de pintura. Trabajó por un tiempo con un estilo llamado cubismo. Se hizo buen amigo de otro pintor, Pablo Picasso. En 1917 Rivera se interesó en pintar murales.

Rivera verdaderamente sentía que el arte debía estar al alcance de la gente. Quería producir pinturas que la gente pudiera ver—toda la gente, no solamente la gente que tenía tiempo de ir a las galerías de arte o el dinero para comprar piezas de arte. Quería pintar en las paredes de las escuelas, las estaciones de ferrocarril y otros edificios públicos.

Diego aparece aquí pintando otro de sus murales, 1933.

Otros pintores que Rivera conocía se preguntaban si fueran serias sus ideas. Después de todo, él había pintado solamente en lienzo igual que ellos. No tenía muestras de esta clase de arte nuevo.

Rivera se dio cuenta de que tenían razón y que él tendría que demostrar lo que quería decir, tendría que mostrarlo con su trabajo. Tuvo que dejar el cubismo y pintar lo que conocía y sentía. Era México lo que conocía mejor y de lo que se sentía más firme.

En esta época Rivera ya era bastante conocido. El representante que vendía sus obras estaba enfadado porque Rivera quería desarrollar un nuevo estilo. Discutió con él y le dijo que no tendría éxito con algo nuevo.

Detalle de un mural titulado El pan nuestro

Detalle de una réplica de la obra de Diego titulada Sueño de la Alameda. *El gobierno mexicano erigió este mural al aire libre para conmemorar el aniversario 40 del afamado artista.*

Detalle de una escena de la civilización Zapoteca en el Palacio Nacional, 1942.

Pero Rivera estaba resuelto. Empezó a tratar de quitarse de la cabeza las ideas de otras gentes y de desarrollar su propio estilo.

En 1919, Rivera salió de Francia para Italia a estudiar los murales de los grandes maestros. Durante diecisiete meses dibujó estos murales. Al fin decidió que ya estaba listo para trabajar en su casa en México.

Su regreso a México lo hizo sumamente feliz. Se sentía como si hubiera vuelto a entrar a un mundo donde los colores eran más claros y más ricos que en ningún otro lugar. Empezó a pintar tan naturalmente como respiraba. Consiguió trabajos pintando murales en paredes de la Universidad de México, el Ministerio de Educación, el Colegio de Agricultura en Chapingo y en otros lugares.

Este nuevo trabajo de Rivera era hermoso. Pero era aun más. Todo lo que pintaba significaba algo. Pintaba trabajadores tejiendo, extrayendo minerales y cultivando la tierra. Pero enseñaba cómo eran sus vidas en realidad. Los mostraba, por ejemplo, en un panel, entrando a una mina y, por otro panel, saliendo ya cansados y agotados. Pintó a una maestra rural dando clases mientras los campesinos armados vigilaban para proteger a ella y a los niños. También pintaba soldados rebeldes.

Rivera no sólo mostraba la rudeza de la vida sino también demostraba sus alegrías. Ponía bailes, bodas y fiestas en sus murales. Su arte siempre alababa el amor y el trabajo y criticaba la crueldad y la pereza.

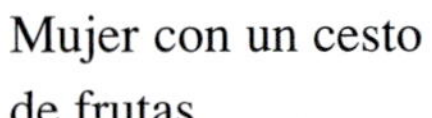

Mujer con un cesto de frutas

Retrato de un español

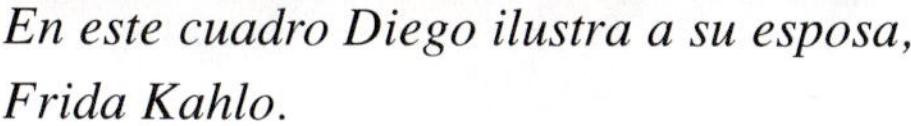

En este cuadro Diego ilustra a su esposa, Frida Kahlo.

Hermoso cuadro de una tejedora

Los murales de Rivera frecuentemente necesitaban de años para completarse. A veces empezaba a planear uno, luego trabajaba en otro, y luego regresaba al primero. El mural que pintó en la escalera del Palacio Nacional lo inició en 1922, pero no fue completamente terminado sino hasta 1955.

Mientras pasaban los años, Diego llegó a ser muy conocido por todo el mundo. En 1930 empezó a trabajar en un mural en la Escuela de Bellas Artes de California en San Francisco. En 1931 hubo una exhibición de ciento cincuenta de sus óleos, pasteles y acuarelas en el Museo de Arte Moderno de Nueva York. Lo invitaron a trabajar en Rusia. Pero no importaba adónde viajara ni lo absorto que estuviera en el trabajo que realizaba, siempre regresaba a México.

Por medio de sus obras, Diego Rivera intentaba mostrar cómo veía el mundo, tal como es y como era, con todos los hechos y las emociones. También tenía una visión del mundo como creía que debía ser—un mundo de igualdad, de trabajo, de belleza y de paz. Todo lo que él hacía, hasta su muerte en 1957, demuestra tanto su imagen como su visión. Esa imagen y esa visión, junto con el increíble talento del hombre, hacían de Diego Rivera un gran pintor.

Diego aparece aquí junto a su esposa, la también afamada Frida Kahlo.

Reflexionar y responder

1. ¿Cómo Diego Rivera representaba a la gente en sus obras? ¿Por qué?
2. ¿Por qué piensas que las autoras incluyeron datos sobre la vida diaria de Diego, además de mencionar sus grandes logros?
3. ¿Qué detalles del comportamiento de Diego lo muestran como un revolucionario?
4. ¿Esta historia te ayudó a apreciar mejor el trabajo de un artista **sobresaliente**? ¿Por qué?
5. ¿Cuál estrategia utilizaste para leer esta historia? ¿Cómo te ayudó?

Conoce a las autoras
Jan Gleiter y Kathleen Thompson

Jan Gleiter ha escrito novelas policiacas y también más de treinta libros para niños. Es la coautora, con Kathleen Thompson, de varias biografías de personajes famosos de la historia norteamericana como la guía indígena Sacagawea y el patriota Paul Revere. Diego Rivera es sólo uno de los hispanos notables que estas dos autoras han tratado en biografías para niños. Entre ellos se incluyen Simón Bolívar y José Martí.

La coautora, Kathleen Thompson, ha escrito más de ochenta libros para niños, incluyendo adaptaciones de clásicos literarios como *Gulliver's Travels* y varios libros sobre la historia de las mujeres afroamericanas. También ha creado un libro para niños sobre cada estado de Estado Unidos.

Es evidente que Jan Gleiter y Kathleen Thompson son escritoras a quienes les encanta aprender y compartir lo que saben acerca de las personas, los lugares y las cosas que les fascinan.

Conoce a la ilustradora
Doris Rodríguez

Doris Rodríguez nació en la República Dominicana, terminó sus estudios de ilustración en la Escuela de Diseño Parsons y ahora vive en Nueva Jersey con su familia. Publicó su primer libro, *Diego Wants to Be, Diego quiere ser*, en inglés y en español. En 1995 recibió el Premio del Libro de Niños del Intercambio Editorial Multicultural y fue recomendado por la Junta de Padres de esa ciudad.

***El sendero junto al río*, Ernest Albert**

1936. Óleo sobre lienzo, 32" x 40". Galería Grand Central, Nueva York

El camino que no seguí

texto de Robert Frost

Dos caminos se bifurcaban en un dorado bosque.
Lamentando no poder recorrerlos a la vez
Por ser un solo viajero, largo tiempo me detuve
A observar uno hasta donde la vista alcanzaba,
Hasta donde la maleza se cerraba.

Así que seguí el otro, igual de hermoso
Y quizá el mejor de los dos,
Porque me invitó a caminar su aspecto herboso;
Excepto por eso, el paso de los viajeros
Los había desgastado casi por igual.

Y ambos, aquella mañana, por igual se tendían
Sobre hojas que ningún pié había hollado.
¡Ay, guardé el primero para otro día!
Pero sabiendo que un camino conduce a otro,
Dudé si alguna vez regresaría.

La historia contaré con un suspiro
Dentro de muchos, muchos años:
Dos caminos se bifurcaban en un bosque,
Y yo seguí el menos transitado,
Y esa gran diferencia me ha marcado.

Hacer conexiones

Compara textos

1. ¿De qué forma te ayuda la selección "Diego Rivera" a comprender mejor el tema Soluciones creativas?
2. Si lo que más le gustaba a Diego Rivera era pintar acerca de México, ¿por qué crees que las autoras decidieron contar también acerca de sus viajes y no sólo del tiempo que vivió en México?
3. Diego Rivera pintaba en todos lados porque para él no importaba el material: lo que quería era pintar. ¿Qué relación tiene esto con el diorama hecho por Mari en "Un proyecto 'hecho en casa'"?
4. Compara la biografía de Diego Rivera con la de algún otra persona famosa de la cual hayas leído.
5. ¿Qué preguntas te quedan con respecto a la vida de Diego Rivera?

Escribe un párrafo para comparar y contrastar

CONEXIÓN con la Escritura

Piensa acerca de alguna actividad que hagas bien, como tocar un instrumento musical. Escribe un párrafo que compara y contrasta el talento especial y los sentimientos de Diego Rivera con los tuyos. Usa un diagrama Venn para organizar tus ideas.

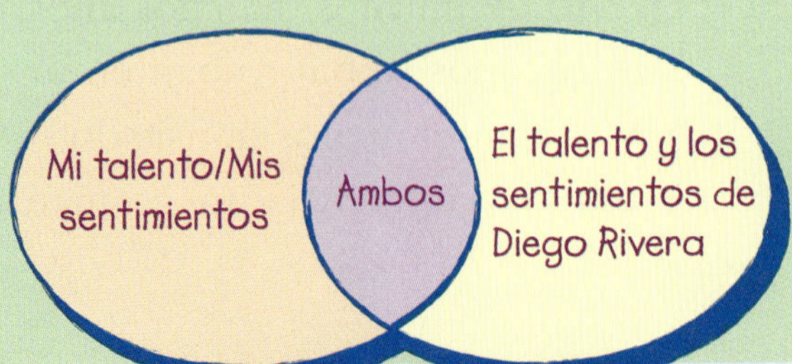

Haz una tabla

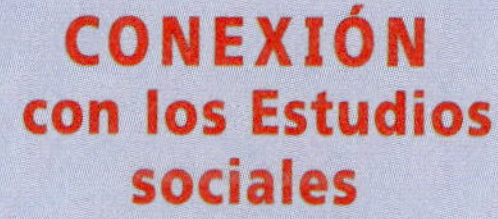

Diego Rivera pintaba murales. Haz una investigación sobre murales: ¿Qué son? ¿Quién los pintó? ¿Dónde hay todavía murales? Con la información que recopiles, haz una tabla donde aún se puedan admirar estas pinturas.

Mural	Lugar	Pintor
La civilización	México	Diego Rivera

Haz una exposición

CONEXIÓN con el Arte

Haz una investigación de las obras más importantes de uno de los siguientes pintores: Vincent van Gogh, Pablo Picasso, Salvador Dalí, Paul Cézanne, Claude Monet. Busca en la Internet fotos de las obras más famosas de ellos. Usa tu investigación para crear una cartulina grande para anunciar una exhibición de arte del pintor que seleccionaste. Presenta tu cartulina a tus compañeros.

Relación entre las palabras

Para deducir el significado de una palabra es importante que busques las **claves de contexto** en las palabras, oraciones o párrafos alrededor. Fíjate en la forma en la que la palabra *sierra* se usó en "Diego Rivera".

> **El doctor le dijo a su madre que debía mandarlo al campo a vivir una vida sana y al aire libre. Los padres de Diego estuvieron de acuerdo, de tal manera que durante los dos años siguientes vivió en la sierra con su nodriza indígena, corriendo y jugando...**

Aquí, el dato más importante en este contexto es *campo*, que fue adonde los padres de Diego Rivera lo mandaron. Por lo tanto, la *sierra* es un lugar que tiene que ver con el campo y las montañas. Pero si buscas la palabra *sierra* en el diccionario, te darás cuenta de que tiene más de un significado. Por ejemplo: *Para cortar la madera, los carpinteros utilizan una sierra metálica.* En esta frase, *sierra* no tiene nada que ver con el campo, sino que es una herramienta que sirve para cortar.

Mira la siguiente tabla de palabras que tienen más de un significado.

Tipo de palabras	Definición	Ejemplos
Homógrafas	Palabras que se escriben y pronuncian de la misma forma, pero tienen significados diferentes	Desde la punta del monte, se alcanza a ver toda la ciudad. (*de montaña*) sustantivo No te vayas hasta que yo monte mi caballo. (*de montar*) verbo
Homófonas	Palabras que se pronuncian igual pero se escriben diferente y tienen distinto significado	Yo haré todo lo posible por conseguirlo. (*de hacer*) verbo Ayer aré casi dos hectáreas. (*de arar*) verbo

Visita *The Learning Site*
www.harcourtschool.com

Ve Destrezas y Actividades

Preparación para las pruebas

Relación entre palabras

▶ **Lee el pasaje. Después contesta las preguntas.**

Cecilia Schmidt se sintió deleitada por la entrevista que le hizo el reportero acerca de su vida y obra. Podríamos decir que Cecilia es una artista *innata* pues, a pesar de que jamás estudió arte en ninguna academia, sus pinturas demuestran una técnica impecable, como si hubiera nacido pintando. De hecho, su primera *paleta* de acuarelas se la regaló su mamá a la edad de 3 años. "Desde ese día, supe que mi vida era pintar. Era tan divertido ponerle color a todo, que no podía dejar nada en blanco", agregó la artista.

1. **¿Cuál es el significado de la palabra *innata* en este pasaje?**

   A inútil.

   B de nacimiento.

   C con estudios.

   D una nacionalidad.

Lee la oración completa. Relaciona la palabra con otras para encontrar claves de contexto.

2. **¿Cuál es el significado de *paleta* en este pasaje?**

   F un instrumento para pintar.

   G un dulce de colores.

   H un palo pintado.

   J una técnica de pintura.

Sustituye las definiciones por la palabra *paleta* del pasaje. ¿Cuál tiene más sentido?

TEMA 5

HACEMOS CAMBIOS

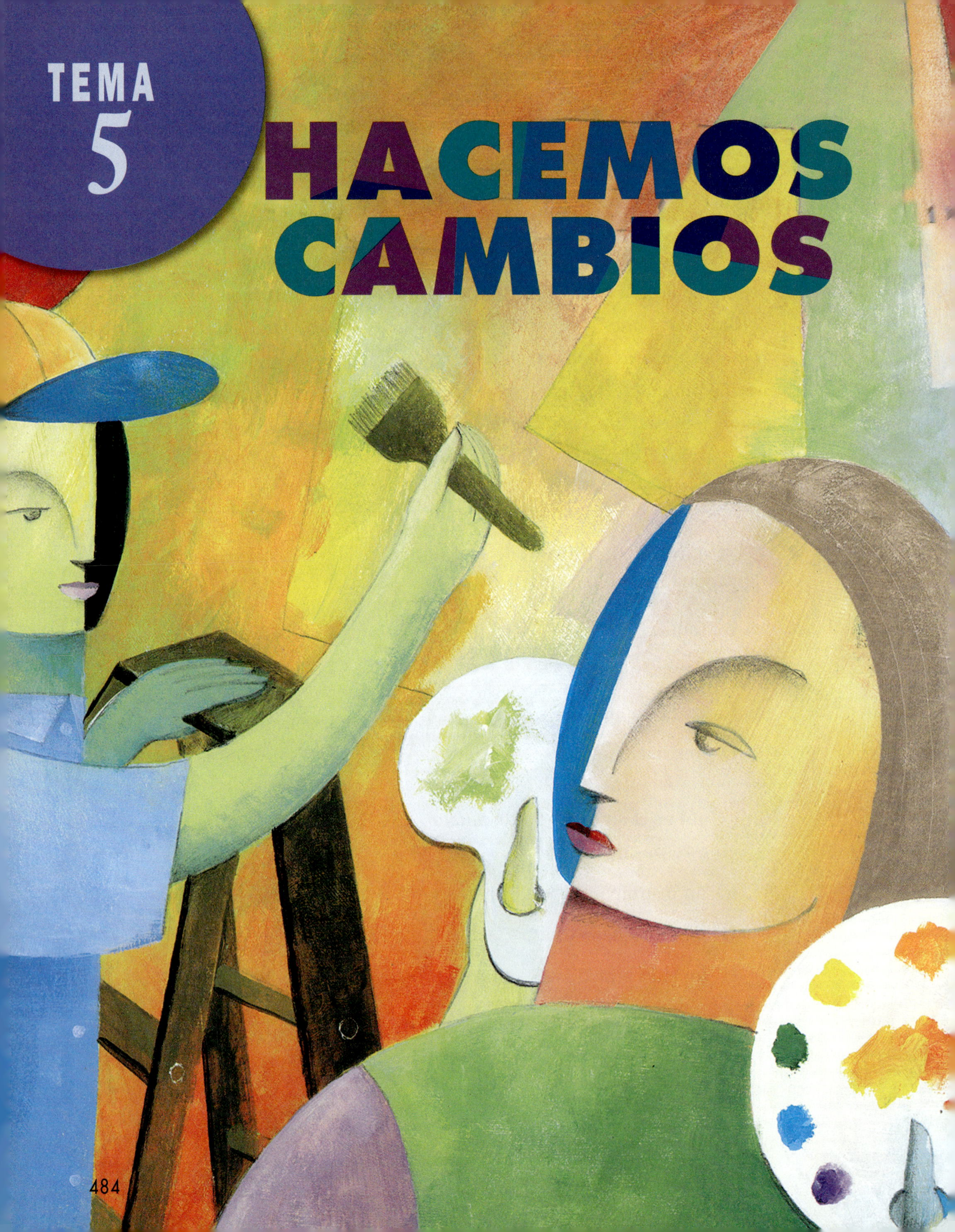

CONTENIDO

El poder de las palabras

Primero de secundaria

En la siguiente selección, leerás acerca del primer día de secundaria de un muchacho. ¿Recuerdas el primer día de este año escolar? He aquí algunas escenas de los primeros días de otros estudiantes.

bullía

optativa

vergüenza

mueca

ansiosos

inseguridad

fijamente

El día de hoy, el gimnasio **bullía** debido al intenso movimiento de los estudiantes que ingresaron a primero de secundaria. Los maestros les ayudaron a decidir cada materia **optativa** que querían tomar, tales como coro o arquería. El estudiante de primero de secundaria Scott Allen se acercó tímidamente a uno de los maestros, pues le daba **vergüenza** haber elegido, por error, dos materias que tenían exactamente el mismo horario.

Estos dos estudiantes de secundaria no tienen por qué hacer una fea **mueca** ni torcer la boca. Al contrario, están contentos porque acaban de ser aceptados en el equipo de baloncesto. "Éste va a ser un gran año para nosotros", dijo Sally Huges. "Muchos estamos **ansiosos** por iniciar la temporada y esperamos que nuestros compañeros tengan las mismas ganas que nosotros".

Todos los nuevos estudiantes están emocionados. Es un año lleno de posibilidades para divertirse, hacer nuevos amigos y aprender. Claro, algunos se sienten nerviosos y con mucha **inseguridad**, pero confían en que si miran **fijamente** su objetivo y no se distraen, todo saldrá bien.

CONEXIÓN
Vocabulario-Escritura

La gente a veces siente **inseguridad** cuando está intentando algo diferente, como un deporte o una nueva clase. Escribe en tu diario una descripción de alguna vez en la que hayas intentado algo nuevo.

Premio ALA del mejor libro para adolescentes

Selección premiada por los profesores

Género

Cuento corto

Un cuento corto es una narrativa imaginaria que no forma parte de una novela.

En esta selección, busca

- **una trama con un problema y una resolución.**
- **un personaje principal que aprenda algo.**
- **el punto de vista de tercera persona.**

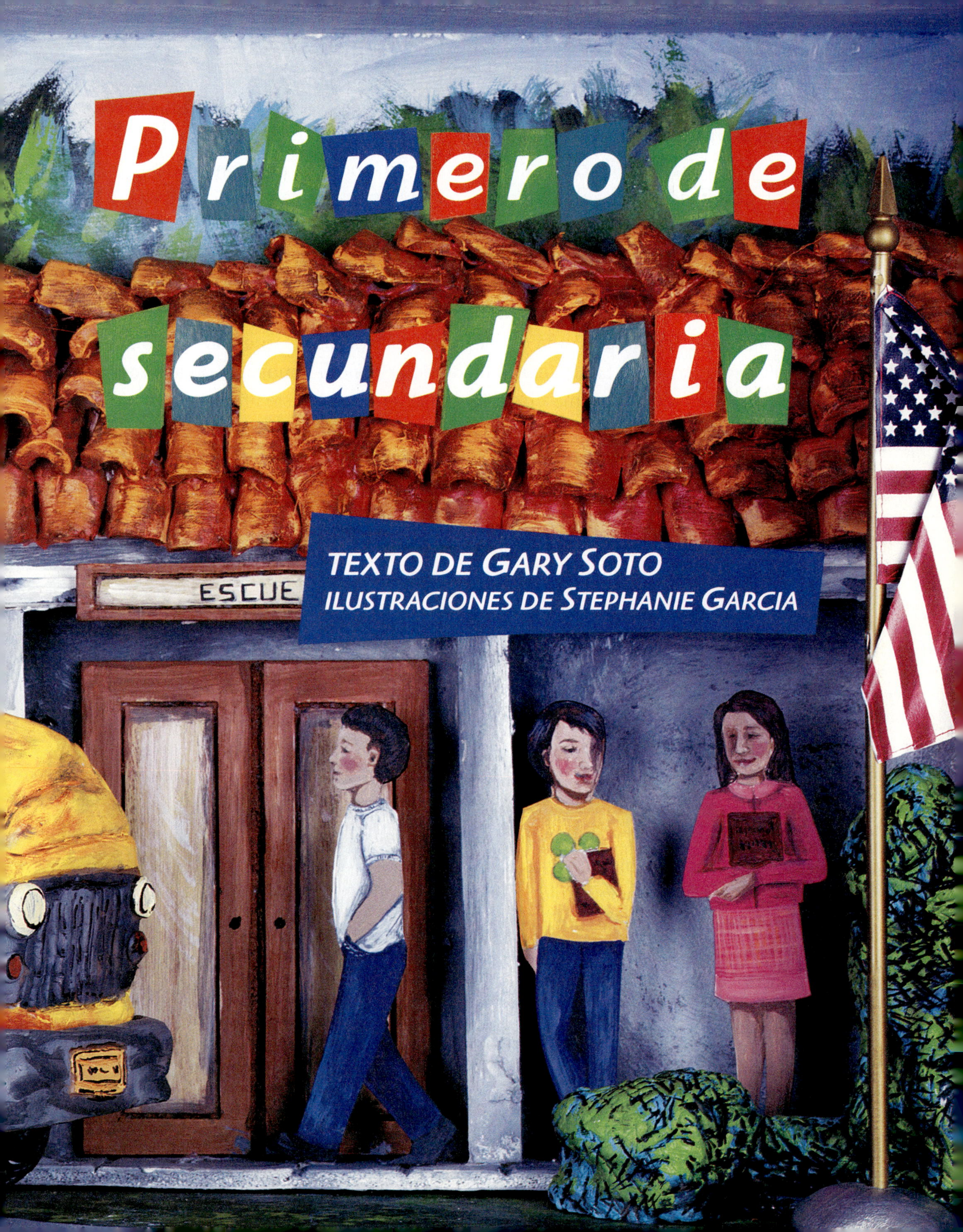
Primero de secundaria
TEXTO DE GARY SOTO
ILUSTRACIONES DE STEPHANIE GARCIA
ESCUE

EL PRIMER día de clases Víctor estuvo parado en una cola media hora antes de llegar a una tambaleante mesa de juegos. Se le entregó un fajo de papeles y una ficha de computadora en la que anotó su única materia optativa: francés. Ya hablaba español e inglés, pero pensaba que algún día quizá viajaría a Francia, donde el clima era frío; no como en Fresno, donde en el verano el calor llegaba hasta 40 grados a la sombra. En Francia había ríos e iglesias enormes y gente con tez clara por todas partes, no como la gente morena que pululaba alrededor de Víctor.

Además, Teresa, una niña que le había gustado desde que habían ido al catecismo juntos en Santa Teresa, iba a tomar francés también. Con algo de suerte estarían en la misma clase. Teresa será mi novia este año, se prometió a sí mismo cuando salía del gimnasio lleno de estudiantes vestidos con sus nuevas ropas de otoño. Era bonita. Y buena para las matemáticas también, pensó Víctor mientras caminaba por el pasillo rumbo a su primera clase. Se topó con su amigo Miguel Torres junto a la fuente de agua que nunca se cerraba.

Se dieron la mano al estilo raza y movieron la cabeza como se hacía en el saludo de vato.

—¿Por qué pones esa cara? —preguntó Víctor.

—No estoy poniendo nunguna cara. Ésta *es* mi cara.

Miguel dijo que su cara había cambiado durante el verano. Había leído una revista de moda masculina que alguien le había prestado a su hermano y había notado que todos los modelos tenían la misma expresión. Aparecían de pie, con un brazo alrededor de una mujer bella y una especie de *mueca*. Aparecían sentados junto a una alberca, con los músculos del estómago delineados de sombras y con una *mueca*. Aparecían sentados a una mesa, con bebidas frescas entre sus manos y una *mueca*.

—Creo que funciona —dijo Miguel. Hizo una mueca y un temblor recorrió su labio superior. Se le veían los dientes y también la ferocidad de su alma—. Hace un rato pasó Belinda Reyes y se me quedó viendo.

Víctor no dijo nada, aunque le pareció que a su amigo se le veía bastante extraño. Hablaron de las películas más recientes, de béisbol, de sus padres y del horror de tener que recolectar uvas a fin de poder comprarse su ropa de otoño. Recolectar uvas era igual a vivir en Siberia, salvo que hacía calor y era más aburrido.

—¿Qué clases vas a tomar? —dijo Miguel con una mueca.

—Francés. ¿Y tú?

—Español. Aunque soy mexicano, no soy muy bueno para el español.

—Yo tampoco, aunque mejor que en matemáticas, te lo aseguro.

Una campana con eco metálico sonó tres veces y los alumnos se movieron hacia sus salones. Los dos amigos dieron un golpe en el brazo del otro y se fueron cada uno por su camino. Qué extraño pensó Víctor, Miguel cree que por hacer una mueca parece más guapo.

En su camino al salón, Victor ensayó una mueca. Se sintió ridículo, aunque con el rabillo del ojo vio que una niña lo miraba. Ah, pensó, quizá sí funcione. Hizo una mueca aún más marcada.

En la clase se pasó lista, se entregaron las fichas de emergencia y se repartió un boletín para que lo llevaran a casa a sus padres. El director, el señor Beltrán, habló por el altavoz y dio la bienvenida a los alumnos a un nuevo año, a nuevas experiencias y a nuevas amistades.

Los alumnos se movieron nerviosamente en sus asientos y lo ignoraron. Estaban ansiosos de irse a su siguiente clase. Víctor, sentado tranquilamente, pensaba en Teresa, que estaba a dos filas de distancia leyendo una novela de bolsillo. Éste sería un año de suerte. Ella estaba en su clase de la mañana y probablemente estaría en sus clases de inglés y matemáticas. Y, claro, de francés.

Sonó la campana para la primera clase, y los alumnos se amontonaron ruidosamente en la puerta. Sólo Teresa se demoró, pues se quedó hablando con la maestra.

—¿Entonces cree que debo hablar con la señora Guzmán? —le preguntó a la maestra—. ¿Ella sabe algo de danza?

—Sería la persona adecuada —dijo la maestra. Luego añadió—: O la maestra de gimnasia, la señora Garza.

Víctor esperó, con la cabeza agachada, mirando fijamente el escritorio. Quería salir al mismo tiempo que Teresa para toparse con ella y decirle algo ingenioso.

La miró de reojo. Cuando Teresa se dispuso a salir, él se levantó y corrió hacia la puerta, donde logró atraer su atención. Ella sonrió.

—Hola, Víctor —dijo.

Él le sonrió a su vez y repuso:

—Sí, así me llamo.

Su cara morena se sonrojó. ¿Por qué no dijo "Hola, Teresa" o "¿Qué tal estuvo el verano?" o alguna cosa agradable?

Teresa se fue por el pasillo. Victor tomó la dirección opuesta y se volteó a verla, fascinado con su forma tan graciosa de caminar, un pie delante del otro. Ahí terminó lo de tomar clases juntos, pensó. Mientras se dirigía lentamente a su clase de inglés practicó la mueca.

En la clase de inglés repasaron los elementos de la oración. El señor Lucas, un hombre corpulento, se movió con torpeza entre los asientos y preguntó:

—¿Qué es un sustantivo?

—El nombre de una persona, lugar o cosa —dijo la clase al unísono.

—Bueno, ahora alguien que me dé un ejemplo de persona. Usted, Víctor Rodríguez.

—Teresa —dijo Víctor sin pensar.

Algunas de las niñas se rieron. Sabían que le gustaba Teresa. Sintió que se volvía a sonrojar.

—Correcto —dijo el señor Lucas—. Ahora quiero un ejemplo de lugar.

El señor Lucas escogió a un niño pecoso que contestó:

—La casa de Teresa con una cocina llena de hermanos mayores.

Después de la clase de inglés, Víctor tenía la de matemáticas, materia en la que estaba fallando más. Se sentó hasta atrás, cerca de la ventana, con la esperanza de que no se le preguntara nada. Víctor entendía la mayor parte de los problemas, pero con otros tenía la impresión de que la maestra los inventaba conforme iba avanzando. Era confuso, como el interior de un reloj.

Después de la clase de matemáticas tuvo un descanso de quince minutos; luego la clase de ciencias sociales y, finalmente, el recreo. Compró un guisado de atún, unos bollos con mantequilla, una ensalada de frutas y leche. Se sentó con Miguel, que ensayaba la mueca entre cada mordida.

Las muchachas pasaban a su lado y se le quedaban viendo.

—¿Ves lo que quiero decir? —Miguel hizo la mueca—. Les encanta.

—Sí, supongo.

Comieron lentamente mientras Víctor escudriñaba el horizonte en busca de Teresa. No la vio. Seguramente trajo su propio almuerzo, pensó, y está comiendo afuera. Víctor limpió su plato y abandonó a Miguel, que le hacía una mueca a una muchacha a dos mesas de distancia.

El patio triangular y pequeño de la escuela bullía con estudiantes que hablaban de sus nuevas clases. Todo el mundo estaba de buen humor. Victor se apresuró hacia la zona donde comían los alumnos que habían traído sus propios almuerzos y se sentó y abrió su libro de matemáticas. Movió los labios como si leyera, pero pensaba en otra cosa. Levantó la vista y miró a su alrededor. No estaba Teresa.

Bajó la vista y fingió que estudiaba; luego se volvió lentamente hacia la izquierda. No estaba Teresa. Pasó una página del libro y miró fijamente unos problemas de matemáticas que le causaban temor, pues sabía que tarde o temprano los tendría que resolver. Miró hacia la derecha. Aún no aparecía Teresa. Se estiró perezosamente con la intención de disimular su curiosidad.

Fue entonces cuando la vio. Estaba sentada con una amiga bajo un ciruelo. Víctor se pasó a una mesa cerca de ella y se puso a soñar en que la invitaría al cine. Cuando sonó la campana, Teresa levantó la

vista y sus ojos se encontraron con los de Víctor. Sonrió con dulzura y recogió sus libros. Su próxima clase era francés, igual que Víctor.

Fueron de los últimos alumnos en llegar al salón, por lo cual todos los buenos escritorios de atrás ya estaban ocupados. Víctor tuvo que sentarse cerca del frente, a unos cuantos escritorios de Teresa; mientras tanto, el señor Bueller escribía palabras francesas en el pizarrón. La campana sonó, y el señor Bueller se limpió las manos, se volvió hacia la clase y dijo:

—*Bonjour.*

—*Bonjour* —dijeron valientemente algunos alumnos.

—*Bonjour* —susurró Víctor. Se preguntó si Teresa lo habría oído.

El señor Bueller dijo que si los alumnos estudiaban mucho, al final del año podrían ir a Francia y comunicarse con la población.

Un niño levantó la mano y preguntó:

—¿Qué es población?

—La gente, la gente de Francia.

El señor Bueller preguntó si alguien sabía francés. Víctor levantó la mano, pues deseaba impresionar a Teresa. El maestro se puso feliz y dijo:

—*Très bien. Parlez-vous français?*

Víctor no supo qué decir. El maestro se pasó la lengua por los labios y dijo algo más en francés. La clase guardó silencio. Víctor sintió cómo lo miraban todos. Intentó salir del aprieto haciendo ruidos que sonaban a francés.

—*La me vavá con le gra* —dijo con inseguridad.

El señor Bueller arrugó la cara con un gesto de curiosidad y le pidió que hablara más fuerte.

Enormes rosales rojos florecieron en las mejillas de Víctor. Un río de sudor nervioso le recorrió las palmas. Se sentía muy mal. Teresa, sentada a unos cuantos escritorios de distancia, seguramente estaba pensando que Víctor era un tonto.

Sin ver al señor Bueller, Víctor balbuceó:

—*Francé oh sisí gagá en septiembré.*

El señor Bueller le pidió a Víctor que repitiera lo que había dicho.

—*Francé oh sisí gagá en septiembré* —repitió Víctor.

El señor Bueller se dio cuenta de que el niño no sabía francés y miró hacia otro lado. Caminó al pizarrón y con su regla de acero señaló las palabras escritas allí.

—*Le bateau* —cantó.

—*Le bateau* —repitieron los alumnos.

—*Le bateau est sur l'eau* —cantó.

—*Le bateau est sur l'eau.*

Víctor estaba demasiado debilitado por el fracaso como para participar con el resto de la clase. Miró el pizarrón fijamente y deseó haber tomado español y no francés. Mejor aún, deseó poder empezar su vida de nuevo. Nunca se había sentido tan avergonzado. Se mordió el pulgar hasta arrancarse un jirón de piel.

La campana sonó para la siguiente clase, y Víctor salió velozmente del salón tratando de evitar las miradas de los otros niños, pero tuvo que regresar por su libro de matemáticas. Miró con vergüenza al profesor, que borraba el pizarrón, y luego abrió los ojos aterrorizado al ver a Teresa parada en frente de él.

—No sabía que supieras francés —dijo—. Estuvo bien.

El señor Bueller miró a Víctor, que a su vez miró al profesor. Ah, por favor no diga nada, rogó Víctor con sus ojos. Le lavaré su coche, le cortaré su pasto, sacaré a pasear a su perro: ¡cualquier cosa! Seré su mejor alumno y limpiaré sus borradores después de clases.

El señor Bueller removió los papeles en su escritorio. Sonrió y tarareó al tiempo que se sentaba a trabajar. Recordó su época universitaria cuando salía con su novia en coches prestados. Ella pensaba que era rico porque siempre que la recogía traía un coche diferente. Fue divertido hasta que gastó todo su dinero en ella y tuvo que escribirles a sus padres porque se había quedado sin un centavo.

Víctor no podía mirar a Teresa. Estaba sudoroso a causa de la vergüenza.

—Sí, bueno, aprendí un poco viendo películas y libros y cosas así.

Salieron del salón juntos. Teresa le preguntó si la ayudaría con su francés.

—Sí, cuando quieras.

—No te molestaría, ¿o sí?

—En lo absoluto, a mí me gusta que me molesten.

Le bateau.
Le bateau est
sur l'eau

—*Bonjour* —dijo Teresa, y se metió a su siguiente clase, dejando a Víctor afuera. Sonrió y apartó los mechones de pelo de su cara.

—Sí, claro, *bonjour* —dijo Víctor.

Se dio la vuelta y caminó rumbo a su siguiente clase. Los rosales de vergüenza en su cara se convirtieron en ramilletes de amor. Teresa es una gran muchacha, pensó. Y el señor Bueller es un buen tipo.

Corrió al taller de estructuras metálicas. Después del taller vino biología y luego de biología un viaje veloz a la biblioteca pública, donde sacó tres libros de francés.

Le iba a gustar primero de secundaria.

Reflexionar y responder

1. Durante el primer día de clases, ¿cómo cambian diferentes personas la manera de pensar de Víctor?
2. ¿Por qué el señor Bueller es un personaje importante en el cuento? Explica.
3. ¿Crees que este cuento describe en una manera realista la vida escolar de un estudiante de primero de secundaria? Explica tu respuesta.
4. A veces parece que Víctor actúa con **inseguridad** porque le da vergüenza. ¿Qué consejos le podrías dar sobre situaciones similares en el futuro?
5. ¿Cómo te ayudó a entender lo que leíste la estrategia de hacer y confirmar predicciones?

Conoce al autor
Gary Soto

En "Primero de secundaria" el autor premiado Gary Soto recuerda sus experiencias de joven en Fresno, California. Como a Víctor en el cuento, al señor Soto le gustaba una muchacha que no se fijó en él, y él quería quedar bien con todos en su nueva escuela. Soto dice que "tomar el pasado y moldearlo en un cuento" es la razón por la que escribió "Primero de secundaria".

Conoce a la ilustradora
Stephanie Garcia

Antes de que la ilustradora Stephanie Garcia comienza a crear un cuento, trata de identificarse con los personajes. Su sobrino de sexto año fue el modelo para Víctor en "Primero de secundaria". Garcia dice que su familia y amistades a menudo se ven a sí mismos en su obra y que un poco de ella se encuentra en cada ilustración.

Visita *The Learning Site*
www.harcourtschool.com

Hacer conexiones

Primero de secundaria

Compara textos

1. ¿Por qué crees que "Primero de secundaria" forma parte del tema Hacemos cambios?
2. ¿Por qué crees que Víctor se comporta de manera tan diferente en clase de matemáticas y en clase de francés?
3. Identifica y explica un ejemplo de lenguaje figurativo que el autor usa para describir lo que Víctor siente cuando está en clase de francés?
4. Compara "Primero de secundaria" con "La campeona de canicas", escrita también por Gary Soto. ¿En qué se parecen?
5. Si pudieras entrevistar a Gary Soto, ¿qué le preguntarías acerca de esta historia?

Escribe el episodio de una historia

Piensa en algún otro problema al que Víctor pudiera enfrentarse en la escuela. Luego, escribe otro episodio de la historia de Víctor y sus amigos que suceda durante el mismo año escolar. Usa una tabla para planear tu historia.

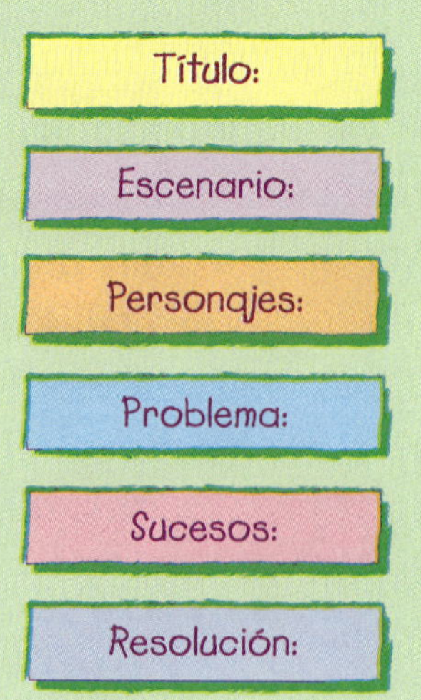

CONEXIÓN con la Escritura

Haz un cartel

CONEXIÓN con las Ciencias

Víctor y sus amigos viven en Fresno, California, donde los residentes experimentan terremotos con frecuencia. Busca información acerca de algún terremoto que haya sucedido en California. Luego, haz un cartel donde todos tus compañeros de clase puedan ver la información que obtuviste. No olvides indicar cuál fue la magnitud del terremoto, la ubicación del epicentro y en qué modo se vieron afectados los residentes de la zona.

Fresno

Haz una guía para lenguas extranjeras

CONEXIÓN con los Estudios sociales

Víctor está estudiando francés y su amigo está estudiando español. Junto con un compañero, haz una guía para lenguas extranjeras, en la que pongan el significado de las palabras extranjeras que se usen en el idioma español. Si lo deseas, puedes poner ilustraciones para ayudar a que el significado sea más claro. Intercambien su guía con otro par de estudiantes y comparen las palabras que eligieron.

Guía para lenguas extranjeras

Sacar conclusiones

Una conclusión es un juicio basado en evidencia o datos sumados a los conocimientos personales. Puede ser que dicha evidencia esté claramente establecida en la historia, o que pueda ser deducida por los lectores a través de la información que se da. Algunas veces, los lectores deben conocer las conclusiones que los personajes o el autor van sacando. Cuando identifiques alguna conclusión del autor o de algún personaje, busca las pistas que los condujo a esa conclusión. Pregúntate:

- ¿Tienen sentido estas pistas?
- Con base en estas pistas, ¿es válida la conclusión a la que llegó el autor o el personaje?

Lee este pasaje de "Primero de secundaria" (páginas 496 y 498).

> **El señor Bueller arrugó la cara con un gesto de curiosidad y le pidió que hablara más fuerte.**
>
> **Enormes rosales rojos florecieron en las mejillas de Víctor. Un río de sudor nervioso le recorrió por las palmas de las manos. Se sentía muy mal. Teresa, sentada a unos cuantos escritorios de distancia, seguramente estaba pensando que Víctor era un tonto.**
>
> **Sin ver al señor Bueller, Víctor balbuceó:**
>
> **—Francé oh sisí gagá en septiembré.**
>
> **El señor Bueller le pidió a Víctor que repitiera lo que había dicho.**
>
> **—Francé oh sisí gagá en septiembré —repitió Víctor.**
>
> **El señor Bueller se dio cuenta de que el niño no sabía francés y miró hacia otro lado.**

El señor Bueller llegó a la conclusión que Víctor no puede hablar francés. ¿Crees que su conclusión sea válida?

Visita *The Learning Site*
www.harcourtschool.com

Ve Destrezas y Actividades

Preparación para las pruebas

Sacar conclusiones

▶ **Lee el pasaje. Después contesta las preguntas.**

Norma sabía que su hermano Tommy no había estudiado absolutamente nada para su examen de matemáticas. Anoche, en lugar de revisar los capítulos para el examen parcial, se había ido a jugar básquetbol con su mejor amigo, José. Norma regresó primero de la escuela. Estaba sentada en la cocina cuando la puerta principal se abrió. Tommy tiró su mochila sobre el suelo de la sala. Ni siquiera se fijó cuando Rosie, la perrita de la familia, salió a saludarlo. "¿Cómo te fue en el examen?", preguntó Norma, aunque ya sabía que le había ido mal. Tommy ni siquiera contestó. "Si estudias bien para el examen final, podrías todavía obtener una buena calificación". Pero Tommy no contestó ni una sola pregunta del examen. Sabía que nada lo salvaría de los cursos de verano.

1. ¿Qué conclusión sacó Norma con respecto a Tommy?

A Él iría a los cursos de verano.

B Él se esforzó mucho por pasar el examen.

C No le había ido bien en el examen.

D Tanto él como José habían pasado el examen.

Sugerencia

Busca lo que piensa Norma y el por qué. Elimina las respuestas que no estén apoyadas por la evidencia del cuento.

2. ¿Qué conclusión sacó Tommy sobre sí mismo?

F Va estudiar más la próxima vez.

G Va a cursos de verano.

H Quizá pasaría el examen.

J A José le fue mejor que a él en el examen.

Sugerencia

La conclusión de Tommy es diferente a la de Norma. Recuerda que la conclusión del personaje puede o no puede ser válida.

El poder de las palabras

Me llamo San Ho

En esta selección, un niño se da cuenta de que no necesita palabras para sentirse como en casa en un país extranjero. A veces aprender el significado de *amigo* es suficiente.

frustrado
ademanes
intrigado
significado
aventajar
tambaleante

10 de mayo

Aquel niño se veía **frustrado** e inseguro. Cuando se dio cuenta que yo quería ayudarlo, abrió su mapa. Con muchos **ademanes**, le señalé la parada del autobús. Él me miraba **intrigado** y al fin me entendió. No sabía el **significado** de la palabra *Parada* del letrero, pero vio el dibujo del autobús. Me agradeció con una enorme sonrisa y le di la mano para despedirme.

4 de agosto

Llegué a la pista temprano para poder darle varias vueltas antes de la competencia. Yo sabía que sólo así podría **aventajar** a mis contrincantes. De pronto tropecé con una piedra que me hizo caer. Me paré y después de un movimiento **tambaleante**, pude caminar. Llegó otra competidora y me quiso ayudar. No hablábamos el mismo idioma, pero no hacía falta. Antes la conocía como otra competidora, pero de hoy en adelante es una nueva amiga. Después de la carrera, hicimos planes para ir de compras.

CONEXIÓN
Vocabulario-Escritura

A veces algo que poseemos tiene un **significado** mayor por la manera en que lo obtuvimos. Escribe varias oraciones explicando por qué algo tuyo tiene un significado especial para ti.

Género

Ficción realista

Un cuento de ficción realista relata cosas sobre personajes y sucesos que son como personas y eventos de la vida real.

En esta selección, busca

- **un ambiente difícil para el personaje principal.**
- **la manera que cambia el personaje principal a través de sus experiencias.**

Me llamo SAN HO

texto de Jayne Pettit
ilustraciones de Amy Ning

El poblado de Vietnam del Sur, donde nació San Ho, fue destruido durante la guerra en su país. El padre de San Ho se unió al ejército y jamás regresó a casa, mientras que el chico y su madre quedaron separados por los eventos de la guerra. Después de tres años, San Ho descubrió que su madre había contraído matrimonio con un marino estadounidense y emigrado a Estados Unidos. Las cartas de la mujer al gobierno vietnamita finalmente fueron respondidas, y en 1975, San Ho recibió permiso para viajar a Estados Unidos. Empezó la escuela en Filadelfia a principios de mayo y comenzó una amistad especial con su maestra. En casa San Ho estaba desarrollando una relación con su padrastro, Stephen. En este relato, San Ho revela algunas de sus experiencias durante su primer año en un nuevo país.

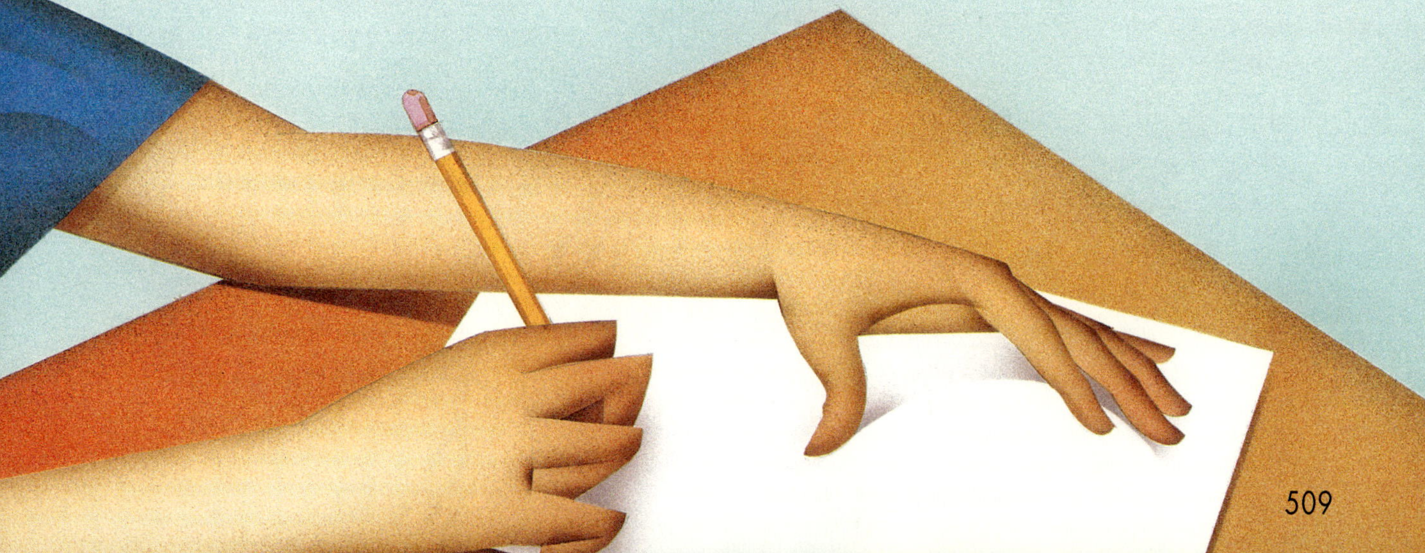

Al realizar mis deberes escolares durante los templados días de mayo, que ya daban paso a junio, me desconcertaba la rapidez con que transcurría la vida. Todo sucedía con increíble rapidez en la escuela; corríamos a clase de arte o a una sesión de música, o nos atragantábamos con emparedados en el comedor. Incluso los deportes que practicábamos en el gimnasio nos obligaban a correr: partidos de béisbol en que casi volábamos de una base a otra, las competencias de relevos que me resultaban incomprensibles y las cuerdas que levantaban polvo en el patio donde saltaban las chicas.

Me sentía muy frustrado tratando de aprender inglés. Aquellos sonidos eran de lo más extraños para mí. Las palabras que pronunciaban los demás fluían con gran rapidez, en otro tumulto que me dejaba aturdido tratando de identificar alguna palabra, mientras me esforzaba en hablar con compañeros y maestros, embargado por un sentimiento de rabia y aislamiento cuando no lo conseguía. Quería preguntar muchas cosas, compartir muchas ideas. Deseaba formar parte de mi clase, leer los libros que leían otros estudiantes y participar en las discusiones que el maestro organizaba con mis compañeros. Anhelaba levantar la mano como los demás para responder una pregunta; como hiciera tantas veces en Mi Hung y Saigón. Me sentía como un visitante de otro mundo, incapaz de derribar la muralla que me separaba de cuantos me rodeaban.

Y de pronto,

un día, descubrí una pequeña grieta en esta muralla. Nos habíamos reunido para la clase de gimnasia en la pista de la escuela. Escuché que el maestro daba indicaciones para una carrera de relevos, dividiéndonos en seis equipos de cuatro corredores. Luego, lo observé recorrer el circuito colocando señalamientos en lugares específicos, cada uno a la misma distancia del otro. Cuando hubo terminado, volvió a reunirse con el grupo y entregó un bastón de plástico a cada estudiante que encabezaba uno de los seis equipos. Se dio vuelta y se aproximó al sitio donde me encontraba parado, indicando con ademanes que cuando llegara mi turno, debía tomar el bastón de la persona que estaba frente a mí y correr alrededor del enorme círculo tan rápido como fuera posible, hasta alcanzar la línea de partida que había marcado con pizarra en el suelo. Luego, indicó que levantara la mano para señalar que había terminado, ya que sería el último corredor de mi equipo.

Sonó el silbato y comenzó la carrera. El primer chico de nuestro equipo echó a correr, mientras los estudiantes de los otros cinco carriles hacían todo lo posible para aventajar a los demás. Chicos y chicas gritaban y reían, aplaudían y coreaban palabras que no podía entender. De lo que me di cuenta era que debía correr con el bastón tan rápido como pudiera, pasar cada señalamiento, regresar a mi equipo y levantar el bastón. Yo era el ancla del equipo. El último en correr. *De mí dependía, en gran medida, que mi equipo ganara o perdiera.*

Uno tras otro, los estudiantes tomaron sus turnos, alentaron a sus compañeros, discutieron y palmearon sus espaldas mientras la competencia proseguía. Uno tras otro llegaron al final de su fila mientras el siguiente compañero de equipo emprendía la carrera. Entonces llegó mi turno.

Al mirar alrededor, observé que en cuatro de los equipos contrarios había varios estudiantes que aguardaban su turno. En el equipo restante, sólo quedaba un estudiante, un chico de cabello oscuro con quien compartía el escritorio en el salón de clase. El estudiante que estaba frente a mí terminaba su recorrido, acercándose a donde me encontraba. Nervioso, alargué la mano hacia él, sujeté el bastón y con un rápido vistazo al chico de cabello oscuro, eché a correr.

Las voces de mis compañeros habían alcanzado un nivel casi delirante mientras los dos corríamos alrededor del círculo, pasando primero un señalamiento y después otro. Los chicos de los otros equipos se quedaron rezagados. El muchacho de pelo oscuro corría delante de mí, sus largas piernas daban grandes zancadas y sus brazos parecían alas, con los codos apuntando hacia fuera y los puños cerrados. Sentí que me faltaba el aliento al correr con todas mis fuerzas para llegar al siguiente señalamiento.

Mientras los chicos y las chicas de nuestros dos bandos gritaban alentándonos a ganar, sentí que me recorría una nueva explosión de energía. Mi corazón comenzó a latir aceleradamente y mis pies tocaron el suelo con un nuevo ritmo, cada vez más acelerado y firme, en el momento en que pasaba el último señalamiento para llegar a la meta. Quería ver en dónde se encontraba mi contrincante, pero no podía correr el riesgo de un movimiento en falso, un mal paso que me colocara a la zaga. Sólo sabía que no podía verlo en aquel momento y eso significaba una cosa, nada más. *No estaba delante de mí.*

De pronto, me encontré en la línea de partida, sin aliento y aturdido por la emoción de la carrera. Aferrando el bastón, levanté el brazo en el aire. Los estudiantes de mi equipo me rodearon, estrechando mis manos y palmeando mi espalda. ¡Había ganado!

El instructor sonó el silbato y señaló a mi equipo. Luego, levantó la mano, me dirigió una sonrisa e hizo una V con dos dedos. Aunque me preguntaba qué significaba aquella señal, pude adivinarlo; y cuando mis compañeros volvieron a rodearme, me contagié del orgullo que experimentaba mi equipo por haber ganado la carrera. Me alegré por ellos, me alegré de haber ganado. Pero había algo más que me provocaba una profunda alegría. La sensación de que ya no estaba solo, de que era un elemento importante para el equipo y mis compañeros de clase. Al fin comenzaba a derrumbarse la muralla y dejaba de ser un extraño.

Más tarde, cuando volvimos a tomar asiento en el salón de clase, miré al otro lado del escritorio y encontré la sonrisa del chico de cabello oscuro. Mi compañero levantó una mano y repitió la señal de la V que hiciera el entrenador después de la carrera.

—¡Bien, San Ho! ¡Muy, *muy* bien! — exclamó sonriente. Se señaló a sí mismo y luego a mí—. Amigos, ¿de acuerdo?

No está enfadado conmigo, pensé. Gané una carrera de relevos, lo derroté y no está enfadado. En vez de ello, ¡quiere ser mi amigo!

Después de un momento, una sonrisa se dibujó lentamente en mi sombrío semblante al darme cuenta del significado de aquellas palabras.

—Amigos —repetí, tratando de imitar el vocablo—. ¡De acuerdo!

Los otros chicos comenzaron a reír y primero uno, después otro, se señalaron con un dedo y luego apuntaron hacia mí, diciendo:

—Amigos, ¿de acuerdo?

—Amigos —respondí con un movimiento de cabeza y una sonrisa a cada uno de ellos.

El chico de cabello oscuro habló de nuevo.

—Me llamo Bruce. Soy tu amigo —informó señalándose una vez más y hablando con gran lentitud para que yo captara el sonido de cada palabra y su significado.

Reflexioné seriamente un momento y respondí:

—Me-llamo-San Ho. Soy *tu* amigo.

Di un vistazo al salón, donde por entonces reinaba el silencio. Los estudiantes de los otros grupos habían interrumpido su conversación para observarme, con amistosas sonrisas.

De pronto, una chica empezó a palmear con suavidad y luego con más fuerza a la vez que el resto del salón se sumaba al aplauso. Muy pronto, toda la clase celebraba mi primera oración en inglés.

—Amigos, ¿de acuerdo? —escuché que alguien decía, mientras volvía la mirada hacia uno de mis compañeros, después a otro y a otro.

—Amigos —contesté sonriente y repitiendo la palabra una y otra vez hasta que la maestra se acercó al escritorio y alargó una mano hacia mí.

—¡Amigos, San Ho! —dijo, al tiempo que movía el brazo en un círculo que abarcaba toda la habitación e incluía a mis compañeros.

Todavía recuerdo lo feliz que me sentí aquel maravilloso día. Ese día especial cuando descubrí que, después de todo, en aquel país extraño podría encontrar amigos en quienes confiar y creer. Sentado al escritorio, me sentí muy satisfecho y agradecido de formar parte del mundo, finalmente.

Una tarde, cuando volví a casa con mi madre después de clases, vi que el auto de Stephen estaba estacionado en la cochera.

—Stephen volvió temprano hoy, San Ho —informó mamá—. Espero que no hayan surgido problemas en la base naval.

Dejé mis libros en la escalera del porche y me aproximé al auto. Al hacerlo, noté que la cajuela estaba entreabierta, sujeto con una cuerda amarrada en la defensa trasera. Parte de una rueda de goma asomaba por la abertura, y una reluciente bicicleta lanzaba destellos bajo la luz del sol.

—Stephen opina que ya es hora de que aprendas a montar en una bicicleta estadounidense —anunció mi madre, mientras yo corría a revisar la parte trasera del auto.

Stephen desamarró la cuerda y abrió la cajuela. En el interior yacía la bicicleta más hermosa que hubiera visto en mi vida. Grande, verde y reluciente, completamente distinta a las que usaba mi gente en Vietnam. Las que usaban los campesinos de nuestra aldea eran herencias familiares, ruinas herrumbrosas y abolladas como cualquier cosa después de muchos años de uso. ¡Aquella bicicleta era maravillosa!

Mi madre actuó de traductora mientras Stephen explicaba que la bicicleta tenía palancas especiales para correr con diez velocidades distintas. Me previno que observara las reglas de seguridad al conducir por la calle. Lo escuché con atención, ansioso de que terminara para probar mi nuevo vehículo.

Después de un tambaleante comienzo, crucé el camino de entrada hacia la calle. Al principio, montaba lentamente, pero aumenté la velocidad al ganar confianza. El tibio viento rozaba mis mejillas mientras recorría la cuadra; el cabello volaba en mi frente y mis piernas se estiraban con el intenso pedaleo. Aquella tarde, olvidé todas mis penas; era la primera vez en mi vida que experimentaba aquel sentimiento.

Al fin, regresé junto a mi madre y Stephen, quienes se encontraban parados en el camino de entrada y sonreían de oreja a oreja al verme pasar.

Luego me detuve en la acera, desmonté y rodé la bicicleta hasta la puerta de la cochera, donde la apoyé cuidadosamente en el marco. Entonces eché a correr hasta Stephen y rodeando su cuello, lo abracé con emoción. Era la primera vez que hacía algo así desde mi llegada, y cuando al fin liberé el cuello de mi padrastro, levanté tímidamente la mirada para descubrir que estaba muy complacido y sorprendido de mi efusividad.

Durante las siguientes semanas, Stephen y yo pasamos cada vez más tiempo juntos, y poco a poco comencé a sentirme más a gusto con aquel alto estadounidense. Stephen me observaba montar en bicicleta, me daba consejos sobre su manejo e incluso me enseñó a hacer trucos con ella. Algunas tardes, jugábamos a lanzarnos una pelota en el camino de entrada, y reíamos y nos hacíamos bromas mientras corríamos alrededor del auto.

Esas semanas transcurrieron muy deprisa para mí; aprendí muchas cosas nuevas en la escuela, me afané en mis estudios y adquirí más fuerza y confianza con el paso de los días. Seguí trabajando con las grabadoras para enriquecer mi vocabulario en inglés, hasta que logré pronunciar algunas oraciones.

También empecé a leer frases cortas y, al salir de la escuela, regresaba a casa con mis libros para que mamá y Stephen vieran lo que había aprendido. Me sentía emocionado y orgulloso de mis logros y presentía que ellos también lo estaban. A veces leía en voz alta para Stephen, y mi madre escuchaba mientras mis ojos saltaban de una palabra a la siguiente. Stephen reía con humor al escucharme pronunciar algunas letras difíciles para mí, y no se cansaba de explicarme por qué los estadounidenses hablaban inglés, en vez de americano. Muchas veces, mi madre trataba de leer mis libros.

No obstante, mi mayor orgullo durante aquellas primeras semanas de escuela era mi habilidad para las matemáticas. Al acostumbrarme a trabajar sin el ábaco, adquirí gran independencia; pude resolver problemas con mayor rapidez y participé en competencias con otros estudiantes. ¡Mis compañeros llegaron a pensar que era un genio! Mi capacidad para las matemáticas y el atletismo contribuyó en gran medida a mi integración en la vida escolar. Aquellas dos áreas trascendían la barrera del lenguaje que tanto me esforzaba por derribar, y me daban la oportunidad de destacar.

Seguí haciendo nuevos amigos y descubriendo maravillas en esa tierra al otro lado del mar; una tierra que cada día me parecía menos amenazadora. Bruce y algunos otros compañeros comenzaron a visitarme en casa después de clases y pasábamos largas horas montando en bicicleta y jugando pelota en un gran terreno baldío que se encontraba cerca de allí.

Aprendí a ayudar a mamá y Stephen a arreglar su jardín, y planté cuatro pequeñas tomateras que cuidaba cada

día, regándolas y sujetándolas en palos para que crecieran altas y erguidas.

Y de pronto, todo aquello terminó.

Una mañana, en la escuela, observé que mis compañeros vaciaban sus escritorios y devolvían libros a los estantes que cubrían los armarios y las paredes del salón. Chicos y chicas habían llevado bolsas de papel de estraza aquel día para guardar sus objetos personales. Más tarde, cantamos canciones y jugamos a la pelota en el patio de la escuela y luego dos estudiantes fueron a nuestro salón con bandejas de helado. Comimos rápidamente para que las ondas de chocolate y vainilla no se derritieran. Después, los estudiantes comenzaron a formarse frente a la puerta. Antes de salir, la maestra dijo algo a cada uno. Y cuando llegó mi turno, me dio un fuerte abrazo.

Intrigado por la brevedad del día de clases, me preguntaba por qué los estudiantes se habían ocupado en vaciar sus escritorios y devolver los libros. Había algo muy extraño en todo aquello. Aquél no era como cualquier otro día de clases, cuando

nos despedíamos y corríamos por los pasillos, llamándonos por nuestros nombres para citarnos a un partido en el patio antes de volver a casa.

Eso debía ser lo que mi madre quiso explicar por la mañana, cuando habló conmigo mientras comía mi arroz y bebía té antes de partir a la escuela.

—Los estadounidenses lo llaman vacaciones de verano, San Ho —trató de explicarme mientras fijaba en ella mi interrogante mirada.

—No volverás a la escuela mañana, ni el día siguiente y ni siquiera el otro. No regresarás a clases hasta el mes de septiembre.

"*Septiembre*", pensé. "*¿Por qué no habrá escuela hasta septiembre?*"

—Vacaciones de verano —repetí en silencio, lleno de incredulidad. Aquellas palabras me resultaban extrañas. No quería que terminaran los días de escuela. No quería despedirme de mis nuevos amigos ni de la maestra, que se había convertido en mi amiga especial.

Reflexionar y responder

1. ¿Cómo cambia la vida de San Ho después de reunirse con su madre y padrastro en América?
2. ¿Qué evento del cuento cambió la actitud de San Ho sobre la escuela? Explica el **significado** del evento.
3. ¿Cómo describirías la reacción de San Ho cuando se dio cuenta de que la escuela había terminado en el verano?
4. Si San Ho fuese un estudiante en tu clase, ¿qué hubieras hecho para ayudarle a acostumbrarse a su nueva escuela?
5. ¿Qué estrategia de lectura usaste para entender lo que leíste? ¿Cómo te ayudó?

Conoce a la autora

Jayne Pettit

La autora premiada Jayne Pettit ha escrito libros para niños desde 1990. Muchas de sus obras se tratan del impacto que ha tenido un suceso histórico sobre la vida de las personas. Además de escribir relatos de ficción histórica como *Me llamo San Ho*, a Pettit le gusta escribir biografías sobre personas valientes que han trabajado mucho para alcanzar sus metas.

Aparte de escribir para adolescentes, Pettit enseña a adultos inglés como segunda idioma. Le gusta pensar que su escritura es otra manera de enseñar, que es, contar muy buenos cuentos a jóvenes fuera del salón de clases.

CONOCE A LA ILUSTRADORA

Amy Ning

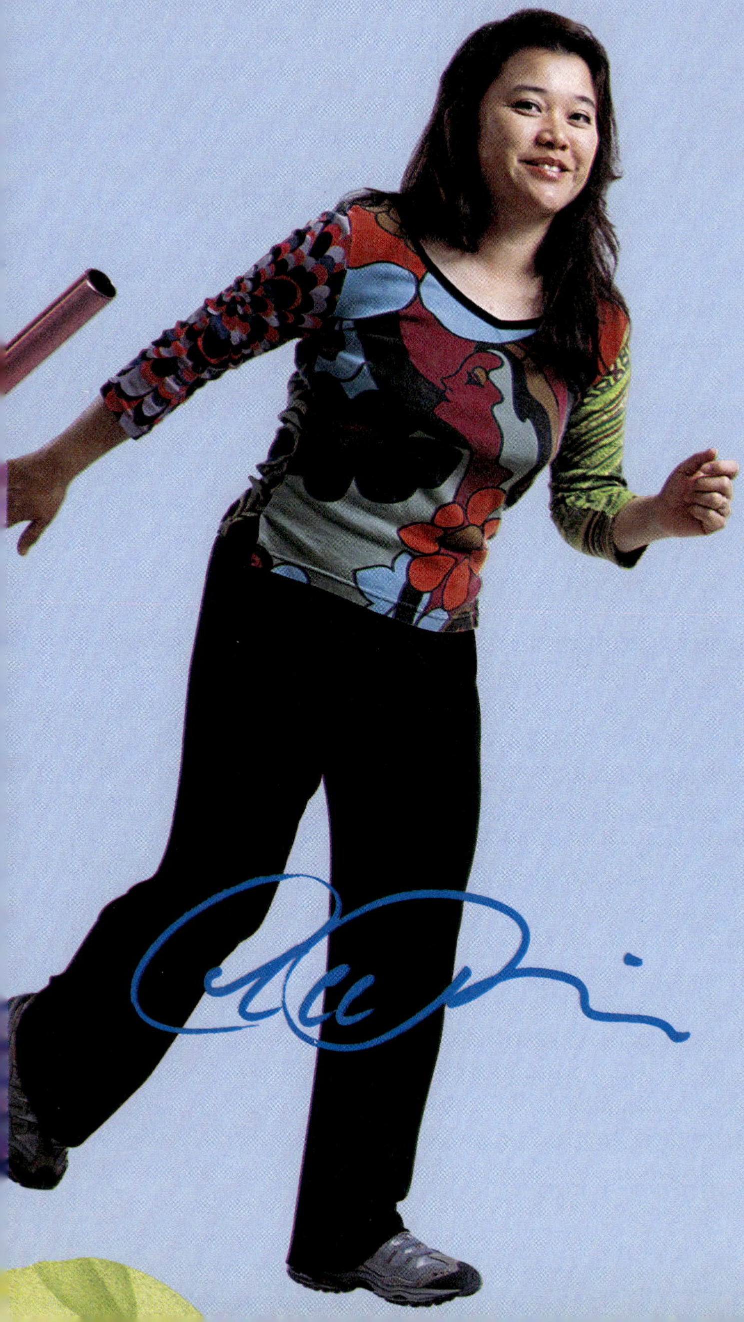

Amy Ning nació en Japón. Aunque se mudó a Estados Unidos a los diez años, ella dice que mucho de su arte tiene influencia del diseño y del estilo japonés.

En 1985 Amy Ning se graduó de California State University en Long Beach. Después ella ilustró su primer libro para niños titulado *Good night, Sleep Tight.* Desde entonces ha publicado su arte en muchas revistas y libros. Ella ha ganado numerosos premios por sus obras.

Hoy en día Amy Ning vive con su esposo, hijo y gato en Long Beach, California. "Mi hijo es la inspiración de mucho de mi trabajo", dijo ella. Además de sus propios proyectos, trabaja como ilustradora de su periódico local.

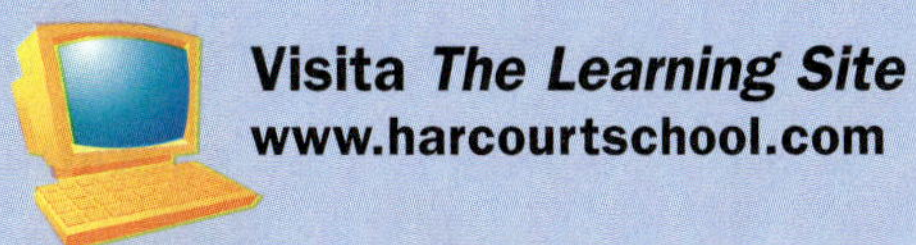

Género
No ficción

EL MANTO DE HISTORIAS DE

Libro notable en Estudios sociales

EL VIAJE A LA LIBERTAD DEL PUEBLO HMONG

texto de Dia Cha · cosido por Chue y Nhia Thao Cha

Este manto de historias muestra el viaje de mi pueblo. Somos el pueblo hmong, que significa "gente libre". Nuestro viaje comenzó hace mucho tiempo en China, continuó hacia Laos y luego hacia los campos de refugiados en Tailandia. Para más de 125,000 hmong, el viaje terminó en Estados Unidos.

Mi tía Chue y mi tío Nhia Thao Cha nos enviaron el manto de historias a mi madre y a mí desde el campo de refugiados Chiang Kham, en Tailandia. Nunca olvidaré el día en que recibimos el manto, hace cinco años. Cuando vi las imágenes del manto recordé cómo había llegado mi familia a Estados Unidos en 1979, cuando yo apenas tenía 15 años.

Cada parte del manto de historias hmong ha sido hecho a mano. En un principio, sólo las mujeres hacían los trabajos de

THAILAND
BAN

costura, pero debido a que en los campos de refugiados hay tantas mujeres como hombres, algunos, como mi tío Nhia, ayudan a las mujeres para entretenerse y ganar un poco de dinero. Se necesitan varios meses para completar un manto, ya que no se usan moldes de ningún tipo, ni medidas precisas. Todo el trabajo se hace al cálculo y siempre resulta a la perfección.

Aunque aquí en Estados Unidos las historias se cuentan de otra manera, en libros ilustrados, los hmong mantienen la tradición de los mantos. Cada costura ilustra parte de una vida.

Cuando los hmong llegaron a Estados Unidos, la mayoría no hablaba ni escribía el inglés. Muchas familias obtuvieron el apoyo de familias locales que las recogieron en el aeropuerto.

Todo en Estados Unidos era diferente para los hmong.

Yo tenía 15 años al llegar a este país y nunca había ido a la escuela, así que tuve que empezar mi aprendizaje desde cero. Mi familia local quería que estudiara secundaria, pero no tenía los conocimientos necesarios. Luego quisieron que fuera a una escuela para adultos, pero los maestros dijeron que era demasiado joven.

Finalmente ingresé a la secundaria. Trece años después obtuve una maestría en la Universidad del Norte de Arizona. En 1992 regresé a Laos como antropóloga para trabajar con las mujeres hmong y lao en los campos de refugiados de Tailandia.

Este manto me recuerda la historia de mi familia y mi pueblo. Algunos recuerdos son buenos y otros son malos. Pero para mí los recuerdos más importantes son las vivencias de los hmong.

Las mujeres hmong que viven en Estados Unidos aún elaboran mantos de historias. Todas tenemos vivos recuerdos de nuestra cultura e historia. Los mantos de historias son como un puente que une distintas generaciones. Cuando les muestro el manto a mis dos sobrinos, ambos nacidos en Estados Unidos, señalo las imágenes y les explico que así era la vida de nuestro pueblo.

Reflexionar y responder

¿Por qué los hmong que viven en Estados Unidos continúan haciendo los mantos de historias?

Hacer conexiones

Compara textos

1. ¿Cómo se muestra en "Me llamo San Ho" la importancia de pertenecer a una comunidad?
2. Explica el cambio de los sentimientos de San Ho con relación a sus compañeros de escuela y su padrastro.
3. ¿En qué se parecen las experiencias de San Ho y Dia Cha?
4. ¿Qué similitudes y diferencias tiene "Me llamo San Ho" con una autobiografía?
5. ¿Cómo puedes aprender más sobre Vietnam?

Escribe para explicar

San Ho cuenta cómo se siente cuando llega a vivir a otro país. Escribe un párrafo donde expliques cómo tratarías a una niña o niño de otro país que llegara a estudiar a tu escuela. Elabora una red para organizar tus ideas.

CONEXIÓN con la Escritura

Haz una línea cronológica

De la misma manera en que Vietnam y China comparten sus fronteras, los dos países también comparten una historia que se remonta a tiempos muy antiguos. Investiga sobre China y Vietnam. Haz una línea cronológica e identifica los sucesos importantes del desarrollo de estos países.

tiempos antiguos ———— hoy en día

CONEXIÓN con los Estudios sociales

Realiza un debate

¿**C**uál crees que es la cualidad más importante en el miembro de un equipo, el talento o un buen espíritu competitivo? Junto con un compañero, entablen un debate con otra pareja de compañeros de clase. Usen los personajes de "Me llamo San Ho" para demostrar sus posturas.

CONEXIÓN con la Salud

El propósito y la perspectiva del autor

El propósito del autor es la razón por la que un autor escribe un texto. Los tres propósitos generales de un escritor son:

- **entretener:** proporcionar distracción o divertimento
- **informar:** proporcionar información acerca de un suceso
- **persuadir:** persuadir al lector de que piense de cierto modo

El propósito general de una historia de ficción, como "Me llamo San Ho", es entretener a los lectores. Un autor también tiene un propósito específico. En "Me llamo San Ho", Jayne Pettit quería mostrar a sus lectores la vida de un inmigrante vietnamita que vino a Estados Unidos para iniciar una nueva vida. ¿Por qué crees que eligió la ficción para decir esto?

Si identificas el propósito del autor, te será más fácil identificar la **perspectiva del autor**, o su punto de vista. Esto es la opinión y los sentimientos del autor con respecto a un tema. Un autor también puede expresar su perspectiva a través de las acciones y pensamientos de los personajes.

Acciones y pensamientos de los personajes

San Ho se siente frustrado y relegado.

+

San Ho gana la carrera de relevos en la escuela.

+

Los compañeros de clase de San Ho lo aceptan como amigo.

↓

Perspectiva del autor

Jayne Pettit siente simpatía por San Ho y los vietnamitas que vinieron a Estados Unidos después de que terminó la guerra de Vietnam.

Visita *The Learning Site*
www.harcourtschool.com

Ve Destrezas y Actividades

Preparación para las pruebas

El propósito y la perspectiva del autor

▶ **Lee el siguiente pasaje. Después responde las preguntas.**

El primer día de clases, la maestra presentó a Alma al grupo. Marcie alcanzó a ver a Alma esa tarde cuando se estaba subiendo al autobús, así que la saludó. Alma sólo asintió con la cabeza y después se fue a sentar sola al final del autobús. "Supongo que no es muy amigable", pensó Marcie. Al día siguiente, Marcie y Alma se encontraron junto a la caja de la tienda. Marcie notó que Alma no hablaba muy bien inglés. Finalmente, Marcie se le acercó y se presentó a ella.

—Quizá te pueda ayudar —dijo.

Camino a casa, Alma le contó a Marcie lo mucho que extrañaba a sus amigos de su país natal.

—¿Qué te parece si vamos el fin de semana al cine? —propuso Marcie.

Alma sonrió. Marcie se dio cuenta que Alma estaba feliz de haber ganado una nueva amiga.

1. ¿Cuál es el propósito del autor al escribir este pasaje?

A informar

B influenciar

C entretener

D persuadir

Sugerencia

La primera clave para conocer el propósito del autor es identificar el género del escrito.

2. ¿Cuál es la perspectiva del autor cuando se trata de conocer gente nueva?

F Es fácil conocer gente que vive en tu comunidad.

G La tienda es un buen lugar para conocer gente.

H No busques amistad con la gente que no sea amigable contigo.

J No deberías hacer juicios sobre las personas sin conocerlas.

Sugerencia

Pregúntate: *¿Qué piensa el autor acerca de conocer gente nueva?*

El poder de las palabras

Salir de la oscuridad: La historia de Louis Braille

concebido

obstáculos

estilo

precisos

dormitorio

transcribió

¿Puede un estudiante ayudar a otros estudiantes? ¿Puede una persona invidente ayudar a otras personas invidentes? Por supuesto, la respuesta a ambas preguntas es sí.

Louis Braille, después de mucho trabajo, había **concebido** e inventado un sistema que le permitía leer a la gente invidente, y después ya sólo lo mejoró para hacerlo más simple. Ahora, muchas cosas están impresos en Braille, y hay letreros impresos en Braille en todos los edificios públicos. Este sistema eliminó algunos **obstáculos** importantes que impedían a los invidentes llevar una vida normal.

Originalmente, las letras del sistema Braille se hacían con un **estilo**. Este instrumento de punta afilada hacía puntos muy **precisos** en el papel, lo cual permitía que los signos fueran muy claros y comprensibles al tacto.

Este estudiante universitario está leyendo un texto Braille en su **dormitorio**, el cuarto donde vive. Él no **transcribió**, o copió, el texto al Braille. Muchos libros están disponibles en las bibliotecas públicas.

CONEXIÓN
Vocabulario-Escritura

Louis Braille concibió una forma en la que la gente invidente pudiera leer. Describe otra cosa que ha sido **concebido** para ayudar a las personas con incapacidades.

Biografía

Una biografía es una historia que una persona escribe sobre la vida de otra persona.

En esta selección, busca

- sucesos en orden cronológico.
- información que muestre los cambios que hizo la persona.

SALIR de la OSCURIDAD

LA HISTORIA DE LOUIS BRAILLE

texto de Russell Freedman

ilustraciones de Glenn Harrington

Louis Braille vivía en París, en una escuela para invidentes, cuando se enteró del nuevo sistema de lectura del capitán Barbier. El método, denominado sonografía, utilizaba puntos y rayas para representar sonidos. Louis lo estudió con devoción, pero muy pronto se sintió decepcionado. El sistema era demasiado largo para tener un uso práctico y no abarcaba aspectos de ortografía o puntuación. Así que decidió crear un sistema mejor.

Imágenes de puntos y más puntos danzaban en la mente de Louis. Quería simplificar el sistema del capitán Barbier de modo que cada símbolo pudiera "leerse" con el roce de un dedo.

Sus días estaban repletos de clases y actividades escolares, así que experimentaba cada vez que tenía tiempo: entre clases, en fines de semana, por la noche en el dormitorio. Cuando todos los demás se habían acostado y el único sonido que escuchaba era la apacible respiración de sus compañeros, sacaba su estilo y papel, y se ponía a jugar con puntos. A menudo, no podía dominar el cansancio y comenzaba a cabecear, estilo en mano, como si quisiera seguir trabajando mientras dormía.

Algunas noches perdía todo rastro del tiempo. Se sentaba en el borde de la cama, marcando puntos, hasta que el sonido de las ruedas de los vagones en el empedrado anunciaba la inminente llegada del amanecer.

Por supuesto, después de pasar una noche en vela, se quedaba dormido en clase. Y al igual que muchos de sus compañeros, se enfermó con una horrible tos. Aquella era una enfermedad muy común en el instituto, durante el invierno. Los viejos edificios de la escuela siempre estaban húmedos y fríos.

La madre de Louis se inquietó mucho cuando el chico volvió a casa a pasar las vacaciones. Estaba muy pálido y demacrado. Quería engordarlo un poco, así que insistió en que se acostara temprano. Cada noche, Monique subía por la escalera al dormitorio del desván, arropaba a Louis y le daba un beso como si todavía fuera un niño pequeño.

Aquellas semanas en el aire fresco del campo le sentaron de maravilla. La tos de Louis desapareció. Se sentía revitalizado. Cuando hacía buen tiempo, daba un paseo por los senderos con su bastón, llevando en la mochila su estilo, papel y una tabla para escribir. Solía sentarse en una verde colina para disfrutar del sol y trabajar pacientemente haciendo puntos en el papel. La gente que pasaba, exclamaba al verlo:

—¡Qué tal, Louis! ¿Sigues haciendo agujeritos?

Nadie entendía bien qué trataba de lograr, pero resultaba evidente que estaba absorto en sus pensamientos.

Poco a poco, Louis logró simplificar el sistema del capitán Barbier, pero no quedó satisfecho. Los símbolos punteados que había ideado no eran suficientemente sencillos. A veces, gritaba de frustración y rasgaba el papel en que había trabajado.

Luego, tuvo una idea, la idea de un enfoque completamente distinto. ¡Era tan obvio! ¿Por qué no lo había pensado antes?

Los símbolos del capitán Barbier estaban basados en *sonidos*, ¡ése era el problema! La lengua francesa tenía muchos sonidos. Con la sonografía, tendría que utilizar una docena de puntos o más para representar una sílaba, y hasta cientos de puntos para una sola palabra.

En vez de sonidos, ¿por qué no utilizaba puntos y rayas para representar *las letras del alfabeto*? Sería mucho más fácil trabajar de esa manera.

Por supuesto, Louis no podía usar un punto para la *a*, dos para la *b* y así sucesivamente. Con ese sistema un lector invidente tendría que contar veintiséis puntos para leer la letra *z*. Y luego habría que añadir más puntos para los números y signos de puntuación.

Sin embargo, al cambiar su estrategia, Louis consiguió logros importantes. Inventó un código sencillo que le permitía representar cualquier letra del alfabeto en el espacio de la yema de un dedo. Al volver a la escuela, el otoño de 1824, estaba listo para hacer una demostración de su nuevo sistema. Había trabajado en él durante tres años.

Primero, pidió una entrevista con el director de la escuela, el doctor Pignier. Louis tomó asiento en un amplio sillón frente al escritorio de Pignier, colocó en su regazo la tabla para escribir y el papel, y empuñó el estilo. Pidió al director que leyera un pasaje de algún libro, el que fuera.

—Lea despacio y con claridad —pidió Louis—, como si leyera para un amigo vidente que va a tomar nota de todas sus palabras.

Pignier seleccionó un libro de la repisa que tenía detrás. Lo abrió y comenzó a leer. Louis se inclinó sobre la tabla y el papel y su mano pareció volar, perforando puntos. Después de unas líneas, informó a Pignier:

—Puede leer más rápido.

Cuando el director hubo terminado el pasaje, Louis deslizó un dedo sobre los puntos resaltados en el dorso del papel, como si quisiera cerciorarse. Luego, sin vacilar un instante, leyó cada palabra que había anotado, casi con la misma velocidad con que las había leído el director.

Pignier no podía creer lo que escuchaba. Tomó otro libro, eligió otro pasaje y pidió a Louis que repitiera la demostración. Luego, se levantó del escritorio, embargado de emoción y abrazó a Louis, elogiándolo.

Muy pronto todos en la escuela hablaban del nuevo lenguaje de puntos realzados ideado por Louis. El doctor Pignier convocó a una asamblea para presentar el nuevo sistema a los estudiantes y maestros. Louis se sentó en el centro de un gran salón de clase y trabajó con su estilo mientras uno de los maestros videntes leía un poema en voz alta. Los otros maestros videntes se inclinaron en sus asientos, observando la velocidad con que se movía la mano de Louis sobre el papel. Los instructores y estudiantes invidentes ladearon las cabezas y escucharon la punta del estilo abriendo los puntos.

Luego, Louis se puso de pie. Se aclaró la garganta y recitó el poema, moviendo los dedos mientras hablaba y sin perder una palabra o cometer un error. Al terminar, un murmullo de emoción llenó la habitación y todos los presentes lo rodearon.

Louis tenía sólo quince años cuando demostró la primera versión viable de su sistema. Aunque siguió mejorando y ampliando el método en años posteriores, ya había concebido el alfabeto básico que abriría las puertas del aprendizaje a los invidentes de todo el mundo.

Al principio, utilizó puntos combinados con pequeñas rayas. Pero cuando trató de aplicar el sistema, descubrió que las rayas, aunque fáciles de percibir con el tacto, eran difíciles de grabar con el estilo. A la larga, decidió eliminar las rayas y perfeccionó un alfabeto compuesto exclusivamente de puntos.

A primera vista el sistema de Braille parece bastante simple. Y ése es el verdadero indicio de su genialidad. Pues un sistema simple era exactamente lo que Louis había tratado de perfeccionar en aquellos tres años.

Para empezar, Louis redujo el grupo de puntos de Barbier a una unidad básica que cupiera en la yema de un dedo. Dicha unidad, hoy conocida como célula braille, tiene espacio para seis puntos: dos horizontales y tres verticales.

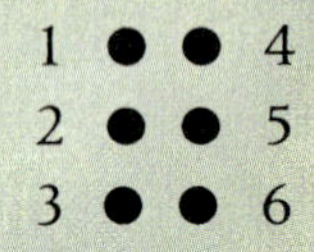

1 ● ● 4
2 ● ● 5
3 ● ● 6

Dentro de la célula, Louis determinó distintas organizaciones de puntos. Cada patrón de puntos representaba una letra del alfabeto. Según el uso actual, los primeros diez caracteres del sistema representan las diez primeras letras del alfabeto y los diez números arábigos.

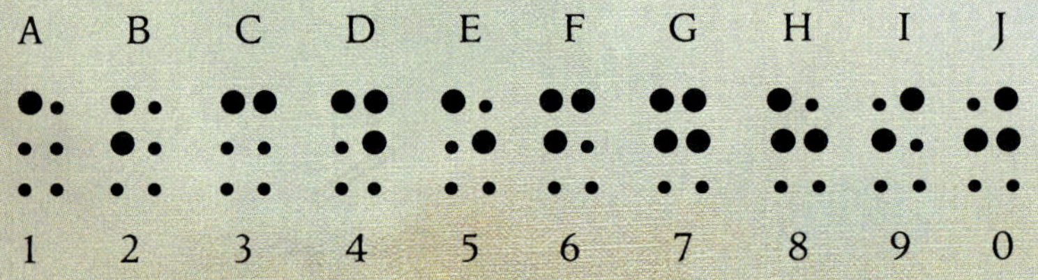

A B C D E F G H I J

1 2 3 4 5 6 7 8 9 0

Las letras restantes se forman añadiendo puntos a la parte inferior de las células:

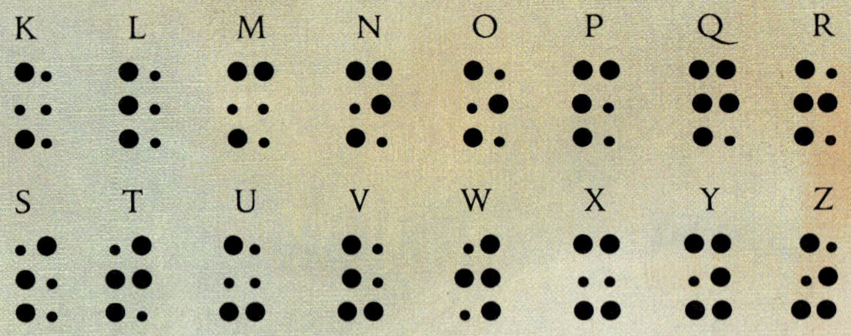

K L M N O P Q R

S T U V W X Y Z

A partir de esta célula básica de seis puntos, Louis desarrolló sesenta y tres caracteres que representan todo el alfabeto, números, signos de puntuación, contracciones, algunas palabras de uso común y posteriormente, notaciones musicales y símbolos matemáticos.

Para escribir con su sistema, adaptó un dispositivo que utilizaba Barbier para escribir sonografía: una pizarra acanalada que sujeta el papel, y una regla deslizante para guiar el estilo.

La regla tenía pequeñas perforaciones como ventanas. Al colocar el estilo en estas aberturas, el invidente podía perforar puntos precisos en el papel y, una vez terminada la línea, deslizar la regla hacia el renglón inferior.

El estilo produce depresiones en el papel. Por tanto, es necesario escribir de derecha a izquierda y después dar vuelta al papel para leer lo escrito.

Gracias a este sistema, Louis eliminó los obstáculos del grabado en relieve. Los caracteres de puntos resaltados eran sencillos y completos. Podían leerse con facilidad mediante el ligero roce de un dedo. Y ocupaban poco más espacio que la letra impresa convencional. El sistema braille, como dio en llamarse, puso la literatura mundial en la punta de los dedos de los lectores invidentes.

Los compañeros de Louis dominaron rápidamente el nuevo alfabeto de puntos resaltados. A partir de ese momento, pudieron tomar notas en clase, escribir cartas y ensayos, llevar diarios, anotar sus pensamientos y sentimientos en papel. El propio Louis transcribió a su nuevo alfabeto algunas partes de un texto de uso común: *Gramática de gramáticas*. Éste fue el primer libro que los estudiantes invidentes pudieron leer con facilidad.

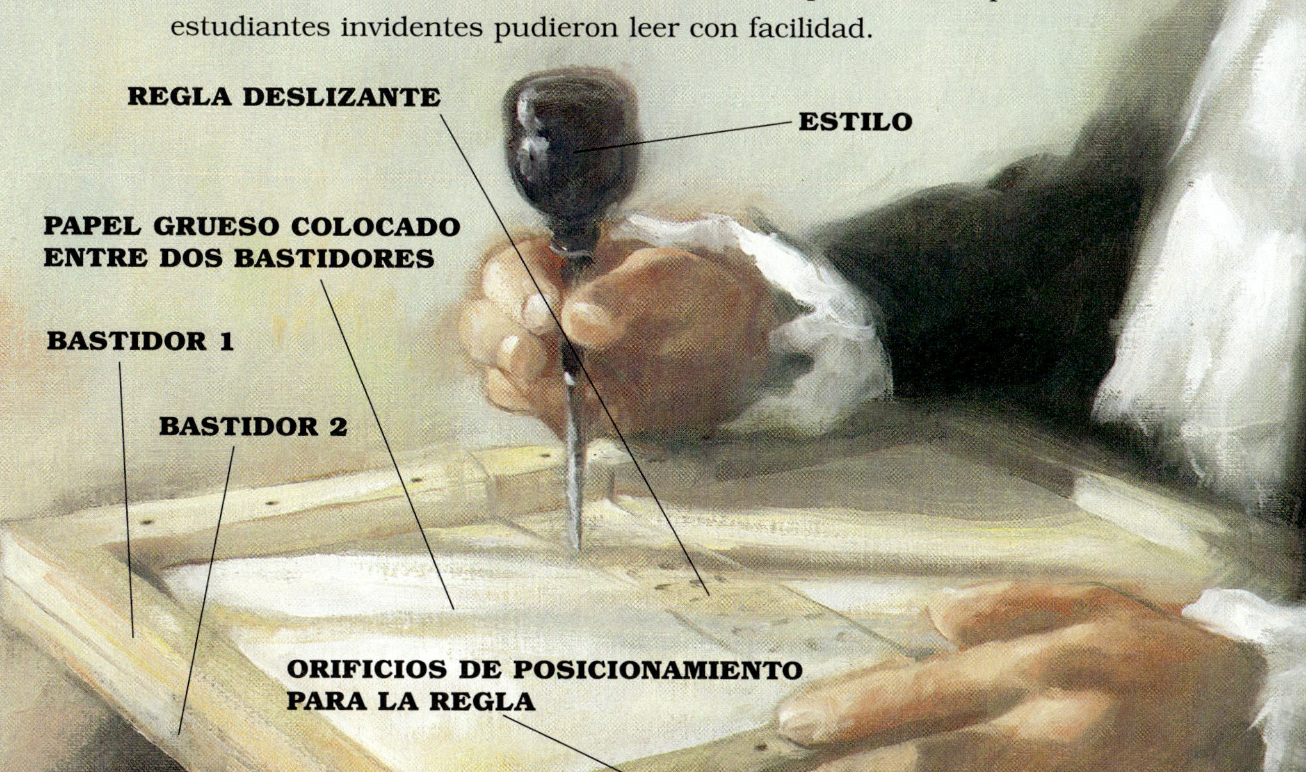

Sin embargo, él no estaba satisfecho. Durante sus últimos años de la escuela, siguió mejorando el sistema. Entre tanto, jamás descuidó sus estudios. "Cada año", escribió un compañero de clase, "el nombre de Louis Braille resuena entre los ganadores de diversos premios".

En 1826, cuando todavía era un estudiante, Louis y su amigo Gabriel Gauthier empezaron a trabajar como maestros asistentes en el instituto. Cuando Louis se graduó, en 1828, el doctor Pignier le pidió que permaneciera en la escuela como instructor de tiempo completo en materia de gramática, geografía y aritmética. Louis aceptó de buena gana. Para entonces, la escuela se había convertido en su verdadero hogar.

En 1829, al celebrar su vigésimo cumpleaños, Louis había perfeccionado el alfabeto de puntos realzados hasta transformarlo, esencialmente, en el mismo sistema braille que se utiliza en la actualidad.

Reflexionar y responder

1. ¿Cuál era el problema de Louis Braille y cómo lo resolvió? ¿Cuáles eran los **obstáculos**?
2. ¿Por qué crees que el autor mostró el alfabeto de Louis Braille?
3. ¿Cómo crees que se sintió Louis Braille cuando sus vecinos lo veían trabajando y le decían "Qué tal, Louis. ¿Sigues haciendo agujeritos?" ¿Cómo lo sabes?
4. Si pudieras hacer una entrevista con Louis Braille, ¿qué le preguntarías?
5. ¿Qué estrategias utilizaste al leer la selección?

Conoce al autor
RUSSELL FREEDMAN

Russell Freedman ha escrito más de 30 libros para jóvenes lectores. Su trabajo le ha dado muchos reconocimientos, como la Medalla Newbery por su libro *Linlcoln: A Photobiography.*

Freedman concebió la idea para su primer libro después de leer un artículo periodístico sobre un joven invidente de dieciséis años que había inventado la máquina de escribir Braille. Luego se enteró de que el propio Louis Braille sólo contaba con quince años cuando inventó su alfabeto. Así que Freedman decidió escribir sobre este genio y otros jóvenes notables en su libro *Teenagers Who Made History.* Muchos años después, volvió a relatar la historia de Louis Braille en *Salir de la oscuridad.*

Conoce al ilustrador
GLENN HARRINGTON

Nacido y educado en Nueva York, el ilustrador Glenn Harrington siempre ha tenido una afición especial por el arte. Empezó a dibujar siendo muy pequeño y sus padres lo alentaron a tomar clases de arte.

Harrington se ha dedicado a la ilustración de libros desde hace 20 años. Explica que encuentra inspiración para sus ilustraciones en las palabras del relato. Quiere que sus dibujos hagan que las palabras cobren vida para los lectores.

Glenn Harrington disfruta escribendo poesía y libros infantiles. Sus pasatiempos son el béisbol, estar al lado de sus dos hijos varones y la carpintería.

Visita *The Learning Site*
www.harcourtschool.com

Hacer conexiones

Salir de la oscuridad: La historia de Louis Braille

Compara textos

1. ¿Por qué crees que “Salir de la oscuridad” esté incluida en el tema Hacemos cambios?
2. ¿Qué información puedes hallar en la ilustración de la página 541 que no encuentres en la de la página 537?
3. Compara “Salir de la oscuridad” con “Las muchachas piensan en todo”. ¿En qué se parecen y en qué son diferentes?
4. ¿En qué es diferente “Salir de la oscuridad” de un artículo de enciclopedia sobre el alfabeto braille?
5. ¿Qué más te gustaría saber sobre Louis Braille?

Escribe un artículo periodístico

Imagina que eres reportero de un periódico francés en 1829. Escribe un artículo especial sobre el lenguaje de puntos realzados inventado por Louis Braille. Usa detalles de la selección en tu artículo. Antes de escribir, organiza tus ideas en una tabla.

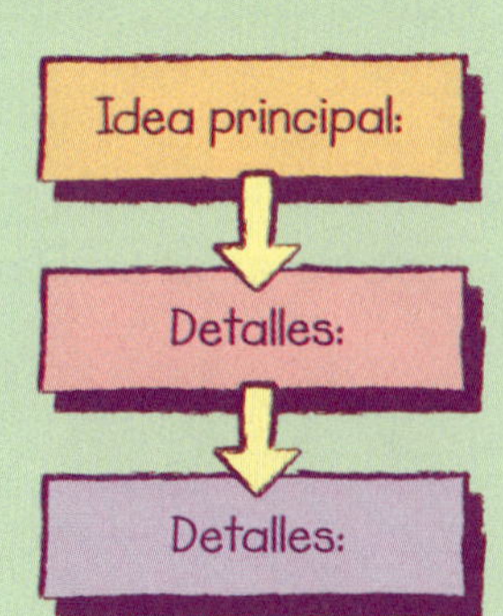

CONEXIÓN con la Escritura

Haz una tabla comparativa

CONEXIÓN con los Estudios sociales

"Salir de la oscuridad" describe el sistema de escritura desarrollado por Louis Braille. Con un compañero, busca información sobre diferentes sistemas de escritura desarrollados por dos de estas civilizaciones antiguas: los egipcios, los chinos y los griegos. Anoten su información en una tabla que compare los sistemas de escritura.

Antiguo Egipto	Antigua Grecia
1. Usaron jeroglifos. 2. Los jeroglifos representaban ideas.	

Representa una entrevista de radio

CONEXIÓN con las Artes escénicas

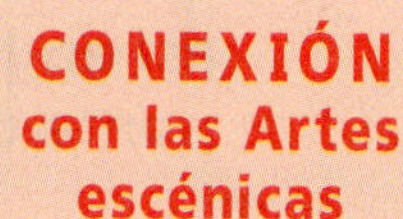

Trabaja con un compañero para escribir y representar una entrevista a Louis Braille. El entrevistador deberá preguntar cosas sobre el sistema de escritura que desarrolló Louis y cómo éste cambió la vida de personas. Usa detalles de la selección para que la entrevista sea realista.

Salir de la oscuridad: La historia de Louis Braille

Sacar conclusiones

Cuando lees, **sacas conclusiones** a través de las evidencias y las pistas. En una selección de no ficción, también podrías encontrar conclusiones hechas por el autor. Una conclusión es una idea principal y debe contener evidencia que lleve a esa conclusión además de respaldarla. Cuando leas, pregúntate:

- ¿La evidencia tiene sentido?
- ¿La conclusión del autor es válida, tomando en cuenta esta evidencia?

Lee este pasaje de "Salir de la obscuridad: La historia de Louis Braille". Busca la conclusión del autor y la evidencia que la apoya.

> **Gracias a este sistema, Louis eliminó los obstáculos del grabado en relieve. Los caracteres de puntos resaltados eran sencillos y completos. Podían leerse con facilidad mediante el ligero roce de un dedo. Y ocupaban un poco más de espacio que la letra impresa convencional. El sistema braille, llamado así en honor de su inventor, puso la literatura mundial en la punta de los dedos de los lectores invidentes.**

Conclusión	Evidencia en la selección	Evaluar la conclusión
El sistema Braille permitió a los lectores invidentes leer la literatura mundial.	Los caracteres de puntos resaltados eran simples y completos. Se podían leer rápidamente mediante el ligero roce de un dedo. Ocupaban un poco más de espacio que la letra impresa convencional.	El autor basó su conclusión en la evidencia de los hechos. Por lo tanto, la conclusión es válida.

Visita *The Learning Site*
www.harcourtschool.com
Ve Destrezas y Actividades

Preparación para las pruebas

Sacar conclusiones

▶ **Lee el pasaje. Después responde las preguntas.**

Helen Keller perdió la vista y el oído como resultado de una severa enfermedad cuando tenía diecinueve meses de edad. En 1887, cuando Helen tenía seis años, sus padres contrataron una maestra, Anne Sullivan, para apoyarla en su aprendizaje. Anne desarrolló un método especial para enseñarle a su pequeña alumna a leer. Trazaba las letras del alfabeto sobre la palma de la mano de Helen para enseñarle los nombres de los objetos. Pronto, Helen aprendió que las cosas tienen nombres. Cuando Helen tenía diez años, Anne le enseñó a hablar, poniendo los dedos de Helen sobre su garganta para que al hablar, la niña pudiera sentir la vibración de las cuerdas vocales. Más tarde, Helen Keller aprendió a leer y escribir en braille. Cuando asistía al colegio, Anne deletreaba las lecturas en su mano. Con el tiempo, Helen Keller se convirtió en una famosa escritora y defensora de los invidentes.

1. ¿Qué conclusión saca el autor acerca de Helen Keller?

A Nadie sabe por qué perdió la vista.

B Helen tenía un gran talento en su interior.

C Helen fue muy lenta en aprender los nombres de las cosas.

D Anne Sullivan se convirtió en la maestra de Helen, en su vida adulta.

Sugerencia

Sabes que la opción A es incorrecta porque el pasaje te dice cómo perdió Helen la vista. ¿Puedes eliminar de la misma manera las otras opciones?

2. ¿Es válida la conclusión del autor? Apoya tu opinión con información del pasaje.

Sugerencia

Da tu opinión de forma clara. Elige del pasaje la *mejor* evidencia para apoyar tu posición.

Destreza de enfoque

El poder de las palabras

Anne de Green Gables

discursos
solemne
confundida
dramatiza
sublime
irresistible

¿**E**stás dispuesta a hacer algo nuevo? En "Anne de Green Gables", Anna Shirley siempre está en algo diferente, pero no todos son como ella. Estos dos diálogos muestran personajes que están a punto de intentar algo nuevo.

Joey: Me parece genial que regreses a la universidad, mamá.

Madre: Estoy muy emocionada, pero me ponen de nervios los **discursos** de bienvenida. No me gusta hablar en público.

Joey: Ni te preocupes. Te va a ir bien.

Madre: Yo creo que lo mejor será hablar muy seria y **solemne**.

Joey: ¿Para qué? Es más divertido si eres tú misma.

Jessica: No, no puedo, Sarah. ¡No quiero regresar a esa escuela!

Sarah: No entiendo qué te pasa. Esta forma tuya de actuar me tiene muy **confundida**.

Jessica: ¿Qué, no te diste cuenta? Justamente *estoy* actuando como alguien que **dramatiza** porque quiero ser actriz.

Sarah: ¿Por qué no te metes al club de teatro de la escuela?

Jessica: ¡Qué idea **sublime** . . . la mejor que he oído en mi vida! Suena **irresistible**.

Sarah: Muy bien. ¿Ahora ya vamos a la escuela?

CONEXIÓN
Vocabulario-Escritura

¿Cuándo podría alguien dramatizar o actuar en una manera muy emocional? Escribe un diálogo breve en el cual uno de los personajes **dramatiza**.

Género

Obra de teatro

Una obra de teatro es un cuento que puede ser dramatizado para el público.

En esta selección, busca

- el escenario de cada escena.
- diálogo que cuente lo que dicen los personajes.
- indicaciones escénicas que expliquen cómo los personajes hablan y actúan.

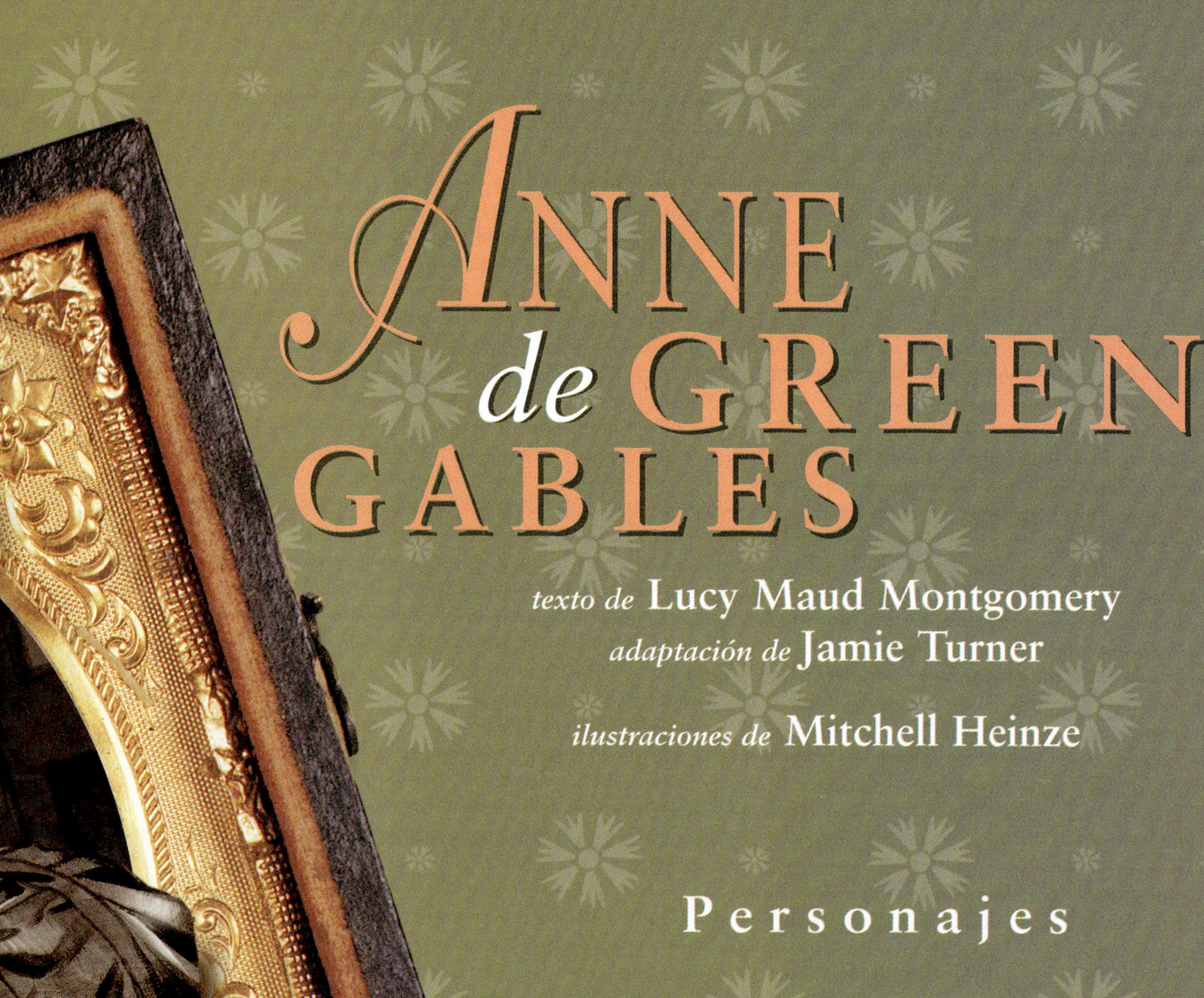

ANNE de GREEN GABLES

texto de **Lucy Maud Montgomery**
adaptación de **Jamie Turner**

ilustraciones de **Mitchell Heinze**

Personajes

MARILLA CUTHBERT
MATTHEW CUTHBERT
ANNE SHIRLEY
SEÑORA RACHEL LYNDE
SEÑORA BARRY
DIANA BARRY
VENDEDOR
REVERENDO ALLAN
SEÑORA ALLAN

Primera escena

TIEMPO: *Principios del siglo 1900.*

ESCENARIO: *La cocina de Green Gables, una granja en la isla Príncipe Eduardo. Hay una mesa y varias sillas al centro del escenario. Hay una mecedora, un descansapiés, otra silla y una lámpara a la izquierda. Hay un mostrador o mesa larga al fondo del escenario con platos, utensilios de cocina, etcétera. Hay varias cacerolas sobre una estufa a la derecha. Una ventana al fondo muestra un paisaje con árboles, un lago, etcétera. La puerta está a la izquierda.*

AL LEVANTARSE EL TELÓN: MARILLA CUTHBERT *se sienta a coser en una mecedora.*

MARILLA (*A sí misma*): ¿Dónde estará ese hermano mío? Ya debería haber regresado de la estación. (*Se levanta y camina hacia la estufa.*) El estofado se enfriará si no llega pronto. (*Poco después,* MATTHEW CUTHBERT y ANNE SHIRLEY *entran en escena.* ANNE *lleva una vieja maleta.* MARILLA *voltea y traga saliva.*)

MARILLA (*Apuntando hacia* ANNE.): Matthew Cuthbert, ¿con quién vienes? ¿Dónde está el muchacho por quien enviamos? (*Durante la conversación,* ANNE *mira a* MATTHEW *y a* MARILLA *en forma alternada.*)

MARILLA: No había nadie en la estación, Marilla. Sólo esta muchacha.

MARILLA: Debe haber un error. Le enviamos un mensaje a la señora Spencer al orfanato para que nos mandara un *muchacho*.

MATTHEW (*Sereno*): Bueno, pues no lo hizo. En la estación sólo estaba *ella* y no podía dejarla ahí, aunque no fuera un muchacho.

MARILLA (*Levanta las manos.*): Bueno, ésta es una situación difícil. ¿Cómo podrá una muchacha ayudarnos con todo el trabajo de la granja?

ANNE (*Con sentimiento*): ¡No me quieren! ¡No me quieren porque no soy un muchacho! (*Con dramatismo*) ¡Debí haberlo esperado! ¡Nadie me quiere! Sabía que esto era demasiado bueno para ser verdad. ¿Qué haré ahora? (*Se deja caer en la silla, se cubre el rostro con las manos y empieza a sollozar.*)

MARILLA: (*Abruptamente*) Está bien, está bien, no hay razón para llorar.

"¿Dónde estará ese hermano mío? Ya debería haber regresado de la estación."

ANNE (*Mira hacia arriba.*): Claro que la hay. Usted también lloraría si fuera huérfana y al llegar al lugar que creía que sería su nuevo hogar se diera cuenta de que no la quieren porque no es un *muchacho*. (*Dramatiza.*) ¡Esto es lo *peor* que me ha pasado en la vida! (*Vuelve a sollozar.*)

MATTHEW: Marilla, sería mejor dejarla descansar. Ha tenido un día muy difícil.

MARILLA (*Le dice a* ANNE *en tono dulce.*): Ya, ya, no llores más. No vamos a echarte así nada más. ¿Cómo te llamas?

ANNE (*Limpiando las lágrimas de su ojos*): Bueno... me gustaría haberme llamado *Cordelia*. Ése es un nombre más elegante. Pero mi verdadero nombre es Anne, con una *e* al final. A-n-n-e suena más distinguido que solamente A-n-n, ¿no lo creen?

MARILLA: No veo la diferencia. (*Sacude su cabeza, un poco confundida.*) Ven conmigo, vamos a cenar y después a dormir.

ANNE: Oh, no, no podría comer ahora. Gracias de todas maneras.

MARILLA: ¿Por qué no puedes comer?

ANNE: Porque estoy profundamente desesperada. ¿Podrían *ustedes* comer si estuvieran profundamente desesperados?

MARILLA: Nunca he estado profundamente desesperada, así que no lo sé.

ANNE: Bueno, es una sensación realmente incómoda. Si uno trata de comer, la garganta se cierra y no es posible pasar bocado, ni siquiera un caramelo. (*Mira la cacerola sobre la estufa.*) Eso se ve delicioso, pero no podría comerlo. Espero que no se sientan ofendidos.

MATTHEW: Supongo que está demasiado cansada para comer, Marilla. Vamos, Anne, permíteme mostrarte tu habitación. (*Sale.*)

MARILLA: Buenas noches, Anne.

ANNE (*Mientras sale*): ¡Lo siento, señorita Cuthbert, no podría decir buenas noches cuando sé que ésta será la peor noche de mi vida! (*Sale de la habitación.* MARILLA *sirve un poco de estofado en un tazón y lo pone sobre la mesa.* MATTHEW *regresa, se sienta a la mesa y empieza a comer.*)

MARILLA: Bueno, Matthew, ¡éste es un buen lío! Desde luego, tendremos que devolver a la muchacha al orfanato.

MATTHEW (*Descontento*): Sí, supongo que así será.

MARILLA: ¿*Supones* que así será? ¿No estás *seguro*?

MATTHEW (*Un poco molesto*): Bueno, había empezado a agradarme, Marilla.

MARILLA (*Enérgicamente*): ¡Matthew Cuthbert! ¡No querrás decir que debemos quedarnos con ella! Necesitamos un muchacho que nos ayude en las labores de la granja. ¿Qué beneficio nos traería ella?

MATTHEW (*Con firmeza*): Podríamos *darle* algo bueno en la vida.

MARILLA (*Cruzando los brazos*): Veo en tus ojos la intención de que se quede.

MATTHEW: No me parece justo devolverla cuando ella tiene tantas ganas de quedarse. (*Se ríe en voz baja.*) Parece una muchacha inteligente, Marilla. Debiste haber oído su conversación cuando regresábamos de la estación.

MARILLA: Bueno, pero una buena conversación no es...

MATTHEW (*La interrumpe.*): Puedo contratar a un muchacho para que nos ayude con lo de la granja, Marilla.

MARILLA: Bueno, yo... (*Impaciente*) ¡Matthew! Eres la persona más testaruda que conozco. (*Hace un ademán de impotencia.*) Podríamos discutir por siempre, pero sé que terminaría por rendirme. Está bien, Matthew. Puede quedarse.

MATTHEW (*Sonríe.*): No lamentarás esta decisión, Marilla. Te gustará tenerla en la granja.

MARILLA (*Mueve la cabeza en señal de desacuerdo.*): Marilla Cuthbert, ¿alguna vez pensaste que adoptarías a una niña del orfanato? (*Se cierra el telón.*)

Segunda escena

TIEMPO: *A la mañana siguiente.*

ESCENARIO: *El mismo.*

AL LEVANTARSE EL TELÓN: MARILLA *lleva el desayuno a la mesa.* MATTHEW *ya está sentado.*

MARILLA (*Llama a comer.*): ¡Anne! ¡Levántate y vístete para el desayuno! (ANNE *entra.*)

ANNE: ¿Son maravillosas las mañanas? Aunque mi corazón aún está invadido por la pena, ya no estoy profundamente desesperada. Me da gusto despertar a una mañana de sol tan brillante; es más fácil soportar las aflicciones cuando brilla el sol, ¿no lo creen?

MARILLA (*Molesta*): Deja de hablar tanto y siéntate a desayunar. (ANNE *y* MARILLA *se sientan con* MATTHEW *a la mesa y empiezan a comer.* MARILLA *baja su tenedor y le dice a* ANNE *con voz suave.*) Supongo que debo decirte que Matthew y yo hemos decidido que te quedes con nosotros. (MATTHEW *sonríe.*) Es decir, si prometes portarte bien. (ANNE *se ve un poco perturbada.*) Bueno, niña, ¿qué dices?

ANNE (*Confundida*): Estoy llorando y temblando. No sé por qué. Debería estar muy contenta, pero *contenta* no es la palabra correcta para describir mis sentimientos. Me sentí contenta cuando vi el cerezo en flor desde mi ventana. Pero, ¡señora Cuthbert, ahora estoy más que contenta! (*Solloza en voz alta y se limpia las lágrimas.*)

MARILLA: Bueno, no tiene sentido hablar más del asunto. Veo que eres demasiado sentimental para ser tan pequeña. Pero no me llames señora Cuthbert. Me hace sentirme nerviosa. Por favor, llámanos Marilla y Matthew.

ANNE: Está bien, señora..., quiero decir, Marilla. Trataré de ser buena, tan buena como un *ángel*.

MARILLA (*Voltea hacia la puerta.*): Bueno, aquí viene tu primera oportunidad. La señora Rachel Lynde viene a visitarnos. Apúrate con el desayuno.

MATTHEW (*Se pone de pie.*): Voy a sembrar el resto de los nabos. (*Cuando* MATTHEW *sale, alguien llama a la puerta.* MARILLA *se levanta y le abre la puerta a la señora* RACHEL LYNDE.)

MARILLA: Vaya, Rachel. Llegaste temprano hoy. (*Ambas caminan a la mesa.*)

SEÑORA LYNDE (*Se sienta quejándose.*): Bueno, Marilla, tengo un terrible caso de reumatismo. ¡Me siento tan tiesa que me da miedo! (*Suspira pesadamente.*) Bueno, bueno, la vida está llena de sufrimiento. (*Voltea y mira a* ANNE *sobre sus anteojos.*) ¡Vaya, vaya! ¿A quién tenemos aquí, Marilla?

"Vaya, Rachel. Llegaste temprano hoy."

MARILLA: Ésta es Anne Shirley, Rachel. La señora Spencer la envió del orfanato. Anne, ésta es la señora Lynde.

SEÑORA LYNDE: Pensé que te enviarían un muchacho. Ella se ve terriblemente ordinaria y debilucha, Marilla. Por todos los cielos, ¿ya *viste* esas pecas? ¡Y ese cabello color zanahoria!

ANNE (*Se pone de pie, enojada.*): ¿Cómo se atreve a llamarme ordinaria y debilucha? ¡Es usted bastante descortés y poco gentil! ¿Le gustaría que yo le dijera que está gorda y vieja? ¡Ha herido mis sentimientos a un punto *extremo* y nunca olvidaré su falta de cortesía! ¡Nunca! ¡Nunca! (*Golpea el piso con el pie y sale del escenario llorando.* MARILLA *y la* SEÑORA LYNDE *se sientan en silencio, desconcertadas.*)

SEÑORA LYNDE: ¡Vaya! ¡Habrase visto tal carácter! ¡No envidio lo que te espera al criar a esa niña, Marilla!

MARILLA: Lo que Anne acaba de hacer fue muy desagradable, Rachel, pero me hubiera gustado que no te fijaras en su apariencia. (*Suspira.*) Le daré un buen regaño.

SEÑORA LYNDE (*Secamente*): ¡Tendrás problemas con esa niña, recuerda mis palabras! (*Se pone de pie y camina a la puerta.*) ¡Adiós, Marilla! Me gustaría mirar tu jardín por algunos minutos antes de irme, si no te molesta. También me gustaría saludar a Matthew. (*La* SEÑORA LYNDE *sale.* MARILLA *da media vuelta, mueve la cabeza y suspira agobiada.*)

MARILLA (*Llama a* ANNE.): Anne, ven aquí. (ANNE *entra con la cabeza agachada.*) ¿No te avergüenza haberle hablado así a la señora Lynde?

ANNE: No tenía derecho a hablarme como lo hizo.

MARILLA: Tú tampoco tenías derecho a reaccionar con tal furia. Deberías pedirle disculpas.

"¡Tendrás problemas con esa niña, recuerda mis palabras!"

ANNE: Nunca haré eso, Marilla. (*Dramatiza.*) Puede encerrarme en un calabozo oscuro y húmedo lleno de sapos y culebras, pero *no* le pediré disculpas a la señora Lynde.

MARILLA (*Con firmeza*): Anne, la falta de respeto en un niño es algo terrible. Me has decepcionado. (ANNE *baja la cabeza y permanece en silencio por algunos segundos.*) Me dijiste que tratarías de ser buena, ¿no es así?

Anne (*Mirando hacia arriba*): Ahora que he recuperado la calma, supongo que me siento culpable de haberle hablado así a la señora Lynde.

Marilla: ¿Y se lo dirás?

Anne: Sí, Marilla. Lo haré. (Marilla *camina hacia la puerta.*)

Marilla (*Llama a la señora Lynde.*): ¡Rachel! Anne tiene algo que decirte. ¿Puedes entrar por un minuto? (Anne *se dice algo a sí misma.*) ¿Qué haces, Anne?

Anne: Pienso en lo que le diré a la señora Lynde. (*La* señora Lynde *entra y* Anne *se aproxima. Cae de rodillas frente a ella y le extiende los brazos.*) Señora Lynde, estoy terriblemente apenada. (*Con la voz quebrada*) No podría expresar con palabras lo mal que me siento, aunque usara todo el diccionario. Sólo trate de *imaginar* mi angustia. He sido absolutamente injusta y malagradecida. Señora Lynde, perdóneme *por favor, se lo suplico.* Si no lo hace, me lamentaré el resto de mi vida. (*La* señora Lynde *y* Marilla *intercambian miradas de sorpresa.*)

Señora Lynde (*Apenada*): Está bien, está bien, niña. Levántate. Desde luego que te perdono. Supongo que también yo fui algo dura contigo.

Anne (*Se pone de pie.*): Gracias, señora Lynde. Su perdón es como un bálsamo para mi corazón.

Señora Lynde (*Le da una palmadita en la cabeza a* Anne.): Que tengas buen día, Anne. Tú también, Marilla. (*Voltea a ver a* Marilla.) Esta pequeña es un poco extraña, pero en el fondo creo que me agrada. (*Sale. Se cierra el telón.*)

Tercera escena

Tiempo: *Al día siguiente.*

Escenario: *El mismo.*

Al levantarse el Telón: *Mientras* Marilla *barre el piso,* Anne *seca los platos.*

Marilla: Anne, la familia Barry vendrá a visitarnos esta mañana. La señora Barry quiere devolverme un molde que le presté. Así conocerás a su hija Diana. Es casi de tu edad.

Anne (*Deja caer su toalla.*): ¡Cielos, Marilla! ¿Y si no le agrado?

Marilla: No pienses eso. Estoy segura de que le agradarás a Diana. Sólo sé amable y pórtate bien con ella. Y por favor, no uses tus discursos impresionantes.

Anne: Pero Marilla, ¿no te sentirías como yo si estuvieras a punto de conocer a alguien que podría convertirse en tu mejor amiga? No he tenido una amiga favorita en toda mi vida. Mis nervios están absolutamente *alterados* con tanta emoción.

Marilla: Me gustaría que no usaras esas palabras tan largas. Suena muy extraño en una niña de tu edad. (*Alguien llama a la puerta.*) Por amor del cielo, cálmate, niña. (Marilla *abre la puerta. La* señora Barry *y* Diana *entran.*) Hola Margaret, hola Diana.

Señora Barry: ¿Cómo estás, Marilla?

Marilla: Muy bien. Me gustaría presentarte a la niña que hemos adoptado. (*Gesticula.*) Se llama Anne Shirley.

Anne: Me llamo "Anne", con una *e* al final.

Diana: Hola, Anne. Yo soy Diana.

SEÑORA BARRY (*Toma la mano de* ANNE.): ¿Cómo estás, Anne?

ANNE: Me encuentro bien físicamente, aunque considerablemente alterada en espíritu, señora, gracias por preguntar. (*Voltea a ver a* MARILLA.) ¿No hubo nada impresionante en eso, verdad?

MARILLA: Anne, ¿por qué no llevas a Diana afuera y le muestras las flores en el jardín, mientras la señora Barry y yo charlamos? (*Las señoras se sientan.*)

ANNE: Claro, Marilla. (*Las niñas caminan al frente del escenario, se sientan al borde de éste con las piernas colgando y se miran con timidez.*)

SEÑORA BARRY (*A* MARILLA): Me da gusto que Diana tenga una compañera de juegos. Tal vez debería sacarla más seguido. Pasa demasiado tiempo en casa gastando sus ojos en los libros. (*Las señoras continúan su charla, y el enfoque cambia hacia* ANNE *y* DIANA.)

ANNE (*Con ansias*): Oye Diana, ¿crees que podrías... ¿te gustaría ser mi mejor amiga?

DIANA (*Se ríe.*): Supongo que sí. Me da gusto que hayas venido a vivir a Green Gables. Será divertido tener a alguien con quien jugar.

ANNE (*Seria*): ¿Juras ser mi amiga para siempre?

DIANA (*Traga saliva.*): ¡Oye, es malo jurar en vano!

ANNE: Oh no, este juramento no es en vano. Hay dos tipos de juramentos. ¿Lo sabías?

DIANA: Sólo conozco uno.

ANNE: Este tipo de juramento no es malo. Significa que haces una promesa solemne.

DIANA: Bueno, entonces supongo que no hará mal a nadie. ¿Cómo se hace?

ANNE: Primero tenemos que ponernos de pie. (*Las dos se ponen de pie.*) Luego unimos nuestras manos, así. (*Se toman de las manos.*) Diré el juramento primero. (*Cierra los ojos.*) Juro solemnemente ser leal a mi amiga Diana Barry mientras el sol y la luna existan. Ahora dilo tú, pero con mi nombre.

Diana: Juro solemnemente ser leal a mi mejor amiga Anne Shirley mientras el sol y la luna existan. (*Se ríe.*) ¡Creo que nos divertiremos mucho juntas, Anne Shirley! ¿Te gustaría acompañarme al día de campo de la iglesia el próximo fin de semana? ¡Será muy divertido! Todos llevaremos un cesto con comida, almorzaremos junto al río y pasearemos en los botes. ¡Luego comeremos helado como postre!

Anne: ¡Helado! Cielos, Diana. Me sentiré completamente *extasiada* si Marilla me deja acompañarte. Se lo pediré ahora mismo, vamos. (*Tomadas de las manos, las niñas se acercan a* Marilla *y la* señora Barry.) ¡Marilla, Diana me ha invitado al día de campo el próximo fin de semana! Nunca he ido a un día de campo, aunque frecuentemente he soñado con ello. Por favor, Marilla, piénselo. ¡Servirán *helado*! ¡*Helado*, Marilla! Y pasearán en los botes por el lago, y todos llevarán un cesto con comida... Oh, querida Marilla, ¿puedo ir, *por favor*? ¡Mi vida sería como un cementerio de esperanzas sepultadas —leí eso en un libro, ¿no les parece terrible?— si no voy a ese día de campo! *Por favor*, diga que puedo ir, Marilla.

Marilla (*Mueve la cabeza y chasquea en señal de disilusión.*): Anne, sabes que no me gusta que insistas tanto en algo. Trata de controlarte. En cuanto al día de campo, no puedo negarte mi permiso si todos los niños van también.

Anne (*Se lanza a abrazarla.*): ¡Oh, querida Marilla! Es tan buena conmigo.

Marilla: Bueno, basta de abrazos y cursilerías. Te prepararé un buen almuerzo cuando llegue el día.

Señora Barry: Yo puedo llevar a Anne al día de campo con Diana, y también puedo traerla de vuelta, si estás de acuerdo. (*Se pone de pie.*) Ahora debemos ir a casa, Diana. Despídete de Anne. Tal vez puedan jugar juntas mañana. Gracias, Marilla, por esta agradable estancia. (*La* señora Barry *y* Diana *salen.*)

Anne: Cielos, Marilla. Planear los acontecimientos es la mitad del placer que éstos nos brindan, ¿no es así? Espero que el clima sea bueno la próxima semana. No creo soportar la desilusión si algo me impidiera mi presencia en el día de campo. (*Se cierra el telón.*)

Cuarta escena

TIEMPO: *Varios días después.*

ESCENARIO: *El mismo. Hay un broche en el piso, debajo de la silla. Sobre la mesa hay un jarrón con algunas flores.*

AL LEVANTARSE EL TELÓN: ANNE *se sienta con su bordado en el regazo y empieza a soñar despierta.* MARILLA *entra.* ANNE *empieza a coser vigorosamente.*

ANNE: He tratado de concentrarme en mi trabajo, Marilla. Pero es difícil sabiendo que el día de campo se realizará *esta misma tarde*. No puedo dejar de pensar cómo será.

MARILLA (*Mira a su alrededor, pensativa.*): Anne, ¿has visto mi broche de amatista? Creí haberlo dejado aquí en la almohadilla, pero no lo encuentro por ninguna parte.

ANNE (*Nerviosamente*): Lo vi anoche, cuando se reunió con la Sociedad de Ayuda a las Damas. Estaba en la almohadilla, como dice.

MARILLA (*Secamente*): ¿No lo tomaste tú?

ANNE (*Incómoda*): Sí, lo puse en mi vestido por un minuto para ver cómo lucía.

MARILLA (*Enojada*): No debiste haber tomado algo que no te pertenecía. ¿Dónde lo pusiste?

ANNE: Lo puse de nuevo en la almohadilla. Solamente lo tomé por un minuto. No pensé que hiciera mal, pero no lo volveré a hacer. Eso es algo bueno en mí. Nunca cometo el mismo error dos veces.

MARILLA (*Secamente*): Parece que no hiciste lo que dices. De lo contrario, el broche estaría aquí. Seguramente lo tomaste y lo dejaste en alguna otra parte, Anne. Dime la verdad de una vez. ¿Acaso lo perdiste?

ANNE (*Enojada*): Desde luego que lo puse en su lugar, Marilla. ¡Estoy absolutamente segura!

MARILLA (*Enojada, eleva su tono de voz*): Si lo hubieras puesto en su lugar, allí estaría, Anne. Creo que no me has dicho la verdad. De hecho, estoy segura.

ANNE: Pero, MARILLA...

MARILLA (*Muy molesta*): No digas una palabra más hasta que estés lista para decirme dónde está el broche. Vete a tu habitación y no salgas hasta que te decidas a decirme la verdad. (ANNE *sale, cabizbaja.*)

ANNE: El día de campo es esta tarde, Marilla. Me dejará salir sólo para eso, ¿no es así? ¡*Tengo* que ir al día de campo!

MARILLA: No irás al día de campo, a menos que confieses la verdad, Anne Shirley. ¡Ahora, vete a tu habitación! (ANNE *sale.*)

MATTHEW (*Entrando*): ¿Dónde está Anne? Quiero que vea los gansos en el lago.

MARILLA (*Seria*): Está en su habitación. Esa niña tomó mi broche de amatista y no quiere decirme dónde lo dejó. Me *mintió*, Matthew.

MATTHEW: ¿Estás segura de eso, Marilla? ¿No habrás olvidado dónde lo guardaste?

MARILLA (*Enojada*): Matthew Cuthbert, te recuerdo que he conservado ese broche por más de cincuenta años y no voy a perderle la pista ahora.

MATTHEW: No deberías ser tan dura con Anne. No creo que te haya mentido. (*Sale. Mientras* MARILLA *arregla las flores del jarrón,* ANNE *entra.*)

ANNE: Marilla. He decidido confesar la verdad.

MARILLA: Vaya, qué rápido cambiaste de idea. ¿Qué tienes que decir, Anne?

ANNE (*Habla con rapidez, como si recitara algo de memoria.*): Yo tomé el broche de amatista, como le dije. Luego lo puse en mi vestido y tuve la irresistible tentación de llevarlo al lago de las aguas brillantes, fingiendo que era una elegante dama llamada Cordelia Fitzgerald. Pero, ay de mí, cuando me recargué en el puente para observar su reflejo púrpura en el agua, el broche se desprendió y cayó al lago. Se hundió para siempre en el fondo. Ahora que sabe la verdad, castígueme, Marilla, y hágalo ya para que pueda ir al día de campo sin ese cargo de conciencia.

MARILLA (*Mira a* ANNE *con furia.*): ¡Anne, debes ser la niña más malvada del mundo para haber tomado algo que no era tuyo, perderlo, mentir y no mostrar ninguna señal de arrepentimiento! Conque quieres ir al día de campo, ¿no? ¡Pues no habrá día de campo para ti! ¡Ése será tu castigo, y ni siquiera es la mitad del castigo que mereces por lo que has hecho!

ANNE (*Entre sollozos*): ¿No iré al día de campo? ¡Pero, Marilla, es por eso que confesé la verdad! ¡Marilla, usted lo prometió! ¡Recuerde el helado, Marilla! ¿Cómo puede negarme eso y romper mi corazón?

MARILLA (*Fríamente*): No pierdas tu tiempo en suplicar, Anne. No irás al día de campo y eso es definitivo. (ANNE *corre hacia la mesa y se deja caer en una silla, sollozando sin control.*) Creo que esta niña está fuera de control. (MARILLA *camina alrededor de la mesa retorciéndose las manos cuando de pronto observa el broche tirado en el piso y se agacha a recogerlo con lágrimas en los ojos.*) ¿Qué significa esto? Aquí está mi broche, sano y salvo. ¡Y yo que lo hacía al fondo del lago! (ANNE *la mira.*) Anne, niña, ¿por qué me dijiste que lo habías perdido?

ANNE: Bueno, me había dicho que no saliera de mi habitación a menos que confesara la verdad y pensé que si inventaba una historia lógica, me dejaría ir al día de campo. Pero ahora que no podré ir, mi confesión ha sido una pérdida de tiempo.

MARILLA (*Trata de contenerse, pero termina por reírse.*): ¡Anne, eres única! Yo estaba equivocada. Ahora me doy cuenta. No debí haber dudado de tu palabra porque nunca me habías dicho una mentira. Aunque no debiste haber inventado esa historia, te dejaré ir al día de campo. Si me perdonas, yo te perdonaré. Ahora sube a lavarte la cara y prepárate para el día de campo.

ANNE: ¿No es demasiado tarde?

MARILLA: Desde luego que no. Apenas deben haber llegado al lago. No te perderás de nada, en especial del helado. Siempre se sirve al último.

ANNE (*Con un grito de alegría*): ¡Marilla, hace cinco minutos estaba en el valle del dolor, pero ahora no me cambiaría ni por un ángel! (*Sale.*)

"Aquí está mi broche, sano y salvo. ¡Y yo que lo hacía al fondo del lago!"

Quinta escena

Tiempo: *Al día siguiente.*

Escenario: *El mismo.*

Al levantarse el Telón: Marilla *sacude el polvo de los muebles.* Anne *entra.*

Anne: Cuando me desperté, hace unos minutos, Marilla, pasé diez minutos en mi ventana recordando el espléndido día que tuve ayer en el día de campo. Apenas podré ver un día común y corriente después de vivir una experiencia tan romántica. No me alcanzan las palabras para describir el helado, Marilla. Le aseguro que fue algo *sublime, como para chuparse los dedos.*

Marilla: Me da gusto saber que lo disfrutaste, Anne, pero debes poner los pies en la tierra de nuevo. He invitado al nuevo ministro, el señor Allan y a su esposa a tomar el té esta tarde.

Anne (*Frotándose las manos*): Oh, Marilla. ¡Eso es divino! Creo que la señora Allan es encantadora. La he observado en los sermones todos los domingos desde que llegué aquí. ¡Ella usa unos sombreros muy bonitos y tiene unos hoyuelos *exquisitos* en las mejillas!

Marilla: ¡Mmm! Deberías escuchar el sermón en lugar de observar con tanta atención los sombreros y los hoyuelos en las mejillas de los demás.

Anne: Marilla, ¿me permitiría hornear un pastel para los Allan? Me encantaría ofrecerles algo especial.

Marilla: Sí, supongo que puedes hacerlo, pero sólo si prometes hacerlo con mucho cuidado y limpiar todo cuando termines.

Anne: Oh, lo haré, lo haré, lo prometo. ¡Gracias, Marilla! (Anne *empieza a pesar los ingredientes, a mezclarlos, etcétera. Mientras trabaja, tararea una melodía y habla.*) Espero que al ministro Allan y a su esposa les guste el pastel de capas. Diana dice que tiene una prima a quien no le gusta el helado. ¿Se lo imagina, Marilla? (*Hace una pausa.*) Me pregunto si la señora Allan pedirá una segunda rebanada de pastel. No me parece que coma mucho, a juzgar por su esbelta silueta, ¿no lo cree? Aunque a veces es difícil saber esta clase de cosas. (*Pone mantequilla en el molde.*) Yo como bastante bien y soy muy delgada, pero Diana casi no come y está más bien regordeta. (*Mete el pastel al horno.*) Bueno, el pastel ya está en el horno, Marilla.

¡Cielos, apenas puedo esperar a la tarde! Creo que voy a *explotar* antes de que lleguen los Allan.

MARILLA: Por todos los cielos, chiquilla, espero que eso no suceda. Vaya si sería un espectáculo. Por qué no vas afuera y corres un poco para calmar tu emoción. Yo vigilaré el pastel y lo sacaré del horno cuando esté listo.

ANNE: ¡Gracias, Marilla! (*Cuando sale, un* VENDEDOR *pasa por ahí. Ambos se encuentran al frente del escenario.* MARILLA *trabaja en la cocina o cose durante esta conversación.*)

VENDEDOR: Hola, pequeña damita. ¿Le interesa comprar alguno de mis productos?

ANNE: Bueno, yo... ¿qué es lo que vende usted?

VENDEDOR (*Camina alrededor de* ANNE, *mira su cabello y mueve la cabeza en señal de desagrado.*): Bueno, justo aquí en mi bolsa tengo una botella del tónico del señor Robert para el cabello que garantiza transformar su cabello en la belleza de la isla del Príncipe Eduardo. (*Saca la botella de su bolsa y la muestra.*) Una simple aplicación es suficiente para crear el hermoso brillo del ébano.

ANNE (*Toca su cabello.*): Mi cabello rojizo causa gran aflicción a mi alma. *Siempre* he soñado con tener un hermoso cabello negro. Pero sólo tengo cincuenta centavos. (*Busca en sus bolsillos.*)

VENDEDOR: Bueno, le diré algo, señorita. El precio regular del tónico del señor Robert para el cabello es de setenta y cinco centavos, pero por este día se lo ofreceré por sólo cincuenta centavos. (*Toma el dinero y le da la botella. Luego sale rápidamente.*)

ANNE: ¡Qué hombre tan bondadoso! (*Dice emocionada.*) ¡Por fin seré la belleza de cabello oscuro que siempre había soñado! Iré a casa ahora mismo y me pondré el tónico antes de que lleguen los Allan. ¡El pastel y mi hermoso cabello seguro los dejará impresionados! (*Sale.* MARILLA *saca el pastel del horno, arregla las flores en el jarrón y acomoda las servilletas en la mesa.*)

MARILLA: Ahora llamaré a Anne. Los Allan llegarán en cualquier momento. (*La llama.*) ¡Es la hora del té! ¡Anne! ¡Anne! (*Entra* MATTHEW.)

MATTHEW: No vi a Anne afuera, Marilla. (*Alguien llama a la puerta.*)

MARILLA: Cielos. Deben ser los Allan. ¿Dónde podrá estar Anne? (*Camina a la puerta. El* REVERENDO ALLAN *y su esposa entran.*) ¡Adelante, por favor! Qué bueno que llegaron.

SEÑORA ALLAN: Qué amable de su parte habernos invitado a tomar el té, Marilla.

REVERENDO ALLEN: Estábamos ansiosos por venir. (*A* MATTHEW.) Hola, Matthew.

MATTHEW (*Estrecha la mano de los* ALLAN.): Bienvenidos a nuestro hogar.

MARILLA (*Los invita a sentarse con un ademán.*): Por favor tomen asiento. Anne vendrá en un segundo a saludarlos. (ANNE *entra cabizbaja. Lleva puesto un enorme sombrero.*)

ANNE: Aquí estoy, Marilla.

MARILLA (*Desconcertada*): Anne, ¿por qué te has puesto ese sombrero?

ANNE: Bueno, yo... Tengo un poco de frío, Marilla. Buen día, reverendo, señora Allan. Es un honor tenerlos aquí para tomar el té. (*Hace una reverencia y su sombrero cae al piso. Su cabello se ha vuelto verde brillante.*)

MARILLA (*Retrocede, cubriéndose la boca, asombrada.*): ¿Qué le hiciste a tu cabello?

MATTHEW (*Divertido*): ¡Vaya, se ha puesto verde!

ANNE (*Muy apenada*): Por favor, no se burlen de mí. Ya me siento bastante mal y sus burlas sólo me harían sentir peor. (*Se cubre el rostro con ambas manos.*) Quería tener un hermoso cabello negro, así lo prometió el vendedor, pero...

MARILLA (*Consternada*): ¿Vendedor? ¿De qué vendedor hablas?

MATTHEW: Yo vi a uno de esos vendedores ambulantes en el pueblo esta mañana. Estoy seguro de que vino por aquí después de terminar en Avonlea.

MARILLA (*A* ANNE): Anne, ¿qué le compraste a ese vendedor?

ANNE: El tónico del señor Robert para el cabello. Se supone que dejaría mi cabello negro y sedoso, pero sólo se volvió... (*Toma su cabello y lo ve.*) *verde.*

MARILLA (*Mueve la cabeza en señal de descontento.*): Anne, sólo el cielo sabe lo que será de ti. No dejas de meterte en problemas. Me parece que te sobran ideas para hacer travesuras. Espero que hayas aprendido la lección... (MATTHEW empieza a reírse en voz baja.) Matthew, ¿qué pasa contigo? (*Los* ALLAN *empiezan a reírse también. De pronto, todos se ríen.*)

REVERENDO ALLAN (*Sonríe y le tiende la mano a* ANNE.): Nadie me había recibido de una manera tan especial. Anne, estamos encantados de estar aquí.

SEÑORA ALLAN (*Estrecha la mano a* ANNE.): Anne, no te preocupes. Me encantan las niñas como tú, con imaginación y espíritu de aventura.

MARILLA: Espero que nos perdonen. De hecho no esperábamos recibirlos de esta manera. En cuanto a ti, Anne, ya veremos qué hacer con ese cabello después del té. Por ahora sentémonos. Todo está listo. (*Todos se sientan.*) Permítanme servir el pastel. Anne lo hizo con sus propias manos.

SEÑORA ALLAN: ¡Vaya, eres una pequeña muy diligente que hornea pasteles deliciosos!

"*S*e supone que dejaría mi cabello negro y sedoso, pero sólo se volvió... *verde.*"

REVERENDO ALLAN: El pastel de capas es mi favorito, Anne. (*Todos toman un bocado al mismo tiempo. Se observa una expresión peculiar en sus rostros. Todos empiezan a toser, beben té, se abanican, etcétera.*)

MARILLA: ¡Anne Shirley! ¿Qué le pusiste al pastel?

MATTHEW: Tiene un sabor muy peculiar.

ANNE (*Apenada*): Sólo usé lo que dice la receta. ¡Cielos, debe haber sido el polvo de hornear!

MARILLA: ¿Polvo de hornear? ¿Qué saborizante usaste?

ANNE: Sólo vainilla.

Marilla: Ve y trae la botella de vainilla que usaste. (Anne *se levanta y trae una botella del mostrador.*) ¡Por amor del cielo, Anne, usaste el remedio para la tos como saborizante! (Anne *se echa a llorar y sale corriendo del escenario. Se cierra el telón.* Anne *sale detrás del telón y se sienta frente a éste, llorando desconsoladamente. La* señora Allan *la mira llorar y se acerca a ella desde el otro lado.*)

Anne (*Llorando*): Oh, esto siempre será mi desgracia. Nunca lo superaré, aunque viva cien años. No volveré a mirar a los Allan frente a frente. Primero mi cabello y luego el pastel. ¡Estoy condenada a pasar de una tragedia a otra! ¿Cómo podré decirle a la señora Allan que el pastel fue un inocente error? De seguro pensará que trataba de *envenenarla.*

Señora Allan (*Se acerca.*): Dudo que ella piense eso. (Anne *se pone de pie rápidamente.*) No debes llorar así, Anne. Fue un error que cualquier otra persona podría cometer.

Anne: Oh, no, señora Allan. Sólo alguien como yo puede cometer un error así. Y yo que sólo quería hacer un pastel perfecto para ustedes.

Señora Allan: En ese caso, te aseguro que apreciamos tu amabilidad y esfuerzo tanto como si hubiera salido bien. Por favor no llores más. Acompáñame al jardín. La señora Cuthbert dice que tienes tu propia jardinera. Quisiera verla. Me encantan las flores. (*Las dos caminan a lo largo del escenario.*)

Anne: Bueno, supongo que hay algo bueno de cometer errores. *Tiene* que haber un límite en el número de errores que alguien puede cometer y cuando llegue a él, siempre haré las cosas bien. (*Salen del escenario.*)

Reflexionar y responder

1. ¿Cómo cambia la vida de Marilla y Matthew con la llegada de Anne?
2. ¿Cómo comparas y contrastas las personalidades de Marilla y Matthew?
3. A menudo Anne **dramatiza** demasiado. ¿Por qué actua de esa forma?
4. Si actuaras en esta obra, ¿qué papel te gustaría interpretar? ¿Por qué?
5. Explica cómo la estructura y el formato del texto de la obra te ayudó a entender los acontecimientos.

Acerca de la autora

Lucy Maud Montgomery

Lucy Maud Montgomery (1874-1942) creció en un pequeño pueblo en la isla Príncipe Eduardo, una provincia de Canadá. Cuando cumplió once años Lucy empezó a enviar sus historias a varios editores. Cuatro años después, una revista canadiense publicó su primer poema. Una vez Lucy dijo que había nacido con la "picazón de ser escritora".

Montgomery tiene mucho en común con Anne Shirley, su personaje más famoso. Montgomery no creció con sus padres, sino con sus abuelos, como sucede con Anne y sus padres adoptivos Marilla y Matthew Cuthbert. Además, Lucy también tenía una vibrante personalidad. Pero en lugar de meterse en problemas, Montgomery dedicó toda su energía a escribir. Escribió un total de diez novelas sobre Anne y su familia, además de cientos de historias y poemas.

Los coloridos personajes de Lucy Maud Montgomery y el humor que plasma en sus historias han hecho sus libros muy populares en todo el mundo. En la actualidad, miles de turistas visitan la casa donde Lucy escribió la mayoría de sus poemas en la provincia de Ontario, en Canadá. Muchos de ellos también visitan la isla Principe Eduardo para conocer los escenarios de su historia favorita, *Anne de Green Gables.*

Visita *The Learning Site*
www.harcourtschool.com

Género
Receta

Galletas para el té

texto de Carolyn Strom Collins y Christine Wyss Erikkson

La señora Rachel y Marilla se sientan cómodamente en el salón a disfrutar del té mientras Anne prepara unas galletas suficientemente ligeras y blancas para resistir las críticas de la señora Rachel. (ANNE DE GREEN GABLES)

"El té", alrededor de 1880, Mary Stevenson Cassatt
Fondo M. Theresa B. Hopkins, Museo de Bellas Artes, Boston

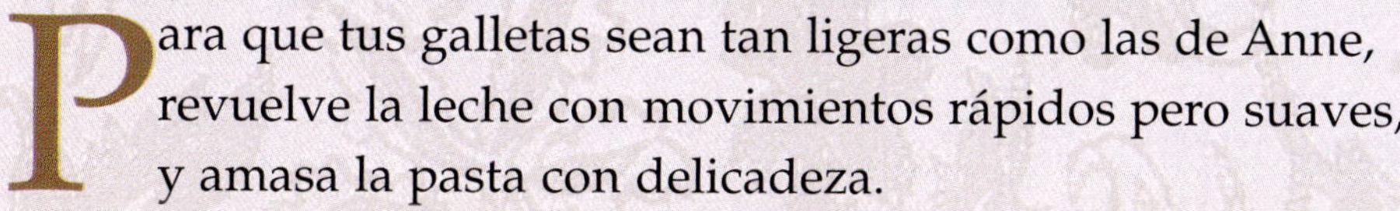

Para que tus galletas sean tan ligeras como las de Anne, revuelve la leche con movimientos rápidos pero suaves, y amasa la pasta con delicadeza.

Ingredientes

$1\frac{1}{4}$ tazas	de harina común	(300 mL)
$1\frac{1}{4}$ cucharadas	de polvo de hornear	(6 mL)
$\frac{1}{4}$ cucharada	de bicarbonato de sodio	(1 mL)
pizca	sal	pizca
6 cucharadas	de mantequilla fría, cortada en trocitos	(90 mL)
6 cucharadas	de leche o nata	(90 mL)

1. Precalienta el horno a 400°F (200°C).
2. En un tazón grande, mezcla la harina, el polvo de hornear, el bicarbonato de sodio y la sal.
3. Agrega la mantequilla a los demás ingredientes y revuelve la masa con una espátula, con las manos o con un tenedor hasta que la masa tenga apariencia consistente.
4. Agrega la leche y revuelve bien hasta que se incorporen todos los ingredientes.
5. Pon la masa sobre una superficie enharinada. Ponte un poco de harina en las manos y extiéndela con palmaditas hasta que se forme una capa de $\frac{1}{2}$ pulgada (1.25 cm) de grueso.
6. Forma las galletas con un cortador enharinado de $1\frac{1}{2}$ pulgada (3.75 cm) de diámetro. (No le des vuelta al cortador.) Coloca las galletas en un molde para hornear, no engrasado, con una separación de $\frac{1}{2}$ pulgada (1.25 cm) entre cada uno.
7. Hornea las galletas de 10 a 12 minutos o hasta que doren ligeramente. Unta un poco de mantequilla sobre las galletas tan pronto como las saques del horno. Sírvelas calientes, con mantequilla y mermelada, si es posible.

Rinde 16 galletas.

Reflexionar y responder

¿Qué crees que pasará si no sigues las instrucciones?

Hacer conexiones

Compara textos

1. ¿De qué manera la selección "Anne de Green Gables" expresa el tema de que integrarse a una nueva comunidad modifica nuestras vidas y las vidas de los que nos rodean?
2. ¿Qué características de la personalidad de Anne están representadas en las ilustraciones de las páginas 554 y 567?
3. ¿En qué se distinguen el propósito de la dramaturga que adaptó "Anne de Green Gables" y el del autor que escribió "Galletas para el té"?
4. Esta obra es la adaptación de una novela. ¿Preferirías leer "Anne de Green Gables" en forma de obra de teatro o en su forma original de novela? Explica.
5. ¿Te gustaría leer más acerca de Anne y su nueva familia? Explica tu respuesta.

Escribe una descripción

CONEXIÓN con la Escritura

La obra cuenta lo que le sucede a Anne tras arribar a Green Gables. Escribe un párrafo que describa a Anne. No olvides usar detalles vívidos que ayuden al lector a entender mejor la personalidad de Anne. Usa un organizador para hacer el plan de tu párrafo.

Idea principal

Detalles → Detalles → Detalles → Detalles

Haz una tabla

Hace muchos siglos, en la antigua Grecia se escribían y representaban obras de teatro. Usa medios escritos y electrónicos para hacer una investigación sobre el teatro de la antigua Grecia. Anota tus resultados en una red de burbujas, sobre una cartulina.

CONEXIÓN con los Estudios sociales

Haz una recta numérica

Las medidas de una receta necesitan ser exactas para que la comida quede como debe ser. Haz una recta numérica para mostrar las medidas de ingredientes en "Galletas para el té", ordenados de menor a mayor cantidad. Usa los demás números para llenar los espacios en tu recta numérica.

CONEXIÓN con las Matemáticas

Relación entre las palabras

"Anne de Green Gables" contiene muchas palabras relacionadas con los sentimientos. Lee el diálogo de Anne y fíjate en las palabras subrayadas.

> **¿Son maravillosas las mañanas? Aunque mi corazón aún está invadido por la pena, ya no estoy profundamente desesperada. Me da gusto despertar a una mañana de sol tan brillante; es más fácil soportar las aflicciones cuando brilla el sol, ¿no lo creen?**

Este diálogo contiene muchas **claves de contexto** que te ayudan a comprender el significado de las palabras subrayadas. La palabra *corazón* es una clave de que Anne está hablando de sentimientos. Anne contrasta la tristeza con la felicidad. La siguiente tabla te muestra las palabras y las frases que Anne usa para expresar sus sentimientos.

Tristeza	Felicidad
pena	maravillosas
profundamente desesperada	gusto
aflicciones	sol tan brillante
	brilla el sol

Para la palabra *pena*, la frase *profundamente desesperada* es una fuerte clave de contexto. Ambas expresan tristeza y dolor. ¿Qué son las *aflicciones* si son más fáciles de soportar cuando el sol brilla? Deben ser algo difícil de soportar, es decir, dificultades.

Visita *The Learning Site*
www.harcourtschool.com
Ve Destrezas y Actividades

Preparación para las pruebas

Relación entre las palabras

▶ **Usa el resto de las palabras de cada oración para que puedas deducir el significado de las palabras subrayadas. Después responde las preguntas.**

1. **Pensábamos que nuestros asientos para el juego eran muy buenos, pero resultó que un camarógrafo obstruyó nuestra visión del campo.**
   Obstruyó significa —

   A ayudó

   B notó

   C bloqueó

   D aclaró

Sugerencia

La palabra *pero* te indica que, a final de cuentas, los asientos no fueron tan buenos. ¿Hay alguna otra palabra clave que te ayude a elegir la respuesta correcta?

2. **A pesar de que siempre creo las historias que me cuenta, me siento un poco escéptica con respecto a la que me contó ayer.**
   Escéptica significa —

   F dudosa

   G segura

   H emocionada

   J interesada

Sugerencia

Las palabras clave aquí son *a pesar y creo*. ¿La persona creyó la historia de ayer? ¿Cuál de las opciones tiene sentido en la oración?

Destreza de enfoque

El poder de las palabras

Vaqueros: Rodeo en un rancho estadounidense

encerraban
somete
terco
espinosos
impregnado
experimentada
distracción

En la siguiente selección aprenderás cómo es la vida de los vaqueros en un rancho del oeste. El vaquero es todavía un símbolo de la vida estadounidense en todo el mundo. Echa un vistazo al pasado leyendo algunas escenas de la vida vaquera de hace 150 años.

Los vaqueros **encerraban** sus caballos en corrales con grandes cercas en el rancho. Cuando un vaquero quiere montar un caballo, primero lo **somete** para que obedezca fácilmente sus órdenes. Aunque a veces les tocaba algún caballo **terco**, y ésos eran mucho más difíciles de controlar.

Todos los días, vaquero y caballo cabalgaban unas veinte millas. En ocasiones tenían que cruzar caminos **espinosos** tan difíciles que ambos regresaban a casa agotados. Ya de noche, los vaqueros descansaban alrededor de una fogata. Disfrutaban el olor **impregnado** de la comida y las flores de primavera.

Trabajar en un rancho era muy difícil incluso para la gente **experimentada**, que ya llevaba mucho tiempo haciéndolo. Por eso los bailes de los graneros siempre fueron una **distracción** tan importante; eran y siguen siendo un momento para divertirse y olvidarse del deber.

CONEXIÓN
Vocabulario-Escritura

Los vaqueros son expertos en domar caballos. Escribe algunas oraciones donde describas algo de lo que esperes llegar a ser muy **experimentado**.

Selección *Booklist* premiada por los editores

Género

No ficción

Un tema de no ficción habla acerca de personas, cosas, sucesos o lugares que son reales.

En esta selección, busca

- **detalles que describan lugares y eventos.**
- **diálogo que diga realmente lo que dicen las personas.**
- **el punto de vista de la autora.**

RANCHO ESTADOUNIDENSE

FOTOGRAFÍAS DE GEORGE ANCONA

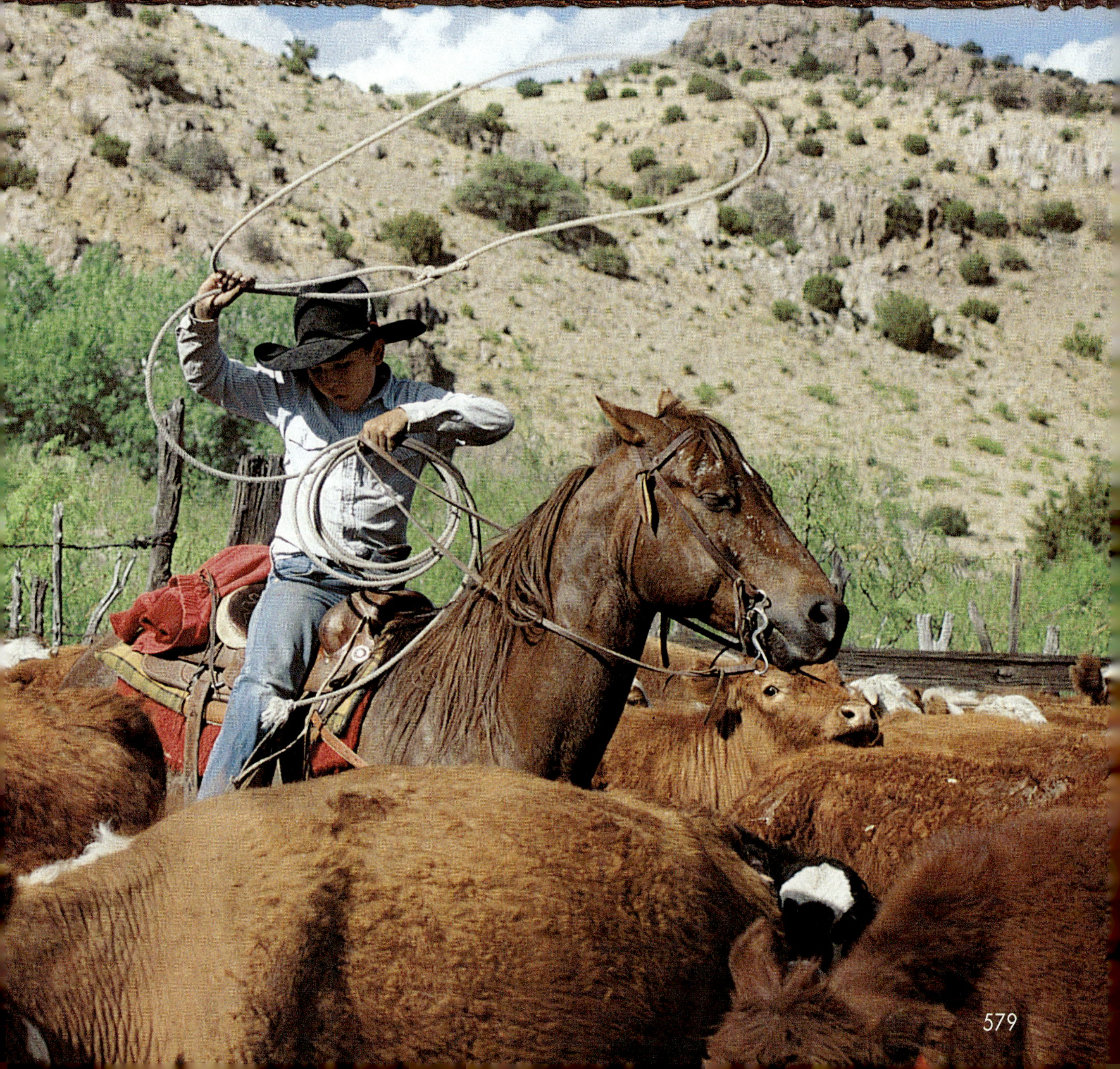

Es el rodeo de primavera en el Rancho Eby de Faywood, Nuevo México. Leedro y Colter Eby se han presentado a trabajar para ayudar a su padre. Su misión: rodear 800 cabezas de ganado en una pradera de 75 millas cuadradas.

Marca del rancho Eby

El aire está impregnado del olor a jabón y aceite, utilizados para suavizar el cuero de la silla. Los vaqueros sacan sillas de montar y sudaderos del cuarto de arreos. Cepillan el lomo de los caballos para desenredarles el pelo y les hablan suavemente.

"No existe un vehículo que pueda llegar a donde van estos caballos", explica Leedro, mientras aprieta el cincho de la silla, asegurándose de que los aparejos no tengan juego. "Nos dan mucho. Tenemos que cuidarlos bien".

En ese momento, se da cuenta de que su montura evita apoyar un cuarto trasero. El vaquero pasa la mano ligeramente por el tobillo del animal. Percibe calor en la articulación. "Tú no irás a ninguna parte", dice al darse cuenta de que el caballo se lastimó un tendón durante la cabalgata del día anterior. "Necesitas descansar un par de días". Le da unas palmadas en el cuello y devuelve la montura a su corral.

El antes apacible establo parece cobrar vida. Las botas resuenan en la tierra endurecida y las espuelas tintinean cuando los vaqueros van a buscar sus caballos, con las bridas ocultas a la espalda.

"No les gustan las riendas", explica Leedro, "así que debemos sorprenderlos".

Entre tanto, el experimentado entrenador de caballos, Randy Biebelle, tiene acorralada a una yegua impetuosa con la que ha trabajado desde hace treinta días. Todas las miradas se vuelven hacia Randy para observar cómo la controla. El vaquero habla suavemente con el reacio animal. Después de algunos reparos, la yegua permite que coloque el bocado en su hocico.

"Creo que estás lista para cabalgar", anuncia Randy, dándole suaves palmadas para tranquilizarla mientras la ensilla rápidamente. "Ya veremos", agrega, pensando en el desafío de trabajar todo el día con la yegua. En ese instante, el animal corcovea como si quisiera demostrar que aún es libre.

Todos los vaqueros han montado y están listos para partir cuando Rose Ann, la mamá de Leedro y Colter, se acerca con su caballo. La señora guarda unos burritos frescos en las alforjas y sujeta las riendas de su caballo, Tommy. Rose Ann es una vaquera experimentada y prefiere salir a trabajar con su esposo y sus hijos que quedarse en casa.

"Es hora de partir", anuncia Larry. Los vaqueros se aproximan a recibir instrucciones; algunos no pueden evitar estremecerse en el frío de la mañana. El invierno fue muy seco, y la primavera todavía más. Larry está ansioso de vender tantas vacas como sea posible antes de perderlas en la sequía.

Larry ha dividido su territorio en secciones parecidas a un tablero de ajedrez. Cada vaquero ha sido asignado a una sección, donde buscará y agrupará a todas las vacas que pacen allí.

"Leedro, irás al este hasta el cañón. Colter, tú acompañarás a Johnny y Abe. Los demás vendrán conmigo a las colinas. Nos reuniremos en la cuenca Tom Brown en un par de horas". Y de ese modo, se alejan trotando hacia las mesas de arcilla roja; cabalgan contra el viento, con los ojos entrecerrados para protegerlos del polvo, y con los sombreros de fieltro calados hasta las orejas. Por un rato, sus alegres voces hacen eco en el cañón y luego desaparecen.

Leedro se siente seguro a lomos de Comanche, un caballo que puede moverse con paso firme en terrenos accidentados. Al principio, se desplazan con cuidado entre los espinosos cactos y arbustos de mezquite.

Leedro se mantiene alerta en busca de serpientes de cascabel, pues los caballos corcovean cuando las encuentran en su camino. Sin embargo, el zumbido de los colibríes y el chasquido de los cascos de Comanche contra la pizarra son su única compañía. Los vastos espacios abiertos son su patio de recreo, el lugar donde Leedro ha jugado y cabalgado desde que era pequeño. Pasan frente a cuevas rocosas donde los apaches encerraban sus caballos, lugares donde su padre descubrió armas abandonadas por los conquistadores españoles y rocas labradas que dejaron los indios mimbres.

Segundos después, el caballo se detiene. Relincha y corcovea. Leedro da un vistazo para averiguar qué lo ha asustado. Cerca de allí se encuentra el cadáver de un ternero, quizá derribado por un hambriento depredador. Los coyotes y pumas, desesperados por hallar alimento en épocas de sequía, devoran cualquier cosa que encuentren en su camino. Leedro está preocupado, pues jamás ha visto condiciones tan alarmantes en el rancho.

Al otro lado de la montaña, Larry Eby fija la mirada en los pardos escombros que alguna vez sirvieron de alimento a su ganado. Le preocupa la salud de la manada, así como el estado de sus tierras.

Mientras cabalga, otea las silenciosas colinas en busca de señales de vida, vacas paciendo o el movimiento de ciervos y antílopes. El sistema de pastoreo de Larry obliga a invertir mucho tiempo en encontrar al ganado. "Disperso a las reses dejando ocho o diez en cada sección. De esa manera, cuido la tierra. Por supuesto, después tardamos más en reunirlas". Sin embargo, eso no es importante para él.

"Cuando venimos aquí a oler la salvia y respirar aire limpio, me olvido de todo lo que sucede en el valle".

"Me encanta este lugar", agrega refiriéndose al rancho que su familia ha trabajado durante ciento cincuenta años. "Papá decía que no hace falta una iglesia viviendo aquí, bajo el amplio cielo, porque puedes percibir la presencia de Dios". En todo caso, Larry se sentiría mucho mejor si ese cielo se ensombreciera con nubes de tormenta.

Los vaqueros casi siempre empiezan a avistar reses como una hora después de salir del rancho. "Es como encontrar una aguja en un pajar", señala Leedro. "Tienes que pensar como vaca. ¿Qué te gustaría comer? ¿En dónde esconderías a tus crías? Después de desayunar, ¿te acostarías a dormir bajo los árboles, cerca del agua"?

Justo entonces descubre a una madre con su becerro recién nacido. Todavía tiene la piel húmeda y las patas temblorosas. Leedro sonríe. Esa nueva vida compensa la pérdida anterior.

"Cuando al fin empiezas a recogerlas", continúa Leedro, "hay que decir un montón de tonterías para lograr que se muevan. ¡Ea, ea, ea, yup, yup, vamos niña, ven aquí!", exclama con portentosa voz y luego azuza a los animales con una vara o golpea sus costados con el lazo hasta que se ponen en marcha.

"Hay momentos en que debes actuar con rapidez, y otros en que es necesario tener paciencia. Un buen vaquero sabe hacia dónde piensa correr una vaca y cómo cortarle el paso".

Poco después de encontrar la primera vaca, muy pronto se forma una cadena de diez o doce cabezas. El truco es hacerlas avanzar juntas.

Justo cuando empieza a embargarlo una sensación de soledad, Leedro ve que su padre se acerca por la saliente de una mesa. Larry escucha un silbido y mira hacia abajo. Randy, uno de los vaqueros, está ocupado en perseguir a un ágil primal que se niega a permanecer en el grupo.

"¡Córtales el paso!", grita Larry en el instante en que un novillo se separa del rebaño para seguir al primal. Leedro cabalga en pos de Randy mientras su padre galopa por la pendiente de la mesa, con la esperanza de impedir que los animales se alejen demasiado. Muy pronto, la mitad del equipo se ha sumado a la persecución; seis vaqueros corriendo tras las dos reses. Tres millas y cuarenta y cinco minutos más tarde, al fin lazan a los asustados prófugos y los conducen de vuelta a la manada.

Lo que al principio promete ser un día muy corto, muchas veces se alarga más de lo esperado. "Nunca se sabe cuándo van a desbandarse", explica Leedro. "Justo cuando el traslado parece una tarea muy sencilla, de pronto sucede algo. Los animales se espantan o un toro se pone terco y ¡pum!, corren en estampida".

Ahora da comienzo la diversión. Cada uno de los vaqueros ha reunido diez o veinte cabezas de ganado y lentamente, con mucho cuidado, empiezan a guiarlas hacia uno de los muchos corrales dispersos por la pradera. Una vez que combinan sus rebaños, los vaqueros tienen que arrear cincuenta o sesenta reses y obligarlas a permanecer unidas, porque cada animal prefiere seguir una dirección distinta.

"La semana pasada hubo una estampida en la llanura", recuerda Leedro, con expresión divertida. "Las vacas se vuelven algo salvajes en los espacios abiertos. No les gusta caminar en grupo y seguir una dirección. Como era de esperar, al acercarnos al corral escapó la res que encabezaba la manada. Colter y yo la perseguimos, cabalgando como locos para alcanzarla y en ese momento, las demás tuvieron la misma idea. Echaron a correr en la dirección contraria. Había vacas por todas partes, sombreros que volaban, nubes de polvo . . . sólo se escuchaban golpes de pezuñas y gritos de vaqueros".

Poco antes del mediodía, la mitad de los vaqueros llega al corral llamado La Caja, donde encierran al ganado.

Luego, van a refrescarse cerca de un molino que chirría y traquetea cuando el viento golpea sus aspas y el agua llena el tanque. Mientras los caballos abrevan, Leedro se quita la chaqueta y toma la cantimplora para tomar un trago de agua. Esa escala les ofrece un merecido descanso. Oculto entre gigantescas rocas y empinados terraplenes, el corral proporciona sombra fresca y refugio contra el ardiente sol.

Estos abrevaderos son fundamentales para el ganado, que lucha por sobrevivir y criar a sus becerros. Los Eby tienen diecisiete molinos que bombean agua de manantiales subterráneos. Como los cuarenta estanques y riachuelos naturales se han agotado por causa de la sequía, es indispensable que los molinos funcionen perfectamente para que los animales puedan sobrevivir.

Después de unos diez minutos, Larry da la orden de continuar. "No debemos hacer esperar a los demás", informa, refiriéndose al resto del equipo que se encuentra al otro lado de la montaña. Leedro abre el corral que contiene a las reses recién encerradas y éstas salen corriendo, empujándose unas a otras con sus pesados cuerpos y levantando espesas nubes de polvo con las pezuñas. Los animales parecen confundidos y enfadados de verse azuzados y empujados. Una vaca muge y luego otra la imita, hasta que un coro de guturales protestas resuena en lo que poco antes fuera un silencioso valle.

"Vamos, niña, por allá", ordena un vaquero a una gorda madre. "Ea, torito, camina".

En esta ocasión, el ganado se somete. Así que los vaqueros tardan sólo media hora en conducir a todos los animales hasta Tom Brown, una enorme cuenca excavada en el árido paisaje. Con los ojos entornados, los hombres otean las colinas en busca del resto de su equipo. Randy señala hacia el este, donde ha visto la blusa azul de Rose Ann. Leedro descubre a Colter, quien guía un grupo de reses entre los matorrales. A poco, las colinas parecen salpicadas de jinetes arreando columnas de reses hacia el valle.

Y entonces los vaqueros llegan de todas direcciones, cabalgando con paso lento y reposado hacia el centro, mientras sus rebaños parecen convertirse en los ejes de una rueda. Larry galopa hacia el frente para contar las cabezas y determinar si sus hombres han reunido todo el ganado. Un buen ranchero sabe exactamente cuántas vacas hay en cada sección de su propiedad. Después de un rápido cálculo, Larry sacude la cabeza, asombrado. "¡Son todas!", grita para hacerse oír entre el barullo de los animales. "¡Adelante!"

Se inicia el traslado. "Que no se separen", ordena Larry entre el estruendo de pezuñas. El objetivo es agrupar al ganado y evitar que se disperse. "Es como mantener un montón de canicas juntas sobre una mesa", explica Larry, azuzando a las reses.

"¡Yipiii!", grita Colter, haciendo girar su lazo para sujetar a una res y luego a otra, más por diversión que por necesidad. "Una vez que empiezan a caminar, no puedes dejar que se separen", comenta.

Las vacas se mueven con nerviosismo, sobresaltadas por la menor distracción. A fin de mantenerlas reunidas, varios vaqueros cabalgan en la posición de atajadores, a veces a los lados del rebaño, para evitar que la fila se ensanche. Larry se sitúa al frente, en el lugar del guía, para conducir a los animales hasta el siguiente abrevadero. Colter, Leedro, sus amigos y su madre cabalgan a los lados y atrás del grupo, con la mirada fija en los animales y aspirando todo el polvo que levantan.

A pesar de ello, esta parte del rodeo resulta muy divertida. Después de largas horas de soledad y silbando para sí, ahora los vaqueros tienen oportunidad de charlar, comer burritos y beber refrescos.

Reflexionar y responder

1. ¿Cómo resuelven Leedro y Colter los problemas del rodeo de primavera?
2. ¿Cómo las fotografías te ayudan a entender lo que pasa durante un rodeo de ganado?
3. Mientras cabalga con los vaqueros **experimentados**, la autora forma parte de una nueva comunidad. ¿Qué mensaje comparte acerca de esa experiencia?
4. ¿Qué te gustaría más acerca de hacerte un vaquero de verdad y trabajar en un rancho? ¿Qué no te gustaría?
5. ¿Cómo te ayudó a entender el cuento la estrategia de leer más adelante? ¿Cuáles otras estrategias utilizaste?

Conoce a la autora

JOAN Anderson

¿Qué tienen en común una actriz, una maestra de inglés, una anfitriona de televisión y una reportera de la radio? Joan Anderson ha tomado las experiencias de todos los trabajos que ha desempeñado con anterioridad para mejorar su calidad como autora. Le gusta escribir artículos para revistas, donde relata sus exóticas aventuras en Perú, el sur de Francia y el Gran Cañón. Anderson ha producido quince libros con la colaboración de George Ancona.

Conoce al fotógrafo

George ANCONA

El fotógrafo George Ancona dice que la creación de libros infantiles es su forma muy particular de celebrar la vida. Al fotografiar, filmar o escribir sobre las personas o lugares que conoce, se siente más vivo y en contacto con el mundo que lo rodea. Ancona explica que cuando empieza a trabajar en un libro, viaja al lugar que servirá de ambientación para la obra. "Conozco a los habitantes, vivo con ellos durante un tiempo, escucho sus relatos y fotografío sus vidas. Una vez que el libro comienza a tomar forma, ya hemos iniciado una estrecha amistad, y por ello siempre me cuesta trabajo decir adiós".

Visita *The Learning Site*
www.harcourtschool.com

Género
Poesía

ESTE CIELO INMENSO

TEXTO DE PAT MORA

Este cielo es tan inmenso
que le caben todos mis sueños.

Dos cuervos descienden, negros,
desde un árbol de piñones
en el brillo deslumbrante
del sol y su intenso fuego.

Sigo su vuelo de ébano
en las colinas de cobre,
en los dorados cañones
y en las hojas de los árboles.

Dos cuervos baten sus alas,
se elevan entre susurros
de pinos gigantes y azules montañas
llenos de recuerdos.

Este cielo es tan inmenso
que le caben todos mis sueños.

ILUSTRADO POR STEVE JENKINS

Hacer conexiones

Vaqueros: Rodeo en un rancho estadounidense

Compara textos

1. En "Vaqueros: Rodeo en un rancho estadounidense", ¿cómo se expresa el tema de que la gente de una comunidad está conectada entre sí de muchas maneras?
2. Mira las fotografías de las páginas 581 y 586. ¿Qué es lo que en general muestran sobre la vida en el rancho Eby?
3. Compara lo que sienten Larry Eby en "Vaqueros: Rodeo en un rancho estadounidense" y el autor del poema "Este cielo inmenso" cuando están al aire libre en las llanuras del oeste.
4. ¿En qué difieren el propósito de las fotografías de "Vaqueros: Rodeo en un rancho estadounidense" y el de la ilustración de "Este cielo inmenso"?
5. ¿Qué preguntas tienes aún sobre la vida de un vaquero moderno?

Escribe un poema

CONEXIÓN con la Escritura

Piensa en la atractiva descripción de la naturaleza en esta selección y después escribe un poema que describa un escenario natural que sea atractivo para ti. Piensa en la manera en que ese lugar te hace sentir y usa detalles para crear una imagen para los lectores. Usa un organizador gráfico para plantear tus ideas.

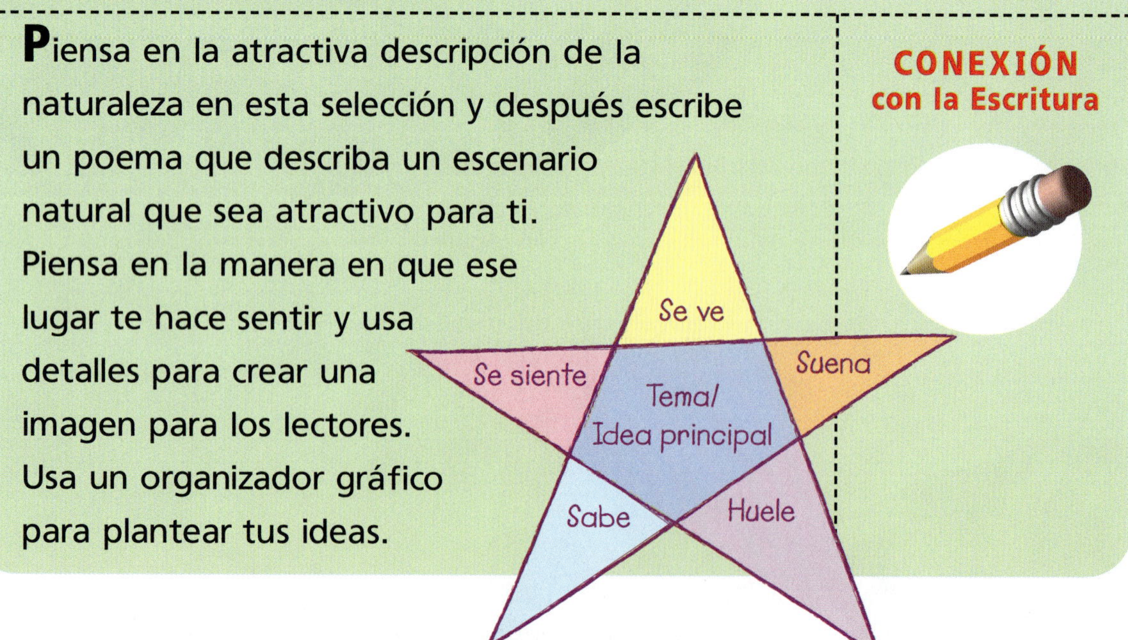

Haz una red de cadena alimenticia

CONEXIÓN con las Ciencias

Trabaja con un compañero para investigar más sobre el ecosistema de las praderas del oeste de Estados Unidos. Después haz una red de cadena alimenticia que muestre cómo las plantas y animales de la pradera dependen unos de otros. Comienza tu red de cadena alimenticia mostrando la manera en que la luz del sol se transforma en energía química con la fotosíntesis.

Luz del sol + fotosíntesis = energía química

Haz un mapa

CONEXIÓN con los Estudios sociales

Investiga en libros o en Internet sobre los primeros cazadores que llegaron a América desde Asia. Escribe tus datos en un mapa que muestre cómo debe haberse visto el norte de América y Asia cuando se encontraban unidas por un puente de tierra. Utiliza símbolos para mostrar la dirección de esta migración humana. Incluye una rosa de los vientos y un código.

Los cazadores llegan al continente americano

Vaqueros: Rodeo en un rancho estadounidense

El propósito y la perspectiva del autor

Destreza de enfoque

Has aprendido que los autores escriben con alguno de estos **propósitos** generales: **entretener**, **informar** o **persuadir**. El propósito de "Vaqueros" es el de informar a los lectores acerca de la vida y el trabajo de los vaqueros. Para cumplir su propósito, Joan Anderson presenta diversos hechos acerca de los vaqueros.

Anderson elige los detalles que revelen su **perspectiva** del tema. La perspectiva del autor se expresa a través del punto de vista y sentimientos del autor. Joan Anderson escribe desde la perspectiva de alguien que está investigando el trabajo de los vaqueros y que muestra a los lectores los detalles que le parecen interesantes. ¿Qué piensa Anderson de los vaqueros? ¿Te hace verlos de la misma manera en que ella los ve?

Detalles

Diálogos que muestran lo que los vaqueros piensan y sienten

+

Detalles acerca de las habilidades de un vaquero y el duro trabajo que realiza

+

Detalles acerca de la preocupación de los vaqueros por sus cabezas de ganado y sus tierras

↓

Perspectiva del autor

Joan Anderson admira a los vaqueros y aprecia el trabajo que desempeñan.

Visita *The Learning Site*
www.harcourtschool.com

Ve Destrezas y Actividades

Preparación para las pruebas

El propósito y la perspectiva del autor

▶ **Lee el pasaje. Después contesta las preguntas.**

Hacia el final de 1800, los traslados de ganado empezaban con el inicio de la primavera. Trasladar una manada de 2,500 cabezas ha sido siempre un trabajo difícil. Nada es tan complicado como hacer que el ganado cruce un río a mitad de la ruta. Los vaqueros tienen que planear con cuidado estos cruces. El líder, el que conduce el traslado del ganado, busca siempre la parte más llana del río que tenga un fondo firme para que el ganado no se resbale. Podría tomar horas, incluso días, hacer que una parte del ganado empezara a cruzar un río. Eventualmente, el resto de la manada seguiría el mismo camino. Los vaqueros se tenían que esforzar mucho para que el ganado siguiera avanzando en lugar de regresar o salirse del agua.

1. La perspectiva del autor con respecto a hacer que el ganado cruce un río, es que resultaba ser—

A la parte más divertida del traslado de ganado.

B fácil, porque el ganado se movía rápidamente.

C más difícil si el fondo era rocoso.

D la parte más difícil del traslado de ganado.

Sugerencia

Pregúntate cuál es la opinión del autor con respecto al tema principal del pasaje. Puedes eliminar las respuestas que sabes que son incorrectas.

2. ¿Cuál fue el propósito del autor al escribir este pasaje?

F informar

G persuadir

H narrar

J entretener

Sugerencia

Recuerda que diferentes géneros tienen propósitos distintos. ¿Contiene el pasaje ciertos hechos, razones o sucesos que inventó el autor?

TEMA
6
MUNDOS EN EXPANSIÓN

CONTENIDO

Un atlas redondo

El poder de las palabras

¿Cómo se puede aprender más acerca de nuestro planeta Tierra? Algunos científicos audaces encontraron información importante acerca de nuestro mundo.

- cilindro
- sumergidos
- transparente
- microscópicos
- tradicional
- chocan

Este explorador submarino lleva un tanque en forma de **cilindro** sobre su espalda. Respirando el aire del tanque, los científicos como él pueden permanecer **sumergidos** bajo la superficie del océano. Mientras nadan, pueden ver a través de su máscara **transparente** para observar el mundo submarino.

Estos científicos quieren aprender más acerca de los volcanes. Recolectan pequeñas muestras del suelo que contienen pequeños pedazos de roca volcánica. Estudiarán estas muestras del suelo en su laboratorio. Examinarán fragmentos **microscópicos** tan pequeños que sería imposible verlos sin equipo especial.

En el pasado, los volcanes no sólo acabaron con la forma **tradicional** de vida de muchas personas sino que destruyeron las granjas y dañaron las tierras que la gente cultivaba para sobrevivir. Hoy en día, los científicos tratan de prevenir estos desastres, estudiando cuándo y dónde habrá una erupción de un volcán. Cuentan con equipo especial que los mantiene informados sobre el movimiento de las placas de roca que componen la capa exterior de la Tierra. Cuando dos placas **chocan**, podrían causar la erupción de un volcán o un terremoto.

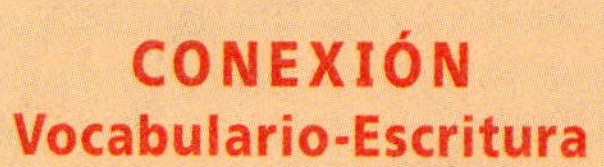

¿Cuál es la forma de vida **tradicional** en tu región del mundo? Escribe algunas oraciones acerca de cómo vive, trabaja y se divierte la gente.

Género

No ficción explicativa

Un cuento de no ficción explicativa presenta y explica información o ideas.

En esta selección, busca

- **información verídica.**
- **secciones organizadas por encabezamientos.**
- **ilustraciones y leyendas que presenten información.**

EL PLANETA COMO NUNCA LO HAS VISTO ANTES

UN ATLAS REDONDO

texto de KEITH LYE y ALASTAIR CAMPBELL

Las vistas del mundo contenidas en *Un atlas redondo* son similares a las que puedes hallar en un globo terráqueo, el modelo esférico de nuestra Tierra. Los globos terráqueos presentan con precisión las distancias, áreas, direcciones y formas correctas de las regiones terrestres y marítimas.

A diferencia de los globos terráqueos, los mapas planos de grandes áreas jamás muestran información precisa. Esto se debe a que es imposible representar una superficie redonda sobre una hoja de papel plana. Entenderás este argumento si pelas una naranja. Para aplanar la cáscara, necesitas romperla y estirar los trozos.

Una forma de representar la redondez de nuestro planeta en un mapa, consiste en dividir el globo en segmentos, como puedes ver aquí. Sin embargo, los mapas producidos de esta manera interrumpen las superficies terrestres y marítimas. Esto impide visualizar la forma real de los continentes y océanos.

Otra manera de dar forma a un mapamundi es imaginar un cilindro de papel que envuelve a una esfera transparente. Si colocaras una luz en el centro de la esfera, el haz arrojaría o proyectaría las sombras de las líneas del mapa en el cilindro de papel. Y las sombras formarían un mapamundi. Esta "proyección" del mapa tiene gran precisión en el perímetro del ecuador, donde el papel está en contacto con la esfera. Pero las áreas más próximas a los polos aparecerían más grandes de lo que son en realidad.

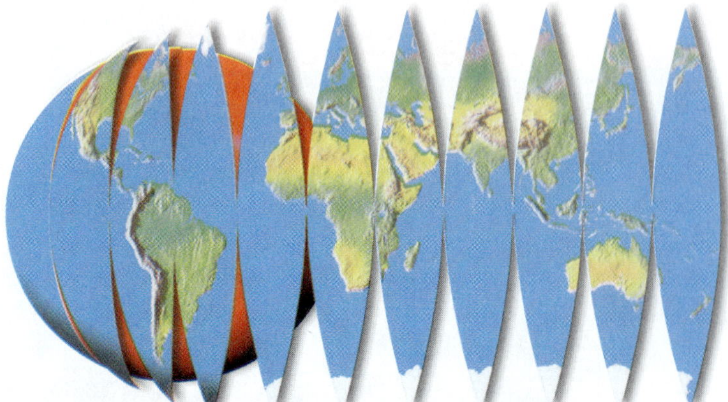

Medición de la Tierra

Los globos son modelos de la Tierra que muestran cómo se ve nuestro planeta desde una nave espacial. Sin embargo, en los globos también puedes ver nombres y algunas líneas. El punto que se localiza en la parte superior de un globo es el Polo Norte. Un punto idéntico en la parte inferior es el Polo Sur. La línea imaginaria que une ambos polos es el eje terrestre, alrededor del cual gira la Tierra. El eje tiene una inclinación de 23.5 grados. Los globos suelen montarse en una varilla giratoria inclinada, justo como el planeta Tierra.

A la mitad de la distancia entre ambos polos se encuentra otra línea imaginaria alrededor del globo. Esta línea es el ecuador y divide al mundo en dos mitades iguales llamadas hemisferios. (La palabra "hemisferio" significa la mitad de una esfera.) El ecuador es una línea de latitud, al igual que otras líneas, paralelas a éste. En los globos también hay líneas de longitud, que corren en ángulo recto a las líneas de latitud.

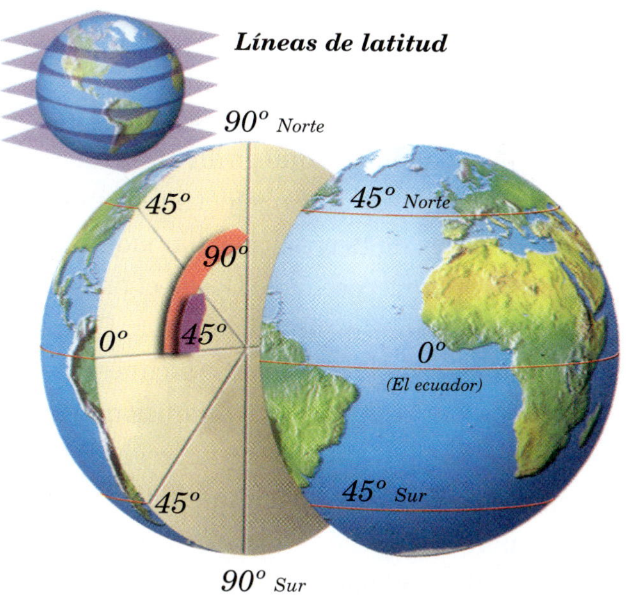

La latitud y la longitud se miden en grados. El ecuador se encuentra a 0 grados de latitud. El globo segmentado de arriba muestra que la posición de los puntos de latitud 45° norte y 45° sur se mide a 45° desde el centro de la Tierra.

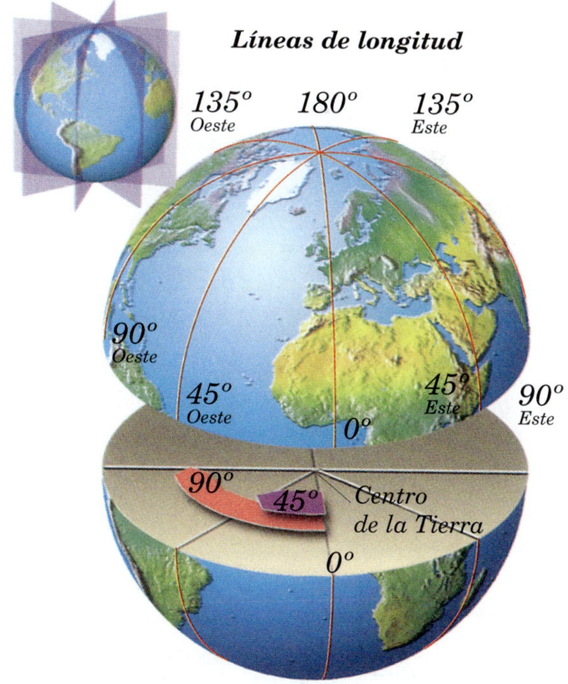

Las líneas de longitud, o meridianos, corren en ángulo recto con las líneas de latitud hasta el Polo Norte y el Polo Sur. El globo segmentado muestra las líneas de longitud 45° oeste y 45° este.

Los globos terrestres muestran áreas, formas, direcciones y distancias en la Tierra. La superficie de los globos muestra una red de líneas de latitud y longitud. Cada lugar en la Tierra tiene su propia posición de latitud y longitud.

Una esfera de roca

La Tierra es una esfera (pelota) de roca. Es uno de los nueve planetas que giran alrededor del Sol en nuestro sistema solar. Su superficie contiene grandes áreas de tierra firme, llamadas continentes, así como enormes océanos. Desde el espacio, los océanos parecen superficies lisas. Pero si vaciáramos toda el agua, como hicimos en los globos terráqueos de esta página, veríamos que el fondo del océano es tan irregular como las regiones de tierra firme, pues contiene montañas, valles y llanos.

Cuando se formó la Tierra, hace aproximadamente 4,600 millones de años, su superficie quedó cubierta de roca caliente y fundida (líquida). Al enfriarse el planeta, la superficie se endureció formando una delgada corteza. El vapor de los volcanes formó nubes. La precipitación de las tormentas se acumuló en las hondonadas de la superficie. De este modo, surgieron los primeros océanos.

Las duras capas exteriores de la Tierra se separaron, como el cascarón de un huevo al romperse, dando origen a varios bloques grandes denominados placas. Las placas se desplazan debido al lento movimiento de las rocas parcialmente fundidas que se encuentran por debajo. Como consecuencia, la superficie de la Tierra está en constante cambio.

Si cortaras una manzana por la mitad, verías que tiene una cáscara que protege el carnoso interior. La cáscara de la manzana es delgada, igual que la corteza terrestre. E igual que la Tierra, la manzana tiene un núcleo. Entre la cáscara y el núcleo se encuentra la carne de la manzana. Esto equivale a la parte de la Tierra que los científicos llaman manto.

Los globos terráqueos grandes muestran la superficie de la Tierra sin agua.

Los globos terráqueos pequeños presentan las mismas regiones, pero vistas desde el espacio e incluyendo los océanos.

El fondo del océano contiene montañas, volcanes, profundas zanjas y llanos.

Las regiones de suave declive cerca de los continentes se denominan plataformas continentales.

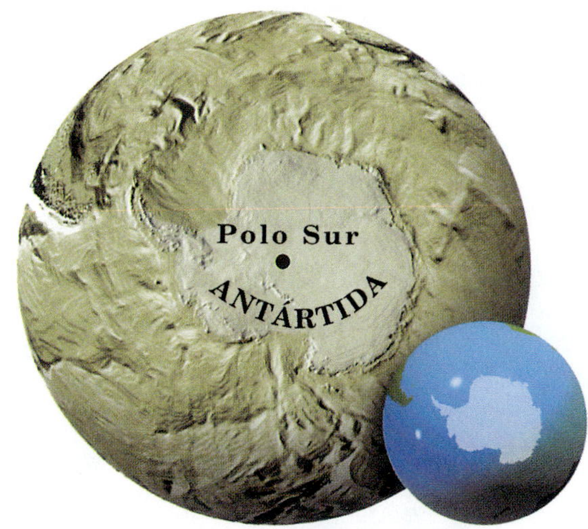

Una esfera de agua

El agua cubre casi 71 por ciento de la superficie terrestre. Los cuatro océanos, comunicados entre sí, se denominan Pacífico, Atlántico, Índico y Ártico. Cada uno de ellos contiene áreas más pequeñas llamadas mares, golfos o bahías.

El agua de los océanos está en continuo movimiento. Los vientos que soplan sobre la superficie crean movimientos ascendentes y descendentes conocidos como oleaje. Las corrientes templadas fluyen sobre la superficie desde las regiones más cálidas hacia los polos, mientras que las corrientes frías fluyen hacia el ecuador. Las mareas, que ocurren cada 24 horas y 50 minutos, son movimientos ascendentes y descendentes del nivel del mar generados por la atracción gravitacional de la Luna y (en menor grado) del Sol.

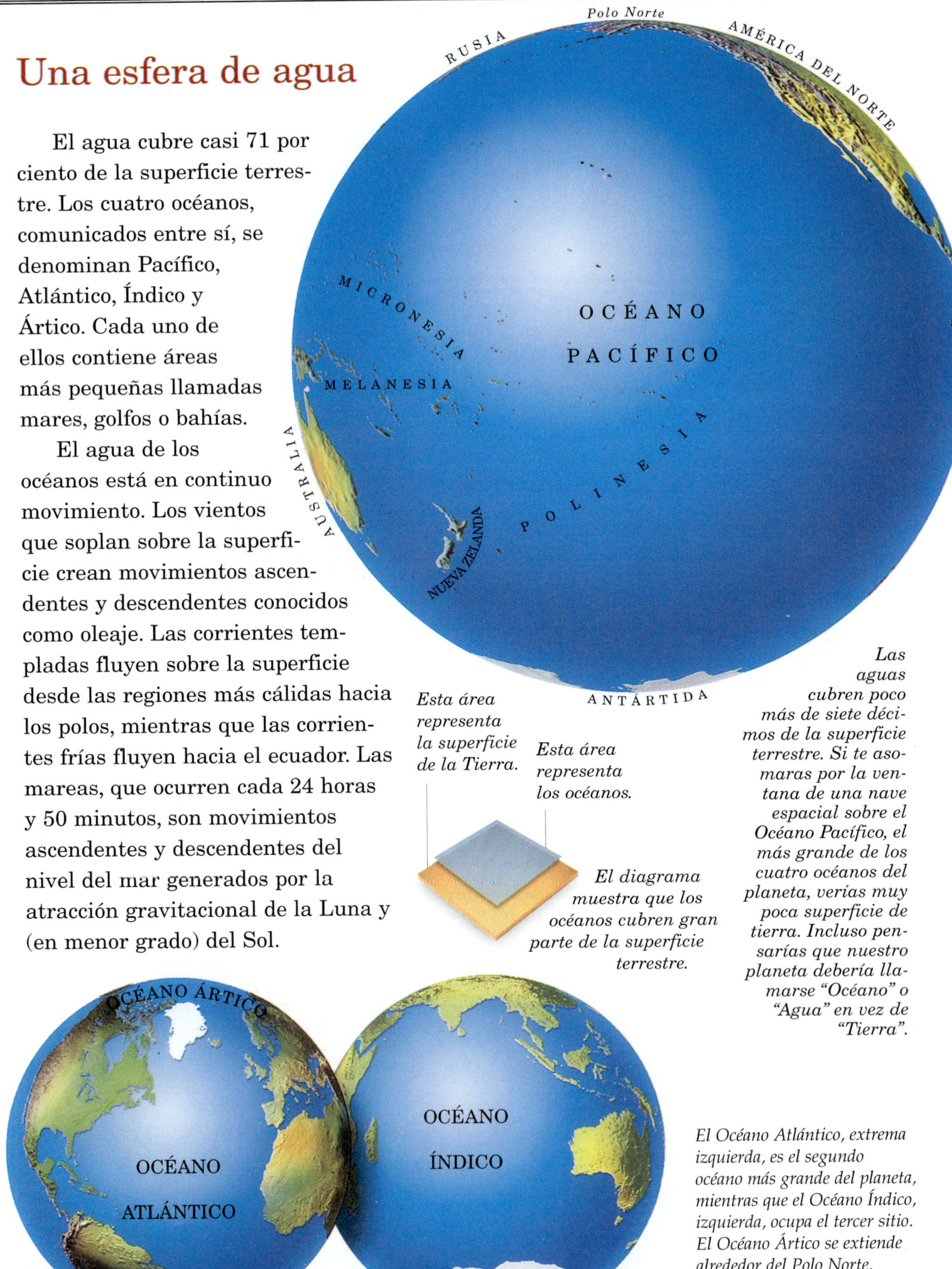

Las aguas cubren poco más de siete décimos de la superficie terrestre. Si te asomaras por la ventana de una nave espacial sobre el Océano Pacífico, el más grande de los cuatro océanos del planeta, verías muy poca superficie de tierra. Incluso pensarías que nuestro planeta debería llamarse "Océano" o "Agua" en vez de "Tierra".

El diagrama muestra que los océanos cubren gran parte de la superficie terrestre.

El Océano Atlántico, extrema izquierda, es el segundo océano más grande del planeta, mientras que el Océano Índico, izquierda, ocupa el tercer sitio. El Océano Ártico se extiende alrededor del Polo Norte.

La historia de la Tierra

La Tierra ha sufrido muchos cambios a lo largo de 4,600 millones de años de historia. Al principio, la superficie terrestre debió resplandecer de rocas fundidas, de modo que no se han descubierto rocas formadas hace más de 4,000 millones de años. Los fósiles más antiguos, restos de organismos microscópicos, datan de 3,500 millones de años. Sin embargo, los anfibios (primeros animales de tierra firme) aparecieron en un periodo que se remonta alrededor de 408 a 360 millones de años de antigüedad. Los dinosaurios vivieron alrededor de 220 y 65 millones de años en el pasado. Los mamíferos aparecieron en los últimos 65 millones de años.

Los movimientos de placas han cambiado la faz de la Tierra. Si los extraterrestres hubieran visitado nuestro planeta hace unos 200 millones de años, sólo habrían hallado un supercontinente denominado Pangea. Pero en los últimos 180 millones de años, Pangea se ha dividido, desplazando sus continentes al lugar que ocupan en la actualidad.

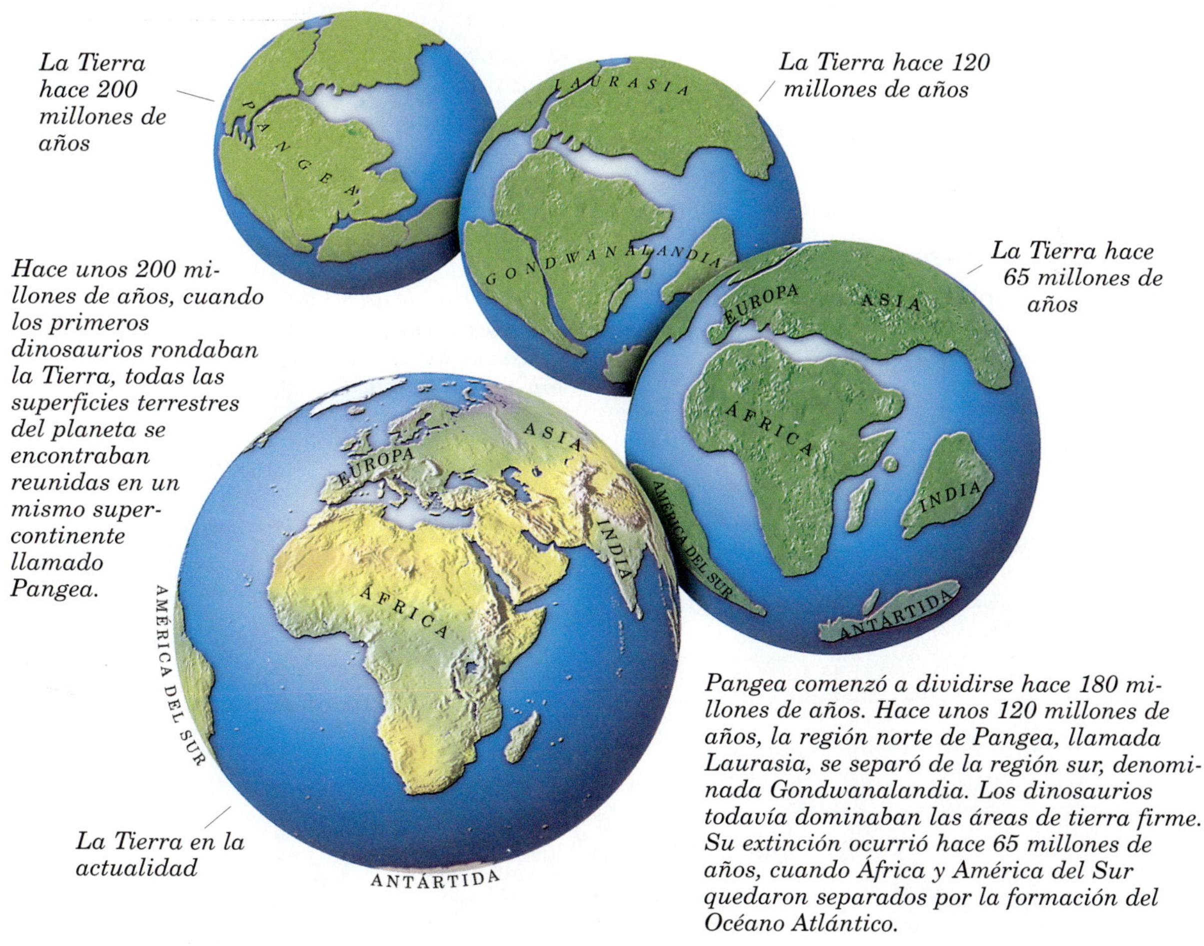

La Tierra hace 200 millones de años

La Tierra hace 120 millones de años

La Tierra hace 65 millones de años

La Tierra en la actualidad

Hace unos 200 millones de años, cuando los primeros dinosaurios rondaban la Tierra, todas las superficies terrestres del planeta se encontraban reunidas en un mismo supercontinente llamado Pangea.

Pangea comenzó a dividirse hace 180 millones de años. Hace unos 120 millones de años, la región norte de Pangea, llamada Laurasia, se separó de la región sur, denominada Gondwanalandia. Los dinosaurios todavía dominaban las áreas de tierra firme. Su extinción ocurrió hace 65 millones de años, cuando África y América del Sur quedaron separados por la formación del Océano Atlántico.

La Tierra impaciente

Las capas exteriores de la Tierra, incluyendo la corteza y la capa superior y rígida del manto, están divididas en enormes placas. Estas placas, con un espesor de unas 62 millas (100 km), descansan sobre un manto eminentemente sólido. Sin embargo, el manto también contiene algunos materiales fundidos que fluyen en lentas corrientes. Dichas corrientes desplazan a las placas y los continentes que se encuentran encima. Las placas se mueven a lo largo de las crestas oceánicas y chocan a lo largo de las zanjas oceánicas. En ocasiones, cuando las placas se empujan unas a otras, comprimen las rocas que se encuentran entre ellas, expulsándolas a la superficie donde forman cadenas montañosas. Algunas placas se desplazan junto a otras. Están separadas por grandes fallas (grietas) de la superficie terrestre.

A veces, las placas se desplazan con movimientos breves y violentos, ocasionando terremotos. En promedio, las placas se deslizan entre 0.8 y 4 pulgadas (2-10 cm) al año. Esto puede parecerte muy poco. Pero en el transcurso de millones de años, los movimientos de las placas han cambiado la faz de la Tierra.

Cuando el magma fundido sale por los orificios del suelo, denominados volcanes, recibe el nombre de lava. Algunos volcanes hacen erupción expulsando pedazos de lava hacia el cielo. Otros arrojan ríos de lava líquida. La mayoría de los volcanes se encuentra cerca de los bordes de las placas en las zanjas oceánicas. Algunos se levantan en el centro de las placas, sobre los puntos calientes del manto.

Los globos terráqueos muestran las placas que forman las duras capas exteriores de la Tierra.

***Abajo** · La Tierra contiene un núcleo interno sólido, compuesto principalmente de hierro, y un núcleo externo líquido. El núcleo tiene un diámetro de aproximadamente 4,190 millas (6,740 km). Alrededor del núcleo se encuentra el manto de roca, con un espesor de unas 1,800 millas (2,900 km). La corteza tiene un grosor promedio de 2.3 millas (6 km) bajo los océanos y 22 millas (35 km) debajo de los continentes.*

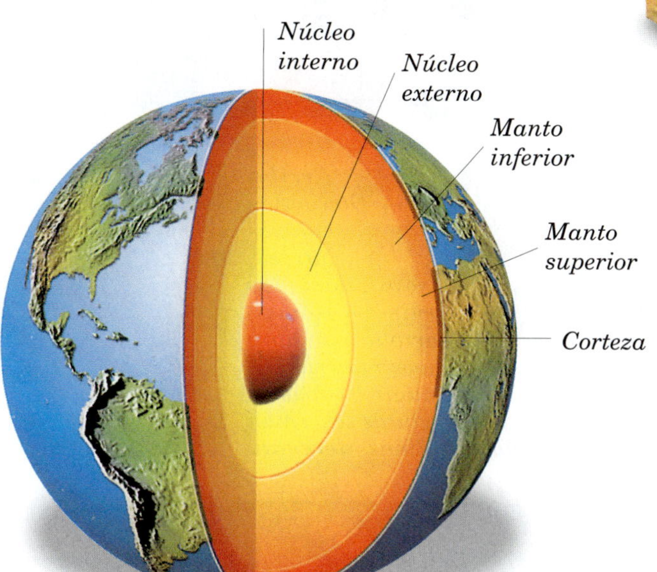

***Arriba** · Algunas placas se desplazan lateralmente, una junto a otra. Casi siempre, los bordes irregulares de las placas se encuentran trabados, pero a veces la fricción rompe las rocas, ocasionando que las placas experimenten un movimiento repentino. Esto provoca terremotos.*

Ocultas bajo los océanos hay cadenas montañosas denominadas crestas oceánicas. Los profundos valles que se forman entre las crestas representan los bordes de las placas en movimiento. Cuando las placas se separan, permiten que el magma fundido escape del manto, rellenando las aberturas. Cuando chocan dos placas, una de ellas resbala por debajo de la otra a lo largo de las zanjas oceánicas, los lugares más profundos del lecho marino. El borde de la placa descendente se derrite y algo de la roca fundida escapa haciendo erupción a través de los volcanes de la superficie terrestre.

Nivel del mar

Fondo del océano

Cresta oceánica

Zanja oceánica

Magma que sale a través de la corteza para formar un volcán

Dirección del movimiento de la placa

Salida de magma

Dirección del movimiento de la placa

La placa desciende y se funde, produciendo magma.

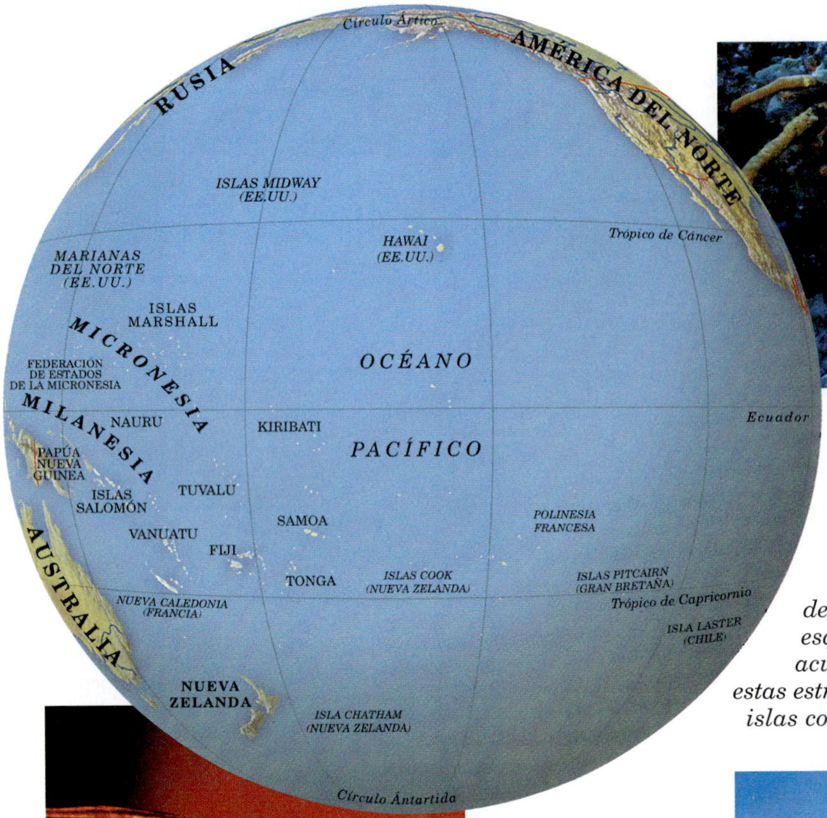

Arriba *Diminutas criaturas que parecen, joyas, llamadas pólipos coralinos, desarrollan un duro esqueleto exterior. Al acumularse capas de estas estructuras se forman islas coralinas,* ***derecha.***

La lava fundida fluye hacia el mar en la isla de Hawai.

En las islas coralinas, muchas casas están construidas sobre pilotes.

Océano Pacífico

El Océano Pacífico cubre casi la tercera parte del planeta. Es más grande que todos los continentes tomados en conjunto. Se extiende desde el helado océano Ártico hasta el gélido continente de la Antártida.

Algunas islas del Océano Pacífico son montañosas. Se encuentran encima de volcanes activos o extintos (apagados) que surgen del fondo marino. Por ejemplo, todas las islas que conforman Hawai son volcánicas. Otras islas tienen poca elevación. Son islas de coral que se forman sobre volcanes sumergidos, o en someros mares que rodean otras islas o cuerpos de tierra. Algunas islas coralinas tienen forma de anillo o herradura y reciben el nombre de atolón.

La isla de Pascua tiene antiguos monumentos, impresionantes y misteriosos a la vez.

Se obtiene petróleo de las rocas sumergidas bajo el Mar del Norte y el Golfo de México.

Los cocos crecen en las islas tropicales del Océano Atlántico.

Océano Atlántico

El Atlántico es el segundo océano del mundo en cuanto al tamaño. Es un océano muy transitado, pues se utiliza para transportar bienes de un continente a otro. También contiene grandes áreas de pesca, aunque la explotación excesiva de los recursos marinos ha ocasionado que disminuyan los niveles de peces.

La principal característica de este océano se encuentra oculta a la vista. Se trata de la cresta transatlántica, enorme cordillera que emerge del fondo del océano y se extiende de norte a sur a través del océano. Las placas se separan en dicha cresta y la lava fundida mana a la superficie para formar nuevas rocas en la corteza. En consecuencia, cada año el Océano Atlántico crece más de una pulgada (2.5 cm) de ancho. La isla volcánica de Islandia surgió de la cordillera. Y su superficie también se está anchando a medida que se separan las placas en ambos lados. Terranova, al este de Canadá, las Islas Británicas y las soleadas islas del Caribe también son islas atlánticas.

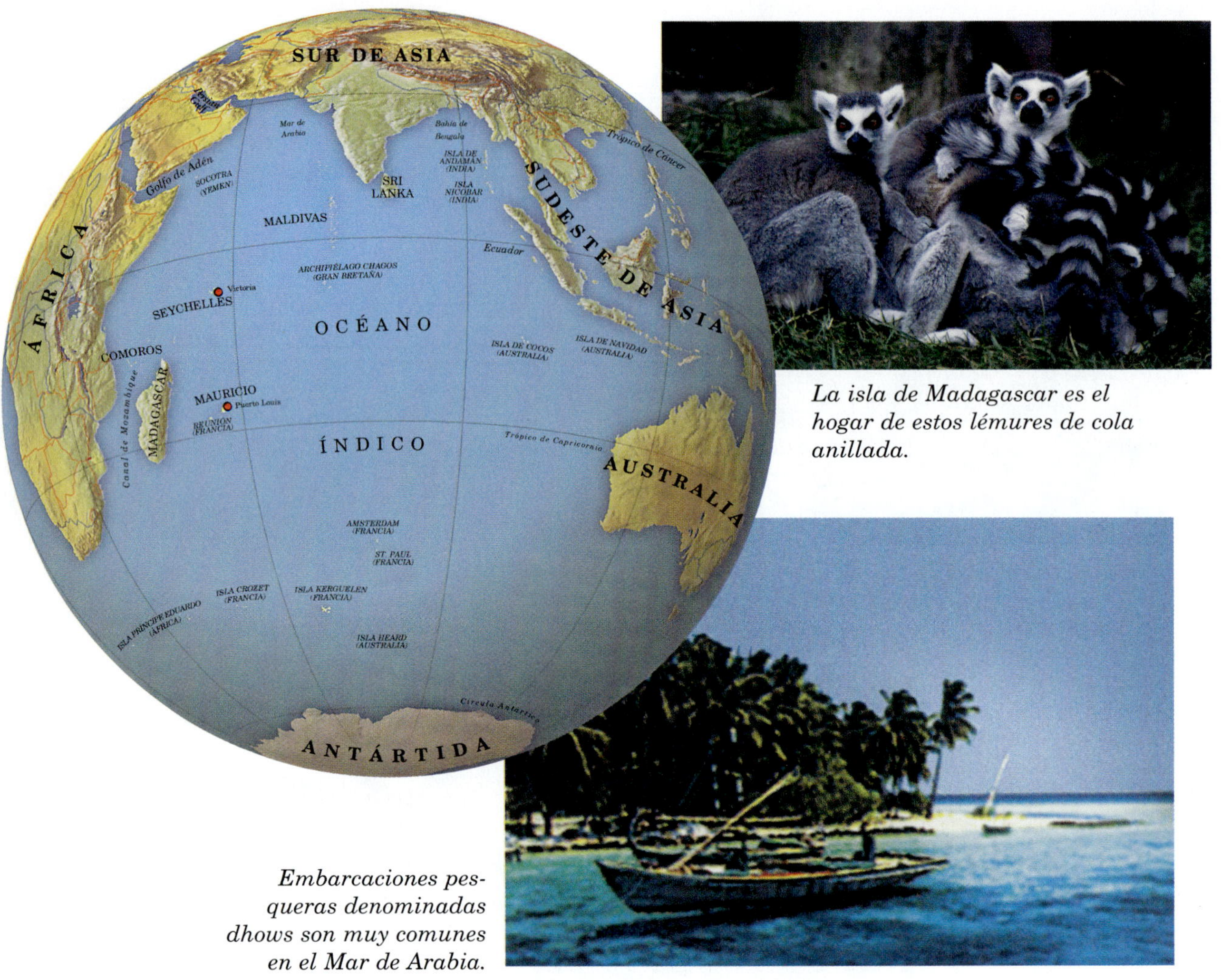

La isla de Madagascar es el hogar de estos lémures de cola anillada.

Embarcaciones pesqueras denominadas dhows son muy comunes en el Mar de Arabia.

Océano Índico

El Océano Índico, el tercero en tamaño, se extiende desde el sur de Asia hasta la Antártida. La parte norte del océano contiene importantes rutas marítimas. Por ejemplo, grandes buques cisterna cruzan el océano para transportar petróleo del Golfo Pérsico a muchas partes del mundo. Las embarcaciones pesqueras también navegan esta agua, en particular frente a la costa occidental de la India. Pero el pescado se descompone rápidamente en el caluroso clima del norte y centro del Océano Índico.

Ocultas bajo las olas hay largas cordilleras y profundas zanjas oceánicas. Estas formaciones representan los bordes de las placas que componen las duras capas exteriores de la Tierra. Hace unos 180 millones de años, la India se encontraba cerca de la Antártida. Pero la placa donde descansa ese país se rompió y comenzó a desplazarse hacia el norte, chocando con Asia hace unos 50 millones de años. Estos movimientos de placas crearon el actual Océano Índico.

Un pequeño iceberg en la isla de Ellesmere, al norte de Canadá.

Los osos polares viven en las costas de América del Norte y Asia, y también en muchas islas del Ártico. Se alimentan de focas y otros animales.

La mayoría de los inuit vive en modernos poblados. Algunas de sus casas tienen forma de iglúes (tradicionales viviendas de nieve).

El Ártico

El Océano Ártico, el más pequeño de los cuatro océanos del mundo, rodea el Polo Norte en la parte superior del planeta. El hielo cubre casi toda su extensión durante la mayor parte del año. Por tal motivo, los barcos que transportan productos deben ir acompañados de rompehielos para abrirse camino.

El Ártico incluye las regiones más septentrionales de Asia, Europa y América del Norte, las cuales enmarcan al Océano Ártico. Mantos de hielo cubren algunas áreas. Por ejemplo, Groenlandia está cubierta por el segundo manto de nieve más grande del mundo. No obstante, en algunas partes del Ártico, la nieve y el hielo se derriten en verano y permiten el crecimiento de plantas. Diversos pueblos viven en el Ártico, como los inuit de América del Norte. Su estilo de vida tradicional ha dependido principalmente de la pesca y la caza de animales, como el oso polar.

La foca leopardo se alimenta de focas más jóvenes, pingüinos y otras criaturas de la Antártida.

Los pingüinos, aves que no pueden volar, tienen su hogar en la Antártida.

La Antártida

La Antártida, el quinto continente en tamaño, se extiende alrededor del Polo Sur en el extremo inferior del planeta. Desde el espacio, verías que está cubierta por el manto de hielo más grande del mundo y rodeada de helados mares. Pero también observarías que, en algunas partes, unas montañas muy altas se abren paso entre el hielo. En algunas regiones del continente, el hielo alcanza un espesor de 15,700 pies (4,800 metros).

Este helado territorio es el lugar más frío de la Tierra. Allí soplan vientos que dispersan la nieve suelta por toda la superficie, ocasionando cegadoras tempestades. Los científicos viajan a la Antártida para estudiar el continente y su clima, y algunos turistas también visitan esas regiones. Pero nadie vive todo el tiempo en la Antártida.

Enormes icebergs se separan de los bloques de hielo de la Antártida y flotan hacia el norte. Casi ocho de nueve partes del hielo están ocultas debajo del agua.

 Reflexionar y responder 

1. ¿Por qué la superficie de la Tierra está cambiando constantemente?

2. ¿Por qué crees que el autor comienza esta selección con información sobre mapas **tradicionales**?

3. ¿Qué información sobre los cuatro océanos puedes hallar al estudiar las ilustraciones de los globos terráqueos de las páginas 612 a 615?

4. ¿Cómo crees que leyendo esta selección te afectará la manera en que miras los mapas y los globos terráqueos?

5. ¿Cómo te ayudó a entender la selección la estructura del texto y el formato?

Género
Mito

Una extraña

Carrera de trineos

Mito hawaiano adaptado por Vivian L. Thompson
ilustraciones de Leslie Wu

La diosa de las nieves, Poliahu, vive en las altas colinas Mauna Kea, en la parte norte de Hawai. Esa región se mantiene libre de los flujos de lava gracias a las habilidades de la diosa en las carreras de trineos. . . .

Un día, Poliahu y sus doncellas de las nieves cubrieron sus brillantes mantos de nieve con dorados rayos de sol. Luego llevaron sus esbeltos trineos a la colina de los campos nevados. Allí había una angosta pista cubierta de pasto que con sus sinuosas curvas conducía hasta el mar.

En lo alto, las risas tintineantes llenaban el aire cuando las doncellas animaron a la diosa a iniciar la competencia. Poliahu estaba ansiosa. Corrió ágilmente en el arranque, saltó al trineo y se lanzó cuesta abajo. Lejos, abajo, Poliahu llegó al punto señalado de llegada y puso su trineo a un lado.

Una tras otra, las doncellas la siguieron, pero ninguna batió la marca de la diosa. Al reunirse colina abajo, descubrieron a una persona extraña entre la niebla. Se trataba de una hermosa mujer vestida con una túnica y un manto negros.

La mujer miró a la diosa con sus brillantes ojos negros y le habló. —Me gustaría competir contigo, pero no tengo un trineo.

—Puedes usar uno de los nuestros —dijo la diosa de las nieves al tiempo que una de las doncellas le ofrecía su trineo.

La extraña mujer tomó el trineo sin siquiera decir gracias. Luego, ella y Poliahu subieron a la colina mientras las doncellas las observaban desde abajo. La extraña mujer se deslizó como un rayo frente a ellas. No había duda de su habilidad con el trineo. Poliahu la siguió, y su trineo llegó más lejos.

—¡Este trineo no me queda bien! —dijo la mujer de ojos oscuros.

Una doncella más alta le ofreció el suyo. De nuevo, las competidoras subieron lentamente la colina. Y de nuevo se deslizaron como saetas. Aunque ambos trineos llegaron más lejos esta vez, Poliahu se mantuvo en primer lugar.

—¡Este trineo no sirve! —dijo la mujer con desprecio.

—Todos nuestros trineos sirven —dijo la diosa de las nieves secamente—. Competiremos de nuevo. Esta vez usarás mi trineo.

—Siempre he competido en pistas más largas —dijo la mujer—. Vamos más alto. Tú descenderás primero.

Después de intercambiar trineos, subieron hasta donde empezaba la nieve. La mujer esperó a que Poliahu se deslizara primero. Luego pisó con fuerza. La tierra se estremeció. Una grieta se abrió al final del sendero.

Las doncellas, que observaban desde abajo, perdieron de vista a su diosa detrás de la cortina de vapor que salió de la grieta. Rápidamente corrieron colina arriba.

Por un momento el vapor pareció desvanecerse y las doncellas alcanzaron a ver que Poliahu se aproximaba a la grieta. Justo detrás de ella vieron a la mujer vestida de negro, quien conducía su trineo a toda velocidad. Horrorizadas, vieron cómo el vestido negro de aquella mujer se había tornado rojo y sus ojos se habían encendido como brasas ardientes. ¡Entonces se dieron cuenta! ¡Aquella mujer era Pele, la diosa de los volcanes!

La mujer dio otro golpe con el pie en la tierra. Las doncellas sintieron la lava ardiente fluir debajo de la tierra en respuesta a aquella señal. La lava empezó a brotar de la grieta.

De inmediato, las doncellas elevaron sus brazos hacia la cima nevada y empezaron a cantar. El aire se heló cuando las diosas de las nubes grises se reunieron alrededor de Poliahu para auxiliarla. Mandaron nieve de la cima de la montaña que silbaba al chocar contra el suelo caliente. La candente lava se había extinguido.

Llena de furia, Pele lanzó un estruendoso alarido. La lava surgió de nuevo formando una hilera de furiosas fuentes en dirección de Poliahu.

Las doncellas de las nieves observaban la escena atemorizadas. No había forma de que Poliahu detuviera su trineo o saliera de su curso. La diosa se perdió en la pared de fuego.

Su manto dorado se cubrió de llamas. Luego de arrojarlo y saltar del trineo, la diosa de las nieves quedó envuelta por una refulgente blancura. El río dorado y rojizo que emanaba de las fuentes de fuego se aproximaba a ella. En la cresta del río estaba Pele. Poliahu esperó serena.

La diosa de los volcanes avanzó entre las llamas sin sufrir daño. Luego saltó del trineo y miró cara a cara a la joven que se había atrevido a desafiarla. La diosa de las nieves levantó su manto formando un arco. Una ráfaga de viento helado descendió de la montaña. Su cabello de plata y su brillante atuendo ondeaban detrás de ella.

La diosa de los volcanes se estremeció. Las fuentes ardientes se apagaron. El río de lava detuvo su flujo.

Con un grito, la diosa le ordenó a la lava:

—¡Devórala!

Y aunque las abrasadoras corrientes se habían extinguido, el río de lava aún fluía lentamente. Con su carga mortal, la lava llegó justo a los pies de la diosa de las nieves. En ese momento, ella abrió los brazos. El río de lava se dividió en dos, y ella permaneció en el centro sin sufrir daño. La lava continuó su lento avance hacia el mar, donde formó una larga franja de tierra llana, conocida en la actualidad como la Hoja de Lava.

La diosa de los volcanes miró incrédula lo que sucedía. Su manto rojo se tornó negro de nuevo y sus ojos encendidos se apagaron. Temblando de frío, la mujer desapareció tan misteriosamente como había llegado.

Las risas tintineantes llenaron el aire de nuevo cuando la diosa de las nieves y sus doncellas tomaron sus trineos y regresaron a su hogar nevado.

Pele nunca más regresó a los dominios de Poliahu en Mauna Kea, aunque continúa arrojando lava en el extremo sur.

Reflexionar y responder

¿Qué explicación da este cuento sobre los terremotos y los volcanes?

Hacer conexiones

Compara textos

1. ¿Por qué "Un atlas redondo" es apropiado para el tema de explorar nuevas ideas y lugares?
2. ¿Qué información puedes aprender si estudias los diagramas en la sección titulada "La Tierra impaciente"?
3. Explica cómo lograron los autores de "Un atlas redondo" y "Una extraña carrera de trineos" tocar temas similares pero de manera diferente.
4. ¿Cuál es la diferencia entre "Un atlas redondo" y los otros atlas que has usado antes?
5. ¿Qué otras dudas tienes acerca de la historia de la Tierra?

Escribe un mito

CONEXIÓN con la Escritura

Escribe un mito que explique uno de los cambios físicos descritos en "Un atlas redondo". Tu mito puede incluir animales que hablen o personajes imaginarios o fantásticos. Usa un mapa de un cuento para organizar tu mito antes de comenzar a escribir.

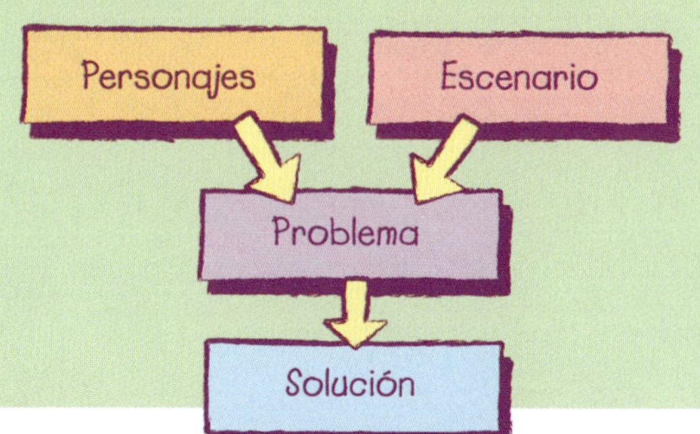

Haz un diagrama

CONEXIÓN con las Ciencias

"Un atlas redondo" incluye un diagrama que muestra cómo se mueven las placas y cómo cambian la superficie de la Tierra. Investiga en libros y en la Internet por qué el movimiento de las placas ocasiona sismos y terremotos. Luego crea tu propio diagrama en el que muestres lo que aprendiste.

Diseña un edificio

CONEXIÓN con las Ciencias/ las Artes

En cierta parte del mundo, los arquitectos están particularmente preocupados por mejorar la seguridad de los edificios durante los terremotos. Encuentra un modo que los arquitectos hayan aplicado para modificar el diseño de los edificios. Diseña un edificio para alguna región propensa a los terremotos y haz una lista de sus características. Muestra tu trabajo a tus compañeros.

Estructura del texto: Causa y efecto

Ya sabes que es importante poner atención a la organización del material en un texto de no ficción. "Un atlas redondo" está dividido en dos secciones, cada una con distintos encabezamientos e ideas principales. Con frecuencia, los autores organizan la información para mostrar de qué manera un evento o acción provoca que algo suceda.

- La **causa** es una acción o evento.
- El **efecto** es lo que sucede como consecuencia de la acción o evento.

A veces la oración principal de una sección o párrafo establece el efecto y, después, los detalles explican las causas. Vuelve a leer la sección *Una esfera de agua* de "Un atlas redondo". ¿Qué oración establece el efecto? ¿Cuáles son los detalles que establecen las causas?

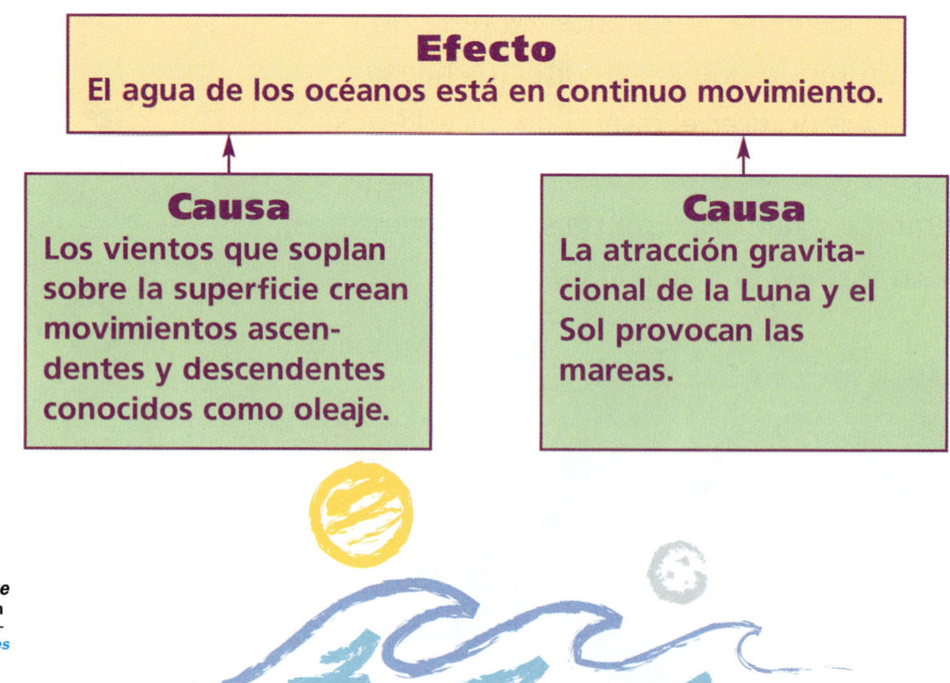

Visita *The Learning Site*
www.harcourtschool.com
Ve *Destrezas y Actividades*

Preparación para las pruebas

Estructura del texto: Causa y efecto

▶ **Lee el pasaje. Después responde las preguntas.**

Las personas le temen a los terremotos porque causan una terrible destrucción. Los edificios se debilitan con el movimiento de la tierra. Las estructuras que fueron construidas para soportar el impacto de un terremoto podrían desmoronarse. En lugares donde el suelo es de grava o arena, sacudir las partículas puede hacer que el suelo se transforme en barro, que puede provocar que los edificios se hundan. Otros desastres pueden ocurrir cuando, por ejemplo, una tubería de gas se rompe y los cables de electricidad se incendian. En áreas montañosas, los terremotos pueden desencadenar deslaves o avalanchas que producen un daño mayor.

1. ¿Qué puede provocar que un edificio se hunda durante un terremoto?

A sacudir las partículas de grava o arena

B tuberías de gas rotas

C estructuras débiles

D deslaves o avalanchas

Sugerencia

Encuentra la oración que trate acerca del hundimiento de los edificios. ¿Qué describe esa oración?

2. ¿De qué trata este pasaje en su mayoría?

J las causas de los terremotos

K los efectos de los terremotos

L las medidas de seguridad que deben tomarse durante un terremoto

M mantener la calma durante un terremoto

Mira el párrafo completo. ¿Qué clase de hechos se usaron para escribir el párrafo?

El poder de las palabras

¡Zambullida! Mis aventuras en la frontera de las profundidades

- flotación
- medidor
- acústico
- diversidad
- abundó
- rescate
- disipar

Algunos científicos, como la mujer que conocerás en la siguiente selección, se dedican a explorar cada rincón de nuestro mundo. Algunos incluso viajan hacia el espacio.

Estos astronautas flotan dentro de la cabina espacial porque en el espacio nada tiene peso. En la Tierra los astronautas se preparan para esto usando trajes de **flotación** dentro de albercas o profundas fosas llenas de agua. Uno de ellos tiene en su mano un **medidor** que le sirve para conocer la cantidad de aire que hay en la cabina. Después habrán de probar su sistema **acústico** para escuchar sonidos en el espacio.

Existe una gran **diversidad** de plantas y animales en los bosques tropicales de todo el mundo. Hubo un tiempo en que el tigre **abundó** ahí, pero debido a la gran destrucción en estos bosques, muchas especies están en peligro de extinción. Actualmente los científicos llevan a cabo operaciones de **rescate** para proteger las especies que quedan.

Cada año, científicos de todo el mundo visitan la Antártida. Algunos de ellos estudian la información obtenida a través de un enorme telescopio espacial. Otros se dedican a aprender por qué la capa de ozono que cubre la región antártica se ha empezado a **disipar**, es decir, está adelgazando.

CONEXIÓN
Vocabulario-Escritura

Entre la gran **diversidad** de especies que habitan los océanos, hay muchos animales que aún no conocemos. Imagínate que estás haciendo una visita al mar y que descubres un nuevo tipo de animal. Escribe una lista de las características que tendría esta especie.

NATIONAL
GEOGRAPHIC
SOCIETY

ABAJO y ADELANTE

Como un halcón que planea, nadé en las transparentes aguas azules frente a las costas de las Islas Bahamas. Un gran mero que nadaba por allí se quedó mirándome con sus enormes ojos marrones. Luego, con un suave movimiento de la cola, descendió por un cañón submarino. Anhelaba seguirlo, pero consulté el reloj y el medidor de profundidad. Me encontraba a 120 pies y había estado sumergida durante 15 minutos. Si permanecía allí más tiempo, tendría que realizar una descompresión (detenerme en el camino para disipar gradualmente el nitrógeno comprimido acumulado en mi torrente sanguíneo). El suministro de aire era muy limitado para gastar el tiempo en semejante operación, así que con un suspiro de resignación, volví a la superficie. Soñaba con encontrar la manera de alcanzar las grandes profundidades del mar.

Poco después, tuve conocimiento de un nuevo traje de buceo llamado Jim. Se parece a los trajes que visten los astronautas en el espacio. Los buzos comerciales lo usan para operaciones de rescate submarino o para dar mantenimiento a las plataformas petroleras. Así que pensé que los científicos también podrían utilizarlo para explorar y realizar investigaciones.

En este traje de buceo, llamado Jim, descendí 1,250 pies de la luz del sol hacia la oscuridad. Al tocar fondo, abandoné la plataforma sujeta al pequeño submarino Star II.

Jim es el nombre de la primera persona que estuvo dispuesta a ponérselo: Jim Jarrett. En un tanque especial del sur de California, aprendí cómo ponerme y quitarme el pesado traje de mil libras, cómo ajustar el casco y cómo moverme.

Al nivel del mar, el peso de la atmósfera ejerce una presión de 14.7 libras sobre cada pulgada cuadrada de cualquier objeto que se encuentre por debajo, incluidos nosotros. Esa presión, denominada "una atmósfera", se duplica al alcanzar una profundidad de 33 pies bajo el agua y aumenta en 14.7 libras por pulgada cuadrada (otra atmósfera de presión) por cada 33 pies adicionales de descenso. Sin embargo, en el interior de Jim la presión es igual que en la superficie: una atmósfera.

Después de semanas de preparativos, llegó el momento de poner a prueba la utilidad de Jim en investigaciones científicas.

Sujeta con correas al frente de un pequeño submarino, *Star II*, descendí dentro de Jim a través de una superficie profusamente iluminada hacia las azules profundidades que, finalmente, se volvieron negras. Al alcanzar 1,250 pies, el submarino y yo tocamos fondo con un suave golpe. En ese momento, se soltó una de las correas que me sujetaba.

Me adentré en un bosque de corales de bambú que parecían bigotes. Las luces del pequeño submarino iluminaban un sonrosado abanico de mar y observé brillantes

cangrejos rojos que nadaban y se colgaban de él, como camisas secándose en el viento de las profundidades marinas. Un cangrejo de color claro, tan grande como un gato, se arrastró hacia el haz de luz y se detuvo para observar a la extraña criatura de piernas articuladas que en nada se parecía a lo que había encontrado anteriormente: yo.

Para fines prácticos, podría decir que me encontraba en la luna, excepto porque en nuestro satélite no hay corales rosados, cangrejos de brillante color rojo o con aspecto de gato.

Es posible que haya seres vivos en otras partes del universo, quizás en Marte, donde alguna vez abundó el agua. Tal vez haya vida en Europa, una de las lunas de Júpiter donde se han descubierto océanos. Pero podemos afirmar, con absoluta certeza, que en ninguna parte, ni siquiera en los bosques tropicales más ricos de nuestro planeta, encontraremos una mayor diversidad de animales, plantas y vida microscópica que en el vasto reino de aguas saladas de la Tierra.

Para ponerme el traje (arriba), tuve que entrar por la parte superior de Jim. Luego, sujeta a una plataforma del submarino Star II, *descendí al fondo del mar. Para regresar a la superficie , volví a sujetarme al* Star II *y dejé que me remolcara.*

Se conocen más de 30 grandes divisiones de animales, y todas están representadas de alguna manera en el mar: desde esponjas y anémonas hasta diversas variedades de hermosos gusanos y moluscos; desde estrellas de mar y sus parientes hasta animales de musgo, conchas de lámpara y criaturas vertebradas: peces, tortugas, ballenas e incluso aves acuáticas. Sólo la mitad de estas especies existe en tierra firme, pero en una misma zambullida a menudo encuentro más de dos docenas.

Aunque me entusiasmaban las exploraciones que podía realizar con Jim, no dejaba de preguntarme: ¿Por qué parar a 1,250 pies? Después de todo, el mar tiene una profundidad promedio de dos y media millas hasta más de 13,000 pies. ¿Por qué no

Como un extraterrestre en su nave espacial, esta anémona se desplaza impulsándose en el agua.

utilizamos equipos de una atmósfera, como Jim, para recorrer las regiones más profundas del mar, por ejemplo, el lecho de la Fosa Mariana, al este de las Islas Filipinas, con una profundidad de siete millas?

Es asombroso que sólo dos personas, en la historia de la humanidad, hayan visitado ese sitio. Su sistema de buceo era el batiscafo *Trieste.* Y la histórica zambullida ocurrió en 1960, nueve años antes que el primer hombre llegara a la luna. Desde entonces, docenas de personas han abandonado la atmósfera terrestre como astronautas; nuestros instrumentos han aterrizado en Marte y en los límites del espacio, las cámaras han inspeccionado los rincones más apartados del sistema solar. Entre tanto, nadie ha dirigido su atención hacia las profundidades del mar y todavía no hay sumergibles que puedan realizar un viaje de ida y vuelta hasta el fondo de los océanos.

Yo deseaba explorar las regiones más profundas del mar, pero el *Trieste* ya no estaba funcionando. Para alcanzar mi objetivo, tendría que idear algo nuevo.

Describí el problema a un amigo ingeniero, Graham Hawkes, quien ayudó a modernizar a Jim para realizar trabajos en las plataformas petroleras mar adentro. Al principio, Graham explicó por qué era imposible construir mi "submarino de ensueño".

"El mayor problema es la presión", señaló. "Podrías construir un sumergible de metales como acero o titanio. Ambos son muy resistentes, pero no transparentes. Además, para descender a gran profundidad, la mejor forma no es algo que cubra brazos y piernas, como Jim. Lo mejor sería una esfera, porque la presión se distribuye en forma homogénea".

Como aves en un bosque, las azules damiselas revolotean entre las enmarañadas ramas de una esponja frente a las costas de Bonaire, en las Antillas Holandesas.

"El vidrio sería el material perfecto, porque viajarías en el interior de una burbuja transparente; no necesitarías ventanas. Podrías utilizar un tipo de plástico acrílico transparente, el mismo material que se utiliza para formar las gruesas ventanas de los gigantescos tanques de un acuario".

Analizamos otros problemas. En muchas regiones costeras, la luz penetra unos cien pies bajo la superficie, y aun en aguas muy claras, reina una total oscuridad al descender a 1,500 pies. Mi intención era bajar mucho más que eso y bucear por la noche, cuando algunas criaturas muy especiales se encuentran en actividad.

"Aun con luces" me recordó Graham, "es imposible ver a lo lejos bajo el agua. Necesitarás un sistema acústico (sonar), como el que tienen los delfines y las ballenas naturalmente, para 'ver' con sonidos".

"Sería fácil añadir uno", afirmé. "¿De qué otra cosa debemos preocuparnos"?

"Para estar protegida, necesitarás un suministro adicional de aire, ¿y has pensado en los brazos? Los de Jim no funcionan por debajo de 1,500 pies. ¿Qué tal unos brazos mecánicos"?

Cuanto más hablábamos, más real se volvía la idea.

Lo primero sería desarrollar un diseño básico. El punto de partida más lógico era construir un pequeño sumergible transparente y esférico, con brazos mecánicos y una generosa cantidad de aire.

Muy pronto, *Deep Rover* dejó de ser un sueño para empezar a convertirse en una realidad.

Graham y yo fundamos una compañía de submarinos y encontramos un gran aliado en Phil Nuytten, colega explorador. Después de cuatro años y un trabajo agotador, pude ver a través del domo curvo de acrílico transparente del primer *Deep Rover*. Nuestra empresa, Deep Ocean Engineering, construyó el diminuto submarino; la compañía de Phil, Can Dive Services, era la propietaria. Graham, Phil y yo fuimos los primeros en usar el vehículo para inmersiones de gran profundidad: hasta 3,000 pies. Todavía faltaba mucho para bajar siete millas, pero íbamos en la dirección correcta.

Cuando descendí a las sombras marinas frente a la costa de San Diego, California, miles de diminutas criaturas envolvieron la esfera del *Deep Rover*, emitiendo destellos luminosos

Exploré los profundos arrecifes de las Bahamas en el sumergible Deep Rover, *la nave de mis sueños.*

Las luces de un sumergible iluminan un profundo arrecife de las Bahamas.

de color azul verde. Es como flotar en una galaxia, pensé. Era el único ser humano, y me hallaba rodeada de seres vivos cuya existencia desconocía la mayoría de los miembros de mi especie.

Alargué una mano para girar la válvula que ajustaba la flotación del *Deep Rover* y permanecí en ese sitio durante algún tiempo, flotando como una de las gelatinosas criaturas que había ido a conocer. Si encendía las luces, podía ver minúsculas anémonas, pequeños camarones, el destello plateado de un pez intrigado y la traslúcida silueta de un pulpo moteado que se había adherido al exterior de la esfera. Al apagarlas, podía admirar los destellos de bioluminiscencia que generaban las criaturas que pasaban a mi lado: diminutos ingredientes, como piedras preciosas, en una inmensa sopa viviente. Volví a ajustar la flotación y continué el descenso, preguntándome qué encontraría en las profundidades.

Al aproximarme al punto máximo de descenso, encendí las luces del submarino y pude ver un cieno suave y pardo, con las madrigueras y los montículos de numerosas criaturas que habitan en el fondo del mar. Traté de tocar fondo con suavidad para no alterar a los residentes locales, y al hacerlo algo en el fondo pareció relucir con las luces del submarino; algo plateado con una tonalidad rojiza.

En el interior del Deep Rover II, *diseñado para dos tripulantes, pude admirar la vida marina entre las Islas del Canal, en California.*

Me aproximé con mucha cautela, pues no quería ahuyentar a la extraña criatura. Muchos peces de las profundidades se mueven con lentitud y la mayoría se sobresaltaría con la deslumbrante luz del submarino. Aquella cosa no se movió y, muy despacio, alargué un brazo mecánico con el manipulador. El reluciente objeto plateado rojizo permaneció inmóvil, y contuve el aliento mientras cambiaba el ángulo de las luces. De pronto descubrí lo que era. ¡Una lata de refresco!

No me sorprendió mucho. Las cosas que arrojamos al mar no desaparecen sin dejar rastro; los objetos se depositan en el algún sitio, perdiéndose de vista, pero sin desvanecerse. Algunos restos de basura se transforman poco a poco en los hogares de esponjas y pequeños peces, como si fueran naufragios marinos en miniatura, pero en ese instante sentí el impulso de disculparme en nombre de mi especie, por arrojar desperdicios sobre las confiadas comunidades del fondo.

Reflexionar y responder

1. ¿Cuál fue el problema principal que evitaba que la autora explorara la **diversidad** de vida en las partes más profundas del mar?
2. ¿Cómo te ayudaron las fotografías y las leyendas mientras leías la selección?
3. ¿Por qué crees que la autora compara la exploración debajo del mar con la exploración del espacio?
4. Después de leer esta historia, ¿te gustaría ser un explorador debajo del mar? Explica tu respuesta.
5. ¿Qué estrategias utilizaste para ayudarte a entender esta selección? ¿Cuándo las usaste?

CONOCE A LA AUTORA

Sylvia Earle

Sylvia Earle es una de las oceanógrafas más sobresalientes del mundo. Ha viajado a los más profundos valles del mar, descubriendo nuevas formas de vida en el camino. La fama de Earle aumentó cuando dirigió un equipo de investigadoras femeninas las cuales vivieron a 50 pies debajo del mar durante dos semanas. Esta expedición debajo del mar intensificó su apreciación por los tesoros del mar. "He cambiado para siempre porque viví debajo del mar durante dos semanas en 1970. Ojalá que todos pudieran ir a vivir debajo del mar tan sólo por un día", dijó ella.

Cuando Sylvia Earle habla con la gente joven, ella los anima con estas palabras: "Cualquier persona puede ponerse una placa mágica en la cara y meterse al mar. Hay tanto nuevo que encontrar. Espero que todos ustedes puedan ir ahí".

Visita *The Learning Site*
www.harcourtschool.com

Género
Artículo de revista

Ellos siempre

tomado de la revista **Contact Kids**

Cuando Curry y su equipo no están en un arrecife de coral, lo más probable es que se encuentren en el sitio de algún naufragio histórico.

están mojados

Richard Curry casi siempre está mojado. Eso se debe a que ¡95 por ciento de su trabajo "de oficina" se realiza bajo el agua! Biscayne es uno de cinco parques acuáticos nacionales en Estados Unidos. Curry pasa gran parte de su tiempo estudiando y reparando los daños a los arrecifes de coral de estos parques, que son el hogar de muchos peces, plantas y otras formas de vida marina.

Muchos elementos pueden dañar los arrecifes de coral. "Las anclas de los barcos causan los mayores daños", explica Curry a CONTACT KIDS. Los anzuelos de los pescadores, los harpones y los residuos que arrojan los botes al mar también afectan seriamente al coral.

Si un arrecife de coral sufre daños, se produce un grave problema para todo el ecosistema marino. La tarea de Curry consiste en evitar que esto suceda. Para revertir los efectos dañinos, Curry creó un programa de recuperación de los arrecifes de coral.

Sin embargo, hacer crecer el coral no es tarea fácil. Primero, Curry coloca pirámides de concreto en miniatura bajo el agua. Luego pega en las pirámides el coral dañado. Cuando el coral madura, Curry lo une a un arrecife natural.

Hasta el momento, este programa ha sido un éxito. "¡En uno de los sitios restaurados, el coral mostró un índice de 100 por ciento de supervivencia!", dice Curry como un padre orgulloso.

Curry se dispone a construir una enfermería de corales.

Curry y un compañero colocan una pirámide en su sitio.

Reflexionar y responder

¿Cómo realiza Curry el proceso de recuperación de corales?

Hacer conexiones

Compara textos

1. ¿De qué manera "¡Zambullida! Mis aventuras en la frontera de las profundidades" se relaciona con el tema Mundos en expansión?
2. ¿Cómo es diferente el tono narrativo que usa la autora en la introducción con relación al tono del resto de la selección?
3. Compara las razones de Richard Curry en "Ellos siempre están mojados" y Sylvia Earle en "¡Zambullida!" para pasar tanto tiempo de sus vidas debajo del agua.
4. ¿En qué se parece "¡Zambullida!" a "Vaqueros: Rodeo en un rancho estadounidense" o a alguna otra selección de no ficción que hayas leído? ¿En qué son distintas?
5. ¿Qué te gustaría preguntar a Sylvia Earle?

Escribe una historia de ciencia ficción

CONEXIÓN con la Escritura

Piensa en los retos que Sylvia Earle enfrentó durante su aventura en las profundidades del mar y escribe una historia de ciencia ficción que se desarrolle en el futuro y trate sobre exploradores que viajen al fondo del océano. Organiza tus ideas en un mapa de un cuento.

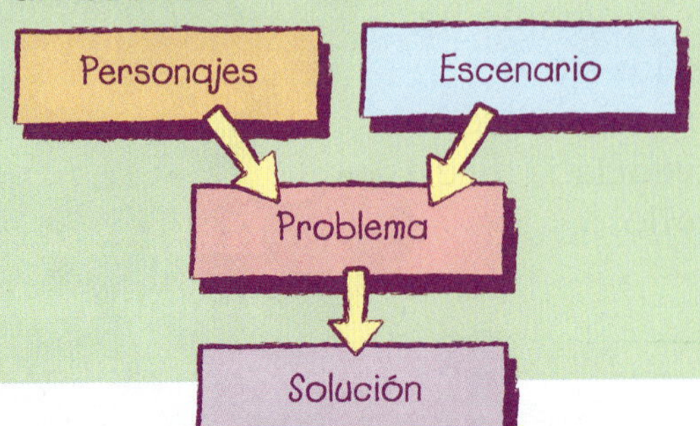

Haz una gráfica circular

Investiga en algún almanaque las superficies de cada uno de los cuatro océanos: Pacífico, Atlántico, Índico y Ártico. Suma las cifras para determinar la superficie total de los océanos del planeta. Con una calculadora determina el porcentaje de la superficie de cada océano. Anota tus datos en una gráfica circular.

CONEXIÓN con las Ciencias/ las Matemáticas

Superficies de los océanos del planeta

PACÍFICO

Haz un cartel

Trabaja con un compañero para hallar información sobre la manera en que plantas, peces y otras formas de vida marina dependen entre sí en el Parque Nacional Biscayne. Después elabora un cartel para una campaña publicitaria para proteger este ecosistema submarino. Muestra tu cartel en la clase. Describe los otros elementos que incluirías en tu campaña publicitaria.

CONEXIÓN con las Ciencias

Hecho y opinión

La autora de "¡Zambullida! Mis aventuras en la frontera de las profundidades" utiliza muchos hechos para respaldar sus opiniones acerca de la exploración subacuática.

- Un **hecho** es algo que se puede comprobar. Es una afirmación basada en evidencia directa que dice lo que realmente pasó o cuál es en realidad el asunto.
- Una **opinión** es lo que alguien piensa acerca de un tema. Es la expresión de una creencia, juicio o sentimiento. Las puedes identificar cuando veas palabras o frases clave como *creo que, pienso que, probablemente, tal vez o quizás*. Las palabras descriptivas como *increíble, hermoso e importante* también indican una opinión.

Aunque las opiniones no se pueden comprobar, le permiten al lector comprender mejor al autor. Las opiniones son especialmente valiosas si el autor es un experto en la materia.

Esta gráfica muestra la opinión que expresa Sylvia Earle en el segundo párrafo de la página 631 y los hechos que apoyan la opinión.

Hechos

Tuve conocimiento de un nuevo traje de buceo llamado Jim.
Se parece a los trajes que visten los astronautas en el espacio.
Los buzos comerciales lo usan para operaciones de rescate submarino o para dar mantenimiento a las plataformas petroleras.

↓

Opinión

Así que pensé que los científicos también podrían utilizarlo para explorar y realizar investigaciones.

Visita *The Learning Site*
www.harcourtschool.com

Ve Destrezas y Actividades

Preparación para las pruebas

Hecho y opinión

▶ **Lee el pasaje. Después contesta las preguntas.**

Los oceanógrafos son científicos que estudian los océanos, incluyendo las criaturas y plantas que ahí viven. En su vida diaria, utilizan muchos instrumentos diferentes. Por ejemplo, un tipo especial de embarcación llamado buque de investigaciones les permite recolectar peces y plantas para su estudio, así como explorar el fondo del océano.

Los oceanógrafos usan también un aparato llamado ecosonda, que mide la profundidad del océano y crea un mapa del fondo oceánico. Ciertos oceanógrafos llamados biólogos marinos estudian plantas y animales que viven en los océanos de todo el mundo. La información que los oceanógrafos han descubierto es muy valiosa porque permite a las personas apreciar y proteger el mundo submarino.

1. En el pasaje, ¿cuál de las siguientes es una *opinión*?

A Los científicos que exploran los océanos se llaman oceanógrafos.

B Una ecosonda mide la profundidad del océano.

C La información que han descubierto los biólogos marinos es muy valiosa.

D Un biólogo marino es un tipo de oceanógrafo.

Sugerencia

Para identificar una opinión, pregúntate: ¿la afirmación se puede comprobar o es sólo el modo de pensar de alguien?

2. ¿Estás de acuerdo con la opinión del autor? Apoya tu opinión con hechos del pasaje.

Sugerencia

Evalúa la información del pasaje. ¿Te convence lo suficiente como para que estés de acuerdo con el autor?

El poder de las palabras

Quiero ser astronauta

manipular
maniobras
navegación
misión
instalaciones
simular

La gente siempre trató de volar, pero hasta hace poco tiempo nadie lo había logrado. En los últimos 100 años la gente por fin salió de tierra firme. Cada vez vuela más y más alto, incluso hasta llegar al espacio.

Este globo vuela con muy poca tecnología. Para subir y bajar, el piloto debe **manipular** la temperatura dentro del globo: si quiere subir, lo calienta; si quiere bajar, lo enfría. Los controles le permiten al piloto hacer **maniobras** para dirigir el rumbo del globo.

Este viejo modelo de aeroplano tenía dos pares de alas. Los pilotos controlaban el rumbo, o **navegación**, del avión, desde un lugar abierto justo en medio de la nave. Este aeroplano tenía una importante **misión**: entregar el correo.

Hoy en día la gente puede aprender a volar aviones en las escuelas de aviación. Estas **instalaciones** están muy bien equipadas con aviones e instructores. Algunas de ellas meten a los alumnos en una máquina para **simular** o imitar un vuelo real. Así pueden practicar sin salir de tierra firme.

CONEXIÓN
Vocabulario-Escritura

Imagínate que eres un astronauta en preparación para una **misión** en el espacio. Escribe una página en tu diario en la que cuentes cómo te sientes al respecto de tu aventura hacia lo desconocido.

Autoras premiadas

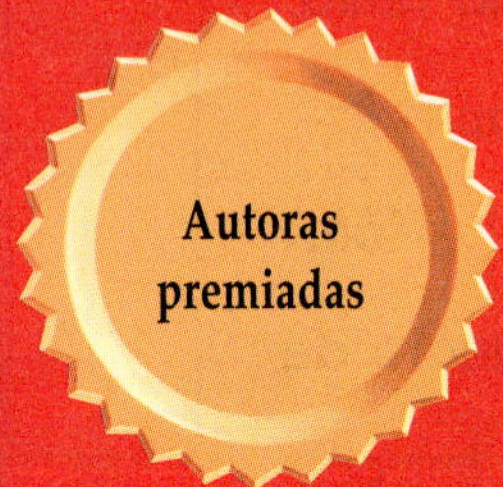

Género

No ficción explicativa

Un cuento de no ficción explicativa presenta y explica información o ideas.

En esta selección, busca

- **información sobre actividades de la vida real.**
- **secciones divididas por encabezamientos.**

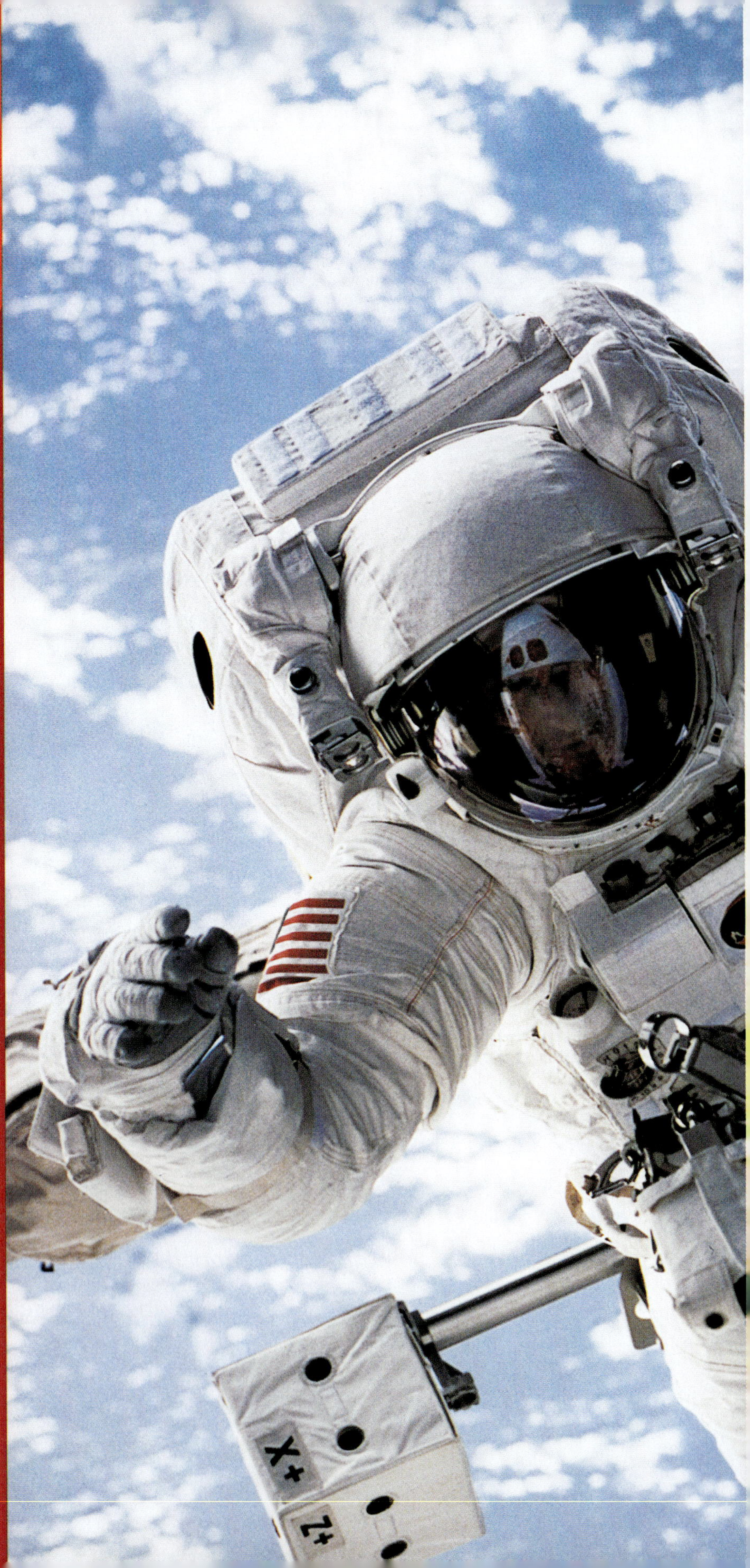

Quiero ser astronauta

texto de Stephanie Maze y Catherine O'Neill Grace

POR DÓNDE EMPEZAR

¿Puedes visualizarte en un traje espacial? ¿Sueñas con viajar en el espacio o visitar otros planetas? ¿Puedes imaginarte abordando un transbordador espacial?

Bernard A. Harris y C. Michael Foale tuvieron sueños parecidos que se hicieron realidad. Estos astronautas despegaron en el transbordador espacial *Discovery* en 1995. En esta imagen, Harris (arriba) y Foale se encuentran a punto de abandonar el transbordador en órbita para realizar algunas actividades extravehiculares (EVA, por sus siglas en inglés). Esto significa que se disponen a salir del vehículo para una caminata espacial, protegidos con trajes espaciales de alta tecnología.

En aquel vuelo, Harris fue comandante de la tripulación y Foale, un especialista de misión. Los miembros de la tripulación son científicos o ingenieros que realizan y analizan experimentos durante una misión. Los especialistas de misión son astronautas técnicos/científicos que también realizan experimentos durante el vuelo y trabajan con los pilotos para que el transbordador funcione perfectamente.

Si anhelas volar un transbordador o supervisar experimentos a bordo, necesitas prepararte bien tomando cursos de matemáticas y ciencias. Estos dos astronautas estudiaron mucho para ingresar en el programa espacial. Harris obtuvo un doctorado en medicina de la Universidad Tecnológica de Texas. Foale recibió un doctorado en astrofísica de la Universidad de Cambridge, Inglaterra.

La educación es indispensable para los astronautas. Las áreas de entrenamiento incluyen matemáticas, astronomía,

ingeniería, geología, química, biología, física y electrónica. Aunque no necesitas ser un atleta de campeonato, el acondicionamiento físico también es fundamental. Debes estar en estupendas condiciones para salir al espacio, así que prepara tu cuerpo con alimentos sanos y mucho ejercicio.

LA VIDA EN EL ESPACIO

En el espacio debes cuidarte de la misma manera que lo haces en la Tierra, aunque allá es más difícil. A la derecha, el astronauta William B. Lenoir, especialista en ingeniería eléctrica, prueba suerte como peluquero. En la imagen, recorta las patillas del piloto del transbordador espacial *Columbia*, Robert F. Overmyer, durante una misión realizada en 1982. A bordo del *Endeavour*, en 1992, el astronauta japonés Mamoru Mohri (abajo) limpia su cabello con champú seco.

Lavar tu pelo y dientes, comer un bocadillo, ir al baño, hacer un poco de ejercicio o tomar una siesta parecen actividades de lo más comunes y corrientes, ¿no crees? Ahora bien, ¿qué te parecería realizar estas tareas cotidianas sin gravedad, cuando tu cuerpo no tiene peso, y tampoco los utensilios que necesitas? Tal es el desafío que cada día enfrentan los astronautas durante una misión. Utilizan un montón de correas para sujetar las cosas. ¡Incluso el inodoro tiene cinturón de seguridad!

Por supuesto, la ingravidez también resulta divertida. En ocasiones, los astronautas bromean un poco para relajarse. Una noche de 1993, antes de acostarse a dormir en el transbordador espacial *Discovery*, los astronautas Daniel W. Bursch y Frank L. Culbertson decidieron jugar una broma para la cámara mientras

se lavaban los dientes (abajo). No, Culbertson no está parado de cabeza. ¡Sino que flota de cabeza! Al fondo puedes ver los tirantes de sujeción unidos a la pared. Esos tirantes evitan que los astronautas floten por la cabina mientras duermen.

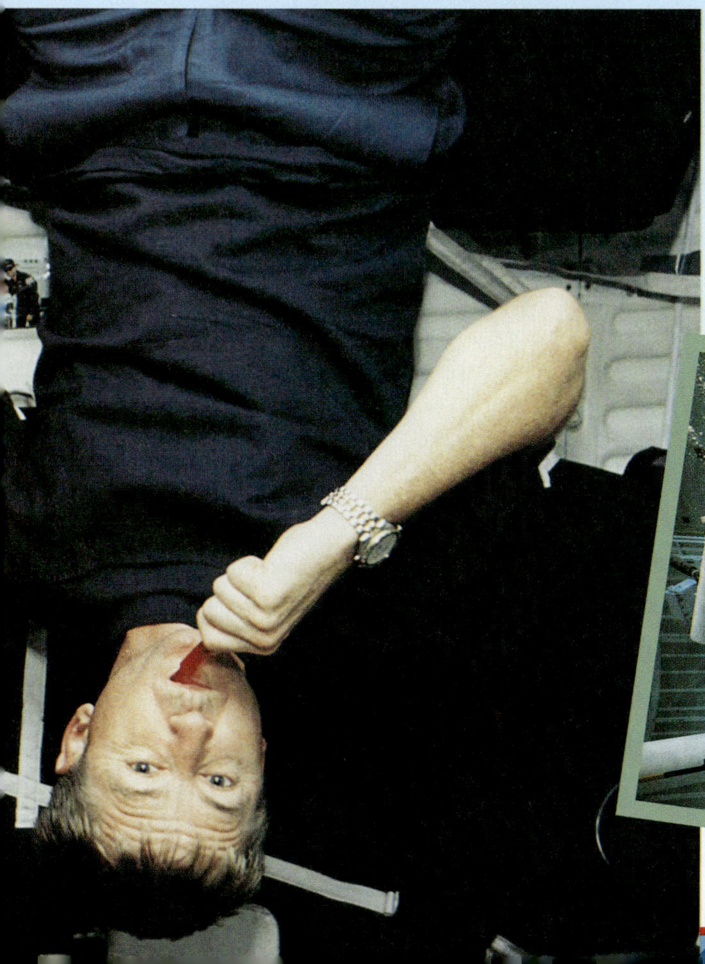

EL ENTRENAMIENTO DE ASTRONAUTA

Debes entrenarte muchos años para ser astronauta. Después de la selección, los aspirantes reciben capacitación en instalaciones especiales de Texas, Alabama y Florida. En las Instalaciones de Entrenamiento para Ambientes de Ingravidez del Centro Espacial Lyndon B. Johnson, en Houston, las personas que reciben capacitación aprenden todo lo necesario para desempeñar tareas extravehiculares con absoluta precisión en la ingravidez del espacio. Los aspirantes a astronautas visten unidades de movilidad extravehicular (EMUs, por sus siglas en inglés) —trajes que les permiten sobrevivir fuera de la nave espacial— para practicar la misión de reparación del Telescopio Espacial Hubble (foto inferior). Parece que estuvieran en el espacio, pero no es así. Las burbujas y el buzo que ves al fondo son indicios de que se encuentran bajo el agua. Las condiciones de trabajo en una piscina gigantesca son similares a las del espacio. De este modo, los astronautas aprenden a realizar maniobras y manipular herramientas dentro de los voluminosos trajes espaciales.

Los viajes en un avión de propulsión a chorro modificado permiten que los astronautas en entrenamiento experimenten la sensación de ingravidez, aunque sea unos segundos. El avión produce ingravidez al lanzarse en picado desde una altura de entre treinta y cinco mil y veinticuatro mil pies. *¡Zum!* Durante la caída, los pasajeros experimentan ingravidez durante unos veinte segundos. Uno de los efectos colaterales de esta parte del entrenamiento es el mareo. Algunos astronautas también sufren esa reacción durante una misión, en condiciones de ingravidez. Pero pronto se acostumbran y vuelven a sentirse bien después de un tiempo. Durante el entrenamiento, se lanzan en picado hasta cuarenta veces al día. Después de eso, ¡un paseo en la montaña rusa debe parecerles cosa de niños!

Los astronautas deben prepararse para las distintas situaciones que podrían suscitarse si la nave aterrizara lejos de un centro espacial completamente equipado. Abajo, la astronauta Mae C. Jemison, quien en 1992 se convirtió en la primera estadounidense de origen africano en viajar al espacio a bordo del transbordador espacial *Endeavour*, participa en una práctica de supervivencia en tierra. Los aspirantes deben aprender salto en paracaídas, buceo y algunas otras habilidades de supervivencia marina. Cuando al fin despegan, están listos para enfrentar casi cualquier cosa.

Charles F. Bolden, Jr. y Steven A. Nesbitt, de la NASA, practican la rutina para verificar la lista de control en un simulador de cabina de transbordador.

LA EDUCACIÓN Y EL ENTRENAMIENTO

No necesitas ingresar en la universidad para aprender más sobre las ciencias del espacio. Pregunta a tu maestro o director sobre los Centros de Recursos de Enseñanza de la Administración Nacional de Aeronáutica y el Espacio (NASA, por sus siglas en inglés), programa no lucrativo que proporciona material informativo del programa espacial a escuelas, incluyendo grabaciones en video, transparencias, software para computadoras y otros. Muchos centros de vuelo espacial, universidades y museos de ciencia y tecnología ofrecen programas prácticos para jóvenes y niños. En la parte superior derecha, unos estudiantes de la escuela secundaria E. Brooke Lee de Silver Spring, Maryland, se prueban un traje espacial en el Centro de Vuelos Espaciales Goddard de la NASA, en Maryland. Goddard fue el primer laboratorio importante en Estados Unidos dedicado al estudio de los vuelos espaciales. Entró en operación en 1959. Otros estudiantes de la escuela primaria Patrick Henry de Arlington, Virginia (centro, derecha) construyen satélites espaciales con papel de aluminio en clase. Estos chicos también participan en el programa Jóvenes Astronautas.

La estudiante Liana Lorigo manipula un robot lunar que construyó en el Laboratorio de Inteligencia Artificial del Instituto Tecnológico de Massachusetts.

Un chico aprende a utilizar una estación de control de misiones en un campamento espacial de Huntsville, Alabama.

Jóvenes Astronautas es un programa nacional con sede en Minnesota. Ofrece a las escuelas de todo el país un plan de estudios espaciales muy interesante y divertido que incluye astronomía, vuelo, cohetes, misiones de transbordador y vida en el espacio. En la imagen inferior, los estudiantes de tercer año del bachillerato Montgomery Blair de Silver Spring, Maryland, aprenden principios básicos de física construyendo una catapulta para lanzar monedas.

LOS PROGRAMAS DE APRENDIZAJE

Un campamento suele ofrecer actividades como artesanías, natación o sentarse alrededor de una fogata para contar historias, ¿cierto? Pues olvídate de eso en un campamento espacial. Allí recibirás entrenamiento de supervivencia en agua para astronautas, aprenderás a lanzar tu propio cohete a escala y participarás en una misión simulada del transbordador espacial.

Hay varios campamentos espaciales en Estados Unidos. Dos de los más conocidos se localizan en el Centro Nacional Espacial y de Cohetes en Huntsville, Alabama y cerca del Centro Espacial Kennedy de la NASA, en Florida. En el campamento espacial aprenderás todo lo referente al programa espacial y la ciencia del vuelo espacial. No obstante, tales programas abarcan mucho más que eso. Un campamento espacial hace énfasis en el trabajo de equipo y la capacidad para resolver problemas, habilidades indispensables para los astronautas.

Los estudiantes de Charleston, Carolina del Sur, que participaron en el programa Puedo Hacerlo de la NASA, enviaron al espacio experimentos reales a bordo de un transbordador. Para ello, utilizaron una de las latas denominadas "Fuga Especial" (GAS, por sus siglas en inglés) que proporciona la NASA para fines educativos y de investigación especiales. Su trabajo viajó al espacio, en 1993, a bordo del transbordador espacial *Endeavour*.

Un miembro de un campamento espacial experimenta con una silla de ingravidez.

Abajo, estudiantes del Centro de Investigaciones Ames de la NASA en Mountain View, California, usan gafas especiales para observar patrones de calor de fuentes dispersas en el universo.

EL CENTRO DE APRENDIZAJE CHALLENGER

En 1986, el transbordador espacial *Challenger* estalló setenta y tres segundos después del despegue. Siete astronautas perdieron la vida, entre ellos Christa McAuliffe, la primera maestra entrenada para un viaje espacial. Después del desastre, las familias de los siete astronautas no dieron la espalda al programa espacial. De hecho, fundaron un programa educativo en memoria de la tripulación del *Challenger*.

Dicho programa, denominado Centro Challenger, utiliza la exploración del espacio para interesar a los jóvenes en el estudio de ciencias, matemáticas y tecnología. También invita a los chicos a seguir una carrera que aplique esos conocimientos; por ejemplo, la de astronauta.

La experiencia del Centro Challenger se inicia en el salón de clases. Tripulaciones de estudiantes se preparan para simular una misión espacial. Realizan tareas de equipo en navegación, comunicaciones, soporte de vida y armado de sondas espaciales.

La misión se lleva a cabo en uno de veinticinco centros de aprendizaje ubicados en museos, escuelas y otras instituciones

Abajo, María Ibarra determina la presión arterial de Jacqueline Zacatales. Los astronautas necesitan observar sus cuerpos cuando salen al espacio, y lo mismo deben hacer los estudiantes en el Centro Challenger.

El tablero de vuelo del transbordador se convierte en la central de mando durante una misión simulada. Arriba, la experta en comunicaciones Trang Phan baja información de una computadora.

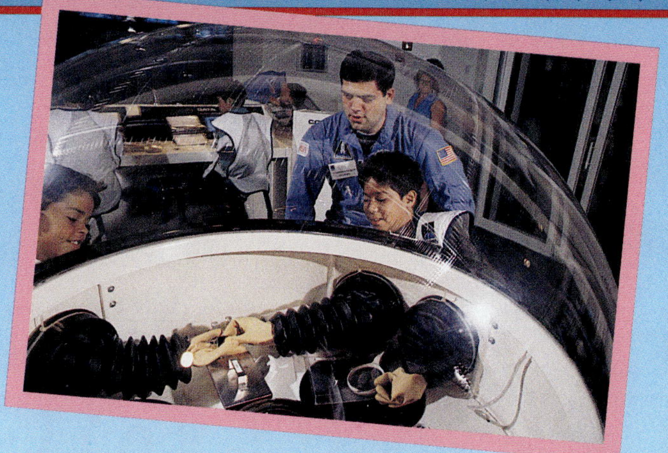

educativas de Estados Unidos y Canadá, incluido el Centro de Investigación, Desarrollo y Capacitación Challenger en Washington, D.C., donde fueron tomadas estas fotografías. Durante los vuelos espaciales simulados, los estudiantes pueden lanzar una sonda espacial hacia la cola de un cometa, aterrizar en la Luna, reproducir un equipo de investigación en Marte o estudiar el ambiente de la Tierra desde el espacio. También trabajan en controles de misión y a bordo de una réplica de una nave espacial. ¡Es una experiencia muy realista!

Los estudiantes de estas imágenes asisten a la escuela primaria Bailey para Artes y Ciencias en Fairfax, Virginia. Arriba, a la derecha, los compañeros John Paez y Michael Osorto trabajan en un laboratorio que utiliza guantes especiales y está libre de todo tipo de contaminantes. Allí examinan rocas y otras sustancias en busca de radiactividad y magnetismo. Entre tanto, Trang Phan actúa como especialista en comunicaciones para enlazar la estación espacial con el control de misiones.

Los miles de jóvenes que participan, cada año, en los programas del Centro Challenger comparten la misión de los astronautas del primer vuelo *Challenger* con el fin de aprender, explorar e inspirar.

Reflexionar y responder

1. ¿Cómo es diferente vivir en el espacio de vivir en la Tierra?
2. ¿Qué clase de información encuentras debajo de los encabezamientos de las páginas 648 a 652 comparada a la información debajo de los de las páginas 653 a 657?
3. ¿Cuál es el propósito del autor al escribir esta historia? ¿Cómo lo sabes?
4. Después de leer esta historia, ¿tienés interés en ser astronauta y participar en una **misión** en el espacio? Explica tu respuesta.
5. ¿Qué estrategia te ayudó a leer esta historia? ¿Cuándo la utilizaste?

Género
Artículo de revista

¿Cómo es la vida allá arriba?

Una entrevista con el astronauta Franklin Chang-Díaz

El astronauta Franklin Chang-Díaz pasó su infancia en Costa Rica tratando de imaginar cómo sería la vida en el espacio.

Sin embargo, descubrió que su imaginación se había quedado corta al observar la admirable belleza del planeta desde un transbordador espacial. "Nuestro planeta domina el panorama", dice Chang-Díaz. "Uno puede ver muchas formas en la superficie, pero nada se compara a contemplar la atmósfera de la Tierra. Es como una fina capa de polvo sobre una enorme joya de color azul. Parecería fácil limpiar el polvo . . . pero imagina las consecuencias. Eso me hace pensar en la fragilidad de la Tierra y lo mucho que necesita de nuestros cuidados. Todos somos ciudadanos del mundo y no sólo de un país en particular".

"Cuando viajas en un transbordador espacial y quieres admirar el cielo, tienes que usar gafas especiales de día", dice Chang-Díaz. En el transbordador, el sol se pone y se oculta cada cuarenta y cinco minutos. Para los astronautas es fácil confundirse con el constante paso del día a la noche, pero los astronautas están preparados para ello. "En la Tierra nos adaptamos a este tipo de condiciones mediante un programa de entrenamiento que nos expone a una luz muy intensa". Al ser expuestos a la misma cantidad de luz que experimentarán en el transbordador, los astronautas adaptan su organismo antes del despegue. "En la Tierra, las personas se rigen por un ritmo circadiano, que pasa del día a la noche en un ciclo completo", explica Chang-Díaz. "La gente se levanta cuando sale el sol y descansa cuando éste se pone. Ver salir y ponerse el sol con tanta frecuencia es una sensación muy extraña".

En el espacio, Chang-Díaz usa un reloj ajustado a la hora de Houston, la ciudad donde vive y donde se localiza el centro de control de los transbordadores. "Esto me ayuda a saber qué sucede en la Tierra", dice. En el espacio, su vida es organizada por los expertos del Centro Espacial Houston. Ellos hacen sonar una alarma en la computadora de Chang-Díaz, pero antes despiertan a todos los astronautas a bordo con una melodía especial. "Puede ser 'Feliz cumpleaños' o música country o una marcha marcial de una de nuestras escuelas. Les gusta mantenernos activos y animados". Más tarde el equipo de Houston presenta a los astronautas una serie de actividades conocida como plan de vuelo. "En él todos los miembros de la tripulación

Chang-Díaz a bordo del transbordador *Columbia*.

participamos en diversas actividades que incluyen el desayuno, el almuerzo y la cena". Pueden desayunar a bordo cuando en Houston es la una de la madrugada o irse a la cama a las cuatro de la tarde.

"Todo allá es inusual", comenta divertido Chang-Díaz, "pero es una experiencia muy estimulante".

Chang-Díaz dice que no cree que pueda permanecer en órbita más de tres meses, pero viajar a nuevos lugares en el espacio le parece una experiencia fabulosa. Soy un soñador. Anhelo viajar a otros planetas o estrellas. Estoy entrenado como físico, por lo que mi visión del tiempo y el espacio es diferente de la que se tiene en la Tierra.

Para mí la ciencia es una aventura de la imaginación. Me gusta ver cosas que tal vez nadie haya visto antes. ¡La idea de encontrar nuevas fronteras inexploradas, donde nadie ha estado antes . . . me parece grandiosa!"

Reflexionar y responder

¿Cuánto tiempo crees que aguantarías orbitando la Tierra? ¿Por qué?

Abordo del transbordador *Atlantis,* la astronauta Ellen S. Baker, un médico, revisa el flujo de sangre de Chang-Díaz.

Hacer conexiones

Compara textos

1. ¿De qué manera "Quiero ser astronauta" trata sobre personas que van más allá de su mundo cotidiano para alcanzar sus metas?
2. ¿Por qué libros como "Quiero ser astronauta" son útiles para las personas jóvenes?
3. Compara "Quiero ser astronauta" con "¿Cómo es la vida allá arriba?". ¿Qué diferentes perspectivas de ser un astronauta te muestra cada historia?
4. Si podrías enviar un correo electrónico a Franklin Chag-Diaz, ¿qué le preguntarías?
5. ¿Te gustaría estudiar ciencias del espacio en un campamento espacial o en el Centro Challenger?

Escribe un párrafo persuasivo

CONEXIÓN con la Escritura

Escribe un párrafo donde expreses tu opinión sobre la siguiente cuestión: ¿Deberían ofrecerse cursos de ciencias del espacio en tu escuela? Incluye razones que justifiquen tu punto de vista. Usa una red para organizar la idea principal y los detalles de apoyo de tu párrafo.

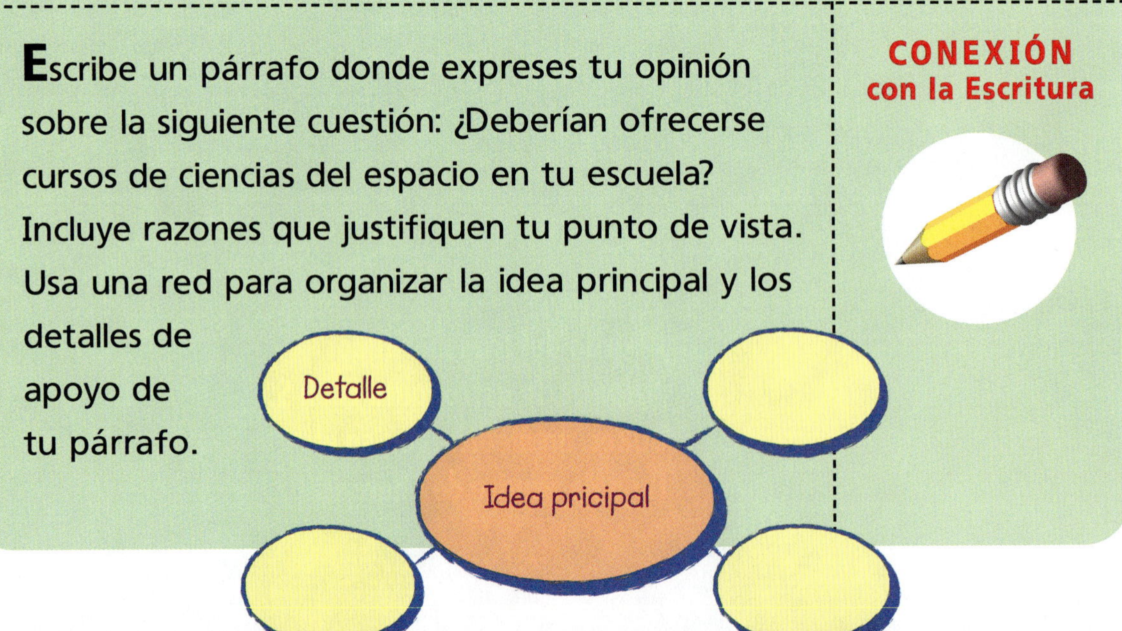

Haz una lista

CONEXIÓN con las Ciencias

Una razón que los astronautas viajan al espacio es para estudiar la Tierra desde una perspectiva distinta. Desde el espacio pueden apreciar cómo el sol es la mayor fuente de energía para la vida en la Tierra. Haz una lista de unas formas en que el sol afecta la superficie de la Tierra. Comienza tu investigación en algún libro de no ficción o cualquier otra fuente de referencia.

Representa una escena

CONEXIÓN con las Ciencias/ las Artes teatrales

Junto con dos compañeros más representen la vida y trabajo de los astronautas en el espacio durante una misión. Tomen detalles de la selección para que su representación sea realista. Representen su escena frente al resto de sus compañeros de clase.

Texto y estructura: Causa y efecto

Ya has aprendido que la información de un texto de no ficción se puede organizar de modo que muestre cómo un suceso o una acción provocan que algo más suceda. El autor puede establecer primero la causa y luego establecer el efecto. El autor puede también invertir el orden, estableciendo primero el efecto y luego la causa.

Vuelve a leer la sección "Centro de aprendizaje Challenger", que comienza en la página 655. ¿En qué te ayuda la organización de la información a comprender las relaciones de causa y efecto?

Causa
Creación del Centro de aprendizaje Challenger

Efecto	**Efecto**
Los estudiantes se entusiasman con la ciencia, las matemáticas y la tecnología.	A los jóvenes se les alienta a que usen las destrezas científicas, matemáticas y tecnológicas para que, por ejemplo, se vuelvan astronautas.

Visita *The Learning Site*
www.harcourtschool.com

Ve Destrezas y Actividades

Preparación para la prueba

Estructura del texto

▶Lee el pasaje. Después responde las preguntas.

Hay un gran problema en el espacio exterior y se llama "basura espacial". Puede ser que en el espacio haya más de 100,000 objetos fabricados por los humanos, los restos de miles de lanzamientos espaciales. Este problema se analizó seriamente en 1986, después que el transbordador espacial *Challenger* explotara durante su lanzamiento. Los oficiales de la NASA no querían que sucediera un accidente en el espacio. Sabían que los transbordadores podrían impactarse contra la basura espacial. Con frecuencia, las ventanas de los transbordadores se tienen que reemplazar debido a los daños provocados por pequeñas partículas de basura espacial. Los ingenieros agregaron un blindaje especial a las naves espaciales y crearon equipos de reparación que pudieran utilizar los astronautas. De cualquier manera, para resolver el problema necesitan desarrollarse métodos para eliminar los objetos de la órbita terrestre.

1. De acuerdo con el pasaje, uno de los efectos de la basura espacial es–

A el daño a las ventanas de los transbordadores espaciales

B más de 100,000 objetos fabricados por humanos

C miles de lanzamientos espaciales

D una nueva forma de solucionar el problema

Sugerencia

Elimina cualquier opción que sea una causa del problema. ¿Qué opción establece un efecto?

2. ¿Qué hecho causó que los oficiales de la NASA se empezaran a tomar en serio el problema de la basura espacial?

F Descubrieron nuevos objetos en el espacio.

G Querían construir una estación espacial.

H Los ingenieros le agregaron un blindaje especial a los transbordadores.

J La explosión del *Challenger*.

Sugerencia

Más de una afirmación puede ser cierta; sin embargo, sólo una responde la pregunta.

El poder de las palabras

Cibernauta

¿**T**e gusta navegar en la Internet? Antes de comprar algo, averigua cuál es el equipo de computación que más te conviene y aprende a usarlo.

módem
en línea
interactiva
enlazadas
transmisión
bombardeado

Cibertienda

Para celebrar la gran inauguración de Cibertienda, habrá una oferta especial. ¡Compra un **módem** hoy y aprovecha la oferta! Usa este sorprendente aparato para conectarte a la Internet. Tú puedes estar **en línea** y navegar en la Internet gratis de 9 a 5, sólo el 1° de junio, en nuestra tienda.

Conexiones, S.A.

Forma parte de la realidad **interactiva** en la que tu computadora será capaz de conectarse a cualquier parte del mundo. Aprende a enviar y recibir correos electrónicos. Averigua cómo usar páginas que estén **enlazadas** o lo que debes hacer si tu **transmisión** no se logra. ¡No esperes más!

Computéc

En la tienda Computéc no serás **bombardeado** con publicidad para que compres equipo que no necesitas. Lo que menos necesitas es alguien que te hable con cientos de palabras que no conoces. Queremos que encuentres la computadora perfecta para ti.

CONEXIÓN
Vocabulario-Escritura

Cuando estés **en línea** podrás encontrar un sin fin de páginas con la información que quieras. Si pudieras crear un sitio en la red, ¿de qué sería? Tómate unos minutos para apuntar algunas ideas.

Ciber

texto de Nyla Ahmad

ilustraciones de Martha Newbigging

Género

No ficción explicativa

Un cuento de no ficción explicativa presenta y explica información o ideas.

En esta selección, busca

- los pasos de un proceso.
- ilustraciones que hagan que los datos sean más interesantes.

nauta

Conectarse a la Internet es como entrar a un nuevo mundo. ¡La Internet te permite conocer personas de todas partes, enviar y recibir correo electrónico, ver videos, escuchar música y encontrar información interesante con un simple clic! Además, la Internet crece todos los días. Basta decir que desde que se escribió esta selección, han surgido nuevos avances en la tecnología de Internet. Lo que estás a punto de leer te ayudará a explorar este nuevo mundo . . . ¡y a convertirte en un cibernauta!

Adiós al correo caracol, Hola al correo electrónico

¿Has oído hablar del "correo caracol"? Es la manera antigua de enviar una carta: con lápiz, papel, un sobre y estampillas. ¿Por qué los cibernautas lo llaman correo caracol? Porque es m-u-u-u-y l-e-e-e-n-t-o. Por ejemplo, si deseas escribirle a un amigo en Francia, tienes que escribir la carta, ponerla en un sobre, escribir la dirección de tu amigo y pegar las estampillas. Luego tienes que caminar hasta el buzón más cercano, echar la carta —¡SUISHH!—, regresar a casa y esperar. Puedes esperar días enteros, quizá semanas, para que tu amigo reciba la carta, la lea y te escriba la respuesta.

Di "adiós, correo caracol, y hola, correo electrónico". La manera más rápida de enviar una carta a cualquier parte del mundo es mediante la Internet. Con el correo-e, o *e-mail*, como suele abreviarse en inglés, los mensajes se envían por medio de un módem en cuestión de segundos. Sólo tienes que escribir la carta en tu computadora y enviarlo por la Internet. Puedes estar seguro de que el mensaje llegará a la computadora de la persona a quien lo enviaste en un abrir y cerrar de ojos.

El correo-e es rápido y muy divertido. En esta sección sabrás cómo comunicarte con otros cibernautas en la Internet. Existe un lenguaje de símbolos que debes aprender, ciertas reglas de etiqueta y acciones llamadas flamas que debes evitar. Si lees el resto, comprenderás el mensaje.

¿Quién eres?

En la vida real, es muy probable que haya varias personas en el mundo con tu nombre; tal vez cientos. En la Internet eso no es posible. Cada usuario es reconocido mediante su dirección de correo-e. Una dirección de correo-e es como un número telefónico; así como hay un número diferente para cada teléfono, hay una dirección de correo-e diferente para cada usuario de la Internet.

Al principio, las direcciones de correo-e pueden parecerte una sopa de letras. Todas esas letras, puntos y símbolos parecen no tener sentido, ¿cierto? Pues aunque no lo creas, todo tiene sentido. Así como la combinación de códigos postales y números indica la ubicación de un número telefónico, cada dirección de correo-e revela datos específicos de la persona a quien pertenece y el lugar de donde provienen los mensajes. Pero, cuidado: ¡a algunas personas les gusta "divertirse" a costa de los demás, usando las direcciones de correo-e de otras personas para enviar mensajes! Así como no es correcto darle tu número telefónico a un extraño en la calle, no debes darle tu dirección de correo-e a cualquier usuario de la Internet; más tarde sabrás por qué.

Anatomía de una dirección

Cada vez que veas una dirección de correo-e —en línea, en una revista, aquí, en "la sección amarilla" del directorio telefónico—, observarás una cadena de letras, números, símbolos y a veces palabras. Escribe cada carácter tal como se muestra en la dirección. Usa un solo renglón, aunque en la página impresa la dirección pase de un renglón a otro. Y no dejes espacios: las direcciones Internet no deben contener espacios.

Observa la siguiente dirección. Si la lees en voz alta, deberás decir "newbie arroba cyberguide punto surfcity punto e-d-u". Suena extraño, ¿no te parece? No obstante, se trata de una dirección común, con "puntos" que separan los elementos que la forman. Ahora analicemos el significado de esta dirección, sólo para que sepas qué significa lo que acabas de decir.

newbie@cyberguide.surfcity.edu

Al principio verás la identificación del usuario o ID, que es la identidad de la persona que envía o recibe el mensaje. Puede ser un nombre escrito con letras, números o una combinación de ambos. En este caso, la persona se identifica como "newbie".

Luego verás el símbolo "arroba", el más importante en las direcciones de correo-e. Éste separa la identificación del usuario, a la izquierda, de su ubicación, a la derecha.

Ahora verás la ubicación del usuario. Puede ser el nombre de una escuela, oficina, club u organización. En este caso, "newbie" está en "cyberguide".

En la mayoría de los casos, la siguiente parte de las direcciones es la posición geográfica, también conocida como subdominio. En este ejemplo, cyberguide se localiza en un lugar llamado "surfcity".

Éste es el dominio del usuario. Indica el tipo de usuario. En este caso, "edu" significa que cyberguide es una institución educativa.

Anatomía de un correo-e

Puedes enviar correo-e a cualquier usuario que tenga una dirección de correo-e en cualquier parte del mundo. El correo-e es más rápido que el correo regular —¡sólo tarda segundos en llegar!— y los mensajes rara vez se pierden.

¡Una vez que hayas visto un correo-e has visto todos los correos-e! Todos son iguales porque siguen un formato estándar o protocolo que todas las computadoras enlazadas a la Internet pueden descifrar. Así es como funciona:

1. Enviar un mensaje de correo-e es muy simple. Sólo tienes que escribirlo, escribir la dirección de la persona a quien lo envías y hacer clic en "SEND" (ENVIAR). La Internet se encarga del resto.

2. La Internet divide tu mensaje en pequeños paquetes de información que viajan individualmente. Cada paquete contiene la dirección de destino del mensaje. En un proceso conocido como ruteo, la Internet elige la mejor ruta para hacer llegar tu mensaje a su destino.

3. Los mensajes enviados a largas distancias tienen que ser amplificados para que se reciban en forma adecuada.

4. Una vez que el mensaje llega a su destino, los paquetes individuales son reunidos en un solo paquete, en el orden correcto. La Internet se asegura de que cada paquete llegue, los ordena y lo indica al usuario con el mensaje "transmisión con éxito". ¡Todo registrado, sellado y entregado!

El renglón **To** (Para) contiene la dirección de la persona a quien envías el mensaje. Si ésta es incorrecta, el mensaje te será devuelto.

El renglón **From** (De) contiene la dirección de la persona que envía el mensaje.

El renglón **Subject** (Tema) indica en pocas palabras de qué se trata el mensaje.

Los **Attachments** (Anexos) son los archivos que se agregan a un mensaje de correo-e. Puede ser una historia, un juego, una imagen, cualquier cosa que desees enviar.

Message (Mensaje) es la "carta". Puede ser tan larga como quieras. ¡Sin embargo, ten cuidado con lo que dices o podrás recibir "flamas"!

Reglas de etiqueta y flamas

Cuando hablas con alguien cara a cara o por teléfono no es difícil saber si bromea o si dice las cosas en serio. En Internet esto no es posible, ya que los mensajes se leen en el monitor de una computadora. También es muy probable que tengas que enviar mensajes a personas que no conoces, y que tal vez no te comprendan o no compartan tu sentido del humor. Para comunicarse con éxito en la Internet existen las reglas de etiqueta. Si no las sigues, puedes recibir flamas —mensajes de rechazo y respuestas negativas a tu conducta impertinente— ¡y no te será fácil apagarlas!

- En la Internet, EL USO DE MAYÚSCULAS, COMO ÉSTAS, ES CONSIDERADO COMO UN GRITO, y es descortés. No uses mayúsculas a menos que estés muy enojado, y sólo usa una o dos palabras que revelen un sentimiento FUERTE.

- Cuando recibas un mensaje de correo-e, trata de responder lo más pronto que puedas. Si el mensaje tardó segundos en llegar, ¿por qué tardar semanas en responder?

- Tampoco es buena idea usar **letras negritas** ni subrayado. Aunque esto se vea bien en tu pantalla, es posible que quien reciba el mensaje tenga dificultad para leerlo.

- Es fácil —muy fácil— enviar mensajes de correo-e de los cuales puedas arrepentirte más tarde. Las malas palabras, los motes y las descortesías no son aceptados en Internet. Si olvidas tus buenos modales, sin duda recibirás flamas: serás bombardeado con las quejas de usuarios molestos por tus mensajes. Así que recuerda: "Las piedras a veces hieren, ¡pero las flamas siempre pueden quemarte!"

Dilo con una "sonrisa" :-)

Si eres divertido, o al menos lo eres en la Internet, usa un emoticono. Los emoticonos son caras hechas con símbolos que representan tus sentimientos. Éstos son algunos emoticonos que te ayudarán a *decir* las cosas con una sonrisa. ¡Sólo inclina la cabeza a la izquierda para *verlos* con una sonrisa!

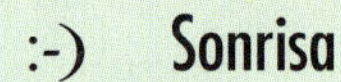

:-)	Sonrisa	:-#	Mis labios están sellados
:-o	¡Guau!	I-{	¡No puede ser!
:-I	Mmm...	8-o	¡De ninguna manera!
‘-)	Guiño	%-)	Asombro
:^D	¡Buena idea!	8-)	Uso lentes
:-*	¡Lo siento!	3:)	Mi mascota
:-(	Enojo	I-I	Estoy dormido
:-,	Sonrisa presuntuosa	I-0	Bostezo
:-V	Grito	:-S	¡Estoy confundido!
:-T	Seriedad	:-()	¡Ayy!
:-D	Gran sonrisa	<:-D	¡Es mi cumpleaños!

Navegar en la Internet

Enviar y recibir correo-e es divertido, pero navegar en la Internet es lo mejor de todo. Navegar significa viajar por las ondas digitales de la computadora para llegar a cualquier parte del mundo. Los cibernautas viajan por computadoras, bases de datos y foros en todo el mundo, pasando de un sitio a otro hasta agarrar la onda… es decir, el archivo correcto.

Puedes ingresar a la Internet desde la comodidad de tu hogar y recorrer el Louvre en París, las Naciones Unidas en Nueva York o ver la última versión de tu videojuego favorito, ¡en menos de lo que canta un gallo! Obtener, enviar y recibir información en la Internet sólo te tomará algunos segundos, siempre y cuando sepas navegar.

Con un poco de práctica, en la Internet podrás encontrar todo lo que buscas. Hay tanta información y tantos lugares a donde ir que quizá no sepas por dónde empezar. Una vez que sabes lo que buscas, surge un nuevo problema, ¡cómo llegar ahí! Pero no temas, esta sección te enseñará todo lo que hay que saber para navegar en la Internet, y sin mojarse. Así que, ¡a navegar, amigos!

Una red de redes

Una vez que empieces a navegar en la Internet en busca de cosas nuevas que puedas ver, copiar y explorar, no pasará mucho tiempo antes de que caigas en las redes de la WWW o World Wide Web. Web es la abreviatura más conocida y es también la razón por la que la Internet se ha vuelto tan popular entre millones de científicos, maestros, personas de negocios, adultos en general y jóvenes de todo el mundo. La Web es una parte de la Internet que debe su éxito a su facilidad de uso gracias a los elementos gráficos y al hipertexto, y esto marca la diferencia al navegar en ella.

Gráficas e hipertexto

¡Las gráficas en la Web son más que imágenes bonitas en la pantalla de tu computadora! Las imágenes llamadas iconos permiten activarlas con el ratón en lugar de escribir comandos con el teclado. Los iconos son de gran ayuda al navegar en la Internet porque sólo tienes que señalarlos y hacer clic en ellos sin necesidad de usar ningún comando. Cuando veas un icono en la pantalla y hagas clic en éste, te darás cuenta de que eso es todo lo que necesitas para navegar en la Web.

El hipertexto también facilita la navegación. En el hipertexto, algunas palabras son subrayadas o resaltadas con un color diferente en la pantalla. Estas palabras son los enlaces que te conectan en forma automática con información relacionada de otras partes de la Web. Para obtener la información, sólo haz clic en el hipertexto y tu computadora entrará en contacto con ese sitio. Supongamos que has encontrado información sobre las focas monje en el sitio de un zoológico. La pantalla dice: "Las focas monje viven en una zona protegida llamada Frigate Shoals, en las costas hawaianas…" Si el hipertexto son las palabras Frigate Shoals y haces clic en ellas, obtendrás información sobre su ubicación, ¡y tal vez esta información fue proporcionada por la oficina de turismo de Hawai!

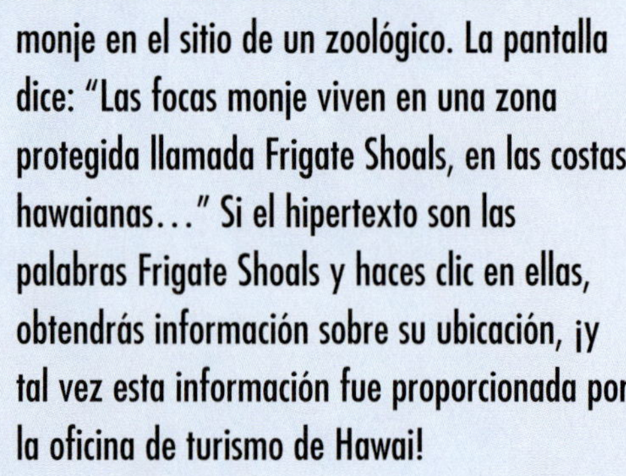

Texto Web

Visualizador: software especial que te permite "navegar" en la Internet, especialmente en la Web, mediante el uso del ratón para hacer clic en los iconos, en lugar de usar comandos escritos

Página base: página o pantalla que usan los sitios de la Web como página principal de información

Hipertexto: texto que aparece subrayado o resaltado con un color diferente en la pantalla. Si haces clic en éste, la computadora se conectará con otros documentos, sitios e información relacionada con el tema.

Lenguaje de señalización del hipertexto, o HTML: lenguaje de computadora usado por los programadores para crear páginas Web

Protocolo de transferencia del hipertexto, o HTTP: código especial de computadora usado por los programadores para que los usuarios puedan encontrar y ver la información de la Web en su pantalla

Sitio: lugar en la Web que contiene información. Por lo general, empieza con una página base y contiene una gran variedad de datos.

Localizador uniforme de recursos, o URL: la dirección de un sitio en la Web

Hogar, dulce hogar. . .

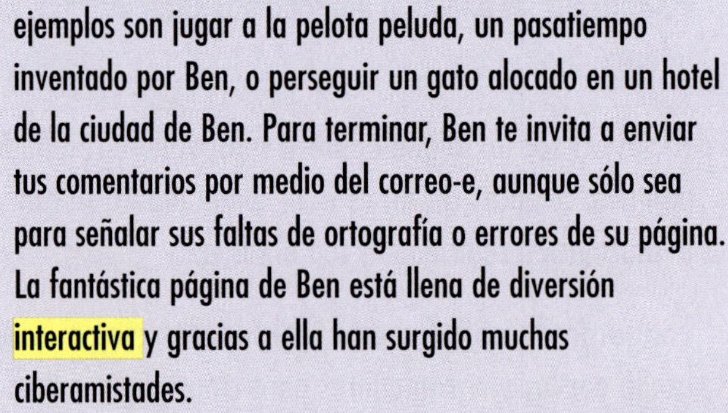

Cuando llegas a un sitio en la Web, lo primero que verás es la página base. Es aquí donde puedes empezar a explorar el sitio. Algunas páginas base contienen muchas fotografías y gráficas; otras no. Algunas tienen muchos enlaces de hipertexto; otras no. Sin embargo, un elemento común en todas las páginas base es la frase: ¡Bienvenido al sitio…! He aquí un ejemplo de una página base común.

Las páginas base pueden tener cualquier tamaño. Si te deslizas hacia abajo por la página de Ben, te darás cuenta de que contiene más de tres pantallas completas. En la primera, Ben te da la bienvenida y describe el sitio como fantástico, increíble, hermoso o fantásticamente bien hecho (qué humildad, ¿no?). La segunda pantalla muestra las secciones más sobresalientes del sitio: envío de correo-e, juegos, información sobre Ben y pláticas de tiempo real. Además, muestra el conteo de los usuarios que han visitado la página —Ben bromea al decir que el contador está descompuesto y que en realidad ha recibido muchas más visitas de lo que indica la cifra.

En la tercera pantalla, Ben sugiere algunas actividades que puedes realizar en su sitio. Dos ejemplos son jugar a la pelota peluda, un pasatiempo inventado por Ben, o perseguir un gato alocado en un hotel de la ciudad de Ben. Para terminar, Ben te invita a enviar tus comentarios por medio del correo-e, aunque sólo sea para señalar sus faltas de ortografía o errores de su página. La fantástica página de Ben está llena de diversión interactiva y gracias a ella han surgido muchas ciberamistades.

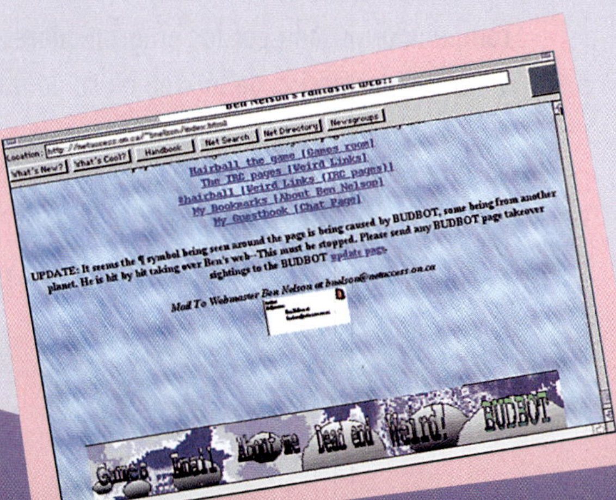

Seguridad en la Internet

No hables con extraños. Mira a ambos lados antes de cruzar la calle. No juegues con fuego. Ten cuidado. ¿Te parecen familiares estos consejos de seguridad? Desde luego, porque los has oído una y otra vez. Los niños siempre reciben estos consejos de sus padres, maestros y quienes se preocupan por ellos. Todos representan un solo mensaje: siempre sé cuidadoso.

Dondequiera que te encuentres, ser cuidadoso es de gran ayuda, y la Internet no es la excepción. Por otro lado, la Internet no es un lugar peligroso. De hecho, en su mayor parte es bastante divertida. En la Internet, todo puede suceder: hay muchas cosas maravillosas que ver. Sin embargo, tanta libertad tiene sus riesgos.

Como en la vida real, en la Internet también hay peligros como el robo, la intromisión no deseada, los mensajes mordaces, la literatura sucia y los usuarios indeseables, todo lo cual puede tener consecuencias deshonestas, peligrosas o ambas. Debido a que hay millones de computadoras conectadas entre sí, muchas personas distribuyen mensajes sucios con facilidad. Otro problema considerable son las enfermedades de las computadoras, como los virus, que son muy contagiosos. Por ejemplo, si copias desde Japón un archivo infectado con un virus, tu computadora "atrapará" ese virus y lo pasará a otras computadoras en Boston, por citar un lugar. En cuestión de segundos, miles de computadoras en todo el mundo podrían "infectarse" con el virus.

Por fortuna, es sencillo divertirse sin correr riesgos. Con el uso de un antivirus (un programa que localiza los archivos infectados en la computadora) y la aplicación de normas de seguridad al compartir información tú y tu computadora se mantendrán a salvo en la Internet.

Sé un usuario inteligente

Sé agradable, no abominable

Juega limpio —sin tretas— y harás más amigos que enemigos en la Internet. No seas mordaz con otros cibernautas y mantente alejado de los que no juegan limpio.

Sé discreto

Es agradable conocer nuevas personas en la Internet, pero no es recomendable revelar ciertas cosas como: tu dirección, número de teléfono, el nombre de tu escuela, la dirección de tus familiares o sus actividades, y otros datos personales de tus familiares y amigos. Después de todo, se trata de personas extrañas que pueden causarte daño.

Haz lo correcto, evita problemas

La mayoría de los jóvenes que usan la Internet lo hacen por la misma razón: divertirse, hacer amigos y encontrar cosas interesantes. Pero en la Internet también hay personas malas. Éstos llenan la red de mensajes sucios, imágenes indeseables e información riesgosa. Aprende a reconocer este tipo de sitios cuando los veas y aléjate de ellos. Haz lo correcto y serás un buen cibernauta.

Reflexionar y responder

1. **¿Cómo usan la Internet los cibernautas para explorar "mundos" nuevos?**
2. **¿Por qué crees que se usaron caricaturas en vez de dibujos reales en esta historia?**
3. **¿Cómo crees que se siente la autora sobre el mundo interactivo de la Internet? Explica tu respuesta.**
4. **¿Crees que el estilo informal de la autora es apropiado para el tema y la audiencia? ¿Por qué?**
5. **Explica una estrategia que te ayudó a entender lo que leíste.**

Lee este mensaje de correo-e para conocer a la autora y editora Nyla Ahmad.

To: lectores@tuescuela.edu
From: cybersurfer@cyberspace.com
Subject: ¡Conoce a una intrépida escritora!

¡Hola! ¿Has leído *OWL* o *Chickadee*? Nyla Ahmad ha sido editora de estas dos revistas para jóvenes lectores durante más de veinte años. En 1996, Nyla creó un sitio de Internet llamado OWLkids Online. Este sitio fue nombrado como el sitio canadiense de moda. Sin embargo, Ahmad no sólo trabaja con su computadora. Ha visitado más de dieciséis países. Sus pasatiempos favoritos son caminar, pasear en bicicleta y navegar en kayak. ¡A Nyla le encanta la aventura!

Visita *The Learning Site*
www.harcourtschool.com

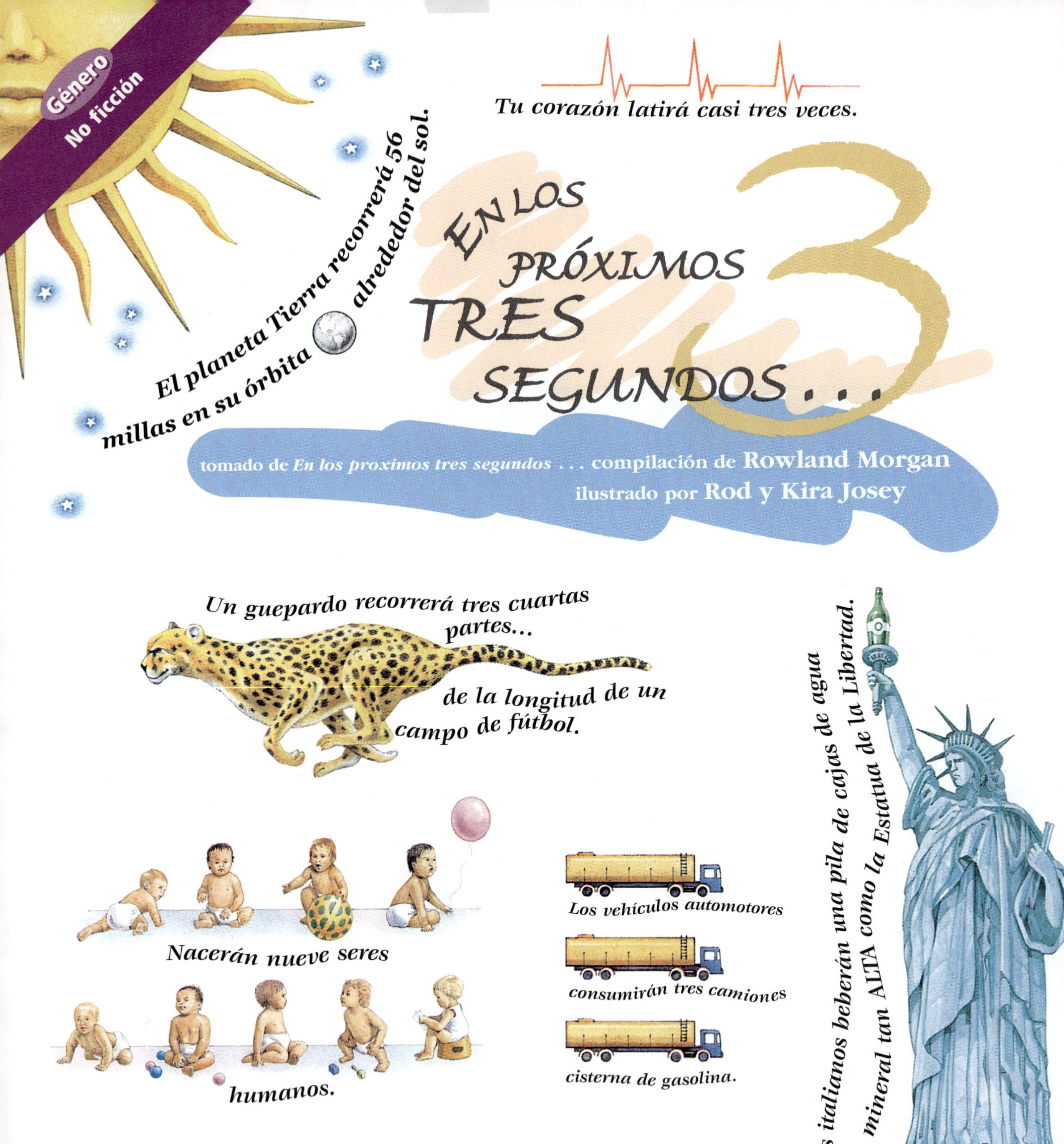

EN LOS PRÓXIMOS TRES SEGUNDOS . . .

tomado de *En los proximos tres segundos . . .* compilación de **Rowland Morgan**
ilustrado por **Rod y Kira Josey**

EN LAS PRÓXIMAS TRES HORAS . . .

Los estadounidenses consumirán 600,000 langostas.

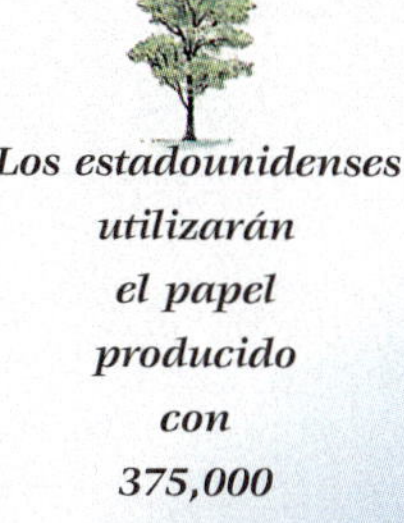
Los estadounidenses utilizarán el papel producido con 375,000 árboles.

Más de 500 crías de conejo serán adoptadas como mascotas.

Ciertos tipos de bambú crecerán 9.0 pulgadas bajo la luz del sol.

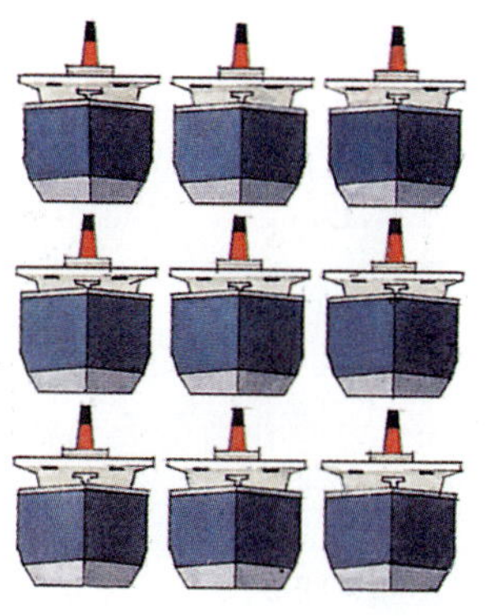
Nueve buques cisternas anclarán en puertos ingleses.

Una crisálida se transforma en una hermosa mariposa.

¡Tienes llamada!

Los estadounidenses comprarán una pila de teléfonos cuatro veces más alta que la torre de comunicaciones CN en Toronto.

Los estadounidenses desecharán 99 millas de plumas de plástico.

El satélite climático Meteosat tomará seis fotografías completas de las nubes que flotan sobre Europa, África y el océano Atlántico.

Los estadounidenses comprarán 4,500 pares de pantalones vaqueros.

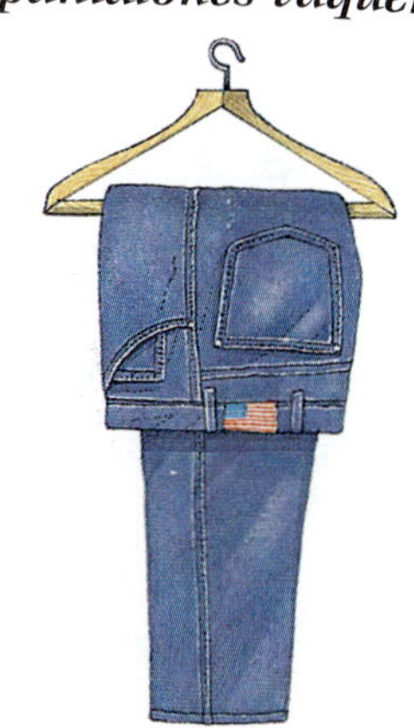

Más de 2,000 productos quedarán registrados en Estados Unidos.

Las mascotas de Francia consumirán alimento para perros con un peso equivalente al de una manada de 700 elefantes africanos.

GUAU

Más de 2,000 personas, o media milla de autobuses llenos a su máxima capacidad y haciendo contacto con sus defensas, se mudarán al estado de Florida.

TALLAHASSEE
JACKSONVILLE
BIENVENIDOS A
ORLANDO
TAMPA
FLORIDA
MIAMI
EL ESTADO DEL SOL

La Internet transmitirá tanta información escrita como la necesaria para formar una pila de GRUESOS libros de portada rústica que llegaría al espacio exterior (37 millas).

VIAJE AL ESPACIO

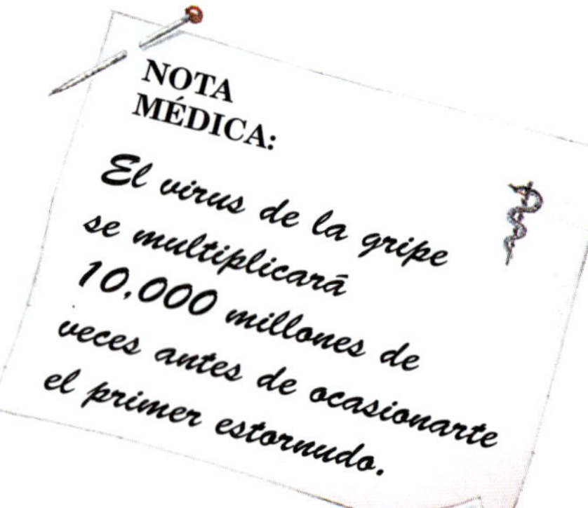

Una tonelada de madera en un bosque liberará una tonelada de oxígeno.

O_2

Las fábricas producirán más de

de bicicletas **nuevas**.

En las próximas tres semanas...

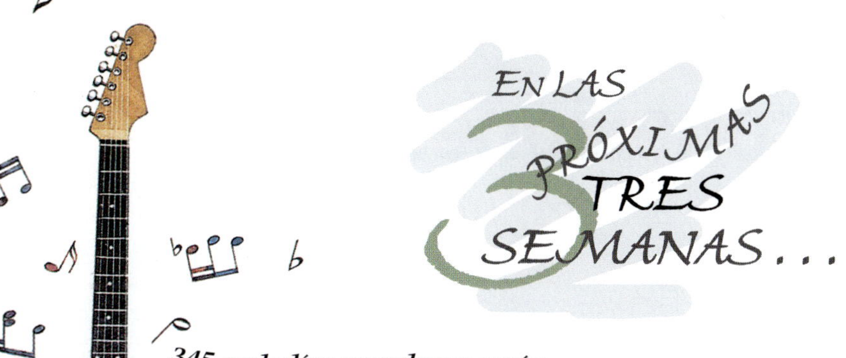

345 melodías populares serán publicadas en el Reino Unido.

132,000 personas visitarán la Torre de Londres.

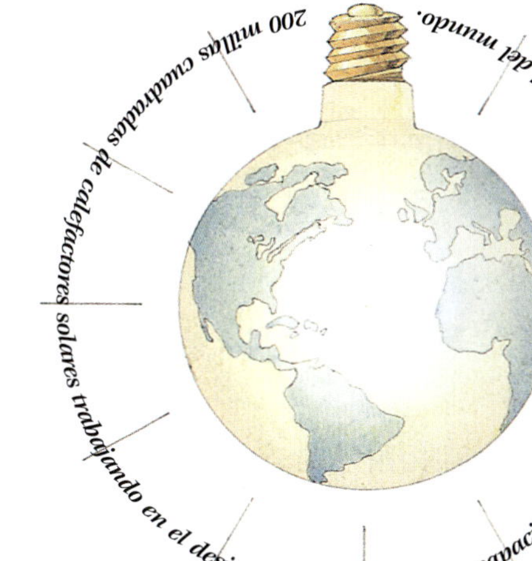

200 millas cuadradas de calefactores solares trabajando en el desierto del Sahara a una capacidad de 10% podrían proveer toda la electricidad del mundo.

Francia destinará el valor de 725 Mona Lisas para promover el arte y la cultura.

·073

La torre inclinada de Pisa se desplazará otras 0.0028 pulgadas de su vertical.

6,575 turistas volarán sobre el Gran Cañón.

Los estadounidenses comerán 80 pizzas tan grandes como el terreno que ocupa la Casa Blanca.

En un periodo de por lo menos 80 años, la joven planta Puya Raimondii se acercará 13 milésimas a que florezca su única panícula.

Reflexionar y responder

¿Qué cápsula informativa te pareció más interesante? ¿Por qué?

Hacer conexiones

Compara textos

1. ¿Te parece que "Cibernauta" deba incluirse en el tema Mundos en expansión? Explica tu respuesta.
2. ¿Cómo se diferencia "Cibernauta" de un manual que explica cómo usar una computadora u otro producto?
3. ¿Qué percepción piensas que tienen sobre el tiempo los autores de "Cibernauta" y de "En los próximos tres segundos…"?
4. Compara tus propósitos de leer "Cibernauta" y "En los próximos tres segundos…".
5. ¿Qué dudas tienes sobre el uso de la Internet para hallar información y para comunicarte con otras personas?

Escribe un correo-e

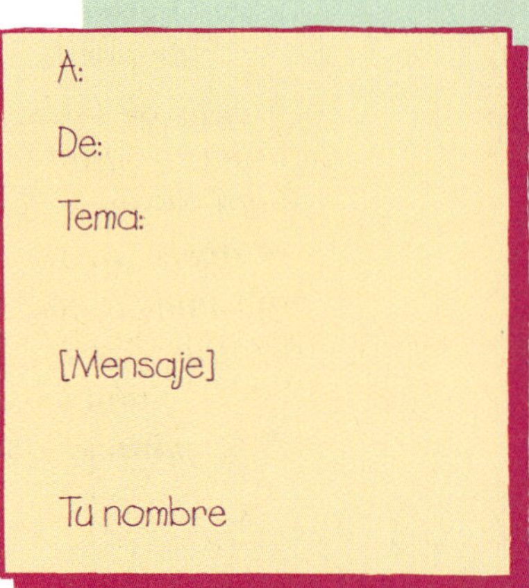

Escribe un correo-e imaginario a un amigo o familiar. En tu mensaje describe lo que te gusta sobre la selección "Cibernauta". ¡Asegúrate de respetar las reglas de etiqueta!

CONEXIÓN con la Escritura

Haz una encuesta

Junto con un compañero, haz una encuesta a tus compañeros de clase para saber cuántas veces por semana hacen uso de la Internet. Primero elabora unas preguntas. Después interpreta las respuestas de los estudiantes y muestra tus resultados en porcentajes. Registra la información en una tabla.

CONEXIÓN con las Matemáticas

Uso de la Internet por los estudiantes

Número de veces a la semana	Número de estudiantes	Porcentaje de estudiantes
Menos de 1		
1		
2		
3		
4		
Más de 4		

Navega en la red

Investiga en la Internet para hallar información sobre la vida en civilizaciones del pasado. Elabora dos preguntas sobre la geografía y la cultura de una de las siguientes civilizaciones antiguas: Egipto, Roma, Mesopotamia, Grecia, India. Después busca en la Internet las respuestas a tus preguntas. Escribe en una hoja la información que encuentres, así como el nombre de las páginas que consultes. Comenta tus datos con grupos reducidos de estudiantes.

CONEXIÓN con los Estudios sociales

Hecho y opinión

Ya has aprendido que un **hecho** es algo que puedes comprobar, pero una **opinión** es algo que alguien piensa o siente. No puedes comprobar una opinión, pero *puedes* respaldar una opinión con hechos y razones.

La autora de "Cibernauta" expresa sus opinones acerca de la información que presenta. Lee el siguiente pasaje de la selección. ¿Cuál es la opinión de la autora? ¿Qué hechos respaldan la opinión de la autora?

> **El hipertexto también facilita la navegación. En el hipertexto, algunas palabras son subrayadas o resaltadas con un color diferente en la pantalla. Estas palabras son los enlaces que te conectan en forma automática con información relacionada de otras partes de la Web. Para obtener la información, sólo haz clic en el hipertexto y tu computadora entrará en contacto con ese sitio.**

Hecho	Hecho	Hecho	Opinión
En el hipertexto, algunas palabras son subrayadas o resaltadas con un color diferente en la pantalla. →	Estas palabras son los enlaces que te conectan en forma automática con información relacionada de otras partes de la Web. →	Para obtener la información, sólo haz clic en el hipertexto y tu computadora entrará en contacto con ese sitio. →	El hipertexto también facilita la navegación.

Visita *The Learning Site*
www.harcourtschool.com

Ve Destrezas y Actividades

Preparación para las pruebas

Hecho y opinión

▶ **Lee el pasaje. Después responde las preguntas.**

Todos los que tienen computadora deberían tener el servicio de Internet. Con sólo unos clic del ratón, puedes encontrar información de cualquier tema: desde el espacio exterior hasta el menú del almuerzo de tu escuela. Muchos de los sitios de la Internet son muy entretenidos pues tienen audio y video. Puedes usar la Internet para saber lo que está pasando prácticamente en cualquier parte, y para comunicarte con gente de todo el mundo. Cuando se trata de información, entretenimiento y comunicación, no hay nada como la Internet.

1. ¿Cuál de las siguientes es una *opinión* expresada en el pasaje?

A Necesitas ser cuidadoso cuando uses la Internet.

B Todos los que tienen una computadora deberían tener el servicio de Internet.

C Muchos sitios de Internet cuentan con audio y video.

D Puedes usar la Internet para comunicarte con gente de todo el mundo.

Sugerencia

Algunas de las opciones establecen hechos y algunas opiniones. Asegúrate de elegir la opinión que corresponda al pasaje.

2. De acuerdo con el pasaje, la Internet es muy valiosa porque —

F no es cara.

G puedes confiar en la información que encuentres.

H proporciona información, entretenimiento y comunicación.

J puedes usarla para ir de compras.

Sugerencia

Mira el párrafo entero. ¿Cuál de las opciones resume la idea principal?

El poder de las palabras

El caso del brillante planeta azul

Einstein Anderson utiliza su cerebro y aplica algunos conocimientos científicos para resolver misterios. ¿Puedes resolver estos misterios?

- inscripción
- descubrimiento
- cosmonauta
- satélite
- farsante
- fórmulas
- altímetro

Mientras caminaba por el campo, Andy se encontró un vaso con la **inscripción** de la NASA. Andy, muy emocionado, fue a enseñar su **descubrimiento** a su amigo John, que le contó que ése era el tipo de vasos usado por algún **cosmonauta** ruso para beber en el espacio. John dijo que a su papá le habían dado uno cuando fue al espacio para colocar un nuevo **satélite** . Sin embargo, Andy se dio cuenta de que John era un **farsante**, pues nada de lo que decía era verdad. Andy sabía que no es posible tomar de un vaso en el espacio. ¿Por qué?

Los científicos estaban muy ocupados el día del lanzamiento del cohete. Usaban **fórmulas** para calcular la velocidad y la posición del cohete. Ni siquiera tuvieron tiempo de mirar sus relojes. El lanzamiento a las 6 A.M. pondría un nuevo tipo de satélite en órbita. Revisaron el **altímetro** para ver la altura del cohete. ¡Zero millas! ¿Cómo puede ser?

CONEXIÓN
Vocabulario-Escritura

Cuando aprendes algo nuevo, es como si resolvieras uno o varios misterios: desde aprender a andar en bicicleta hasta hacer una multiplicación. Escribe un párrafo acerca de alguna vez que hayas hecho un **descubrimiento** que te haya servido para aprender algo nuevo.

EL CASO PLANETA

texto de Seymour Simon
ilustraciones de Leo Espinosa

Género

Cuento corto

Un cuento corto es una narrativa imaginaria que no forma parte de una novela.

En esta selección, busca

- **un personaje principal que aprenda algo.**
- **un problema y un suceso principal.**

DEL BRILLANTE AZUL

Diciembre
31

—Creo que éste es el descubrimiento científico más grande de toda la historia, Einstein —dijo Stanley Roberts. Con impaciencia, el joven científico echó para atrás su larga cabellera negra que siempre le cubría los ojos—. Ya sé que éste es el último fin de semana del año, pero me da gusto que hayas venido a mi laboratorio. Observa mi computadora. Acabo de encontrar un increíble sitio Web. No creerás las oportunidades que ofrece la Internet para explorar las ciencias.

—¿Encontraste extraterrestres? —preguntó Einstein con aire de inocencia. Le agradaba estar con aquel muchacho mayor que él, pero disfrutaba hacerle bromas—. Ahora recuerdo el caso de la fotografía del animal más grande que existe. Pensaste que alguien enviaría una foto de un dinosaurio tomada con una máquina de tiempo. Pero cuando pagaste los 25 dólares que habías prometido, sólo recibiste la foto de una ballena azul, el animal más grande que existe en nuestros días.

—Eso no importa —dijo Stanley con impaciencia—. Ésos son los pequeños fallos que siempre hay en la vida de un científico. Éste será un éxito rotundo. ¡Estoy completamente seguro!

Einstein caminó lentamente por el "laboratorio" de Stanley. El ático estaba lleno de aparatos electrónicos como computadoras, una especie de robot que más bien parecía un maniquí incompleto, envases de plástico, rocas y minerales y todo tipo de tubos de ensayo y matraces. Había muchas más cosas amontonadas de las que Einstein vio la última vez que estuvo ahí.

—Stanley —dijo Einstein—, deberías recordar que si no tienes éxito con el primer intento, tienes que leer las instrucciones.

—¿Eso es todo lo que puedes decir? —reclamó Stanley—. Ahora dime qué piensas de esto. Observa la fotografía en el monitor de la computadora.

Einstein miró la pantalla. En ella se podía ver la fotografía de un hermoso globo azul y blanco. Einstein sabía que ésa era la fotografía de la Tierra tomada desde el espacio. También sabía que los colores azul y blanco se debían a la atmósfera, las nubes y los océanos. Debajo de la foto se explicaba que la imagen había sido tomada en fechas recientes por los tripulantes de un satélite espacial mientras orbitaban la Tierra.

—Este sitio Web contiene todo tipo de información sobre el lanzamiento de los satélites de comunicaciones e investigación —dijo Stanley—. El encargado del proyecto es un cosmonauta de la antigua Unión Soviética. Su nombre es Dr. Kronkheit. Me dijo que no se sabe mucho de ellos porque habían realizado espionaje de investigación.

—Yo creía que los espías compraban su equipo en esas tiendas donde venden binoculares y otras cosas por el estilo. ¿Qué te pidió el Dr. Kronkheit que hicieras?

Stanley hizo una mueca de disgusto por la broma de Einstein.

—El Dr. K. quiere que le envíe 50 dólares. Con ese dinero pagaré mi inscripción al programa de lanzamiento de satélites y podré realizar un experimento en el espacio. Por cada 50 dólares que pague, podré realizar un experimento diferente. ¿Te gustaría participar también?

—Todo esto me parece muy extraño —dijo Einstein—. Lanzar un satélite al espacio cuesta mucho dinero.

—Yo también pensaba eso —dijo Stanley—. Pero el Dr. K. me ha enviado un montón de páginas detalladas y las fórmulas matemáticas que explican cómo enviar un satélite al espacio por menos dinero de lo que todos creen.

—¿Comprendes esas fórmulas? —preguntó Einstein.

—No —admitió Stanley—. Pero puedo leer la descripción del Dr. K. sobre el lanzamiento de satélites desde la Tierra. Todo está aquí, en el sitio Web. Déjame mostrarte el enlace.

Stanley movió el ratón de su computadora para colocar el cursor al final de la página, en un renglón escrito con letras azules donde se leía: *Haga clic aquí para obtener una descripción del primer lanzamiento al espacio de Kronkheit.* Stanley hizo doble clic con el botón del ratón y pronto apareció una página de texto en la pantalla.

—Lee esto —dijo Stanley.

Einstein miró la pantalla y empezó a leer:

A partir de los años cincuenta, diversos aviones cohete experimentales han tomado fotografías de la Tierra desde el espacio. Pero las fotografías más espectaculares de nuestro brillante planeta azul y blanco han sido tomadas por las naves que desde los sesenta han enviado al espacio la Unión Soviética y Estados Unidos.

Ninguna persona que haya estado a bordo de una nave espacial puede olvidar la emocionante experiencia de ver nuestro planeta desde el espacio. Nunca olvidaré mi primer viaje al espacio, a principios de los sesenta. Era un día de invierno con cielo azul y nubes blancas. El cohete despegó con un estruendo y en tan solo unos segundos habíamos cruzado la capa de nubes, así que pude verlas desde arriba. El altímetro indicaba que habíamos sobrepasado las cien millas y continuábamos en rápido ascenso. A todo nuestro alrededor, el cielo azul se extendía hasta donde llegaba la vista. Sobre nosotros, la luna y las estrellas parpadeaban sobre un fondo azul. Es el panorama más hermoso que he visto en toda mi vida.

Einstein se ajustó los anteojos, que estaban a punto de caer de su nariz.

—No creo que el famoso Dr. Kronkheit haya sido un cosmonauta —dijo—. Y no le enviaría dinero si fuera tú —agregó.

Resuelve este misterio: ¿Cómo se dio cuenta Einstein de que el Dr. Kronkheit era un farsante?

—¿Por qué? —preguntó Stanley—. La Tierra se ve azul y blanca desde el espacio.

—Nuestro planeta parece un gran globo azul desde el espacio —dijo Einstein—, pero está rodeado de oscuridad. El cielo azul, las nubes blancas y casi todos los colores que vemos en el cielo se forman cuando la luz se refleja en diferentes direcciones al chocar

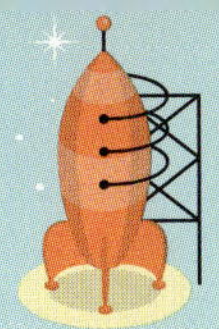

con las moléculas de aire y agua. Pero si subes más de doce millas, el cielo empieza a ponerse oscuro porque hay menos moléculas de aire y agua.

—Pero la Tierra se ve azul con blanco desde el espacio —dijo Stanley.

—Sí —contestó Einstein—. Nuestro planeta se ve azul y blanco si lo observas desde una nave espacial. Pero la oscuridad lo rodea todo. La luna y las estrellas contrastan en un cielo negro, no en un cielo azul.

—¡Caracoles! —exclamó Stanley apenadamente—. Supongo que no debo hacer caso de lo que dicen quienes se creen expertos sin antes comprobar la información.

Reflexionar y responder

1. ¿Por qué Stanley tiene suerte de que su amigo Einstein sepa mucho sobre ciencias?
2. ¿Cuándo crees que se escribió esta historia y cómo lo sabes? En tu respuesta piensa acerca de los **descubrimientos** científicos que se mencionan en la historia.
3. ¿Crees que fue una buena idea del autor decirte que detuvieras la lectura para resolver el misterio? Explica tu respuesta.
4. ¿Esta historia te hace más consciente de reconocer los problemas de visitar un sitio Web desconocido? Explica tu respuesta.
5. ¿Qué estrategias usaste para ayudarte a entender este misterio? ¿Cómo te ayudaron?

Conoce al autor
Seymour Simon

Antes de ser autor de tiempo completo, Seymour Simon enseñó ciencias y composición creativa a estudiantes de secundaria. Aunque Simon era el maestro, él aprendió mucho de sus estudiantes. Le enseñaron que los niños quieren explorar el mundo descubriéndolo de primera mano. Al crear la serie de ficción *Einstein Anderson,* Simon obtuvo una manera de proveer a los niños la oportundiad de llegar a ser jóvenes científicos.

Simon ha escrito más de 100 libros, muchos de ellos premiados. Ya sea que escribe sobre la Tierra o sobre el espacio, trata de capturar la imaginación de sus lectores y los anima a observar, aprender y descubrir. Como explica Simon, "Un libro sobre la naturaleza o ciencias tiene que ser más que un libro de respuestas".

Visita *The Learning Site*
www.harcourtschool.com

Hacer conexiones

El caso del brillante planeta azul

Compara textos

1. ¿Por qué crees que "El caso del brillante planeta azul" es parte del tema Mundos en expansión?
2. Al final de la historia, ¿cómo cambia la actitud de Stanley con respecto a la información de la Internet?
3. Compara "El caso del brillante planeta azul" con un cuento corto que hayas leído.
4. Si no se hubiera contado como un misterio, ¿en qué cambiaría la historia?
5. ¿Te gustaría leer más historias de Einstein Anderson? ¿Por qué?

Escribe una historia de misterio

CONEXIÓN con la Escritura

Einstein resuelve el misterio y evita que su amigo cometa un costoso error. Escribe tu propia historia de misterio en la que ayudes a alguien usando la ciencia. Haz un plan de tu cuento antes de escribirlo.

Título: ________

Personajes: ________

Problema: ________

Sucesos en la historia: ________

____

Solución: ________

Haz una tabla

Einstein resuelve el misterio gracias a sus conocimientos acerca del sistema solar. La humanidad ha observado los planetas a lo largo de miles de años. Investiga la contribución de los antiguos egipcios al estudio de la astronomía. Registra tus resultados en una línea cronológica.

3000 a.C.

Los egipcios desarrollaron el calendario solar.

CONEXIÓN con los Estudios sociales

Representa una entrevista

Trabaja con un compañero para encontrar información acerca del primer alunizaje, el 20 de julio de 1969. Hagan la representación de una entrevista entre un reportero para televisión y el astronauta estadounidense Neil Armstrong, comandante del *Apollo XI*, quien se convirtió en el primer hombre en caminar sobre la Luna. Presenten la entrevista ante la clase.

CONEXIÓN con las Ciencias

Sacar conclusiones

Cuando **sacas conclusiones**, usas la evidencia que encontraste en el texto, además de tus conocimientos previos. Algunas veces tienes que identificar las conclusiones hechas por uno de los personajes o por el mismo autor o autora, y evaluarlas. Para evaluar una conclusión, pregúntate:

- ¿Qué evidencia usó el personaje o el autor para llegar a esa conclusión?
- La conclusión del autor o del personaje, ¿es o no válida? ¿Por qué?

En "El caso del brillante planeta azul", el Dr. Kronkheit dijo que vio el cielo azul al viajar más alto en el espacio. Relee las páginas 702-703 de esta selección. ¿Qué conclusión saca Einstein? ¿Qué información usa para respaldar su conclusión? ¿Es válida su conclusión?

Conclusión	Evidencia del cuento	Evalúa la conclusión	Razón
El Dr. Kronkheit no era cosmonauta.	El planeta se ve, en efecto, como un globo azul desde el espacio, pero si subes más de doce millas sobre la superficie, el cielo empieza a ponerse oscuro porque hay menos moléculas de aire y agua.	válida	Einstein está usando hechos científicos para probar que el Dr. Kronkheit no pudo haber visto el cielo azul al viajar más alto en el espacio.

Visita *The Learning Site*
www.harcourtschool.com

Ve Destrezas y Actividades

Preparación para las pruebas

Sacar conlusiones

▶ **Lee el pasaje. Después contesta las preguntas.**

Leo y Sam pasaron la tarde completa configurando la nueva computadora de Sam. Cuando Sam la compró, el vendedor le dijo que era el modelo más reciente disponible. "No podía dejar pasar una oportunidad así", le dijo Sam a Leo. Pero Leo sólo movió la cabeza. Estaba convencido de que Sam debía devolver la computadora a donde la compró.

Leo le explicó que su computadora no tenía módem, ni CD-ROM ni impresora, como le había dicho el vendedor. "Tampoco es el modelo más reciente disponible. La fecha en el manual es hace 3 años", agregó Leo.

1. ¿A qué conclusión llega Leo?

A La computadora es una verdadera ganga.

B La computadora es un modelo nuevo.

C Sam no hizo un buen trato.

D El vendedor sabía mucho de computadoras.

Sugerencia

Si confundes los personajes, podrías elegir la respuesta equivocada. ¿Qué piensa *Leo* de la computadora?

2. ¿Qué evidencia utiliza Leo para apoyar su conclusión?

F El módem de la computadora no funciona.

G La computadora no incluye todo el equipo que fue prometido.

H La computadora estaba muy cara.

J La computadora fue fabricada hace tres años.

Sugerencia

De inmediato puedes eliminar algunas opciones porque contradicen los hechos del pasaje.

Manual del escritor

Contenido

Los propósitos para escribir

Para escribir bien, debes saber por qué escribes y a quién van dirigidas tus ideas. En otras palabras, tienes que conocer tu **propósito** y tu **audiencia**. Cada tipo de composición escrita tiene un propósito específico. Sin embargo, a veces escribes porque tienes más de un propósito.

Escritura explicativa

El propósito de la escritura explicativa es presentar información o explicar ideas. Algunos tipos de escritura explicativa son: instrucciones, explicaciones de un proceso, explicaciones de causa y efecto, ensayos de comparación, resúmenes, reacciones a la literatura, informes noticiosos e informes de investigación.

Ejemplo de un tema: *Escribe un ensayo para una audiencia de estudiantes de quinto grado donde expliques cómo es el sexto grado. Explica en qué se parecen y en qué se diferencian el quinto y el sexto grados.*

Consejos para la escritura explicativa

- Declara la idea principal al principio.
- Desarrolla un párrafo que trate cada punto principal. Incluye detalles, como hechos y ejemplos, para explicar cada punto.
- Ordena los puntos principales de manera clara y lógica.
- En tu conclusión, vuelve a declarar y a resumir la idea principal.

Escritura expresiva

El propósito de la escritura expresiva es entretener o expresar pensamientos y sentimientos. La escritura expresiva incluye cuentos, narrativas personales, poesía, obras teatrales, cartas amistosas y diarios.

Ejemplo de un tema: *Piensa en un tiempo en que estuviste en una situación difícil o alarmante. Escribe una narrativa personal sobre esa experiencia.*

Sugerencias para la escritura expresiva

- Preséntate o presenta a tus personajes.
- Presenta el problema o conflicto.
- Ofrece detalles sobre los hechos en orden cronológico. Usa palabras vívidas y específicas para hacer que los sucesos cobren vida propia para tu lector.
- Cuenta lo que aprendiste de la experiencia o cómo se resolvió el conflicto.

Escritura persuasiva

El propósito de la escritura persuasiva es persuadir al lector a pensar de cierta forma o a tomar determinada acción. La escritura persuasiva puede tomar la forma de ensayos, cartas, reseñas o anuncios publicitarios.

Ejemplo de un tema: *¿Crees que los estudiantes en tu escuela deben o no llevar uniformes? Escribe un ensayo sobre el tema para el diario escolar.*

Sugerencias para la escritura persuasiva

- Empieza por captar la atención de tu audiencia y declara tu opinión.
- Ofrece varias razones para apoyar tu opinión.
- Desarrolla cada razón con detalles, como hechos y ejemplos.
- Presta atención a las connotaciones, o significados emocionales, de las palabras que escoges.
- Escribe una conclusión que vuelva a declarar tu opinión y pide a los lectores que tomen acción.

Inténtalo

Busca en un periódico o revista (o ambos) un ejemplo de escritura explicativa y un ejemplo de escritura persuasiva.

El proceso de escritura

Cuando observas una obra publicada, no ves el proceso que usó el escritor para crearla. El plan de un libro o cuento puede haber cambiado considerablemente antes de que éste llegara a la imprenta. Los autores normalmente vuelven a escribir sus obras muchas veces.

El proceso de escritura se divide generalmente en cinco etapas. La mayoría de los escritores suelen cambiar lo escrito durante estas etapas.

Antes de escribir

En esta etapa, planeas lo que vas a escribir. Escoges un tema, identificas tu audiencia y propósito, anotas ideas y organizas información. He aquí algunas estrategias para antes de escribir que puedes usar:

- **Genera ideas** para tu tema, ya sea solo o con un grupo. Apunta palabras e ideas que se te ocurran. Cuando se generan ideas, una idea resulta de otra.
- Crea una **red**, o un grupo de ideas conectadas. Escribe y rodea con un círculo una oración breve sobre tu tema en medio de una hoja de papel. Alrededor del círculo del medio, escribe otras ideas y palabras asociadas con tu tema. Dibuja líneas para mostrar la conexión entre ideas.
- Haz una lista de ideas en una **tabla** o un **diagrama**.
- Haz una **esquema** donde muestres las ideas principales y los detalles importantes.

Hacer un borrador

En esta etapa, escribes tu composición y expresas tus ideas en oraciones y párrafos. La primera versión de tu composición deberá seguir tu plan para Antes de escribir. Puedes seguir estos pasos para hacer un borrador de tu composición.

- En la **introducción**, capta la atención de tu audiencia, declara tu tema e identifica tu propósito.
- En la **parte principal** de tu composición, organiza en orden lógico las ideas principales y los detalles en párrafos. Da razones claras o ejemplos para apoyar tu tema.
- En la **conclusión**, vuelve a declarar tu tema y resume tus puntos más importantes.

Revisar

En esta etapa, empiezas a editar tu trabajo. Puedes trabajar solo, con un compañero o hasta en un grupo. Vuelves a leer tu escritura para asegurarte de que cumple su propósito. Puedes hacer cambios generales que mejoren la composición en general.

Para revisar, hazte preguntas como las siguientes:

- ¿Qué tan bien me he enfocado en mi propósito y en mi audiencia?
- ¿Puedo mejorar la organización de las ideas?
- ¿Apoyan todos los detalles el tema? ¿Debo agregar o eliminar algo?
- ¿Qué tan variadas son mis oraciones? ¿Sigo repitiendo las mismas palabras y frases?
- ¿Qué tan bien resume mi conclusión los puntos principales?

Corregir

En esta etapa, terminas el proceso de edición. Trabajas en los detalles y verificas que no hayan errores de gramática, ortografía, uso de mayúsculas y puntuación. Después de corregir, haces una copia final de tu composición

Publicar

Finalmente, estás listo para escoger una manera de presentar tu obra a una audiencia. Quizás decidas agregar ilustraciones, hacer un video o combinar tu obra con las obras de otros. Puedes publicar tu obra oralmente o por escrito.

Inténtalo

Piensa en dos temas que te interesen y escribe cada uno en una hoja de papel. Identifica un propósito diferente y una audiencia para cada uno. Escribe el tipo de información e ideas que incluirás. Luego, haz una lista de las maneras en que puedes publicar la obra para hacerla llegar a la audiencia que especificaste.

Cómo obtener ideas

¿Has leído alguna vez un cuento interesante y te has preguntado cómo el escritor pensó en las ideas para crearlo? Al igual que los pintores muchas veces miran a su alrededor en busca de imágenes visuales, los escritores examinan sus propios ambientes para conseguir ideas para escribir. Los escritores son agudos observadores de las personas y los lugares a su alrededor, y también examinadores de sus propios pensamientos, sentimientos y experiencias. Hasta los escritores de cuentos de ciencia ficción, que tienen lugar en un futuro lejano, usan ideas de sus alrededores inmediatos.

Como toda persona, los escritores tienen muchas experiencias. Sin embargo, es difícil recordar todo lo que ocurre. De ahí que los escritores usen varias técnicas para asegurarse de que pueden usar las experiencias de hoy en cuentos que quizá escriban años después. Los escritores también tienen técnicas para generar ideas nuevas. Aquí tienes algunas que tal vez quieras intentar.

Llevar un diario

Muchos escritores llevan un diario para anotar sus experiencias y observaciones. Quizás apunten detalles sobre un lugar o persona interesante, o describan sentimientos que tuvieron durante el día. Quizás apunten un hecho o una cita interesante.

Hablar y escuchar a las personas

Las personas son otra gran fuente de ideas para escritores. Escucha los cuentos de los demás y realiza tus propias entrevistas. Por ejemplo, si tienes un abuelo que luchó en una guerra, podrías entrevistarlo sobre su experiencia. Después, podrías escribir un artículo basado solamente en la entrevista o escribir un informe sobre cómo las guerras afectan las vidas de las personas. Los escritores incrementan sus bancos de ideas hablando con otras personas.

Hacer preguntas

Los escritores van más allá de observar cosas simplemente; ellos las analizan haciendo preguntas como *¿Por qué?* y *¿Cómo?* Al hacerte estas preguntas, quizás descubras que temas que alguna vez considerabas corrientes en realidad son interesantes para escribir sobre ellos. Por ejemplo, quizás pienses que una composición sobre lo que tu mejor amigo y tú hacen los fines de semana sería un cuento algo común. Sin embargo, cuando empiezas a hacerte preguntas como *¿Cómo nos hicimos amigos?* o *¿Por qué es esta persona mi mejor amigo?*, tienes el comienzo de una composición sobre la amistad con la cual las personas se pueden identificar y querrán leer.

Buscar en la Internet

Los escritores que buscan nuevas ideas a veces usan fuentes de información como la Internet. La Internet es una gran herramienta para generar ideas porque permite que explores fácilmente una amplia gama de temas. Puedes empezar buscando información sobre cosas en las que estás interesado y sobre las cuales te gustaría saber más. Mientras trabajas, quizás te topes con temas sobre los cuales nunca se te hubiera ocurrido escribir.

Leer

Una de las más útiles técnicas para generar ideas y desarrollarte como un buen escritor es simplemente leyendo. Obtienes una comprensión de lo que hace que un cuento sea interesante leyendo las obras creativas de los demás. Aprendes lo que está pasando en el mundo actual leyendo el periódico o los artículos de revistas. Tanto la lectura recreativa como la informativa ayudan a los escritores a generar ideas.

Inténtalo

En otra hoja de papel, escribe una página de diario sobre lo que has experimentado y observado en las últimas 24 horas. Incluye detalles sobre tus interacciones con personas y cómo llegaste de un lugar a otro. Después, repasa lo que escribiste e identifica dos ideas para escribir que obtengas de tu página de diario.

La Internet

Probablemente oyes el término todos los días, pero ¿qué exactamente es la Internet? La **Internet**, a veces llamada "la Red", es la red de computadoras más extensa en el mundo. Una red es un grupo de computadoras conectadas. La Internet es una "red de redes": grupos de redes conectadas. Millones de personas usan esta extensa red.

Páginas de la Internet

Un **navegador** es un programa que te permite acceder a documentos en la Red Mundial o *World Wide Web* en inglés (WWW o *"the Web"*). La Red es una parte de la Internet que contiene documentos llamados **páginas de Internet**. Las páginas de Internet son creadas con su propio lenguaje codificado y cada página tiene su propia dirección, o Localizador Uniforme de Recursos (en inglés, URL o *uniform resource locator*). El URL de una página de Internet normalmente comienza con **http://www**.

Búsquedas en la Internet

Puedes usar la Internet de varias formas para ubicar información sobre una amplia variedad de temas. Para buscar en la Red, necesitas usar un **buscador** que te permita navegar la red de información. Hay muchos buscadores en la Internet.

Los buscadores hallan sitios de Internet sobre temas particulares. Un **sitio de Internet** es una colección de páginas vinculadas en la Red, que comparten un enfoque común. Un buscador halla sitios de Internet usando palabras claves que tecleas en el encasillado del mismo. Una **palabra clave** es una palabra o frase importante sobre el tema. Escoge una o más palabras claves y tecléalas en la casilla. El buscador hallará los sitios de Internet que se relacionan con estas palabras. Cuando encuentras la información que necesitas, puedes bajarla, o copiarla en tu computadora.

Tablones de anuncios

Los **tablones de anuncios** también se conocen por sus siglas en inglés BBS, *Bulletin Board System* (Sistema de Tablón de Anuncios). Un tablón de anuncios de computadora normalmente es parte de un sitio en la Internet. Las personas interesadas pueden leer y poner mensajes sobre el tema del tablón de anuncios. Puedes conectarte a un tablón de anuncios tecleando la dirección del sitio o usando palabras claves. Una vez que hayas llegado al sitio en la Internet, haz clic en el icono o botón rotulado "tablón de anuncios", "mensajes", "discusión adicional" o algo parecido.

Base de datos

Las **bases de datos** son colecciones computarizadas de datos, o de información, La información en bases de datos se halla y se lee rápidamente. Las bases de datos se pueden crear para cualquier tipo de información. La compañía de teléfonos puede tener una base de datos con los nombres de todos sus clientes. Puedes buscar en una base de datos en la Internet realizando una búsqueda con palabras claves.

Correo-e

El correo electrónico, o **correo-e**, (*e-mail* en inglés) es una manera de usar la Internet para comunicarse rápidamente con otros. Los servidores de Internet (computadoras que proveen información a abonados) otorgan una dirección de correo-e a cada abonado. Esta dirección permite que recibas y envíes correo-e a otras personas. Las direcciones de correo-e contienen varias partes. Veamos el siguiente ejemplo:

La primera parte de la dirección se llama el **buzón** y muchas veces es tu nombre personal o el nombre del **usuario**.

La segunda parte de la dirección se llama el **dominio**. Normalmente es el nombre del servidor de Internet.

Un punto separa el dominio de la última parte de la dirección.

sherlock@detectives.com

Este símbolo se llama arroba y significa "a". Se usa para separar el buzón de la segunda parte de la dirección.

La última parte de la dirección se llama el ***top-level domain*** en inglés (dominio de más alto nivel). Normalmente consiste de tres letras y frecuentemente indica el tipo de sitio que visitas. Los más comunes son:
.com — compañía comercial;
.net — compañía de conexiones;
.edu — institución educativa;
.org — empresa no comercial;
.gov — departamento u organización del gobierno

La dirección de arriba se leería así: "Sherlock arroba detectives punto com".

Inténtalo

Usa la Internet para hallar un tablón de anuncios que se enfoque en un tema sobre el cual te gustaría saber más. Busca en el tablón por tres nuevas cosas que no sabías sobre el tema. Si tienes preguntas o sabes algo sobre el tema que a los demás les interesaría, intenta anunciar un mensaje. Recuerda que no debes dar información personal.

Recursos tecnológicos

Bases de datos en la biblioteca

Los **índices** en las bibliotecas son herramientas para hallar fuentes de información. Un índice de publicaciones periódicas, por ejemplo, te permite buscar de acuerdo al autor, al título y al tema, información sobre artículos publicados en varias publicaciones periódicas. Muchos de los índices en las bibliotecas ahora están disponibles en computadoras como bases de datos, que se pueden actualizar constantemente y las búsquedas se realizan rápidamente.

Las **enciclopedias** y los **diccionarios** están disponibles como bases de datos en CD-ROM. Muchas bases de datos de enciclopedias y diccionarios, ya sean en CD-ROM o en la Internet, te permiten hallar información realizando una búsqueda de acuerdo a una palabra clave. Algunas bases de datos de enciclopedia ofrecen búsquedas especializadas que te permiten ir directamente a un índice de autores o temas.

CD-ROM

Proyectado para uso en computadoras personales, un **CD-ROM**, o *compact disc read only memory* en inglés (disco compacto que lee sólo memoria), es un disco compacto que contiene grandes cantidades de información. Muchas bases de datos se almacenan en CD-ROM. Las bibliotecas suelen usar los CD-ROM para ofrecerles a las personas acceso directo a las bases de datos. A pesar de que a veces necesitarás la ayuda de una bibliotecaria para usar una base de datos o CD-ROM, la mayoría de los CD-ROM están diseñados para ser fáciles de usar y cualquiera puede hallar información en éllos.

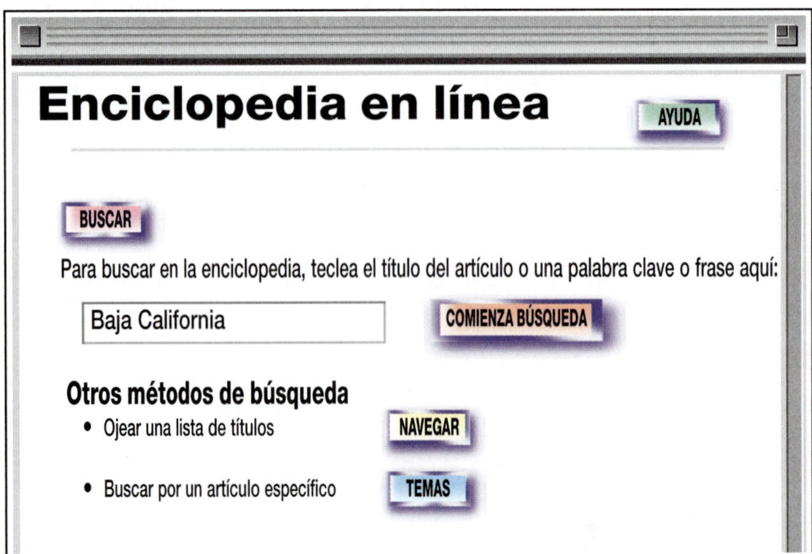

Catálogo automatizado de biblioteca

Los catálogos computarizados de las bibliotecas han reemplazado los ficheros tradicionales. Un **catálogo automatizado de biblioteca** te permite buscar electrónicamente los libros de acuerdo al título, al autor o al tema. Algunos catálogos automatizados también permiten buscar artículos en publicaciones periódicas.

Decide cómo quieres buscar información: de acuerdo al **nombre del autor** o a una **palabra clave del título** o una **palabra clave del tema**. He aquí cómo se vería una búsqueda sobre "La fiebre del oro en California":

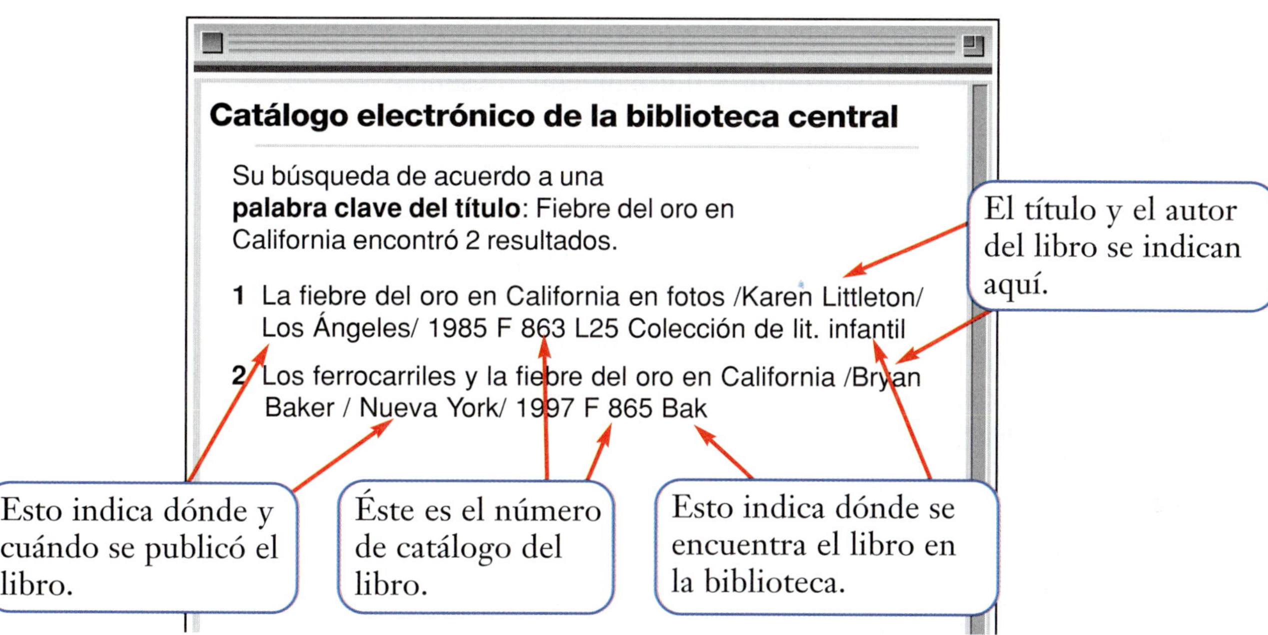

Inténtalo

Ve a la biblioteca de la escuela o a una pública que tenga un catálogo automatizado. Intenta buscar información sobre un tema que te interese de tres formas. Haz una lista de la información que contiene el catálogo. Halla alguna de esas fuentes en los lugares indicados. Usa un buscador para encontrar una enciclopedia electrónicamente. Teclea una palabra clave para un tema y lee la información que encuentres.

Publicaciones periódicas

Una **publicación periódica** es un trabajo que se publica regularmente. Las **revistas** y los **periódicos** son dos tipos de publicaciones periódicas. Una publicación periódica puede salir todos los días, una vez a la semana o una vez al mes. Otras salen cuatro veces al año, o trimestralmente. Cada edición de una publicación periódica es un nuevo **número**. Una revista mensual, por ejemplo, tiene el número de junio, el de julio y así sucesivamente.

Revistas

Los escritos de no ficción en una revista se llaman **artículos**. Cada artículo se enfoca en un tema. Los escritores normalmente presentan hechos en los artículos, por ejemplo, información sobre las montañas rusas más grandes del mundo. A veces, sin embargo, el propósito de un autor en un artículo es entretener a los lectores o declarar una opinión sobre un tema. Las principales partes de una revista son la **portada**, el **contenido** y los **artículos**.

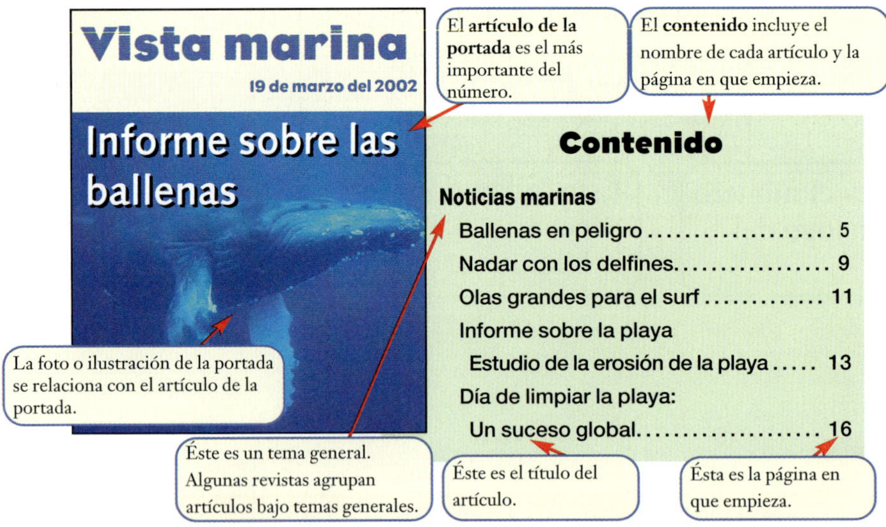

Las publicaciones periódicas están más actualizadas que los libros, así que cuando escribas un informe, quizás quieras usar revistas. Puedes encontrar información en inglés sobre artículos en el *Reader's Guide to Periodical Literature* (Guía del lector para la literatura en publicaciones periódicas), un libro de referencia. Los temas aparecen en orden alfabético. Los títulos de los artículos y las revistas en que aparecen están listados bajo temas. Muchas bibliotecas ahora tienen guías como ésta electrónicamente.

Periódicos

La mayoría de los periódicos se publican todos los días. En general, ellos cuentan o informan sobre hechos que acaban de ocurrir. Suelen cubrir sucesos locales, nacionales y mundiales.

Los artículos más importantes aparecen en la **portada**. Pueden continuar en las páginas dentro del periódico. La **página editorial** contiene **editoriales** sobre temas importantes dentro de las noticias. Un editorial trata de convencer a los lectores de apoyar una opinión. Los lectores también pueden exponer sus opiniones escribiéndole cartas al editor. Esas cartas normalmente se publican juntas en la página editorial o en la página de al lado.

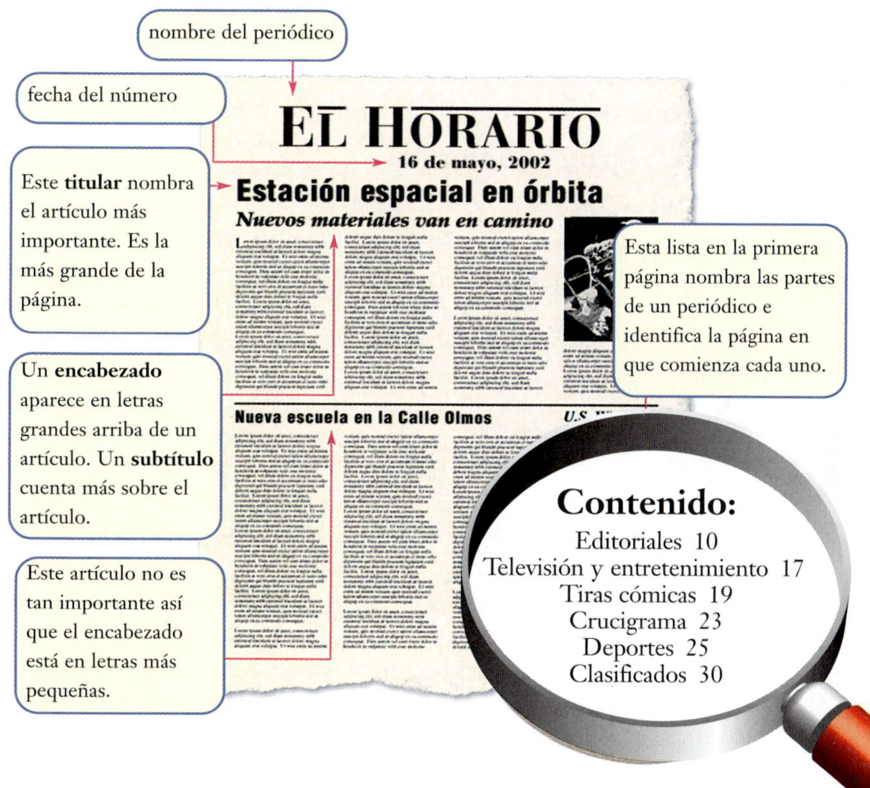

Inténtalo

Averigua cómo tu biblioteca organiza sus publicaciones periódicas y practica encontrando artículos sobre temas que te interesen. Si necesitas ayuda, busca a una bibliotecaria.

Organizar información

Tomar apuntes

Tomar apuntes es una manera de guardar información para luego usarla. Unos buenos apuntes te pueden ahorrar tiempo en el futuro cuando redactes un trabajo o estudies para un examen. Puedes tomar apuntes en fichas. Cuando hayas decidido usar una fuente determinada, escribe en una ficha toda la información que necesitarás para una cita bibliográfica (ver página 725). Luego, toma apuntes en otras fichas. Usa una ficha separada para cada tema de la fuente. Normalmente, debes **parafrasear** información, o volver a contarla en tus propias palabras. Cuando copies directamente de fuentes de información, pon las palabras entre comillas.

Esta página muestra un pasaje que podrías encontrar en un libro y los apuntes que un estudiante tomaría para un informe.

El Valle de San Joaquín

El Valle de San Joaquín queda en el centro de California. Es un centro de producción agrícola. Fresno es la principal ciudad agrícola y financiera en la región. La irrigación, o llevar el agua artificialmente a terrenos secos, ha hecho del Valle de San Joaquín un área importante para muchas cosechas, como uvas y el algodón. Casi todas las pasas del país se cultivan en el área de Fresno, y los huertos de higos más grandes del país se encuentran ahí. Procesar, empaquetar y enviar todos estos productos agrícolas son las industrias principales de Fresno.

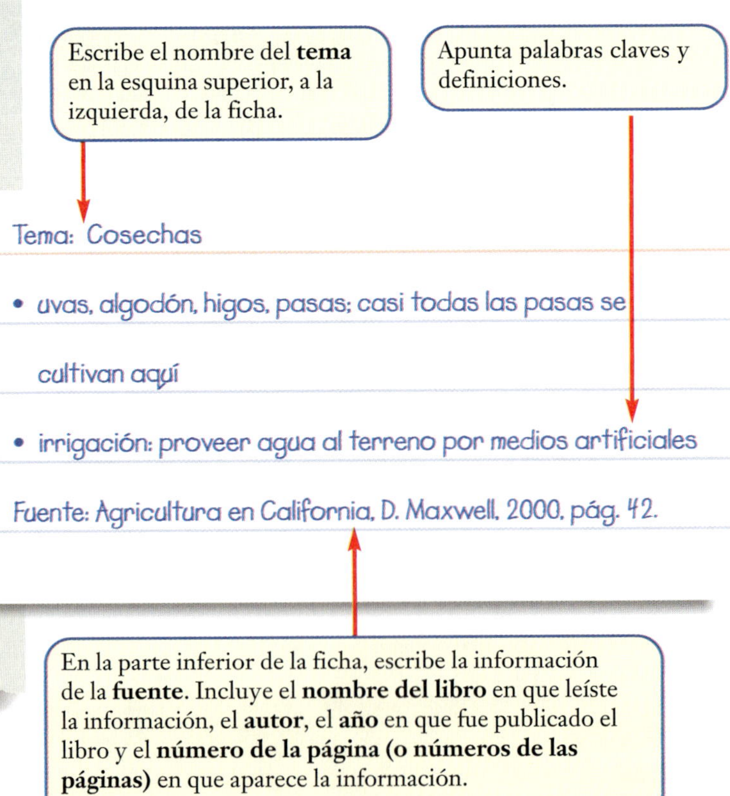

Citar fuentes

Un informe de investigación termina con una **bibliografía**, una lista de fuentes usadas por el escritor. Muestra cuánta investigación realizó el escritor y los tipos de fuentes que se usaron. Las citas en una bibliografía aparecen en orden alfabético de acuerdo con el apellido del autor. Sigue estos ejemplos para escribir una cita bibliográfica:

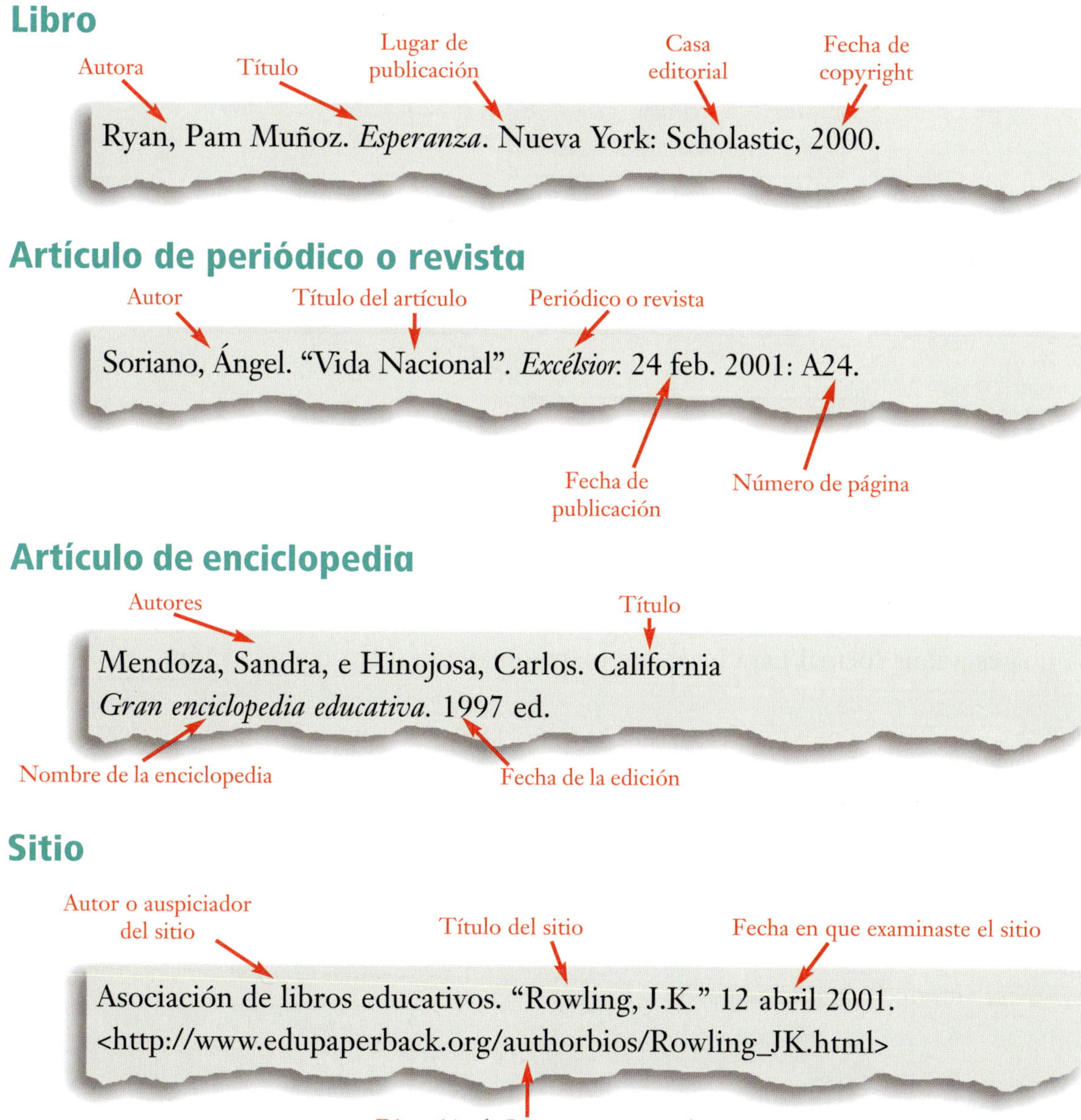

Hacer esquemas

Un **esquema** ayuda a los escritores a organizar sus ideas. Es como un marco en el cual el escritor puede montar una composición.

Esquema informal

Cuando investigas un tema, quizás quieras usar un esquema informal para organizar tu información. Después de que hayas empezado a leer y a tomar notas sobre tus fuentes, detente y usa un organizador gráfico como el que aparece abajo. Éste te indicará si estás enfocado en el tema.

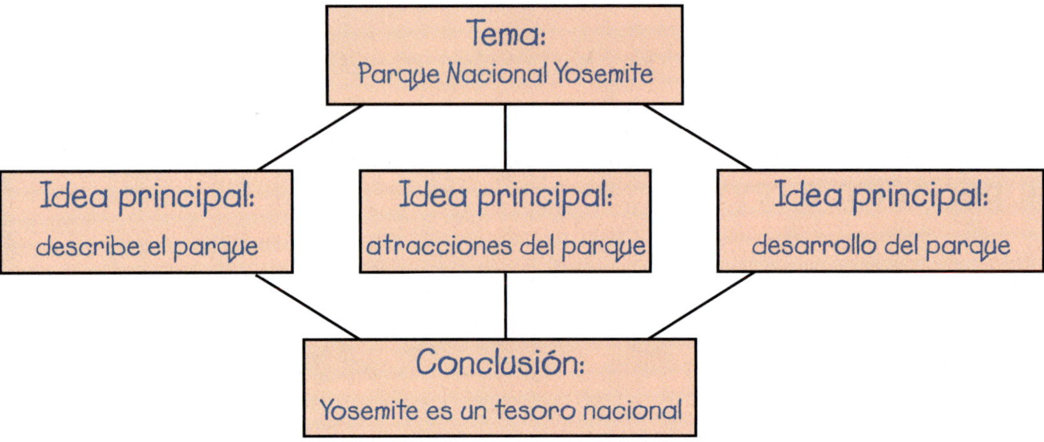

Esquema formal

Usa una esquema formal para hacer un mapa detallado de tu composición.

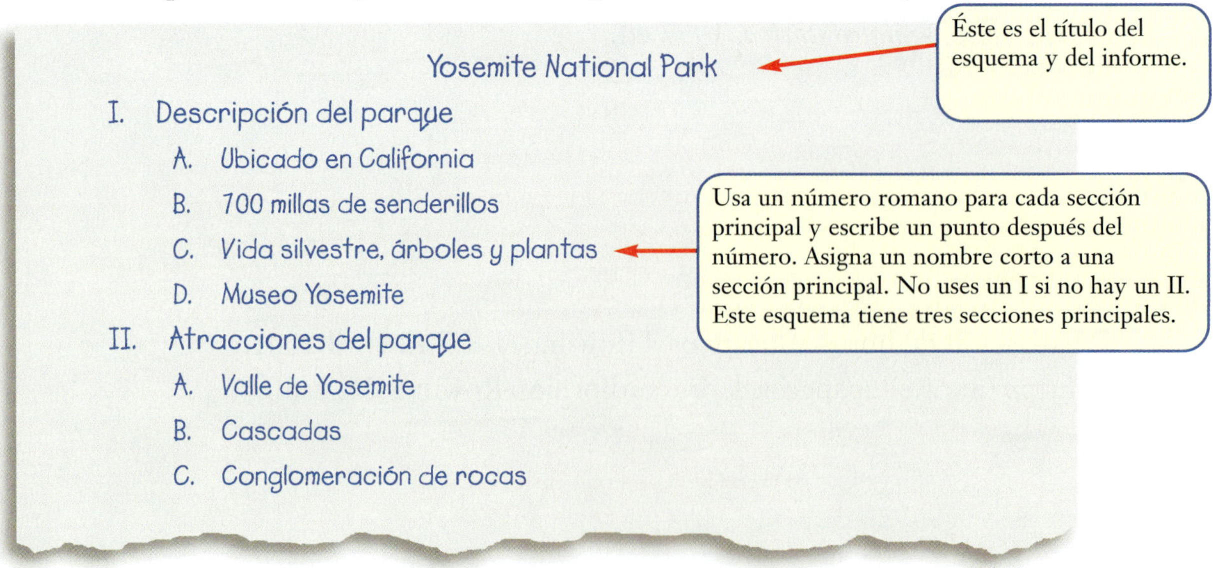

III. Desarrollo de Yosemite

A. Indígenas americanos de la tribu Yosemite

B. Valle se cede a California en 1864

C. Se crea parque nacional en 1890

Usa un número romano y un punto para cada detalle importante en una sección principal. Usa sangría en los detalles bajo el nombre de la sección y sé breve. No uses una A si no hay una B. Esta sección contiene tres detalles importantes.

Estos son los primeros dos párrafos escritos usando el esquema que aparece en la página 726.

El primer párrafo corresponde al primer número romano en el esquema.

Parque Nacional Yosemite

Detalle A

Detalle B

El Parque Nacional Yosemite es una de las áreas silvestres mejor conocidas del país. El parque queda en el centro de California, como a unas 200 millas al este de San Francisco, en las montañas de la Sierra Nevada. Yosemite contiene 700 millas de senderos, muchos de los cuales llevan a los lagos, a los arroyos y a las montañas de la Sierra Alta. El parque es el hogar de más de 60 tipos de animales y más de 200 variedades de pájaros. También hay más de 1,300 tipos de plantas y más de 30 tipos de árboles, incluyendo el gigante secoya. El Museo Yosemite, que queda dentro del parque, tiene colecciones sobre la vida silvestre que allí se encuentra y sobre los indígenas americanos.

Detalle D

Detalle C

Inténtalo

Piensa en un monumento nacional del cual te gustaría aprender más. Puede ser el Monumento a Washington, el monte Rushmore, un parque nacional, las gigantes secoyas, el géiser *Old Faithful*, el Valle de la Muerte o cualquier otra maravilla natural o lugar famoso. Haz un esquema informal que nombre el monumento como tu tema. Haz una lista de tres ideas principales y una conclusión que podrías usar en un informe.

Pulir tu escritura

Características de la buena escritura

A pesar de que hay muchas formas de escritura diferentes, toda buena escritura muestra características similares. Al usar esta lista de características como una lista de control para tu trabajo, estarás seguro de mejorar la calidad de tu escritura.

1. **ENFOQUE/IDEAS** El enfoque principal de la composición se plantea claramente y el escritor incluye información interesante.

2. **ORGANIZACIÓN** La escritura se organiza de manera lógica. Tiene un comienzo, un desarrollo y un final claros.

3. **PÁRRAFOS EFECTIVOS** El párrafo inicial ofrece información de contexto y hace al lector pensar en lo que pasará. El escritor empieza un nuevo párrafo para cada parte principal del cuento.

4. **DESARROLLO** El escritor provee detalles sobre los hechos y sobre sus sentimientos.

5. **VOZ** La voz es personal y fuerte. El tono es animado y apropiadamente informal.

6. **SELECCIÓN DE PALABRAS** El escritor usa un lenguaje preciso que forma una imagen clara en la mente del lector.

7. **ORACIONES EFECTIVAS** La variedad en la longitud de las oraciones hace que la escritura sea interesante.

8. **NORMAS** El escritor ha revisado la composición y corregido cualquier error de ortografía, gramática y puntuación.

El reto por el campeonato

Ayer fue el campeonato de sóftbol entre nuestro equipo y el de Central. Muchos de los jugadores de nuestro equipo estaban en cama con la gripe, así que todos los que quedaban estaban en el campo menos yo. Y yo sabía que sólo un milagro haría que yo entrara en el juego. Este juego era muy importante y yo era la peor jugadora del equipo. La temporada terminaba hoy y aún no había logrado un batazo o agarrado un elevado.

Nuestras esperanzas de ganar iban bien hasta que nuestra jardinera izquierda se cayó mientras corría sobre el césped mojado. Parecía como si su tobillo le doliera mucho. El entrenador puso hielo en la pierna y le puso una venda bien ajustada, pero yo tendría que tomar su lugar. Todos se veían nerviosos, especialmente yo.

El juego continuó, pero nada vino hacia mí. De hecho, así lo deseaba, porque no quería que mi equipo perdiera el partido por mi culpa. Hasta el momento todo iba bien, sólo me dieron una base por bolas cuando me tocó batear. Lo único que yo deseaba era que nadie bateara algo sobre el campo corto.

Antes de que me diera cuenta, llegó la segunda mitad de la última entrada. Nuestro equipo llevaba la delantera por una carrera. De repente, le tocó batear a Central por última vez. El bateador logró un elevado. La pelota venía hacia el jardín izquierdo ... ¡y directamente hacia mí! Corrí con todo lo que tenía, me estiré hasta más no poder y sentí la pelota caer en mi guante.

¡Logré el out final! Todos vitoreaban y vinieron corriendo para darme palmaditas en la espalda. Ganamos el campeonato y yo participé en el triunfo.

Usar criterios de evaluación

Puedes usar criterios de evaluación para pulir tu escritura. Los **criterios de evaluación** son una lista de normas o pautas que puedes usar para evaluar tu composición. He aquí cómo usar estos criterios de evaluación.

Antes de escribir Mira la lista de control para establecer tus metas de escritura.

Durante la escritura Compara tu borrador con la lista para ver cómo puedes mejorar tu escritura.

Después de escribir Compara tu trabajo final con la lista para ver si muestra todas las características de la mejor escritura.

Tu mejor calificación

___ La composición permanece enfocada en la tarea, el propósito y la audiencia.

___ La composición tiene un comienzo claro que presenta el tema, una continuación que desarrolla ideas y un final que es lógico. Las palabras y las frases de transición ayudan al lector a entender cómo se relacionan las ideas.

___ La composición usa la voz personal del escritor. El punto de vista es claro y la expresión es original o cuidadosa.

___ La composición contiene descripciones o detalles útiles e interesantes.

___ La composición contiene palabras o frases interesantes, como sustantivos específicos, verbos vívidos y lenguaje figurativo.

___ La composición usa una variedad de estructuras de oraciones.

___ La composición contiene pocos, o ningún, errores de ortografía, gramática y puntuación.

Conferencias colectivas

En una **conferencia colectiva**, dos o más escritores trabajan juntos. Los escritores pueden leer su composición en voz alta o intercambiar hojas y leer los trabajos de los demás en silencio. Luego, ofrecen sugerencias para mejorar los trabajos. Una conferencia colectiva funciona mejor después de la etapa de hacer un borrador.

Aquí tienes sugerencias para ayudar a tus compañeros de clases en sus conferencias.

- Primero, escucha o lee atentamente, con una mente abierta. Intenta entender lo que dice el autor.
- Después, cuéntale al autor lo que entendiste del trabajo. Por ejemplo, dile cuáles pasos del proceso entendiste o lo que significó para ti su cuento. Luego, permite que el autor te diga si lo que entendiste está correcto.
- Finalmente, pregúntale al autor sobre cosas que no quedaron claras. Cuéntale dónde crees que la escritura debería ser más clara o más eficaz. No necesitas contarle al autor exactamente lo que tiene que hacer. Por supuesto, también deberías contarle lo que crees que sí funcionó en la escritura.
- A través de una conferencia colectiva, sé cortés con el autor y constructivo en tus comentarios. Presenta tus sugerencias de manera que animen al autor.

Inténtalo

Practica, usando los criterios de evaluación de la página 730 como lista de control, con ejemplos de escritura que encuentres por la casa o en la biblioteca. Si la escritura no cumple con cierta pauta, piensa en maneras específicas en que el autor podría mejorar su trabajo.

Formato de los documentos

Usa estas pautas de formato si estás usando una computadora para tu composición. Muchas de estas acciones se pueden realizar automáticamente en una computadora, pero aún necesitas saber información específica para fijar el funcionamiento automático.

Márgenes Fija márgenes de una pulgada en la parte superior e inferior y a ambos lados de tu hoja de papel. Un procesador de palabras te permitirá fijar los márgenes usando un comando de formato o la regla que aparece en pantalla.

Espaciado La mayoría de las composiciones deberán ser a doble espacio. La bibliografía de un informe de investigación también deberá ser a doble espacio. Sin embargo, para algunos tipos de composiciones, quizás quieras usar otro espaciado entre líneas.

Columnas Quizás quieras usar dos columnas para hacer la lectura de tu escritura más fácil. Las columnas pueden resultar particularmente apropiadas si estás escribiendo un artículo noticioso, ya que los periódicos presentan el texto en columnas. También puedes usar columnas para organizar la información en una tabla.

Tabular Se usa el tabulador para sangrar texto. Puedes fijar varias posiciones en un procesador de palabras usando el ratón y la regla, o puedes introducir medidas decimales para el tabulador usando comando de formato. Fija el tabulador a media pulgada (como cinco espacios) para dejar sangría a tus párrafos.

Orientación de la hoja Debes colocar tu hoja verticalmente para imprimir texto regular, pero quizás necesites girar tu hoja horizontalmente para acomodar gráficas, ilustraciones o dibujos.

Números de las páginas Incluye un número de página en cada hoja de tu composición. Coloca el número en la esquina superior, a la derecha, media pulgada de la parte superior de la hoja. Los números de las páginas deberán alinear con el margen derecho. Muchos procesadores de palabras numeran las páginas automáticamente.

Usar un procesador de palabras

Puedes usar un procesador de palabras para diseñar el formato de tu composición e imprimirla. Sigue estos pasos.

Paso 1 Pon en marcha un programa para procesar palabras. Abre un nuevo documento. Salva el nuevo archivo. Desígnale un nombre que te sea fácil de recordar.

Paso 2 Teclea el documento. Deja que la computadora decida dónde terminar una línea y comenzar la siguiente. Presiona la tecla *ENTER* o *RETURN* para comenzar un nuevo párrafo. Recuerda salvar tu trabajo frecuentemente.

Paso 3 Usa un comando que corrija la ortografía la primera vez que revises tu composición. Sin embargo, siempre debes revisar la composición tú mismo para hallar errores de ortografía, ya que la computadora no reconocerá todos los errores. Por ejemplo, si equivocadamente usas la palabra *casar* en vez de *cazar*, la computadora no registrará el error ya que ambas palabras existen en español.

Paso 4 Puedes usar el comando de formato para escoger un estilo y un tamaño de letra. También tienes la opción de hacer resaltar ciertas palabras. Por ejemplo, puedes usar **negrita** para el título del trabajo que estás componiendo y *cursiva* para los títulos de libros.

Paso 5 Imprime tu documento final. Revísalo una vez más ya impreso. Teclea cualquier cambio o corrección y vuelve a imprimirlo. Puedes repetir este paso hasta que quedes satisfecho. **Siempre salva tu trabajo.**

Inténtalo

Practica ajustando los márgenes, el espaciado, las posiciones del tabulador y demás acciones en un procesador de palabras. Teclea un título y practica cambiando el estilo y el tamaño de la letra.

Uso del glosario

Igual que los diccionarios, este glosario presenta una lista de las palabras en orden alfabético. Para encontrar una palabra, sólo busca las primeras letras de la misma.

Para ahorrar tiempo, consulta las palabras guía al principio de cada página. Las palabras guía te dicen cuáles son la primera y última palabra de esa página. Déjate llevar por las palabras guía para ver si la palabra que estás buscando se encuentra en la página.

Observa este ejemplo de una entrada de glosario:

Origen de las palabras

En este glosario encontrarás notas sobre el origen de algunas palabras o las relaciones entre palabras. Estos datos pueden ayudarte a recordar el significado de muchas palabras.

Observa este ejemplo sobre el origen de las palabras:

> **familiar** Término que proviene del latín *familiaris*. En un principio significaba "de la *familia*", pero su significado se amplió y ahora también se dice de aquéllo que uno sabe muy bien o hace fácilmente.

La división silábica

Las palabras se dividen en sílabas. Cada sílaba constituye un sonido o un conjunto de sonidos. Las sílabas siempre tienen por lo menos una vocal. En el caso de los diptongos, la sílaba tiene dos vocales, y en los triptongos la sílaba tiene tres vocales.

Reglas de la división silábica

Cada vocal se agrupa con la consonante anterior a ella.

ca•mi•sa **ma•ña•na** **a•bue•la**

Las siguientes combinaciones de consonantes son inseparables: bl, br, cl, cr, dr, fl, fr, gl, gr, pl, pr, tr.

blu•sa **glo•bo**

A excepción de las combinaciones anteriores, cuando hay cualquier otra pareja de consonantes entre dos vocales, cada consonante se agrupa con una sílaba diferente.

bal•sa **lin•ter•na**

Cuando hay tres consonantes juntas y hay una de las combinaciones de consonantes inseparables, la combinación inseparable se queda junta y la otra consonante se separa y forma parte de la otra sílaba.

tem•blar **ren•glón**

Cuando hay cualquier otro grupo de tres consonantes, dos consonantes se agrupan con la primera vocal y la otra consonante con la segunda vocal.

cons•tan•te **ins•tan•te**

Cuando hay cuatro consonantes juntas, se agrupan dos con una sílaba y dos con la otra.

mons•truo **ins•tru•men•to**

Nota
- **divide las palabras en sílabas**

Abreviaturas: ***adj.*** **adjetivo,** ***adv.*** **adverbio,** ***s.*** **sustantivo,** ***v.*** **verbo,** ***sin.*** **sinónimo,** ***fig.*** **figurativo**

abundó [a·bun·dó] *v.* **abundar** Haber en gran cantidad: **En la fiesta abundó la comida.**

acompañamiento [a·com·pa·ña·mien·to] *s.* Música que se toca junto con otra interpretación o actuación: **Después de que la orquesta terminó, la pianista tocó una pieza sin *acompañamiento* tan bien que el auditorio la ovacionó.**

acontecimiento [a·con·te·ci·mien·to] *s.* Cosa que pasa y que es de importancia: **Fue todo un *acontecimiento* este concierto de rock.** *sin.* suceso, hecho

acueducto [a·cue·duc·to] *s.* Tubería o túnel grande que sirve para transportar agua a través de grandes distancias: **El *acueducto* aseguró que la ciudad tendría agua suficiente.**

acústico [a·cús·ti·co] *adj.* Relacionado con el sonido o con la audición: **Los órganos *acústicos* de los animales son las orejas.**

acueducto

ademanes [a·de·ma·nes] *s.* **ademán** Conjunto de movimientos de la cabeza, las manos y otras partes del cuerpo que se hacen para expresar un sentimiento o una idea: **Mi mamá me hizo unos *ademanes* para que me quedara junto a ella en la fila.** *sin.* gestos, actitudes

administrativo [ad·mi·nis·tra·ti·vo] *adj.* Que está relacionado con la dirección o el desarrollo de algo: **Una función *administrativa* de Juan es de contratar a nuevos empleados.** *sin.* organizativo

aferró [a·fe·rró] *v.* **aferrar** Sujetar con fuerza; tener una idea fija: **Se *aferró* a la agarradera para no caer del poste.** *sin.* asir

agenda [a·gen·da] *s.* Lista de cosas para realizar: **El primer punto de nuestra *agenda* es leer las minutas de nuestra última junta.** *sin.* programa, horario

agonizante [a·go·ni·zan·te] *adj.* Estar a punto de morir o terminar: **El veterinario salvó el *agonizante* animal.**

agotadores [a·go·ta·do·res] *adj.* **agotador** Que produce cansancio o pena: **Estos días en el campo fueron *agotadores*.** *sin.* desgastantes

altímetro [al·tí·me·tro]*s.* Instrumento que se usa para medir la altura a la que vuela un avión: **El piloto revisó el *altímetro* para asegurarse de realizar un aterrizaje suave y tranquilo.**

aluvial [a·lu·vial] *adj.* Relacionado con las inundaciones: **El terreno *aluvial* servía para la siembra de arroz.**

anegado [a·ne·ga·do] *adj.* Que está cubierto por el agua: **Las cosechas se perdieron cuando todo quedó *anegado* por el huracán.** *sin.* inundado, encharcado

angustia [an·gus·tia] *s.* Gran pena o sufrimiento. **Sara sintió mucha *angustia* cuando falleció su abuelita.** *sin.* aflicción, pena, dolor

anhelaban [an·he·la·ban] *v.* **anhelar** Desear algo con fuerza: **Los equipos *anhelaban* el trofeo y para conseguirlo entrenaron diariamente.** *sin.* ansiaban

ansiosos [an·sio·sos] *adj.* Que desean algo con fuerza: **Los padres estaban *ansiosos* de ver a sus hijos sanos y salvos.** *sin.* deseosos

apaciguadora [a·pa·ci·gua·do·ra] *adj.* Que calma o tranquiliza: **Con su voz *apaciguadora*, la mamá arrulló al bebé.** *sin.* pacificadora

apartada [a·par·ta·da] *adj.* Que está lejos o separada: **Su casa estaba muy *apartada* del pueblo.** *sin.* escondida, aislada

árido [á·ri·do] *adj.* Seco, con poca humedad: **El desierto es un lugar *árido*.** *sin.* seco

armoniosa [ar·mo·nio·sa] *adj.* Que resulta agradable de oír; que tiene belleza, gracia y equilibrio entre sus partes: **La canción que compusiste es muy *armoniosa*.** *sin.* melodiosa, musical

arqueólogo [ar·que·ó·lo·go] *s.* Persona dedicada a estudiar civilizaciones antiguas: **Un *arqueólogo* estudió las ruinas de una antigua ciudad.**

asombrados [a·som·bra·dos] *adj.* Que están muy sorprendidos: **Ellos quedaron *asombrados* por la altura del monte Shasta.** *sin.* admirados

atónito [a·tó·ni·to] *adj.* Que está sorprendido por la grandeza de algo: **Dale se quedó atónito por el tamaño de la catedral.** *sin.* pasmado, estupefacto, maravillado

audición [au·di·ción] *s.* Sesión de prueba de un artista: **Asistí a una *audición* para obtener el papel principal de la obra.**

austeras [aus·te·ras] *s.* **austera** Sencilla y sin adornos: **Llevaba una vida *austera*, sin ninguna clase de lujo.** *sin.* serio, severo, sobrio

aventajar [a·ven·ta·jar] *v.* Ir adelante respecto de los demás: **El nuevo alumno iba a *aventajar* a todos sus compañeros en matemáticas.** *sin.* adelantar, superar

bombardeado [bom·bar·de·a·do] *adj.* Que dirige un gran número de objetos o una gran cantidad de información a un ritmo muy rápido: **El maestro se sintió *bombardeado* con las preguntas de los estudiantes el primer día de clases.** *sin.* hostigado, acosado

bullía [bu·llí·a] *v.* **bullir** Agitarse o moverse mucho: **En la cabeza del arquitecto *bullían* los proyectos de las casas que construiría.**

cansancio [can·san·cio] *s.* Lo que se siente cuando se está débil, sin fuerzas: **Trabajé mucho durante el día y tengo mucho *cansancio*.** *sin.* fatiga

canteras [can·te·ras] *s.* **cantera** Lugar de donde se extraen piedras para emplearse como material de construcción: **Vermont es famoso por sus *canteras* de granito.**

canteras

cavidad [ca·vi·dad] *s.* Hueco que existe en una cosa sólida: **Un pájaro carpintero hizo una *cavidad* en el árbol y se metió en ella.** *sin.* agujero

cilindro [ci·lin·dro] *s.* Cuerpo geométrico limitado por dos círculos paralelos, y cuyas líneas también son paralelas a ellas: **El *cilindro* brillante que hice en mi clase de cerámica se parece al galletero que rompí el año pasado.**

cimientos [ci·mien·tos] *s.* Base que sostiene un edificio: **Los *cimientos* de esta casa son de cemento, aunque en sí la casa es de madera.** *sin.* fundamentos

civilización [ci·vi·li·za·ción] *s.* Historia y cultura de un grupo de personas: **La *civilización* romana influyó a casi toda Europa.**

comestible [co·mes·ti·ble] *adj.* Que se puede comer: **No todas las plantas son *comestibles*; algunas son venenosas.** *sin.* ingerible

concebido [con·ce·bi·do] *adj.* Cuando se forma una idea en la mente; que se comprende o se cree posible: **Has *concebido* una idea genial.** *sin.* creado, pensado, imaginado

confundida [con·fun·di·da] *adj.* Que no se sabe cómo actuar: **Las palabras de su jefe la dejaron muy *confundida* y no sabía cómo hacer el trabajo.** *sin.* aturdida, perturbada

consolar [con·so·lar] *v.* Dar bienestar y apoyo. **La madre besó a su pequeño para *consolarlo* después de que se cayó.** *sin.* animar, reconfortar

contrincante [con·trin·can·te] *s.* Persona que lucha contra otros para conseguir algo: **Los *contrincantes* a los que se enfrentarán en el campeonato son muy buenos.** *sin.* adversario

coraje [co·ra·je] *s.* Fuerza para hacer algo; malhumor, desagrado o ira: **Me da mucho *coraje* que me pises mis zapatos limpios.** *sin.* valentía; rabia

cosmonauta [cos·mo·nau·ta] *s.* Astronauta ruso o soviético: **Ana se preguntaba qué comida llevarían los *cosmonautas* a su misión espacial.**

Origen
cosmonauta *Cosmonauta* es la versión en español de la palabra rusa *Kosmonaut.* Proviene de las palabras griegas *Kosmos*, que significa “universo”, y *nautēs*, que signifca “navegador”. Puedes pensar en un cosmonauta como un “navegador del universo”.

costumbres [cos·tum·bres] *s.* Conjunto de actos o prácticas propias de una persona o grupo: **Me gusta viajar porque es una oportunidad de conocer las *costumbres* de otras personas.** *sin.* hábito, tradición

cresta [cres·ta] *s.* Punto más alto de una onda: **Las *crestas* de las olas se elevan más cuando hay marea alta.** *sin.* pico

chocan [cho·can] *v.* **chocar** Juntarse o reunirse de manera violenta: **Las olas hacen un ruido tronante cuando *chocan* con la costa rocosa.**

democracia [de·mo·cra·cia] *s.* Sistema de gobierno en el que el pueblo elige a sus gobernantes: **Vivimos en una *democracia* en la que todos tenemos los mismos derechos y obligaciones.**

dependía [de·pen·dí·a] *v.* **depender** Ocurrir algo si se cumple otra condición: **Mi viaje *depende* de que consiga la visa.**

descorazonador [des·co·ra·zo·na·dor] *adj.* Que muestra desánimo o infelicidad: **El cachorro vio de modo *descorazonador* a su dueño cuando no le ofreció las sobras de la mesa.** *sin.* desalentador, desesperanzador

descubrimiento [des·cu·bri·mien·to] *s.* Conocimiento de lo que estaba escondido o no se conocía; cosa que se encuentra: **El *descubrimiento* de la penicilina alivió muchos males de la humanidad.** *sin.* hallazgo, invención

deshidratación [des·hi·dra·ta·ción] *s.* Falta de líquidos en el cuerpo: **Después de sembrar todo el día bajo los rayos del sol, el campesino se sintió mareado por la *deshidratación*.**

despabilar [des·pa·bi·lar] *v. fig.* Quitarse el sueño o la flojera: **Debes *despabilarte* si no quieres reprobar el año.** *sin.* espabilar, despertar, avivar

desprecio [des·pre·cio] *s.* Sentimiento de rechazo hacia algo o alguien: **El rey hablaba con *desprecio* a sus súbditos.** *sin.* desdén, menosprecio

diques [di·ques] *s.* **dique** Muro que se construye para detener la corriente del agua: **Se necesita un *dique* para que estas tierras no se inunden en la temporada de lluvias.**

discursos [dis·cur·so] *s.* **discurso** Exposición pública que una persona hace de un tema: **El *discurso* del candidato a la presidencia no fue bien recibido.** *sin.* alocuciones, conferencias

disfrazado [dis·fra·za·do] *adj.* Que una persona use un traje para parecer alguien distinto de quien es: **El bebé venía *disfrazado* de dinosaurio.** *sin.* enmascarado

disipar [di·si·par] *v.* Separar y dispersar o disolver: **La mugre del piso de la cocina se empieza a *disipar* cuando le pongo la solución limpiadora.** *sin.* esparcir

distracción [dis·trac·ción] *s.* Falta de atención o error producido por no poner cuidado en algo: **Una *distracción* del conductor causó el accidente.** *sin.* desatención, diversión

diversidad [di·ver·si·dad] *s.* Variedad: **Se sabe que los Estados Unidos tienen gran *diversidad* de población.** *sin.* multiplicidad, pluralidad

dormitorio [dor·mi·to·rio] *s.* Edificio o parte de éste donde duermen muchas personas: **Sal y Nick comparten una habitación en el *dormitorio*.**

dramatiza [dra·ma·ti·za] *v.* **dramatizar** *fig.* Comportarse de manera exagerada como si se estuviera en un escenario: **Ángela *dramatiza* cualquier situación en la que se encuentra.**

elaboradas [e·la·bo·ra·das] *adj.* **elaborada** Que se produce o fabrica luego de un proceso: **Estas galletas son *elaboradas* con pura mantequilla.** *sin.* preparadas, fabricadas

embalses [em·bal·ses] *s.* **embalse** Depósito grande de agua, que se forma artificialmente mediante un dique o una presa, en un valle: **Los *embalses* permiten aprovechar el agua para el riego, el uso doméstico o la producción de electricidad.** *sin.* represas

embalses

emblema [em·ble·ma] *s.* Símbolo, por lo general con un lema, que representa una institución o lugar: **El uniforme de los bomberos lleva el *emblema* de la ciudad.** *sin.* escudo, divisa

en línea [en·lí·ne·a] *adj.* Que está conectado, por medio de un módem, a un servidor: **Puedes enterarte de las noticias del día con este periódico *en línea*.**

encerraban [en·ce·rra·ban] *v.* **encerrar** Guardar algo en algún lugar: **Los ganaderos *encerraron* a las reses en el nuevo corral.** *sin.* acorralan, recluyen

enfurecido [en·fu·re·ci·do] *adj.* Que está muy enojado: **El jefe está *enfurecido* porque llegamos tarde.** *sin.* irritado, encolerizado

enlazadas [en·la·za·das] *adj.* Relacionar dos ideas: **Tus ideas quedan bien *enlazadas* con este nexo.** *sin.* vinculadas, unidas

ensartar [en·sar·tar] *v.* Meter un palito puntiagudo antes de cocinar: **Debes *ensartar* la carne antes de ponerla al fuego.**

entrañable [en·tra·ña·ble] *adj.* Muy querido, muy íntimo: **Susan siente un cariño *entrañable* por su amiga Luisa.**

especialidad [es·pe·cia·li·dad] *s.* Parte del conocimiento de una ciencia o técnica: **La *especialidad* de este médico es la pediatría.**

espetó [es·pe·tó] *v.* **espetar** Decir palabras de manera oral o por escrito y causar molestia o sorpresa con ellas: **Mi hermano *espetó* su discurso sin darse cuenta de lo hiriente que era.**

espinosos [es·pi·no·sos] *adj.* Que tiene espinas: **¡Cuidado con estos arbustos *espinosos*!**

estilo [es·ti·lo] *s.* Una herramienta afilada que se usa para escribir en braille: **El joven agarró el *estilo* y empezó a escribir el alfabeto en braille.**

estilo

experimentada [ex·pe·ri·men·ta·da] *adj.* Que tiene experiencia: **Es una *experimentada* maestra con alumnos que tienen problemas de aprendizaje.** *sin.* experta

extensión [ex·ten·sión] *s.* Superficie o espacio ocupado por algo: **La *extensión* de ese terreno es enorme.** *sin.* amplitud

farsante [far·san·te] *s.* Que suele decir mentiras: **Sé que eres un *farsante*, así que no creo lo que dices.**

fijamente [fi·ja·men·te] *adv.* De manera que está algo bien sujeto, sin moverse; con gran atención: **El niño miraba *fijamente* al toro.**

flotación [flo·ta·ción] *s.* Habilidad para mantenerse sobre el agua: **Usar un salvavidas en el agua te mantiene en *flotación*.**

fondos [fon·dos] *s.* Recursos, dinero o medios para hacer algo: **No tengo *fondos* para realizar el negocio que me propones.**

fórmulas [fór·mu·las] *s.* **fórmula** Combinación de símbolos de un planteamiento matemático o un compuesto químico: **Tuve que memorizar de tarea seis *fórmulas* matemáticas.**

frustrado [frus·tra·do] *adj.* Que siente contrariedad o que ha fracasado: **Se sintió *frustrado* porque no consiguió el boleto para salir de vacaciones.**

género [gé·ne·ro] *s.* Cierto tipo de obras con rasgos comunes: **El *género* lírico expresa las emociones del autor.**

gimió [gi·mió] *v.* **gemir** Expresar con la voz un dolor o una pena: **El moribundo *gimió* de dolor.**

gimoteo [gi·mo·te·o] *v.* **gimotear** Gemir sin una causa verdadera o de manera ridícula: **Mi hijo *gimoteó* cuando no le compré el juguete que quería.** *sin.* lloriqueo

habitantes [ha·bi·tan·tes] *s.* **habitante** Persona o animal que vive en un determinado lugar: **Éste es un pueblo fantasma porque sus *habitantes* lo abandonaron después de la fiebre del oro.**

hambruna [ham·bru·na] *s.* Prolongada escasez de comida: **Luego de la sequía, vino la *hambruna* por la falta de cosechas.**

hazaña [ha·za·ña] *s.* Hecho importante: **El éxito del primer vuelo de los hermanos Wright fue una *hazaña* en la historia de la transporte.**

higiene [hi·gie·ne] *s.* Hábitos y cuidados de limpieza que se realizan diariamente para conservar la salud: **Lavar las manos antes de comer es una medida de *higiene*.**

Origen

higiene *Higiene* proviene del nombre de la diosa griega de la salud, Hygeia. La palabra griega para "salud" es *hygiēs*.

hurgó [hur·gó] *v.* **hurgar** Buscar algo con insistencia en algún lugar: **El niño *hurgó* en su cajón por una hora antes de encontrar el juguete que quería.** *sin.* buscó

impecable [im·pe·ca·ble] *adj.* Sin defecto o mancha: **Siempre entregas tu trabajo *impecable*, ¡te felicito!** *sin.* perfecto

impregnado [im·preg·na·do] *adj.* Que está saturado de alguna sustancia: **El ambiente está *impregnado* de olor a pescado.** *sin.* empapado

impulsar [im·pul·sar] *v.* Empujar algo para que se ponga en movimiento: **Este carro ya no tiene un motor que lo pueda *impulsar*.** *sin.* empujar, apoyar

incredulidad [in·cre·du·li·dad] *s.* Estado en el que nada se cree: **Me sorprende tu *incredulidad* porque nunca me has dudado.** *sin.* desconfianza

ingenio [in·ge·nio] *s.* Talento para inventar o crear: **Marta tiene tanto *ingenio* que se hizo su propio vestido.**

ingeniosos [in·ge·nio·sos] *adj.* **ingenioso** Que tiene gracia o capacidad para resolver problemas o inventar cosas: **La reunión fue un éxito gracias a tus comentarios tan *ingeniosos*.** sin. hábiles, capaces

inicial [i·ni·cial] *adj.* Que ocurre en el origen o al principio de algo; primero: **El plan *inicial* del anfitrión fue poner el pan en el horno antes de que sus invitados llegaran.**

inscripción [ins·crip·ción] *s.* Registro como miembro de una agrupación: **Tan pronto como Ana haga su *inscripción* en el gimnasio, empezará un programa de entrenamiento.**

inseguridad [in·se·gu·ri·dad] *s.* Que no ofrece firmeza: **La *inseguridad* de la niña causó que perdiera la competencia.**

insoportable [in·so·por·ta·ble] *adj.* Que no se puede aguantar más: **El ruido de la fábrica es *insoportable*.** *sin.* intolerable

instalaciones [ins·ta·la·cio·nes] *s.* **instalación** Lugar con todo lo necesario para realizar algo en él: **Las *instalaciones* deportivas de tu escuela son las mejores de esta zona escolar.**

instinto [ins·tin·to] *s.* Habilidad natural o impulso: **Escapar ante el peligro es un ejemplo del *instinto* animal.**

integrante [in·te·gran·te] *s.* Ser parte de un todo: **Los *integrantes* del equipo empezarán sus prácticas de alpinismo este fin de semana.**

interactiva [in·te·rac·ti·va] *adj.* Relacionado con la comunicación electrónica en dos direcciones, como cuando la computadora le pide al usuario que dé una respuesta: **Este programa *interactivo* te pregunta lo que quieres saber y luego responde a tus preguntas.**

interminable [in·ter·mi·na·ble] *adj.* Que no acaba nunca, que no tiene fin: **La historia *interminable* es una novela escrita por Michel Ende.** *sin.* infinito

intransitable [in·tran·si·ta·ble] *adj.* Que no se puede pasar o transitar: **Las patrullas llenaron el vecindario y lo hicieron *intransitable*.**

intrigado [in·tri·ga·do] *adj.* Que tiene cierta curiosidad o interés en algo: **Esta novela tiene *intrigado al* lector.**

irresistible [i·rre·sis·ti·ble] *adj.* Que no se puede aguantar o resistir: **Mi nuevo compañero de trabajo tiene una simpatía *irresistible*.** *sin.* fuerte

lanzándose [lan·zán·do·se] *v.* **lanzarse** Aventar, tirar algo; dirigirse hacia algo: **Vi el oso *lanzándose* sobre las truchas.** *sin.* arrojándose

legado [le·ga·do] *s.* Algo que se transmite de generación en generación de nuestros antepasados o por razones históricas: **Los fundadores del país nos dieron el *legado* de la democracia.** *sin.* herencia

maniobras [ma·nio·bras] *s.* **maniobra** Movimiento cuidadoso y hábil con algún aparato: **Carlos realizaba *maniobras* con su bote a pesar de los fuertes vientos.** *sin.* manipuleos

manipular [ma·ni·pu·lar] *v.* Trabajar con las manos o con ciertos instrumentos: **En el laboratorio es necesario usar guantes para *manipular* ciertas sustancias.** *sin.* manejar

mansedumbre [man·se·dum·bre] *s.* Calma y tranquilidad, sin violencia o movimiento: **La *mansedumbre* del cordero impresionó a su dueño.** *sin.* timidez

medidor [me·di·dor] *s.* Instrumento que se emplea para medir: **El *medidor* indicó la presión que era necesaria en la cabina del piloto del avión.**

microscópicos [mi·cros·có·pi·cos] *adj.* Que es tan pequeño que sólo es visible por medio de un microscopio: **Los organismos *microscópicos* están alrededor de nosotros, pero no los podemos ver.**

migración [mi·gra·ción] *s.* Movimiento de un grupo de animales o personas para cambiar su lugar de residencia: **Las *migraciones* de patos canadienses han aumentado la población del lago.** *sin.* éxodo, peregrinación

migración

miniatura [mi·nia·tu·ra] *s.* Cosa muy pequeña; pintura de tamaño pequeño, pero con muchos detalles: **Felipe colecciona carros antiguos en *miniatura*.**

misión [mi·sión] *s.* Vuelo espacial y todo lo relacionado con él: **Ha llevado más de un año preparar esta *misión* espacial.**

módem [mó·dem] *s.* Aparato electrónico que transmite información a una computadora mediante impulsos eléctricos que son enviados y recibidos por una línea telefónica: **El *módem* de la computadora permite que te conectes a Internet.**

mosaico [mo·sai·co] *s.* Obra artística hecha de pequeñas piezas de colores de azulejos: **Los albañiles descubrieron un *mosaico* en el ático de la abuela.**

mosaico

mueca [mue·ca] *s.* Gesto que se hace con la cara para expresar algo: **El payaso de la fiesta hizo una *mueca* para divertir a los niños.** *sin.* gesto

navegación [na·ve·ga·ción] *s.* Conocimientos necesarios para saber conducir un barco, un avión o una nave espacial: **Los antiguos métodos de *navegación* se basaban en las posiciones de las estrellas en el cielo.** *sin.* pilotaje

nostalgia [nos·tal·gia] *s.* Tristeza o pena por regresar al sitio que se añora o extraña: **Siento *nostalgia* por regresar a la tierra donde viví mi infancia.** *sin.* tristeza

novedad [no·ve·dad] *s.* Artículo que despierta el interés por un corto tiempo: **El nuevo juego de la juguetería fue una gran *novedad* que no duró mucho.** *sin.* innovación

novedoso [no·ve·do·so] *adj.* Que causa sorpresa o interés porque es nuevo: **El *novedoso* diseño de tu sombrero lo hace muy práctico para viajar, porque queda muy bien doblado.**

nutritiva [nu·tri·ti·va] *adj.* Que contiene los elementos para conservar la salud: **El jugo de verduras es muy *nutritivo*.** *sin.* saludable

obstáculos [obs·tá·cu·los] *s.* **obstáculo** Barrera, estorbo; *fig.* lo que hace difícil o imposible realizar algo: **Andrea ha encontrado muchos *obstáculos* en sus estudios.**

ocupación [o·cu·pa·ción] *s.* Permanencia en un territorio del otro que interviene y dirige su vida. **La *ocupación* de los romanos de muchas tierras en Europa ayudó a propagar el latín.**

ofuscada [o·fus·ca·da] *adj.* Que está tan trastornada o confundida que parece que perdió la razón: **Después del asalto Mariana estaba tan *ofuscada* que no dejaba de hablar.**

optativa [op·ta·ti·va] *adj.* Que puede ser elegida: **Este año llevaré una materia *optativa*.**

orgullo [or·gu·llo] *s.* Satisfacción que siente alguien por algo suyo que considera muy bueno: **Los padres casi siempre sienten *orgullo* por sus hijos.**

otorgado [o·tor·ga·do] *adj.* Que se ha dado lo que se ha solicitado: **Con este beneficio *otorgado* a los trabajadores, seguro que todo en la fábrica funcionará mejor.** *sin.* entregado

pacto [pac·to] *s.* Lo que se acuerda entre dos o más partes, y todas se obligan a cumplir: **Con este *pacto* de no agresión, queda asegurada la paz.** *sin.* acuerdo

paralizado [pa·ra·li·za·do] *adj.* Que no se puede mover: **La ciudad quedó *paralizada* con la huelga de los trabajadores del metro.** *sin.* pasmado

pasadizos [pa·sa·di·zos] *s.* Corredor, pasaje o especie de túnel estrecho: **Para llegar a mi camarote en el barco, tuve que recorrer muchos *pasadizos*.** *sin.* túneles, pasajes

perezoso [pe·re·zo·so] *adj.* Flojo: **Es muy *perezoso*, nunca tiene ganas de hacer nada.** *sin.* vago, holgazán

perseverado [per·se·ve·ra·do] *v.* **perseverar** Mantener la firme intención de conseguir algo a pesar de las dificultades: **El éxito sólo es de quien ha *perseverado*.**

perseverancia [per·se·ve·ran·cia] *s.* Hecho de ser firme o a pesar de la presión o los obstáculos: **El arduo trabajo de Ana y su *perseverancia* fueron recompensados cuando ganó la medalla de oro al correr el maratón.**

porcelana [por·ce·la·na] *s.* Material fino y brillante que se emplea para hacer platos, tazas y figuras de adorno: **Su mamá tiene muchas figuras de *porcelana* decorando su sala.**

Datos importantes

porcelana La porcelana se distingue de otros productos cerámicos por su transparencia y su vitrificación. Se obtiene al cocinar una arcilla blanca que se llama caolín. Después de poner el caolín en moldes, se aplica un esmalte y se pone en hornos muy calientes. Por último se pueden aplicar los colores.

posponer [pos·po·ner] *v.* Dejar para después: **Mi jefe *pospuso* su viaje de descanso por el mal tiempo.** *sin.* prorrogar

precisos [pre·ci·sos] *adj.* Exactos: **El ingeniero necesita los datos *precisos* para trabajar.**

presentación [pre·sen·ta·ción] *s.* Acto que se realiza o representa: **Es la última *presentación* de esa obra de teatro.**

preservado [pre·ser·va·do] *adj.* Que ha sido cuidado o mantenido en buenas condiciones: **El mural ha sido *preservado* por años.** *sin.* conservado

pronosticó [pro·nos·ti·có] *v.* **pronosticar** Decir lo que sucederá con base en ciertos datos: **El meteorólogo *pronosticó* que habría lluvias toda la semana.** *sin.* predijo

prosperaron [pros·pe·ra·ron] *v.* **prosperar** Tener éxito o buenos resultados: **Los negocios en este país *prosperaron* en los últimos dos años.** *sin.* mejoraron

provincias [pro·vin·cias] *s.* Territorio de un país, sin incluir su capital: **Cuando el imperio romano controlaba Europa, Francia era una de sus *provincias*.**

rabiosa [ra·bio·sa] *adj.* Muy enojada: **El conductor me observó con una mirada *rabiosa*.** *sin.* furibunda

rancio [ran·cio] *adj.* Que tiene un mal sabor o que huele a grasa o aceite descompuestos: **La carne tenía un olor *rancio* después de que estuvo fuera del refrigerador por varios días.** *sin.* podrido, pasado

realismo [rea·lis·mo] *s.* Tendencia artística que hace ver reales cosas que no lo son: **El *realismo* de este director de cine es impresionante.**

reconocimiento [re·co·no·ci·mien·to] *s.* Hecho de reconocer la verdad: **El profesor obtuvo el *reconocimiento* del juez.**

reconstruir [re·cons·tru·ir] *v.* Volver a construir: **Las víctimas del terremoto empezaron a *reconstruir* sus vidas.** *sin.* reedificar

recuerdo [re·cuer·do] *s.* Objeto que le recuerda a uno algún lugar o a alguna persona: **Julia trajo muchos caracoles como *recuerdos* de su viaje a Acapulco.**

regañadientes [re·ga·ña·dien·tes] *adv.* De mala gana o de mala manera: **Ese empleado siempre hace la limpieza a *regañadientes*.**

registrando [re·gis·tran·do] *v.* **registrar** Anotar algo en algún sitio: **El secretario estuvo *registrando* las palabras de los testigos.**

reglas [re·glas] *s.* Lo que uno debe cumplir porque se ha fijado como norma: **Las *reglas* de conducta en esta escuela son muy estrictas.** *sin.* leyes

remoto [re·mo·to] *adj.* Que está lejos en el espacio o en el tiempo: **Los exploradores establecieron un campamento en un sitio *remoto*.** *sin.* lejano, antiguo

representar [re·pre·sen·tar] *v.* Mostrar o pintar la imagen de algo: **Jaime empleó algodón para *representar* nubes en la maqueta del proyecto.**

rescate [res·ca·te] *s.* Operaciones y maniobras que hay que realizar para salvar a una persona que está en peligro: **En el albergue alpino siempre está listo el equipo de *rescate*.** *sin.* conservación

resuelto [re·suel·to] *adj.* Decidido: **Tu carácter tan *resuelto* siempre es una excelente carta de presentación.**

ridículo [ri·dí·cu·lo] *adj.* Que produce risa; insignificante: **El sombrero de la señora era *ridículo*, aunque ella dijera que era de un gran diseñador.** *sin.* grotesco, irrisorio

rudeza [ru·de·za] *s.* Trato brusco o tosco: **No debes tratar con *rudeza* a tus amigos porque se pueden alejar de ti.** *sin.* violencia, fiereza

satélite [sa·té·li·te] *s.* Objeto puesto en órbita, mediante un cohete, alrededor de la Tierra o de otro cuerpo celeste: **Enviar un *satélite* al espacio requiere mucho trabajo y preparación.**

significado [sig·ni·fi·ca·do] *s.* Importancia, valor o sentido: **Después de leer el poema cinco veces, entendí el *significado* de las palabras del autor.**

simular [si·mu·lar] *v.* Presentar como verdadero algo que no lo es: **En sus experimentos, los científicos deben *simular* ciertas condiciones para probar sus hipótesis.** *sin.* fingir, imitar

sintonizaba [sin·to·ni·za·ba] *v.* **sintonizar** Hacer que un sonido o una imagen sean claras: **No puedo *sintonizar* en la radio mi estación favorita, porque hay mucha interferencia.**

sobresaliente [so·bre·sa·lien·te] *adj.* Que destaca: **Eva irá a las Olimpiadas porque sus resultados son *sobresalientes*.** sin. famoso, brillante

sociable [so·cia·ble] *adj.* Amistoso, que se puede llevar con los demás: **Los delfines son mamíferos *sociables* que viven en grupos.** *sin.* afable, tratable

solemne [so·lem·ne] *adj.* Que tiene mucha seriedad: **La ceremonia de inauguración fue tan *solemne* que los espectadores guardaron un profundo silencio.** *sin.* grave

somete [so·me·te] *v.* **someter** Poner bajo la autoridad o las órdenes de alguien: **El vaquero *somete* al caballo a varias maniobras para entrenarlo.** *sin.* domina, humilla

sublime [su·bli·me] *adj.* Maravilloso, impresionante: **La música del concierto fue *sublime*.** *sin.* majestuosa

sumergidos [su·mer·gi·dos] *v.* **sumergir** Hundirse en el agua o en cualquier otro líquido: **Los tanques de investigación fueron *sumergidos* en las profundidades del océano.** *sin.* hundidos

tambaleante [tam·ba·lean·te] *adj.* Que se mueve de un lado a otro como si se fuera a caer: **Su andar *tambaleante* nos hizo ver que el hombre venía herido.** *sin.* vacilante

techada [te·cha·da] *adj.* Que está cubierto por un techo o por algo semejante: **Tengo mi terraza *techada* con una hermosa enredadera.**

tema [te·ma] *s.* Idea o asunto de que trata algo: **El *tema* de esta sinfonía es la vida en el campo.**

tensión [ten·sión] *s.* Estado en el que un cuerpo está muy estirado: **El lazo se rompió porque tenía mucha *tensión*.**

terco [ter·co] *adj.* Que tiene ideas fijas y que no las abandona: **El abuelo se ha vuelto más *terco* de lo que era.**

terrazas [te·rra·zas] *s.* **terraza** Terreno aplanado en forma de escalón, que se hace en algunas pendientes de los montes para sembrar: **Los incas siempre sembraron en *terrazas* por lo escarpado de los Andes.**

Origen

terrazas La raíz de esta palabra, *terr-*, proviene de la palabra latina *terra*, que significa "tierra". Otras palabras de esta familia son *terreno*, *territorio*, *terrestre* y *terráqueo*.

terrazas

toscos [tos·cos] *adj.* Poco fino o de poca calidad: **A pesar de sus dedos *toscos*, era un gran pianista.**

tradicional [tra·di·cio·nal] *adj.* Que se transmite o se siguen viejas costumbres o creencias: **Cocinar pavo el Día de Gracias es nuestra costumbre *tradicional.*** *sin.* acostumbrado, habitual

tragarse [tra·gar·se] *v.* Hacer pasar algo por la boca hacia el interior del cuerpo: **El niño lloraba tanto que no podía *tragarse* el aire.**

transcribió [trans·cri·bió] *v.* **transcribir** Representar de una manera nueva, pero relacionada, especialmente por medio de sonidos o símbolos: **El famoso guitarrista Andrés Segovia *transcribió* piezas para otros instrumentos en música que él pudiera tocar en la guitarra.**

transmisión [trans·mi·sión] *s.* Mensaje que ha sido enviado de un lugar a otro: **La *transmisión* vía satélite ha tenido algunas fallas que los técnicos repararán.** *sin.* señal, mensaje

transparente [trans·pa·ren·te] *adj.* Claro y limpio, lo suficiente como para ver a través: **Mamá decoró el comedor con unas cortinas blancas, casi *transparentes.*** *sin.* nítido

transparente

tridimensionales [tri·di·men·sio·na·les] *adj.* Con tres dimensiones (largo, ancho y espesor): **Esos lentes permiten ver las cosas *tridimensionales.***

trotaba [tro·ta·ba] *v.* **trotar** Andar de un caballo rápido, sin llegar a correr: **El caballo *trotaba* alrededor del corral.**

vacilar [va·ci·lar] *v.* Dudar: **El niño *vaciló* acerca de saltar del trampolín a lo profundo de la piscina.**

vendedores [ven·de·do·res]*s.* **vendedor** Persona que comercia con objetos, por lo general de puerta en puerta: **Después del espectáculo, los *vendedores* empacaron y se fueron.**

verdaderamente [ver·da·de·ra·men·te] *adv.* De manera cierta y real: ***Verdaderamente* estoy arrepentido de mi mal comportamiento.**

vergüenza [ver·güen·za] *s.* Sentimiento de pena por algo que no se considera digno: **Laura siente *vergüenza* de que la regañen enfrente de sus compañeros de clase.** *sin.* bochorno, rubor

vibrante [vi·bran·te] *adj.* Que vibra; que despierta emociones: **Con un *vibrante* discurso el candidato llegó a los corazones de todos los ciudadanos.**

violaciones [vio·la·cio·nes] *s.* **violación** Acto con el que no se respeta una ley o una norma: **Las *violaciones* al reglamento de construcción ocasionan que se clausure.**

virtudes [vir·tu·des] *s.* **virtud** Cualidad o característica que se considera buena: **Las *virtudes* del maestro son muchas, por eso el director lo premió.**

visibilidad [vi·si·bi·li·dad] *s.* Distancia a la que los objetos pueden verse: **La *visibilidad* disminuye a medida que la niebla se hace más densa.**

vocifera [vo·ci·fe·ra] *v.* **vociferar** Hablar a gritos: **Ella no *vocifera* porque despertará al bebé.**

votación [vo·ta·ción] *s.* Acto en el que participan varias personas para elegir lo que opine la mayoría: **Sometemeros a *votación* adónde vamos a comer.** *sin.* elección, voto

Índice *de* títulos

Los números de páginas a color contienen información biográfica.

Acknowledgments

For permission to translate/reprint copyrighted material, grateful acknowledgment is made to the following sources:

Arte Público Press - University of Houston: "A Do-It-Yourself Project" from *Fitting In* by Anilú Bernardo. Copyright © 1996 by Anilú Bernardo.

Candlewick Press Inc., Cambridge MA, on behalf of Walker Books Ltd., London: "The Fox and The Crow" and "The North Wind and the Sun" from *The Best of Aesop's Fables* by Margaret Clark, illustrated by Charlotte Voake. Text copyright © 1990 by Margaret Clark; illustrations copyright © 1990 by Charlotte Voake. Illustrations from *The Stone Age News* by Fiona MacDonald. Illustrations © 1998 by Walker Books Ltd.

Chelsea House Publishers, a division of Main Line Book Co.: From *Journey into Civilization: Ancient China* by Robert Nicholson and Claire Watts. Text copyright © 1994 by Two-Can Publishing Ltd.

Chicago Review Press: "Pint-Size Picasso" from *What Kids Are Made of* by Kirsty Murray. Text © 2000 by Kirsty Murray.

Children's Better Health Institute, Indianapolis, IN: "It's Tiger Time!" from *Children's Digest* Magazine, September 1999. Text copyright © 1999 by Children's Better Health Institute, Benjamin Franklin Literary & Medical Society, Inc.

Children's Television Workshop, New York: "Some Like It Wet" from *Contact Kids* Magazine, July/August 1998. Text copyright 1998 by Children's Television Workshop.

Clarion Books/Houghton Mifflin Company: From *Out of Darkness: The Story of Louis Braille* by Russell Freedman. Text copyright © 1997 by Russell Freedman.

Dutton Children's Books, an imprint of Penguin Putnam Books for Young Readers, a division of Penguin Putnam Inc.: From *My Side of the Mountain* by Jean Craighead George. Text copyright © 1959, renewed © 1988 by Jean Craighead George; translation copyright © 1996 by Penguin Books USA Inc.

Sylvia A. Earle/DOER: From *Dive! My Adventures in the Deep Frontier* by Sylvia A. Earle. Copyright © 1999 by Sylvia A. Earle. Published by the National Geographic Society.

Ediciones B, SA: From *The Stone Age News* by Fiona MacDonald. Text © 1998 by Fiona MacDonald.

Egmont Ltd. Children's Books: From *In the Next Three Seconds* by Rowland Morgan, illustrated by Rod and Kira Josey. Text copyright © 1997 by Rowland Morgan; illustrations copyright © 1997 by Rod and Kira Josey.

Espasa-Calpe, S.A.: From *¿Quién cuenta las estrellas?* by Lois Lowry, translated by Juan Luque. Text © by Lois Lowry; translations © by Juan Luque.

Fondo de Cultura Económica, S. A. de C. V.: "Primero de secundaria" and "La campeona de canicas" from *Béisbol en abril y otras historias* by Gary Soto, translated by Tedi López Mills. Text © 1990 by Gary Soto; Spanish translation © 1993, 1995 by Fondo de Cultura Económica, S. A. de C. V.

Grey de Pencier Books Inc.: From *Cybersurfer* by Nyla Ahmad, Directory researched and written by Keltie Thomas, illustrated by Martha Newbigging. Text and directory compilation © 1996 by Owl Books; illustrations © 1996 by Martha Newbigging.

Harcourt, Inc.: "The Marble Champ" and "Seventh Grade" from *Baseball in April and Other Stories* by Gary Soto. Text copyright © 1990 by Gary Soto.

HarperCollins Publishers: "Courage" from *Come With Me: Poems for a Journey* by Naomi Shihab Nye, illustrated by Dan Yaccarino. Text copyright © 2000 by Naomi Shihab Nye; illustrations copyright © 2000 by Dan Yaccarino.

John Hawkins & Associates, Inc.: "Good Sportsmanship" by Richard Armour. Text copyright © 1958 by Richard Armour. Published by McGraw-Hill.

Hodder and Stoughton Limited: From *Look into the Past: The Romans* by Peter Hicks. Text copyright © 1993 by Wayland (Publishers) Ltd.; U.S. revision text copyright © 1994 by Thomson Learning. From *Look into the Past: The Greeks* by Susan Williams. Text copyright © 1993 by Wayland (Publishers) Ltd.; U.S. revision text copyright © 1993 by Thomson Learning.

Houghton Mifflin Company: From *Girls Think of Everything: Stories of Ingenious Inventions by Women* by Catherine Thimmesh; illustrated by Melissa Sweet. Text copyright © 2000 by Catherine Thimmesh; illustrations copyright © 2000 by Melissa Sweet.

International Publishers Inc.: "Direction" from *Voices from Wah'kan-Tah* by Alonzo López. Published by International Publishers, Inc., 1974.

The Ivy Press Limited: From *Atlas in the Round* by Keith Lye and Alastair Campbell. Copyright © 1999 by Ivy Press Ltd and Alastair Campbell.

Kalmbach Publishing Co.: *Anne of Green Gables* by Lucy M. Montgomery, adapted by Jamie Turner from *Plays: The Drama Magazine for Young People*, March 1987. Text copyright © 1987 by Plays, Inc. *The Skill of Pericles* from *Folk Tale Plays Round the World* by Paul T. Nolan. Text copyright © 1982 by Paul T. Nolan. These plays are for reading purposes only; for permission to produce, write to Plays Magazine, 21027 Crossroads Cir., P.O. Box 1612, Waukesha, WI 53187-1612.

Kids Discover: From "The Pyramids of Egypt" in *Kids Discover: Pyramids*. Text © 1993 by Kids Discover. From *Kids Discover: Ancient China* (Retitled: "The Chinese Dynasties"). Text © 1998 by Kids Discover.

Alfred A. Knopf Children's Books, a division of Random House, Inc.: From *Knots in My Yo-Yo String: The Autobiography of a Kid* by Jerry Spinelli. Text and photographs copyright © 1998 by Jerry Spinelli.

La Galera, S.A. Editorial: From *El verano de los cisnes* by Betsy Byars, translated by M. Juncal Ancín. Text © 1970 by Betsy Byars; translation © 1984 by La Galera, S.A. Editorial.

Lee & Low Books Inc., 95 Madison Avenue, New York, NY 10016: From *Dia's Story Cloth: The Hmong People's Journey of Freedom* by Dia Cha, stitched by Chue and Nhia Thao Cha. Copyright © 1996 by Denver Museum of Natural History.

Maze Productions Inc.: From *I Want To Be...An Astronaut* by Stephanie Maze. Text copyright © 1997 by Maze Productions.

McIntosh & Otis, Inc: From *Old Yeller* by Fred Gipson. Text copyright © 1956 by Fred Gipson; text copyright renewed. Published by HarperCollins Publishers.

The Millbrook Press: From "Antarctica" in *The Children's Atlas of Natural Wonders* by Joyce Pope. Text copyright © 1995 by Quarto Children's Books Ltd.

Lensey Namioka: From *Yang the Eldest and His Odd Jobs* by Lensey Namioka. Text copyright © 2000 by Lensey Namioka.

National Geographic Society, 1145 17th Street, N.W., Washington, DC 20036: "Keys to Success" by Laura Daily from "Kids Did It!" in *National Geographic WORLD* Magazine, August 1998. Text copyright © 1998 by National Geographic Society. From *Flood: Wrestling With the Mississippi* by Patricia Lauber. Text copyright © 1996 by Patricia Lauber; maps and illustrations copyright © 1996 by National Geographic Society. "Bridging Generations" by Judith E. Rinard from "Kids Did It!" in *National Geographic WORLD* Magazine, January 1999. Text copyright © 1999 by National Geographic Society. "Puppies with a Purpose" by Christina Wilsdon from *National Geographic WORLD* Magazine, March 1997. Text copyright © 1997 by National Geographic Society.

Harold Ober Associates Inc.: "The Case of the Shining Blue Planet" from *Einstein Anderson, Science Detective: The On-Line Spaceman and Other Cases* by Seymour Simon. Text copyright © 1997 by Seymour Simon. Published by HarperCollins Publishers.

Doris Luisa Oronoz: *El diario de Elisa* by Doris Luisa Oronoz. Text © 1999 by Doris Luisa Oronoz.

Penguin Books Canada Limited: "Tea Biscuits" from *The Anne of Green Gables Treasury* by Carolyn Strom Collins and Christina Wyss Eriksson. Text copyright © 1991 by Carolyn Strom Collins and Christina Wyss Eriksson.

Quarto Children's Books Ltd.: From "Antarctica" in *The Children's Atlas of Natural Wonders* by Joyce Pope. Illustrations copyright © 1995 by Quarto Children's Books Ltd.

Random House Children's Books, a division of Random House, Inc.: From *Darnell Rock Reporting* by Walter Dean Myers. Text copyright © 1994 by Walter Dean Myers.

Marian Reiner: "From the autograph album" in *At the Crack of the Bat*, compiled by Lillian Morrison. Published by Hyperion Books for Children.

Scholastic Inc.: From *Cowboys: Roundup on an American Ranch* by Joan Anderson, photographs by George Ancona. Text copyright © 1996 by Joan Anderson; photographs copyright © 1996 by George Ancona. "Preface" from *The Other Side: Shorter Poems* by Angela Johnson. Text copyright © 1998 by Angela Johnson. Published by Orchard Books, an imprint of Scholastic Inc. "This Big Sky" from *This Big Sky* by Pat Mora, illustrated by Steve Jenkins. Text copyright © 1998 by Pat Mora; illustrations copyright © 1998 by Steve Jenkins.

Steck-Vaughn Company: From *Diego Rivera* by Jan Gleiter and Kathleen Thompson. Text copyright © 1993 by Steck-Vaughn Company; text copyright © 1989 by Raintree Publishers Limited Partnership.

University of Hawaii Press: "A Strange Sled Race" from *Hawaiian Myths of Earth, Sea, and Sky* by Vivian L. Thompson. Text copyright © 1966 by Vivian L. Thompson.

Van Dyck Agency: From *My Name Is San Ho* by Jayne Pettit. Text copyright © 1992 by Jayne Pettit.

Viking Penguin, an imprint of Penguin Putnam Books for Young Readers, a division of Penguin Putnam Inc.: From *Fall Secrets* by Candy Dawson Boyd. Text copyright © 1994 by Candy Dawson Boyd.

Walker and Company, 435 Hudson Street, New York, NY 10014: From *Trapped by the Ice!* by Michael McCurdy. Copyright © 1997 by Michael McCurdy.

Karen Romano Young: From "What It's Like Up There: An Interview With Astronaut Franklin Chang-Diaz" by Karen Romano Young from *Cricket* Magazine, October 1995. Text copyright © 1995 by Karen R. Young.

Photo Credits

Key: (t)=top; (b)=bottom; (c)=center; (l)=left; (r)=right

Page 66-77, All baseball cards courtesy of Topps; 123(t), Christopher Myers; 160, AP / Wide World Photos; 161(t), Patti McConville / Dembinsky Photo Associates; 161(b), Arthur C. Smith III / Grant Heilman Photography; 236, Dan Dempster / Dembinsky Photo Associates; 237(t), Dominique Braud / Dembinsky Photo Associates; 237(b), Rafael Macia / Photo Researchers; 304, 305(t), (b), Archive Photos; 328(tr), (c), Michael Holford; 328(b), C.M. Dixon; 329, Michael Holford; 332, Michael Holford; 333, The British Museum; 333-334, The British Museum; 334, British Museum / Michael Holford; 335(t), Gerry Clyde / Michael Holford; 335(b), 336, The Mansell Collection / Time, Inc.; 337(t), 338, C.M. Dixon; 339, Robert Harding; 340-341(both), 340(bl), C.M. Dixon; 341(br), Focal Point; 342, Robert Harding; 343(t), Peter Hicks; 343(c), Robert Harding; 343(b), C.M. Dixon; 344, Peter Hicks; 345(t), The Mansell Collection / Time, Inc.; 345(b), F.H.C. Birch / Sonia Halliday; 348, Photowood / Corbis Stock Market; 349(t), Agence France Presse / Corbis; 349(b), Erich Lessing / Art Resource, Inc.; 455, Ron Kunzman; 462, Bob Talbot / Stone; 463, Pete Saloutos / Corbis Stock Market; 576, 577(t), The Granger Collection, New York; 577(b), Smithsonian American Art Museum, Washington, DC / Art Resource, Inc.; 600, Jeffrey L. Rotman / Peter Arnold, Inc.; 601, Adam G. Sylvester / Photo Researchers, Inc.; 623, Joseph Sohm / Corbis; 644, Superstock; 645(t), Culver Pictures; 645(b), Craig Schmittman / Stone.

Illustration Credits

Raul Colon, Cover Art; Cameron Clement, 4-5, 18-19; Karen Barbour, 6-7, 130-131; Raphael Lopez, 8-9, 258-259; Roger Chouinard, 10-11, 372-373; Andrew Powell, 12-13, 484-485; Chris Lensch, 14-15, 598-599; Ethan Long, 16-17, 37, 279, 481, 641, 689; Mark Boivin, 20-21, 462-463; Amy Young, 20-21; Tom Newson, 22-35; Polly Law, 40-41; Kees de Kiefte, 42-55; Larry Jones, 64-65; Gary Davis/Kather Lengyel, 66-77; Mike Gardner, 78-79; Terry Herman, 84-85; David Diaz, 86-99; Kathleen Newman, 106-107; James Ransome, 108-123; Dan Yaccarino, 124; Michael Luke, 125; Lise Rainville, 132-133; Russ Wilson, 134-155; Lori Lohstoeter, 162-179; Rick Allen, 184-185; David Moreno, 186-199; Val Paul Taylor, 206-207; Michael McCurdy, 208-229; Mary Ross, 260-261; Tom Boll, 282-283; Beata Szpura, 347, 389, 435, 527, 573; Gwen Connelly, 350-351; David Scott Meier, 352-365; Sean Kane, 374-375; Allen Garns, 376-387; Kelly Burke, 392-393; Floyd Cooper, 394-407; Tim Barnes, 414-415; Rick Peterson, 438-439; Karen Blessen, 440-455; Bethann Thornburgh, 486-487; Stephanie Garcia, 488-501; Elsa Myotte, 506-507; Amy Ning, 508-521; Gerard Dubois, 530-531; Glenn Harrington, 532-543; Sheila Alderidge, 548-549; Mitchell Heinze, 550-569; Leslie Wu, 618-619; Mylene Henry, 626-627; Michel Ribagliati, 666-667; Martha Newbigging, 668-683; Haydn Cornner, 692-693; Leo Espinosa, 694-705.